해커스 공인중개사

공인중개사 1위 해커스
한경비즈니스 2024 한국브랜드만족지수 교육(온·오프라인 공인중개사 학원) 1위

다른 곳에서 불합격해도 해커스에선 합격,
시간 낭비하기 싫으면 해커스!

제 친구는 타사에서 공부를 했는데, 떨어졌어요. 친구가 '내 선택이 잘못됐었나?' 이런 얘기를 하더라고요. 그래서 제가 '그러게 내가 말했잖아, 해커스가 더 좋다고.'라고 얘기했죠. 해커스의 모든 과정을 거치고 합격을 해보니까 알겠어요. **어디 내놔도 손색없는 1등 해커스 스타교수님들과 해커스 커리큘럼으로 합격할 수 있었습니다.**

해커스 합격생 은*주 님

아는 언니가 타학원 OOO에서 공부했는데 1, 2차 다 불합격했고, **해커스를 선택한 저만 합격했습니다.** 타학원은 적중률이 낮아서 불합격했다는데, 어쩜 해커스 교수님이 낸 모의고사에서 뽑아낸 것처럼 시험이 나왔는지, 정말 감사드립니다. 해커스를 선택한 게 제일 잘한 일이에요.

해커스 합격생 임*연 님

타사에서 3년 재수.. 해커스에서 해내다.. ^^

어린 아들을 둘 키우다 보니 학원은 엄두도 못내고, 인강으로만 해야 했는데, 사실 다른 사이트에서 인강 3년을 들었어요. 그리고 올해 해커스로 큰맘 먹고 바꾸고, 두 아들이 6살 7살이 된 올해 말도 안되게 합격했습니다. 진작 갈아 탔으면 하는 생각이 듭니다. 솔직히 그 전에 하던 곳과는 너무 차이가 났습니다. 특히 **마지막 요약과 정리는 저처럼 시간을 많이 못내는 사람들에게는 최고입니다.**

해커스 합격생 김*정 님

타사에서 재수하고 해커스에서 합격!

저는 타사에서 공부했던 수험생입니다. 열심히 했지만 작년 시험에서 떨어졌습니다. 실제 시험에서 출제되었던 모든 문제의 난이도와 유형이 그 타사 문제집의 난이도와는 상상할 수 없이 달랐습니다. 저는 교재 수정도 잘 안되고 난잡했던 타사 평생회원반을 버리고 해커스로 옮겨보기로 결심했습니다. 해커스 학원에서 강의와 꾸준한 복습으로 6주, 정확하게는 **올해 3개월 공부해서 2차 합격했습니다.** 이는 모두 해커스 공인중개사 교수님들의 혼신을 다하신 강의의 질이 너무 좋았다고 밖에 평가되지 않습니다. 저의 이번 성공을 많은 분들이 함께 아시고 저처럼 헤매지 마시고 빠르게 공인중개사가 되는 길을 찾으셨으면 좋겠습니다.

해커스 합격생 이*환 님

해커스 공인중개사

공인중개사 1위 해커스
한경비즈니스 2024 한국브랜드만족지수 교육(온·오프라인 공인중개사 학원) 1위

교재만족도 96.5%!
베스트셀러 1위 해커스 교재

[96.5%] 해커스 공인중개사 수강생 온라인 설문조사(2023.10.28.~12.27.) 결과(해당 항목 응답자 중 만족의견 표시 비율)

쉽고 재미있게 시작하는 만화 입문서
쉽게 읽히는 만화 교재
스토리텔링으로 오래 기억되는 공부

초보 수험생을 위한 왕기초 입문서
기초 용어 완벽 정리
쉽고 빠른 기초이론 학습

합격을 위해 반드시 봐야 할 필수 기본서
공인중개사 합격 바이블
출제되는 모든 이론 정리

시험에 나오는 핵심만 담은 압축 요약집
최단 시간 최대 효과
필수 이론 7일 완성

흐름으로 쉽게 이해하는 공법체계도
한눈에 이해가능한
구조로 학습하는 공법

10개년 기출 완전정복 단원별 기출문제집
기출문제 단원별 학습
쉽게 이해되는 상세한 해설

출제유형 완전정복 실전모의고사
유형별 문제풀이
실전감각 완벽 익히기

합격 최종 점검! 출제예상문제집
최신 출제경향 완벽 반영
꼼꼼하고 정확한 해설 수록

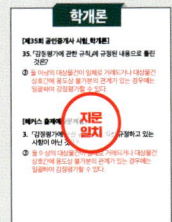
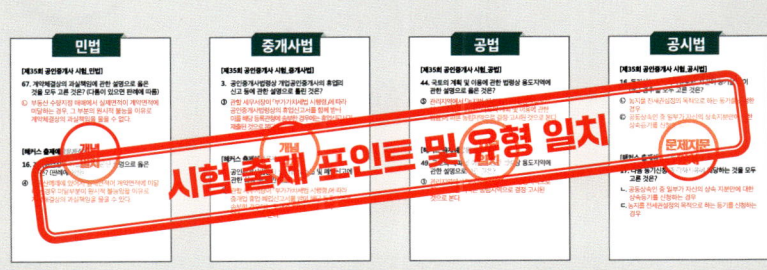
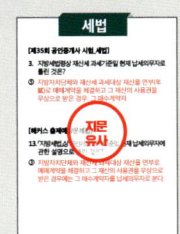

시험 출제 포인트 및 유형 일치

해커스 공인중개사

공인중개사 1위 해커스
한경비즈니스 2024 한국브랜드만족지수 교육(온·오프라인 공인중개사 학원) 1위

무료가입만 해도
6가지 특별혜택 제공!

전과목 강의 0원

스타교수진 최신강의
100% 무료수강
* 7일간 제공

합격에 꼭 필요한 교재 무료배포

최종합격에 꼭 필요한
다양한 무료배포 이벤트
* 비매품

기출문제 해설특강

시험 전 반드시 봐야 할
기출문제 해설강의 무료

전국모의고사 서비스 제공

실전모의고사 + 해설
강의까지 제공

막판 점수 UP! 파이널 학습자료

시험 직전 핵심자료 &
반드시 풀어야 할 600제 무료
* 비매품 * 이벤트 신청 시

개정법령 업데이트 서비스

계속되는 법령 개정도
끝까지 책임지는 해커스!

공인중개사 1위 해커스
지금 무료가입하고 이 모든 혜택 받기

1588-2332　　　　land.Hackers.com

해커스 공인중개사 기본서

1차 민법 및 민사특별법 ①

해커스 공인중개사

land.Hackers.com

공인중개사 합격을 위한 **필수 기본서,**
기초부터 실전까지 **한 번에!**

본 교재는 최근의 출제경향을 반영하여 아래와 같은 특징을 부각하여 수험서의 기능에 최대한 충실하도록 기획·제작되었습니다.

1. 법 개념과 관련된 사례 및 내용을 도식화함으로써 확실한 이해를 도울 수 있도록 하였습니다. '개념의 도식화'로 이해하기 쉽고 간결하게 정리하여 수험생들이 생소한 법에 접근하기 쉽고, 수험생과 어려운 법리와의 간극을 최소화하였습니다.

2. '목차의 도식화'로 전체 흐름을 잡아가는 데 유용하도록 구성하였습니다. 흐름을 따라가기 쉽지 않은 개념은 목차내비게이션을 통해 중점적으로 학습할 개념들을 미리 확인하고 학습할 수 있도록 하였습니다.

3. 주요 지문 및 쟁점이 되는 개념의 내용을 색자 처리하여 강조된 부분을 위주로 집중 학습할 수 있도록 하고, 복습시에도 효율적으로 내용을 정리할 수 있도록 하였습니다.

더불어 공인중개사 시험 전문 해커스 공인중개사(land.Hackers.com)에서 학원강의나 인터넷 동영상강의를 함께 이용하여 꾸준히 수강한다면 학습효과를 극대화할 수 있을 것입니다.

본 교재의 장점이 수험생의 열정에 더해져 아름다운 결실을 맺을 수 있도록 늘 응원합니다.

2025년 11월
양민

이 책의 차례

이 책의 구성 ... 6
공인중개사 안내 ... 8
공인중개사 시험안내 ... 10
학습플랜 ... 12
출제경향분석 및 수험대책 ... 14

1권

제1편 민법총칙

제1장 | 법률관계와 권리변동 ... 18
- 제1절 서론 ... 19
- 제2절 권리의 변동 ... 21
- 제3절 권리변동의 원인 ... 23

제2장 | 법률행위 ... 28
- 제1절 법률행위의 개념 ... 29
- 제2절 법률행위의 요건 ... 29
- 제3절 법률행위의 종류 ... 31
- 제4절 법률행위의 목적(유효요건) ... 34
- 제5절 법률행위의 해석 ... 48

제3장 | 의사표시 ... 54
- 제1절 총설 ... 55
- 제2절 진의 아닌 의사표시(비진의표시) ... 55
- 제3절 허위표시 ... 59
- 제4절 착오에 의한 의사표시 ... 66
- 제5절 하자 있는 의사표시(사기, 강박에 의한 의사표시) ... 73
- 제6절 의사표시의 효력발생 ... 80

제4장 | 법률행위의 대리(代理) ... 84
- 제1절 대리제도 ... 85
- 제2절 복대리(複代理) ... 94
- 제3절 무권대리(無權代理) ... 98
- 제4절 표현대리(表見代理) ... 105

제5장 | 법률행위의 무효와 취소 ... 116
- 제1절 법률행위의 무효(無效) ... 117
- 제2절 법률행위의 취소(取消) ... 127

제6장 | 조건과 기한 ... 138
- 제1절 조건(條件) ... 139
- 제2절 기한(期限) ... 145

제2편 물권법

제1장 | 총설 ... 154
- 제1절 물권법 총설 ... 155
- 제2절 물권의 효력 ... 162

제2장 | 물권의 변동 ... 172
- 제1절 물권변동 ... 173
- 제2절 부동산 물권변동에서 등기 여부 ... 175
- 제3절 등기청구권 ... 177
- 제4절 부동산 등기제도 ... 183
- 제5절 동산물권의 변동 ... 193
- 제6절 물권의 소멸 ... 196

제3장 | 점유권 ... 200
- 제1절 서설 ... 201
- 제2절 점유의 종류 ... 204
- 제3절 점유권의 취득, 점유의 승계 ... 207
- 제4절 점유권의 효력 ... 209
- 제5절 점유보호청구권 ... 216

제4장 | 소유권 ... 222
- 제1절 서설 ... 223
- 제2절 상린관계 ... 225
- 제3절 소유권의 취득 ... 233
- 제4절 소유권에 기한 물권적 청구권 ... 250
- 제5절 공동소유 ... 253

제5장 | 용익물권 268

- 제1절 총설 269
- 제2절 지상권 269
- 제3절 지역권 288
- 제4절 전세권 293

제6장 | 담보물권 308

- 제1절 총설 309
- 제2절 유치권 311
- 제3절 저당권 325
- 제4절 특수 저당권(공동저당/근저당/공동근저당) 347

제4편 민사특별법

제1장 | 주택임대차보호법 484

제2장 | 상가건물 임대차보호법 506

제3장 | 가등기담보 등에 관한 법률 524

제4장 | 집합건물의 소유 및 관리에 관한 법률 538

제5장 | 부동산 실권리자명의 등기에 관한 법률 554

제36회 기출문제 및 해설 572

2권

제3편 계약법

제1장 | 계약총론 363

- 제1절 총설 369
- 제2절 계약의 성립 374
- 제3절 계약의 효력 385
- 제4절 계약의 해제와 해지 403

제2장 | 계약각론 422

- 제1절 매매 423
- 제2절 교환 452
- 제3절 임대차 454

이 책의 구성

눈에 쏙! 흐름분석

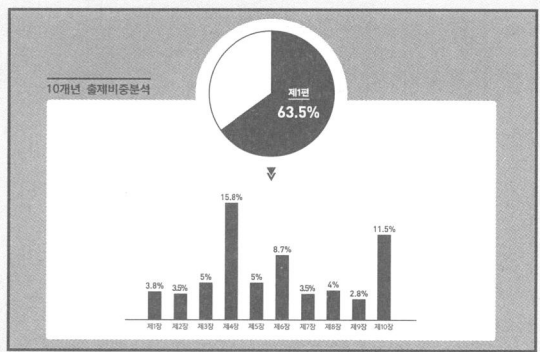

❶ 10개년 출제비중분석

최근 10개년의 출제비중을 시각적으로 제시하여 이론학습 전에 해당 편·장의 출제비중을 한눈에 확인할 수 있도록 하였습니다.

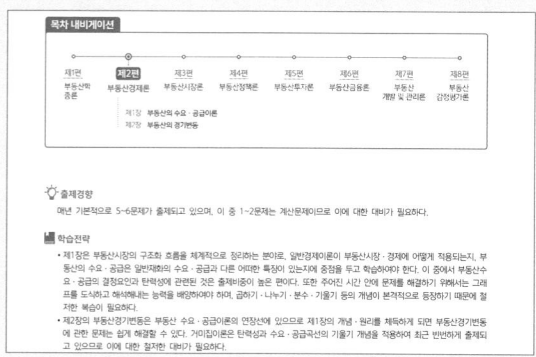

❷ 목차 내비게이션 / 출제경향 / 학습전략 / 핵심개념

목차 내비게이션을 통하여 학습하고 있는 편의 구조와 장의 위치 및 구성을 파악할 수 있으며, 출제경향·학습전략·핵심개념을 통하여 중점적으로 학습하여야 할 핵심 내용을 먼저 확인한 후 학습의 방향을 잡을 수 있도록 하였습니다.

개념 쏙! 이론학습

❸ 용어사전

이론 옆에 용어에 대한 설명을 수록하여 관련 이론을 쉽게 이해하는 데 도움이 될 수 있도록 하였습니다.

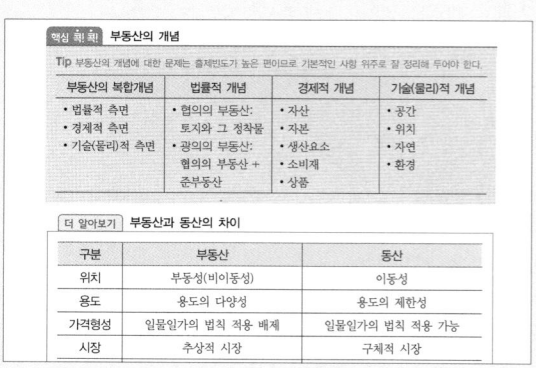

❹ 핵심 콕! 콕! / 더 알아보기

핵심 콕! 콕!을 통하여 출제 가능성이 높은 중요 이론을 확실히 이해하고 정리할 수 있도록 하였고, 더 알아보기를 통하여 이론을 더욱 충실히 학습할 수 있도록 하였습니다.

해커스 공인중개사
민법 및 민사특별법

실력 쏙! 확인학습

> **확인예제**
>
> 토지의 특성에 관한 설명으로 틀린 것은? 제34회
> ① 용도의 다양성으로 인해 두 개 이상의 용도가 동시에 경합할 수 없고 용도의 전환 및 합병·분할을 어렵게 한다.
> ② 부증성으로 인해 토지의 물리적 공급이 어려우므로 토지이용의 집약화가 요구된다.
> ③ 부동성으로 인해 주변 환경의 변화에 따른 외부효과가 나타날 수 있다.
> ④ 영속성으로 인해 재화의 소모를 전제로 하는 재생산이론과 물리적 감가상각이 적용되지 않는다.
> ⑤ 개별성으로 인해 토지별 완전한 대체 관계가 제약된다.
>
> **해설**
> 용도의 다양성으로 인해 두 개 이상의 용도가 동시에 경합할 수 있으며, 용도의 전환이 가능하다.
> • 토지는 합병·분할의 가능성이 있다.
> 정답: ①

❺ 확인예제
본문에서 학습한 이론을 학습 중간에 확인할 수 있도록 대표문제를 확인예제로 수록하였습니다.

교재 활용 TIP

01 개념다지기
- 목차 내비게이션과 핵심개념을 중심으로 과목의 전체적인 흐름을 확인합니다.
- 본문의 용어사전을 활용하여 이론학습의 기초를 다지고, 별색 표시 부분을 확인하여 중요한 내용이 무엇인지 파악합니다.

02 이론채우기
- 앞서 이해한 개념을 바탕으로 체계를 잡고, 중요한 내용을 보강하며 학습합니다.
- 핵심 콕! 콕!을 통하여 출제 가능성이 높은 부분을 확실히 정리하고, 확인예제를 통하여 본문에서 학습한 이론이 문제로 어떻게 구현되는지 확인합니다.

03 마무리하기
- 학습한 내용을 바탕으로 최신 기출을 풀어보고, 부족한 부분을 파악하여 집중적으로 보완합니다.

공인중개사 안내

공인중개사란?

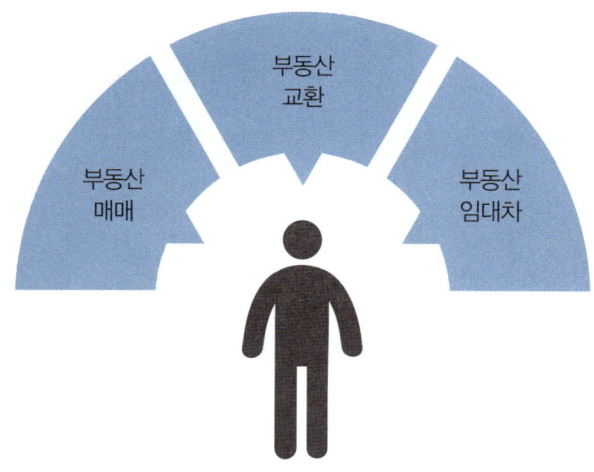

부동산 유통시장 전문가

- 공인중개사는 「공인중개사법」에 따라 공인중개사 자격을 취득한 자로, 타인의 의뢰에 의하여 일정한 수수료를 받고 토지나 건물 등에 관한 매매·교환·임대차 등의 중개를 전문으로 할 수 있는 법적 자격을 갖춘 사람을 의미합니다.

- 공인중개사는 부동산유통시장에서 원활한 부동산거래가 이루어지도록 서비스를 제공하는 전문직업인으로서 그 역할과 책무가 어느 때보다도 중요시되고 있습니다.

공인중개사의 업무

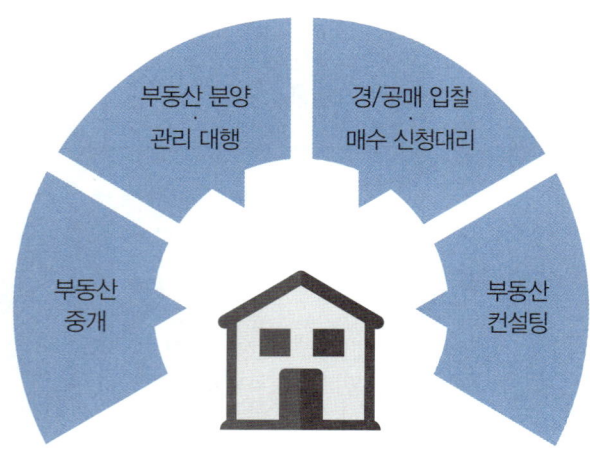

공인중개사 업무

- 일정한 수수료를 받고 토지나 주택 등 중개대상물에 대하여 거래당사자간의 매매, 교환, 임대차 그 밖의 기타 권리의 득실·변경에 관한 행위를 알선·중개하는 업무입니다.

- 토지나 건축물의 부동산중개업 외에도 부동산의 관리·분양 대행, 경·공매대상물의 입찰·매수신청 대리, 부동산의 이용·개발 및 거래에 대한 상담 등 다양한 업무를 수행할 수 있습니다.

공인중개사의 진로

창업

공인중개사 시험에 합격하면 소정의 교육을 거쳐 중개법인, 개인 및 합동 공인중개사 사무소, 투자신탁회사 등을 설립하여 중개 업무에 종사할 수 있다는 점이 공인중개사의 가장 큰 매력입니다. 특히 중개사무소의 경우 소규모의 자본으로도 창업이 가능하므로 다양한 연령대의 수험생들이 공인중개사 시험을 준비하고 있습니다.

취업

공인중개사는 중개법인, 중개사무소 및 부동산 관련 회사에 취업이 가능합니다. 또한 일반 기업의 부동산팀 및 관재팀, 은행 등의 부동산 금융분야, 정부재투자기관에도 취업이 가능하며, 여러 기업에서 공인중개사 자격증을 취득한 사원에게 승급 우대 또는 자격증 수당 등의 혜택을 제공하고 있습니다.

컨설팅

종래의 부동산 중개사무소 개업 외에 부동산의 입지 환경과 특성을 조사·분석하여 부동산의 이용을 최대화할 수 있는 방안을 연구하고 자문하는 부동산 컨설팅업이 최근 들어 부각되고 있어 단순 중개업무 이외에 법률·금융의 전문적 지식을 요하는 전문가로서의 역할을 기대할 수 있습니다.

가산점 제도

한국토지주택공사, 한국자산관리공사 등 공기업에서는 채용 시 공인중개사 자격증 소지자에게 2~3%의 가산점을 부여하고 있으며, 경찰공무원 시험에서도 가산점 2점을 주고 있습니다.

공인중개사 시험안내

응시자격

학력, 나이, 내·외국인을 불문하고 제한이 없습니다.

* 단, 법에 의한 응시자격 결격사유에 해당하는 자는 제외합니다(www.Q-Net.or.kr/site/junggae에서 확인 가능).

원서접수방법

- 국가자격시험 공인중개사 홈페이지(www.Q-Net.or.kr/site/junggae) 및 모바일큐넷(APP)에 접속하여 소정의 절차를 거쳐 원서를 접수합니다.
  * 5일간 정기 원서접수 시행, 2일간 빈자리 추가접수 도입(정기 원서접수 기간 종료 후 환불자 범위 내에서만 선착순으로 빈자리 추가접수를 실시하므로, 조기 마감될 수 있음)
- 원서접수 시 최근 6개월 이내 촬영한 여권용 사진(3.5cm×4.5cm)을 JPG파일로 첨부합니다.
- 제36회 시험 기준 응시수수료는 1차 13,700원, 2차 14,300원, 1·2차 동시 응시의 경우 28,000원입니다.

시험과목

차수	시험과목	시험범위	
1차 (2과목)	부동산학개론	• 부동산학개론: 부동산학 총론, 부동산학 각론 • 부동산감정평가론	
	민법 및 민사특별법 중 부동산 중개에 관련되는 규정	• 민법: 총칙 중 법률행위, 질권을 제외한 물권법, 계약법 중 총칙·매매·교환·임대차 • 민사특별법: 주택임대차보호법, 집합건물의 소유 및 관리에 관한 법률, 가등기담보 등에 관한 법률, 부동산 실권리자명의 등기에 관한 법률, 상가건물 임대차보호법	
2차 (3과목)	공인중개사의 업무 및 부동산 거래신고에 관한 법령 및 중개실무	• 공인중개사법 • 부동산 거래신고 등에 관한 법률 • 중개실무(부동산거래 전자계약 포함)	
	부동산공법 중 부동산 중개에 관련되는 규정	• 국토의 계획 및 이용에 관한 법률 • 도시개발법 • 도시 및 주거환경정비법	• 주택법 • 건축법 • 농지법
	부동산공시에 관한 법령 및 부동산 관련 세법*	• 공간정보의 구축 및 관리 등에 관한 법률(제2장 제4절 및 제3장) • 부동산등기법 • 부동산 관련 세법(상속세, 증여세, 법인세, 부가가치세 제외)	

* 부동산공시에 관한 법령 및 부동산 관련 세법 과목은 내용의 구성 편의상 '부동산공시법령'과 '부동산세법'으로 분리하였습니다.
* 답안은 시험시행일 현재 시행되고 있는 법령 등을 기준으로 작성합니다.

시험시간

구분		시험과목 수	입실시간	시험시간
1차 시험		2과목 (과목당 40문제)	09:00까지	09:30~11:10(100분)
2차 시험	1교시	2과목 (과목당 40문제)	12:30까지	13:00~14:40(100분)
	2교시	1과목 (과목당 40문제)	15:10까지	15:30~16:20(50분)

* 위 시험시간은 일반응시자 기준이며, 장애인 등 장애 유형에 따라 편의제공 및 시험시간 연장이 가능합니다(장애 유형별 편의제공 및 시험시간 연장 등 세부내용은 국가자격시험 공인중개사 홈페이지 공지사항 참고).

시험방법

- 1년에 1회 시험을 치르며, 1차 시험과 2차 시험을 같은 날에 구분하여 시행합니다.
- 모두 객관식 5지 선택형으로 출제됩니다.
- 답안은 OCR 카드에 작성하며, 전산자동 채점방식으로 채점합니다.

합격자 결정방법

- 1·2차 시험 공통으로 매 과목 100점 만점으로 하여 매 과목 40점 이상, 전 과목 평균 60점 이상 득점자를 합격자로 합니다.
- 1차 시험에 불합격한 사람의 2차 시험은 무효로 합니다.
- 1차 시험 합격자는 다음 회의 시험에 한하여 1차 시험을 면제합니다.

최종 정답 및 합격자 발표

- 최종 정답 발표는 인터넷(www.Q-Net.or.kr/site/junggae)을 통하여 확인 가능합니다.
- 최종 합격자 발표는 시험을 치른 한달 후에 인터넷(www.Q-Net.or.kr/site/junggae)을 통하여 확인 가능합니다.

학습플랜

8주 완성 학습플랜

- 일주일에 하루 한 과목씩 학습하여 2달에 걸쳐 전 과목을 1회독 할 수 있는 학습플랜입니다.
- 공인중개사 시험 공부를 처음 시작하는 수험생, 학원강의 커리큘럼에 맞추어 공부하는 수험생, 1·2차 동차 합격을 목표로 하는 수험생에게 추천합니다.

구분	월 부동산학개론	화 민법 및 민사특별법	수 공인중개사 법령 및 실무	목 부동산공법	금 부동산공시법령	토 부동산세법
1주차	1편	1편 1~2장	1편 1~3장	1편 1~4장	1편 1~2장	1편 1~4장
2주차	2편	1편 3~4장	1편 4~5장	1편 5~9장	1편 3장~4장 4절	2편 1장 1~5절
3주차	3편	1편 5장~2편 1장	1편 6~7장	1편 10장~2편 4장	1편 4장 5절~5장	2편 1장 6~8절
4주차	4편	2편 2장	1편 8~10장	2편 5장~3편 4장	2편 1~2장	2편 2장~3장 2절
5주차	5편	2편 3~4장	2편 1~3장	3편 5장~4편 1장	2편 3장 1~3절	2편 3장 3절~4장
6주차	6편	2편 5~6장	2편 4~6장	4편 2~5장	2편 3장 4절~4장	3편 1~2장
7주차	7편	3편	3편 1~2장	4편 6장~5편 3장	2편 5장 1~4절	3편 3장 1~5절
8주차	8편	4편	3편 3~4장	5편 4장~6편	2편 5장 5~8절	3편 3장 6~8절

2주 완성 학습플랜 – [민법 및 민사특별법]

- 한 과목을 2주에 걸쳐 1회독 할 수 있는 학습플랜입니다.
- 한 과목씩 집중적으로 공부하고 싶은 수험생에게 추천합니다.

구분	월	화	수	목	금	토
1주차	1편 1~2장	1편 3~4장	1편 5~6장	2편 1장~ 2장 2절	2편 2장 3절~3장	2편 4장
2주차	2편 5장	2편 6장	3편 1장	3편 2장	4편 1~2장	4편 3~5장

셀프 완성 학습플랜 – [민법 및 민사특별법]

- 자율적으로 일정을 설정할 수 있는 학습플랜입니다.
- 자신의 학습속도에 맞추어 과목별 진도를 설정하고 싶은 수험생에게 추천합니다.

제1편 민법총칙	제1장 법률관계와 권리변동	월 일 ~	월 일
	제2장 법률행위	월 일 ~	월 일
	제3장 의사표시	월 일 ~	월 일
	제4장 법률행위의 대리(代理)	월 일 ~	월 일
	제5장 법률행위의 무효와 취소	월 일 ~	월 일
	제6장 조건과 기한	월 일 ~	월 일
제2편 물권법	제1장 총설	월 일 ~	월 일
	제2장 물권의 변동	월 일 ~	월 일
	제3장 점유권	월 일 ~	월 일
	제4장 소유권	월 일 ~	월 일
	제5장 용익물권	월 일 ~	월 일
	제6장 담보물권	월 일 ~	월 일
제3편 계약법	제1장 계약총론	월 일 ~	월 일
	제2장 계약각론	월 일 ~	월 일
제4편 민사특별법	제1장 주택임대차보호법	월 일 ~	월 일
	제2장 상가건물 임대차보호법	월 일 ~	월 일
	제3장 가등기담보 등에 관한 법률	월 일 ~	월 일
	제4장 집합건물의 소유 및 관리에 관한 법률	월 일 ~	월 일
	제5장 부동산 실권리자명의 등기에 관한 법률	월 일 ~	월 일

출제경향분석 및 수험대책

10개년 출제경향분석표

구분		제27회	제28회	제29회	제30회	제31회	제32회	제33회	제34회	제35회	제36회	계	비율(%)
민법총칙	법률관계와 권리변동		1						1			2	0.5
	법률행위	1	3	1	1	1	2		2	1	2	14	3.5
	의사표시	5	1	1	2	2	1	2	1	5	3	23	5.8
	법률행위의 대리	2	2	3	4	3	4	4	3	2	2	29	7.2
	법률행위의 무효와 취소	1	2	4	2	3	2	3	2	1	2	22	5.5
	조건과 기한		1	1	1	1	1	1	1	1	1	9	2.3
	소계	9	10	10	10	10	10	10	10	10	10	99	24.8
물권법	총설	1		1	1	1	1	1	2	1	2	11	2.7
	물권의 변동	1	1	2	3	3	2	1	2	3	2	20	5
	점유권	1	2	2	1	1	2	2	1	1		13	3.2
	소유권	4	3	2	3	2	3	3	2	2	3	27	6.8
	용익물권	2	4	3	3	3	3	4	3	3	4	32	8
	담보물권	6	4	4	3	4	3	3	4	4	3	38	9.5
	소계	15	14	14	14	14	14	14	14	14	14	141	35.2
계약법	계약총론	5	4	5	4	6	5	5	3	8	5	50	12.5
	계약각론	5	6	5	7	4	5	5	7	1	5	50	12.5
	소계	10	10	10	11	10	10	10	10	9	10	100	25
민사 특별법	주택임대차보호법	1	2	1	1	2	2	1	1	2	1	14	3.5
	상가건물 임대차보호법	1	1	1	1	1	1	1	1	2	1	11	2.8
	가등기담보 등에 관한 법률	1	1	1	1	1	1	1	1	1	1	10	2.5
	집합건물의 소유 및 관리에 관한 법률	1	1	1	1	1	1	2	2	1	1	12	3
	부동산 실권리자명의 등기에 관한 법률	2	1	2	1	1	1	1	1	1	2	13	3.2
	소계	6	6	6	5	6	6	6	6	7	6	60	15
총계		40	40	40	40	40	40	40	40	40	40	400	100

제36회(2025년) 출제경향분석

출제유형	분석	
❶ 민법총칙	사례형 문제: 1문제	난이도 중
	박스형 문제: 2문제	
❷ 물권법	사례형 문제: 3문제	난이도 중
	박스형 문제: 3문제	
❸ 계약법	사례형 문제: 5문제	난이도 중
	박스형 문제: 5문제	
❹ 민사특별법	사례형 문제: 5문제	난이도 중상
	박스형 문제: 3문제	

* 제35회 사례형 문제 총 개수: 16문제 / 박스형 문제 총 개수: 11문제
 제36회 사례형 문제 총 개수: 14문제 / 박스형 문제 총 개수: 13문제

제37회(2026년) 수험대책

❶ 5지 선다형 문제찍기 중심 학습법의 종말을 알리는 시대가 도래하였습니다.
   – 철저하게 단계별 학습 프로그램과 기본서의 학습에 충실하신 분은 박스문제의 정답 고르기에서 비교우위를 점유할 수 있고, 사례문제, 판례문제에서도 절대우위에 있습니다.
   – 종합적 학습과 기본원리의 적용에 더욱 충실한 학습자를 시험에 통과시키려는 의도가 다분한 출제경향이 주목됩니다.

❷ 박스문제와 사례문제 합이 27문제로 변별력 유지가 핵심입니다.
   – 민법 및 민사특별법 과목의 절반(24문제 내외)은 박스형 문제와 사례형 문제라고 예상하고 준비하시는 것이 좋겠습니다.
   – 선택형 박스 지문을 통해 내용의 정확성과 학습의 정교함에 대한 테스트를 요구하고 있다는 점에 주목하여야 합니다.
   – 단계별 학습프로그램에 따른 심층학습자와 요령 위주 학습자를 변별하는 지문으로 시험을 구성하는 것이 대부분입니다.

❸ 판례의 집약적 학습이 중심이 되는 학습이 필요합니다.
   어려운 판례는 배제시키고 테마별 기본판례, 중요판례의 학습과 박스형 문제의 결합으로 시험의 변별력을 높이는 추세이므로, 이 부분을 효과적으로 핵심을 정리하는 것이 요망된다고 하겠습니다.

❹ 민사특별법은 사례문제로 5문제 이상을 출제하는 경향이 제35회에 이어서, 제36회에도 보편화되고 있는 점을 주목하셔야 하겠습니다.

해커스 공인중개사
land.Hackers.com

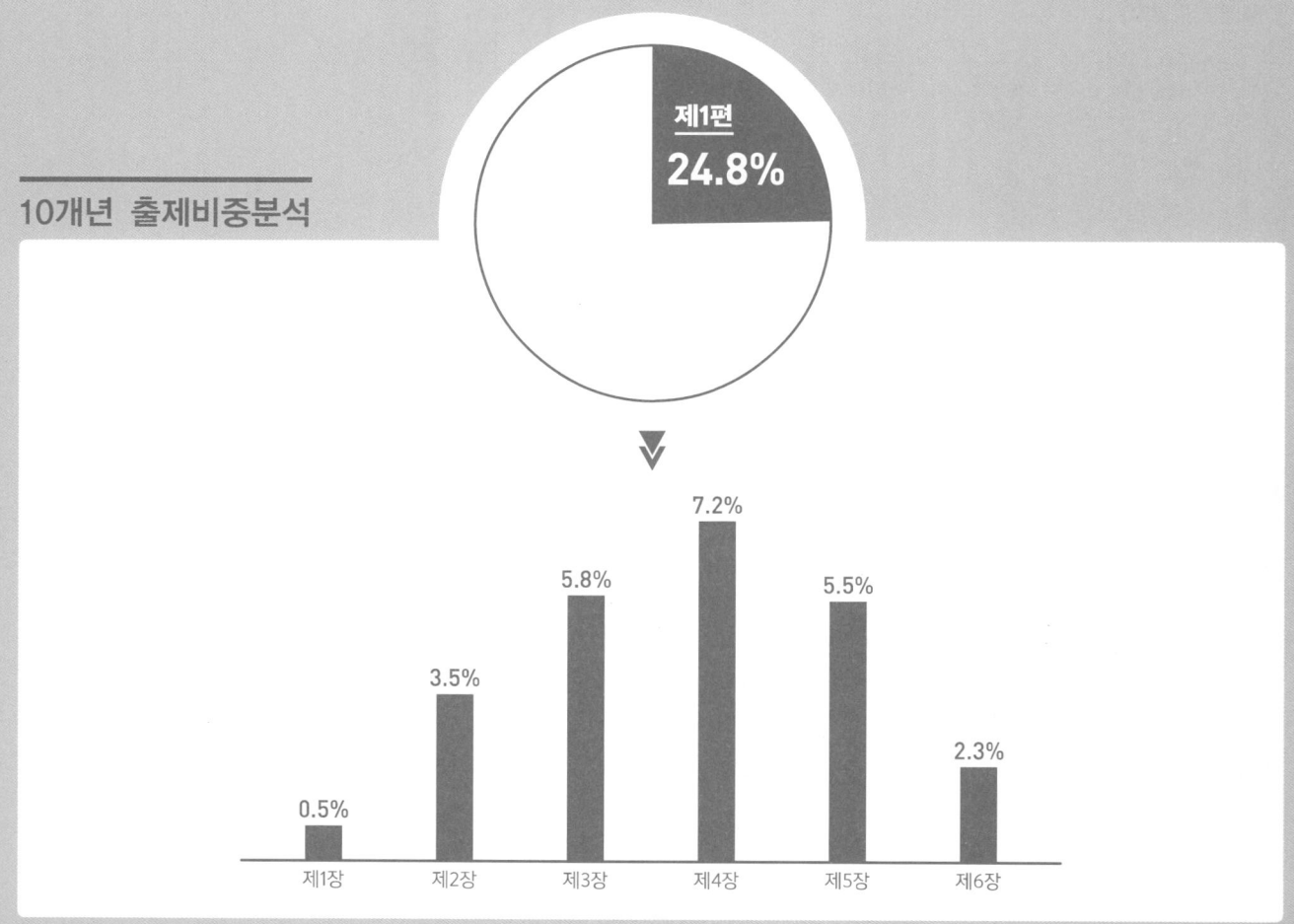

제1편

민법총칙

제1장　법률관계와 권리변동

제2장　법률행위

제3장　의사표시

제4장　법률행위의 대리(代理)

제5장　법률행위의 무효와 취소

제6장　조건과 기한

제1장 법률관계와 권리변동

목차 내비게이션 | 제1편 민법총칙

- **제1장** 법률관계와 권리변동
- 제2장 법률행위
- 제3장 의사표시
- 제4장 법률행위의 대리
- 제5장 법률행위의 무효와 취소
- 제6장 조건과 기한

제1절 서론
제2절 권리의 변동
제3절 권리변동의 원인

출제경향
권리변동의 모습과 원인에서 최근 10년간 4회 출제되었다.

학습전략
- 법률사실 및 법률행위, 법률요건의 차이를 정확히 이해하여야 한다.
- 법률행위와 준법률행위를 구별하여 숙지한다.

핵심개념

1. [권리의 변동]			2. [권리변동의 원인]		
원시취득의 사례	★☆☆☆☆	p.21	준법률행위	★★☆☆☆	p.25
승계취득의 사례	★☆☆☆☆	p.21			

제1절 서론

01 「민법」의 구성체계[1]

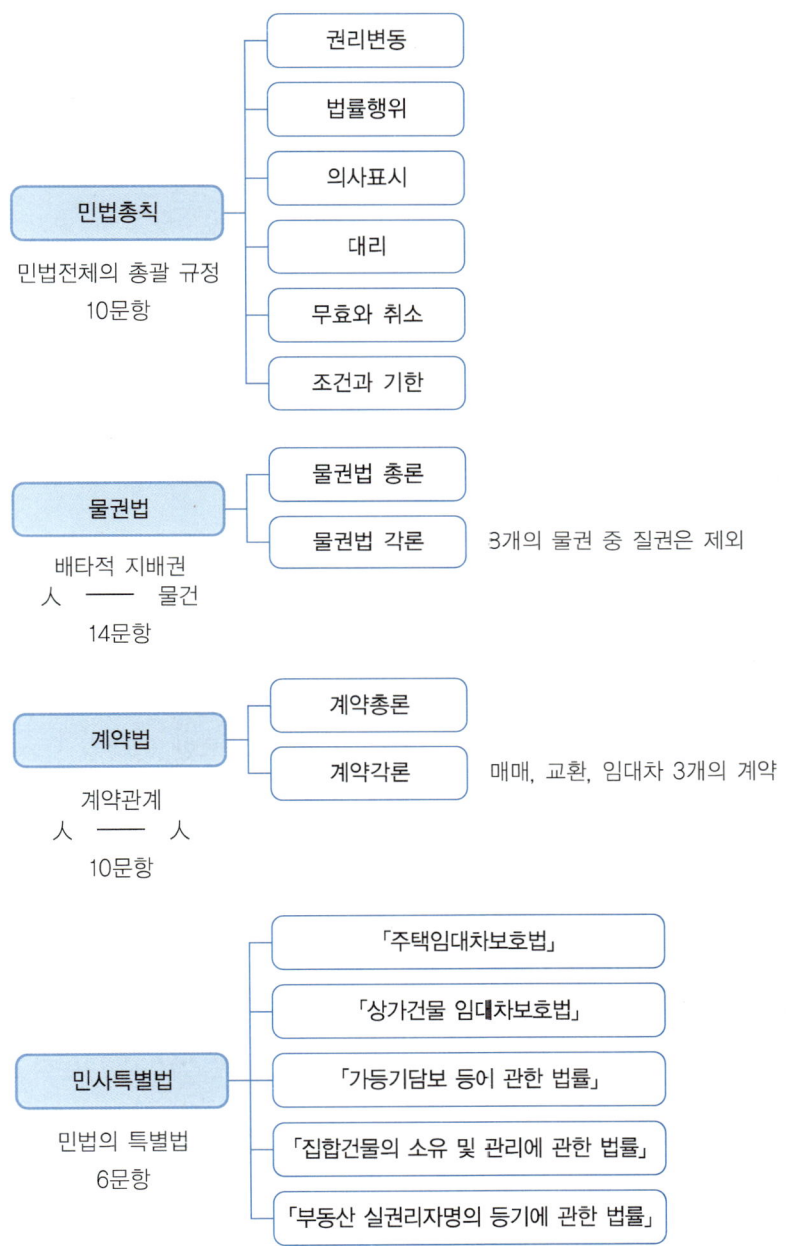

> 「민법」 → 이하 제1편~제3편에서 법명을 생략한다.

목차 내비게이션

「민법」의 전반적인 구성 및 제반사항에 관한 이해

[1]
- 물권법은 질권을 제외하고, 전부가 시험 출제범위에 해당된다.
- 계약법은 계약총론 부분과, 각론 부분에서 매매, 교환, 임대차 3개의 계약만 출제범위에 해당된다.
- 처음 공부할 때는 [계약법 – 민사특별법 – 민법총칙 – 물권법] 순서로 전개하면 보다 쉽게 접근 가능하다.

(1) 「민법」의 구성

「민법」은 개인과 개인간의 사적인 권리의 다툼을 민법전❶을 통하여 해결하는 과목이다. 민법전은 민법총칙, 물권법, 채권법(계약법), 가족법❷의 네 편으로 나뉜다.

❶ 약 1,100여 개의 조문으로 구성된다.

❷ 민사특별법이 대체한다.

(2) 분쟁의 사례

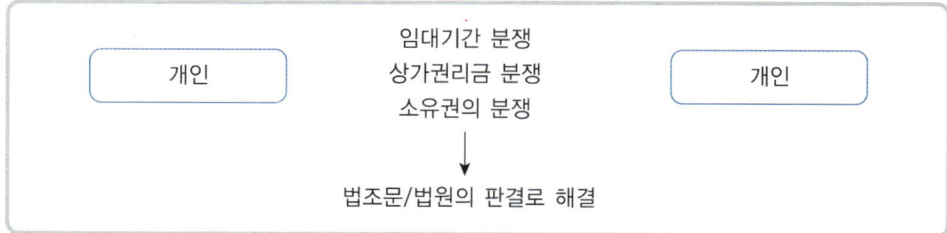

(3) 「민법」의 위상

이러한 「민법」은 실체법이고 일반법이며 사법의 왕이라고 불린다. 또한 공인중개사 2차 과목에 지대한 영향력을 미치는 모든 법학의 뿌리·근간이 되는 필수과목이다.

02 법규범과 권리·의무

(1) 사람이 공동생활을 유지해 나가는 데에는 일정한 규범, 규칙(Rule)이 필요한데 이것을 사회규범이라고 한다. 이러한 사회규범에는 도덕규범, 관습규범, 법규범 등 여러 가지가 공존하여 공동체 질서를 유지하는 데 중요한 근간을 제공하고 있다.

(2) 법률관계는 법에 의하여 보호받는 자와 법에 의하여 구속되는 자의 관계로 나타나는 바, 전자의 지위를 권리, 후자의 지위를 의무라고 한다. 결국 법률관계는 권리·의무관계라고 표현할 수 있다.

03 권리의 주체(人)

(1) 권리를 가질 수 있는 주체는 자연인(自然人)과 법인(法人)으로 나눈다.

(2) 「민법」에서 사람의 능력은 권리능력, 의사능력, 행위능력으로 나뉜다.
   ① 권리능력: 모든 사람이 가지는 능력을 말한다.
   ② 의사능력: 사물의 시시비비를 변별할 수 있는 능력을 말한다. 의사능력이 결여된 의사무능력자의 법률행위는 무효이다.
   ③ 행위능력: 법률행위를 단독으로 유효하게 할 수 있는 능력을 말한다.

용어사전
제한능력자
1. 미성년자: 만 19세에 이르지 못한 자
2. 피성년후견인(종전 금치산자): 후견을 받게 되는 사람을 말한다.
3. 피한정후견인(종전 한정치산자)
4. 제한능력자의 법률행위는 유효하고 스스로 취소할 수 있다.

제2절 권리의 변동 제26·28·34회

법률관계의 내용을 권리중심으로 파악하면 권리가 발생·변경·소멸하는 모습으로 나타나게 된다. 예컨대 건축주가 건물을 신축하면 권리의 취득, 집을 매수자에게 매각하면 권리의 변경, 집이 오래되어서 철거하면 권리의 소멸로 나누어 볼 수 있는데 이를 총칭하여 권리의 변동(권리의 득실변경)이라 한다.

01 권리의 발생(취득)

(1) 원시취득(原始取得) 제28·32·34회

① 어떠한 권리가 타인의 권리에 의존하지 않고 종전에 없었던 새로운 권리가 최초로 발생하는 것이다. ❶

② 원시취득의 대표적인 사례
  ㉠ 건물의 신축으로 건축주가 소유권을 최초로 취득하는 것이다.
  ㉡ 유실물의 습득(제253조): 길 잃은 고양이를 습득자가 취득 등
  ㉢ 무주물의 선점(제252조)❷: 도시어부가 바다낚시로 물고기를 먼저 잡는 것
  ㉣ 점유취득시효(제245조)❸
  ㉤ 가공으로 인한 가공물의 소유권취득: 타인의 동산에 노력을 하여 새로운 물건을 제조하는 것을 말한다.
  ㉥ 채권자 B가 채무자 A에게 빌려준 돈의 채권 1억원을 처음으로 취득

(2) 승계취득(承繼取得)❹ 제28·29회

① 이전적 승계: 구 권리자 A에게 속했던 권리가 동일성을 유지하면서 그대로 신 권리자 B에게 이전되어 양도되는 것으로 권리의 주체만 바뀐다(빌라의 매매).❺
  ㉠ 특정승계(매매로 이전): 개별적 권리가 개개의 특정원인에 의해 이전함.

> |사례|
> A 소유의 아파트를 매도받아 양수인 B가 새로 소유권을 취득하는 경우

  ㉡ 포괄승계(상속으로 소유권 이전): 하나의 취득원인에 의하여 다수의 권리가 일괄적으로 이전되는 것이다(피상속인 아버지의 수많은 재산을 상속으로 상속인이 포괄적으로 취득하는 경우).

② 설정적 승계: 구 권리자의 권리는 그대로 존속하면서, 신 권리자가 구 권리자가 가지는 권능 중의 일부를 취득하는 것이다(예 빌라에 전세권, 저당권을 설정).

용어사전

원시취득
새로운 권리의 최초발생을 뜻한다. 시효취득, 신축·무주물 선점 등

❶ 전주인에게 있던 부담이 소멸한다.

❷ 무주의 동산을 소유의 의사로 선점한 자는 소유권을 처음으로 취득한다.

❸ 남의 땅을 20년간 소유의 의사로 점유한 경우 등기한 때에 점유자가 법률의 규정으로 소유권을 취득한다.

❹ 이전적 승계와 설정적 승계의 차이를 구별해야 한다.

❺ 전주에게 붙어있는 부담이 소멸하지 않고 승계인에게 그대로 승계된다.

기출 CHECK ✓
건물주가 건물에 저당권을 설정하는 것은 이전적 승계가 아니라 설정적 승계이다.

정답 O

02 권리의 변경

(1) 주체의 변경

집주인 A가 상가를 매각하여 B가 신 소유자로 되는 것이다.

(2) 내용의 변경 제28회

① **질적 변경**: 공장의 매매에서 공장이 주인의 관리소홀로 불타버린 경우 공장의 인도를 목적으로 하는 본래의 채무가 화재로 인하여 이행불능이 되어 손해배상채무로 동일성을 유지한 채 존속하는 것을 말한다.

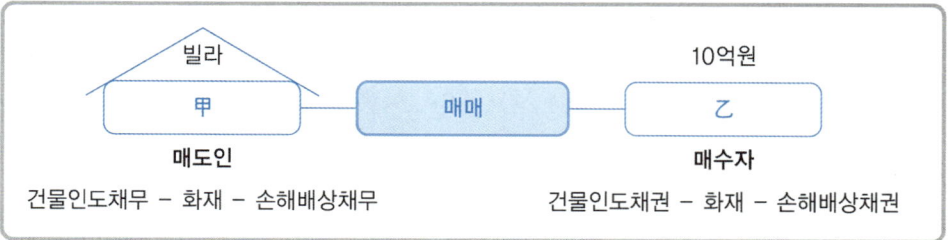

❶ 건물인도의 채무가 이행불능이 되어 손해배상채무로 바뀌는 것은 작용의 변경이 아니라 내용의 변경이다. 이때 채무자는 '본래의 채무이행에 대신하는 손해배상'을 하는데 이를 전보배상이라 한다.

② **양적 변경**: 아파트에 2년간 전세권을 설정하여(제한물권의 설정으로 인하여) 소유권의 양적 제한을 받는 경우를 말한다.

(3) 작용의 변경

1번 저당권의 소멸로 2번 저당권의 순위가 승진하는 경우를 말한다.

03 권리의 소멸

(1) 절대적(객관적) 소멸

권리 그 자체가 종국적으로 없어지는 것을 말한다. 예컨대 건물의 멸실로 인하여 건물의 소유권이 소멸하는 것을 말한다.

(2) 상대적(주관적) 소멸

상가매매의 경우 매도인은 소유권을 상실하게 되는 반면에 매수자인 신 권리자의 측면에서는 상가에 대한 권리가 상대적으로 발생하는 것을 말한다.

기출 CHECK ✓
건물의 소유자가 매매로 소유권을 상실하는 것은 권리의 상대적 소멸이다.
정답 O

제3절 권리변동의 원인

|사례|
1. 매도자 甲이 집을 5억원에 판다는 **청약**을 하였다. [3월 1일]
2. 매수자 乙이 5억원에 산다는 **매매합의**를 하였다. [4월 1일]
3. 매수자에게 잔금지급과 동시에 소유권이전등기가 경료되었다. [6월 1일]

핵심 콕! 콕! 법률사실 · 법률요건 · 법률효과 ❶

법률사실	법률요건	법률효과(권리발생)
집을 판다는 청약 의사표시	법률행위 [매매계약]	소유권이전 채무 대금지급 채권
의사표시 없이 아버지가 사망	법률규정 [상속]	재산권의 이전

❶ 청약은 법률사실이고 매매계약은 법률요건이다.

권리변동이 일어나기 위하여 일정한 전제조건을 갖추어야 하는데 어떤 전제조건을 갖추었을 때 법률요건❷이라 하며, 그로 인한 법률효과가 발생한다.

❷ 어떤 법률효과가 생기기 위하여 법률이 요구하는 요건을 「법률요건」이라고 한다.

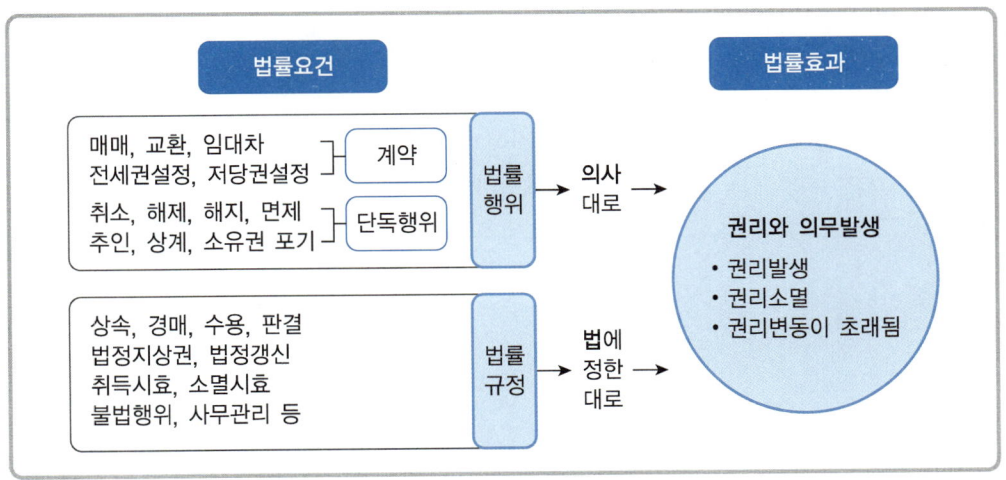

기출 CHECK ✓
매매계약은 청약과 승낙이라는 두 개의 법률사실로 이루어지는 법률요건이다.

정답 O

❶ 당사자의 의사에 따라 권리변동이 일어나는 것이다.

❷ 매매계약을 법률요건이라고도 하고, 법률행위라고도 한다.

❸ 고의 또는 과실로 인한 위법행위로 타인에게 손해를 가한 자는 그 손해를 배상할 책임이 있다(제750조).

기출 CHECK ✓
임대차계약은 청약과 승낙이라는 두 개의 법률사실로 이루어지는 법률요건이다.

정답 O

01 법률요건

(1) 의의
어떤 전제조건을 갖추었을 때(법률요건) 그로 인한 법률효과가 발생한다. 다시 말해서 권리의 변동(법률효과)을 생기게 하는 원인이 되는 것을 법률요건이라고 한다.

(2) 법률요건의 분류
① 법률행위❶
  ㉠ 매매계약, 임대차계약, 전세권설정계약, 저당권설정계약 등을 통틀어서 법률행위라고 총칭하여 부른다.
  ㉡ 법률행위는 행위자가 원하는 의사대로 효과가 발생한다는 것에 특징이 있다.❷
② 법률규정
  ㉠ 상속·경매·수용·법정지상권 등은 법률규정으로 권리변동이 나타난다.
  ㉡ 불법행위❸ 등도 법률규정에 의해 법률효과가 발생한다.

02 법률사실 제26·27회

(1) 법률사실의 개념
법률요건을 구성하는 개개의 사실을 법률사실이라 한다. 1개 또는 여러 개의 법률사실이 결합해서 법률요건을 구성한다.

(2) 매매계약이라는 법률요건은 청약이라는 법률사실과 승낙이라는 두 개의 법률사실이 결합하여 매매계약이라는 법률요건이 이루어진다. 한편, 취소·해제같은 단독행위 같은 경우에는 취소라는 법률사실만으로 법률효과가 발생하기도 한다.

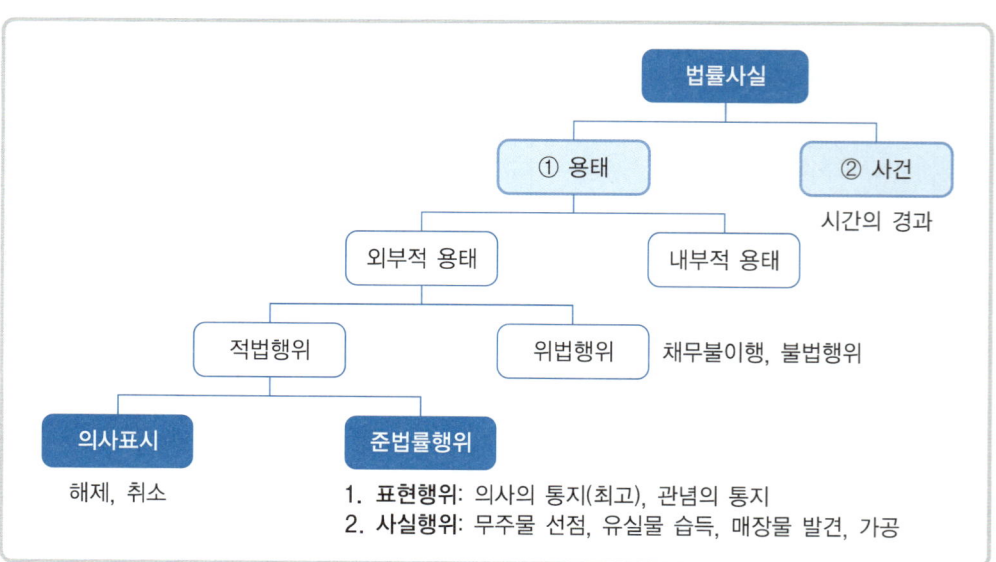

더 알아보기 | 법률사실의 분류

1. 용태와 사건
   (1) 용태: 사람의 정신작용에 기한 법률사실을 말한다.
   (2) 사건: 사람의 정신작용에 기하지 않은 법률사실을 말한다. ❶

2. 외부적 용태와 내부적 용태
   (1) 외부적 용태: 사람의 정신작용이 외부에 드러나는 행위를 말한다.
   (2) 내부적 용태: 사람의 정신작용이 외부에 나타나지 않는 상태를 말한다. 종류로는 다음이 있다.
      ① 선의: 사람이 선하다는 의미가 아니라 어떤 사정을 **모르는 것**
      ② 악의: 악의적 의도를 말하는 것이 아니라 어떤 사정을 **알고 있는 것**

3. 적법행위와 위법행위
   (1) 적법행위: 법질서가 허용한 행위를 말한다. 이는 다시 의사표시(법률행위)와 준법률행위로 나뉜다(이 부분은 학자마다 견해의 다툼이 있음).
      ① 의사표시: 일정한 법률효과의 발생을 목적으로 의사를 외부로 표시하는 행위이다(**매매의 청약**, 사기를 원인으로 계약의 취소, 해제, 채무면제).
      ② 준법률행위❷
         ㉠ **표현행위: 어떤 의사나 관념이 표시한대로 효과가 생기는 것이 아니라 그 표시에 수반하는 법률이 규정한 대로 법률효과가 발생하는 것이다.**
            ⓐ 의사의 통지(최고장): 자신의 **어떤 의사**(최고, 거절)를 알리는 행위이다.
               • 무권대리에서 추인 여부에 대한 확답의 최고(제131조)
               • 금전의 대여금 채권자A가 채무자B에게 대여금을 갚아달라고 최고를 함
            ⓑ 관념의 통지(사실의 통지): 어떤 '사실을 통지'하여 알리는 것을 말한다.
               • 甲이 乙에게 대리권을 수여한다는 사실을 상대방에게 통지(제125조)
               • 승낙이 승낙기간을 지나 연착되었다는 사실을 통지하는 것(제528조)
               • 채권 1억원을 양도한다는 사실을 통지하는 것
         ㉡ 비표현행위(사실행위): 어떤 의사의 표현 없이 어떤 사실의 결과만으로 법률효과를 부여하는 것이다(선점, 습득, 발견, 가공).
   (2) 위법행위: 법질서를 위반한 것으로 채무불이행, 불법행위가 있다.

---

❶ 시간의 경과와 같이 사람의 정신작용에 기하지 아니한 법률사실이다.

❷ 이행의 최고는 준법률행위다.

용어사전
최고장[납부 최고]
- 대여금 1억원을 1주 내로 납부하여 주시기 바랍니다.
- 납부하지 않으면 집을 압류할 예정임을 알려드립니다(➡ 의사의 통지).
- 채권자가 최고를 하면 법률규정으로 채권의 소멸시효가 연장된다.

> **확인예제**
>
> **다음 중 서로 잘못 짝지어진 것은?** 제28회
>
> ① 저당권의 설정 – 이전적 승계
> ② 소유권의 포기 – 상대방 없는 단독행위
> ③ 청약자가 하는 승낙연착의 통지 – 관념의 통지
> ④ 무주물의 선점 – 원시취득
> ⑤ 무권대리에서 추인 여부에 대한 확답의 최고 – 의사의 통지
>
> **해설**
> 저당권의 설정은 설정적 승계에 해당한다. 정답: ①

land.Hackers.com

제 2 장 법률행위

목차 내비게이션 | 제1편 민법총칙

- **제1장** 법률관계와 권리변동
- **제2장** 법률행위
  - 제1절 법률행위의 개념
  - 제2절 법률행위의 요건
  - 제3절 법률행위의 종류
  - 제4절 법률행위의 목적(유효요건)
  - 제5절 법률행위의 해석
- **제3장** 의사표시
- **제4장** 법률행위의 대리
- **제5장** 법률행위의 무효와 취소
- **제6장** 조건과 기한

출제경향
법률행위에서는 제103조, 제104조 이중매매에서 매년 2~3문제 출제된다.

학습전략
- 법률행위의 요건에서 법률행위의 효력발생요건이 아닌 것을 고를 줄 알아야 한다.
- 법률행위의 종류, 의무부담행위가 아닌 것을 고를 줄 알아야 한다.
- 법률행위의 목적에서는 제103조 위반으로 무효인 것과 반사회적 행위가 아닌 것을 고를 줄 알아야 한다.
- 이중매매의 쟁점을 사례로 이해하여야 하고 제104조(불공정한 법률행위)를 숙지하여야 한다.
- 법률행위의 해석에서는 오표시 무해의 원칙을 사례로 숙지하여야 한다.

핵심개념

1. [법률행위의 요건]
   효력발생이 아닌 것 ★☆☆☆☆ p.30
2. [법률행위의 종류]
   단독행위 ★★☆☆☆ p.31
   의무부담행위 ★★★☆☆ p.32
3. [법률행위의 목적]
   불능 ★★☆☆☆ p.34
   제103조 ★★★★★ p.37
   이중매매 ★★★★★ p.42
   제104조 ★★★★★ p.45
4. [법률행위의 해석]
   오표시 무해의 원칙 ★★☆☆☆ p.49

제1절 법률행위의 개념

01 의의

(1) 법률행위

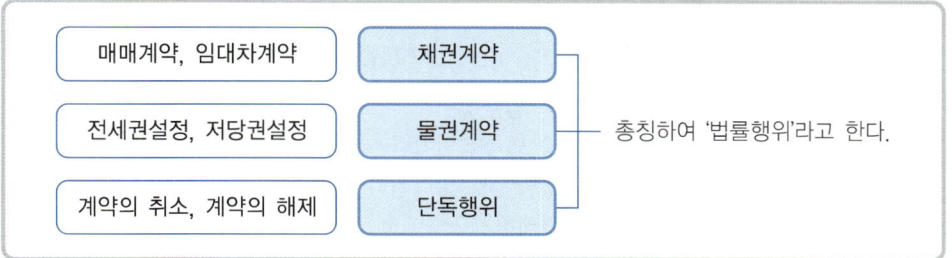

① 법률행위란 의사표시를 불가결의 요소로 하는 '법률요건'을 말한다.
② 매매계약을 계약법에서는 계약으로, 민법총칙에서는 법률행위라고 한다.

(2) 법률행위의 특징

법률행위는 당사자가 원하는 의사대로 권리가 발생, 변경, 소멸하는 것이 특징이다. 준법률행위는 당사자의 의사와 무관하게 법률의 규정대로 효과가 발생한다.

(3) 법률행위자유의 원칙❶

법률행위자유의 원칙은 법률에 특별한 제한이 없는 한 구체적으로는 계약체결의 자유, 상대방 선택의 자유, 내용결정의 자유 및 방식의 자유 등으로 드러난다.

❶ 계약자유의 원칙이라 한다.

제2절 법률행위의 요건 제26·27회

01 개념

(1) 법률행위가 당사자의 의도대로 효과를 발생시키기 위해서는 일정한 요건을 갖추어야 한다. 따라서 법률행위가 성립하였어도(계약이 체결) 법에서 요구하는 효력요건을 갖추지 못하면 당사자의 의도대로 효과가 발생하지 않는다.

(2) 여기에는 성립요건과 효력요건(유효요건)의 두 가지가 요구된다.

법률행위의 요건

일반 성립요건	일반 효력발생요건
당사자	권리능력, 의사능력, 행위능력을 가질 것
목적	확정성, 가능성, 적법성, 타당성, 공정성
의사표시	의사와 표시가 일치하고 하자가 없을 것

특별 성립요건	특별 효력발생요건
혼인에서 신고	① 조건부 법률행위에서 **조**건의 성취 ② 기한부 법률행위에서 **기**한의 도래 ③ 대리행위에서 **대리**권의 존재 ④ 토지거래허가구역에서 토지거래의 **허가**

02 입증책임

(1) 법률행위의 무효를 주장하는 자가 무효사유를 입증해야 한다.

(2) 유효요건은 법률행위의 존재(유효)를 주장하는 자가 입증해야 한다.

03 농지취득자격증명은 효력발생요건이 아니다.

농지취득자격증명은 농지를 취득하려는 자가 소유권등기를 신청할 때 첨부하는 서류로서(「농지법」 제8조) 농지취득의 자격이 있다는 것을 증명할 뿐, 농지취득의 원인이 되는 농지매매의 효력발생요건이 아니고 등기신청할 때 첨부요건에 불과하다(대판 1998. 2. 27, 97다49251).

기출 CHECK ✓

농지매매에서 농지취득자격증명은 효력발생요건이 아니다.

정답 O

제3절 법률행위의 종류 제32회

01 단독행위와 계약 제27·28·32회

(1) 단독행위(일방행위)

단독행위	① 상대방 있는 단독행위 　㉠ 사기를 원인으로 취소 　㉡ 채무면제 　㉢ 해제(소급해서 소멸) 　㉣ 해지(장래효) 　㉤ 추인(추후에 승인) 　㉥ 임차권의 양도시 임대인의 동의 　㉦ 수권행위의 철회·시효이익의 포기·공유지분 포기 ② 상대방 없는 단독행위: 소유권의 포기, 재단법인의 설립, 유증
계약(쌍방행위)	매매, 임대차계약, 증여, 매매의 일방예약, 합의해제, 합의해지

주의할 것은 법정해제는 해제권자가 일방적으로 하는 단독행위이지만 합의해제, 매매의 예약은 단독행위가 아니라 계약(쌍방행위)이라는 점이다.

> **확인예제**
>
> 상대방 있는 단독행위에 해당하지 않는 것은? (다툼이 있으면 판례에 따름) 제32회
> ① 공유지분의 포기
> ② 무권대리행위의 추인
> ③ 상계의 의사표시
> ④ 취득시효 이익의 포기
> ⑤ 재단법인의 설립행위
>
> **해설**
> 재단법인의 설립행위는 상대방 없는 단독행위에 해당한다.　　정답: ⑤

(2) 계약(쌍방행위)

복수의 당사자가 서로 대립적으로 일치하는 의사표시(청약과 승낙의 의사표시)를 함으로써 성립하는 법률행위를 말한다. 두 사람의 합의로 이루어지는 계약에는 채권계약(예 매매계약, 임대차계약, 교환계약, 매매의 예약), 물권계약(예 전세권설정계약, 저당권설정계약)이 있다.

목차 내비게이션

법률행위의 종류
1. 단독행위와 계약
2. 불요식행위와 요식
3. 출연행위와 비출연
4. 유상행위와 무상행위
5. 의무부담행위와 처분행위

기출 CHECK ✓
합의해제, 매매의 일방예약은 단독행위가 아니라 계약이다.
　　　　　　정답 O

용어사전
예약
장차 본 계약의 체결을 두 사람이 미리 약정하는 것을 말한다.

02 불요식행위와 요식행위 제26회

불요식행위 (不要式)	① 방식에 아무런 제한이 없는 것(「민법」의 원칙) ② 매매, 교환, 임대차계약할 때 서면으로 작성하지 않은 계약도 유효
요식행위 (要式)	법률이 규정한 일정한 방식을 갖추어야 하는 것(예) 유언에서 자필증서의 방식, 녹음의 방식 등을 갖추어야 효력이 발생하는 것)

기출 CHECK ✓
매매, 교환계약에서 계약서를 작성하지 않은 계약도 효력이 있다.
정답 O

03 출연행위(出捐行爲)와 비출연행위(非出捐行爲)

출연행위	① 자기 재산을 감소시키고 타인의 재산을 증가하게 하는 행위 ② 아파트를 부모가 자식에게 증여하면 증여자는 재산이 감소되고 수증자는 재산이 증가(예) 매매, 증여, 교환 등)
비출연행위	① 타인의 재산은 증가되지 않고 자기의 재산을 감소하게 함(예) 소유권의 포기) ② 타인의 재산의 증감을 일어나게 하지 않는 행위(예) 대리권의 수여)

기출 CHECK ✓
타인의 재산은 증가되지 않고 자기의 재산을 감소시키는 행위는 출연행위가 아니다.
정답 O

04 유상행위와 무상행위

유상행위	대가적 출연이 있는 행위(예) 매매, 교환, 임대차)
무상행위	대가적 출연이 없는 행위(예) 증여, 사용대차, 무이자 소비대차)

용어사전
사용대차
물건을 무상으로 쓰고 반환하기로 하는 약정을 말한다.

채권행위
채권, 채무를 발생하게 하는 약속을 말한다.

05 채권행위(의무부담행위)와 처분행위 제27·28회

> **핵심 콕! 콕!**
>
> 甲 소유 건물을 매수인 乙과 3월 1일 10억원에 매매계약을 하였다.
> • 3월 1일에 계약금 1억원을 당일 지급한다.
> • 6월 1일에 잔금의 지급과 동시에 소유권이전하기로 한다.

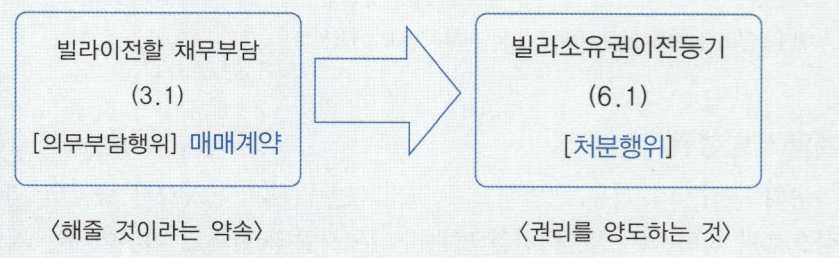

채권행위 (의무부담)	① 개념: 당사자 사이에 **채권·채무 관계를 발생**시키는 것을 내용으로 하는 것 ② 사례: 매매계약처럼 **장래에 이행해 줄 의무부담의 약속(합의)**을 하는 것 　㉠ 매도인(매매대금 채권 / 소유권이전 채무부담) 　㉡ 매수인(대금 채무부담 / 소유권이전 채권발생) ③ 의무부담행위의 예시: 매매, 매매의 예약, 임대차, 교환, 아파트 분양 약정 등
처분행위	① 개념: 즉시 직접 권리의 변동을 초래하는 법률행위를 말하고 채권행위와 달리 더 이상 이행의무가 남아 있지 않는다. 　채권행위에 의해서는 채권이 발생할 뿐이고 이행의 문제가 남게 되지만, 처분행위에 의해서는 즉시 권리변동이 발생하므로 이행의 문제가 없다. ② 종류 　㉠ 물권행위: 물권변동을 목적으로 하는 법률행위 　　예컨대, 빌라의 소유권을 양도하여 소유권이전등기를 하는 것, 자동차를 양도하여 소유권을 양도하는 것, 빌라에 저당권설정 　㉡ 준물권행위: 물권 이외의 권리를 종국적으로 변동시키는 법률행위 　　예컨대, **채권양도, 채무면제, 특허권의 양도** 등

기출 CHECK ✓
타인이 소유하는 부동산의 매매, 교환, 임대차계약은 무효가 아니라 유효하다.
정답 O

핵심 콕! 콕! 채권행위와 처분행위의 구별

구분	채권행위(의무부담행위)	처분행위
종류	① 매매계약, 분양계약 ② 임대차계약, 교환계약 ③ 매매의 예약	① 물권행위: 저당권 설정행위, 전세권 설정행위 ② 준물권행위❶: 채권양도, 채무면제
구별 실익	타인소유물에 대한 매매, 교환, 임대차계약은 유효	처분권 없는 자의 처분행위는 무효

기출 CHECK ✓
채권양도, 저당권 설정은 채권행위가 아니라 처분행위이다.
정답 O

❶ **준물권행위와 준법률행위**
- 준물권행위는 처분행위의 일종이다.
- 준법률행위는 의사의 통지, 관념의 통지와 같은 법률사실의 일종이다.

확인예제

다음 중 연결이 잘못된 것은? (다툼이 있으면 판례에 따름) 　제34회

① 임차인의 필요비상환청구권 - 형성권
② 지명채권의 양도 - 준물권행위
③ 부동산 매매에 의한 소유권 취득 - 특정승계
④ 부동산 점유취득시효완성으로 인한 소유권 취득 - 원시취득
⑤ 무권대리에서 추인 여부에 대한 확답의 최고 - 의사의 통지

해설
필요비상환청구권은 형성권이 아니라 청구권이다. 형성권에는 지상물매수청구권, 부속물매수청구권, 차임증감청구권, 환매권 등이 있다.
정답: ①

제4절 법률행위의 목적(유효요건)

1. 확정성	언제까지 목적을 확정하는가?
2. 가능성(불능)	원시적 불능과 후발적 불능
3. 적법성	효력규정, 단속규정
4. 사회적 타당성	제103조, 이중매매의 사례
5. 공정성	제104조

법률행위의 목적이라 함은 법률행위를 하는 자가 그 행위에 의하여 발생시키려고 하는 법률효과를 말하며, 법률행위의 내용이라고도 한다.

01 확정성

법률행위의 목적은 언제까지 확정하여야 하는가에 대하여 일반적으로 법률행위 성립 당시에 확정하는 것이 보통이지만 주의할 것은 반드시 계약성립 당시에 확정되어 있을 것을 요하지 아니한다는 점이다. 따라서 계약체결 당시에 확정되어 있지 않으나 이행기까지 확정할 수 있는 기준이 정해져 있으면 된다.

> **판례** 법률행위의 목적이 반드시 계약체결 당시에 확정되어 있어야 하는지 여부
>
> 상가분양계약시 분양호수인 매매 목적물과 분양대금은 분양계약시에 확정되지 않았으나 '동호수는 입주시에 추첨으로 정한다'는 기준이 정하여져 있으면 분양계약은 유효하다. 그러므로 매매의 목적물과 대금은 **반드시 그 계약체결 당시에 구체적으로 확정하여야 하는 것은 아니고 이를 사후에라도 구체적으로 확정할 수 있는 방법과 기준**이 정하여져 있으면 족하다(대판 2009.3.16, 2008다1842).

02 가능성(불능)

> **더 알아보기** 불능의 체계[1]

원시적 불능	① 원시적, 객관적 불능(무효) → 계약체결상의 과실 책임
	② 원시적, 주관적 불능(유효) → 담보책임의 문제
후발적 불능(유효)	① 채무자에게 귀책사유가 없는 경우 → 위험부담의 문제
	② 채무자에게 귀책사유가 있는 경우 → 채무불이행책임의 문제

기출 CHECK ✓
법률행위의 목적이나 대금은 반드시 법률행위 성립 당시에 확정되어야 하는 것은 아니다.
정답 ○

[1] 계약법과 연계된다.

기출 CHECK ✓
계약체결 후 계약의 목적이 이행불능이 된 경우 법률행위는 무효이다.
정답 ✗

용어사전

원시적 불능
처음부터 실현 불가능한 것을 말한다.

후발적 불능
계약 성립 이후에 실현 불가능한 것을 말한다.

|사례|

甲 소유의 공장 A와 공장 B를 20억원에 매매계약을 매수인 乙과 체결하였다.
1. 공장 A, B가 계약 당시에 모두 화재로 전소되었다. [원시적, 객관적 불능]
2. 공장 A가 계약 당시에 존재하나 타인소유인 상황이다. [원시적, 주관적 불능]
3. 공장 A, B가 계약체결 후 태풍으로 멸실되었다. [후발적 불능 – 위험부담]
4. 공장 A, B가 계약체결 후 매도인의 과실로 멸실되었다. [후발적 불능 – 이행불능]

(1) 가능과 불능의 판단

① 법률행위 목적이 실현 불가능한 것을 불능이라 하고, 실현 불능 여부는 그 시대의 사회통념(일반인에 널리 퍼져 있는 건전한 상식)에 의하여 결정된다.
② 법률행위 목적의 불능 여부의 판단시점은 '법률행위의 성립 당시'가 기준이며, 성립 이후의 사정을 고려한 이행기가 기준이 아니다.

(2) 불능의 종류

① 원시적 불능(原始的 不能)
  ㉠ 개념: 법률행위의 성립 당시부터 이미 목적이 실현 불능인 경우를 말한다(예 매매의 목적물인 건물이 계약체결 당시부터 이미 화재로 멸실한 경우).
  ㉡ 원시적 불능의 효과: 원시적으로 전부 불능인 법률행위는 무효이다.

② 후발적 불능
  ㉠ 개념: 예컨대 매매계약의 체결 후에 매매의 목적물인 공장이 불타버린 경우가 그 예이다.
  ㉡ 후발적 불능의 효과: 법률행위의 성립 후 목적이 이행불능인 경우 법률행위는 유효하다.
    ⓐ 불능의 원인이 채무자에게 귀책사유가 있으면 채무불이행책임이 성립한다.
    ⓑ 불능의 원인이 채무자에게 귀책사유가 없으면 위험부담이 성립한다.

기출 CHECK ✓
후발적 불능인 법률행위는 채무불이행책임, 위험부담이 문제된다.

정답 ○

용어사전

1. 강행규정
- 법령 중에 선량한 풍속 기타 사회질서에 관계 있는 규정을 말한다.
- 강행규정을 위반한 법률행위는 절대적·확정적 무효이고, 추인해도 효력이 없다.

2. 임의규정
사회질서에 관계없는 규정을 말한다.

❶ 보충
강행법규와 단속법규의 관계
1. 1설: 강행법규 속에 효력규정/단속규정으로 나눈다.
2. 2설: 강행법규와 단속법규로 구분하고 단속법규 속에 효력규정과 단순단속규정으로 나눈다.

기출 CHECK ✓
중간생략등기 금지규정, 전매를 제한하는 규정, 중개사와 의뢰인간의 직접거래 금지규정은 단속규정으로 이를 위반하여도 무효가 아니다.

정답 O

03 적법성

(1) 법규의 분류

국가가 행정법규를 통해 일정한 행정목적을 달성하고자 금지사항을 법으로 규정하였는데 이를 규정한 법규를 위반해 개인간 거래를 한 경우 이는 사법상 유효한가?❶

효력규정(규정을 위반시 무효처리)	단속규정(규정위반시 처벌되나 거래는 유효)
① 「부동산 실권리자명의 등기에 관한 법률」상의 명의신탁금지규정	① 「부동산등기 특별조치법」상의 중간생략등기 금지규정
② 공익법인이 기본재산의 처분에 주무관청의 허가를 요하는 규정	② 국민주택의 전매를 제한하는 규정
③ 「부동산 거래신고 등에 관한 법률」상의 토지거래허가규정	③ 「식품위생법」상의 무허가음식물판매 금지규정
④ 「공인중개사법」상의 초과중개수수료 금지	④ 중개사와 의뢰인간의 직접거래 금지규정

> **판례** 중간생략등기는 사법상 무효인가에 대한 여부
>
> 토지거래허가구역을 벗어난 지역에서 「부동산등기 특별조치법」상 조세포탈과 부동산 투기 등을 방지하기 위하여 등기하지 아니하고 제3자에게 전매하는 행위를 일정 목적 범위 내에서 형사처벌(「부동산등기 특별조치법」상 3년 이하의 징역이나 1억원 이하의 벌금형)하도록 되어 있으나 이로써 순차매도한 당사자 사이의 중간생략등기 합의에 관한 **사법상 효력까지 무효로 한다는 취지는 아니다**(대판 1993.1.26, 92다39112).

> **판례** 1회 타인간의 거래행위를 중개한 경우
>
> 공인중개사 자격이 없는 자가 우연한 기회에 단 1회 타인간의 거래행위를 중개한 경우 등과 같이 중개를 '업'으로 한 것이 아니라면 그에 따른 중개수수료 지급 약정은 강행법규에 위배되어 무효라고 할 수 없다(대판 2012.6.14, 2010다86525).

> **핵심 퀵! 퀵!** 중개사와 의뢰인간의 직접거래 금지규정의 위반은 무효인가?
>
> 1. **쟁점**
>   공인중개사가 매물을 찾으러 온 고객에게 자신이 소유한 부동산을 팔았다면 매매계약 자체를 무효로 볼 수 있는가?
>
> 2. **대법원 판결**
>   개업공인중개사 등이 중개의뢰인과 직접 거래하는 행위를 금지(위반하면 3년 이하의 징역 또는 3천만원 이하의 벌금형 처벌)하는 「공인중개사법」 규정의 취지는 공인중개사가 거래상 알게 된 정보 등을 자신의 이익을 꾀하는 데 이용하여 중개의뢰인의 이익을 해하는 경우가 있게 될 것이므로 이를 방지해 **중개의뢰인을 보호**하고자 함에 있다.

「공인중개사법」 제33조 제6호를 위반한 거래행위를 일률적으로 무효라고 할 경우 중개의뢰인이 직접 거래임을 알면서도 자신의 이익을 위한 거래도 할 수 있는데 단지 직접 거래라는 이유로 그 효력이 부인돼 거래의 안전을 해칠 우려가 있으므로, 이 규정은 **강행규정이 아니라 단속규정**이라고 봐야 한다(대판 2017.2.3, 2016다259677).

> **확인예제**
>
> 효력규정이 아닌 것을 모두 고른 것은? (다툼이 있으면 판례에 따름)   제32회
>
> ㄱ. 「부동산등기 특별조치법」상 중간생략등기를 금지하는 규정
> ㄴ. 「공인중개사법」상 개업공인중개사가 중개의뢰인과 직접 거래를 하는 행위를 금지하는 규정
> ㄷ. 「공인중개사법」상 개업공인중개사가 법령에 규정된 중개보수 등을 초과하여 금품을 받는 행위를 금지하는 규정
>
> ① ㄱ   ② ㄴ   ③ ㄷ   ④ ㄱ, ㄴ   ⑤ ㄴ, ㄷ
>
> **해설**
> 효력규정이 아닌 것은 ㄱㄴ이다.   정답: ④

04 사회적 타당성 제26·27·30·33·34·35회

> 제103조【반사회질서의 법률행위】선량한 풍속 기타 사회질서에 위반한 사항을 내용으로 하는 법률행위는 무효로 한다.

```
                        ┌─ 절대적 무효
반윤리적 행위      하지 마라 ─┤
검은 거래로 준 급여물      └─ 돌려받을 수 없다
```

목차 내비게이션

사회적 타당성[제103조]
1. 의의
2. 판단기준, 시기
3. 무효인 유형
4. 반사회적 행위의 효과

(1) 의의

① 당사자에게 계약자유는 보장하되 계약의 내용이 반사회적인 때에는 계약의 내용에 대한 통제를 하여 무효로 한다는 취지이다. 이는 공동체에서 용인할 수 없는 법률행위의 효력을 부인하는 것으로 계약자유의 한계규정이다.

② 법률로 금지사항을 규율하는 방법
  ㄱ. 강행법규를 제정하여 금지행위를 직접 규제하여 무효화
  ㄴ. 반사회적 행위(일반조항·백지조항이라 한다)로 무효화

기출 CHECK ✓
반사회적 법률행위의 판단시기는 법률행위의 효력발생 당시(이행기)가 아니라 성립 당시(이루어질 때)가 기준이다.
정답 O

❶ 반사회적 행위의 판단기준
1. 내용이 반사회적인 때
2. 조건이 반사회적인 때
3. 동기가 반사회적인 때

기출 CHECK ✓
반사회적 조건이 붙은 법률행위, 반사회적인 동기의 불법이 표시된 경우 그 법률행위는 무효이다.
정답 O

❷
기본과정에서 대표유형만 학습하고 상세논의는 더 알아보기에서 전개한다.

기출 CHECK ✓
민사사건에서 변호사와 의뢰인간의 성공보수약정은 무효가 아니다.
정답 O

(2) 반사회적 법률행위의 판단 제29·30회

① 반사회적 법률행위의 판단시기
㉠ '법률행위 성립 당시'가 기준이고 이행기가 기준이 아니다.
㉡ 선량한 풍속 기타 사회질서는 부단히 변천하는 가치관념으로서 어느 법률행위가 이에 위반되어 「민법」 제103조에 의하여 무효인지는 '법률행위가 이루어진 때(성립 당시)를 기준'으로 판단하여야 하고, 또한 그 법률행위가 유효로 인정될 경우의 부작용, 거래자유의 보장 및 규제의 필요성, 사회적 비난의 정도, 당사자 사이의 이익균형 등 제반 사정을 종합적으로 고려하여 '사회통념'에 따라 합리적으로 판단하여야 한다(대판 2015.7.23, 2015다200111 전원합의체).

② 반사회적 행위의 판단기준❶
㉠ 법률행위 '내용 자체가 반사회적인 성질'을 띠는 경우
㉡ 반사회적인 조건(불법조건)이 붙은 법률행위인 경우
㉢ '금전적 대가가 결부'됨으로써 반사회적 성질을 띠게 되는 경우
㉣ 표시되거나 상대방에게 알려진 법률행위의 동기가 반사회질서적인 경우 등을 포괄하는 개념이다(대판 2023.2.23, 2022다287383).
㉤ 동기의 불법문제: 법률행위 자체는 사회질서에 반하지 않으나 그 동기가 선량한 풍속 기타 사회질서에 위반하는 경우, 예컨대 도박장을 개설할 목적으로 건물을 임대차할 때 임대차 계약자체는 유효하지만 도박장 개설이라는 반사회적 동기가 표시되면 무효다. 판례에 의하면 표시되거나 상대방에게 알려진 법률행위의 동기가 반사회질서적인 경우 법률행위는 무효가 된다(대판 2001.2.9, 99다38613).

(3) 반사회적 법률행위에 해당하여 무효인 유형❷ 제26·27·28·31회

① 형사사건에서 변호사와 의뢰인간의 성공보수약정: 민사사건이 아니라 형사사건에 있어서 변호사와 의뢰인간에 체결한 성공보수약정은 형사사건 수사와 재판의 결과를 금전적인 대가와 결부시킴으로써 기본적인 인권의 옹호와 사회정의의 실현을 그 사명으로 하는 변호사 직무의 공공성을 저해하고, 의뢰인과 일반국민의 사법제도에 대한 신뢰를 현저히 떨어뜨릴 위험이 있으므로 선량한 풍속 기타 사회질서에 위반되는 행위로서 무효이다(대판 2015.7.23, 2015다200111 전원합의체).

② 변호사 아닌 자가 승소를 조건으로 소송당사자로부터 소송물의 일부인 임야를 양도받기로 하는 약정은 사회질서에 반하여 무효이다(대판 1990.5.11, 89다카10514).

③ 소송에서 증언대가로 과도한 금품교부 약속: 그러한 급부의 내용이 통상적으로 용인될 수 있는 수준, 예컨대 증인에게 일당 및 여비를 초과하는 과도한 급부를 제공받기로 한 약정은 반사회질서적인 금전적 대가가 결부된 경우로, 그러한 약정은 「민법」 제103조 소정의 반사회질서행위에 해당하여 무효로 된다(대판 1994.3.11, 93다40522).

④ 범죄 기타 부정행위를 종용하거나 이에 가담하는 계약은 무효이다. 예컨대 위증을 해주면 돈을 지급하기로 하는 약정은 반사회적 행위로서 무효이다.

⑤ 일부일처제에 반하는 첩계약은 무효이다. 예컨대 첩계약은 본처의 동의가 있어도 언제나 무효이다(대판 1960.9.29, 4293민상302). 또한 부첩관계를 맺음에 있어서 처의 사망 또는 이혼이 있을 경우에 입적한다는 부수적 약정도 첩계약의 일부로서 무효이다(대판 1995.7.14, 4288민상156).

> **기출 CHECK ✓**
> 첩계약(배우자 있는 자가 불륜관계의 유지를 목적으로 하는 약속)은 본처의 동의가 있어도 미풍양속에 위반되어 무효이다.
>
> 정답 O

더 알아보기 | 반사회적 행위의 유형 정리

1. 반사회적 법률행위에 해당하여 무효인 경우
   ① **형사사건의 성공보수약정**: 민사사건이 아니라 '**형사사건**'에 있어서 **변호사와 의뢰인간에 체결한 성공보수약정**은 변호사 직무의 공공성을 저해하는 반사회적 행위로서 무효이다(대판 2015.7.23, 2015다20011 전원합의체).
   ② **소송 브로커 사건**: **변호사 아닌 자(브로커)**가 승소를 조건으로 소송당사자로부터 소송물의 일부인 임야를 양도받기로 하는 약정은 사회질서에 위반하여 무효이다(대판 1990.5.11, 89다카10514).
   ③ **손실보전 약정**: 증권회사가 고객에게 증권거래와 관련하여 발생한 손실을 보전하여 주기로 하는 약정은 주식투자에서 자기결정, 책임의 원칙에 위반되는 것으로서 주식투자시장의 본질을 저해하는 행위로서 사회질서에 위반되어 무효이다(대판 2001.4.24, 99다30718).
   ④ **보험금의 부정취득**: 당초부터 오로지 보험사고를 가장하여 보험금을 부정취득할 목적으로 체결한 보험계약은 사회질서에 반하여 무효이다(대판 2005.7.28, 2005다23858).
   ⑤ **부첩관계의 종료를 해제조건으로 하는 증여계약** : 이 조건은 불륜관계의 지속을 목적으로 하는 **반사회적 조건으로서 조건만 분리하여 무효로 할 수 없고 증여계약 자체도 무효**이다(대판 1966.6.21, 66다530).
   ⑥ 이중매매에서 2매수인이 적극 가담한 때
      ㉠ 부동산의 이중매매에서 매도인의 배임행위에 2매수인이 '**적극 가담**'하여 이루어진 이중매매행위는 사회질서에 위반되어 무효이다(대판 93다55289).
      ㉡ 부동산이 이미 타인에게 매매계약이 체결된 것임을 알면서도 매도인의 배임행위에 **제3자가 적극 가담**하여 **저당권, 가등기 등을 취득**한 경우 이는 반사회적 행위로서 무효이다(판례).

⑦ 수사기관에서 참고인으로서 잘 알지 못하는 내용에 대하여 **허위진술의 대가로** 작성된 각서(대판 2001.4.24, 2000다71999), 또한 소송에서 증언을 대가로 **통상적으로 용인되는 수준(여비나 일당지급)을 넘는 과도한 급부를 하기로 하는** 약정은 무효다.
⑧ 노름빚을 변제하기 위하여 저당권설정은 무효다.
⑨ 어떤 일이 있어도 이혼하지 않는다는 약정은 무효이다.
⑩ 과도하게 무거운 위약벌 약정은 무효이다(대판 2016.1.28, 2015다239324).
⑪ 행정기관에 진정서를 제출하여 상대방을 궁지에 빠뜨린 다음에 이를 취하하는 조건으로 거액의 금품을 받기로 하는 약정은 반사회질서의 법률행위에 해당한다(99다56833).
⑫ 1부 1처(1夫1妻) 제도에 반하는 **첩계약**은 무효이다. 다만, **첩관계의 단절**을 목적으로 하면서 자녀의 양육비를 지급하기로 하는 계약은 유효하다.

2. 반사회적 법률행위에 해당하지 않는 경우
① 다운계약서: 양도소득세의 일부를 회피할 목적으로 매매계약서에 실제로 거래한 가액을 매매대금으로 기재하지 아니하고 그보다 낮은 금액을 매매대금으로 기재하였다 하여, 그것만으로 사회질서에 반하는 법률행위로서 무효로 된다고 할 수는 없다(대판 2007.6.14, 2007다3285).
② 매매계약에서 양도세를 매수자가 부담하는 특약: 이는 공과금이 부과되는 경우 그 부담을 누가 할 것인가에 관한 약정으로서 그 자체가 **불법조건이라고 할 수 없고 사회질서에 반한다고 단정하기도 어렵다**(판례).
③ 부동산을 명의신탁하는 행위: 명의신탁약정의 무효는 반사회적 법률행위에 해당하지 않으므로 명의신탁자는 수탁자에게 무효를 주장하여 부동산을 부당이득으로 반환을 청구할 수 있다(판례).
④ 탈세목적 중간생략등기: 양도소득세 회피 및 투기의 목적으로 중간자 앞으로 등기하지 아니하고 다시 미등기로 전매하는 행위는 반사회적 행위가 아니다(대판 1993.5.25, 93다296).
⑤ 노태우 비자금 은닉 사건: 이미 반사회적 행위에 의하여 조성된 재산을 소극적으로 은닉하기 위하여 임치한 경우 이것만으로는 사회질서에 반하는 법률행위라고 볼 수는 없다(대판 2001.4.10, 2000다49343).
⑥ 허위표시로 근저당권설정등기한 경우: 강제집행을 면할 목적으로 부동산에 대한 **허위의 근저당권설정등기를 경료하는 행위**는 사회질서 위반행위가 아니다(대판 2004.5.28, 2003다70041).
⑦ 강박에 의하여 증여한 경우: 법률행위의 성립과정에 국가기관인 합수부의 **강박에 의하여 증여를 한 경우** 의사표시의 형성과정에 하자의 문제일 뿐이고 **법률행위 내용이 사회질서에 반하는 행위로서 무효라고 할 수 없다**(대판 2002다56031).
⑧ 무허가 건물을 임대하는 행위
⑨ 도박채무변제를 위한 채무자 소유 **부동산의 처분에 관한 대리권을 위임받은 채권자가 그 부동산을 매매하는 계약**(대판 1995.7.14, 94다40147).
⑩ 부동산의 2중매매임을 2매수인이 알았거나 알 수 있었던 경우

용어사전
위약벌
채무를 이행하지 않을 경우 채무자가 채권자에게 내는 벌금의 성격을 갖는 것을 말한다.

> **확인예제**
>
> 반사회질서의 법률행위에 해당하여 무효로 되는 것을 모두 고른 것은? (다툼이 있으면 판례에 따름)
> 제27회
>
> > ㉠ 성립 과정에서 강박이라는 불법적 방법이 사용된 데 불과한 법률행위
> > ㉡ 강제집행을 면할 목적으로 허위의 근저당권을 설정하는 행위
> > ㉢ 양도소득세를 회피할 목적으로 실제로 거래한 매매대금보다 낮은 금액으로 매매계약을 체결한 행위
> > ㉣ 이미 매도된 부동산임을 알면서도 매도인의 배임행위에 적극 가담하여 이루어진 저당권설정행위
>
> ① ㉢ ② ㉣ ③ ㉠, ㉡ ④ ㉠, ㉢ ⑤ ㉡, ㉣
>
> **해설**
>
> 해당하는 것은 ㉣이다.
> ㉠ 의사표시의 하자로서 취소사유이다.
> ㉡ 통정허위표시로서 반사회적 행위에 해당하지 않는다.
> ㉢ 탈세 행위로서 반사회적 행위가 아니다.
> ㉣ 이미 매도된 부동산임을 알면서도 매도인의 배임행위에 적극 가담하여 이루어진 저당권설정행위는 반사회적 행위로서 무효이다.
> 정답: ②

(4) 반사회적 행위의 효과 제30·31회

① 절대적 무효이다.
  ㉠ 당사자가 급부를 이행하기 전이면 이를 약속대로 이행할 필요가 없고 또한 상대방은 계약의 이행을 청구할 수 없다.
  ㉡ 반사회적 법률행위는 절대적 무효(모든 사람에게 무효)로서 선의 제3자에게도 무효를 대항할 수 있다. 반대로, 선의 제3자가 법률행위의 당사자에게 유효를 주장할 수 없다. 또한 사회질서에 위반하여 무효로 된 경우에는 절대적 무효이므로 당사자가 추인하여도 유효로 될 수 없다(대판 1994.6.24, 94다10900).
  ㉢ 선량한 풍속 기타 사회질서에 위반한 사항을 내용으로 하는 법률행위의 무효는 이를 주장할 이익이 있는 자는 누구든지 무효를 주장할 수 있다. 따라서 반사회질서 법률행위를 원인으로 하여 부동산에 관한 소유권이전등기를 마쳤더라도 그 등기는 원인무효로서 말소될 운명에 있으므로 등기명의자가 소유권에 기한 물권적 청구권을 행사하는 경우에, 권리행사의 상대방은 법률행위의 무효를 항변으로서 주장할 수 있다(대판 2016.3.24, 2015다11281).
② 급부 이행 후에는 불법원인급여 이론이 적용된다.

기출 CHECK ✓

1 반사회적 법률행위의 무효는 선의 제3자에게 대항할 수 없다.
정답 ✗

2 반사회적 법률행위는 당사자가 추인하여도 유효로 될 수 없다.
정답 ○

3 반사회적 법률행위의 무효는 이를 주장할 이익이 있는 자는 누구든지 무효를 주장할 수 있다.
정답 ○

기출 CHECK ✓
반사회적 행위에 의해 급부를 제공한 자는 상대방에게 무효를 주장하여 소유물반환을 청구할 수 있다.
정답 ✗

> **더 알아보기** 불법원인급여(제746조)
>
> 1. 제746조
>   불법원인으로 인하여 재산을 급여하거나 노무를 제공한 때에는 **급여자는 부당이득으로 그 이익의 반환을 청구할 수 없다.**
>
> 2. 입법취지 – 법은 더러운 손은 보호하지 않는다.
>   불법의 원인을 제공한 자(더러운 손)가 소송으로 계약의 무효를 주장하여 돌려달라고 소송을 제기한 경우 법원은 정의롭지 못한 더러운 손에는 도움을 주지 않는다. 그래서 **불법원인급여물을 돌려받을 수 없도록 입법화한 것이다.**
>
> 3. 결론
>   ① 불법원인 급여자는 스스로 무효를 주장하여 부당이득반환청구를 할 수 없다. 제746조는 사회적 타당성이 없는 행위를 한 사람은 스스로 무효를 주장하여 소유권의 복구를 그 형식 여하에 불구하고 소송으로 구할 수 없다는 이상을 표현한 것이다. 첫째, **급여를 한 사람은 그 원인행위가 법률상 무효라 하여 상대방에게 부당이득반환청구를 할 수 없고**, 둘째, **급여한 물건의 소유권은 여전히 자기에게 있다고 하여 소유권에 기한 반환청구도 할 수 없다**(대판 1979.11.13, 79다483 전원합의체).
>   ② 급여한 물건의 소유권자는 반사적으로 급여를 받은 **상대방(수익자)에게 귀속된다.**

핵심 콕! 콕! 부동산의 이중매매 제26·27·28·29·30·32회

1. 서론
   (1) 매도인 甲과 매수인 乙이 X부동산의 매매계약을 체결하고 등기 전의 상태에서 매도인이 다른 사람과 다시 2매매계약을 체결하는 것을 말한다.
   (2) 매도인이 1매수인으로부터 '중도금을 받기 전'이라면 계약금의 배액을 상환하고 1매매계약을 적법하게 해제할 수 있다(제565조 참조).
   (3) 이중매매가 법적으로 문제되는 시점은 매도인이 1매수인에게서 '**중도금을 받은 이후'의 시점**부터로서 매도인은 계약금을 배액상환하고 계약을 해제할 수 없는 상태이다.

기출 CHECK ✓
중도금을 받은 후 매도인은 계약금을 배액상환하고 계약을 해제할 수 없다.
정답 ○

   > |사례|
   > 매도인 甲이 부동산을 1매수인 乙과 매매계약을 체결하고 잔금을 수령한 후 다시 2매수인 丙에게 이중으로 매매하는 매매계약을 체결하고 나중에 체결한 2매수인에게 소유권등기를 경료하여 주었다. 이 때 甲·乙·丙의 법률관계는?

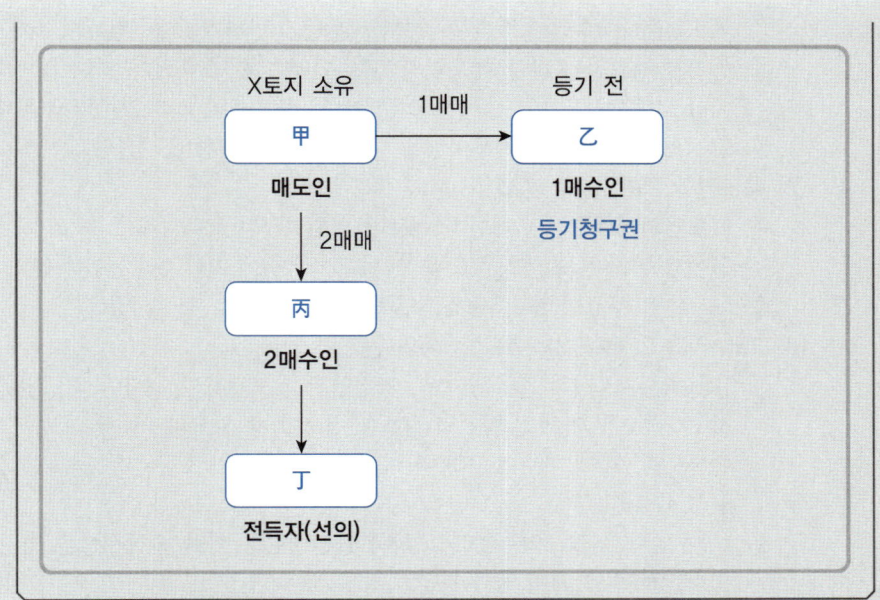

2. 원칙 – 먼저 소유권등기를 경료한 자가 유효하게 소유권을 취득한다.
   (1) 2매수인이 이중매매임을 알고 매매해도 이중매매는 유효: 2매수인이 이중매매임을 알고 매수하여 악의여도 이중매매라는 채권계약은 계약자유의 원칙상 유효하다(대판 89다카14295). 따라서 먼저 등기를 경료한 자인 **2매수인은 부동산의 소유권을 유효하게 취득한다**.
   (2) 1매수인은 계약해제 및 손해배상청구: 2매수인이 부동산의 소유권을 유효하게 취득하게 되므로 매도인의 1매수인에 대한 소유권이전의무가 이행불능이 된다. 그러므로 1매수인 乙은 이행불능을 원인으로 최고 없이 甲과의 매매계약을 해제하고 손해배상을 청구할 수 있다.
3. 예외적 무효 – 2매수인이 적극 가담한 때
   (1) 적극 가담: 2매매가 무효로 되기 위하여는 이중매매사실을 알고 있는 것으로 부족하고 적극 가담하여야 하는데 이는 타인과의 매매사실을 **알면서 매도를 요청, 권유, 기망하는 정도**에 이르러야 한다(대판 1994.3.11, 93다55289).
   (2) 대리행위에서 적극 가담의 표준: 본인을 대리하여 **대리인이 이중매매에 적극 가담**하였으나 본인은 이를 전혀 알지 못한 경우 **대리행위에서 하자판단의 기준은 대리인**이므로 대리인이 적극 가담한 이상 이중매매가 무효로 되는데 장애가 되지 않는다. 그러므로 **본인이 이중매매에 대하여 선의라도 대리인이 적극 가담한 이상 이중매매는 무효이다**. 그러므로 2매수인은 소유권을 취득할 수 없다.
4. 이중매매가 2매수인의 적극 가담으로 무효인 경우 쟁점
   (1) 매도인과 1매수인의 관계[甲, 乙의 관계의 맥]
      ① 1매수인은 아직 등기를 경료하기 전이므로 매매약정만으로는 소유권을 취득할 수 없고 **매도인에 대하여 등기청구권이라는 채권**만 보유한다.

기출 CHECK ✓

1 乙은 甲에게 전보배상을 청구할 수 있다.
    정답 O

2 2매수인이 적극 가담한 경우 1매수자 乙은 甲·乙 간의 계약을 최고 없이 해제하고 손해배상을 청구할 수 있다.
    정답 O

② 매도인이 1매수인에 대한 등기이전의무를 위반하여 2매수인에게 소유권이전등기를 경료하는 순간 매도인의 1매수인에 대한 소유권이전의무는 **이행불능**이다. 1매수인은 매도인에게 이행불능을 원인으로 하여 매매계약을 해제하고 **전보배상(본래의 채무이행에 갈음하는 손해배상)을** 청구할 수 있다.

(2) 매도인과 2매수인의 관계[甲, 丙의 관계의 맥]
① **매도인의 2매수인에 대한 급여는 불법원인급여에 해당하여** 매도인은 2매수인에게 부당이득반환청구도 할 수 없고 소유권에 기한 반환청구를 할 수 없다.
② 매도인이 무효인 2매매행위를 추인하여도 유효로 될 수 없다.

(3) 1매수인과 2매수인의 관계[乙, 丙의 관계의 맥]
① 1매수인은 자신의 소유권이전등기청구권을 보전하기 위하여 매도인을 대위하여 2매수인에 대해 등기의 말소를 청구할 수 있으나 매수인의 등기청구권이 채권인 점에 비추어 1매수인이 직접 2매수인의 소유권이전등기를 말소청구할 수 없다.
② 1매수인이 직접 2매수인에 대하여 불법행위로 인한 손해배상을 청구할 수 있다. 2매수인 丙이 적극 가담한 경우, 1매수인 乙이 甲에 대하여 가지는 채권을 제3자인 2매수인 丙이 침해한 것으로 볼 수 있다. 따라서 **1매수인 乙은 직접 2매수인에게 제3자의 채권침해라는 불법행위를 원인으로 손해배상을 청구할 수 있다**(대판 1967.9.5, 67다1225).
③ 1매수인에게 채권자 취소권의 인정 여부: 1매수인이 매도인에 대해 가지는 '**등기청구권을 보전**'하기 위하여 2매매에 대하여 채권자취소권을 행사할 수 없다(대판 1999.4.27, 98다56690). 왜냐하면 채권자취소권을 행사하기 위한 전제조건은 채권자가 **금전채권을 보유하여야** 하는데 1매수인의 등기청구권은 금전채권에 해당하지 않기 때문이다.
④ 2매수인으로부터 전득한 자의 지위: 이중매매가 무효인 경우 이러한 무효는 절대적 무효이므로 그 부동산을 2매수인으로부터 **전득한 자는** 설사 2매매가 무효임을 모른 상태로 선의라 하여도 이중매매가 유효함을 주장할 수 없다 (대판 1996.10.25, 96다29151).

(5) 이중매매 법리의 유추적용

제1의 법률행위와 제2의 법률행위는 매매에 국한되지 않고 증여, 저당권, 가등기, 취득시효, 2중임대차에도 이중매매 법리가 유추적용된다.

기출 CHECK ✓

2매수인이 적극 가담한 경우, 매도인은 2매수인에게 무효를 주장하여 소유물 반환을 청구할 수 없다.
정답 O

기출 CHECK ✓

1 1매수인은 매도인을 대위하여 2매수인의 등기를 말소청구할 수 있으나 직접 말소청구할 수 없다.
정답 O

2 2매수인이 적극 가담한 경우, 1매수인은 직접 2매수인에게 소유권이전등기를 청구할 수 없다.
정답 O

3 2매수인이 적극 가담한 경우, 1매수인은 직접 2매수인에게 불법행위로 손해배상을 청구할 수 있다.
정답 O

용어사전

채무불이행
계약관계가 존재하는 상태에서 채무자가 채무의 내용에 좇은 이행을 하지 않는 것을 말한다(제390조).

제3자의 채권침해
계약관계의 당사자가 아닌 제3자가 채권을 침해하여 불법행위를 야기하는 것을 말한다.

> **확인예제**
>
> 甲은 자신의 X부동산을 乙에게 매도하고 계약금과 중도금을 지급받았다. 그 후 丙이 甲의 배임행위에 적극 가담하여 甲과 X부동산에 대한 매매계약을 체결하고 자신의 명의로 소유권이전등기를 마쳤다. 다음 설명으로 틀린 것은? (다툼이 있으면 판례에 따름) 제28회
>
> ① 乙은 丙에게 소유권이전등기를 직접 청구할 수 없다.
> ② 乙은 丙에 대하여 불법행위를 이유로 손해배상을 청구할 수 있다.
> ③ 甲은 계약금 배액을 상환하고 乙과 체결한 매매계약을 해제할 수 없다.
> ④ 丙명의의 등기는 甲이 추인하더라도 유효가 될 수 없다.
> ⑤ 만약 선의의 丁이 X부동산을 丙으로부터 매수하여 이전등기를 받은 경우, 丁은 甲과 丙의 매매계약의 유효를 주장할 수 있다.
>
> **해설**
>
> 2매수인이 적극 가담한 이중매매는 절대적 무효이므로 선의의 제3자 丁이 X부동산을 2매수인 丙으로부터 매수하여 이전등기를 받은 경우, 제3자 丁은 선의라도 甲과 丙의 매매계약의 유효를 주장할 수 없다(대판 1996.10.25, 96다29151). 정답: ⑤

05 불공정한 법률행위(폭리행위) 제28·29·34회

> 제104조【불공정한 법률행위】당사자의 궁박, 경솔 또는 무경험으로 인하여 현저하게 공정을 잃은 법률행위는 무효로 한다.

목차 내비게이션

제104조의 체계도
1. 판단시기
2. 요건
3. 효과
4. 적용범위

(1) 의의

① 제104조의 규정은 우월적 지위에 있는 자가 약자적 지위에 있는 자의 궁박, 경솔 또는 무경험을 이용한 폭리행위를 규제하려는 데에 그 목적이 있다(甲·乙관계의 규제).

② 통설과 판례는 제104조는 반사회질서의 법률행위의 하나의 예시에 해당한다고 한다.

(2) 요건

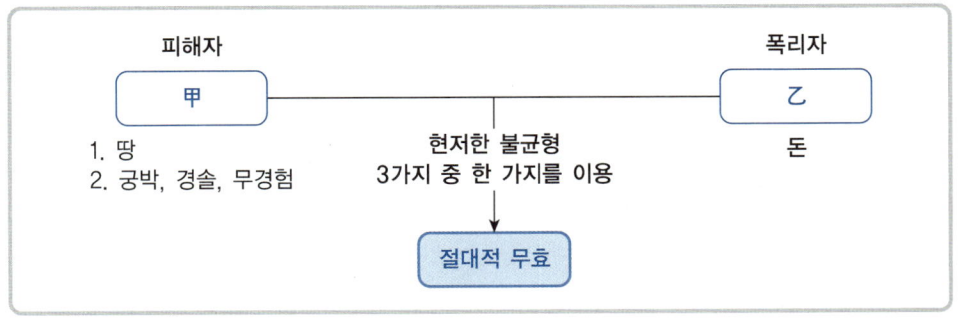

기출 CHECK ✓	
현저한 불균형의 판단기준은 당사자의 주관적 가치가 아니라 객관적 가치로 판단한다. 정답 O	

용어사전
주관적 가치
자신의 견해나 관점을 기초로 하는 것을 말한다.

객관적 가치
자신과의 관계를 벗어나서 제3자의 입장에서 사물을 보는 것을 말한다.

기출 CHECK ✓
1 궁박은 경제적 원인과 심리적 원인도 포함한다. 정답 O

2 무경험이란 어느 특정 분야에서의 경험부족이 아니라 거래 일반에 대한 경험이 불충분한 것을 말한다. 정답 O

3 대리인에 의한 법률행위에서 경솔, 무경험의 표준은 본인이 아니라 대리인이다. 정답 O

❶ 경솔, 무경험은 대리인이 표준이다.
➔ '경무대'로 암기한다.

기출 CHECK ✓
급부와 반대급부가 현저히 불균형하다는 사정만으로 궁박, 무경험의 존재가 추정되지는 않는다. 정답 O

① 객관적 요건: 급부와 반대급부간의 현저한 불균형이다.
  ㉠ 급부와 반대급부 사이의 현저한 불균형의 판단기준: 시가와의 차액이나 배율로 판단할 수 없고, 개별적 사안에 따라 일반인의 사회통념을 기준으로 당사자의 주관적 가치가 아닌 객관적 가치로 판단하여야 한다(대판 2010.7.15, 2009다50308).
  ㉡ 현저한 불균형의 판단시기: 어떠한 법률행위가 불공정한 법률행위에 해당하는지는 법률행위 성립 당시를 기준으로 판단하여야 하므로, 계약체결 당시를 기준으로 계약 내용에 따른 권리의무관계를 종합적으로 고려한 결과 불공정한 것이 아니라면, 사후에 외부적 환경의 급격한 변화에 따라 계약당사자 일방에게 큰 손실이 발생하고 상대방에게는 그에 상응하는 큰 이익이 발생할 수 있는 구조라고 하여 그 계약이 당연히 불공정한 계약에 해당한다고 말할 수 없다(대판 2015.1.15, 2014다216072).

② 주관적 요건: 피해자의 궁박·경솔 또는 무경험 중 한 가지를 이용해야 한다.
  ㉠ 궁박: 급박한 곤궁을 뜻하는 것으로 '경제적 원인'에 기인할 수도 있고 '신체적·정신적 또는 심리적 원인'에 기인할 수도 있다(대판 2002.10.22, 2002다38927). 또한 그 상태가 일시적인 것이든 계속적인 것이든 상관없다.
  ㉡ 경솔: 의사를 결정할 때에 그 행위의 결과나 장래에 관하여 보통인이 가지는 고려를 하지 않는 경우를 말한다.
  ㉢ 무경험: 어느 '특정분야에서의 경험부족'을 말하는 것이 아니라 '거래 일반에 대한 생활경험이 불충분'하다는 것을 의미한다(대판2002다38927).
  ㉣ 세 가지 중 한 가지: 궁박, 경솔, 무경험은 모두 구비하여야 하는 것은 아니고 그 가운데 어느 하나만 갖추면 된다.
  ㉤ 대리인에 의한 법률행위에서 경솔, 무경험의 표준: 원칙적으로 경솔, 무경험 여부는 그 대리인을 기준으로 하여 판단하고, 궁박상태에 있었는지의 여부는 본인의 입장에서 판단한다(대판 1972.4.25, 71다2255)].❶

③ 폭리자의 악의: 상대방은 궁박이나 경솔 또는 무경험에 대한 인식만으로는 부족하고 이에 편승하거나 이를 악의로 이용하여야만 성립한다. 즉, 원칙적으로 폭리자의 악의를 갖추어야 폭리행위가 성립한다(대판 1991.7.9, 91다5907). 피해 당사자가 궁박, 경솔 또는 무경험의 상태에 있었다고 하더라도 그 상대방 당사자에게 위와 같은 피해 당사자 측의 사정을 알면서 이를 이용하려는 의사, 즉 폭리행위의 악의가 없었다면 불공정한 법률행위는 성립하지 않는다(2000다15784).

④ 입증문제: 무효주장자는 객관적 요건으로서 급부와 반대급부가 현저히 불균형하다는 사정의 입증만으로 당연히 주관적 요건인 궁박, 무경험의 존재가 추정되지는 않으므로 당사자가 이를 모두 입증하여야 한다(통설, 판례).

(3) 효과
  ① 절대적 무효
    ㉠ 선의 제3자는 유효하게 소유권을 취득할 수 없고 유효를 주장하지 못한다.

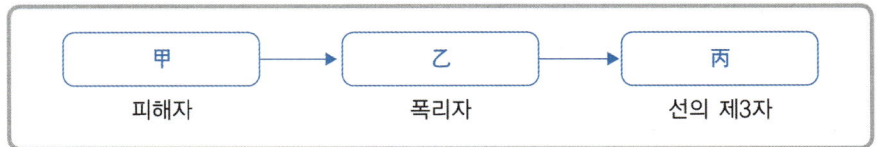

     피해자는 불공정한 법률행위의 무효를 주장하여 소유권을 회수할 수 있으므로 선의 제3자에게 무효를 주장할 수 있다. 그러므로 선의 제3자는 유효하게 소유권을 취득할 수 없다.
    ㉡ 불공정한 법률행위로서 무효인 경우에는 절대적 무효에 해당하므로 추인에 의하여 무효인 법률행위가 유효로 될 수 없다(대판 94다10900).
    ㉢ 불공정한 법률행위로서 무효인 경우 당사자간에 부제소 합의를 한 경우에도 무효로서 효력이 없다(대판 2011.4.28, 2010다106702).
    ㉣ 불공정한 법률행위로서 무효인 경우에도 무효행위의 전환이 인정될 수 있다.❶

    판례
    판례는 거래대금의 과다로 인하여 불공정한 법률행위로서 무효인 경우에도 예외적으로 당사자 쌍방이 무효를 알았더라면 약정된 대금이 아닌 다른 금액으로 정하여 합의하였으리라고 인정될 때에는 불공정한 법률행위로서 무효인 경우에도 무효행위의 전환이 적용될 수 있다(대판 2010.7.15, 2009다50308).

  ③ 급부를 이행한 후(불법원인급여): 불법원인의 제공이 폭리자 일방에만 있으므로 피해자는 무효를 주장하여 급여물의 반환을 청구할 수 있는 반면, 폭리행위자(수익자)는 급여물의 반환을 청구할 수 없다.

(4) 적용영역
  ① 무상행위인 증여에 적용 여부: 기부행위와 같이 아무런 대가관계 없이 일방이 상대방에게 일방적인 급부를 하는 법률행위는 반대급부가 없으므로 불공정한 법률행위로 무효가 성립할 수 없다(대판 2000.2.11, 99다56833).
  ② 경매에 적용 여부: 법률의 규정에 의하여 이루어지는 강제경매에는 급부와 반대급부간의 현저한 불균형이 존재해도 불공정한 법률행위로 무효가 될 수 없다(대결 1980.3.21, 80마77).
  ③ 채권포기같은 단독행위에도 불공정한 법률행위가 적용된다.

기출 CHECK ✓
무효인 불공정한 법률행위는 추인에 의하여 유효로 될 수 없다.
정답 O

❶ 무효행위의 전환
무효인 A행위를 일정요건 하에 유효한 B행위로 전환을 인정하는 것을 말한다(무효파트에서 상세히 전개한다).

기출 CHECK ✓
무효인 불공정한 법률행위도 무효행위의 전환이 인정될 수 있다.
정답 O

기출 CHECK ✓
증여, 강제경매는 불공정한 법률행위가 적용되지 않는다.
정답 O

> **확인예제**
>
> 불공정한 법률행위에 관한 설명으로 옳은 것은? (다툼이 있으면 판례에 따름) 제34회
> ① 불공정한 법률행위에도 무효행위의 전환에 관한 법리가 적용될 수 있다.
> ② 경락대금과 목적물의 시가에 현저한 차이가 있는 경우에도 불공정한 법률행위가 성립할 수 있다.
> ③ 급부와 반대급부 사이에 현저한 불균형이 있는 경우, 원칙적으로 그 불균형 부분에 한하여 무효가 된다.
> ④ 대리인에 의한 법률행위에서 궁박과 무경험은 대리인을 기준으로 판단한다.
> ⑤ 계약의 피해당사자가 급박한 곤궁 상태에 있었다면 그 상대방에게 폭리행위의 악의가 없었더라도 불공정한 법률행위는 성립한다.
>
> **해설**
> 불공정한 법률행위에도 무효행위의 전환에 관한 법리가 적용될 수 있다.
>
> 정답: ①

제5절 법률행위의 해석 제27회

> **목차 내비게이션**
>
> **법률행위의 해석 체계**
> 1. 해석의 개념
> 2. 해석의 대상
> 3. 해석의 방법
>   오표시 무해의 원칙
> 4. 당사자 결정 문제

01 개념

(1) 법률행위의 해석

법률행위의 내용이 애매하거나 불분명한 경우 해석을 통하여 당사자가 의욕한 법률행위의 내용을 명확하게 확정하는 것을 의미한다. 법률행위는 의사표시를 그 불가결의 요소로 하므로 법률행위의 해석이란 결국 당사자가 표출한 의사표시의 해석이라 할 수 있다.

(2) 법률행위의 해석 대상

당사자의 내심적 의사를 탐구하는 것은 아니며 당사자가 그 표시행위에 부여한 객관적 의미를 명백히 하는 것이다(대판 2000.11.10, 98다31493).

02 해석의 방법

(1) 자연적(自然的) 해석 제27회

① **진의 탐구**: 표의자의 입장에서, 표시된 문자 또는 언어의 의미에 구속되지 아니하고 표의자의 진의(내심적 효과의사)를 밝히는 것을 말한다. ❶

② **적용영역**: 자연적 해석은 표의자의 진의에 포커스를 맞추는 것이므로 유언처럼 상대방 없는 단독행위일 경우, '오표시 무해(誤表示 無害)의 원칙'에서 전형적으로 적용된다.

③ **오표시 무해의 원칙**

㉠ '잘못된 표시는 해가 되지 않는다(Falsa demonstratio non nocet).'는 로마법 이래로 인정되어 온 해석 원칙을 말한다.

ⓐ 예컨대 매도자와 매수자가 그림값을 96만원에 서로 합의하였는데 잘못하여 69만원으로 잘못 표시한 경우, 쌍방의 공통된 합의, 즉 96만원으로 계약의 성립을 인정하는 것을 말한다.

ⓑ 이와 구별할 것으로 甲이 96만원에 팔려고 의사를 가졌는데 실수로 69만원으로 표시하여 乙이 69만원에 산다고 승낙하여 69만원에 계약이 체결된 경우, 이 경우에는 두 사람간에는 96만원으로 합의(공통된 진의)가 없으므로 승낙을 표시한 대로 표시한 가격인 69만원에 성립하고, 표의자는 의사와 표시의 불일치를 이유로 착오로 취소할 수 있을 뿐이다.

> **핵심 콕! 콕!** 오표시 무해의 원칙 판례
>
> 부동산의 매매계약에 있어서 쌍방당사자가 모두 특정의 甲토지(969-36번지)를 계약의 목적물로 합의하고 토지를 둘러보았으나 그 목적물의 지번 등에 관하여 착오를 일으켜 계약을 체결함에 있어서는 계약서상에는 그 목적물을 별개의 乙토지(969-63번지)로 표시하여 소유권이전등기를 경료하였을 경우 쌍방간에 계약은 어떻게 성립하는가?
>
> 1. 진의가 공통이면 진의대로 甲토지에 관하여 계약이 성립한다.
>   甲토지를 매매의 목적물로 한다는 '쌍방 당사자의 공통된 진의'가 있는 이상 위 매매계약은 甲토지에 관하여 성립한 것으로 보아야 한다. 이는 표의자의 진의대로 계약의 성립을 인정하는 '자연적 해석'의 결과이다.
> 2. 乙토지에 관하여는 매매계약이 체결된 것으로 보아서는 안 될 것이며, 만일 乙토지에 관하여 매매계약을 원인으로 매수인 명의로 소유권이전등기가 경료되었다면 '원인 없이 경료'된 것으로서 무효이다(대판 1993.10.26, 93다2629).

❶ 계약내용이 명확하지 않은 경우 계약서의 문언이 해석의 출발점이지만, 당사자들 사이에 계약서의 문언과 다른 내용으로 의사가 합치된 경우에는 '의사'에 따라 해석하여야 한다.

기출 CHECK ✓
매매당사자간에 공통된 진의에 해당하는 甲토지로 계약이 성립한 경우 착오로 취소를 할 수 없다.

정답 O

3. 주의할 것은 당사자간에는 쌍방의 공통된 진의대로 甲토지에 관하여 계약이 성사되었다고 해석으로 계약 성립을 인정하여 준 결과 당사자가 원하는 진의대로 계약이 성립한 것이므로 착오로 계약을 취소할 수 없다.

4. 乙토지를 매수한 제3자는 유효하게 소유권을 취득할 수 없다.
乙토지의 등기가 무효임을 모르고 매각하여 제3자 丙이 무효등기임을 전혀 모르고 매수하여 소유권이전등기를 마치면 乙토지(969-63번지)의 소유권을 취득할 수 있는가에 대하여 「민법」에서는 무효등기에는 공신력이 없는 결과 제3자 丙이 무효임을 모른 채 매수하여 선의여도 乙토지의 토지소유권을 유효하게 취득할 수 없다.

> **확인예제**
>
> 甲은 乙 소유의 X토지를 임차하여 사용하던 중 이를 매수하기로 乙과 합의하였으나, 계약서에는 Y토지로 잘못 기재하였다. 다음 설명 중 옳은 것은? (다툼이 있으면 판례에 따름)
> 제27회
>
> ① 매매계약은 X토지에 대하여 유효하게 성립한다.
> ② 매매계약은 Y토지에 대하여 유효하게 성립한다.
> ③ X토지에 대하여 매매계약이 성립하지만, 당사자는 착오를 이유로 취소할 수 있다.
> ④ Y토지에 대하여 매매계약이 성립하지만, 당사자는 착오를 이유로 취소할 수 있다.
> ⑤ X와 Y 어느 토지에 대해서도 매매계약이 성립하지 않는다.
>
> **해설**
> 쌍방간 합의한 진의대로 X토지에 대하여 유효하게 성립한다.   정답: ①

(2) 규범적 해석

① 상대방의 시각에서 표시행위를 탐구

㉠ 표의자의 내심의 효과의사와 표시행위가 일치하지 아니한 경우에 상대방의 시각에서 표시행위에 따라 법률행위의 성립을 인정하는 해석이다.

㉡ 의사표시 해석에 있어서 상대방이 표의자의 진정한 의사를 알 수 없을 때 의사표시의 요소가 되는 것은 표시행위로부터 추단되는 효과의사, 즉 '표시상의 효과의사'이고, 표의자가 가지고 있던 내심적 효과의사가 아니므로, 당사자의 내심의 의사보다는 외부로 표시된 행위에 의하여 추단(사물을 추측하여 판단)된 의사를 가지고 해석함이 상당하다(대판 1996.4.9, 96다1320).

② 규범적 해석 사례

㉠ 960만원에 그림을 매매하려는 의사를 가진 매도자가 잘못 표시하여 690만원으로 표시한 경우

ⓐ 상대방이 표의자의 '진의를 알 수 없었다면' 규범적 해석의 결과로서 계약서에 표시된 문구인 690만원에 계약이 성립한다고 해석한다.

기출 CHECK ✓
상대방이 표의자의 진정한 의사를 알 수 없을 때에는 표시행위로부터 추단되는 효과의사로 해석한다.
정답 O

용어사전
효과의사
일정한 법률효과의 발생을 의도하는 생각을 말한다.

추단
미루어 판단하는 것을 말한다.

ⓑ 상대방이 매도자의 '진의를 알 수 있었다면' 자연적 해석의 결과로서 쌍방의 공통된 진의대로 960만원에 계약이 성립한다.

ⓒ 최대한 협조한다는 의미는 '회사를 인수하되 고용승계에 최대한 협조하기로 한다'라고 기재한 경우 이는 법적 의무를 부담하는 것이 아니라 사정이 허락하면 이행하겠다는 것이다(대판 1996.10.25, 96다16049).

(3) 보충적 해석

법률행위의 내용에 간극이 있는 경우 당사자의 가상적 의사를 제3자의 시각에서 해석에 의하여 보충하기 위한 해석방법이다.

03 법률행위의 해석기준

> 제105조【임의규정】법률행위의 당사자가 법령 중의 선량한 풍속 기타 사회질서에 관계없는 규정과 다른 의사표시를 한 때에는 그 **의사에 의한다.**
> 제106조【사실인 관습】법령 중의 선량한 풍속 기타 사회질서에 관계없는 규정과 다른 관습이 있는 경우에 당사자의 의사가 **명확하지 아니한 때에는 그 관습에 의한다.**

기출 CHECK ✓
법령 중의 선량한 풍속 기타 사회질서에 관계없는 규정과 다른 관습이 있는 경우 당사자 의사(목적)가 불분명할 때에는 관습에 의한다.

정답 O

해석의 기준

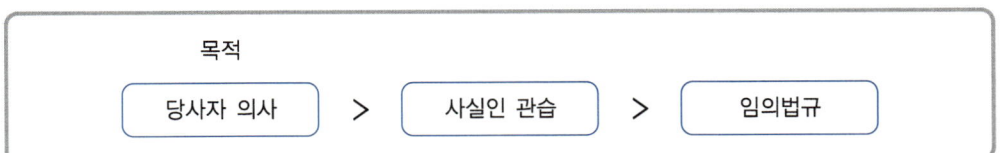

04 당사자의 결정

(1) 계약의 일방 당사자가 타인의 이름을 사용하여 법률행위를 한 경우

누가 그 계약의 당사자인가를 먼저 확정하여야 한다. 이때 행위자 또는 명의자 가운데 누구를 당사자로 할 것인지에 관하여 결정하여야 한다.
① 행위자와 상대방의 의사가 일치한 경우 일치한 의사대로 확정하여야 한다.
② 행위자와 상대방의 의사가 일치하지 않는 경우에 '상대방이 합리적인 사람이라면 행위자와 명의자 중 누구를 계약 당사자로 이해할 것인지'에 의하여 계약 당사자를 결정하여야 한다(대판 2016.7.22, 2016다207928).

(2) 타인의 명의로 매수한 경우 계약의 당사자

어떤 사람이 타인을 통하여 부동산을 매수함에 있어 매수인 명의를 그 타인 명의로 하기로 하였다면, 매수인 명의의 신탁관계는 그들 사이의 내부적인 관계에 불과한 것이어서 대외적으로는 타인(명의자)를 매매당사자로 보아야 한다(대판 2003.9.5, 2001다32120).

> **해커스 킬 정리** 법률행위 핵심체계 정리하기
>
> 1. 요건 – 농지취득자격증명은 효력발생요건이 아니다.
> 2. 종류 – 상대방 없는 단독행위 / 의무부담행위와 처분행위
> 3. 목적[유효요건]
>   (1) 가능성[불능] – 원시적 불능과 후발적 불능
>   (2) 적법성[단속규정 / 효력규정] – 중간생략등기금지규정은 단속규정이다.
>   (3) 타당성[제103조]
>   ① 무효인 것 / 무효 아닌 것
>   ② 절대적 무효
>   ③ 불법원인급여물 – 급여자가 반환청구를 할 수 없다.
>   (4) 공정성[제104조]
>   ① 요건? 객관적 요건과 주관적 요건
>   ② 입증?
>   ③ 효과 – 절대적 무효로 추인 ×
>   – 부제소 합의도 무효다.
>   – 무효행위의 전환이 인정된다.
>   ④ 적용 – 증여·경매에 적용되지 않는다.

land.Hackers.com

제 3 장 의사표시

목차 내비게이션 | 제1편 민법총칙

- 제1장 법률관계와 권리변동
- 제2장 법률행위
- **제3장 의사표시**
  - 제1절 총설
  - 제2절 진의 아닌 의사표시(비진의표시)
  - 제3절 허위표시
  - 제4절 착오에 의한 의사표시
  - 제5절 하자 있는 의사표시(사기, 강박에 의한 의사표시)
  - 제6절 의사표시의 효력발생
- 제4장 법률행위의 대리
- 제5장 법률행위의 무효와 취소
- 제6장 조건과 기한

출제경향
허위표시와 착오 그리고 제3자의 사기에서 출제비율이 높다.

학습전략
- 비진의표시에서 진의의 개념과 그 효과를 이해하여야 한다.
- 허위표시의 사례와 은닉행위의 사례를 비교하고, 허위표시에서 제3자에 해당 여부를 숙지하여야 한다.
- 착오에서 동기의 착오, 중과실문제, 착오 관련 문제를 이해하여야 한다.
- 제3자의 사기, 강박의 사례와 대리인의 사기사례를 구별하여 적용할 줄 알아야 한다.

핵심개념

1. **[진의 아닌 의사표시]**
   - 진의란? ★☆☆☆☆ p.56
   - 비진의표시의 효력 ★★★☆☆ p.57

2. **[허위표시]**
   - 허위표시의 사례 ★★★★☆ p.59
   - 허위표시에서 제3자 ★★★★☆ p.61
   - 은닉행위의 사례 ★★☆☆☆ p.64

3. **[착오]**
   - 동기의 착오 ★☆☆☆☆ p.67
   - 중과실 ★★★☆☆ p.70
   - 착오 관련 문제 ★★★★☆ p.72

4. **[사기, 강박]**
   - 사기의 요건 ★★★☆☆ p.73
   - 부작위에 의한 사기 ★☆☆☆☆ p.74
   - 강박의 위법성 ★☆☆☆☆ p.76
   - 제3자의 사기 ★★★★★ p.77

5. **[의사표시의 효력발생]**
   - 도달의 개념 ★★★☆☆ p.81
   - 발송 후 사망 ★★★☆☆ p.81
   - 의사표시의 수령능력 ★☆☆☆☆ p.82

제1절 총설

01 의의

의사표시는 일정한 법률효과의 발생을 원하는 의사를 외부에 나타내는 행위를 말한다. 예컨대, 집을 팔겠다는 의사를 외부에 표시하는 것이다. 의사표시는 법률행위의 불가결한 요소인 '법률사실'에 해당한다. 예컨대 임대차계약이라는 법률요건은 청약이라는 의사표시와 승낙이라는 의사표시 두 개의 법률사실로 구성되어 있다.

02 「민법」의 규정 체계

우리 「민법」의 의사표시에 관한 규정은 의사와 표시가 일치하는 정상적인 의사표시를 규정하지 않고 의사와 표시가 일치하지 않거나 하자가 있는 의사표시를 규정하여 규제하고 있다. 이러한 비정상적인 의사표시를 '의사의 흠결'이라고 하며 무효 또는 취소할 수 있는 것으로 하여 특별히 규정하고 있다.

핵심 콕! 콕! 의사표시의 규정체계

구분	종류	효과
의사와 표시의 불일치	진의 아닌 의사표시(제107조)	원칙(유효) / 예외(무효)
	허위표시(제108조)	상대적 무효
	착오(제109조)	상대적 취소
하자 있는 의사표시	사기, 강박(제110조)	상대적 취소

제2절 진의 아닌 의사표시(비진의표시) 제27·32회

> 제107조 【진의 아닌 의사표시】
> ① 의사표시는 표의자가 진의 아님을 알고 한 것이라도 그 **효력이 있다**. 그러나 **상대방이 표의자의** 진의 아님을 알았거나 이를 알 수 있었을 경우**에는 무효로 한다**.
> ② 전항의 의사표시의 무효는 **선의의 제3자에게 대항하지 못한다**.

목차 내비게이션

진의 아닌 의사표시
1. 의의
2. 요건
3. 효력
4. 적용범위

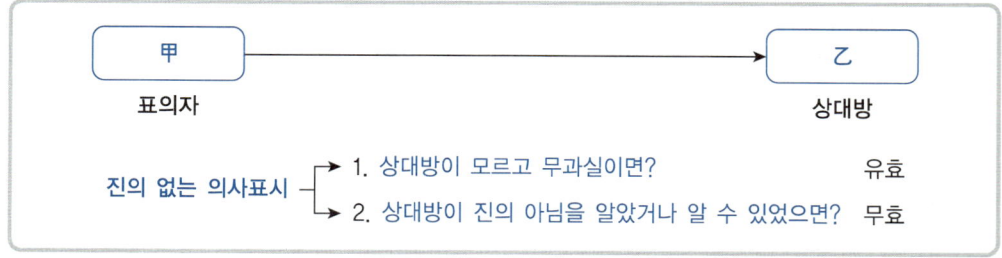

01 의의

(1) 표의자가 내심의 진의와 표시가 다르다는 것을 알면서 진의를 유보하고 하는 의사표시를 말한다. 표의자 스스로 의사와 표시의 불일치를 표의자가 알고 하는 경우에는 진의(眞意) 아닌 의사표시라고 하고, 표의자 스스로 의사와 표시의 불일치를 알지 못하는 경우에는 착오라고 하여 구별한다.

(2) 내심의 의사와 다른 것을 표의자 스스로 알고 있으면서 그것을 알리지 않는 의사표시이며, 심리유보(心裡留保) 또는 비진의(非眞意)표시라고도 한다.

> **기출 CHECK** ✓
> 진의란 표의자가 마음속에서 진정으로 바라는 사항을 말한다.
> 정답 ✗

02 요건

(1) **의사(진의)와 표시의 불일치**

비진의표시에서 진의란 특정한 내용의 의사표시를 하고자 하는 표의자의 생각을 말하는 것이지 표의자가 진정으로 마음속에서 바라는 사항(희망사항)을 뜻하는 것은 아니다(대판 2001.1.19, 2000다51919).

> **기출 CHECK** ✓
> 1 표의자가 강박에 의하여 증여한 경우 증여의 '내심의 효과의사(진의)'가 결여된 것이라고 할 수는 없고 이는 비진의표시가 아니다.
> 정답 ○
>
> 2 자기명의로 대출받을 수 없는 자를 위하여 대출금 채무자로서의 명의를 빌려준 자가 채무부담의 의사를 가지고 대출서류에 서명하였다면 그 의사표시는 비진의표시이다.
> 정답 ✗
>
> 3 근로자의 중간퇴직 의사표시는 특별한 사정이 없는 한 비진의표시가 아니다.
> 정답 ○

(2) **표의자가 진의와 표시의 불일치를 알고 할 것**

표의자는 진의와 표시의 불일치를 충분히 알면서 하여야 한다.

> **더 알아보기** 진의 아닌 의사표시에 해당 여부
>
> 1. **강압에 의한 증여가 최선이라고 판단한 의사표시**
> 1980년 국가기관인 합수부 수사관의 재산 헌납강요를 받고 부당한 강압을 못 이겨 재산을 국가에 증여한 사건에서 증여자가 비록 재산을 강제로 빼앗긴다는 것이 표의자의 본심으로 잠재되어 있었다 하여도, 표의자가 표시내용을 진정으로 바라지는 아니하였으나 당시의 상황에서 최선이라고 판단하여 표의자가 강제에 의하여서나마 **증여를 하기로** 결심하고 그에 따른 증여의 표시를 한 이상 **증여의 내심의 효과의사(진의)가 결여**된 것이라고 할 수 없다. 그러므로 강압에 의한 증여는 **진의 아닌 의사표시**에 해당하지 않는다(대판 1993.7.16, 92다41528).

2. 명의대여로 대출받은 경우

    사실상의 장애로 자기명의로 대출받을 수 없는 자를 위하여 대출금채무자로서의 명의를 빌려준 자가 채무부담의 의사를 가지고 하였다면 그 의사표시는 비진의표시가 아니다. 그러므로 금융기관과 대출서류상의 명의대여자와의 소비대차계약은 유효하고 대출명의자가 대출금 상환책임을 부담한다(대판 1996.9.10, 96다18182).

3. 근로자가 사직서를 제출한 경우

    ① 근로자가 자의로 중간퇴직하는 경우: 근로자가 회사의 강요에 의해서가 아니라 심사숙고 끝에 자의로 사직서를 제출하여 한 중간퇴직 의사표시는 '사직할 의사를 가지고' 한 것이므로 진의 아닌 의사표시에 해당하지 않는다(대판 1992.9.14, 92다17754).

    ② 사용자의 지시로 근로자가 일괄사직서를 제출하는 경우: 회사의 대표이사가 부장급 이상의 간부들에게 이사장의 신임을 묻겠다고 일괄하여 '사표제출을 지시'하여 간부들이 모두 사퇴할 의사 없이 사직서를 제출하였는데 이를 대표이사가 의원면직 처리한 경우, 간부들의 사직서 제출은 비진의표시에 해당한다(대판 1994.4.29, 93누16185).

03 효과 ❶

(1) 원칙 – 표시한대로 효력 있다(유효).

   ① 진의 아닌 의사표시는 상대방에게 표시된 대로 효력이 발생하는 것이 원칙이다(제107조 제1항 본문 – 표시주의 해석에 따른 결과이다).

   ② 표의자가 진의 아님을 상대방이 모르고 무과실인 경우 의사표시는 표시한 대로 유효가 원칙이다. 표의자는 표시한 대로 이행책임을 진다.

   ③ 표의자 甲이 진의 없이 증여로 이미 부동산의 등기를 상대방 乙에게 이전하여 주었다면, 표의자는 상대방에게 이전등기된 부동산의 등기말소를 청구할 수 없고 소유권은 상대방에게 귀속한다.

(2) 예외 – 무효 제27·29회

   ① 상대방이 표의자의 진의 아님을 알았거나(악의) 또는 알 수 있었을 경우에(과실) 그 의사표시는 무효이다(제107조 제1항 단서).

   ② 상대방의 악의 또는 과실에 대한 입증책임은 의사표시의 무효를 주장하는 표의자가 부담한다.

---

❶
진의 아닌 의사표시는
1. 상대방이 진의 아님을 알았거나 알 수 있었을 경우 ➡ 무효
2. 선의이나 과실 있으면 ➡ 무효
3. 악의이나 무과실이면 ➡ 무효
4. 선의이고 무과실이면 ➡ 유효

기출 CHECK ✓

1 비진의표시는 상대방이 선의이고 무과실이면 유효이다.
정답 O

2 비진의표시는 무효가 원칙이다.
정답 X

③ 무효의 입증책임은 누가 부담하는가에 대하여 판례는 성희롱으로 물의를 일으킨 사립 대학교 교수가 사직서가 수리되지 않을 것이라고 믿고 사태수습을 위하여 형식상 이사장 앞으로 사직서를 제출하여 수리된 경우, 표의자인 교수가 이사회에서 그러한 사실을 알았거나 알 수 있었음을 입증하지 못하는 한 의사표시한 대로 효력이 발생한다고 본다(대판 1968.10.14, 79다2168). 비진의표시의 무효는 무효를 주장하는 표의자가 입증하여야 한다. 즉, 상대방이 스스로 선의, 무과실을 입증하는 것이 아니다.

(3) 상대적 무효 제29회

① 비진의표시를 상대방이 알았거나 알 수 있었을 경우 당사자간에는 무효이지만 그 무효를 선의 제3자에게 대항하지 못한다(제107조 제2항). 당사자간에 무효이지만 선의 제3자에게 무효로 뺏어올 수 없다.❶

② 이는 선의 제3자를 보호하기 위한 거래의 안전을 위한 특별규정이다.

04 적용 여부

(1) 단독행위

① 상대방 있는 단독행위: 비진의표시 규정이 적용된다.
② 상대방 없는 단독행위: 비진의표시한 경우 언제나 유효하다.

(2) 공법상의 행위

① 표시행위의 신뢰가 존중되어야 하는 공법행위, 소송행위에서는 제107조가 적용되지 않는다.
② 판례도 공무원이 사직의 의사표시를 하여 의원면직된 경우 그 사직의 의사표시는 그 법률관계의 특수성에 비추어 외부적으로 표시한 바를 존중하여야 할 것이므로 비록 사직서 제출자의 내심의 의사가 사직할 뜻이 아니었다 하여도 사인의 공법행위에는 제107조의 규정이 준용될 수 없으므로 그 사직원 제출은 표시한대로 유효하다(대판 1997.12.12, 97누13962).

(3) 대리권의 남용에도 비진의표시가 유추적용된다.❷

기출 CHECK ✓
1 비진의표시의 무효는 무효를 주장하는 표의자가 입증하여야 한다.
정답 O

2 상대방이 스스로 비진의표시에 대하여 선의, 무과실임을 입증하여야 한다.
정답 X

❶ 선의 제3자에게 대항하지 못한다 = 선의 제3자에게 주장할 수 없다 = 선의 제3자에게 뺏어올 수 없다

기출 CHECK ✓
비진의표시는 단독행위, 대리권의 남용에도 유추적용된다.
정답 O

기출 CHECK ✓
비진의표시는 공무원의 사직서 제출 같은 공법행위에는 적용되지 않는다.
정답 O

용어사전
준용
끌어다가 쓰는 것을 말한다.

유추적용
유사한 사항에 적용한다.

❷ 제1편 제4장(법률행위의 대리)에서 상술한다.

제3절 허위표시 제26·28·31·32·35회

> 제108조 【통정한 허위의 의사표시】
> ① 상대방과 **통정**한 허위의 의사표시는 **무효**로 한다.
> ② 전항의 의사표시의 무효는 선의의 제3자에게 대항하지 못한다.

목차 내비게이션

허위표시의 체계
1. 사례 정리
2. 허위표시의 제3자
3. 은닉행위의 사례

01 서설

(1) 의의

① 허위표시란 상대방과 통정해서 허위로 가장행위를 하는 것을 말한다.
② 진의 아닌 의사표시는 표의자가 단독으로 하는 허위표시에 해당하지만, 허위표시는 상대방과 통정해서 하는 통정허위표시라는 점에서 구별된다.

핵심 콕! 콕! 가장매매의 사례 이해

채무자 甲이 채권자 A에게 돈을 빌려서 사업을 하다가 부도로 말미암아 커다란 빚을 부담하게 되자 채권자 A의 강제집행을 회피하기 위해서 처남 乙과 통정하여 자신 소유의 빌라를 乙에게 가장양도하였다(이를 가장행위 또는 통정허위표시라고 한다).
이런 상황에서 乙이 이 빌라를 이런 사정을 알지 못하는 제3자 丙에게 매각해버리면 빌라의 소유권자는 누구인가?

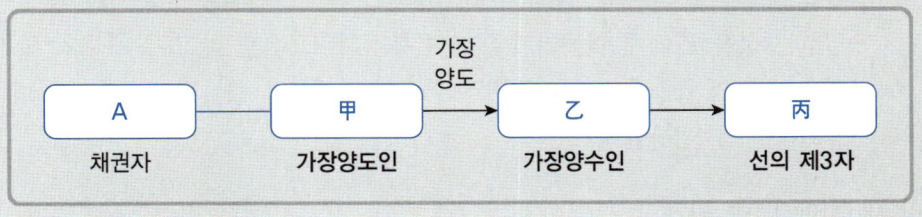

(2) 허위표시의 요건 제30회

① 의사와 표시가 불일치해야 한다.
② 상대방과 통정하고 허위로 표시를 하여야 한다.
  ㉠ 통정이라 함은 진의와 다른 의사표시를 하는 데 대하여 표의자와 상대방 사이에 합의가 있거나 상대방이 이를 양해하는 경우를 말한다. 상대방이 이를 인식하는 것만으로는 통정허위표시가 성립하지 않는다.
  ㉡ 판례: 동일인에 대한 대출액 한도를 제한한 법령의 적용을 회피하기 위하여 금융기관의 양해(은행과 명백한 합의가 존재하여야 한다)하에 제3자를 형식상의 주채무자로 내세우고, 제3자 명의로 되어 있는 대출약정은 통정허위표시에 해당한다(대판 2001.5.29, 2001다11765). 예컨대 甲이 乙을 대출서

기출 CHECK ✓
허위표시는 표의자가 진의와 다른 표시를 한 것을 상대방이 알았다면 성립한다.

정답 ✗

류상의 채무자로 하되 대출명의자인 乙에게는 책임을 지우지 않기로 금융기관의 양해(통정)하에 대출을 받아내서 甲이 자금을 사용한 경우 乙명의 대출거래는 통정허위표시로서 무효이다.

02 허위표시의 효과

(1) 당사자간의 관계

① 무효
  ㉠ 당사자간에는 언제나 무효이다(제108조 제1항).
  ㉡ 당사자는 허위계약에 따른 의무를 상대방에게 이행할 필요가 없다.
  ㉢ 허위표시는 처음부터 무효이므로 허위표시에 따른 의무를 상대방에게 불이행하여도 채무불이행으로 인한 손해배상을 청구할 수 없다.

② 허위표시는 반사회적 법률행위가 아니다(불법원인 급여가 아니다).
  ㉠ 강제집행을 면할 목적으로 부동산에 허위의 근저당권설정등기를 경료하는 행위는 의사표시를 상대방과 짜고 허위로 표시한 것일 뿐 그 내용이 사회질서를 문란하게 하는 것에 해당하지 않으므로 반사회적 법률행위로 볼 수 없다.
  ㉡ 허위표시를 한 자는 허위표시의 무효를 원인으로 하여 상대방에게 부당이득반환을 청구할 수 있다. 또한 허위표시를 한 자는 가장양수인을 상대로 진정명의회복으로 소유권이전등기를 청구할 수 있다.

③ 무효인 허위표시도 채권자취소(사해행위의 취소) 대상이 된다. 채무자 甲이 유일한 재산을 乙에게 빼돌리기 위하여 통정허위표시를 한 경우 무효인 허위표시 행위도 甲의 금전채권자는 채권자 취소권(채무자가 빼돌린 재산을 취소하여 원상회복함)을 행사할 수 있다.

(2) 제3자에 대한 관계 제26·27·31회

① 상대적 무효: 허위표시의 무효는 '선의 제3자에게 대항하지 못한다'(제108조 제2항). 허위표시를 믿고 거래한 선의 제3자를 보호하기 위한 특별규정으로서 당사자간에는 허위표시가 무효이나 선의 제3자에게는 유효라는 의미이다(상대적 무효).

② 제108조 제2항의 취지 - 선의 제3자 보호를 위한 특별규정: 무효등기의 공신력이 없는「민법」제도하에서는 선의 제3자가 소유권을 취득할 수 없게 되는 구조이어서 거래안전이 파괴되므로 제108조 제2항을 규정한 취지는 선의 제3자가 유효하게 소유권을 취득하도록 하여 선의 제3자를 법률이 특별히 보호한다는 취지이다(제108조 제2항은 거래안전을 보호하기 위한 특별규정이다).

기출 CHECK ✓
허위표시에 따른 의무를 상대방에게 불이행하여도 채무불이행으로 손해배상을 청구할 수 없다.
정답 ○

기출 CHECK ✓
1 강제집행을 면할 목적으로 부동산에 허위의 근저당권설정등기를 경료하는 행위는 반사회적 법률행위가 아니다.
정답 ○

2 허위표시를 한 자는 상대방에게 부당이득반환을 청구할 수 없다.
정답 ✕

용어사전
진정명의회복
등기명의인이 무권리자인 경우에 진정한 소유명의자가 자기의 권리를 회복하는 것이다.

채권자취소권
금전채권을 보유한 자가 채무자 측에서 다른 사람에게 빼돌린 재산을 취소하여 원상회복시키는 것이다.

기출 CHECK ✓
허위표시에서 제3자가 선의이면 유효하게 소유권을 취득한다.
정답 ○

③ 허위표시에서 보호받는 제3자의 범위
  ㉠ 제3자: 허위표시에서 제3자는 통정허위표시(가장행위)를 기초로 새로운 법률상 이해관계를 맺었는지 여부에 따라 실질적으로 파악해야 한다(대판 2003. 3.28, 2002다72125).
  ㉡ 제3자의 선의 추정
    ⓐ 선의란 의사표시가 허위표시임을 모르는 것을 말한다.
    ⓑ 제3자의 선의는 추정되므로 제3자 스스로 선의를 입증할 책임이 없고, 무효를 주장하는 가장양도인이 제3자의 악의를 입증하여야 한다(대판 2006.3.10, 2002다1321).
  ㉢ 제3자가 선의이나 과실이 있는 경우 보호받는다.
    ⓐ 제3자가 보호받기 위하여는 선의이면 족하고 무과실까지 요구되지는 않는다.
    ⓑ 제3자가 허위표시임을 알지 못하여 선의이나 과실이 있는 경우에도 제3자는 유효하게 보호받는다.
  ㉣ 대항하지 못한다: 허위표시의 무효를 선의의 제3자에게 그 누구도 주장할 수 없다는 것이다. 그러므로 허위표시는 새로운 법률상 이해관계를 맺은 선의의 제3자를 제외한 누구에 대하여서나 무효이고, 또한 누구든지 그 무효를 주장할 수 있다는 점이다(대판 2000.7.6, 99다51258).

④ 전득자 보호(엄폐물의 법칙)
  ㉠ 선의의 제3자로부터 권리를 전득한 자는 악의일지라도 선의의 제3자의 권리취득에 의하여 전득자의 하자는 치유되었으므로 선의의 제3자의 권리를 승계하여 유효하게 소유권을 취득한다.
  ㉡ 제3자가 악의이나 그로부터 전득자가 선의인 경우 전득자는 유효하게 소유권을 취득한다.

⑤ 허위표시의 제3자 해당 여부의 고찰
  ㉠ 가장양수인을 소유자로 믿고 매수한 자: 아파트의 실제 소유자인 매형이 처남에게 가장양도하여 가장양수인을 소유자로 믿고 부동산을 매수하여 소유권이전등기를 경료한 매수인은 제3자에 해당된다.

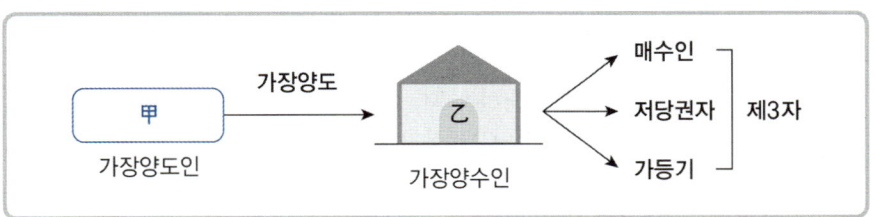

기출 CHECK ✓

1 허위표시에서 제3자의 선의는 추정된다.
　　　　　　　　정답 O

2 허위표시의 제3자는 스스로 선의를 입증하여야 한다.
　　　　　　　　정답 X

3 허위표시에서 제3자가 선의이나 과실이 있는 경우 유효하게 보호받는다.
　　　　　　　　정답 O

4 허위표시의 제3자가 보호받기 위하여는 선의이고 무과실이어야 한다.
　　　　　　　　정답 X

> 기출 CHECK ✓
> 허위표시로 생긴 가장채권을 가압류한 자는 허위표시의 제3자에 해당한다.
> 정답 ○

ⓒ 가장채권을 믿고 가압류한 채권자: 통정한 허위표시에 의하여 외형상 형성된 법률관계로 생긴 채권을 가압류한 경우 그 가압류권자는 허위표시에 기초하여 새로이 법률상 이해관계를 가지게 된 제3자에 해당하므로, 그가 선의인 이상 당사자는 위 통정허위표시의 무효를 가압류채권자에 대하여 주장할 수 없다(대판 2010.3.25, 2009다35743).

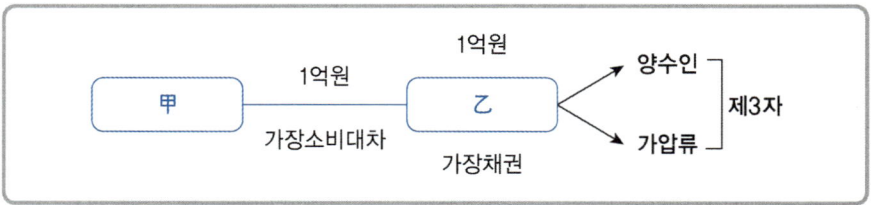

> 기출 CHECK ✓
> 가장전세권에 기한 전세금반환채권을 가압류한 자는 허위표시의 제3자에 해당한다.
> 정답 ○

ⓒ 가장전세권부채권(허위채권)을 믿고 가압류한 채권자: 통정허위표시로 이루어진 가장전세권에 기한 전세금반환채권을 믿고 가압류한 채권자는 제3자에 해당한다.

ⓔ 파산자가 상대방과 통정한 허위의 의사표시를 통하여 가장채권을 보유하고 있다가 파산이 선고된 경우 그 가장채권도 일단 파산재단에 속하게 되고, 파산선고에 따라 파산자와는 독립한 지위에서 파산채권자 전체의 공동의 이익을 위하여 직무를 행하게 된 '파산관재인'은 그 허위표시에 따라 외형상 형성된 법률관계를 토대로 실질적으로 새로운 법률상 이해관계를 가지게 된 제108조 제2항의 제3자에 해당하고, 그 선의·악의도 파산관재인 개인의 선의·악의를 기준으로 할 수는 없고, '총파산채권자를 기준으로 하여 파산채권자 모두가 악의로 되지 않는 한' 파산관재인은 선의로 추정된다(대판 2009다96083). 즉, 파산채권자 중 일부는 선의이고 일부는 악의여도 파산관재인은 선의로 간주된다.

> 용어사전
> **가압류**
> 금전채권을 보전하기 위하여 소송기간 동안 채무자가 재산을 은닉하지 못하도록 묶어두는 임시조치를 뜻한다.
>
> **압류**
> 국가기관이 강제로 다른 사람의 재산처분이나 권리행사 등을 못하게 하는 것을 말한다(처분금지효).
>
> **파산관재인의 선의·악의**
> 파산관재인 개인의 선의·악의를 기준으로 할 수는 없고, 총파산채권자를 기준으로 하여 판단한다. 총파산채권자 중 일부가 선의이고 일부는 악의여도 선의로 추정한다.

ⓜ 가장채무를 보증하고 이를 이행한 보증인: 보증인이 주채무자의 기망행위에 의하여 주채무가 있는 것으로 믿고 주채무자와 보증계약을 체결한 다음 그에 따라 보증채무자로서 그 채무까지 이행한 경우, 그 보증인은 주채무자에 대한 구상권 취득에 관하여 법률상의 새로운 이해관계를 가지게 되었으므로 허위표시의 '제3자'에 해당한다(대판 2000.7.6, 99다51258).

> **더 알아보기** 허위표시의 제3자 해당 여부 제26·30·31·34회
>
> 1. 허위표시의 제3자에 해당하는 자
>   ① 가장매매의 가장양수인으로부터 목적부동산을 다시 양수한 자
>   ② 가장양수인으로부터 매매의 예약을 하여 가등기를 취득한 자
>   ③ 가장저당권설정행위에 의한 저당권실행으로써 부동산을 낙찰받은 자
>   ④ 가장소비대차에 기한 대여금채권(가장채권)의 양수인
>   ⑤ 가장채권(허위채권)을 믿고 가압류한 채권자

⑥ 가장전세권에 기한 전세금반환채권을 가압류한 채권자
⑦ 가장채무를 보증하고 이를 이행한 보증인
⑧ 가장소비대차의 대주가 파산선고를 받았을 때의 파산관재인

2. 허위표시의 제3자에 해당하지 않는 자
   ① 가장양수인의 포괄승계인(상속인)

   > 가장양도인 甲 – 가장양수인 乙의 빌라 – 〈새로운 거래 없는〉 – 乙의 상속인

   ② 제3자를 위한 계약에서 수익자

   > 甲[요약자] – 乙[낙약자] – 〈새로운 거래 없는〉 – 수익자 丙

   ③ 대리인이 상대방과 통정허위표시를 한 경우에 있어서의 본인❶

   > 甲[본인] – 乙[대리인] – 〈허위계약체결〉 – 상대방 丙

   ④ 채권의 가장양도에서의 변제하기 전의 채무자

   > 채무자 – 甲[채권 가장양도인] – 乙[채권 가장양수인]

   ⑤ 차주와 통정하여 가장소비대차계약을 체결한 금융기관으로부터 그 계약상 지위를 이전받은 자

   > 甲[가장소비차주] – 乙[가장 소비대주] – 계약상 지위 이전받은 자 丙

기출 CHECK ✓
허위표시에서 제3자란 허위표시의 외형을 믿고 실질적으로 새로운 이해관계를 맺은 자를 말한다.
정답 O

❶ 본인은 허위표시의 제3자를 이유로 대리행위의 유효를 주장할 수 없다.

확인예제

01 통정허위표시를 기초로 새로운 법률상 이해관계를 맺은 제3자에 해당하는 자를 모두 고른 것은? (판례에 따름) 제34회

> ㉠ 파산선고를 받은 가장채권자의 파산관재인
> ㉡ 가장채무를 보증하고 그 보증채무를 이행하여 구상권을 취득한 보증인
> ㉢ 차주와 통정하여 가장소비대차계약을 체결한 금융기관으로부터 그 계약을 인수한 자

① ㉠ ② ㉢
③ ㉠, ㉡ ④ ㉡, ㉢
⑤ ㉠, ㉡, ㉢

해설

해당하는 자는 ㉠㉡이다.
㉢ 차주와 통정하여 가장소비대차계약을 체결한 금융기관으로부터 그 계약을 인수한 자는 새로운 이해관계를 맺는 제3자에 해당하지 아니한다.
정답: ③

02 甲은 자신의 부동산에 관하여 乙과 통정한 허위의 매매계약에 따라 소유권이전등기를 乙에게 해주었다. 그 후 乙은 이러한 사정을 모르는 丙과 위 부동산에 대한 매매계약을 체결하고 그에게 소유권이전등기를 해 주었다. 다음 설명 중 틀린 것은? (다툼이 있으면 판례에 따름) 제27회

① 甲과 乙은 매매계약에 따른 채무를 이행할 필요가 없다.
② 甲은 丙을 상대로 이전등기의 말소를 청구할 수 없다.
③ 丙이 부동산의 소유권을 취득한다.
④ 甲이 자신의 소유권을 주장하려면 丙의 악의를 증명해야 한다.
⑤ 丙이 선의이더라도 과실이 있으면 소유권을 취득하지 못한다.

[해설]
丙이 보호받기 위하여 선의·무과실이 아니라 선의로 족하므로 선의이면 과실이 있어도 소유권을 유효하게 취득한다.
정답: ⑤

기출 CHECK ✓

1 실제는 증여인데 매매를 가장하여 소유권이전등기를 경료한 경우 그 등기는 유효하다.
정답 O

2 당사자가 통정하여 증여를 매매로 가장한 경우, 증여와 매매 모두 무효이다.
정답 X

3 甲이 증여를 통정하여 매매로 가장하여 乙에게 등기한 후 이를 알고 있는 제3자 丙에게 매각한 경우 丙은 소유권을 취득한다.
정답 O

03 은닉행위(隱匿行爲)의 사례 정리 제26·29·30회

(1) 증여자 甲이 자기소유 X아파트를 실제는 증여인데 증여세를 면탈하고자 매매로 가장하여 사위 乙에게 소유권이전등기를 경료한 경우

① 가장매매행위는 허위표시로서 무효이다.
② 은닉행위(증여)는 유효하다.
③ 乙명의로 소유권이전등기는 실체에 부합하는 등기로서 유효하다. 실제는 증여인데 매매로 허위기재한 것이므로 등기원인을 허위로 기재하여 처벌받는 것과 별개로 乙명의 소유권이전등기 자체는 유효하다.
④ 제3자가 소유권을 취득하려면 선의이어야 하는지 여부
  ㉠ 乙이 X아파트를 제3자 丙에게 양도한 경우 제3자는 정당한 소유권자인 乙로부터 이를 매매로 인수한 것으로 위와 같은 사정에 대한 선의·악의 관계 없이 소유권을 취득한다.
  ㉡ 丙이 甲과 乙 사이에 증여계약이 체결된 사실을 알지 못하였으나 과실이 있더라도 丙은 유효하게 소유권을 취득한다.

(2) 가장매매와 은닉행위의 비교

① 가장매매에서 제3자는 선의이어야 유효하게 소유권을 취득한다.
② 은닉행위에서 제3자는 선의·악의 불문하고 유효하게 취득한다.

가장매매의 구조

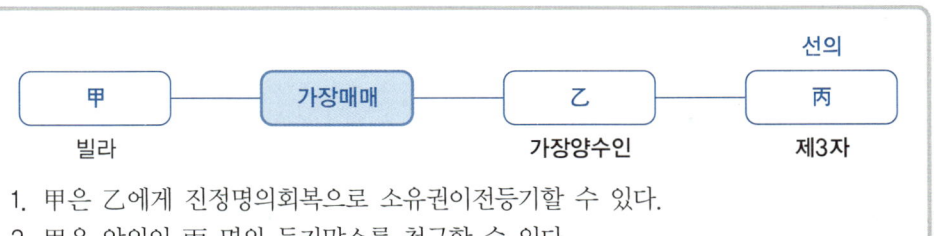

1. 甲은 乙에게 진정명의회복으로 소유권이전등기할 수 있다.
2. 甲은 악의인 丙 명의 등기말소를 청구할 수 있다.

은닉행위의 구조

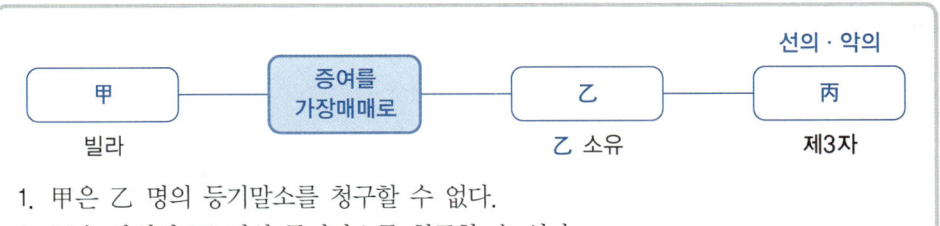

1. 甲은 乙 명의 등기말소를 청구할 수 없다.
2. 甲은 악의인 丙 명의 등기말소를 청구할 수 없다.

> **확인예제**
>
> 甲은 자신의 X토지를 乙에게 증여하고, 세금을 아끼기 위해 이를 매매로 가장하여 乙명의로 소유권이전등기를 마쳤다. 그 후 乙은 X토지를 丙에게 매도하고 소유권이전등기를 마쳤다. 다음 설명 중 옳은 것을 모두 고른 것은? (다툼이 있으면 판례에 따름)
>
> 제29회
>
> ㉠ 甲과 乙 사이의 매매계약은 무효이다.
> ㉡ 甲과 乙 사이의 증여계약은 유효이다.
> ㉢ 甲은 丙에게 X토지의 소유권이전등기말소를 청구할 수 없다.
> ㉣ 丙이 甲과 乙 사이에 증여계약이 체결된 사실을 알지 못한 데 과실이 있더라도 丙은 소유권을 취득한다.
>
> ① ㉠　　　　　　② ㉠, ㉢　　　　　　③ ㉡, ㉣
> ④ ㉡, ㉢, ㉣　　⑤ ㉠, ㉡, ㉢, ㉣

해설

㉠㉡㉢㉣ 모두 옳은 설명이다.

정답: ⑤

> **목차 내비게이션**
>
> **착오의 체계도**
> 1. 의의·종류
> 2. 취소의 요건
>   • 중요부분 착오
>   • 중과실 없을 것
> 3. 착오의 효과
> 4. 착오와 관련 문제

제4절 착오에 의한 의사표시 제26·28·31·32·35회

> **제109조【착오로 인한 의사표시】**
> ① 의사표시는 법률행위의 내용의 **중요부분에 착오**가 있는 때에는 취소할 수 있다. 그러나 그 착오가 표의자의 **중대한 과실**로 인한 때에는 취소하지 못한다.
> ② 전항의 의사표시의 취소는 선의의 제3자에게 대항하지 못한다.

01 의의

(1) 개념

① 착오는 의사와 표시가 불일치함을 표의자가 모르고 하는 경우를 말한다.
② 비진의표시는 표의자가 진의와 표시가 불일치함을 알고 한다는 점에서 구별된다.

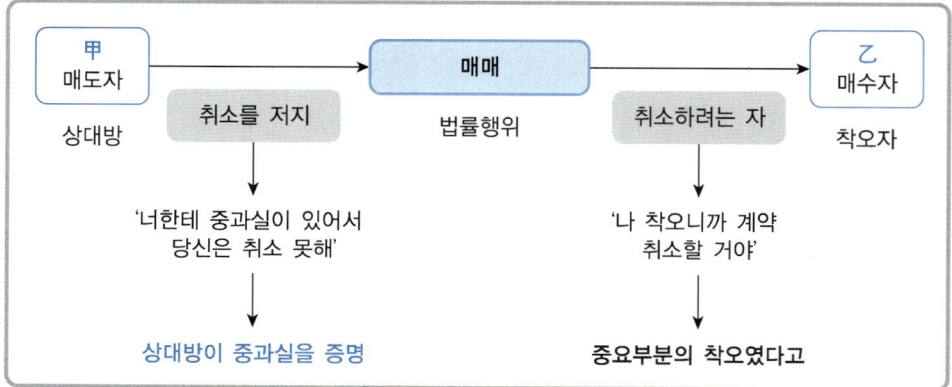

(2) 착오의 종류 제28회

① **내용의 착오**: 표시행위가 가지는 의미를 잘못 이해하는 경우이다. 예컨대, 달러와 유로화가 동일한 가치를 갖는 것으로 오해하고 100유로를 100달러로 적는 경우이다.
② **표시상의 착오**: 표의자가 외부적으로 표시한 것으로 나타난 것을 표시하려 하지 않았던 경우를 말한다. 평당 100만원이라고 할 것을 10만원이라고 잘못 기재하는 것과 같은 오기(誤記)를 말한다.

판례 표시상의 착오

신원보증서류에 서명날인한다는 착각에 빠진 상태로 연대보증의 서면에 서명날인한 경우, 결국 위와 같은 행위는 **강학상 기명날인의 착오(또는 서명의 착오), 이른바 표시상의 착오에 해당하므로, 비록 위와 같은 착오가 제3자의 기망행위에 의하여 일어난 것이라 하더라도 그에 관하여는 사기에 의한 의사표시에 관한 법리**, 특히 상대방이 그러한 제3자의 기망행위 사실을 알았거나 알 수 있었을 경우가 아닌 한 의사표시자가 취소권을 행사할 수 없다는 「민법」 제110조 제2항의 규정을 적용할 것이 아니라, 착오에 의한 의사표시에 관한 법리만을 적용하여 취소권 행사의 가부를 가려야 한다(대판 2005. 5.27, 2004다43824).

기출 CHECK ✓
신원보증서류에 서명한다는 착각에 빠진 상태로 연대보증의 서면에 서명한 경우 사기로 취소할 수 없고 표시상의 착오로 취소할 수 있다.
정답 O

③ **법률의 착오**: 법률규정의 의미나 법규의 존재유무에 관하여 잘못 인식한 것을 말한다. 따라서 법률에 관한 착오라도 그것이 법률행위의 내용의 중요부분에 관한 것인 때에는 표의자는 그 의사표시를 취소할 수 있다(대판 80다2475).

④ **동기의 착오**
  ㉠ 의의
    ⓐ 의사표시를 형성하는 과정이나 연유의 착오이다. 매매계약을 할 때 매수동기가 무엇인지는 표현하지 않고 마음속에 내재되어 있는 상태이므로 계약서의 내용에 포함되지 않는 것이 일반적이다.
    ⓑ **부동산에 대한 법적 규제의 존재에 대한 착각**: 벽돌공장을 신축하려는 계획으로 법적 규제 때문에 벽돌공장을 지을 수 없는 토지 500평을 공장을 지을 수 있다고 잘못 알고 토지를 매입한 경우, 표의자가 기대를 가졌던 동기가 실현되지 않은 것일 뿐이므로 표의자의 의사표시에는 아무 문제가 없다. 따라서 원칙적으로 동기를 표시하지 않는 한 계약의 내용이 될 수 없어 착오로 취소를 할 수 없다.
    ⓒ 매매계약 당시 장차 도시계획이 변경되어 공동주택, 호텔 등의 신축에 대한 인·허가를 받을 수 있을 것이라고 생각하였으나 그 후 생각대로 되지 않은 경우, 이는 법률행위 당시를 기준으로 장래의 미필적 사실의 발생에 대한 예상이 빗나간 것에 불과할 뿐 착오라고 할 수 없다(판례).
  ㉡ 원칙
    ⓐ 동기의 착오는 매수하려는 동기가 표출되지 않고 표의자의 내면에 머무른 이상 의사표시를 취소할 수 없다.
    ⓑ 판례도 동기를 계약내용으로 하는 의사를 표시하지 아니한 이상, 동기의 착오를 이유로 계약을 취소할 수 없다(대판 1998.2.10, 97다44737).
  ㉢ 예외(동기 표시설)
    ⓐ 매매계약 당시 당사자 사이에 특히 그 동기를 표시하여 계약의 내용으로 삼은 때에 한하여 동기의 착오를 이유로 당해 계약을 취소할 수 있다

용어사전
사자
표의자의 보조자로서 타인의 완성된 의사표시를 전달하는 자를 말한다.

기출 CHECK ✓
동기를 상대방에게 표시한 경우 중요부분의 착오면 취소할 수 있다.
정답 O

(대판 1984.10.23, 83다카1187). 따라서 동기가 상대방에게 표시되고 중요부분의 착오에 해당하면 착오로 취소할 수 있다.

ⓑ 매수대상인 토지가 30평 가량만 도로에 편입될 것이라는 중개인의 말만 믿고 매수하면서 그러한 사정이 계약체결과정에서 표시되었는데, 실제는 전체면적의 30%에 해당하는 200평이 도로에 편입되었다면 이는 토지매매의 동기의 착오로 취소할 수 있다(대판 2000.5.12, 2000다12259). 주의할 것은 동기의 착오로 취소하기 위하여는 의사표시의 중요부분의 착오로 인정되고, 동기를 상대방에게 표시하면 족하고 동기를 의사표시의 내용으로 삼기로 하는 상대방과의 합의까지 이루어질 필요는 없다(대판 1998.2.10, 97다44737).

② 상대방이 동기를 유발한 경우

ⓐ 다만, 동기가 표시되지 않았다 하더라도 동기가 상대방의 기망에 의하여 유발된 경우, 혹은 동기가 상대방으로부터 제공된 경우(대판 1978.7.11, 78다719)에는 동기의 착오로 의사표시는 취소될 수 있다.

ⓑ 귀속재산이 아닌데도 공무원이 귀속재산이라고 말하여 토지소유자가 국가에 토지를 증여한 경우: 공무원이 토지를 국가에 증여하여 환수에 협조하면 우선매수권을 부여하여 수의계약으로 불하해주겠다고 강력히 권고하여 '표의자가 귀속재산에서 해제된 토지'임에도 '귀속재산'에 해당하므로 증여하라는 '공무원의 권유로 국가에 증여'를 한 경우에는 증여의 동기를 공무원(상대방)이 유발한 것으로 동기의 표시가 없어도 착오로 취소를 인정한다(대판 1978.7.11, 78다719).

02 착오로 취소하기 위한 요건

(1) 중요부분에 관한 착오가 있을 것

① 중요부분의 판단기준(표의자와 일반인의 입장을 고려)

㉠ 표의자가 일반적으로 그 부분을 잘못 인식하지 않았더라면 본인이 의사표시를 하지 않았을 뿐만 아니라 일반인도 하지 않았으리라고 생각되는 객관적으로 중요성이 있는 부분의 착오를 말한다(대판 2000다12259). ❶ 가령 토지의 현황과 경계에 착오가 있어 계약을 체결하기 전에 이를 알았다면 계약의 목적을 달성할 수 없음이 명백하여 계약을 체결하지 않았을 것으로 평가할 수 있을 경우에 계약의 중요부분에 관한 착오가 인정된다(대판 2020.3.26, 2019다288232).

㉡ 여기서 착오가 중요한 부분에 해당한다는 사실, 그것이 의사결정에 결정적 영향을 미쳤다는 점에 관한 입증책임은 법률행위를 취소하여 계약을 부인하려는 자(착오자)가 진다.

ⓒ 대리인에 의한 계약 체결의 경우, 의사표시의 착오가 존재하는지 유무는 '대리인을 표준'으로 판단하여야 한다.
ⓔ 착오가 존재하려면 인식과 사실의 불일치가 있어야 하는데 여기서의 사실은 현재의 사실과 장래의 사실도 포함한다.

② 중요부분의 착오의 모습
  ㉠ 중요부분의 착오에 해당하는 경우
    ⓐ 토지의 현황착오: 경작할 수 없는 하천 땅을 논으로 오인하여 매입한 경우 중요부분의 착오에 해당한다.
    ⓑ 경계에 관한 착오: 담장을 기준으로 토지의 교환이 이루어졌으나 측량결과 그 담장이 실제 경계와 많은 차이가 있는 경우(대판 1993.9.28, 93다31634)
    ⓒ 보증계약할 때 채무자의 동일성의 착오: 甲이 채무자란이 공란으로 된 근저당권설정계약서를 제시받고 채무자를 A로 알고 보증계약서에 서명하였으나 그 후 채무자가 B로 밝혀진 경우(대판 1995.12.22, 95다37087)
  ㉡ 중요부분의 착오가 아닌 경우
    ⓐ 부동산의 매매에서 시가의 착오: 토지를 매수함에 있어서 의사결정의 동기에 불과하므로 중요부분의 착오라고 할 수 없다(대판 92다29337).
    ⓑ 토지매매에서 면적, 지적의 부족: 매수면적이 근소하게 부족(예 4평 중 0.2평의 부족)하다 하여 중요부분의 착오가 있다고 하기 어렵다.
    ⓒ 부동산 매매잔금 지급계획의 착오[은행의 대출규제로 중도금 대출계획에 차질이 생긴 때]는 동기에 불과할 뿐 중요부분의 착오가 아니다.

중요부분의 착오에 해당하는 경우	중요부분의 착오에 해당하지 않는 경우
• 토지의 현황의 착오(하천 땅을 논으로 오인) • 토지 경계의 착오 • 근저당설정시 채무자의 동일성 착오	• 목적물의 시가의 착오 • 토지매매에서 면적의 부족 • 잔금 지급계획의 착오 • 경제적 불이익을 입지 아니한 경우

③ 경제적 불이익
  ㉠ 법률행위 내용의 중요부분에 착오가 있다고 하기 위해서는 표의자에게 표시와 의사의 불합치가 객관적으로 현저하여야 하고 만일 그 착오로 인하여 표의자가 무슨 '경제적인 불이익'을 입은 것이 아니라고 한다면 이를 법률행위 내용의 중요부분의 착오라고 할 수 없다(대판 1999.2.23, 98다47924).
  ㉡ 가압류등기가 없다고 믿고 신용보증기금이 보증했으나 실제 조사에서 가압류가 존재하나 채권 없는 원인무효의 가압류등기된 것으로 밝혀진 경우, 보증기금 입장에서는 가압류가 없다고 믿고 보증했는데 실제는 가압류가 존재하지만 실질상 없는 것과 동일하므로 보증기금 입장에서는 아무런 경제적인 불이익이 없으므로 중요부분의 착오가 아니다(대판 1998.9.22, 98다23706).

기출 CHECK ✓
경작할 수 없는 하천 땅을 경작이 가능한 논으로 오인하여 매입한 경우 중요부분의 착오에 해당한다.
정답 O

기출 CHECK ✓
토지매매에서 시가의 근소한 차이, 면적의 부족은 중요부분의 착오에 해당하지 않는다.
정답 O

기출 CHECK ✓
표의자가 무슨 경제적인 불이익을 입은 것이 아니라고 한다면 중요부분의 착오라고 할 수 없다.
정답 O

ⓒ 양도소득세에 관한 법률의 내용에 착오를 일으켜 토지를 매도하였으나 그 후 법률의 개정으로 그 불이익이 소멸된 경우에는 착오로 인하여 경제적 불이익을 당할 염려도 없으므로 중요부분의 착오가 아니다(대판 94다44620).

(2) 표의자에게 '중대한 과실'이 없을 것

① 중대한 과실
  ㉠ 표의자의 직업, 행위의 종류, 목적 등에 비추어 당해 행위에 일반적으로 요구되는 주의를 현저하게 결여한 것을 말한다(대판 2003.4.11, 2002다70884).
  ㉡ 착오가 표의자의 중대한 과실로 인한 때에는 법률행위의 중요부분에 관한 착오가 있더라도 착오를 이유로 취소할 수 없다(제109조 제1항 단서).
  ㉢ 상대방이 표의자의 착오임을 알면서 이용한 경우, 착오자는 중과실이 있어도 의사표시를 취소할 수 있다. 왜냐하면 착오로 인한 취소규정은 상대방을 보호하는 규정이지만 상대방이 알면서 이용한 경우 상대방을 보호할 필요가 없기 때문이다. 따라서 표의자가 중대한 과실이 있어도 상대방이 이를 알면서 이용한 때에는 착오로 취소할 수 있다(대판 1955.11.10, 4288민상321).

② 중과실의 입증책임
  ㉠ 중대한 과실이 있었는지에 관한 입증책임은 착오자가 아니라 상대방이 진다. 즉, 표의자가 착오로 취소하려고 할 때 이를 저지하려는 상대방 쪽에서 표의자의 중대한 잘못으로 계약이 체결되었으니 취소를 할 수 없다고 주장하여야 한다.
  ㉡ 법률행위의 효력을 부인하려는 자(착오자)가 아니라 취소 주장을 저지하여 법률행위의 효력을 그대로 유지하려는 상대방이 착오자의 중과실이 있음을 입증하여야 한다.

③ 중과실 유무
  ㉠ 토지의 매수인이 중개사나 신뢰성 있는 중개기관을 통하여 거래하지 않고 개인적으로 토지거래를 한 경우 계약목적물에 대하여 스스로의 책임하에 토지대장, 임야도 등의 공적 장부를 확인하여야 할 주의의무가 있으므로 이런 자료를 확인하지 않은 매수인에게는 중대한 과실이 있다(대판 2009.9.24, 2009다40356).
  ㉡ 공장을 경영하는 자가 그 토지상에 공장을 설립할 수 있는지에 관하여 관할 관청에 조사를 하지 아니하고 공장부지의 매매계약을 체결한 경우에는 중과실이 있으므로 착오로 취소할 수 없다(대판 1993.6.29, 92다38881).
  ㉢ 토지매매에서 특별한 사정이 없는 한 매수인에게 측량을 하거나 지적도와 대조하는 등의 방법으로 매매목적물이 지적도상의 그것과 정확히 일치하는지 여부를 미리 확인하여야 할 주의의무가 있다고 볼 수 없다(대판 2019다288232).

(3) 착오로 인한 취소의 배제사유가 없을 것

① 당사자가 착오를 이유로 의사표시를 취소하지 않기로 약정한 경우, 이 특약은 유효하다(판례).
② 당사자가 착오를 이유로 의사표시를 취소하지 않기로 약정한 경우 표의자는 의사표시를 착오로 취소할 수 없다.

03 착오의 효과

(1) 취소권의 발생

① 착오를 이유로 의사표시가 취소되면 그 의사표시를 요소로 하는 법률행위는 처음부터 무효이다(제141조 본문).
② 착오에 의한 의사표시의 취소는 선의의 제3자에게 대항하지 못한다.

(2) 손해배상책임 여부

① 경과실로 인한 착오로 의사표시를 취소하여 손해를 당한 상대방은 표의자에게 불법행위를 이유로 손해배상을 청구할 수 있는가에 대하여 판례는 착오에 빠져서 행한 의사표시는 위법한 행위라고 할 수 없으므로 착오로 취소한 자에게 상대방은 불법행위로 인한 손해배상을 청구할 수 없다고 본다.
② 학설은 표의자에게 경과실이 있는 경우 계약체결상의 과실 책임(제535조)을 유추적용하여 신뢰이익 배상의무를 긍정하여야 한다는 것이 다수설이다.

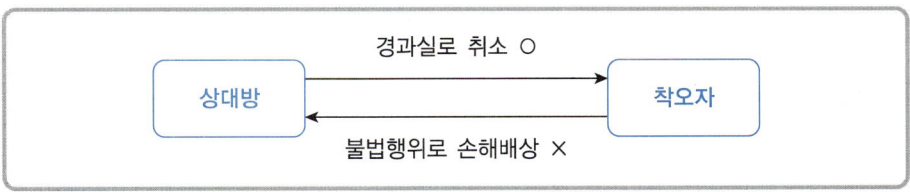

> **기출 CHECK** ✓
> 착오로 의사표시를 취소하여 상대방이 손해를 입은 경우 상대방이 착오자에게 불법행위로 손해배상을 청구할 수 없다.
> 정답 O

04 적용범위

(1) 소송행위

소 취하 같은 소송행위는 착오로 취소할 수 없다.

(2) 공법상 행위

귀속재산을 행정청으로부터 불하받는 과정에서 착오가 있어도 이는 공법행위이므로 착오로 취소할 수 없다.

> **기출 CHECK** ✓
> 소 취하 같은 소송행위를 착오로 한 경우 착오가 있어도 취소할 수 없다.
> 정답 O

05 착오와 관련 문제

(1) 착오와의 경합 제31회

① **착오와 사기의 경합**: 착오가 타인의 기망행위에 의하여 발생한 때(상대방의 사기로 착오에 빠져서 토지 매매계약을 체결한 경우)에는 착오로 인한 취소와 사기로 인한 취소가 경합한다.

② **하자담보책임과 착오의 경합**: 착오로 인한 취소제도와 매도인의 하자담보책임 제도는 취지가 서로 다르고, 요건과 효과도 구별된다. 따라서 매매계약 내용의 중요부분에 착오가 있는 경우, 매수인은 매도인의 하자담보책임이 성립하는지와 상관없이 착오를 이유로 매매계약을 취소할 수 있다(대판 2018.9.13, 2015다78703).

> **기출 CHECK ✓**
> 착오와 담보책임의 요건을 갖춘 경우 매수인은 매도인의 하자담보책임이 성립하는 경우에는 착오로 인한 취소를 할 수 없다.
> 정답 ✗

(2) 매도인이 계약을 해제한 후에도 매수인이 착오로 취소할 수 있다.

> 매도인이 매수인의 중도금지급채무불이행을 이유로 매매계약을 적법하게 해제한 후라도, 매수인으로서는 상대방이 한 계약해제의 효과로서 발생하는 손해배상책임을 지거나 매매계약에 따른 계약금의 반환을 받을 수 없는 불이익을 면하기 위하여 착오를 이유로 한 취소권을 행사하여 매매계약 전체를 무효로 돌릴 수 있다(대판 1996.12.6, 95다24982).

> **기출 CHECK ✓**
> 매도인이 계약을 해제한 후에도 매수인이 착오로 취소할 수 있다.
> 정답 O

(3) 쌍방진의가 공통인 경우 착오로 취소할 수 없다.

의사표시의 상대방이 표의자의 진의에 동의하거나 이를 알았을 경우에는 자연적 해석의 결과로 표시가 아니라 쌍방의 공통된 진의에 따라 법률효과가 인정된다. 따라서 착오로 취소할 여지는 전혀 없게 된다.

확인예제

착오에 관한 설명으로 옳은 것을 모두 고른 것은? (다툼이 있으면 판례에 따름) 제31회

㉠ 매도인의 하자담보책임이 성립하더라도 착오를 이유로 한 매수인의 취소권은 배제되지 않는다.
㉡ 경과실로 인해 착오에 빠진 표의자가 착오를 이유로 의사표시를 취소한 경우, 상대방에 대하여 불법행위로 인한 손해배상책임을 진다.
㉢ 상대방이 표의자의 착오를 알고 이용한 경우, 표의자는 착오가 중대한 과실로 인한 것이더라도 의사표시를 취소할 수 있다.
㉣ 매도인이 매수인의 채무불이행을 이유로 계약을 적법하게 해제한 후에는 매수인은 착오를 이유로 취소권을 행사할 수 없다.

① ㉠, ㉡ ② ㉠, ㉢ ③ ㉠, ㉣ ④ ㉡, ㉢ ⑤ ㉡, ㉣

> [해설]
> 옳은 것은 ㉠㉡이다.
> ㉠ 매도인의 하자담보책임의 성립 여부와 관계없이 착오를 이유로 매수인은 취소권을 행사할 수 있다.
> ㉡ 착오로 취소한 것은 불법행위에 해당하지 않는다.
> ㉢ 상대방이 표의자를 착오로 알고 이용한 경우, 표의자는 착오가 중대한 과실로 인한 것이라도 의사표시를 취소할 수 있다.
> ㉣ 매도인이 해제 후에도 매수인은 착오로 취소할 수 있다.
> 정답: ②

제5절 하자 있는 의사표시(사기, 강박에 의한 의사표시) 제27·28·32회

목차 내비게이션
사기의 체계도
1. 취소의 요건
2. 기망행위
3. 기망의 위법성

> 제110조 【사기, 강박에 의한 의사표시】
> ① 사기나 강박에 의한 의사표시는 취소할 수 있다.
> ② 상대방 있는 의사표시에 관하여 제3자가 사기나 강박을 행한 경우에는 **상대방이 그 사실을 알았거나 알 수 있었을 경우에 한하여** 그 의사표시를 취소할 수 있다.
> ③ 전2항의 의사표시의 취소는 선의의 제3자에게 대항하지 못한다.

하자 있는 의사표시란 타인의 위법한 간섭(사기 혹은 강박)으로 말미암아 자유롭지 못한 상태에서 이루어진 의사표시를 말한다. 「민법」은 표의자의 의사결정의 자유가 부당하게 침해된 의사표시, 즉 사기와 강박에 의한 의사표시는 취소할 수 있다. 의사결정의 자유가 부당하게 침해된 의사표시(즉, 사기, 강박에 의한 의사표시)는 '의사와 표시는 일치'하지만 '의사형성 과정에 하자가 존재'할 뿐이다.

01 사기에 의한 의사표시

핵심 쾩!쾩! 사기의 요건

(1) 의의
① 사기의 개념
㉠ 사기에 의한 의사표시는 고의로 허위사실을 고지하거나 사실을 은폐함으로써 착오에 빠져서 한 의사표시를 말한다.

㉡ 사기에 의한 의사표시는 표의자가 착오에 빠져서 한 행위라는 점에서 제109조의 착오와 유사하지만, '중요부분의 착오'가 있는 것을 요하지 않는 점에서 제109조의 착오와는 구별된다. 또한 사기에 의한 의사표시는 표의자의 의사결정의 자유를 보장하고자 함이 목적이므로 재산상 손해발생은 성립요건이 아니다. ❶

② 2단계 고의설
㉠ 표의자를 기망하여 착오에 빠지게 하려는 고의와 다시 그 착오에 기하여 표의자로 하여금 의사표시를 하게 하려는 고의가 있어야 한다.
㉡ 과실에 의한 기망은 사기가 성립하지 않는다. 사기자에게 고의가 있어야 하고, 과실에 의한 기망이 있는 경우에는 사기에 의한 의사표시가 성립하지 않는다. 예컨대 사고 차량임을 알면서도 이를 숨기고 매매하려는 의사가 있음을 요하므로 매도인이 사고 차량임을 알지 못하고 매매한 경우에는 매도인에게 과실이 있어도 사기에 의한 의사표시는 성립하지 않는다.

(2) 기망행위 제27회

① 의의: 기망이란 널리 거래관계에서 지켜야 할 신의칙에 반하는 행위로서 사람으로 하여금 착오를 일으키게 하는 것을 말한다. 즉, '허위사실을 고지하거나 사실을 은폐'함으로써 표의자로 하여금 사실과 다른 그릇된 관념을 가지게 하는 모든 행위를 말한다. 기망행위의 수단·방법에는 제한이 없다(예 가짜 백수오를 만병통치약인 것처럼 허위정보를 제공하여 판매하는 행위).

② 적극적으로 허위정보를 제공, 날조하는 것은 기망행위에 해당한다.

③ 소극적 기망
㉠ 단순한 침묵은 원칙적으로 사기가 성립하지 않지만, 어떤 사항을 고지할 의무가 있는 사람이 침묵하면 부작위에 의한 사기가 성립한다.
부동산거래에 있어 거래 상대방이 일정한 사정에 관한 고지를 받았더라면 그 거래를 하지 않았을 것임이 신의칙상 명백한 경우, 신의성실의 원칙상 사전에 상대방에게 그와 같은 사정을 고지할 의무가 있다(대판 2007.6.1, 2005다5843).

㉡ 부작위에 의한 기망

> 아파트분양자가 아파트단지 인근에 공동묘지가 조성되어 있는 사실을 수분양자(분양을 받을 사람)에게 고지하지 않은 경우, 부작위에 의한 기망행위에 해당한다. 이때 부작위에 의한 기망이 성립하는 경우 사기로 인한 취소와 불법행위로 인한 손해배상청구권이 경합한다(대판 2006.10.12, 2004다48515).

---

❶
- 제109조의 착오: 중요부분의 착오이다.
- 제110조의 사기: 중요부분의 착오를 요건으로 하지 않는다.

용어사전
고의
결과를 예견하고 일부러 하는 것을 말한다.

과실
주의를 태만하여 실수로 하는 것을 말하며, 법 조문에서 과실은 '~를 알 수 있었다'라고 표현한다.

기출 CHECK ✓
교환계약의 당사자가 목적물의 시가를 묵비한 경우 사기로 취소할 수 없다.
정답 O

용어사전
부작위
마땅히 해야 될 것으로 기대되는 행위를 하지 않는 것을 말한다.

기출 CHECK ✓
1 아파트분양자가 인근에 공동묘지가 있는 사실을 수분양자에게 고지하지 않은 경우, 부작위에 의한 기망으로 취소할 수 있다.
정답 O
2 수분양자는 사기로 인한 취소와 불법행위로 인한 손해배상청구권 중 선택할 수 있다.
정답 O

(3) 기망행위의 위법성 제28회

① 위법성❶ 여부

㉠ 위법성 여부는 신의칙 및 거래관행 등을 고려하여 사안에 따라 구체적으로 판단하여야 한다. 사기로 취소하려면 거래에서 '중요한 사항에 관한 구체적 사실'을 거래상 신의성실의 의무에 비추어 비난받을 정도의 방법으로 '허위로 고지'할 때 성립한다.

㉡ 연립주택의 평형을 다소 과장하여 광고한 행위는 사회적으로 용인될 수 있는 상술의 정도를 넘은 위법한 기망행위에 해당하지 않는다(대판 1995.7.28, 95다19515).

> 상가의 수익률을 다소 과장광고한 경우 일반적으로 상품의 선전광고에 있어 '다소의 과장광고, 허위'가 수반되는 것은 일반 상거래의 관행과 신의칙에 비추어 시인될 수 있는 한 위법성이 없다. 분양회사가 상가를 분양하면서 첨단 오락타운을 조성하여 일정한 수익률을 보장한다는 다소 과장광고를 하는 것은 위법한 기망행위가 아니므로 사기로 취소할 수 없다(판례).

㉢ 교환계약의 당사자가 목적물의 시가를 묵비한 경우 사기로 취소할 수 없다.

판례 교환계약의 당사자가 목적물의 시가를 묵비한 경우 사기로 취소 가능 여부

일반적으로 교환거래에서 일방은 목적물을 염가로 구입하기를 희망하고 상대방은 고가로 처분하기를 희망하는 이해상반의 지위에 있으며, 각자가 자신의 지식과 경험을 이용하여 최대한 자신의 이익을 도모할 것으로 예상되기 때문에 일방이 알고 있는 정보를 상대방에게 사실대로 고지하여야 할 특별한 사정이 없는 한 **일방이 목적물의 시가를 묵비하거나 혹은 시가보다 낮은 금액을 높은 금액으로 고지**하여도 상대방의 의사결정에 불법적인 간섭을 한 것이라고 할 수 없으므로 위법한 기망행위에 해당하지 않는다(대판 2002.9.4, 2000다54406).

② 기망행위와 착오 사이에 인과관계

㉠ 기망행위와 착오 사이의 인과관계는 피기망자 개인의 주관적인 동기의 착오로도 족하다. 기망으로 인한 착오는 중요부분의 착오가 아니어도 무방하다.

㉡ 기망행위가 있었으나 중요부분의 착오가 아닌 경우, 제109조의 착오로는 취소할 수 없으나 사기에 의한 의사표시로 취소할 수 있다(대판 1985.4.9, 85도167).

02 강박에 의한 의사표시

강박이란 고의로 해악을 가하겠다고 협박하여 공포심을 일으키게 하는 위법행위이고, 강박에 의한 의사표시는 상대방이 불법으로 어떤 해악(불이익)을 고지함으로써 공포를 느끼고 해악을 회피하기 위하여 한 의사표시를 말한다(대판 1979.1.16, 78다1968).

---

❶ 위법성
법 질서의 원리에 어긋나는 것을 말한다.

기출 CHECK ✓
상가를 분양하면서 첨단 오락타운을 조성하여 일정한 수익률을 보장한다는 다소 과장광고를 하는 것은 위법한 기망이 아니다.
정답 O

기출 CHECK ✓
교환계약에서 일방당사자가 목적물의 시가를 묵비하거나 허위로 고지한 것은 위법한 기망행위에 해당하지 않는다.
정답 O

목차 내비게이션

강박에 의한 의사표시
1. 강박의 요건
2. 강박의 위법성
3. 강박의 정도

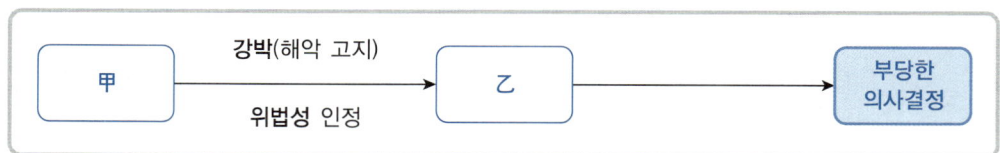

강박의 요건

(1) 강박의 고의

상대방이 표의자로 하여금 공포심을 일으키려는 고의와 그 공포심에 기하여 의사를 결정하게 할 2단의 고의가 필요하다(대판 1975.3.25, 73다1048, 2단계 고의설). 사기와 동일하게 고의에 의한 강박이어야 하고, 과실에 의한 강박은 성립할 수 없다.

(2) 강박행위 제26·28회

① 강박
  ㉠ 불법으로 해악을 끼칠 것을 알려서 공포심을 일으키는 행위를 말한다. 해악의 수단·방법에는 아무런 제한이 없다. 따라서 재산적 해악과 비재산적 해악, 실현 불가능한 해악, 현재의 해악과 장래의 해악을 묻지 않는다.
  ㉡ '구체적인 해악을 고지'하지 않는 경우는 위법한 강박행위가 되지 않는다. 단지 '각서에 서명날인할 것을 강력히 요구'한 행위는 구체적인 해악의 고지가 없으므로 위법한 강박행위가 아니다(대판 1979.1.16, 78다1968).

② 강박행위의 위법성
  ㉠ 해악의 고지로써 추구하는 이익이 정당하지 않거나 해악의 고지로써 추구하는 이익 달성을 위한 수단으로 부적당한 경우 강박행위의 위법성이 인정된다(대판 2000.3.23, 99다64049).
  ㉡ 예컨대 채권자가 채권 추심이라는 정당한 목적을 달성하기 위한 '수단'으로써 채무자에게 심한 물리적, 언어적 폭력을 행사하는 경우 위법성이 인정된다.
  ㉢ 정당한 권리의 행사로서 위법성이 부정되는 경우
    ⓐ 부정행위에 대한 고소, 고발은 부정한 이익을 목적으로 하지 않는 한 정당한 권리행사가 되어 위법하다고 할 수 없다.
    ⓑ 반면에 부정행위에 대한 고소, 고발도 '부정한 이익의 취득을 목적'으로 하는 경우 위법성이 인정되어 위법한 강박행위가 될 수 있다.

③ 강박의 정도(절대적 폭력과 상대적 폭력)
  ㉠ 강박에 의하여 의사결정의 자유가 완전히 박탈된 상태(절대적 폭력)에서 이루어진 의사표시는 무효이다.

> 강박에 의한 의사표시가 하자 있는 의사표시로 취소되는 것에 그치지 아니하고 무효로 되기 위하여는 강박의 정도가 의사표시자로 하여금 의사결정을 스스로 할 수 있는 여지를 '완전히 박탈한 상태'에서 이루어져서 단지 법률행위의 외형만 만들어진 것에 불과한 정도이어야 한다. 그러나 의사결정의 자유를 완전히 박탈하는 정도가 아니라 이를 제한하는 정도(상대적 폭력)에 그친 경우에는 취소할 수 있음에 그치고 무효는 아니다(대판 1984.12.11, 84다카1402).

ⓒ 증여의 성립과정에 부당한 강압이 있는 경우, 이는 증여 의사표시의 형성과정의 하자의 문제로서 취소사유이고 반사회적 법률행위에 해당하지 않는다.(대판 2002.12.10, 2002다56031).

기출 CHECK ✓
증여의 성립과정에 부당한 강압이 있는 경우 반사회적 법률행위에 해당하지 않는다.
정답 O

03 제3자의 사기 또는 강박의 경우 (제110조 제2항) 제26·27·28회

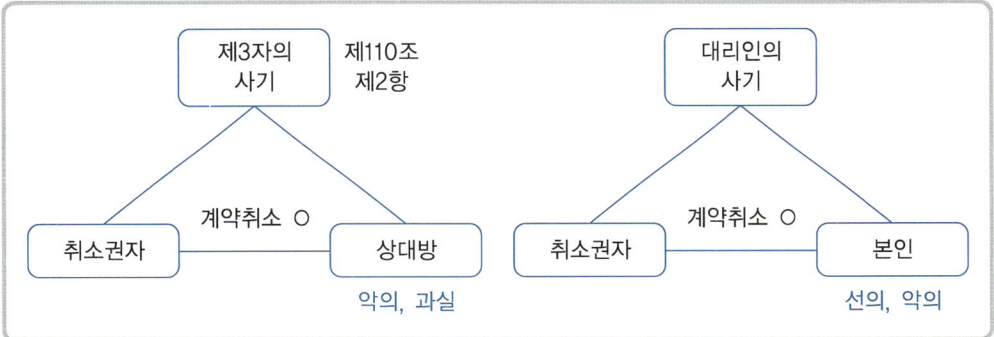

더 알아보기 제3자의 사기, 강박

1. **상대방 있는 의사표시를 제3자가 사기, 강박을 한 경우**
   ① 제3자가 사기나 강박을 행한 경우에는 **상대방이 그 사실을 모르고 무과실**인 경우 상대방을 보호해 주어야 하므로 취소할 수 없다.
   ② 상대방이 제3자의 사기사실을 '알았거나 알 수 있었을 때'에 한하여 그 의사표시를 취소할 수 있다(취소권자가 상대방이 악의 또는 과실을 입증하여야 취소할 수 있다).
   ③ **직원의 사기는 제3자의 사기에 해당한다.** 단순히 상대방의 피용자이거나 **상대방이 사용자책임을 져야 할 관계**에 있는 피용자에 지나지 않는 자는 상대방과 동일시 할 수 없어 제110조 제2항의 제3자의 사기, 강박에 해당한다(대판 96다41496).
   ④ 피해자는 제3자에게 손해배상을 청구하기 위하여 계약을 반드시 취소해야 하는 것은 아니다. 제3자의 사기로 인하여 피해자가 주택에 관한 분양계약을 체결하였다고 하더라도 제3자의 사기행위 자체가 불법행위를 구성하는 이상, 제3자로서는 그 불법행위로 인하여 피해자가 입은 손해를 배상할 책임을 부담하는 것이므로, **피해자가 제3자를 상대로 손해배상청구를 하기 위하여 반드시 그 분양계약을 취소할 필요는 없다**(대판 1998.3.10, 97다55829).

기출 CHECK ✓
1 제3자의 사기, 강박의 경우 상대방이 이를 알았거나 알 수 있었을 경우에 한하여 취소할 수 있다.
정답 O

2 제3자의 사기사실을 상대방이 알지 못하고 무과실인 경우, 사기로 취소할 수 없다.
정답 O

3 제3자의 사기가 있는 경우 피해자는 제3자에게 손해배상을 청구하기 위하여 반드시 계약을 취소해야 하는 것은 아니다.
정답 O

기출 CHECK ✓
1 甲의 대리인 乙의 사기로 丙이 계약을 체결한 경우 丙은 甲이 대리인의 사기사실을 알았거나 알 수 있었을 경우에 한하여 취소할 수 있다.
정답 ✕

2 甲의 대리인 乙의 사기로 丙이 계약을 체결한 경우, 丙은 甲이 대리인의 사기사실에 대한 선의인 경우 취소할 수 없다.
정답 ✕

2. 대리인의 사기, 강박의 사례 문제
   ① 대리인과 본인은 '동일시할 수 있는 자(한통속인 사람)'의 사기나 강박에 해당한다. 이는 제110조 제2항의 제3자의 사기, 강박에 해당하지 않는다.
   ② 甲의 대리인 乙의 사기로 丙이 계약을 체결한 경우 사례의 주요 쟁점
      ㉠ 취소권자 丙은 본인 甲이 대리인의 사기사실을 알았거나 알 수 있었을 경우에 한하여 취소할 수 있다[✕].
      ㉡ 丙은 甲이 대리인의 사기사실에 대한 '선의'인 경우 취소할 수 없다[✕].
      ㉢ 丙은 甲이 대리인의 사기에 대한 선의·악의와 관계없이 취소할 수 있다.

04 효과

(1) 당사자 관계

표의자가 사기, 강박에 의한 의사표시를 취소하지 않는 한 법률행위는 유효지만, 취소하면 소급효에 의하여 처음부터 무효로 되고 취소한 때부터 무효가 아니다.

(2) 제3자 관계(상대적 취소)

① 사기나 강박으로 인한 의사표시의 취소는 선의의 제3자에게 대항하지 못한다(제110조 제3항). 사기로 인한 의사표시에서 제3자는 선의로 추정된다. 따라서 사기 당한 자가 제3자의 악의를 입증하여야 한다(판례).
② 甲이 乙에게 사기를 당하여 토지를 매각하고 乙은 선의 제3자 丙에게 토지를 양도한 경우 甲은 乙에게 사기로 취소할 수 있으나, 사기의 취소를 선의 제3자 丙에게 주장할 수 없다. 또한 제3자의 거래행위가 취소 전에 있었든, 취소 후에 있었든 가릴 필요 없이 취소사실을 몰랐던 제3자에게 취소로써 대항하지 못한다(대판 1975.12.23, 75다533).

05 관련 문제

(1) 매매목적물에 흠[빌라의 흠]이 있는데도 이를 속이고 매매한 경우

사기에 의한 의사표시의 취소와 하자담보책임이 경합한다.

(2) 착오와 담보책임의 요건을 갖춘 경우

종래의 학설은 담보책임만 우선하여 적용한다는 입장이었으나 최근의 판례는 매매계약 내용의 중요부분에 착오가 있는 경우, 매수인은 매도인의 하자담보책임이 성립하는 경우에도 착오로 인한 취소권이 배제되지 않는다(대판 2015다78703).

기출 CHECK ✓
착오와 담보책임의 요건을 갖춘 경우 하자담보책임을 물을 수 있을 뿐 착오를 이유로 매매계약을 취소할 수는 없다.
정답 ✕

(3) 사기로 인한 취소와 불법행위책임과의 관계

취소의 효과로 생기는 부당이득반환청구권과 불법행위로 인한 손해배상청구권은 경합하여 병존하는 것이므로, 채권자는 어느 것이라도 선택하여 행사할 수 있지만 중첩적으로 행사할 수는 없다(대판 1993.4.27, 92다56087).

(4) 제3자의 사기, 강박의 경우

> 제3자의 사기로 인하여 피해자가 건설사와 주택분양계약을 체결하였더라도 제3자의 사기 자체가 불법행위를 구성하는 이상, 제3자로서는 그 불법행위로 인하여 피해자가 입은 손해를 배상할 책임을 부담하는 것이므로, 피해자가 제3자를 상대로 손해배상을 청구하기 위하여 반드시 분양계약을 취소할 필요는 없다. 즉, 분양계약을 체결한 피해자는 분양계약을 취소함이 없이도 제3자를 상대로 불법행위로 인한 손해배상을 청구할 수 있다(대판 1998.3.10, 97다55829).

(5) 서명의 착오

> 신원보증서류에 서명날인한다는 착각에 빠진 상태로 연대보증의 서면에 서명날인한 경우, 비록 위와 같은 착오가 제3자의 기망행위에 의하여 일어난 것이라 하더라도 그에 관하여는 사기에 의한 의사표시에 관한 법리, 특히 상대방이 그러한 제3자의 기망행위 사실을 알았거나 알 수 있었을 경우가 아닌 한 의사표시자가 취소권을 행사할 수 없다는 '제3자의 사기에 관한 제110조 제2항의 규정'을 적용할 것이 아니라, '착오에 의한 의사표시'에 관한 법리만을 적용하여야 한다(대판 2004다43824).

확인예제

사기에 의한 의사표시에 관한 설명으로 틀린 것은? (다툼이 있으면 판례에 따름)

제27회

① 아파트분양자가 아파트단지 인근에 공동묘지가 조성되어 있다는 사실을 분양계약자에게 고지하지 않은 경우에는 기망행위에 해당한다.
② 아파트분양자에게 기망행위가 인정된다면, 분양계약자는 기망을 이유로 분양계약을 취소하거나 취소를 원하지 않을 경우 손해배상만을 청구할 수도 있다.
③ 분양회사가 상가를 분양하면서 그 곳에 첨단 오락타운을 조성하여 수익을 보장한다는 다소 과장된 선전광고를 하는 것은 기망행위에 해당한다.
④ 제3자의 사기에 의해 의사표시를 한 표의자는 상대방이 그 사실을 알았거나 알 수 있었을 경우에 그 의사표시를 취소할 수 있다.
⑤ 대리인의 기망행위에 의해 계약이 체결된 경우, 계약의 상대방은 본인이 선의이더라도 계약을 취소할 수 있다.

해설
판례에 의할 때 다소 과장광고는 위법한 기망행위에 해당하지 않는다.

정답: ③

기출 CHECK ✓
사기가 위법한 경우 기망을 이유로 계약을 취소하거나 계약의 취소를 원하지 않을 경우 손해배상을 청구할 수도 있다.
정답 O

기출 CHECK ✓
1 제3자의 사기로 계약을 체결한 피해자는 계약의 취소 없이도 제3자를 상대로 불법행위로 인한 손해배상을 청구할 수 있다.
정답 O

2 제3자의 사기로 계약을 체결한 피해자는 반드시 계약의 취소를 하여야만 제3자를 상대로 불법행위로 손해배상을 청구할 수 있다.
정답 X

기출 CHECK ✓
1 신원보증서류에 서명날인한다는 착각에 빠진 상태로 연대보증의 서면에 서명날인한 경우 사기로 취소할 수 있다.
정답 X

2 신원보증서류에 서명날인한다는 착각에 빠진 상태로 연대보증의 서면에 서명날인한 경우 착오로 취소할 수 있다.
정답 O

의사표시와 제3자 관계의 정리도표

의사표시의 종류	효과
1. 진의 아닌 의사표시	① 원칙: 유효 ② 예외: 상대방이 알았거나 알 수 있었을 경우에는 무효 ③ 선의 제3자에게 대항하지 못함(상대적 무효)
2. 허위표시	① 무효 ② 당사자간의 무효는 선의 제3자에게 대항하지 못함
3. 착오	① 중요부분의 착오이고 중과실이 아닌 때 취소할 수 있음 ② 착오로 인한 취소는 선의 제3자에게 대항하지 못함
4. 사기, 강박	① 취소할 수 있음 ② 사기로 인한 취소는 선의 제3자에게 대항하지 못함

제6절 의사표시의 효력발생 제27·30·35회

제111조 【의사표시의 효력발생시기】
① 상대방이 있는 의사표시는 상대방에게 도달한 때에 그 효력이 생긴다.
② 의사표시자가 그 통지를 발송한 후 사망하거나 제한능력자가 되어도 의사표시의 효력에 영향을 미치지 아니한다.

제112조 【제한능력자에 대한 의사표시의 효력】 의사표시의 상대방이 의사표시를 받은 때에 제한능력자인 경우에는 의사표시자는 그 의사표시로써 대항할 수 없다. 다만, 그 상대방의 **법정대리인이 의사표시가 도달한 사실을 안 후에는 그러하지 아니하다.**

제113조 【의사표시의 공시송달】 표의자가 **과실 없이** 상대방을 알지 못하거나 상대방의 소재를 알지 못하는 경우에는 의사표시는 「민사소송법」 공시송달의 규정에 의하여 송달할 수 있다.

❶ 「민법」이 발신주의를 취하는 경우
1. 격지자간 승낙(제531조)
2. 무권대리에서 본인의 확답(제131조)

도달주의 구조

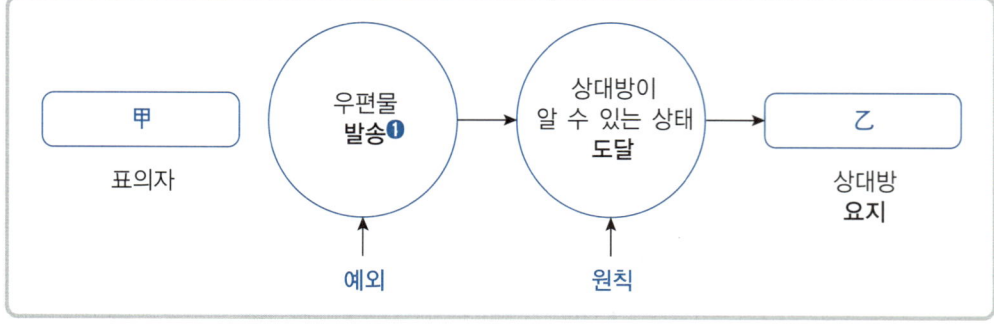

01 원칙 - 도달주의

(1) 도달 제26회

① 의의: 의사표시가 상대방의 사회적 지배권 내에 들어가 상대방이 **객관적으로 내용을 알 수 있는 상태에 놓인 것**을 말한다. 가령 의사표시가 담긴 편지가 상대방의 동거가족에게 교부되면 도달된 것으로 보아야 한다.

② 의사표시의 도달이란 사회관념상 상대방이 그 **통지의 내용을 알 수 있는 객관적 상태**에 놓였다고 인정되는 상태를 지칭하므로, 상대방이 **통지를 현실적으로 수령하였거나 그 통지의 내용을 알았을 것까지는 필요하지 않다**(대판 1983.8.23, 82다카439).

> 의사표시를 상대방이 정당한 사유 없이 '**수령거절**'한 경우 도달로 본다. 해제권자의 적법한 해제 의사표시를 **상대방이 정당한 사유 없이 수령거절한 경우**, 상대방이 그 통지 내용을 알 수 있는 객관적 상태에 놓여 있는 때에는 해제의 의사표시는 그 도달의 효력이 발생한다(대판 2008.6.12, 2008다19973).

(2) 의사표시 발송 후 사망이나 제한능력자로 된 경우

① 의사표시 **발신 후 표의자가 사망하거나 제한능력자가 된 경우 의사표시에 아무런 영향을 미치지 아니한다.** 즉, 의사표시는 **취소할 수 없고 유효**하다.

② 표의자가 청약의 내용이 담긴 우편물 발신 후 도달하기 전에 사망한 경우 상대방이 이를 수령하고 나서 승낙통지를 청약자의 상속인에게 하였을 때에는 계약은 표의자의 상속인과 상대방 사이에 유효하게 성립한다.

(3) 철회여부(구속력)

① 의사표시의 **도달 후에는 철회할 수 없다.** 따라서 '발신 후 도달 전'에는 그 의사표시를 철회할 수 있다.

② 의사표시가 상대방에게 도달하였으나 상대방이 이행을 착수하기 전이라도 표의자는 의사표시를 철회하지 못한다. 이는 상대방을 보호하기 위함이다.

(4) 도달에 관한 입증책임❶ 제26회

① 도달에 관한 입증책임은 의사표시의 효력을 주장하는 자가 진다.

② **등기우편물, 내용증명우편물**이 발송되고 반송되지 아니하면 특단의 사정이 없는 한 그 무렵에 도달로 봄이 상당하다(대판 1980.1.15, 79다1498).

> **보통우편물이 발송**되고 상당기간 안에 반송되지 않은 경우 의사표시가 도달된 것으로 **추정되지 않는다.** 그러므로 송달의 효력을 주장하는 측에서 증거에 의하여 도달사실을 입증하여야 한다(대판 2002.7.26, 2000다25002).

기출 CHECK ✓

1 의사표시의 도달이란 상대방이 통지의 내용을 알았음을 요한다.
  정답 ✗

2 의사표시의 도달이란 상대방이 그 통지를 현실적으로 수령하였음을 요한다.
  정답 ✗

3 해제권자의 적법한 해제 의사표시를 상대방이 정당한 사유 없이 수령거절한 경우 상대방이 그 내용을 알 수 있는 객관적 상태에 놓여 있는 때에는 해제의 효력이 생긴다.
  정답 ○

기출 CHECK ✓

[1~2] 의사표시 발신 후 표의자가 사망하거나 제한능력자가 된 경우

1 의사표시에 아무런 영향을 미치지 아니한다(취소할 수 없고 유효하다).
  정답 ○

2 표의자는 자신의 제한능력을 이유로 취소할 수 있다.
  정답 ✗

❶ 도달주의의 예외(발신주의)
1. 격지자간 계약에서 승낙 통지(제531조)
2. 무권대리에서 상대방의 최고에 대한 본인의 확답(제131조)

기출 CHECK ✓

등기우편물, 내용증명우편물이 발송되고 반송되지 아니하면 특단의 사정이 없는 한 그 무렵에 도달된 것으로 봄이 상당하다.
  정답 ○

(5) 도달주의에 대한 예외로 발신주의를 취하는 경우
① 무권대리에서 상대방의 최고에 대한 본인의 확답(제131조)
② 격지자간의 계약은 승낙의 통지를 발송한때 성립한다(제531조)

02 의사표시의 수령능력

(1) 의의

의사표시의 수령능력은 타인의 의사표시의 내용을 알 수 있는 능력을 말한다. 「민법」은 모든 제한능력자를 수령무능력자로 규정하고 있다(제112조 본문).

(2) 의사표시를 제한능력자가 수령한 경우 제32회

표의자는 제한능력자에게 의사표시의 도달을 주장할 수 없다. 다만, **법정대리인이 '도달을 안 후'** 표의자가 **의사표시의 도달을 주장할 수 있다.**

03 공시송달

> 제113조 【의사표시의 공시송달】 표의자가 **과실 없이** 상대방을 알지 못하거나 상대방의 소**재를 알지 못하는 경우**에는 의사표시는 「민사소송법」 공시송달의 규정에 의하여 송달할 수 있다.

(1) 공시송달의 요건

표의자가 과실 없이 상대방을 알지 못하거나 상대방의 소재를 알지 못할 것

(2) 공시송달의 효과

공시송달에 의한 의사표시는 게시한 날로부터 상대방이 내용을 읽었느냐와 관계 없이 2주일이 경과한 때에 상대방에게 도달한 것으로 간주된다.

> **확인예제**
>
> 甲은 乙과 체결한 매매계약에 대한 적법한 해제의 의사표시를 내용증명우편을 통하여 乙에게 발송하였다. 다음 설명 중 옳은 것은? (판례에 따름) 제30회
> ① 甲이 그 후 사망하면 해제의 의사표시는 효력을 잃는다.
> ② 乙이 甲의 해제의 의사표시를 실제로 알아야 해제의 효력이 발생한다.
> ③ 甲은 내용증명우편이 乙에게 도달한 후에도 해제의 의사표시를 철회할 수 있다.
> ④ 甲의 내용증명우편이 반송되지 않았다면, 특별한 사정이 없는 한 그 무렵에 乙에게 송달되었다고 봄이 상당하다.
> ⑤ 甲의 내용증명우편이 乙에게 도달한 후 乙이 성년후견 개시의 심판을 받은 경우, 甲의 해제의 의사표시는 효력을 잃는다.

기출 CHECK ✓

1 의사표시를 제한능력자가 수령한 사실을 법정대리인이 안 후에는 표의자는 도달을 주장할 수 있다.
정답 O

2 의사표시가 도달한 후 이를 수령한 자가 제한능력자로 된 경우 의사표시의 도달의 효력이 생기지 않는다.
정답 X

기출 CHECK ✓

표의자가 과실 없이 의사표시의 상대방을 알지 못하는 때에는 공시송달에 의하여 의사표시를 도달하게 할 수 있다.
정답 O

> **해설**
> ① 발송 후 사망해도 의사표시는 유효하다.
> ② 도달이란 통지 내용을 '알아야' 하는 것이 아니라 '객관적으로 알 수 있는 상태'를 말한다.
> ③ 도달 후 철회할 수 없다.
> ⑤ 도달할 당시를 기준으로 수령능력유무를 판단한다.
>
> 정답: ④

해커스 킬 정리 | 의사표시 핵심체계 정리하기

1. **진의 아닌 의사표시** – 상대방이 알았거나 알 수 있었을 경우 무효이다.

2. **통정허위표시**
   (1) 당사자간 무효이나 선의면 과실이 있어도 제3자에게 대항할 수 없다.
   (2) 제3자에 해당하지 않는 자는?
   (3) 은닉행위는 유효하고 가장매매는 무효이다.

3. **착오**
   (1) 의사와 표시가 불일치를 모를 것 + 중요부분의 착오일 것
   (2) 담보책임과 착오요건을 둘 다 갖춘 경우
   (3) 매도인이 해제 후 매수인이 착오로 취소할 수 있다.
   (4) 경과실로 취소한 착오자는 상대방에게 불법행위책임을 부담 ×

4. **사기, 강박**
   (1) 제3자의 사기, 강박은 상대방이 알았거나 알 수 있었을 경우 취소 ○
   (2) 대리인의 사기는 제3자의 사기에 해당하지 아니한다.

5. **도달주의** – 객관적으로 알 수 있는 상태면 알기 전에도 도달 ○

제 4 장 법률행위의 대리(代理)

목차 내비게이션 제1편 민법총칙

- 제1장 법률관계와 권리변동
- 제2장 법률행위
- 제3장 의사표시
- **제4장 법률행위의 대리**
  - 제1절 대리제도
  - 제2절 복대리(複代理)
  - 제3절 무권대리(無權代理)
  - 제4절 표현대리(表見代理)
- 제5장 법률행위의 무효와 취소
- 제6장 조건과 기한

출제경향
- 대리제도에서 사례로 1문항이 출제된다.
- 복대리에서는 조문·판례 중심으로 1문항이 출제된다.
- 무권대리에서 사례로 1문항이 출제된다.

학습전략
- 대리제도에서 대리권의 범위, 제한, 소멸사유를 이해하여야 한다.
- 무권대리의 사례문제를 조문과 판례 중심으로 정리하여야 한다.
- 표현대리의 특징과 제126조, 제129조를 집중정리해 두어야 한다.

핵심개념

1. [대리제도]
   - 대리권의 범위·제한·소멸사유 ★★★★☆ p.86
   - 대리권의 남용 ★☆☆☆☆ p.89
   - 현명주의 ★★☆☆☆ p.90
   - 하자판단의 표준 ★★★★☆ p.92
   - 대리인의 능력 ★★★★☆ p.92

2. [복대리]
   - 복대리의 성질 ★★★☆☆ p.94
   - 복임권의 유무 ★★★☆☆ p.95

3. [무권대리]
   - 추인의 성질 ★★★☆☆ p.100
   - 추인거절권 ★★★★★ p.101
   - 철회 ★★☆☆☆ p.102
   - 최고 ★★☆☆☆ p.103

4. [표현대리]
   - 표현대리의 특징 ★★★★★ p.105
   - 제126조의 표현대리 ★★★☆☆ p.108

제1절 대리제도 제27·29·30·31·33·34회

01 서설

(1) 대리의 개념
① 의의: 본인이 대리인에게 대리권한을 위임하여 주고 대리인이 본인을 대신하여 의사표시를 하거나 수령하고 법률효과는 본인에게 귀속시키는 것을 말한다.
② 행위자와 법적 책임자가 분리: 원래 법률행위의 법적 효과는 그 법률행위를 한 당사자 자신에게 직접 귀속하는 것이 원칙이다. 그러나 대리에 있어서는 법률행위는 대리인이 하고 그 대리인이 행한 법률행위의 효과는 본인에게 직접 귀속함으로써 '행위자'와 '법률효과(법적 책임)'가 분리된다.

(2) 대리의 종류
① 임의대리(任意代理)와 법정대리(法定代理): 임의대리는 본인의 대리권한을 위임하여 대리권이 발생하는 경우를 말한다. 반면에 법정대리는 본인의 의사와 무관하게 법률의 규정 또는 법원의 선임에 의하여 대리권이 발생하는 경우이다.
② 능동대리(能動代理)와 수동대리(受動代理): 능동대리는 대리인이 본인을 위하여 상대방에게 '의사표시를 표현하는' 대리를 말한다. 수동대리는 대리인이 본인을 대리하여 상대방으로부터 '의사표시를 수령하는' 대리이다.
③ 유권대리(有權代理)와 무권대리(無權代理): 대리권의 유무에 따라 정당한 대리권을 가진 경우를 유권대리라 하고, 대리권한이 없는 자가 대리인의 자격을 사칭하여 대리행위한 것을 무권대리라 한다.

(3) 대리와 사자[1]의 구별
① 사자(使者): 본인에게 효력이 발생할 의사표시의 내용을 스스로 결정하여 상대방과의 관계에서 자신의 이름으로 법률행위를 하는 대리인과 달리 '사자'는 본인이 완성해 둔 의사표시의 단순한 전달자에 불과하지만, 대리인도 본인의 지시에 따라 행위를 하여야 하는 이상(제116조 제2항), 법률행위의 체결 및 성립 여부에 관한 최종적인 결정권한이 본인에게 유보되어 있다는 사정이 대리와 사자를 구별하는 결정적 기준이나 징표가 될 수는 없다(대판 2024.1.4, 2023다225580).
② 사자는 의사결정을 본인이 하지만 대리에서는 대리인이 결정: 일반적으로 대리에 있어서는 대리인이 스스로 효과의사를 결정함에 반하여, 사자에 있어서는 본인이 효과의사를 결정하고 사자는 단순 전달자의 역할을 한다.

---

[1] 사자 = 심부름꾼

(4) 대리의 3면관계

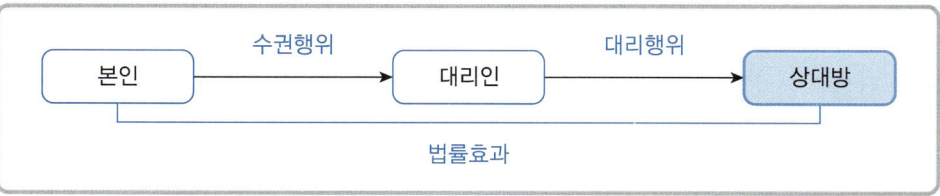

① 본인과 대리인 사이의 관계(수권행위): '대리권'의 발생원인, 범위, 제한, 소멸원인 등을 살펴보아야 한다.
② 대리인과 상대방 사이의 관계(대리행위): 현명주의, 대리행위의 하자판단, 그리고 대리인의 능력 등이 문제된다.
③ 본인과 상대방 사이의 관계(법률효과의 귀속): '대리의 법률효과'가 누구에게 귀속되는가를 살펴보아야 한다.

02 대리권(代理權)

1. 의의

(1) 대리권

대리인이 대리행위를 할 수 있는 권한 내지 자격을 말한다.

(2) 수권행위 제30·34회

본인이 대리인에게 대리권을 수여하는 행위를 말한다.
① **수권행위의 법적 성질**: 통설은 상대방 있는 단독행위로 파악한다. 또한 수권행위로 상대방의 재산이 증가되지 않으므로 비출연행위이다.
② **수권행위의 방식**: 수권행위는 아무런 방식의 제한이 없는 '불요식행위'이다. 그러므로 반드시 서면으로 할 필요가 없으며, 구두로도 할 수 있고, 또한 명시적인 의사표시 외에 '묵시적 의사표시'로도 할 수 있다.
③ **수권행위의 하자**: 수권행위의 하자는 '본인을 기준'으로 결정한다.
④ 기초적 원인관계(위임, 고용)와 수권행위는 하나로 행하거나 따로 행해질 수 있다.

2. 대리권의 범위(제118조)❶

> **제118조【대리권의 범위】** 권한을 정하지 아니한 대리인❷은 다음 각호의 행위만을 할 수 있다.
> 1. **보존행위**
> 2. 대리의 목적인 물건이나 권리의 성질을 **변하지 아니하는 범위**에서 그 **이용 또는 개량**하는 행위

목차 내비게이션

대리의 체계도
1. 수권행위
2. 대리권의 범위/제한/소멸
3. 현명주의/하자표준/대리인의 능력
4. 법률효과의 귀속

---

❶ **대리권의 범위**
• 보존·이용·개량 ○
• 해제권·채무면제 ✕

❷
임의대리·법정대리를 불문한다.

제118조는 대리권의 범위가 불분명한 경우 보충규정이다. 보통 본인이 대리권한을 위임할 때 범위를 명료하게 설정하여 준 때에는 그 범위 내에서 처리하면 무방하나, 대리권한의 범위가 '불분명'한 경우를 위하여 제118조의 보충규정을 두고 있다. 제118조는 수권행위의 해석에 관한 보충규정이며 대리권의 범위가 '명백'하거나 표현대리가 성립할 때에는 적용되지 않는다.

(1) 보존행위
① 재산의 현상태를 유지하기 위한 행위를 말한다(예 가옥의 수선, 채권의 소멸시효의 중단을 위하여 채무자의 재산에 가압류조치를 취하는 경우, 부패하기 쉬운 물건의 처분).
② 대리인은 본인의 특별수권 없이 보존행위를 할 수 있다.

(2) 이용·개량행위
① 이용행위란 물건을 용법대로 사용하면서 재산의 수익을 창출하는 행위(예 부동산의 임대로 수익을 창출하는 행위)를 말한다.
② 개량행위란 사용가치를 증가시키는 행위(예 가옥의 개량을 위해서 개량비를 지출하는 경우, 무이자의 금전소비 대차를 이자부로 하는 경우 등)를 말한다.
③ 대리인은 본인의 특별수권 없이도 이용·개량행위를 할 수 있다. 다만, 일정한 제한이 있다. 즉, 이용·개량행위를 함에는 대리의 목적인 물건이나 권리의 성질이 변하지 않는 범위에서만 허용된다. 따라서 예금을 주식으로 바꾼다거나, 은행예금을 인출하여 개인에게 높은 이자로 빌려주는 행위는 성질이 변하는 것으로서 허용할 수 없다.

(3) 대리권한에 포함되는 경우 제26·29·32회
① 토지매각의 대리권을 수여받은 자는 중도금이나 잔대금을 수령할 권한을 가진다(대판 1994.2.8, 93다39379). 그러므로 상대방이 '대리인에게 대금전부를 지급'하였으나 아직 본인에게 전달하지 않은 경우 상대방의 대금지급 의무는 소멸한다.
② 매매계약의 체결과 이행에 관하여 포괄적으로 대리권을 수여받은 대리인은 특별한 사정이 없는 한 약정된 대금지급기일을 연기해 줄 권한도 갖는다.
③ 소비대차계약의 대리권은 그 계약의 내용을 이루는 기한을 연기하고 이자와 잔여금을 수령할 '수령대리권'을 포함한다(대판 1948.2.17, 4280민상236).

(4) 대리권한에 포함되지 않는 경우 제26·29회
① 대여금의 영수권한만을 위임받은 대리인이 그 대여금 '채무의 일부를 면제'하기 위해서는 '본인의 특별수권'이 필요하다(대판 1981.6.23, 80다3221).
② 본인을 대리하여 담보권설정계약을 체결할 권한을 수여받은 대리인에게 본래의 계약관계를 해제할 권한까지는 없다(대판 1993.1.15, 92다39365).

기출 CHECK ✓
1 대리인은 본인의 특별수권 없이 보존행위를 할 수 있다.
정답 O

2 임의대리인은 본인의 특별수권을 얻지 않고 보존·이용·개량행위를 할 수 있다.
정답 O

기출 CHECK ✓
범위가 정해지지 않은 대리인은 예금을 인출하여 개인에게 높은 이자로 빌려주는 행위를 할 수 없다.
정답 O

기출 CHECK ✓
1 토지매각의 대리권을 수여받은 자는 중도금이나 잔대금을 수령할 권한을 가진다.
정답 O

2 매매계약의 체결과 이행에 관하여 포괄적으로 대리권을 수여받은 대리인은 약정된 대금지급기일을 연기해 줄 권한도 갖는다.
정답 O

기출 CHECK ✓
담보권설정계약을 체결할 권한을 수여받은 대리인에게 본래의 계약관계를 해제할 권한까지 있다고 볼 수는 없다.
정답 O

③ 매매계약을 소개하고 매수인을 대리하여 매매계약을 체결하였다고 하여 매매계약의 **해제권**까지 가진다고 할 수 없다(대판 1987.4.28, 85다카971).
④ 부동산을 매수할 권한을 위임받은 대리인은 그 부동산을 **처분할 권한**까지는 없다(대판 1991.2.12, 90다7364).
⑤ 예금계약체결의 위임을 받은 자의 대리권에는 **예금을 담보로 대출을 받을 권한**까지 포함된 것은 아니다(대판 2002.6.14, 2000다38992).

3. 대리권의 제한

> 제119조【각자대리】 대리인이 수인인 때에는 **각자가 본인을 대리한다**. 그러나 법률 또는 수권행위에 다른 정한 바가 있는 때에는 그러하지 아니하다.
> 제124조【자기계약, 쌍방대리】 대리인은 **본인의 허락**이 없으면 본인을 위하여 자기와 법률행위를 하거나 동일한 법률행위에 관하여 당사자 쌍방을 대리하지 못한다. 그러나 채무의 이행은 할 수 있다.

(1) 자기계약 및 쌍방대리의 금지 제26·27·28·31회

① 원칙적 금지
   ㉠ 대리인이 본인을 대리하면서 다른 한편으로 대리인 자신이 상대방이 되어 계약을 체결하는 것을 자기계약이라 하고, 동일인이 하나의 법률행위에 있어서 당사자 쌍방의 대리인이 되어 대리행위를 하는 것을 쌍방대리라고 한다.
   ㉡ 자기계약과 쌍방대리는 원칙적으로 금지된다(제124조). 이것을 금지하는 근거는 본인과 대리인 사이의 이해충돌을 막기 위해서이다. 동일 법률사무소 소속 변호사들이 상대방의 관계에 있는 당사자 쌍방으로부터 각자 수임을 받은 경우에도 '쌍방대리'에 해당하여 수임이 제한되며 이 제한을 위반한 것은 무권대리행위에 해당하고, 예외적으로 본인의 허락이 있는 경우에 한하여 효력이 인정될 수 있다(대판 2024.1.4, 2023다225580).
   ㉢ 채무의 이행이라도 새로운 이해관계를 생기게 하는 대물변제, **기한이 도래하지 않은** 채무의 이행처럼 **다툼이 있는** 채무의 이행은 금지된다.

② 예외적 허용
   ㉠ **본인의 허락**이 있는 경우: 자기계약, 쌍방대리가 허용된다.
   ㉡ **다툼이 없는 채무의 이행(기한이 도래한 채무의 변제)**: 다툼이 없는 채무의 이행의 경우에는 자기계약, 쌍방대리가 허용된다. 이것을 허용하는 이유는 이미 확정되어 있는 법률관계를 결제하는 데 불과하고, 새로운 이해관계를 창출하지 않으므로 본인의 이익을 해하지 않기 때문이다. 마찬가지로 매도인과 매수인 쌍방을 대리하여 동일한 법무사가 등기신청을 하는 것은 허용된다.

(2) 각자대리

대리인이 수인(여러 명)인 경우 대리인 각자가 본인을 대리한다.

4. 대리권의 소멸❶

> 제127조 【대리권의 소멸사유】 대리권은 다음 각 호의 어느 하나에 해당하는 사유가 있으면 소멸된다.
> 1. 본인의 사망
> 2. 대리인의 사망, 성년후견의 개시 또는 파산
>
> 제128조 【임의대리의 종료】 법률행위에 의하여 수여된 대리권은 전조의 경우 외에 그 원인된 법률관계의 종료에 의하여 소멸한다. 법률관계의 종료 전에 본인이 수권행위를 철회한 경우에도 같다.

(1) 임의대리, 법정대리 공통의 소멸사유

① 본인은 사망뿐이고, 본인의 피성년후견의 개시, 본인의 파산(견해의 대립 있음)은 대리권의 소멸사유가 아니다.

② 대리인의 사망, 성년후견의 개시, 파산은 대리권의 소멸사유이다. 반면에 대리인의 피한정후견의 개시(한정치산)는 대리권소멸 사유가 아니다.

③ 대리인이 사망하면 대리권이 소멸하므로 대리인의 상속인이 승계할 수 없다.

(2) 임의대리에 특유한 소멸원인(제128조)

① 원인된 법률관계의 종료: 임의대리권은 그 대리권 수여의 원인이 된 기초적 법률관계가 종료됨으로써 소멸한다(제128조 전단).

② 수권행위의 철회: 본인이 수권행위를 철회한 경우에도 임의대리권이 소멸한다(제128조 후단).

대리인의 소멸사유

구분	본인	대리인
사망	○	○
파산	×	○
성년후견의 개시(금치산)	×	○

5. 대리권의 남용

(1) 의의

대리인이 겉으로는 대리권의 범위 내에서 대리행위를 하였지만 실질적으로는 자신 또는 제3자의 이익을 꾀할 목적으로 대리행위를 한 것을 말한다. 예컨대 대리인이 본인이 아니라 대리인 자신의 이익을 도모하여 대리권을 남용한 경우 그 책임을 본인에게 귀속시킬 것인가?

기출 CHECK ✓

1 대리인이 여러 명인 경우 달리 정함이 없는 한 각자대리가 원칙이다.
　　　　　　정답 ○

2 대리인이 여러 명인 경우 달리 정함이 없는 한 공동대리가 원칙이다.
　　　　　　정답 ✕

❶ 대리권의 소멸사유
• 대리인의 사망,
　대리인의 성년후견의 개시,
　대리인의 파산
　➡ '사성파'로 암기한다.
• 대리인의 한정후견개시, 본인의 성년후견의 개시는 대리권의 소멸사유가 아니다.

기출 CHECK ✓

1 대리인의 사망, 성년후견의 개시, 파산은 임의대리와 법정대리의 공통소멸사유이다.
　　　　　　정답 ○

2 대리인의 한정후견개시는 대리권의 소멸사유이다.
　　　　　　정답 ✕

3 법률행위에 의해 수여된 대리권은 수권행위의 철회, 원인된 법률관계의 종료로 소멸한다.
　　　　　　정답 ○

4 수권행위의 철회는 임의대리와 법정대리의 공통소멸사유이다.
　　　　　　정답 ✕

(2) 문제의 해결(비진의표시 단서 유추적용설) 제24 · 34회

① 원칙 – 유효: 대리권을 가진 자가 저지른 행위이고 대리의사도 존재하므로 무권대리가 아닌 유권대리행위로서 유효하다. 따라서 본인은 상대방에게 계약내용을 이행하여야 한다.

② 예외 – 무효

㉠ 대리인의 대리권 남용을 '상대방이 알았거나 알 수 있었을 때'에는 대리행위는 본인에게 무효이다.

㉡ 대리인이 대리권을 남용한 경우 본인의 책임여부: 상대방이 이러한 사정을 알았거나 알 수 있었을 경우에는 제107조 단서가 유추적용되어 대리행위는 본인에게 효력이 없다(대판 2001.1.19, 2000다20694).

> **대리인이 상대방과 통정하여 배임적 대리행위를 한 경우**
> 대리인이 본인의 이름으로 의사표시를 하면서 상대방과 통모하여 허위표시를 한 경우, 「민법」제116조에 의거하여 대리행위의 하자표준은 대리인이므로 본인이 선의여도 그 의사표시는 무효이다. 이때의 본인은 허위표시의 제3자에 해당하지 않으므로 선의 제3자를 이유로 대리행위의 유효를 주장할 수 없다.

03 대리행위(代理行爲)

1. 현명주의(顯名主義)

> **제114조【대리행위의 효력】❶**
> ① 대리인이 그 권한 내에서 본인을 위한 것임을 표시한 의사표시는 직접 본인에 대하여 효력이 생긴다.
> ② 전항의 규정은 대리인에 대한 제3자의 의사표시에 준용한다.
>
> **제115조【본인을 위한 것임을 표시하지 아니한 행위】❷** 대리인이 본인을 위한 것임을 표시하지 아니한 때에는 그 의사표시는 자기를 위한 것으로 본다. 그러나 상대방이 대리인으로서 한 것임을 알았거나 알 수 있었을 때에는 전조 제1항의 규정을 준용한다.

(1) 의의

① 현명(顯名): 대리인 자신이 하는 법률행위가 대리인 자신이 아니라 '(타인)본인을 위한 것임을 표시'하는 것을 말한다.

> |사례|
> 매매계약서에 본인 甲(인적사항 기재), 대리인 乙(인적사항 기재)이라고 표시되었을 때에는 대리인 자신이 아니라 甲을 위한 것이 표시된 것이다.

기출 CHECK ✓
대리인이 대리권을 남용한 경우 상대방이 알았거나 알 수 있었을 경우 본인에게 효력이 없다.
정답 O

❶ 대리행위의 효력
- 본인을 위한 것임을 표시한 경우
- 제1항: 능동대리
- 제2항: 수동대리

❷ 본인을 위한 것임을 표시하지 아니한 행위의 효력
현명하지 않은 경우

② **본인을 위한 것**: 대리행위의 법률효과가 본인에게 귀속된다는 의미이고, '본인의 이익을 위해서'라는 뜻은 아니다. 따라서 본인에게 이익이 되는 경우뿐만 아니라 불이익한 결과도 본인에게 법률효과가 귀속된다.

③ **현명의 주체**: 능동대리에서는 대리인 쪽에서 상대방에게 본인을 위한 의사표시임을 표시하여야 하나, 수동대리에서는 현명을 상대방 쪽에서 본인에 대한 의사표시임을 표시하여야 한다(제114조 제2항).

(2) 현명의 방식

① 현명의 방식에는 제한이 없다.
② 반드시 명시적일 필요는 없고 묵시적으로도 가능하며 서면이나 구두로도 가능하다. 즉, 대리인이 본인을 위하여 대리행위를 한다는 취지를 인식할 수 있을 정도의 표시만 있으면 족하다.

(3) 현명하지 않은 행위

① **대리인이 본인을 위한 것임을 표시하지 않은 경우**: 대리인이 본인을 위한 것임을 표시하지 않은 경우 대리인을 위한 것으로 본다. 주의할 것은 대리인을 위한 것으로 추정이 아니라 간주한다. 따라서 대리인이 계약의 당사자로 간주되어 법적 책임을 진다. 이때 대리인이 자신의 진의와 표시가 상이하고 자신을 위하여 행위할 의사가 없었음을 이유로 착오(제109조)를 주장하지 못한다.

② **서명대행**: 대리인이 대리인의 자격을 표시하지 아니하고 마치 본인 자신이 하는 것처럼 본인의 이름을 쓰고 본인의 인장을 날인하는 경우 통설은 이를 서명대리 또는 대행이라고 한다. 서명대행도 대리인에게 대리의사가 있는 것으로 인정되는 한 유효한 대리행위가 된다.

> **위임장을 제시하고 대리인의 이름으로 한 경우**
> 대리인이 본인을 위한 것임을 표시하지 않았으나 상대방이 대리인으로서 한 것임을 알았거나 알 수 있었을 때 그 의사표시는 대리행위로서 효력을 발생한다(제115조 단서). 대리인이 대리관계 표시 없이 대리인의 이름으로 계약을 체결하였으나 매매위임장을 제시하고 매매계약을 체결한 경우 특단의 사정이 없는 한 소유자를 대리하여 매매행위를 하는 것이라고 보아야 한다(대판 1982.5.25, 81다1349).

기출 CHECK ✓

1 대리인이 본인을 위한 것임을 표시하지 않은 경우 대리인을 위한 것으로 추정이 아니라 본다.
정답 O

2 대리관계 표시 없이 대리인의 이름으로 계약을 하였으나 위임장을 제시하고 계약을 한 경우 소유자를 대리하여 매매행위를 하는 것이라고 보아야 한다.
정답 O

2. 대리행위의 하자 제26·27회

> 제116조 【대리행위의 하자】
> ① 의사표시의 효력이 **의사의 흠결, 사기, 강박 또는 어느 사정을 알았거나 과실로 알지 못한 것으로 인하여 영향을 받을 경우에 그 사실의 유무는 대리인을 표준하여 결정한다.**
> ② **특정한 법률행위를 위임한 경우**에 대리인이 **본인의 지시**에 좇아 그 행위를 한 때에는 본인은 자기가 안 사정 또는 과실로 인하여 알지 못한 사정에 관하여 대리인의 부지를 주장하지 못한다.

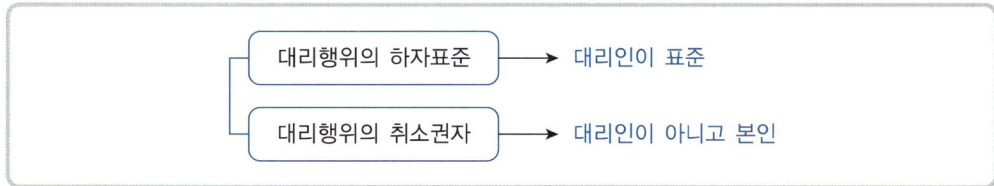

기출 CHECK ✓
1 甲의 대리인 乙이 丙에게 사기를 당한 경우 乙이 아니라 甲은 대리행위를 사기로 취소할 수 있다.
　　　　　　정답 O

2 甲이 乙에게 토지를 매매하고 이전등기 전에 丙의 대리인 A가 甲의 배임행위에 적극가담하여 甲으로부터 토지를 매수하고 이전등기를 마쳤으나, 丙은 이중매매임을 모른 경우, 2매수인 丙은 유효하게 소유권을 취득한다.
　　　　　　정답 X

> **더 알아보기** 대리행위에서 하자판단의 표준(원칙 – 대리인 표준설)
>
> (가) 대리행위의 하자판단의 표준은 원칙적으로 대리인이고 취소권은 본인에게 귀속
>   • 甲의 대리인 乙이 상대방 丙에게 사기·강박을 당한 경우, 대리행위의 하자판단의 기준은 의사결정을 직접 현장에서 행한 **대리인 乙을 기준으로 결정**하지만, 대리행위로 인한 **취소권이나 해제권은** 대리인이 아니라 **본인 甲에게 귀속**한다.
>   • 甲의 대리인 乙이 상대방 丙에게 사기를 당한 경우 원칙적으로 **乙이 아니라 甲은** 대리행위를 사기로 취소할 수 있다.
>   • 대리인이 착오를 일으켰으나 본인은 착오가 존재하지 않은 경우, 대리행위의 착오여부는 대리인을 기준으로 한다.
> (나) 대리인이 상대방과 통정하여 계약을 체결하였을 경우 본인이 선의라면?
>   대리행위는 대리인을 표준으로 결정되는 것이므로 대리인이 체결한 계약은 무효이고 본인은 선의 제3자를 이유로 유효를 주장할 수 없다.
> (다) 불공정한 법률행위의 경우 궁박은 본인을 기준으로 판단하고 경솔·무경험은 대리인을 기준으로 판단한다.
> (라) 이중매매에서 적극 가담의 표준이 되는 자는 본인이 아니라 대리인이 표준이다.
>   2중매매에서 2매수인의 대리인이 본인을 대리하여 매매계약을 체결함에 있어서 그 배임행위에 가담하였다면 **대리행위의** 하자 유무는 대리인을 표준으로 판단하여야 하므로 설사 본인이 그러한 사정을 몰랐거나 반사회성을 야기한 것이 아니라고 할지라도 이중매매가 무효로 되는 데 장애가 되는 것은 아니다. 따라서 2중매매는 무효이고 2매수인은 소유권을 유효하게 취득할 수 없다(대판 1998.2.27, 97다45532).

3. 대리인의 능력

> 제117조 【대리인의 행위능력】 대리인은 행위능력자임을 요하지 아니한다.

기출 CHECK ✓
1 대리인은 행위능력자임을 요하지 아니한다.
　　　　　　정답 O

2 대리인은 의사능력자임을 요하지 아니한다.
　　　　　　정답 X

(1) 대리인은 의사능력자임을 요한다.

대리인은 의사결정을 하는 자이므로 의사능력은 가지고 있어야 한다. 의사무능력자가 대리행위를 하였을 경우 그 법률행위는 무효이다.

(2) 대리인은 행위능력자임을 요하지 아니한다. 제29·32회

① 본인은 대리인의 제한능력자임을 이유로 대리행위를 취소할 수 없다. 본인이 스스로 원하여 제한능력자를 대리인으로 선임한 것이므로 대리행위가 설사 본인에게 불이익 결과가 발생하여도 제한능력자를 대리인으로 선임한 것은 본인의 잘못이므로 본인이 그 불이익을 스스로 감수하여야 한다는 취지이다. 따라서 **본인은 대리인의 제한능력자임을 이유로 하여 '대리행위'를 취소할 수 없다.**

② 미성년자의 법정대리인도 대리인의 제한능력자를 이유로 법정대리인의 동의 없이 이루어진 대리행위를 취소할 수 없다. 제34회 다만, 본인이 대리인과 체결한 위임계약을 취소하는 것은 이와 별개의 문제로 가능하다.

04 대리행위의 효과

(1) 법률효과는 본인에 귀속 제31·34회

대리행위의 효력은 직접 본인에게 생긴다(제114조). 따라서 본인은 법률관계의 당사자가 되며, 대리행위에 따른 이행채무를 부담한다.

(2) 취소권, 해제권도 본인에게 귀속 제28·31·34회

주된 효과와 부수적 효과도 본인에게 귀속한다. 법률행위의 주된 효과뿐만 아니라 거기에 따르는 부수적인 효과인 취소권, 해제권, 원상회복의무 등도 본인에게 귀속된다.

> ① 상대방이 대리인에게 매매대금을 지급하였을 뿐 본인에게 전달하지 않고 있었을 경우 그 매매대금 지급의 법률효과는 본인에게 귀속시킬 수 없다는 주장은 받아들일 수 없다(대판 1994.2.8, 93다39379). 그러므로 상대방의 본인에 대한 대금지급의무는 소멸한다. 제33회
>
> ② 계약해제의 경우 손해배상책임을 부담하는 자: 해제로 인한 원상회복의무와 손해배상책임도 본인이 부담한다. 계약상 채무불이행을 이유로 계약이 상대방 당사자에 의하여 유효하게 해제되었다면, **해제로 인한 원상회복의무와 손해배상책임을 부담하는 자는 대리인이 아니라 계약의 당사자인 본인이 부담한다**(대판 2011.8.18, 2011다30871). 제32회

용어사전

의사능력
사물의 시시비비를 변별하는 능력이다.

행위능력
법률행위를 단독으로 유효하게 처리할 수 있는 능력이다.

기출 CHECK ✓
甲이 미성년자 乙에게 대리권을 준 경우 甲은 대리인 乙의 제한능력자를 이유로 대리행위를 취소할 수 없다.
정답 O

기출 CHECK ✓
상대방이 대리인에게 매매대금을 지급하였으나 대리인이 본인에게 전달하지 않은 때, 상대방의 대금의무는 소멸하지 아니한다.
정답 X

기출 CHECK ✓
계약이 상대방에 의하여 유효하게 해제되었다면, 해제로 인한 원상회복의무와 손해배상책임을 부담하는 자는 대리인이 아니라 본인이다.
정답 O

> **확인예제**
>
> 甲으로부터 甲 소유의 X토지의 매도 대리권을 수여받은 乙은 甲을 대리하여 丙과 X토지에 대한 매매계약을 체결하였다. 다음 설명 중 틀린 것은? (다툼이 있으면 판례에 따름)
> 제34회
>
> ① 乙은 특별한 사정이 없는 한 매매잔금의 수령 권한을 가진다.
> ② 丙의 채무불이행이 있는 경우, 특별한 사정이 없는 한 乙은 매매계약을 해제할 수 없다.
> ③ 매매계약의 해제로 인한 원상회복의무는 甲과 丙이 부담한다.
> ④ 丙이 매매계약을 해제한 경우, 丙은 乙에게 채무불이행으로 인한 손해배상을 청구할 수 없다.
> ⑤ 乙이 자기의 이익을 위하여 배임적 대리행위를 하였고 丙도 이를 안 경우, 乙의 대리행위는 甲에게 효력을 미친다.
>
> **해설**
>
> 대리인이 대리권을 남용하여 배임적 대리행위를 한 경우, 상대방이 이를 알았거나 알 수 있었을 경우 본인에게는 대리행위는 효력이 없다(비진의표시 단서 유추적용).
>
> 정답: ⑤

제2절 복대리(複代理) 제30·32·34·35회

01 의의

복대리인이란 대리인이 그 권한 내의 행위를 하게 하기 위하여 대리인 자신의 이름으로 선임한 본인의 대리인이다. 대리인이 복대리인을 선임할 수 있는 권한을 복임권(複任權)이라 하고, 그 선임행위를 복임행위(復任行爲)라 한다.

복대리의 구조

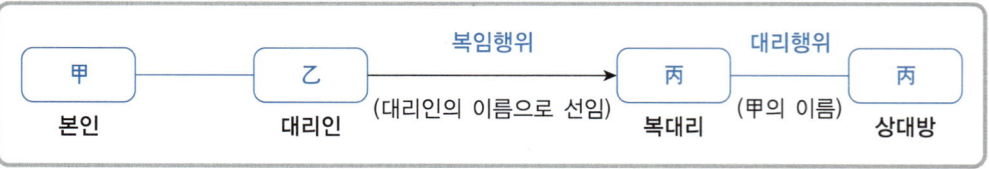

(1) 복대리는 대리인이 대리인의 이름으로 선임한 본인의 대리인이다.

① 복대리란 대리인이 자기의 권한 내의 행위를 하게 하기 위하여 자기의 이름으로 선임한 본인의 대리인을 말한다.

② 복대리인은 '대리인에 의하여 대리인의 이름'으로 선임된 자이나 대리인의 대리인이 아니고 본인의 대리인이다. 제34회

③ 복대리인은 본인의 대리인이므로 복대리인이 대리행위를 할 경우에는 대리인을 위한 것이 아니라 '본인을 위한 것임을 현명'하면 족하다.

(2) 복대리는 항상 임의대리이다.

① 복대리인은 그 성질상 대리인의 복임행위를 통해 선임되는 것이지 법률의 규정으로 임명되는 자가 아니므로 '항상 임의대리인'이다.

② 법정대리인이 선임한 복대리인도 임의대리인이고 법정대리인이 아니다.

기출 CHECK ✓
법정대리인이 선임한 복대리는 임의대리이다.
정답 O

(3) 대리권의 존속

① 대리인이 복대리인을 선임한 후에도 대리인의 대리권은 소멸하지 않고 복대리인의 대리권과 병존한다.

② 복대리인의 복대리권은 그 범위와 존재에 있어서 대리인의 대리권에 의존한다. 그러므로 대리권(母권)이 소멸하면 복대리권(子권)도 소멸한다.

(4) 복대리인을 선임하는 행위는 대리행위가 아니다.

① 복대리인은 대리인이 자신의 이름으로 선임한 자이므로 복대리인의 선임행위는 대리행위가 아니다. 대리행위는 본인의 이름하에 이루어지는 것임에 반하여 복대리인의 선임행위는 대리인 자신의 이름하에 이루어지므로 양자는 구별되는 것이다.

② 대리인이 선임한 사자는 복대리가 아니므로 복대리에 관한 규정이 적용되지 아니한다.

기출 CHECK ✓
대리인이 복대리인을 선임하는 행위는 대리행위이다.
정답 X

(5) 복대리인의 복임권 유무

복대리인이 다시 복대리인을 선임할 수 있는가? 복대리도 임의대리와 동일한 조건하에 복대리인이 다시 복대리를 선임할 수 있다. 즉, 복대리인이 다시 복대리를 선임하기 위하여는 '본인의 승낙이나 부득이한 사유'가 있어야 한다.

02 복임권 유무와 책임범위

> 제120조 【임의대리인의 복임권】 대리권이 **법률행위에 의하여 부여된 경우**에는 대리인은 **본인의 승낙이 있거나 부득이한 사유**가 있는 때가 아니면 복대리인을 선임하지 못한다.
>
> 제121조 【임의대리인의 복대리인선임의 책임】
> ① 전조의 규정에 의하여 대리인이 복대리인을 선임한 때에는 본인에게 대하여 그 **선임감독에 관한 책임**이 있다.

❶
- 법률행위에 의하여 부여된 대리인은 임의대리를 말한다.
- 임의대리인은 원칙적으로 복임권이 없다. 다만, 본인의 승낙이나 부득이한 사유가 있어야 복대리인을 선임할 수 있다.
- 법정대리인은 그 책임으로 언제나 복대리인을 선임할 수 있다.

② 대리인이 **본인의 지명**에 의하여 복대리인을 선임한 경우에는 그 **부적임 또는 불성실함을 알고 본인에게 대한 통지나 그 해임을 태만한 때**가 아니면 책임이 없다.

제122조 【법정대리인의 복임권과 그 책임】 법정대리인은 그 **책임**으로 복대리인을 선임할 수 있다. 그러나 **부득이한 사유로 인한 때**에는 전조 제1항에 정한 책임만이 있다.

제123조 【복대리인의 권한】
① 복대리인은 그 권한 내에서 **본인을 대리**한다.
② 복대리인은 본인이나 제3자에 대하여 **대리인과 동일한 권리의무**가 있다.

(1) 임의대리인의 복임권과 책임범위 제26·29·32회

① 원칙 – 복임권이 없음
  ㉠ 임의대리인은 본인으로부터 무한신뢰를 얻고 선임된 자이므로 원칙적으로 스스로 위임사무를 처리해야 하고 다른 사람을 복대리인으로 선임할 수 없음이 원칙이다.
  ㉡ 예외적으로 임의대리인은 본인의 승낙이 있거나 부득이한 사유가 있는 경우에 한하여 복임권을 가진다(제120조).

> **사무처리의 내용에 따른 묵시적 복임권여부** 제33·34회
> ⓐ 법률행위의 성질상 대리인 자신에 의한 처리가 필요로 하지 아니한 경우[금원의 차용사무] 특별한 사정이 없는 한 본인이 복대리 금지의사를 명시하지 않는 한 복대리의 선임에 관하여 묵시적 승낙이 있는 것으로 보는 것이 타당하다(대판 1996.1.26, 94다30690).
> ⓑ 가령 甲이 채권자를 특정하지 아니하고 X부동산을 담보로 제공하여 乙에게 금원의 차용을 위임하였고, 대리인 乙이 다시 이를 丙에게 위임하였으며 丙은 丁에게 X부동산을 담보로 제공하여 금원을 차용하여 乙에게 교부하였을 경우, 甲이 乙에게 금원차용의 사무를 위임한 의사에는 복대리 선임에 관한 본인의 승낙이 묵시적으로 포함되었다(대판 1993.8.27, 93다21156).
> ⓒ 반면에 아파트의 분양업무는 그 성질상 분양을 위임 받은 자의 능력에 따라 그 분양사업의 성공 여부가 결정되는 사무이므로 본인의 명시적인 승낙 없이는 복대리인을 선임할 수 없다(대판 1999.9.3, 97다56099).

② 책임범위
  ㉠ 원칙 – 선임, 감독상의 과실 책임: 임의대리인이 **본인의 승낙이나 부득이한 사유**로 복대리인을 선임한 경우에 임의대리인은 그 복대리인의 선임, 감독에 관하여 과실이 있는 때에 한하여 책임이 있다.
  ㉡ 예외: 본인의 지명시 복대리인의 부적임·불성실을 알고도 본인에게 대한 통지나 해임을 태만히 한 때에 한하여 책임진다(제121조 제2항).

기출 CHECK ✓
1 임의대리인은 본인의 승낙이나 부득이한 사유가 있어야 복대리인을 선임할 수 있다.
　　　　　　정답 O

2 법정대리인은 부득이한 사유 없이도 복대리인을 선임할 수 있다.
　　　　　　정답 O

기출 CHECK ✓
법률행위의 성질상 대리인 자신에 의한 처리가 필요로 하지 아니한 경우, 복대리의 선임에 관하여 묵시적 승낙이 있는 것으로 본다.
　　　　　　정답 O

사무처리에 따른 복임권

| 금전차용 사무 위임한 때 ➜ 복대리 선임을 승낙 O |
| 분양사무를 위임한 때 ➜ 복대리 선임 금지 |

기출 CHECK ✓
임의대리인이 본인의 지명으로 복대리인을 선임한 경우 복대리인의 부적임을 알고도 본인에게 대한 통지를 태만히 한 때에는 책임진다.
　　　　　　정답 O

(2) 법정대리인의 복임권과 책임범위

① **언제나 복임권을 가진다**: 법정대리인은 언제든지 자유롭게 복임권을 갖는다(제122조 본문). 왜냐하면 원래 본인의 신뢰로 선임된 자가 아니라 법률의 규정으로 강제 선임된 자이기 때문이다.

② **책임범위**
  ㉠ **무과실 책임**: 법정대리인에게 복대리 선임의 자유를 주는 대신 그 책임이 가중된다. 법정대리인이 복대리인을 선임한 경우에는 복대리인에 대한 선임, 감독의 책임은 가중되어서 법정대리인에게 복대리인의 선임, 감독에 관하여 과실이 있든 없든 모든 책임을 진다(무과실 책임).
  ㉡ **책임의 경감**: 법정대리인이 부득이한 사유로 복대리인을 선임한 경우 임의대리와 동일하게 그 선임, 감독상의 과실에 대해서만 책임을 진다.

> 기출 CHECK ✓
> 법정대리인은 자기책임하에 언제나 복대리인을 선임할 수 있다.
> 정답 O

핵심 콕! 콕! 복임권과 책임

구분	복임권 유무	책임범위
임의대리인	① 원칙: 없음 ② 예외: **본인의 승낙이나 부득이한 사유** ③ 본인의 지명시: 복대리인의 부적임을 알고 통지를 태만히 한 때	선임, 감독상의 책임 책임이 경감됨
법정대리인	① 언제든지 복임권을 가짐 ② 예외: **부득이한 사유로 선임한 때**	무과실 책임 선임, 감독상의 책임

(3) 복대리인의 지위 제29회

① **본인에 대한 관계**: 복대리인은 본인(또는 제3자)에 대하여 대리인과 동일한 권리·의무가 있다.
② **상대방에 대한 관계**: 복대리인은 그 권한의 범위 내에서 직접 본인을 대리한다(제123조 제1항).

> 기출 CHECK ✓
> 1 복대리인은 제3자에 대하여 대리인과 동일한 권리·의무가 있다.
> 정답 O
> 2 복대리인은 그 권한 내에서 대리인이 아니라 본인을 대리한다.
> 정답 O

(4) 복대리권의 소멸사유

① **대리권 일반의 소멸사유**: 본인의 사망, 복대리인의 사망·피성년후견의 개시, 파산 등
② 수권행위의 철회, 단 대리인의 한정후견개시는 소멸사유가 아니다.

(5) 대리권의 소멸 후 선임된 복대리인의 대리행위가 본인에게 효력이 있는가?

상대방이 대리권의 소멸에 대하여 선의이고 무과실이라면 본인에게 효력이 인정된다(제129조의 표현대리가 성립한다).

> **확인예제**
>
> 복대리에 관한 설명으로 틀린 것은? (다툼이 있으면 판례에 따름) 　　제30회
> ① 복대리인은 본인의 대리인이다.
> ② 임의대리인이 본인의 승낙을 얻어서 복대리인을 선임한 경우, 본인에 대하여 그 선임감독에 관한 책임이 없다.
> ③ 대리인이 복대리인을 선임한 후 사망한 경우 특별한 사정이 없는 한 그 복대리권도 소멸한다.
> ④ 복대리인의 대리행위에 대하여도 표현대리에 관한 규정이 적용될 수 있다.
> ⑤ 법정대리인은 부득이한 사유가 없더라도 복대리인을 선임할 수 있다.
>
> **해설**
> 임의대리인이 본인의 승낙을 얻어서 복대리인을 선임한 경우, 본인에 대하여 그 선임감독에 관한 책임이 있다.　　　　　　　　　　　　　　　　　　　　　　　정답: ②

제3절 무권대리(無權代理) 제26·27·28·30·31·32·33·34·35회

01 서설

(1) 무권대리의 분류

대리권이 없는 자가 본인의 이름으로 대리행위가 행하여진 경우를 무권대리라고 한다. 여기에는 협의의 무권대리와 표현대리 두 가지가 있다.

> **핵심 콕! 콕!** 광의의 무권대리
>
> (가) 협의의 무권대리
> 　상대방이 **본인에게 대리행위의 효과로 이행을 청구할 수 없다.**
> (나) 표현대리
> 　일정한 요건하에 **본인이 상대방에게 이행책임을 부담한다.**

목차 내비게이션

무권대리의 체계도
1. 추인의 성질
2. 추인거절권
3. 철회권/최고권
4. 무권대리인의 책임

(2) 협의의 무권대리와 표현대리(表見代理)

① 협의의 무권대리: 대리권이 전혀 없는 자가 본인을 대리하여 대리행위가 이루어진 경우를 말한다. 이 경우 무권대리행위를 확정적 무효로 하지 않고 본인의 추인에 의하여 대리의 효과가 발생될 여지를 남겨두고, '본인의 추인이 없으면' 본인에게 효력이 없다.

② **표현대리**: 무권대리인과 본인과의 사이에 대리관계의 존재를 추단케 하는 일정한 사정이 있는 경우에 「민법」이 본인에게 책임을 지워 상대방을 보호하고자 하는 것이다.

02 (협의)무권대리(無權代理) 제28·29·30·31·32·34회

1. 성질

(1) 개념

대리권 없는 자가 본인의 이름으로 대리행위를 한 경우를 말한다. 보통 대리권 없는 자가 대리인의 자격을 사칭하여 대리행위를 하는 것을 말한다.

(2) 무권대리행위는 유동적 무효[불확정 무효]이다.

무권대리행위는 본인이 추인하지 않는 한 무효이다. 다만, 본인의 추인여부에 따라 효력이 달라지게 되는데 본인이 추인하면 소급하여 유효로 되나, 추인을 거절하면 확정적 무효로 되므로 유동적 무효의 상태에 있다.

> **기출 CHECK ✓**
> 무권대리행위는 확정적 무효가 아니라 유동적 무효이다.
> 정답 O

(3) 甲의 무권대리인 乙이 丙에게 빌라의 매매를 하여 丙명의로 빌라의 소유권이전등기가 경료된 경우, 甲이 무권대리를 이유로 그 등기의 말소를 청구하는 때에는 상대방쪽에서 대리인에게 대리권의 존재를 증명하여야 하는 것이 아니고 대리행위의 무효를 주장하는 본인 甲이 乙에게 대리권의 부존재를 증명할 책임이 있다.

2. 계약의 무권대리

핵심 쿡! 쿡! 무권대리의 구조

甲 소유의 X토지를 대리권 없는 乙이 상대방 丙에게 甲의 대리인의 자격을 사칭하여 甲의 이름으로 매매계약을 체결하고 소유권이전등기를 경료하여 주었다. 甲, 乙, 丙의 법률관계는?

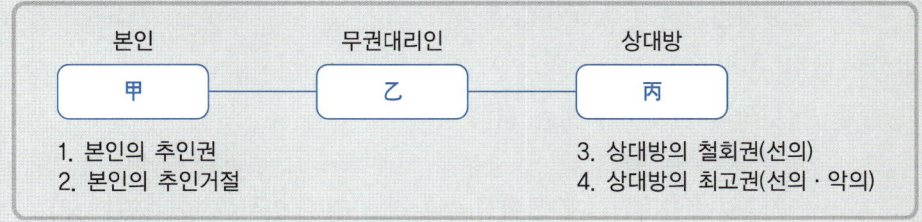

1. 본인의 추인권
2. 본인의 추인거절
3. 상대방의 철회권(선의)
4. 상대방의 최고권(선의·악의)

(1) 본인의 추인권(追認權) 제26·27·29회

> 제130조【무권대리】 대리권 없는 자가 타인의 대리인으로 한 계약은 **본인이 이를 추인하지 아니하면** 본인에 대하여 효력이 없다.

기출 CHECK ✓
1 무권대리를 추인하기 위해서 상대방의 승낙을 요한다.
정답 X

2 무권대리행위의 일부에 대한 추인이나 변경을 가한 추인은 상대방의 동의를 얻지 못하는 한 무효이다.
정답 O

기출 CHECK ✓
무권대리의 추인은 무권대리인에게도 할 수 있다.
정답 O

기출 CHECK ✓
1 추인의 의사표시를 상대방에게 하지 아니하면 상대방에게 추인이 있었음을 대항하지 못한다.
정답 O

2 상대방이 철회한 후에는 추인할 수 없다.
정답 O

기출 CHECK ✓
1 무권대리의 추인은 반드시 명시적으로 해야 하는 것은 아니고 묵시적으로도 할 수 있다.
정답 O

2 무권대리의 일부추인, 변경을 가한 추인은 상대방의 동의가 없는 한 무효이다.
정답 O

3 본인이 무권대리행위의 사실을 알고 있으면서 상당기간 방치하였다는 것만으로 추인한 것으로 본다.
정답 X

---

① 의의 및 성질
  ㉠ 의의: 추인이란 본인이 무권대리를 추후에 인정하는 것을 말한다. 무권대리행위는 그 효력이 불확정 상태(유동적 상태)에 있다가 본인의 추인 유무에 따라 본인에 대한 효력발생 여부가 결정되는 것으로서 추인은 단독행위이다.
  ㉡ 성질(형성권): 추인은 본인이 일방적인 의사표시로 하므로 형성권이다. 그러므로 본인이 추인을 할 때에는 상대방의 승낙을 요하지 않는다(대판 1982.1.26, 81다카549).

② 추인의 상대방(무권대리인, 상대방, 승계인 아무나 좋다)

> 제132조 【추인, 거절의 상대방】 추인 또는 거절의 의사표시는 상대방에 대하여 하지 아니하면 그 상대방에 대항하지 못한다. 그러나 상대방이 그 사실을 안 때에는 그러하지 아니하다.

  ㉠ 추인의 상대방은 무권대리인, 그 상대방, 그리고 법률관계의 승계인 등 누구에게나 추인할 수 있다(대판 1981.4.14, 80다2314).
  ㉡ 추인의 의사표시를 상대방에게 하지 아니하면 상대방에게 대항하지 못한다. 본인이 무권대리인에게 무권대리행위를 추인한 경우에 상대방이 이를 알지 못하는 동안에는 본인은 상대방에게 추인의 효과를 주장하지 못한다는 취지이므로 상대방은 그때까지 제134조에 의한 철회를 할 수 있고, 또 무권대리인에게 추인이 있었음을 주장할 수도 있다(대판 80다2314).

③ 추인의 시기(상대방이 철회하기 전): 상대방이 먼저 무권대리행위를 철회한 후에는 추인할 수 없으므로 상대방이 철회하기 전에 한하여 추인할 수 있다.

④ 추인의 방법
  ㉠ 특별한 방식이 요구되지 않는다. 명시적, 묵시적으로도 추인할 수 있다(대판 2013.4.26, 2012다99617).
  ㉡ 무권대리행위의 추인은 무권대리행위 전부를 추인하여야 효력이 생긴다. 무권대리행위의 일부에 대한 추인이나 변경을 가한 추인은 상대방의 동의를 얻지 못하는 한 무효이다(대판 1982.1.26, 81다카549).
  ㉢ 묵시적 추인에 해당하는 경우
    ⓐ 본인이 행위의 결과를 충분히 이해하고 그 결과가 자기에게 귀속된다는 것을 승인하였다고 볼만한 객관적 사정이 있어야 한다(대판 2013.4.26, 2012다99617).
    ⓑ 무권대리인이 상대방에게서 받은 매매대금의 일부를 본인이 수령하거나 상대방에게 목적물인 임야를 인도하여 준 경우 묵시적 추인에 해당한다.
    ⓒ 무권대리인이 종중소유토지를 처분하여 생긴 돈으로 종중이 다른 토지를 매입한 경우 본인이 무권대리행위를 묵시적 추인을 한 것으로 본다.

ⓔ 묵시적 추인에 해당하지 않는 경우
ⓐ 본인이 무권대리사실을 알고 있으면서 이의를 제기하지 않은 경우
ⓑ 본인이 무권대리사실을 알고도 장기간 형사고소를 제기하지 아니한 경우
ⓒ 본인이 무권대리사실을 알면서 상당기간 방치하였다는 것만으로는 추인이 있는 것으로 보지 않는다(대판 1967.12.18, 67다2294).

⑤ 추인의 효력(처음부터 소급하여 유효) 제29·31·34회

> 제133조 【추인의 효력】 추인은 다른 의사표시가 없는 때에는 **계약시에 소급하여** 그 효력이 생긴다. 그러나 제3자의 권리를 해하지 못한다.❶

㉠ 무권대리의 추인이 있으면 무권대리행위는 처음부터 소급하여 유효로 된다. 이때 본인의 추인은 처음부터 유권대리이었던 것과 같은 효과가 생긴다는 뜻이고 본인이 사후에 무권대리인에게 대리권을 수여했다는 의미는 아니다.
㉡ 주의할 것은 무효행위의 추인과 달리 추인한 때로부터 유효로 되는 것이 아니다.
㉢ 추인의 소급효는 제3자의 권리를 해하지 못한다(제133조 단서). 甲의 무권대리인 乙이 甲 소유의 청담동 소재의 빌라를 丙에게 매도하는 계약을 4월 1일 체결한 상황에서 본인 甲은 위 빌라에 대하여 丁에게 6월 1일 매매를 하고 등기를 이전하였다. 이때 9월 10일 甲이 乙에게 무권대리행위를 추인하면 건물매매는 계약시로 소급하여 유효로 되나 이미 건물의 소유권을 취득한 丁(제3자)의 권리를 해하지 못하므로 건물은 丁소유로 된다.

(2) 본인의 추인거절권(追認拒絕權)

① 의의: 본인이 추인의사 없음을 적극적으로 표시하여 유동적 무효인 무권대리행위를 확정적 무효로 하는 것을 말한다.
② 상대방: 추인거절권의 성질이나 행사방법은 추인권과 같다. 그러므로 추인거절의 의사표시는 무권대리인, 상대방에게도 할 수 있다.
③ 효과(확정적 무효): 본인의 추인거절이 있게 되면 무권대리행위는 무효로 확정된다.
④ 본인의 사망으로 무권대리인이 본인을 단독상속한 경우 제29·32·33·34회

---

❶ 무권대리의 추인은 소급하여 효력이 생기나 제3자의 권리를 해하지 못한다.

기출 CHECK ✓
1 무권대리를 추인하면 처음부터 소급하여 효력이 있다.
정답 ○

2 무권대리를 추인하면 추인할 때부터 유효로 본다.
정답 ✗

기출 CHECK ✓
무권대리의 추인은 소급하나 제3자의 권리를 해하지 못한다.
정답 ○

기출 CHECK ✓
1 무권대리인이 본인의 지위를 단독상속한 경우 상대방에게 무권대리행위가 무효임을 주장할 수 없다.
정답 O

2 무권대리인이 그 부동산을 단독상속한 경우 무권대리로 무효임을 주장하여 등기말소 등을 구하는 것이 신의칙상 허용될 수 없다.
정답 O

판례 **무권대리인이 본인을 단독상속한 경우(父가 화병으로 사망한 경우)**

(가) 대리권한 없이 타인의 부동산의 매매계약을 체결한 무권대리인이 그 부동산을 단독상속한 경우 자신이 상속을 받아 소유권이전등기의무가 가능해진 상황에서 자신의 대리행위가 **무권대리로 무효임을 주장하여 등기말소 등을 구하는 것이 신의칙상 허용될 수 없다**(대판 1994.9.27, 94다20617).

(나) 무권대리인이 상대방에게 토지사용에 대하여 사용료의 **부당이득반환을 청구하는 것도 신의칙상 허용될 수 없다.**

(다) 甲 소유 토지를 무권대리인 乙이 丙에게 매도하고 다시 전득자 丁이 소유권이전등기를 마친 상황에서 무권대리인 乙이 甲을 단독상속 받은 경우 무권대리행위가 무효임을 이유로 丁명의의 이전등기의 말소를 주장하는 것은 신의칙에 반하므로 허용될 수 없다(대판 1994.9.27, 94다20617).

(라) 무권대리인이 상대방에게 매각하여 상대방 명의로 소유권이전등기된 상황에서 본인이 사망하면 상대방 명의로 경료된 이 등기는 실체에 부합하여 유효이다.

(3) 상대방의 철회권(撤回權) 제29·32·33·34회

제134조【상대방의 철회권】대리권 없는 자가 한 계약은 **본인의 추인이 있을 때까지 상대방은 본인이나 그 대리인에 대하여 이를 철회할 수 있다. 그러나 계약 당시에 상대방이 대리권 없음을 안 때에는 철회할 수 없다.**

① 의의: 상대방이 유동적 무효인 계약을 확정적 무효로 하는 의사표시이다.
② 철회의 요건(상대방이 선의일 것): 상대방은 계약 당시 무권대리인에게 대리권 없음을 알지 못하여 선의인 경우에 한하여 철회할 수 있다. 상대방이 무권대리임을 알고 있었던 경우(악의)에는 철회권이 없다. 이때 상대방이 대리인에게 대리권이 없음을 알았다는 점(악의)에 대한 주장·입증책임은 철회의 효과를 다투는 본인에게 있다.

기출 CHECK ✓
상대방은 선의이어야 본인이 추인 전에 철회할 수 있다.
정답 O

③ 철회의 시기(본인이 추인하기 전): 본인의 추인이 있기 전에 그 계약을 철회할 수 있다(제134조). 그러므로 본인이 무권대리행위를 추인한 후에는 상대방의 철회권이 없다.
④ 철회의 효과
  ㉠ 철회가 있으면 무권대리행위가 확정적 무효로 된다. 따라서 상대방이 철회를 한 후에는 본인이 무권대리행위를 추인할 수 없다.
  ㉡ 제741조에서 정하는 부당이득제도는 이득자의 재산상 이득이 법률상 원인을 갖지 못한 경우에 공평·정의의 이념에 근거하여 이득자에게 반환의무를 부담시키는 것이므로, 이득자에게 실질적으로 이득이 귀속된 바 없다면 본인에게 부당이득반환의무를 부담시킬 수 없다(대판 2017.6.29, 2017다213838).

(4) 상대방의 최고권(催告權) 제29·32·33·34회

> 제131조 【상대방의 최고권】 대리권 없는 자가 타인의 대리인으로 계약을 한 경우에 상대방은 상당한 기간을 정하여 **본인에게** 그 추인 여부의 확답을 최고할 수 있다. 본인이 그 기간 내에 **확답을 발하지 아니한 때**에는 추인을 거절한 것으로 **본다.**

① 의의: 최고란 상대방이 본인에게 추인 여부의 확답을 촉구하는 것을 말한다.
② 성질: 최고는 의사표시가 아니라 준법률행위(의사의 통지)에 해당한다.
③ 요건: 최고는 철회권과 달리 상대방의 선의·악의를 묻지 않고 인정된다. 최고의 상대방은 오로지 본인이고 무권대리인에게 행한 최고는 효력이 없다.

철회와 최고의 비교

철회권	최고권
상대방이 선의일 것	상대방이 선의·악의
철회표시는 본인이나 무권대리인에게	최고의 상대방은 오로지 본인만 가능
추인하기 전까지	거절하기 전까지

기출 CHECK ✓
1 무권대리의 상대방이 본인에게 추인 여부의 확답을 최고하였으나 확답을 발하지 아니한 때에는 추인거절로 본다.
정답 O

2 상대방은 악의인 경우 최고할 수 없다.
정답 X

기출 CHECK ✓
무권대리의 상대방은 선의이어야 철회할 수 있으나 선의·악의 불문하고 최고권을 가진다.
정답 O

(5) 무권대리인의 책임 문제(제135조) 제26·29·31·33회

> 제135조 【상대방에 대한 무권대리인의 책임】
> ① 다른 자의 대리인으로서 계약을 맺은 자가 그 대리권을 증명하지 못하고 또 본인의 추인을 받지 못한 경우에는 그는 **상대방의 선택**에 따라 **계약을 이행할 책임** 또는 **손해를 배상할 책임**이 있다.
> ② 대리인으로서 계약을 맺은 자에게 **대리권이 없다는 사실을 상대방이 알았거나 알 수 있었을 때** 또는 대리인으로서 계약을 맺은 사람이 **제한능력자일 때**에는 제1항을 적용하지 아니한다.

① 성질(무과실 책임): 제135조의 무권대리인의 책임규정은 상대방을 보호하고자 법률이 특별히 무권대리인에게 무거운 책임을 지우는 규정으로서 무권대리인 자신에게 과실이 있든 없든 인정되는 무과실 책임이다. 따라서 대리권 흠결에 관하여 대리인에게 귀책사유가 있어야만 인정되는 것이 아니고 무권대리행위가 제3자의 기망이나 문서위조로 위법행위가 야기된 경우에도 무권대리인 자신의 책임이 부정되지 아니한다(대판 2014.2.27, 2013다213038).
② 무권대리인의 책임의 내용(이행책임이나 손해배상책임): 무권대리인의 선택이 아니라 상대방의 선택에 따라 계약의 이행책임 또는 손해배상책임을 부담한다.
③ 무권대리인의 책임의 제한: 무권대리인이 제한능력자(미성년자)인 경우, 상대방은 무권대리인에게 이행책임이나 손해배상청구를 할 수 없다.

기출 CHECK ✓
무권다리인의 이행책임 또는 손해배상책임의 선택권은 무권대리인이 아니라 상대방에게 있다.
정답 O

기출 CHECK ✓

1 상대방 없는 단독행위의 무권대리는 본인이 추인해도 효력이 없다.
정답 O

2 상대방이 무권대리인의 동의를 얻어 단독행위를 한 경우 본인은 추인하여 유효로 할 수 있다.
정답 O

3 무권대리인의 상대방에 대한 책임은 무과실 책임이다.
정답 O

4 무권대리행위가 제3자의 기망이나 문서위조로 위법행위가 야기된 경우, 무권대리인 자신의 책임이 부정된다.
정답 X

3. 단독행위의 무권대리

(1) 상대방 없는 단독행위의 무권대리는 절대적 무효이다. 제28·32회

무권대리인이 권한 없이 상대방이 없는 상태에서 혼자서 '재단법인설립행위'를 한 경우에는 언제나 확정적·절대적으로 무효이다.

(2) 상대방 있는 단독행위의 무권대리 제26회

① 능동대리의 경우: 대리권 없는 자의 계약해제 행위에 상대방이 '동의'하거나 그 대리권을 다투지 아니한 때에 한하여 계약의 무권대리를 준용한다. 따라서 본인은 단독행위의 무권대리행위를 추인하여 유효로 할 수 있다.

② 수동대리의 경우: 상대방이 무권대리인의 '동의를 얻어' 단독행위를 한 경우 계약의 무권대리를 준용하므로 본인은 단독행위의 무권대리를 추인하여 유효로 할 수 있다.

> **확인예제**
>
> 대리권 없는 甲은 乙 소유의 X부동산에 관하여 乙을 대리하여 丙과 매매계약을 체결하였고, 丙은 甲이 무권대리인이라는 사실에 대하여 선의·무과실이었다. 이에 관한 설명으로 틀린 것은? (다툼이 있으면 판례에 따름) 제33회
>
> ① 丙이 乙에 대하여 상당한 기간을 정하여 추인 여부를 최고하였으나 그 기간 내에 乙이 확답을 발하지 않은 때에는 乙이 추인한 것으로 본다.
> ② 乙이 甲에 대해서만 추인의 의사표시를 하였더라도 丙은 乙의 甲에 대한 추인이 있었음을 주장할 수 있다.
> ③ 乙이 甲에게 매매계약을 추인하더라도 그 사실을 알지 못하고 있는 丙은 매매계약을 철회할 수 있다.
> ④ 乙이 丙에 대하여 추인하면 특별한 사정이 없는 한, 추인은 매매계약 체결시에 소급하여 그 효력이 생긴다.
> ⑤ 乙이 丙에게 추인을 거절한 경우, 甲이 제한능력자가 아니라면 甲은 丙의 선택에 따라 계약을 이행할 책임 또는 손해를 배상할 책임이 있다.
>
> **해설**
> 무권대리의 상대방이 본인에게 추인 여부의 확답을 최고한 경우 본인이 확답을 발하지 아니한 때에는 추인을 거절한 것으로 본다(제131조).
> 정답: ①

제4절 표현대리(表見代理) 제26·29·30·31·32·33회

01 의의 제29·31회

(1) 표현대리의 개념

대리인에게 대리권이 없음에도 불구하고 대리권한이 있는 것과 같은 외관이 존재하고 **본인이 외관의 형성에 관하여 일정한 책임**이 있는 경우에 본래는 **무권대리이지만** 이를 신뢰하여 거래한 상대방을 보호하기 위하여 본인에게 **책임을 인정**하는 제도를 말한다. 표현대리제도는 외관을 신뢰한 선의, 무과실의 제3자를 보호하려는 제도의 산물인 것이다(대판 1998.5.29, 97다55317).❶

> **목차 내비게이션**
>
> 표현대리의 체계도
> 1. 특징 5가지
> 2. 제125조의 표현대리
> 3. 제126조의 표현대리
> 4. 제129조의 표현대리

❶ 권리외관이론이라고 한다.

(2) 표현대리의 논리구조

대리인에게 대리권소멸 후 상대방이 이런 사실을 모르고 거래한 경우 상대방은 대리행위에 대하여 본인에게 책임을 물을 수 있는가?

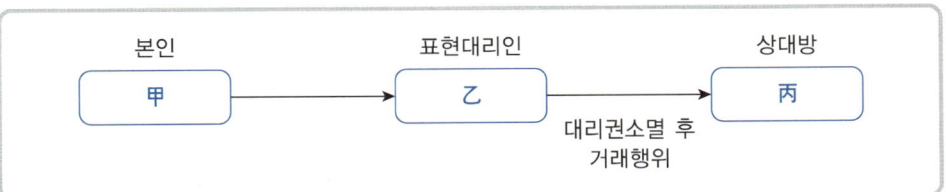

> **더 알아보기** 표현대리의 특징 제29·31회
>
> 1. **표현대리는 족보가 무권대리이다.**
>   ① 표현대리는 무권대리에 속한다. 표현대리는 대리권이 없는데도 법률이 특히 거래 상대방의 보호를 위하여 무권대리행위의 효과를 본인에게 효력이 미치게 한 것으로서, **표현대리가 성립하면** 본인이 책임을 지게 되는데 이는 상대방의 신뢰를 보호하기 위한 제도에서 연원하는 것이지 **무권대리에 속하는 표현대리가 유권대리로 전환되는 것은 아니다**(대판 1983.12.13, 83다카1489 전원합의체).
>   ② 대리권이 있다는 것과 표현대리가 성립한다는 것은 그 요건사실이 다르므로 표현대리가 성립한다고 하여 무권대리의 성질이 유권대리로 전환되는 것이 아니므로, **유권대리에 관한 주장 속에 무권대리에 속하는 표현대리의 주장이 포함되어 있다고 볼 수 없다**(대판 1990.3.27, 88다카181). 따라서 따로 표현대리의 주장이 없는 한 법원은 표현대리의 성립여부를 판단할 필요가 없다(대판 1983.12.13, 83다카1489 전원합의체).
> 2. **상대방이 표현대리를 주장할 때 비로소 표현대리가 성립한다.**
>   ① 상대방의 보호를 위한 제도이므로 상대방이 표현대리를 주장할 때 비로소 **본인이 계약에 따른 이행책임을 부담한다.** 따라서 표현대리인이나 본인이 표현대리를 주장할 수 없다. 표현대리는 **상대방이 주장**할 수 있고 본인 쪽에서 표현대리를 주장할 수 없다.

기출 CHECK ✓

1 표현대리가 성립하여 본인이 책임을 지게 된 경우에 표현대리가 유권대리로 전환되는 것은 아니다.
정답 O

2 표현대리행위가 강행법규 위반으로 무효인 경우에는 표현대리가 성립하지 않는다.
정답 O

3 유권대리에 관한 주장 속에 표현대리의 주장이 포함되어 있다고 볼 수 없다.
정답 O

기출 CHECK ✓

표현대리의 주장은 본인이 할 수 없고 상대방이 할 수 있다.
정답 O

② 상대방이 표현대리를 주장하지 않을 때에는 무권대리의 성질을 가진다. 따라서 상대방은 선의라면 철회권을 행사할 수 있다.
3. **표현대리에서 과실상계가 허용되지 않는다.**
   ① 과실상계는 채무불이행 내지 불법행위로 인한 손해배상책임에 대해서 인정되는 것이고 '본래의 급부를 본인이 이행해야 하는 경우'에 적용될 수 없다(대판 2000.4.7, 99다53742).
   ② 표현대리행위가 성립하는 경우에 그 본인은 표현대리행위에 의하여 전적인 책임을 져야 하고, **상대방에게 과실이 있다고 하더라도 과실상계의 법리를 유추·적용하여 본인의 책임을 경감할 수 없다**(대판 1996.7.12, 95다49554).
4. 표현대리에도 현명주의가 적용된다.
   ① 표현대리도 대리의 형태를 가지므로 본인을 위한 것임을 현명하여야 한다.
   ② 본인으로부터 근저당설정의 대리권을 수여받은 대리인이 본인으로부터 받은 등기서류 일체를 이용하여 **자기 앞으로 소유권이전등기한 후 자기이름으로 매매 내지 근저당권을 설정한 경우** 대리의사가 없으므로 제126조의 표현대리를 주장할 수 없다.
   ③ 甲으로부터 담보설정을 위임받은 대리인 乙이 자신 앞으로 소유권이전등기를 경료한 뒤 乙이 자신의 소유라고 칭하며 乙의 이름으로 매매한 경우, 매매계약의 당사자는 乙이고 甲은 당사자가 아니므로 상대방이 선의, 무과실이어도 표현대리는 성립하지 않는다(대판 2001.1.19, 99다67598).
5. 표현대리는 대리행위가 유효한 것을 전제로 한다.
   ① 표현대리행위가 **강행법규 위반으로 무효인 경우에는 표현대리가 성립하지 않는다.**
   ② 예컨대 토지가 토지거래허가구역 내에 있는 경우, 토지거래허가를 위반하여 계약이 확정적 무효가 되는 때에는 표현대리가 성립할 수 없다.
   ③ **사원총회 결의를 거쳐야 처분**할 수 있는 비법인사단의 총유재산을 교회의 대표자가 총회의 결의 없이 임의로 처분한 행위에 대하여 상대방이 선의, 무과실인 경우에도 이 처분행위는 무효이고 **표현대리를 준용할 수 없다**(대판 2009.2.12, 2006다23312 전원합의체).

02 표현대리의 종류

1. 대리권 수여표시에 의한 표현대리(제125조)

제125조【대리권 수여표시에 의한 표현대리】제3자에 대하여 타인에게 **대리권을 수여함을 표시한 자**는 그 대리권의 범위 내에서 행한 그 타인과 그 제3자간의 법률행위에 대하여 책임이 있다. 그러나 제3자가 대리권 없음을 알았거나 알 수 있었을 때에는 그러하지 아니하다.

용어사전
과실상계
채무불이행이나 불법행위에서 채권자에게도 과실이 있으면 손해배상의 책임과 금액의 결정에 있어서 그 과실을 참작하는 것을 말한다.

기출 CHECK ✓
1 표현대리가 성립하는 경우에 상대방에게 과실이 있다고 하더라도 과실상계의 법리를 유추적용하여 본인의 책임을 경감할 수 없다.
정답 O

2 본인으로부터 근저당설정의 대리권을 수여받은 대리인이 본인으로부터 받은 등기서류 일체를 이용하여 자기 앞으로 소유권이전등기한 후 자기이름으로 매매한 경우 표현대리를 주장할 수 없다.
정답 O

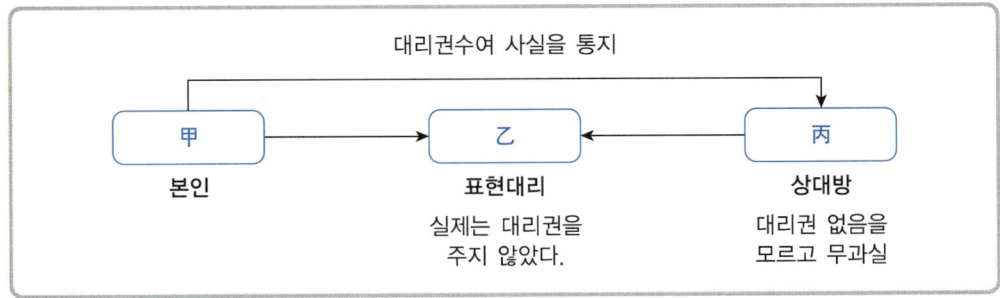

(1) 의의

본인이 제3자(즉, 대리행위의 상대방을 말함)에 대하여 타인에게 대리권을 수여하였음을 수여표시하여 상대방에게 그 제3자에게 대리권이 있다고 믿게 해 놓고, 실제로는 대리권을 수여하지 않은 경우를 말한다. ❶

(2) 성립요건

① 대리권 수여의 표시

　㉠ 대리권 수여표시의 법적 성질

　　ⓐ 장차 대리권을 수여하겠다는 사실의 통지, 즉 준법률행위의 일종인 관념의 통지로 본다.

　　ⓑ 만일 대리권을 수여한 사실이 인정되면 이미 유권대리가 되어버린다.

　㉡ 대리권 수여표시의 방법

　　ⓐ 명시적이든 묵시적이든 가능하다.

　　ⓑ 묵시적 대리권 수여표시도 인정된다. 사용자가 어떤 범위의 대리권을 가지고 있는 것으로 제3자가 믿을 만한 직함을 그의 피용자로 하여금 대외적으로 사용하게 한 경우, 본인이 타인에게 본인의 명의를 사용하는 것을 허락하거나 묵인해준 경우 판례는 대리권의 수여표시가 있는 것으로 의제한다(대판 1987.3.24, 86다카1348).

　　ⓒ 대리권 수여표시는 반드시 대리권이나 대리인이라는 말을 사용해야 하는 것이 아니라 묵시적으로도 가능하다. 따라서 사회통념상 대리권을 추단할 수 있는 직함, 명칭, 명함의 사용을 본인이 묵인하는 행위도 묵시적인 대리권수여의 표시에 해당하는 것으로 본다. 호텔 등의 회원권 모집계약을 체결하면서 회사의 총대리점, 연락사무소 등의 명칭을 사용하여 회원모집 안내를 하거나 입회계약을 체결하는 것을 본인이 승낙 또는 묵인한 것은 묵시적인 대리권수여 표시에 해당한다(대판 1998.6.12, 97다53762).

---

❶ 甲이 '乙에게 건물매도를 위임하여 대리권을 수여한다고 丙에게 통지'하였으나 실제는 乙에게 대리권을 주지 않은 상태에서 이를 모르고 있는 상대방이 대리권 없는 乙과 매매계약을 체결한 경우

기출 CHECK ✓
대리권의 수여 표시는 준법률행위로서 관념의 통지이다.
정답 O

용어사전
관념의 통지
사실의 통지라고도 하며, 의사가 아닌 사실을 표시하는 사법상 행위를 말한다.

피용자
노동계약에 의해 임금을 받고 노동에 종사하는 사람(=피용인)을 말한다.

사용자
근로계약의 당사자로서 근로를 제공하는 자(근로자)에 대하여 보수를 주기로 약속한 사업의 주체인 법인 또는 개인을 말한다.

기출 CHECK ✓
1 대리권의 수여표시는 반드시 대리인이라는 말을 명시적으로 사용해야 하는 것이 아니라 묵시적으로도 할 수 있다.
정답 O

2 대리권 수여 표시에 의한 표현대리는 본인과 대리인 사이의 기본적 법률관계가 유효이어야 성립한다.
정답 X

② 제3자(상대방)의 선의·무과실
　㉠ 제125조의 표현대리가 해당하여 본인에게 대리행위의 효과가 직접 귀속하기 위하여는 대리행위의 상대방이 대리인으로 행위를 한 사람에게 실제로는 대리권이 없다는 점에 관하여 선의이며 무과실이어야 한다(대판 2009.5. 28, 2008다56392).
　㉡ 제125조의 책임을 면하려는 본인이 상대방의 악의 또는 과실에 대한 입증책임을 져야 한다는 것이 통설이다.
　㉢ 본인으로부터 대리권의 수여통지를 받은 상대방과 대리행위가 이루어져야 한다.

(3) 효과

상대방이 본조의 표현대리를 주장하면 본인이 상대방에 대하여 책임을 진다.

2. 권한을 넘은 표현대리(제126조)

> 제126조【권한을 넘은 표현대리】대리인이 그 **권한 외의 법률행위**를 한 경우에 제3자가 그 권한이 있다고 믿을 만한 **정당한 이유가 있는 때**에는 본인은 그 행위에 대하여 책임이 있다.

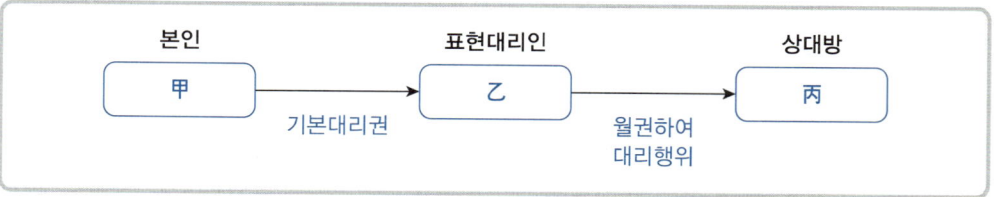

(1) 의의

대리권을 가진 대리인이 기본대리권의 범위를 넘는 대리행위를 하였고 그 상대방은 대리권이 있다고 믿는 데 정당한 이유가 있을 경우 본인에게 그 효과를 귀속시키는 경우를 말한다.

> |사례|
>
> 본인 甲이 5천만원의 대출권한, 서류를 경리부장 乙에게 위임하였으나 乙이 권한을 초과하여 5억 5천만원을 甲의 이름으로 丙에게서 빌린 경우 제126조의 표현대리가 성립하려면 세 가지 요건을 갖추어야 한다.
> 1. 乙에게 기본대리권이 존재할 것
> 2. 월권하여 유효한 대리행위를 하였을 것
> 3. 상대방은 대리권이 있다고 믿는 데 정당한 이유가 있을 것

(2) 성립요건

① 기본대리권이 존재할 것. 만약, 기본대리권이 없다면 무권대리의 문제이다.

㉠ 임의대리, 법정대리 불문: 임의대리권뿐만 아니라 법정대리권을 기본대리권으로 하여 권한을 넘은 표현대리가 성립할 수 있다.

㉡ 부부간의 일상가사대리권(사실혼 부부에도 성립): 부부는 일상가사에 관하여 서로 대리권을 가진다(제827조). 일반적으로 식료품, 의류, 자녀교육비, 공과금 납부 등에 관하여 부부상호간에 대리권을 가진다. 이때 부부 중 일방이 일상가사대리권을 기본대리권으로 하여 일상가사의 범위를 초과하여 다른 일방의 재산을 처분하거나 그의 명의로 대출받는 경우 제126조의 표현대리가 적용되는가에 대하여 판례는 부부일방의 행위가 일상가사에 속하지 않더라도 일상가사대리권을 기본대리권으로 하여 문제된 행위에 상대방에게 특별수권을 인정할 만한 정당한 사유가 존재하면 제126조의 표현대리를 인정한다. 판례는 사실혼 배우자간에도 제126조의 표현대리의 성립을 인정한다(대판 1980.12.23, 80다2077).

㉢ 대리인이 사자 내지 임의로 선임한 복대리인을 통하여 권한 외의 법률행위를 한 경우 제126조의 기본대리권의 흠결 여부

> **판례**
>
> 대리인이 사자 내지 임의로 선임한 복대리인을 통하여 권한 외의 법률행위를 한 경우, 상대방이 그 행위자를 대리권을 가진 대리인이라 믿었고 또 그렇게 믿는 데 정당한 이유가 있는 때에는 복대리인 선임권이 없는 대리인에 의하여 선임된 복대리인의 권한도 기본대리권이 될 수 있고, 그 행위자가 사자라 하더라도 그 대리행위의 주체가 되는 대리인이 별도로 있고, 본인으로부터 기본대리권이 수여된 이상「민법」제126조를 적용함에 있어서 기본대리권의 흠결의 문제는 생기지 않는다(대판 1998.3.27, 97다48982).

㉣ 소멸 후 표현대리권

ⓐ 과거에 가졌던 대리권이 소멸되어 표현대리로 인정되는 경우에 그 표현대리의 권한을 넘는 대리행위가 있을 때에는「민법」제126조에 의한 표현대리가 성립할 수 있다(대판 2008.1.31, 2007다74713).

ⓑ 본인이 대리인에게 1억원의 대출권한을 위임한 후 대리권을 철회한 상태인데 그 대리인이 대리권소멸 후 대리권한을 넘어서 10억원을 대출받아 사용한 경우 제126조에 의한 표현대리가 성립할 수 있다(대판 2008.1.31, 2007다74713).

용어사전

일상가사대리권
식료품 구입, 의류 구입 같은 일상적인 가사에 대하여 부부 상호간에 인정되는 대리권을 말한다.

기출 CHECK ✓

1 복대리인 선임권이 없는 대리인에 의하여 선임된 복대리인의 권한도 기본대리권이 된다.
  정답 O

2 대리인이 사자 내지 임의로 선임한 복대리인을 통하여 권한 외의 법률행위를 한 경우, 제126조의 기본대리권의 흠결의 문제는 생기지 아니한다.
  정답 O

기출 CHECK ✓

1 대리인이 대리권소멸 후 대리권한을 넘어서 대리행위를 한 경우 제126조에 의한 표현대리가 성립할 수 있다.
  정답 O

2 기본대리권과 월권대리행위는 같은 종류여야 성립한다.
  정답 ✗

ⓜ 공법상 대리권: 등기신청, 영업허가신청, 이사취임등록 등 공법상의 행위에 대한 대리권을 수여하고 인장을 교부하였는데 대리인이 그것과 관계가 없는 사법상의 계약에 인장을 사용한 경우 제126조의 표현대리의 성립을 인정한다. 이때 등기신청이라는 공법상 행위를 기본대리권으로 하여 이것과 동종이 아닌 전혀 별개의 종류에 해당하는 사법행위인 '대물변제'를 한 경우에 대해서도 표현대리를 인정할 수 있다(대판 1978.3.28, 78다282).

② 권한을 초과하여 유효한 대리행위를 할 것(권한을 넘는 대리행위를 할 것)
  ㉠ 표현대리가 성립하기 위하여는 대리행위 자체가 유효한 것을 전제로 한다. 그 대리행위 자체가 무효인 경우에는 본인에게 법률효과가 귀속될 여지가 없기 때문이다. 따라서 대리행위가 강행법규에 위반하여 무효인 경우에는 표현대리의 법리가 적용되지 않는다(대판 1996.8.23, 94다38199).
  ㉡ 대리행위가 무효인 경우 제126조가 적용되는가에 대하여 판례는 대리행위가 강행법규의 위반으로 무효인 경우(예 토지거래허가구역 내에서 토지거래허가제도를 위반한 경우) 본조의 표현대리가 적용될 수 없다고 본다.
  ㉢ 대리인이 대리관계를 표시하여야 하는가?

> **판례** 대리인이 대리관계를 표시하여야 하는지 여부
>
> (가) 성명모용 사건
>   사술을 써서 위와 같은 **대리행위의 표시를 하지 아니하고** 단지 **본인의 성명을 모용**하여 자기가 마치 본인인 것처럼 기망하여 본인명의로 직접 법률행위를 한 경우에는 특별한 사정이 없는 한 제126조의 표현대리는 성립될 수 없다(대판 1993.2.23, 92다52436).
>
> (나) 대리인이 자기이름으로 매각한 사건
>   본인으로부터 근저당설정의 대리권을 수여받은 대리인이 본인으로부터 받은 등기서류 일체를 이용하여 자기 앞으로 소유권이전등기한 후 자기이름으로 매매를 한 경우 대리인에게는 대리관계의 표시가 전혀 없으므로 제126조의 표현대리를 주장할 수 없다(대판 1991.12.27, 91다3208).

③ 제3자(대리행위의 상대방)에게 정당한 이유가 존재할 것
  ㉠ 정당한 이유의 의미
    ⓐ 선의·무과실로 이해하는 입장(대판 2009.5.28, 2008다56392)
    ⓑ 정당한 이유 여부는 합리적 사고를 가진 이성인을 기준으로 객관적으로 판단한다. 그러므로 대리행위 당시 존재하는 여러 사정을 객관적으로 관찰하여 보통 일반인이라면 유효한 행위가 있었던 것이라고 믿는 것이 당연하다고 보이면 정당한 이유를 긍정할 수 있다(대판 2000.2.11, 99다47525).

기출 CHECK ✓

1 대리행위가 강행법규의 위반으로 무효인 경우 본조의 표현대리가 적용될 수 없다.
정답 O

2 비법인사단의 총유재산을 교회의 대표자가 총회결의 없이 처분한 행위에 대하여는 상대방이 선의, 무과실인 경우에도 표현대리를 준용한다.
정답 X

기출 CHECK ✓

본인으로부터 근저당권설정의 대리권을 수여받은 대리인이 서류 일체를 이용하여 자기 앞으로 매매를 한 경우 제126조의 표현대리를 주장할 수 없다.
정답 O

- ⓒ 정당한 이유의 판단시기: 정당한 이유의 존부유무는 대리행위가 행하여질 때의 당시를 기준으로 제반사정을 객관적으로 판단하여야 하고 대리행위가 이루어진 이후의 사정은 고려할 것이 아니다. 따라서 대리행위 당시에는 대리권이 없음을 몰랐으나 대리행위가 이루어진 이후에 대리권 없음을 안 경우에도 정당한 이유가 인정된다.

- ⓒ 정당한 이유의 증명책임: 상대방이 이를 증명하여야 한다는 견해(이영준, 고상룡, 백태승), 본인이 상대방의 악의, 과실을 증명하여야 한다는 견해(곽윤직, 김주수)로 대립하는데 판례는 제126조의 표현대리로 인정된다는 점에 관한 주장 및 증명책임은 그것을 유효하다고 주장하는 자에게 있다고 본다(대판 1968.6.18, 68다694).

- ⓔ 제3자: 제126조의 상대방은 제125조 및 제129조의 경우와 마찬가지로 표현대리행위의 직접 상대방만을 가리킨다. 상대방으로부터 전득자가 대리권 있다고 믿는 데 정당한 이유가 있어도 본조의 표현대리는 성립하지 않는다(대판 1994.5.27, 93다21521).

- ⓜ 본인과 대리인이 '부부'인 경우, 상대방은 본인의 의사를 확인·조사할 의무를 인정하여, 상대방이 이를 확인하지 않은 때에는 정당한 이유의 존재를 부정한다. 따라서 아내가 임의로 남편의 인감도장·인감증명서를 소지하고 남편을 대리하여 친정오빠의 자동차 할부 판매 채무를 연대 보증한 경우 남편은 표현대리 책임을 지지 않는다(대판 1998.7.10, 98다18988).

> **기출 CHECK ✓**
> 정당한 이유의 존부유무는 대리행위 당시가 기준이다.
> 정답 **O**

(3) 적용범위 제26회

① 제126조는 임의대리, 법정대리, 복대리 모두 적용된다.
② 표현대리에도 적용을 긍정한다. 판례는 대리인에게 이전에는 대리권이 존재하였으나 이미 대리권이 소멸한 후 본래의 대리권 범위를 넘은 대리행위를 한 경우 제126조의 표현대리가 성립될 수 있다고 본다(대판 2008.1.31, 2007다74713).

3. 대리권소멸 후 표현대리

> **제129조【대리권소멸 후의 표현대리】** 대리권의 소멸은 선의의 제3자에게 대항하지 못한다. 그러나 제3자가 과실로 인하여 그 사실을 알지 못한 때에는 그러하지 아니하다.

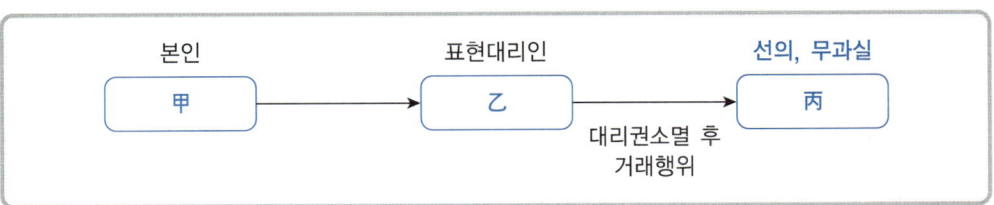

(1) 의의

대리권이 소멸 후 대리권이 없게 된 자가 이를 알지 못하는 상대방과 계약을 한 경우 선의·무과실로 거래한 상대방을 보호하기 위해 본인에게 책임을 인정한다.

(2) 성립요건

① 존재하였던 대리권이 소멸된 후 대리행위를 하였을 것
② 상대방이 선의·무과실일 것
③ 대리인이 권한 내의 행위를 하였을 것: 대리인이 이미 소멸한 대리권의 범위를 '초과하는' 대리행위를 하였을 경우에는 제129조가 아니라 제126조가 적용된다(통설, 판례).

(3) 적용범위

① 제129조는 존재하였던 대리권이 소멸한 후에 대리행위가 이루어져야 성립하게 되므로 임의대리와 법정대리, 복대리 모두에 적용된다(통설, 판례).
② 대리권소멸 후 복대리인이 대리행위를 한 경우 본인이 책임을 지는가?

> **판례** 대리권소멸 후 복대리인이 대리행위를 한 경우 본인의 책임 여부
>
> 대리인이 **대리권소멸 후** 직접 상대방과 사이에 대리행위를 한 경우는 물론 **대리인이 대리권소멸 후 복대리인을 선임하여 복대리인으로 하여금 상대방과 사이에 대리행위를 하도록 한 경우**에도, 상대방이 대리권소멸사실을 알지 못하여 복대리인에게 적법한 대리권이 있는 것으로 믿었고 그와 같이 믿은 데 과실이 없다면「민법」제129조에 의한 표현대리가 성립할 수 있다(대판 1998.5.29, 97다55317).

③ 대리인이 대리권소멸 후 그 표현대리의 권한을 넘어서 대리행위를 한 때에는 제126조의 표현대리가 인정될 수 있다(대판 2008.1.31, 2007다74713).

> 기출 CHECK ✓
> 대리인이 대리권소멸 후 복대리인을 선임하여 복대리인으로 하여금 상대방과 사이에 대리행위를 하도록 한 경우,「민법」제129조에 의한 표현대리가 성립할 수 있다.
> 정답 O

> 기출 CHECK ✓
> 대리인이 대리권소멸 후 그 표현대리의 권한을 넘어서 대리행위를 한 때는 제126조의 표현대리가 인정될 수 있다.
> 정답 O

03 표현대리의 효과(제125조, 제126조, 제129조의 공통)

(1) 본인은 표현대리인의 대리행위에 대해 이행책임을 부담한다.

상대방이 표현대리를 주장하면 본인이 유권대리와 동일한 책임을 부담한다. 주의할 것은 표현대리는 상대방의 보호를 위하여 법률이 특별히 인정한 제도이므로 대리행위의 상대방만이 주장할 수 있고, 본인은 표현대리를 주장할 수 없다.

(2) 상대방이 표현대리를 주장하지 않을 때

표현대리에 해당하는 경우에도 상대방이 이를 주장하지 않는 동안에는 협의의 무권대리 법리가 적용된다. 따라서 상대방에게는 철회권(제134조), 최고권이 있으며, 본인에게는 추인권이 인정된다.

> **확인예제**
>
> **표현대리에 관한 설명으로 옳은 것은? (다툼이 있으면 판례에 따름)** 제26회
>
> ① 상대방의 유권대리 주장에는 표현대리의 주장도 포함한다.
> ② 권한을 넘은 표현대리의 기본대리권은 대리행위와 같은 종류의 행위에 관한 것이어야 한다.
> ③ 권한을 넘은 표현대리의 기본대리권에는 대리인에 의하여 선임된 복대리인의 권한도 포함된다.
> ④ 대리권수여 표시에 의한 표현대리에서 대리권수여표시는 대리권 또는 대리인이라는 표현을 사용한 경우에 한정된다.
> ⑤ 대리권소멸 후의 표현대리가 인정되고 그 표현대리의 권한을 넘는 대리행위가 있는 경우, 권한을 넘은 표현대리가 성립할 수 없다.
>
> **해설**
>
> ③ 권한을 넘은 표현대리의 기본대리권에는 대리인에 의하여 선임된 복대리인의 권한도 포함된다.
> ① 유권대리의 주장에는 표현대리의 주장은 포함되지 않는다.
> ② 동종이 아니어도 성립한다.
> ④ 묵시적인 대리권 수여표시도 허용된다.
> ⑤ 대리권소멸 후 대리권한을 넘는 대리행위시에는 제126조의 권한 넘은 표현대리가 성립한다. **정답: ③**

해커스 킬정리 | 대리 핵심체계 정리하기

1. **대리제도**
    ① 수권행위[묵시적 ○]
    ② 대리권
        ㉠ 범위는? – 보존 / 이용 / 개량행위를 할 수 있다.
        ㉡ 소멸은? – 원인관계 종료 / 수권행위 철회 / 사망 / 성년후견 / 파산
        ㉢ 제한은? – 자기계약, 쌍방 대리금지 – 본인의 허락 있으면 가능
        ㉣ 남용은? – 상대방이 알았거나 알 수 있으면 효력이 없다.
    ③ 대리행위
        ㉠ 현명하지 않으면? 대리인을 위한 것으로 본다.
        ㉡ 하자표준은 대리인이고 취소권은 본인에게 귀속한다.
    ④ 대리인의 능력 – 미성년자가 대리인으로 대리행위를 할 때이면?
    ⑤ 대리행위의 법률효과는? 대리인이 아니라 본인에게 귀속
        상대방이 대리인에게 원상회복 청구할 수 있나?

2. **복대리**
    ① 대리인이 선임한 본인의 대리인이다.
    ② 임의대리인은 본인의 승낙이나 부득이한 사유가 있어야 복대리 선임
    ③ 사무처리 내용에 따른 묵시적 복임권 여부
        ㉠ 사업의 성공 여부가 대리인의 능력으로 좌우 – 묵시적 복대리 금지
        ㉡ 금전 차용사무는 복대리 선임이 묵시적으로 승낙

3. 무권대리
   ① 추인[소급하여 유효] / 시기는 철회하기 전 / 상대방은?
   ② 추인거절 – 본인이 사망한 때 무권대리인이 무효를 주장 ×
   ③ 상대방의 철회권 – 선의일 것[철회를 다투는 본인이 악의를 입증]
   ④ 최고 – 본인이 확답 없으면? 추인 거절로 본다.
   ⑤ 무권대리인의 책임 – 무과실 책임이다. / 미성년이면 책임 ×
4. 표현대리
   ① 제125조 – 수여표시에 의한 표현대리
   ② 제126조 – 권한을 넘은 표현대리
      ㉠ 기본대리권이 존재할 것
      ㉡ 권한을 초과하여 대리할 것
      ㉢ 상대방에게 「정당한 이유」
   ③ 대리권소멸 후 표현대리

제 5 장 법률행위의 무효와 취소

목차 내비게이션 제1편 민법총칙

- 제1장 법률관계와 권리변동
- 제2장 법률행위
- 제3장 의사표시
- 제4장 법률행위의 대리
- **제5장 법률행위의 무효와 취소**
  - 제1절 법률행위의 무효(無效)
  - 제2절 법률행위의 취소(取消)
- 제6장 조건과 기한

출제경향
- 무효는 절대적 무효, 유동적 무효 그리고 무효행위의 추인에서 1문항이 출제된다.
- 취소는 전체 범위에서 1문항이 출제된다.

학습전략
- 무효의 개념, 무효행위의 추인과 전환을 이해하여야 한다.
- 무효의 종류에서 절대적 무효와 상대적 무효를 구별할 줄 알아야 하고, 유동적 무효에 관한 판례를 정리하여야 한다.
- 취소에서는 취소권자, 취소의 상대방, 취소의 방법, 취소의 효과의 내용을 정리하여야 한다.
- 취소할 수 있는 법률행위의 추인, 법정추인 사유가 아닌 것을 정리하여야 한다.

핵심개념

1. [무효와 취소의 개념]
   무효의 사유 ★☆☆☆☆ p.117

2. [무효의 종류]
   절대적 무효 ★★☆☆☆ p.118
   유동적 무효 ★★★★☆ p.119

3. [무효행위의 추인] ★★★★☆ p.124

제1절 법률행위의 무효(無效) 제26·29·30·32·34회

01 무효의 개념

(1) 의의

① 무효: 법률행위가 효력요건을 갖추지 못하여 처음부터 당사자의 의사대로 법률효과가 발생하지 않는 것을 말한다. 예컨대 의사능력이 결여된 치매 걸린 할아버지가 아파트를 증여하는 계약을 체결한 경우 그 증여계약은 체결되었으나 처음부터 효력이 없다.

② 무효와 불성립 비교: 무효인 법률행위는 성립요건을 갖추었으나 효력요건을 갖추지 못한 것이다. 한편 불성립은 법률행위가 성립요건을 갖추지 못한 것을 말하고 양자는 구별된다.

③ 무효와 취소의 차이

구분	무효	취소
기본적 효과	특정인의 주장을 기다리지 않고 처음부터 당연히 무효	취소 전에는 일단은 유효하나 취소하면 처음부터 무효
주장권자	누구든지 무효를 주장할 수 있음	취소권자만 취소를 주장할 수 있음
주장기간	시간이 경과하여도 흠이 치유되지 않음	일정한 시간(3년, 10년)이 경과하면 취소권은 소멸하고 흠이 치유됨
이중효	법률행위에 무효사유와 취소사유가 동시에 존재하는 경우 당사자는 무효와 취소 중 선택적으로 주장할 수 있음	

(2) 무효의 사유

무효의 경우	유효한 경우
① 원시적 불능인 법률행위	① 후발적 불능인 법률행위
② 불법조건이 붙은 법률행위	② 기성조건이 정지조건인 법률행위
③ 강행법규 중 효력규정 위반	③ 단속규정 위반인 법률행위
④ 반사회질서 행위, 불공정한 행위	④ 하자 있는 의사표시(사기, 강박)
⑤ 비진의표시의 단서	⑤ 전부 타인소유물의 매매
⑥ 물권법정주의 위반	⑥ 관습상 법정지상권 배제특약
⑦ 지역권에 저당권 설정	

목차 내비게이션

무효의 체계도
1. 무효의 의의
2. 종류
3. 무효의 효과
4. 무효행위의 추인

용어사전

무효
효력요건을 결여한 것을 말한다.

불성립
성립요건을 결여한 것을 말한다.

기출 CHECK ✓

1 지역권에 저당권을 설정하는 것은 무효사유에 해당한다.
정답 O

2 반사회적인 조건이 붙은 법률행위는 무효사유에 해당한다.
정답 O

02 무효의 종류 제32회

1. 절대적 무효와 상대적 무효

(1) 절대적 무효

① 무효를 모든 사람에게 관철할 수 있는 것을 말한다. 그러므로 당사자는 법률행위의 무효를 선의 제3자에게도 대항할 수 있다. 그리고 누구든지 무효를 항변할 수 있다. 제103조나 제104조가 여기에 해당한다.

② 반사회적 법률행위, 불공정한 법률행위, 강행규정에 위반한 법률행위 같은 절대적 무효는 당사자가 추인하여도 여전히 무효로서 유효로 되지 않는다.

> **기출 CHECK** ✓
> 1 반사회적 법률행위의 무효는 선의 제3자에게 대항할 수 있다.
> 정답 ○
>
> 2 반사회적 조건이 붙은 법률행위, 불공정한 법률행위는 추인해도 유효로 되지 않는다.
> 정답 ○

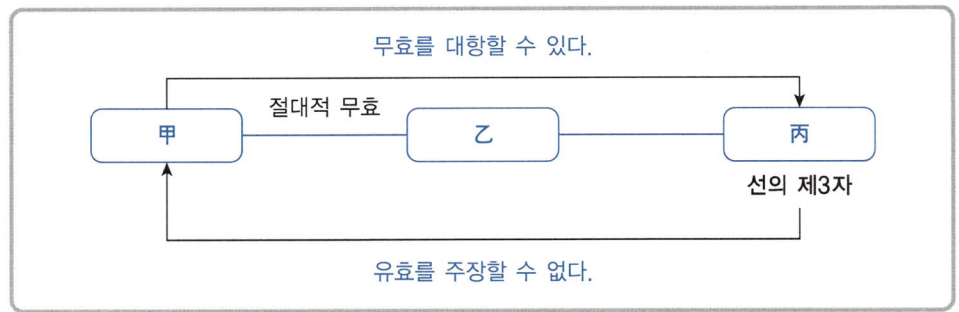

(2) 상대적 무효

① 당사자에게만 무효를 주장할 수 있고 특정인에게는 무효를 주장할 수 없는 것을 상대적 무효라고 한다[예 비진의표시 단서의 무효(제107조 제2항), 허위표시의 무효(제108조 제2항)는 선의 제3자에게 대항하지 못한다].

② 추인 가능여부: 허위표시, 비진의표시 같은 상대적 무효는 당사자가 추인하면 유효로 된다.

> **기출 CHECK** ✓
> 통정허위표시의 무효는 당사자가 이를 알고 추인하면 유효로 된다.
> 정답 ○

2. 일부무효와 전부무효

> **제137조 【법률행위의 일부무효】** 법률행위의 일부분이 무효인 때에는 그 전부를 무효로 한다. 그러나 그 무효부분이 없더라도 법률행위를 하였을 것이라고 인정될 때에는 나머지 부분은 무효가 되지 아니한다.

(1) 원칙은 전부무효(서로 일체성을 이룰 때)

① 법률행위의 일부분이 무효인 경우 원칙적으로 법률행위 전부가 무효이다.
② 법률행위의 일부가 불능인 경우에도 원칙적으로 전부불능이 원칙이다.

> **기출 CHECK** ✓
> 법률행위의 일부무효는 특별한 사정이 없으면 나머지도 전부 무효이다.
> 정답 ○

(2) 예외적으로 나머지는 유효(분할가능성 있을 때) + 가정적 의사

① 법률행위의 일부가 무효라도 나머지만이라도 유효로 되려면 법률행위가 분할가능성이 있어야 한다.

② 일부가 무효임을 당사자 쌍방이 법률행위의 당시에 알았더라도 나머지만이라도 법률행위를 하였을 것이라는 가정적 의사가 인정되어야 한다.

> **판례** 일부무효의 법리 해결
>
> (가) 토지에 대한 허가를 얻지 못하여 토지매매가 무효로 되었을 경우에는 원칙적으로 토지와 건물의 매매계약 전부를 무효로 하여야 한다. 그러므로 매수인은 원칙적으로 건물만 소유권이전등기를 청구할 수 없다.
> (나) 예외적으로 매수인이 **건물만이라도 매수하였으리라는 특별한 사정**이 인정되면 토지매매는 무효라도 **나머지에 해당하는 건물매매**는 무효가 아니라 유효하므로 당사자는 건물만 이전등기를 청구할 수 있다(대판 1992.10.13, 92다16836).

3. 확정적 무효와 불확정 무효(유동적 무효)

(1) 확정적 무효와 유동적 무효의 구별

① 확정적 무효: 법률행위의 무효는 확정적으로 효력이 발생하지 않는 확정적 무효가 원칙이다(예 반사회적 법률행위, 불공정한 법률행위, 불법조건이 붙은 법률행위, 통정한 허위표시, 무권대리행위를 본인이 추인 거절한 경우).

② 유동적 무효(불확정 무효): 법률행위가 현재는 효력이 발생하지 않으나, 나중에 일정한 요건하에 효력이 발생하는 것을 말한다. 이는 미완성의 법률행위를 말하며 불확정 무효 또는 유동적 무효라 한다(예 무권대리인의 법률행위, 토지거래허가 전 토지매매).

(2) 유동적 무효

① 토지거래허가를 받을 것을 전제로 체결한 계약은 유동적 무효: 토지거래허가구역 내의 토지에 대해 허가받을 것을 전제로 체결한 계약은 미완성의 법률행위로서 허가권자의 불허가처분이 확정되면 그 계약은 확정적 무효로 되지만 허가를 받으면 소급하여 유효로 된다. 이런 경우 허가를 중심으로 이 계약의 효력은 유동적 무효의 상태에 있다(대판 1991.12.24, 90다12243).

② 처음부터 허가를 배제, 잠탈하려고 하는 경우 확정적 무효이다.
   ㉠ 타인의 명의 도용: 허가요건을 갖추지 못한 매수인이 허가요건을 갖춘 마을 사람의 명의를 도용하여 계약서에 그를 매수인으로 기재한 것은 처음부터 허가를 잠탈하려는 것에 해당하므로 처음 계약을 체결할 때부터 확정적 무효이다(대판 2010.6.10, 2009다96328).

기출 CHECK ✓

1 불공정한 법률행위, 통정허위표시, 무권대리를 추인거절한 때는 확정적 무효이다.
　　　　　　　정답 O

2 토지거래허가 전 토지매매, 소유권의 유보부 매매는 불확정인 법률행위이다.
　　　　　　　정답 O

기출 CHECK ✓

허가구역 내에서 허가를 배제, 잠탈하려고 하는 중간생략등기, 탈법행위는 확정적 무효이다.
　　　　　　　정답 O

ⓛ 매매를 증여로 위장: 실제는 토지매매계약으로서 대가를 지불하였음에도 불구하고 허가를 회피하고자 증여로 소유권이전한 경우 증여는 탈법행위로서 무효이므로 그 소유권이전등기도 확정적 무효이다(대판 1994.12.27, 94다4806).
ⓒ 중간생략등기: 허가구역 내에서 甲에서 乙, 乙에서 丙으로 전전매매하면서 처음부터 허가받을 의사 없이 중간생략등기 합의하에 甲과 丙을 매매당사자로 하여 **토지거래허가를 얻은 때에도 각 매매계약은 확정적 무효이다**(대판 1997.11.11, 97다33218).

③ 허가를 얻으면 소급하여 유효로 된다. 당사자가 허가를 받으면 계약은 소급하여 유효로 되므로 허가 후에 다시 거래계약을 체결할 필요가 없다(대판 1991.12.24, 90다12243 전원합의체). 한편, 일정기간 내(4개월 내)에 허가를 받기로 하였으나 그 기간 내에 허가를 얻지 못한 경우 확정적 무효라고 할 수 없다.

(3) 유동적 무효의 핵심쟁점 5가지

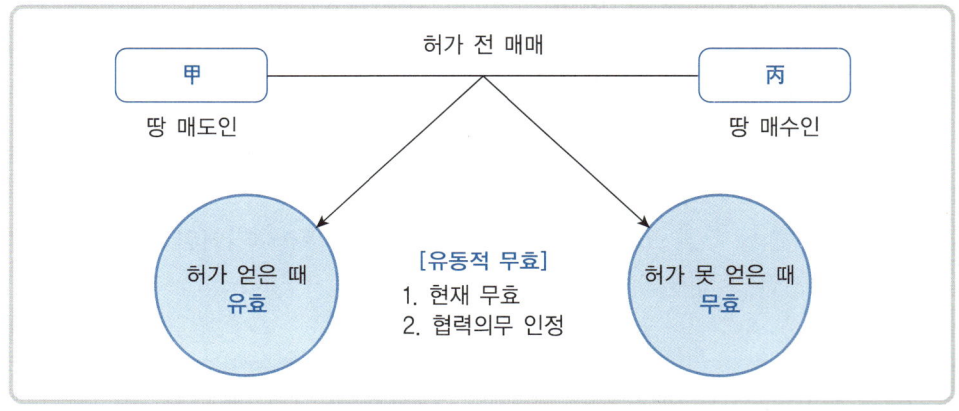

① 계약의 이행청구를 할 수 없다(현재 무효).
  ⓐ 토지인도, 대금청구할 수 없다. 허가를 받기 전에는 그 **계약의 채권, 채무가 발생하지 않으므로** 권리의 이전 또는 설정에 관한 **어떠한 청구도 할 수 없다**. 그러므로 매도인은 매수인에게 대금을 이행청구하지 못하고 매수인은 매도인에게 **토지인도나 소유권이전등기청구할 수 없다**(대판 1991.12.24, 90다12243 전원합의체).
  ⓑ 허가조건부 소유권이전등기청구를 할 수 없다. 허가를 받기 전에는 유동적 무효로서 권리의 이전에 관한 어떠한 청구도 할 수 없으므로 **장래에 허가 받을 것을 조건으로 하는 조건부 소유권이전등기청구도 할 수 없다**(대판 1991.12.24, 90다12243 전원합의체).

기출 CHECK ✓

허가 전에 장래에 허가 받을 것을 조건으로 하는 조건부 소유권이전등기청구도 할 수 없다.

정답 O

② 계약의 해제 여부
  ㉠ 계약상 **채무불이행**을 이유로 계약 자체를 해제할 수 없다. 허가를 받기 전에는 쌍방에게 이행책임이 없으므로 **매매계약상의 채무불이행을 이유로 계약을 해제할 수 없다**(대판 1997.7.25, 97다4357).

  > **판례**
  >
  > 토지거래허가를 받기까지는 매매계약이 그 계약내용대로의 효력이 있을 수 없는 것이어서 매수인으로서도 그 계약내용에 따른 **대금지급의무**가 있다고 할 수 없으며, 설사 계약상 매수인의 대금지급의무가 매도인의 소유권이전등기의무에 선행하여 이행하기로 약정되어 있었다고 하더라도, 매수인에게 그 대금지급의무가 없음은 마찬가지여서 매도인으로서는 그 **대금지급이 없었음을 이유로 계약금을 몰수할 수 없으며 계약을 해제할 수 없다**(대판 1991.12.24, 90다12243 전원합의체).

  ㉡ 당사자는 상대방의 허가절차 **협력의무의 불이행**을 이유로 유동적 무효의 상태에 있는 거래계약을 **일방적으로 해제할 수는 없다**(대판 1999.6.17, 98다40459 전원합의체). 협력의무는 토지매매의 주된 의무가 아니라 부수적 의무이기 때문이다.
  ㉢ 계약금 2배 제공하고 해제할 수 있다. 매도인은 토지거래허가를 신청하여 **토지거래허가를 얻은 이후에도 계약금의 배액을 상환하고 계약을 해제할 수 있다**(대판 2009.4.23, 2008다62427).

③ 손해배상의 청구 여부: **협력의무 위반**으로 인한 **손해배상청구할 수 있다**. 유동적 무효상태에 있는 계약을 체결한 당사자는 쌍방 모두 그 계약이 효력이 있는 것으로 **완성될 수 있도록 서로 협력할 의무**가 있으므로 일방이 협력의무를 불이행하고 매매계약을 일방적으로 철회하는 경우에는 상대방에게 협력의무불이행과 인과관계에 있는 손해를 배상하여야 한다(대판 1995.4.28, 93다26397). 또한 협력의무를 불이행하는 경우 **일정한 손해액을 배상하기로 하는 약정도 유효하게 체결할 수 있다**(대판 1997.2.28, 96다49933).

허가 전 계약의 효력(무효)	유의할 논점
㉠ 계약상의 이행청구(×)	㉠ 허가절차에 협력할 의무(○)
㉡ 채무불이행으로 인한 손해배상청구(×)	㉡ 협력의무 불이행으로 손해배상청구(○)
㉢ 채무불이행으로 인한 계약해제(×)	㉢ 협력의무 불이행을 이유로 계약해제(×)

④ **허가 전에는 유동적 무효로서 계약금을 부당이득반환청구할 수 없다**. 유동적 무효의 상태에 있는 한 매수인은 부당이득을 이유로 계약금의 반환을 구할 수 없고 확정적 무효로 되어야 비로소 계약금의 반환을 구할 수 있다(대판 1995.4.28, 93다26397).

기출 CHECK ✓
허가 전에 매매계약상의 채무불이행을 이유로 계약을 해제할 수 없다.
정답 ○

기출 CHECK ✓
1 허가 전에 협력의무의 불이행을 이유로 유동적 무효의 상태에 있는 계약을 일방적으로 해제할 수는 없다.
정답 ○

2 토지거래허가를 얻은 이후에도 계약금의 배액을 상환하고 계약을 해제할 수 있다.
정답 ○

기출 CHECK ✓
허가 전에 일방의 협력의무 불이행을 원인으로 계약해제도, 손해배상청구도 할 수 있다.
정답 ✕

⑤ 허가절차의 협력의무(신의칙상 부수적 의무)
  ㉠ 당사자는 협력의무의 이행을 소로서 구할 수 있다. 당사자는 매매계약이 효력이 있는 것으로 완성해야 할 허가절차에 협력의무를 부담하고 허가 전에도 당사자는 협력의무의 이행을 소로서 구할 수 있다(대판 1993.1.12, 92다36830).
  ㉡ 협력의무와 대금지급의무는 동시이행관계가 아니다.

> ⓐ 매수인이 협력의무의 이행을 청구함에 있어서 대금채무의 이행제공을 할 필요가 없고 따라서 매도인측이 매수인의 매매대금의 이행제공이 없었음을 이유로 협력의무의 이행을 거절할 수 없다(대판 1993.8.27, 93다15366).
> ⓑ 협력의무와 양도세납부의무간에 동시이행관계가 부정된다. 매도인의 토지거래 허가절차 협력의무와 매수인이 이행하여야 할 매매대금에 부수하여 특약으로 부담하기로 하는 양도세 상당의 납부의무와는 상호견련성이 없으므로 매도인으로서는 매수인의 그러한 의무제공이 있을 때까지 협력의무를 거절할 수 없다(대판 1996.10.25, 96다23825).

(4) 확정적 유효 또는 무효로 되는 경우
  ① 확정적 유효로 되는 경우
    ㉠ 토지거래의 허가를 받은 경우, 허가를 받지 않은 상태에서 토지거래허가구역의 지정이 해제된 경우
    ㉡ 허가구역 지정기간이 만료되었음에도 허가구역 재지정을 하지 않는 경우
  ② 확정적 무효로 되는 경우
    ㉠ 허가권자의 불허가 처분이 있는 경우
    ㉡ 쌍방이 허가를 신청하지 않기로 의사표시를 명백히 한 경우❶
    ㉢ 취소사유(사기·강박, 착오)가 있을 때에는 당사자는 이를 주장하여 유동적 무효인 계약을 취소하여 확정적으로 무효화시킬 수 있다(대판 1996.11.8, 96다35309).
    ㉣ 허가를 받기 전에 정지조건이 불성취로 확정된 때(대판 1998.3.27, 97다36996)
  ③ 확정적 무효로 됨에 귀책사유 있는 자가 스스로 무효를 주장할 수 있다. 확정적으로 무효로 됨에 있어서 귀책사유가 있는 자가 그 계약의 무효를 스스로 주장하는 것은 신의칙에 반하지 않으므로 허용된다(대판 1997.7.25, 97다4357).

기출 CHECK ✓

1 매수인이 협력의무의 이행을 청구함에 있어서 대금채무의 이행제공을 할 필요가 없다.
정답 O

2 매수인은 대금제공이 없이 매도인의 허가절차 협력의무이행을 청구할 수 없다.
정답 X

❶ 매도인의 채무는 이행불능이고 매수인도 거래의 존속을 바라지 않는 경우이다.

> **확인예제**
>
> 甲은 토지거래허가구역 내 자신의 토지를 乙에게 매도하였고 곧 토지거래허가를 받기로 하였다. 다음 설명 중 옳은 것을 모두 고른 것은? (다툼이 있으면 판례에 따름)
>
> 제26회 수정
>
> > ㉠ 甲과 乙은 토지거래허가신청절차에 협력할 의무가 있다.
> > ㉡ 甲은 계약상 채무불이행을 이유로 계약을 해제할 수 있다.
> > ㉢ 계약이 현재 유동적 무효 상태라는 이유로 乙은 이미 지급한 계약금 등을 부당이득으로 반환청구할 수 있다.
> > ㉣ 乙은 토지거래허가가 있을 것을 조건으로 하여 甲을 상대로 소유권이전등기절차의 이행을 청구할 수 없다.
> > ㉤ 乙은 매매대금의 제공 없이도 甲에게 토지거래허가신청절차에 협력할 것을 청구할 수 있다.
>
> ① ㉠, ㉡, ㉣ ② ㉠, ㉢, ㉤ ③ ㉠, ㉣, ㉤
> ④ ㉡, ㉢   ⑤ ㉡, ㉣
>
> **해설**
>
> 옳은 것은 ㉠㉣㉤이다.
> ㉡ 유동적 무효상태에서 채무불이행으로 해제할 수 없다.
> ㉢ 확정적 무효로 되어야 비로소 부당이득반환청구할 수 있다.
> ㉤ 甲의 허가절차 협력의무와 乙의 대금제공의무는 동시이행관계가 아니므로 乙은 매매대금의 제공 없이도 甲에게 토지거래허가신청절차의 협력을 청구할 수 있다.
>
> 정답: ③

03 무효의 효과

1. 처음부터 무효

(1) 처음부터 채권, 채무가 없다.

무효는 처음부터 법률효과가 발생하지 않으므로 채권, 채무가 없다.

(2) 이행하기 전

① 무효인 법률행위는 처음부터 채권, 채무가 발생하지 않으므로 당사자가 계약의 내용에 따른 이행을 청구할 수 없다.

② 무효인 법률행위에 따른 법률효과를 침해하는 것처럼 보이는 채무불이행이나 위법행위가 있다 하여도 무효는 처음부터 효력이 없는 것이고 그에 따른 손해는 애초부터 없는 것이므로 그로 인한 손해배상을 청구할 수 없다(대판 2003. 3.28, 2002다72125).

기출 CHECK ✓
무효인 법률행위에 따른 법률효과를 침해하는 것처럼 보이는 채무불이행이 있어도 손해배상을 청구할 수 없다.

정답 O

2. 이행한 후

(1) 원칙

무효인 법률행위에 기하여 급부를 이행한 것은 법률상 원인 없는 부당이득이므로 급여자는 상대방에게 부당이득으로 반환을 청구할 수 있다.

(2) 예외

무효로 된 원인이 반사회적 법률행위에 해당하는 경우 이미 급부를 이행한 후에는 제746조(불법원인급여)가 적용되어 급여물의 부당이득반환청구가 부정된다는 점을 특히 주의하여야 한다.

04 무효행위의 추인과 전환

1. 무효행위의 추인

> 제139조 【무효행위의 추인】 무효인 법률행위는 추인하여도 그 효력이 생기지 아니한다. 그러나 당사자가 그 **무효임을 알고 추인**한 때에는 새로운 법률행위로 본다.

(1) 추인의 의미

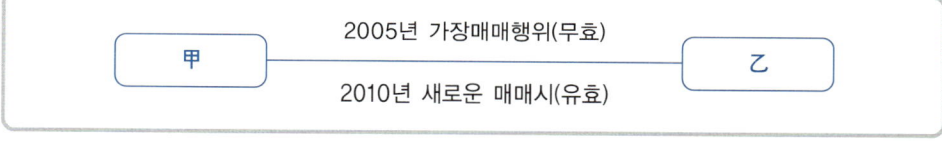

① 무효행위의 추인은 무효행위를 사후에 유효로 하는 것이 아니라 새로운 의사표시에 의하여 새로운 법률행위가 있는 것으로 간주하는 것이다.
② 따라서 무효행위의 추인은 새로운 법률행위가 있는 때로부터 유효로 되고 소급하여 유효로 되는 것이 아니다(대판 1983.9.27, 83므22).

(2) 추인의 요건[원인소멸 후 + 무효를 알고 + 추인표시] 제29·31·33·34회

① 무효인 법률행위가 존재하여야 한다. 따라서 법률행위가 성립요건을 갖추지 못한 경우에는 법률행위가 불성립, 부존재한 경우로서 이 경우에는 무효행위의 전환이나 추인이 있을 수 없다.
② 무효임을 '알고 무효원인이 소멸된 후'에 추인하여야 한다. 추인시에 무효원인이 소멸되기 전이면 추인을 하여도 효력이 없음은 물론이다.
③ 이때 무효행위의 추인이 유효하려면 새로운 법률행위의 '유효요건'이 존재하여야 한다. 강행법규에 위반하거나 반사회적 법률행위, 불공정한 법률행위는 추인에 의하여 유효로 될 수가 없다(대판 1994.6.24, 94다10900).
④ 무효행위의 추인은 명시적으로, 묵시적으로도 가능하다.

> **추인은 묵시적으로도 가능한지에 대한 여부**
> 무권대리행위의 추인이나 무효행위의 추인은 무권대리행위 등이 있음을 알고 그 행위의 효과를 자기에게 귀속시키도록 하는 단독행위로서, 그 의사표시의 방법에 관해 일정한 방식이 요구되는 것이 아니므로, 명시적이든 묵시적이든 묻지 않는다(대판 2013.4.26, 2012다99617).

(3) 무효행위의 추인의 효과

① 무효인 법률행위를 추인하면 추인한 때부터 새로운 법률행위를 한 것으로 본다. 즉, 장래에 향하여 유효하게 되고 처음부터 소급효가 인정되지 않음이 원칙이다. 따라서 허위표시, 비진의표시의 무효를 당사자가 알고 추인하면 추인한 때부터 유효로 된다.

② 무효인 가등기를 유효한 가등기로 전용키로 한 약정은 그때부터 유효하고 이로써 가등기가 소급하여 유효한 등기로 전환될 수 없다(대판 1992.5.12, 91다26546).

> **더 알아보기 「민법」상 추인의 비교**
> 1. 무권대리의 추인 – 소급하여 유효
> 2. 무효행위의 추인 – 추인한 때부터 새로운 법률행위를 한 것으로 본다.
> 3. 무권한자의 처분행위의 추인 – 소급하여 유효(무권대리의 추인을 준용)
> 4. 취소한 법률행위의 추인 – 무효행위의 추인이 인정
> 5. 취소할 수 있는 법률행위의 추인 – 확정적 유효

기출 CHECK
무효행위의 추인은 추인할 수 있는 날로부터 3년 내에 해야 한다.
정답 ✕

> **판례 취소한 법률행위의 추인 방법**
> 취소한 법률행위는 처음부터 무효인 것으로 간주되므로 취소할 수 있는 법률행위가 일단 취소된 이상 그 후에는 "취소할 수 있는 법률행위의 추인"에 의하여 이미 취소되어 무효인 것으로 간주된 당초의 의사표시를 다시 확정적으로 유효하게 할 수는 없고, 다만 "무효인 법률행위의 추인"의 요건과 효력으로서 추인할 수는 있다. 다만, 무효행위의 추인은 그 무효 원인이 소멸한 후에 하여야 그 효력이 있다(대판 1997.12.12, 95다38240).

> **판례**
> 채권양도금지특약을 위반하여 채권자가 채권양도를 하고 채무자의 사후승낙에 의해 무효인 채권양도가 추인되어 유효로 되며, 양도효과는 소급효가 인정되지 않고 승낙시부터 발생한다(대판 2009.10.29, 2009다47685). 제34회

2. 무효행위의 전환

(1) 의의

> 제138조【무효행위의 전환】 **무효인 법률행위**가 다른 법률행위의 요건을 구비하고 당사자가 그 무효를 알았더라면 **다른 법률행위**를 하는 것을 의욕하였으리라고 인정될 때에는 다른 법률행위로서 효력을 가진다.

① 무효인 A행위 대신에 다른 법률행위(B행위)로서의 효력을 인정하는 것을 무효행위의 전환이라고 한다. 예컨대 타인의 子를 자기의 子로 출생신고를 한 경우에는 그 신고는 출생신고로서는 무효이지만 입양신고(入養申告)로서는 유효하다.
② 법률행위가 불성립한 경우에는 무효행위의 전환을 논할 수 없다.

(2) 관련 판례 제26·29·32회

> **판례** 무효인 불공정한 법률행위도 무효행위의 전환이 허용되는지 여부
>
> 매매대금의 과다로 말미암아 불공정한 법률행위로서 무효인 경우에도 예외적으로 당사자 쌍방이 무효를 알았더라면 약정된 대금이 아닌 다른 금액으로 정하여 합의하였으리라고 인정될 때에는 다른 금액을 내용으로 하는 매매계약으로 유효하게 성립하여 무효행위 전환이 적용될 수 있다(대판 2010.7.15, 2009다50308).

기출 CHECK ✓
무효인 불공정한 법률행위도 무효행위의 전환이 허용된다.
정답 O

확인예제

법률행위의 무효에 관한 설명으로 옳은 것은? (판례에 따름) 제32회

① 무효인 법률행위의 추인은 그 무효의 원인이 소멸한 후에 하여야 그 효력이 인정된다.
② 무효인 법률행위는 무효임을 안 날로부터 3년이 지나면 추인할 수 없다.
③ 법률행위의 일부분이 무효일 때, 그 나머지 부분의 유효성을 판단함에 있어 나머지 부분을 유효로 하려는 당사자의 가정적 의사는 고려되지 않는다.
④ 무효인 법률행위의 추인은 묵시적인 방법으로 할 수는 없다.
⑤ 강행법규 위반으로 무효인 법률행위를 추인한 때에는 다른 정함이 없으면 그 법률행위는 처음부터 유효한 법률행위가 된다.

해설

② 무효행위의 추인은 법률행위의 취소와 달리 3년의 기간 제한이 없다.
③ 법률행위의 일부분이 무효일 때, 그 나머지 부분의 유효성을 판단함에 있어 분할 가능성과 나머지 부분을 유효로 하려는 당사자의 가정적 의사가 인정되어야 한다.
④ 묵시적인 추인도 허용된다.
⑤ 강행법규 위반으로 무효인 법률행위는 추인이 허용되지 않는다.

정답: ①

> **해커스 킬 정리** 무효 핵심체계 정리하기

1. 무효의 종류
   ① 절대적 무효 / 상대적 무효: 절대적 무효는 선의 3자가 유효를 주장 ×
   ② 일부무효 / 전부무효
   ③ 확정적 무효 / 불확정적 무효
2. 유동적 무효
   ① 허가 전에는 유동적 무효상태이다.
   ② 상대방에게 계약의 이행을 청구할 수 없고 채무불이행으로 계약 자체를 해제할 수 없다.
   ③ 협력의무의 이행의 소를 제기할 수 있다.
   ④ 협력의무를 위반한 때는 계약을 해제할 수 없다.
3. 무효행위의 추인[추인한 때로부터 유효로 본다]
   무권한자의 처분행위를 추인한 때 – 처음부터 소급하여 유효로 된다.

제2절 법률행위의 취소(取消) 제26·27·29·30·31·32·33·35회

01 취소의 의의

(1) 취소의 개념

① '유효하게 성립한 법률행위의 효력'을 취소하여 처음부터 무효로 하는 일방적 의사표시를 말한다.

② 일단 취소를 하기 전까지는 유효로 다루지만 취소표시에 의하여 처음부터 소급하여 무효로 하는 것을 말한다(예 제한능력자의 법률행위, 착오, 사기·강박에 의한 의사표시).

(2) 취소와 해제

① 취소: 취소는 계약에 국한하지 않고 모든 법률행위에 대해 적용되며, 취소의 원인도 법률에 규정되어 있다. 또한 원상회복의 범위가 다르다. 즉, 해제는 선의·악의 관계없이 받은 급부 전부를 반환하여야 하는 데 비하여 취소는 선의이면 현존한도, 악의이면 받은 이익에 이자까지 반환하고 손해도 반환한다.

② 해제: 해제는 계약영역에만 국한하여 적용되며 해제원인도 당사자의 특약(약정해제권)이나 채무불이행(법정해제권)에 의하여 발생한다.

기출 CHECK ✓
취소와 해제는 그 원인이 다르고 반환범위도 동일하지 않다.
정답 O

구분	취소	해제
원인	제한능력, 착오, 사기	계약상 채무불이행
행사	일방적인 의사표시	일방적인 의사표시
효과	서로 부당이득반환의무 (선의면 현존이익, 악의면 전부반환)	서로 원상회복의무 (선의·악의 모두 받은 급부 전부반환)

(3) 취소의 원인

① 절대적 취소: 제한능력을 이유로 하는 취소는 선의 제3자에게 대항할 수 있다.
② 상대적 취소: 착오, 사기, 강박으로 인한 취소는 선의 제3자에게 대항할 수 없다.

02 취소권

1. 취소권자

> 제140조 【법률행위의 취소권자】 취소할 수 있는 법률행위는 제한능력자, 착오로 인하거나 사기·강박에 의하여 의사표시를 한 자, 그의 대리인 또는 승계인만이 취소할 수 있다.

(1) 제한능력자

① 미성년자, 피성년후견인(금치산자), 피한정후견인(한정치산자) 같은 제한능력자는 법정대리인의 동의 없이, 단독으로 법률행위를 취소할 수 있다.
② 제한능력자의 취소가 있게 되면 그 법률행위는 무효로 확정되며, 취소를 가지고 선의 제3자에게 대항할 수 있다(절대적 취소).

(2) 하자 있는 의사표시를 한 자

① 사기·강박에 의한 하자 있는 의사표시를 한 자, 착오에 의한 의사표시를 한 자도 취소권을 가진다(제140조).
② 사기나 강박으로 인한 취소는 선의 제3자에게 대항하지 못한다(상대적 취소).

(3) 법정대리인

① 제한능력자의 법정대리인은 취소권을 가진다.
② 주의할 것은 임의대리인은 원칙적으로 취소권이 없다. 따라서 임의대리인은 본인으로부터 취소에 관한 별도의 수권 없이는 취소할 수 없다.

(4) 포괄승계인(상속인)

① 제한능력자나 하자 있는 의사표시를 한 자, 착오자의 승계인(상속인)은 포괄승계인이든 특정승계인이든 묻지 않고 취소권을 가진다.
② '취소권만의 특정승계'는 인정되지 않는다는 점을 유의하여야 한다.

2. 취소의 상대방

> 제142조 【취소의 상대방】 취소할 수 있는 법률행위의 상대방이 확정한 경우에는 그 취소는 그 상대방에 대한 의사표시로 하여야 한다.

(1) 취소의 상대방은 원래의 계약상대방에게 한다. 제28회

따라서 상대방이 그 행위로 취득한 권리를 양도한 경우에도 양수인이 아니라 원래의 계약상대방(양도인)에게 취소권을 행사하여야 한다.

기출 CHECK ✓
취소할 수 있는 법률행위의 상대방이 확정되어 있는 경우 그 상대방에 대한 의사표시로 한다.
정답 O

(2) 사례에 적용

제한능력자 甲이 법정대리인 乙의 동의 없이 부동산을 丙에게 매각한 뒤에 다시 전득자 丁에게 이전하여 주었을 경우, 취소권자는 甲과 乙이고, 취소의 상대방은 丁이 아니라 丙을 지목하여야 한다.

3. 취소권의 행사

(1) 취소권은 형성권이다.

취소권자는 그의 일방적 의사표시에 의하여 취소권을 행사할 수 있다.

(2) 취소권의 행사에는 특별한 방식이 요구되지 않는다.

① 취소를 전제로 한 이행거절 속에는 취소의사가 포함되어 있다. 법률행위를 취소하는 의사표시는 특정한 방식이 요구되는 것이 아니고, 취소의 의사가 상대방에 의하여 인식될 수 있다면 어떠한 방법에 의하더라도 무방하므로 법률행위의 취소를 당연한 전제로 한 소송상의 이행청구나 취소를 전제로 한 이행거절 가운데에는 취소의 의사표시가 포함되어 있다고 볼 수 있다(대판 1993.9.14, 93다13162).
② 일부취소는 하나의 법률행위의 일부분에만 취소사유가 있고 그 법률행위가 가분적이거나 그 목적물의 일부가 특정될 수 있다면, 나머지 부분만이라도 이를 유지하려는 당사자의 가상적 의사가 인정되는 경우 일부만의 취소도 가능하다. 일부만 취소하면 일부에만 취소의 효력이 생기고 나머지는 유효하다(대판 2002.9.10, 2002다21509).
③ 취소의 의사표시는 제한이 없으므로 반드시 소로써 해야 하는 것은 아니다.

기출 CHECK ✓
1 취소를 당연한 전제로 한 소송상의 이행청구나 취소를 전제로 한 이행거절 가운데에는 취소의 의사표시가 포함되어 있다.
정답 O

2 취소 의사표시는 반드시 소로써 해야 한다.
정답 X

(3) 취소권의 행사기간 제28회

> 제146조 【취소권의 소멸】 취소권은 **추인할 수 있는 날로부터 3년** 내에 법률행위를 한 **날로부터 10년** 내에 행사하여야 한다.

① 입법취지: 취소할 수 있는 법률행위는 유동적 상태에 놓여 있다(일단은 유효이나 취소하면 소급하여 무효). 이러한 유동적 법률관계(불확정한 법률상태)를 종식시켜서 법률관계를 안정화하고자 취소권의 행사기간을 법으로 정한 것이다.
② 법적 성질: 제146조에서 말하는 기간은 소멸시효가 아니라 제척기간이다.
③ 추인할 수 있는 날로부터 3년
   ㉠ 주의할 점은 취소할 수 있는 날이 아니라 추인할 수 있는 날로부터 3년이라는 것이다.
   ㉡ 추인할 수 있는 날이란 취소의 원인이 소멸된 날을 의미한다(대판 1998.11. 27, 98다7421). 미성년자는 성년이 된 날로부터 3년 경과한 때, 사기사실을 안 날(속았다는 사실을 안 날)로부터 3년, 강박에서 벗어난 날로부터 3년이 지나면 취소권은 소멸한다.
④ 법률행위를 한 날로부터 10년: 사기로 계약을 체결한 날로부터 10년이 경과하면 취소권은 소멸한다.

03 취소의 효과

(1) 소급적 무효

> 제141조 【취소의 효과】 취소된 법률행위는 **처음부터** 무효인 것으로 본다. 다만, 제한능력자는 그 행위로 인하여 받은 이익이 현존하는 한도에서 상환(償還)할 책임이 있다.

① 취소가 있으면 그 법률행위는 취소한 때부터가 아니라, 처음부터 소급하여 무효이다.
② 제한능력을 이유로 하는 취소는 절대적이므로 선의 제3자에게 대항할 수 있다.
③ 사기, 강박 또는 착오로 인한 취소는 선의 제3자에게 대항할 수 없다(상대적 취소).

용어사전
제척기간
일정한 기간 안에 행사하지 않으면 해당 권리가 소멸된다는 점에서는 소멸시효와 비슷한 개념이다. 제척기간은 소멸시효와는 달리 중단이 없고, 제척기간의 경과여부는 법원의 직권조사 사항이다.

기출 CHECK ✓
취소권은 사기를 당한 사실을 안 날로부터 10년이 아니라 3년 내에 행사하여야 한다.
정답 O

기출 CHECK ✓
취소한 법률행위는 취소한 때부터 무효이다.
정답 X

(2) 부당이득반환의무(동시이행관계에 있다) 제28회

① 서로 부당이득반환의무: 급부가 이미 행하여진 경우에는 부당이득반환의 법리에 의하여 그 급부가 반환되어야 한다.

② 취소시 반환범위
  ㉠ 선의인 경우: 이익이 현존하는 한도에서 반환의무를 부담한다(제748조).
  ㉡ 악의인 경우: 받은 이익에 이자를 붙여 반환하고 손해가 있으면 손해까지 배상하여야 한다(제748조).

③ 제한능력자의 반환범위에 관한 특칙(제141조 단서)
  ㉠ 선의·악의 관계없이 이익이 현존하는 한도로 반환한다. 제한능력자는 선의·악의를 묻지 않고 취소된 법률행위로 인하여 받은 이익이 현존하는 한도에서 반환하면 된다. 즉, 미성년자는 악의인 경우에도 전부가 아니라 이익이 현존하는 한도에서 반환한다.
  ㉡ 유흥비로 소비한 경우: 받은 이익은 현존하지 않으므로 반환할 필요가 없다.
  ㉢ 생활비나 학원비로 지출한 경우: 다른 재산의 소비를 면한 것이므로 이익이 현존하는 것으로 본다. ❶

④ 대금의 운용이익 반환여부: 쌍무계약이 취소된 경우 선의의 매수인에게 과실취득권이 인정되는 이상 선의의 매도인에게도 대금의 운용이익 내지 법정이자의 반환을 부정함이 형평에 맞는다(대판 1993.5.14, 92다45025).

> **기출 CHECK** ✓
> 제한능력으로 취소한 경우에 악의인 제한능력자는 받은 이익 전부를 반환한다.
> 정답 ✗

> ❶ **받은 이익의 현존한도**
> 취소되는 행위로 인하여 사실상 그 이익이 그대로 남아 있거나 그것이 변형되어 잔존하는 것을 말한다.

확인예제

법률행위의 취소에 관한 설명으로 틀린 것은? (판례에 따름) 제33회

① 제한능력자가 제한능력을 이유로 자신의 법률행위를 취소하기 위해서는 법정대리인의 동의를 받아야 한다.
② 취소권은 추인할 수 있는 날로부터 3년 내에, 법률행위를 한 날로부터 10년 내에 행사하여야 한다.
③ 취소된 법률행위는 특별한 사정이 없는 한 처음부터 무효인 것으로 본다.
④ 제한능력을 이유로 법률행위가 취소된 경우, 제한능력자는 그 법률행위에 의해 받은 급부를 이익이 현존하는 한도에서 상환할 책임이 있다.
⑤ 취소할 수 있는 법률행위에 대해 취소권자가 적법하게 추인하면 그의 취소권은 소멸한다.

해설
제한능력자가 제한능력을 이유로 자신의 법률행위를 취소하기 위해서는 법정대리인의 동의를 요하지 아니한다.
정답: ①

04 취소할 수 있는 법률행위의 추인

1. 취소할 수 있는 법률행위의 추인(임의추인)

> |사례| 甲 소유 빌라를 매수인 乙에게 딸의 결혼자금 마련을 위하여 서두르다가 사기를 당하여 매매계약을 체결한 경우(이를 취소할 수 있는 법률행위)
>
> (가) 甲이 사기임을 알고 난 후 乙에게 위 건물계약을 추인한다고 의사표시하였다.
>   (취소할 수 있는 법률행위를 임의로 추인하여 취소권을 포기함 – **임의추인**)
> (나) 甲이 乙에게 **건물매매대금을 보내달라고 이행을 청구**하였다.
>   (취소권자가 취소를 한 것이 아니라 건물 값을 보내달라고 청구한 행동 속에 추인의 뜻이 포함된 것으로 간주하여 법률이 추인한 것으로 인정함 – **법정추인**)

(1) 의의

① 취소할 수 있는 법률행위의 추인이란 취소할 수 있는 법률행위를 취소권자가 취소하지 않겠다는 의사를 표시하는 것을 말한다.

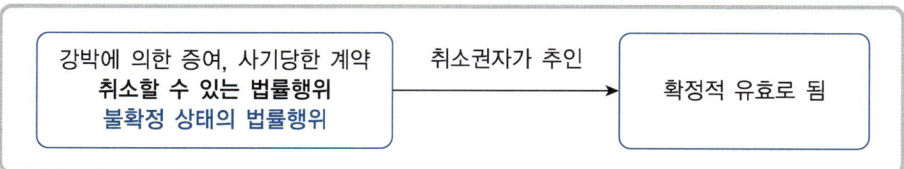

② 취소할 수 있는 법률행위를 추인을 함으로써 불확정인 법률행위는 이제부터 확정적 유효로 된다. 따라서 취소할 수 있는 법률행위의 추인은 취소권자 스스로 취소권의 포기에 해당한다.

(2) 요건

> **제143조 【추인의 방법, 효과】**
> ① 취소할 수 있는 법률행위는 제140조에 규정한 자가 추인할 수 있고 **추인 후에는 취소하지 못한다.**
> ② 전조의 규정은 전항의 경우에 준용한다. ❶
>
> **제144조 【추인의 요건】**
> ① 추인은 **취소의 원인이 소멸된 후에** 하여야만 효력이 있다. ❷
> ② 제1항은 법정대리인 또는 후견인이 추인하는 경우에는 적용하지 아니한다. ❸

① 추인권자: 취소권자이다.

---

❶ 추인의 상대방은 취소의 상대방과 같다.

❷ 추인은 취소원인 종료 후에 하지 않으면 효력이 없다.

❸ 법정대리인이 추인하는 경우에는 취소원인 종료 전에도 가능하다.

기출 CHECK ✓
법정대리인은 취소원인이 소멸하기 전이라도 취소할 수 있는 법률행위를 추인할 수 있다.

정답 O

② 추인의 요건 – 취소원인이 소멸한 후일 것
- ⊙ 원칙: 취소할 수 있는 법률행위의 추인은 취소의 '원인이 소멸 후'에 하지 않으면 효력이 없다(제144조 제1항). 여기서 '취소의 원인이 소멸 후'란 제한능력자는 능력자가 된 후를 말하고, 사기를 당한 자는 사기사실을 안 후, 강박에 의해서 의사표시를 한 자는 강박상태에서 벗어난 때를 말한다.
- ⓒ 예외: 제한능력자의 법률행위에 대하여 법정대리인은 취소원인이 소멸하기 전이라도 추인할 수 있다.

③ 취소할 수 있는 행위임을 '알고서' 추인의 의사를 표시하여야 한다.
- ⊙ 사기를 당하여 매매계약을 체결한 자는 사기사실을 알고 난 후 매매대금을 지급하여야 추인으로 된다.
- ⓒ 추인권자는 취소사유나 취소권의 존재를 인식하고 있어야 한다. 만약 취소사유가 존재하는 것을 모르고 어떠한 일이 있어도 계약을 지키겠다고 말한 것은 추인이 될 수 없다.

> 추인은 취소권자가 취소원인이 종료한 후에 취소할 수 있는 행위임을 알고서 추인의 의사표시를 한 때에만 비로소 발생한다(대판 1997.5.30, 97다2986).

(3) 효과
① 취소할 수 있는 법률행위를 추인한 후에는 다시는 취소할 수 없다.
② 취소할 수 있는 법률행위는 추인에 의하여 확정적 유효로 된다.
③ 무효행위의 추인에서와는 달리 추인의 소급효는 전혀 문제되지 않는다.

2. 법정추인

> 제145조 【법정추인】 취소할 수 있는 법률행위에 관하여 **추인할 수 있는 후**에 다음 각 호의 사유가 있으면 추인한 것으로 본다. 그러나 **이의를 보류한 때**는 그러하지 아니하다.
> 1. **전부**나 일부의 이행
> 2. 취소권자가 **이행**을 청구하는 경우
> 3. **경개**
> 4. 강제**집행**
> 5. **담**보의 제공
> 6. 취소할 수 있는 행위로 취득한 권리의 전부나 일부의 **양도**

(1) 의의
① 취소권자가 취소원인 소멸 후에 추인이라고 인정될 만한 '일정한 행위를 한 때'에는 법률의 규정에 의하여 당연히 추인한 것으로 간주하는 것을 법정추인이라 한다. 법정추인은 추인권자가 추인이라는 의사표현을 하지 않았더라도 어떤 행위가 추인의 의사표현을 의미한다고 법률에서 의제, 간주하는 것이다.

기출 CHECK ✓
1 제한능력자의 법률행위에 대하여 법정대리인은 취소원인이 소멸한 후에야 추인할 수 있다.
정답 ✗

2 미성년자는 취소원인 종료 전에 취소권은 행사할 수 있으나, 추인은 할 수 없다.
정답 ○

3 제한능력자는 취소할 수 있는 법률행위를 단독으로 취소할 수 있으나 추인은 할 수 없다.
정답 ○

기출 CHECK ✓
취소할 수 있는 법률행위를 추인한 후에는 다시 취소할 수 없다.
정답 ○

② 토지매매계약에서 사기를 당한 심청이 아버지가 사기사실을 알고 난 후에 돈이 급하게 필요한 상황에서 다음의 행동을 이의유보 없이 하였다. 취소권자의 아래와 같은 행위 속에는 토지매매계약을 추인하여 취소하지 않겠다는 뜻이 포함된 것이므로 법률이 추인한 것으로 의제한다.

㉠ 토지대금을 빨리 송금해 달라고 이행청구하였다. [추인한 것]
㉡ 상대방이 주는 토지대금을 수령하여 결혼비용으로 사용하였다. [추인한 것]
㉢ 상대방의 재산에 강제집행을 하였다. [추인한 것]
㉣ 대금채권 5억원을 제3자에게 양도하였다. [추인한 것]

(2) 법정추인의 요건 제27·32회

① 취소원인이 종료한 후일 것

㉠ 사기를 당한 취소권자는 속았다는 것을 알고 난 후에 법정추인 사유에 해당하는 행위가 있어야 한다. 속았다는 것을 알고 난 후 이행각서나 전부를 이행한 경우 법정추인으로 되지만 이행각서를 작성하거나 전부를 이행한 후에야 비로소 속았다는 것을 안 때는 법정추인으로 될 수 없다(대판 1973.7.24, 73다114).

㉡ 미성년자와 피성년후견인이 원인의 소멸 전에 스스로 상대방에게 이행을 청구하였어도 법정추인이 되지 못한다. 반면에 법정대리인은 취소의 원인 소멸 전에도 추인할 수 있으므로 법정대리인이 상대방에게 이행을 청구하면 법정추인이다.

㉢ 임의추인과는 달리 법정추인이 되기 위하여는 취소의 원인이나 취소권의 존재를 알고 있어야 할 필요가 없다.❶

② 추인으로 간주되는 일정한 행위(6가지의 사유 중 어느 하나)가 있을 것❷

㉠ 전부나 일부의 이행
ⓐ 취소권자가 상대방에게 급부를 이행한 경우와 취소권자가 상대방으로부터 매매대금의 일부를 수령한 경우에는 법정추인이다.
ⓑ 상대방이 취소권자에게 급부를 제공한 경우 아직 취소권자가 수령을 하지 않은 상태이므로 법정추인이 아니다.

㉡ 이행의 청구
ⓐ '취소권자'가 상대방에게 매매대금을 이행청구한 것은 스스로 취소권의 포기를 인정한 것으로 법정추인이다.
ⓑ 상대방으로부터 '취소권자가 이행의 청구를 받은 경우'에는 취소권자는 아무런 행위를 한 것이 없고, '취소권자의 상대방'이 취소권자에게 급부를 달라고 이행청구한 것에 불과하므로 법정추인 사유가 아니다.

목차 내비게이션

법정추인의 요건
1. 취소원인이 종료한 후
2. 일정한 행위가 있을 것
3. 이의 유보가 없을 것

❶ 법정추인과 임의추인의 차이점
1. 추인의 의사표시가 필요없다.
2. 취소권의 존재를 알고 있을 필요가 없다.

❷ 법정추인
전(전부나 일부의 이행)
이(이행 청구)
경(경개)
집(강제집행)
담(담보제공)
양(권리의 양도)
➡ '전이경집담양'으로 암기한다.

ⓒ 경개: 취소가능한 법률행위로 생긴 본래의 채권, 채무를 소멸시키고 대신에 새로이 채권, 채무를 발생시키는 계약을 쌍방이 체결하였다면 취소권을 포기하고 추인한 것으로 본다.

ⓔ 강제집행: 취소권자가 채권자로서 토지대금을 받기 위하여 채무자의 재산에 강제집행하는 경우는 물론, 채무자로서 강제집행을 받으면서 소송상 아무런 이의제기를 하지 않는 경우에는 추인한 것으로 본다.

ⓜ 담보의 제공: 취소권자가 본래의 채무 대신에 다른 담보를 제공하거나 채권자로서 받을 돈 대신에 담보 제공을 받은 경우이다.

ⓗ 권리의 양도
  ⓐ 취소권자가 취소할 수 있는 행위로 취득한 권리를 제3자에게 양도한 것은 법정추인이다(착오로 토지를 매수한 자가 착오로 취득한 토지임을 알면서 그 토지를 양도하거나 제한물권을 설정한때).
  ⓑ 취소권자의 상대방이 토지를 제3자에게 양도한 경우에는 법정추인에 해당하지 않는다.
  ⓒ 취소함으로써 발생하게 될 장래의 부당이득반환채권에 대한 양도는 법정추인에 해당하지 않는다.

> **주의** 취소권자가 한 경우에만 법정추인이 되는 것은 이행의 청구, 권리양도이다.

③ 이의유보가 없을 것: 만약 취소권자가 전부를 이행청구하면서 이의를 보류하였다면 법정추인이 될 수 없다.

(3) 법정추인의 효과

취소할 수 있는 법률행위는 법률규정에 의하여 추인한 것으로 간주되므로 확정적 유효로 되어 취소권은 소멸하고, 이제 더 이상 취소권자는 취소할 수 없다.

확인예제

01 취소할 수 있는 법률행위의 법정추인 사유가 아닌 것은?

① 취소권자가 취소할 수 있는 행위에 의하여 생긴 채무를 이행한 경우
② 취소권자의 상대방이 그 법률행위로 인해 취득한 권리를 양도한 경우
③ 취소권자가 상대방에게 이행을 청구한 경우
④ 취소권자가 상대방으로부터 담보를 제공받은 경우
⑤ 취소권자가 채권자로서 강제집행을 한 경우

해설
취소권자의 상대방이 그 법률행위로 인해 취득한 권리를 양도한 경우 법정추인이 아니다.

정답: ②

기출 CHECK ✓

1 상대방이 취소권자에게 급부를 제공한 경우 법정추인이 아니다.
  정답 O

2 상대방이 취소권자에게 이행청구한 것은 법정추인이 아니다.
  정답 O

3 취소권자가 이행청구하거나 권리를 양도한 때는 법정추인이다.
  정답 O

기출 CHECK ✓

1 취소권자가 취소할 수 있는 행위로 취득한 권리를 양도한 경우 법정추인이다.
  정답 O

2 취소권자의 상대방이 취득한 권리를 양도한 경우 법정추인이 아니다.
  정답 O

02 甲이 乙을 기망하여 건물을 매도하는 계약을 乙과 체결하였다. 법정추인사유에 해당하는 경우는?

제25회

① 甲이 乙에게 매매대금의 지급을 청구한 경우
② 甲이 乙에 대한 대금채권을 丙에게 양도한 경우
③ 甲이 이전등기에 필요한 서류를 乙에게 제공한 경우
④ 기망상태에서 벗어난 乙이 이의 없이 매매대금을 지급한 경우
⑤ 乙이 매매계약의 취소를 통해 취득하게 될 계약금 반환청구권을 丁에게 양도한 경우

> [해설]
> ④ 취소권자 乙이 대금지급한 것은 전부의 이행으로 법정추인이다.
> ① 취소권자가 아니라 '상대방'이 '이행청구'한 때는 법정추인이 아니다.
> ② 취소권자가 아니라 '상대방'이 '권리양도'한 때는 법정추인이 아니다.
> ③ 상대방이 등기 서류를 '제공'만 한 상태는 법정추인이 아니다.
> ⑤ 추인이 아니라 '취소해서 돌려받는 돈'을 양도한 것은 법정추인이 아니다.
>
> 정답: ④

해커스 킬 정리 | 취소 핵심체계 정리하기

1. 취소의 종류? – 절대적 취소 / 상대적 취소
2. 취소권
   ① 취소권자는? 제한능력자 / 사기 당한 자 / 법정대리인 / 상속인
   ② 상대방은? 법률행위의 상대방
   ③ 기간은? 추인할 수 있는 날로부터 3년 / 법률행위시로부터 10년 내
   ④ 묵시적 취소 – 취소를 전제로 이행거절할 때
3. 취소의 효과
   ① 처음부터 무효이다.
   ② 부당이득반환범위 – 제한능력자는 악의여도 이익이 현존하는 한도
4. 취소할 수 있는 법률행위의 추인 – 취소의 원인이 종료한 후에 추인할 것
   다만, 법정대리인은 – 취소원인이 종료 전에도 추인할 수 있다.
5. 법정추인사유는?
   ① [전][이][경][집][담][양]
   ② 취소권자가 해야만 법정추인이 되는 것은? 이행청구 / 권리의 양도

land.Hackers.com

제 6 장 조건과 기한

목차 내비게이션 제1편 민법총칙

- 제1장 법률관계와 권리변동
- 제2장 법률행위
- 제3장 의사표시
- 제4장 법률행위의 대리
- 제5장 법률행위의 무효와 취소
- **제6장 조건과 기한**
  - 제1절 조건(條件)
  - 제2절 기한(期限)

출제경향
- 조건의 종류와 조건성취에서 다수 출제되었다.
- 기한의 이익에서 주로 출제된다.

학습전략
- 조건의 성취시 효력발생시기와 입증책임 문제에 유의한다.
- 불확정기한과 정지조건의 구별 문제를 어렵지만 이해하여 구별한다.
- 기한의 이익은 누구를 위한 것인가를 정리해야 한다.
- 기한이익 상실약정의 두 가지 종류를 정확히 구별하고 이해하여야 한다.

핵심개념

1. [조건]
   - 조건의 종류 ★★★★☆ p.140
   - 조건성취 전 처분행위 ★★☆☆☆ p.143
   - 효력발생시기 ★★☆☆☆ p.144
   - 입증책임 ★★★☆☆ p.145

2. [기한]
   - 기한의 종류 ★★☆☆☆ p.146
   - 정지조건과 불확정기한의 구별 ★★★☆☆ p.146
   - 기한의 이익 ★★☆☆☆ p.147
   - 형성권부 기한이익상실 특약 ★★★☆☆ p.148

제1절 조건(條件) 제28·29·30·31·32·33·35회

조건의 체계도

1. 조건의 의의
2. 조건의 종류
   ① 정지조건과 해제조건
   ② 기성조건과 불능조건
   ③ 불법조건
3. 조건성취 전 – 조건부 권리의 보호, 신의칙 위반
4. 조건성취한 때 – 조건성취의 효력발생시기

01 의의

1. 법률행위의 부관

법률행위의 '효력의 발생 또는 소멸'을 '장래의 일정한 사실'의 성취여부에 좌우되도록 하기 위하여 법률행위에 특약사항으로 덧붙인 것을 법률행위의 부관이라 한다. 이러한 법률행위의 부관에는 조건과 기한이 있다.

(1) 건축허가를 얻은 때 잔금을 지불하기로 한다(허가여부는 불확실 사실 ➡ 조건).

(2) 甲이 사망할 때 토지를 증여하기로 한다(사망여부는 확실한 사실 ➡ 기한).

2. 조건과 기한의 구별

(1) 불확실한 사실에 의존

조건이란 법률행위의 효력의 발생 또는 소멸을 장래의 불확실한 사실의 성취여부에 의존하게 하는 것인 데 반하여 기한은 확실한 사실의 성취여부로 좌우되는 것이라는 점에서 구별된다.

(2) 성립여부가 아니라 효력발생여부를 좌우

조건은 법률행위가 성립한 후에 그 '효력발생여부'만을 특정사실에 좌우되도록 하는 것이므로 법률행위의 성립여부를 좌우하는 것이 아니라 효력발생여부를 좌우하는 것이다.

> **기출 CHECK ✓**
> 조건은 법률행위의 성립여부가 아니라 효력발생여부를 불확실한 사실에 의존하는 부관이다.
> 정답 ○

(3) 장래의 사실일 것

① 조건이 되는 사실은 객관적으로 불투명한 장래의 사실이어야 한다. 장래에 반드시 실현되는 사실, 예컨대 甲이 사망하면 건물을 증여하겠다고 하는 것은 장래에 반드시 실현되는 사항이므로 '기한부 증여'이지 조건부 법률행위가 아니다.

② 조건은 당사자가 임의로 부가한 것이어야 한다. 따라서 법률의 규정으로 부가된 법정조건은 조건이 아니다.

(4) 외부에 표시될 것

조건이 외부에 표시되지 않으면 법률행위의 동기에 불과할 뿐이고, 그것만으로는 법률행위의 부관으로서의 조건이 될 수 없다(대판 2003.5.13, 2003다10797).

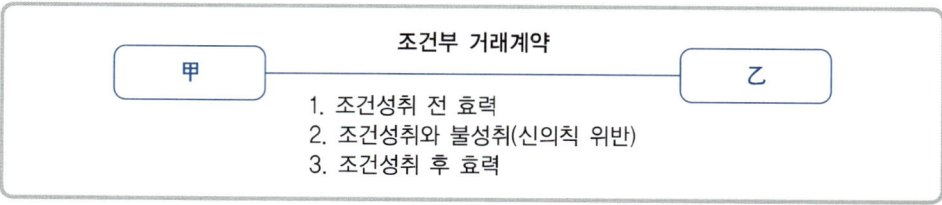

3. 조건에 친하지 않은 법률행위

(1) 단독행위

① 원칙: 원칙적으로 조건을 붙일 수 없다. 조건에 의하여 상대방의 지위가 불안정하게 되어 부당하기 때문이다. 그러나 여기에는 다음과 같은 예외가 있다.

② 예외
  ㉠ 상대방의 동의가 있는 경우: 취소, 해제·상계 같은 단독행위에도 조건을 붙일 수 있다.
  ㉡ 채무면제 또는 유증: 상대방에게 이익만 주는 경우에도 조건을 붙일 수 있다.

> **기출 CHECK ✓**
> 상대방의 동의를 얻고 채무면제, 해제에 조건을 붙일 수 있다.
> 정답 O

(2) 조건과 친하지 않은 법률행위에 조건을 붙인 경우

'조건 없는 법률행위'로 되는 것이 아니라 '전부무효'가 된다.

(3) 저당권설정 같은 물권행위에는 조건을 붙일 수 있다.

02 조건의 종류

1. 정지조건(停止條件), 해제조건(解除條件)

> 제147조 【조건성취의 효과】
> ① 정지조건 있는 법률행위는 조건이 성취한 때로부터 효력이 생긴다.
> ② 해제조건 있는 법률행위는 조건이 성취한 때로부터 그 효력을 잃는다.

(1) 조건의 성취시 효력이 생기면 정지조건, 효력이 소멸하면 해제조건 ❶

정지조건은 특약사실에 해당하는 조건이 성취되면 효력이 발생하는 것을 말한다.

> |사례|
> ① '상가 분양을 완료하면 상가 201호 한 채를 주겠다'라고 한 것은 정지조건이다.
> ② '토지매매계약을 하면서 건축허가가 불허되면 토지매매계약을 무효로 한다'고 한 것은 해제조건이다.

❶ 정지조건이 성취되면 효력이 발생, 해제조건이 성취되면 효력을 잃는다.

(2) 정지조건에 해당하는 판례

> **동산의 소유권유보부 매매**
> 당사자간에는 매매계약을 체결하고 목적물을 인도할 때에 성립하지만, 할부대금이 모두 완납되는 것을 정지조건부로 매매한 것이다. 첫째, 할부대금이 모두 지급되기 전에는 매도인에게 소유권이 유보되어 있고, 둘째, 할부금이 모두 지급되었을 때에는 별도의 의사표시 없이도 목적물의 소유권이 매수인에게 이전한다(대판 1996.6.28, 96다14807).

기출 CHECK ✓
동산의 소유권유보부 매매는 할부금이 모두 지급되는 것을 정지조건으로 매매한 것이다.

정답 O

(3) 해제조건에 해당하는 판례

① 약혼 예물의 수수는 혼인 불성립을 해제조건으로 증여한 것(파혼하면 돌려달라): 약혼 예물의 수수는 **혼인 불성립을 해제조건**으로 하는 증여이다. 따라서 시어머니가 며느리에게 교부한 약혼예물은 혼인관계가 성립되어 상당기간 지속된 이상 며느리의 소유라고 보아야 한다(대판 1994.12.27, 94므895).
② 토지의 매매계약에서 '건축허가 신청이 불허되면 토지의 매매를 무효로 한다'는 약정은 해제조건부 매매이다.

2. 가장조건(假裝條件)

> **제151조【불법조건, 기성조건】**
> ① 조건이 선량한 풍속 기타 사회질서에 위반한 것인 때에는 그 **법률행위는 무효**로 한다.
> ② 조건이 법률행위의 당시 이미 성취한 것인 경우에는 그 조건이 정지조건이면 **조건 없는 법률행위**로 하고 해제조건이면 그 법률행위는 **무효로 한다.**
> ③ 조건이 법률행위의 당시에 이미 성취할 수 없는 것인 경우에는 그 조건이 해제조건이면 **조건 없는 법률행위**로 하고 정지조건이면 그 법률행위는 **무효로 한다.**

기출 CHECK ✓
조건이 선량한 풍속 기타 사회질서에 위반한 때(불법조건)에는 조건만 무효로 한다.

정답 ✗

형식적으로는 조건이지만 실질적으로는 조건으로서의 효력이 인정되지 못하는 것을 총칭하여 가장조건이라 한다.

(1) 법정조건

법인의 설립에 있어서 주무관청의 허가(제32조)처럼 법률이 명문으로 요구하는 조건이다. 이는 당사자가 임의로 부가한 것이 아니기 때문에 조건이 아니다.

(2) 불법조건

① 조건의 내용이 선량한 풍속 기타 사회질서에 위반한 조건을 말한다. 주의할 것은 법률행위에 불법조건이 붙은 경우에 그 조건만을 분리하여 무효로 할 수 없고 법률행위 전부가 무효로 된다(제151조 제1항).

② 반사회적인 조건을 해제조건으로 하는 법률행위의 경우 그 법률행위는 무효이다. 부첩관계의 종료를 해제조건으로 하는 증여계약은 첩관계의 유지를 도모하고자 하는 반사회적인 조건으로서 그 조건이 불법조건에 해당하고 그 결과 조건만 분리하여 무효로 할 수 없고, 법률행위도 모두 무효이다(대판 1966.6.21, 66다530).

> **기출 CHECK ✓**
> 반사회적인 조건을 붙인 법률행위는 조건만 분리하여 무효로 할 수 없고 그 법률행위도 무효이다.
> 정답 O

(3) 불능조건(−)

조건이 법률행위 성립 당시 '이미 성취될 수 없는 것'으로 확정된 경우를 말한다. 불능조건(−)이 해제조건(−)이면 (+)유효, 즉 조건 없는 법률행위가 되고, 불능조건(−)이 정지조건(+)이면 그 법률행위는 (−)무효이다.

> **기출 CHECK ✓**
> 불능조건이 해제조건인 법률행위는 유효이다.
> 정답 O

(4) 기성조건(+)

조건이 법률행위 성립 당시 이미 성취되어 있는 경우를 말한다. 기성조건(+)이 정지조건(+)이면 조건 없는 법률행위, 즉 무조건의 법률행위로서 유효가 된다.

> **기출 CHECK ✓**
> 정지조건이 법률행위 당시 이미 성취된 경우 유효이다.
> 정답 O

구분		그 법률행위의 효력
기성조건(+)	정지조건(+)이면	유효(조건 없는 법률행위)
	해제조건(−)이면	무효
불능조건(−)	정지조건(+)이면	무효
	해제조건(−)이면	유효

03 조건성취 전의 효력

제148조 【조건부 권리의 침해금지】 조건 있는 법률행위의 당사자는 조건의 성부가 미정한 동안에 조건의 성취로 인하여 **생길 상대방의 이익**을 해하지 못한다.

제149조 【조건부 권리의 처분】 조건의 성취가 미정인 권리의무는 일반규정에 의하여 **처분, 상속, 보존, 담보**로 할 수 있다.

(1) 기대권 보호

조건성취에 의하여 이익을 받을 당사자는 조건의 성취 여부가 미정인 상태에서도 일종의 기대권을 가지게 된다. 당사자는 조건의 성부가 미정인 동안 조건의 성취로 인하여 생길 상대방의 이익을 해하지 못한다(제148조).

(2) 소멸시효의 진행여부

조건부로 빌딩을 증여하기로 10년 전에 계약체결이 이루어진 경우 이 계약의 효력발생은 조건이 성취될 때 비로소 발생하므로 조건의 성취 전에는 소멸시효가 진행될 수 없다.

(3) 조건성취 전 처분행위

① 조건부 권리도 조건의 성취가 미정인 경우에 일반 규정에 의한 '처분·상속·보존·담보'로 할 수 있다(제149조).

② 해제조건부로 부동산을 증여하여 증여자에서 수증자로 소유권 이전된 경우

> ⓐ 조건성취 전에 수증자가 부동산을 제3자에게 한 처분행위는 조건성취 전의 처분행위로 유효하다.
> ⓑ 다만, 해제조건이 성취되면 해제조건이 성취한 때로부터 효력을 잃는다(무효)라고 할 것이고, 그 조건이 등기되어 있지 않는 한 그 처분행위로 인하여 권리를 취득한 제3자에게 위 무효를 대항할 수 없다(대판 1992.5.22, 92다5584).

04 신의칙에 반하는 행위(제150조)

```
조건성취로 불이익을 받을 자                    이익을 받을 자(50억원)
        甲 ─────────────────────────── 乙

1. 甲이 乙의 조건성취를 방해 → 상대방 乙은 조건성취를 주장
2. 乙이 신의칙 위반으로 조건성취 → 甲은 조건불성취를 주장
```

> **제150조 【조건성취, 불성취에 대한 반신의행위】**
> ① 조건의 성취로 인하여 **불이익을 받을 당사자**가 신의성실에 반하여 조건의 성취를 **방해**한 때에는 상대방은 그 조건이 성취한 것으로 주장할 수 있다.
> ② 조건의 성취로 인하여 **이익을 받을 당사자**가 신의성실에 반하여 조건을 **성취**시킨 때에는 상대방은 그 조건이 **성취하지 아니한 것**으로 주장할 수 있다.

조건의 성취로 인하여 불이익을 받을 당사자가 고의든 과실이든 신의성실에 반하여 조건의 성취를 방해한 경우, 조건이 성취된 것으로 의제되는 시점은 '현실적인 방해행위가 있는 때'가 아니고, 신의성실에 반하는 방해행위가 없었다면 조건이 성취되었으리라고 추산되는 시점이다(대판 1998.12.22, 98다42356).

기출 CHECK ✓
조건부 권리도 조건의 성취가 미정인 경우에 '처분·상속·보존·담보'로 할 수 있다.
정답 O

기출 CHECK ✓
1 해제조건부 증여로 소유권이 이전이 된 경우 해제조건이 성취되면 소급하여 효력을 잃는다.
정답 X

2 해제조건부 증여로 소유권이 이전된 경우 해제조건이 성취되면 조건이 성취된 때부터 효력을 잃는다.
정답 O

05 조건성취 후 효력

제147조 【조건성취의 효과】
① 정지조건 있는 법률행위는 **조건이 성취한 때로부터 효력이 생긴다.**
② 해제조건 있는 법률행위는 **조건이 성취한 때로부터 효력을 잃는다.**
③ 당사자가 조건성취의 효력을 그 성취 전에 **소급하게 할 의사를 표시한** 때에는 그 의사에 의한다.

1. 조건의 성취로 인한 효과

(1) 정지조건부 법률행위

① 정지조건부 법률행위에서 조건이 성취되면 특약이 없는 한 법률행위는 조건이 성취된 때부터 그 '효력이 발생'한다(법률행위는 유효).
② 정지조건이 성취되기 전까지는 법률행위의 효력이 정지되어 발생하지 않는다.

(2) 해제조건부 법률행위

① 해제조건부 법률행위에서 조건이 성취되면 특약이 없는 한 조건이 성취된 때부터 법률행위의 효력이 소멸한다(법률행위는 무효로 된다).
② 해제조건이 성취되면 법률행위의 효력을 잃으나, 성취 전에는 법률행위의 효력이 소멸하지 않고 존속한다.

2. 효력발생시기

(1) 정지조건부 법률행위

조건이 성취한 때부터 효력이 발생한다. 주의할 것은 특약이 없는 한 법률행위가 성립한 때로 소급하지 않는다.

(2) 해제조건부 법률행위

조건이 성취한 때부터 효력이 소멸한다. 주의할 것은 특약이 없는 한 법률행위가 성립한때로 소급하여 소멸하는 것이 아니다.

(3) 소급효 특약이 있는 때는 법률행위가 성립한 때부터이다.

① 당사자가 조건성취의 효력을 그 성취 전에 소급하게 할 의사를 표시하여 '소급효의 특약'을 붙인 때에는 그 의사에 따르므로 '조건이 성취한 때'에 발생하는 것이 아니라 '법률행위가 성립한 때로 소급하여' 효력이 발생한다. 이 점에서 기한에는 절대로 소급효 특약을 붙일 수 없다는 점과 구별된다.
② 고시원 주인 甲이 총각 乙에게 '합격하면 처음부터 지금까지의 고시원 비용을 면제시켜준다'고 약정한 경우 乙이 시험에 합격하면 합격한 날로부터가 아니라 처음부터 소급하여서 고시원 비용을 면제받는다.

기출 CHECK ✓

1 정지조건이 성취된 경우 조건이 성취된 때로부터 효력이 생긴다.
정답 O

2 불능조건이 해제조건인 법률행위는 유효이다.
정답 O

3 당사자가 조건성취의 효력을 그 성취 전에 소급하게 할 의사를 표시한 때에는 법률행위가 성립한 때로부터 효력이 생긴다.
정답 O

3. 입증책임

(1) 정지조건의 성취사실에 대한 입증책임

① 조건성취로 인하여 이익을 얻는 자(효력발생을 주장하는 자)에게 있다. 따라서 정지조건의 경우에는 조건의 성취로 인하여 권리를 취득하고자 하는 자가 조건의 성취를 입증해야 한다(대판 1984.9.25, 84다카967).

② 甲회사가 수험생 乙에게 합격하면 합격장학금을 100만원 지급한다고 약정한 경우 수험생 乙은 조건의 성취사실(합격사실)을 입증하여야 한다.

(2) 법률행위에 정지조건이 붙어 있다는 사실

법률행위의 효력을 다투는 자가 입증하여야 한다(대판 1993.9.28, 93다20832).

(3) 법률행위에 어떤 조건이 붙어있는지 여부

① 그 조건의 존재를 주장하는 자가 입증하여야 한다(대판 2011.8.25, 2008다47367).

② 위 사례에서 합격을 조건으로 하는지, 아니면 90점 이상을 조건으로 하는지는 그 조건의 존재를 주장하는 자가 입증하여야 한다.

> **기출 CHECK ✓**
> 1 정지조건의 성취 입증책임은 권리를 취득하려는 자가 입증하여야 한다.
> 정답 O
>
> 2 법률행위에 정지조건이 붙어있다는 사실은 법률행위의 효력을 다투는 자가 입증한다.
> 정답 O

> **기출 CHECK ✓**
> 법률행위에 어떤 조건이 붙어 있는지는 그 조건의 존재를 주장하는 자가 입증한다.
> 정답 O

제2절 기한(期限) 제29·30·32·34·35회

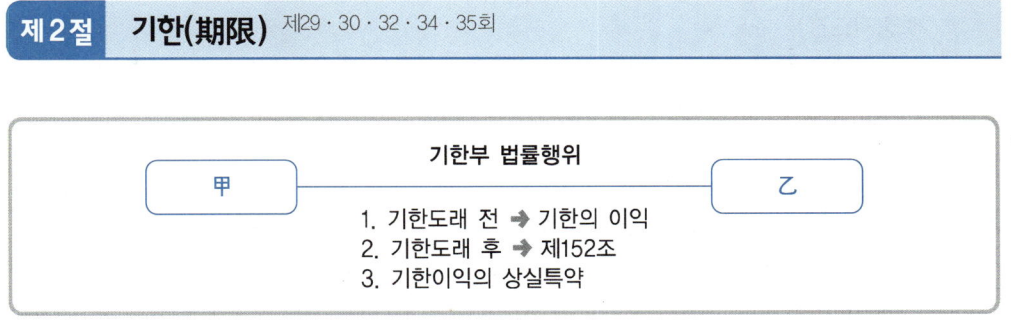

> **목차 내비게이션**
> **기한의 체계도**
> 1. 시기와 종기
> 2. 불확정기한
> 3. 기한의 이익
> 4. 기한이익의 상실약정

01 의의

1. 기한의 개념

(1) 기한은 도래 여부가 확실한 사실에 의존하는 부관이다.

법률행위의 효력의 발생이나 소멸을 장래 발생하는 것이 확실한 사실에 의존케 하는 법률행위의 부관을 말한다.

기출 CHECK ✓
甲이 사망하면 집을 증여한다는 약정은 조건이 아니라 기한부 증여이다.
정답 O

(2) 임대인 甲이 사망할 때까지를 임대차 기간으로 정한 때
사망이라는 사실은 확실한 사실이므로 조건이 아니라 기한이다.

(3) 임대차계약의 기간을 임차인에게 매도할 때까지로 정한 것
그 도래여부가 불확정이므로 조건에 해당하고, 임대차는 '기간의 약정이 없는 임대차'로 본다(대판 1974.5.14, 73다631).

2. 기한의 종류

(1) 시기(始期)와 종기(終期)

기출 CHECK ✓
기한이 도래하면 효력이 생기는 것을 시기, 효력을 잃으면 종기라고 한다.
정답 O

① 시기란 기한의 도래로 인하여 법률행위의 효력이 발생하는 것을 말한다.
② 종기란 기한이 도래함으로써 효력이 소멸하는 것을 말한다(예 내년 설날부터 내가 사망할 때까지 임대한다고 하는 경우 '설날'부터가 시기이고, '사망시'까지는 종기에 해당한다).

(2) 확정기한과 불확정기한

기출 CHECK ✓
당사자가 표시된 사실이 발생한 때에는 물론이고 반대로 발생하지 아니하는 것이 확정된 때에도 채무를 이행하여야 한다고 해석되는 경우는 불확정기한이다.
정답 O

기한의 내용인 사실이 발생하는 시기가 확정되어 있는 것을 말한다. 예컨대, 임대기한을 내년 시험일까지로 정한 경우를 확정기한이라 하고, 甲이 사망할 때까지로 정한 것을 불확정기한이라고 한다.

> **더 알아보기** 정지조건과 불확정기한의 구별문제(해석문제)
>
> (가) 정지조건
> 부관에 표시된 사실이 발생하지 아니하면 채무를 이행하지 아니하여도 된다고 보는 것이 타당한 경우에는 조건으로 보아야 하고,
>
> (나) 불확정기한
> 표시된 사실이 **발생한 때**에는 물론이고 반대로 **발생하지 아니하는 것이 확정된 때에도 채무를 이행하여야 한다**고 보는 것이 타당한 경우에는 표시된 사실의 발생 여부가 확정되는 것을 불확정기한으로 정한 것으로 보아야 한다(대판 2020.12.24, 2019다293098).
>
> |사례|
> 甲 법인이 乙을 사무국장으로 채용하면서 '월급을 350만원으로 하되 당분간은 월 100만원만 지급하고 추후 보조금을 다시 지급받으면 그때 밀린 급여 또는 나머지 월 250만원을 지급하겠다.'는 취지로 설명하였고, 그 후 乙에게 임금으로 매월 100만원을 지급한 사안에서, '甲 법인의 보조금 수령'이라는 사유는 조건이 아닌 불확정기한으로 봄이 타당하다(대판 2020.12.24, 2019다293098).

02 기한부 법률행위의 효력

(1) 기한도래 전의 효력

기한부 권리도 조건부 권리와 마찬가지로 기한의 도래 전에 처분, 양도, 상속, 담보로 할 수 있다.

(2) 기한도래 후의 효력

① 시기부 법률행위: 기한이 도래한 때로부터 그 효력이 '생긴다'(제152조 제1항).
② 종기부 법률행위: 기한이 도래한 때로부터 그 효력을 '잃는다'(제152조 제2항).
③ 기한의 효력에는 소급효가 없다(절대적): 당사자의 특약에 의해서도 이미 지나간 시계바늘을 거꾸로 돌려서 소급효를 절대로 인정할 수 없다. 이 점에서 소급효특약이 인정되는 조건과 구별된다.

기출 CHECK ✓
기한의 도래의 효력은 당사자의 특약으로도 소급효를 인정할 수 없다.
정답 O

03 기한의 이익[1]

(1) 개념

① 기한의 이익: 기한이 도래하지 않음으로써 당사자가 받는 이익을 말한다. 즉 만기가 도래하기 전에 당사자가 누리는 이익을 말한다.
② 기한의 이익을 가지는 자
  ㉠ 채권자만 기한의 이익을 가지는 경우: 보름간 해외여행을 위하여 강아지를 무상임치한 경우에는 강아지를 맡긴 채권자(무상임치인)만이 보름동안 기한의 이익을 가진다.
  ㉡ 채무자만이 기한의 이익을 가지는 경우: 무이자로 고모한테서 5천만원을 1년간 빌려온 경우 채무자(소비차주)만이 1년간 기한의 이익을 가진다. 이때 채무자는 기한의 이익을 미리 포기하고 5천만원을 변제할 수 있다. 한편 채권자는 변제기 도래 전에 5천만원을 변제하라고 청구할 수 없다.
  ㉢ 채권자와 채무자 쌍방이 가지는 경우: 이자부 소비대차는 채무자와 채권자 쌍방에게 기한의 이익이 있다.

[1]
- 기한의 이익은 누구를 위하는 것인지 알아야 한다.
- 기한이익의 상실사유와 상실약정을 이해하여야 한다.

기한의 이익을 갖는 자

채권자만 기한의 이익을 가지는 경우	무상임치에서 임치인
채무자만 기한의 이익을 가지는 경우	무이자 소비대차에서 소비차주
채권자와 채무자 쌍방이 가지는 경우	이자부 소비대차에서 차주와 대주

③ 기한의 이익은 채무자를 위한 것으로 추정: 누구를 위한 것인지 불분명한 때에는 기한은 채권자가 아니라 채무자를 위한 것으로 추정한다(제153조 제1항). 주의할 것은 간주규정이 아니라 추정규정이라는 점이다.

기출 CHECK ✓
기한의 이익은 채무자를 위한 것으로 본다가 아니라 추정한다.
정답 O

(2) 기한의 이익의 포기

기한의 이익을 가지는 자는 그 이익을 포기할 수 있다. 다만, 그로 말미암아 상대방의 이익을 해하지 못한다(제153조 제2항).

① 이자부 소비대차에서처럼 기한의 이익이 상대방에게도 있는 경우에 채무자는 기한의 이익을 포기할 수 있다. 즉, 채무자는 중도 상환수수료를 지불하고 채무를 만기 전에 상환할 수 있다.
② 반대로 채권자는 기한 전에 채무자에게 변제를 청구할 수 없게 된다. 왜냐하면 채무자에게 기한의 이익이 있기 때문이다.

(3) 기한이익의 상실

① 법률이 규정한 기한이익상실 사유(법정기한이익상실 사유): 다음의 경우에는 채무자가 거래에서 중요한 경제적 신용을 잃게 되므로 채무자는 기한의 이익을 상실한다.
  ㉠ 채무자가 담보를 손상, 감소 또는 멸실하게 한 때(제388조 제1호)
  ㉡ 채무자가 담보제공의 의무를 이행하지 않은 때(제388조 제2호)
  ㉢ 채무자가 파산한 때(「채무자 회생 및 파산에 관한 법률」 제425조)
② 기한이익상실의 약정(특약): 당사자는 거래를 하면서 특약으로 기한이익의 상실을 미리 대비하여 특약사유로 정할 수 있다. 예컨대 자동차를 담보로 하여 5천만원을 대출받을 때 2년간 할부거래를 하면서 은행 측이 대출약정서에 '자동차가 파손되거나 이자를 2기 연체하면 기한의 이익을 상실한다.'라는 특약을 하였을 때 판례는 이를 두 가지로 나누어서 해석한다.

> **기한이익의 상실특약의 종류**
> ㉠ 정지조건부 기한이익상실 특약(특약사유가 발생하면 바로 즉시 발생): 채권자의 별도의 의사표시가 없더라도 바로 이행기가 도래한 것과 같은 효과를 발생케 하는 이른바 정지조건부 기한이익상실의 특약을 하였을 경우에는 그 특약에 정한 기한의 이익 상실사유가 발생함과 동시에 기한의 이익을 상실케 하는 **채권자의 의사표시가 없더라도** 이행기 도래의 효과가 발생하고 채무자는 특별한 사정이 없는 한 그 때부터 이행지체의 상태에 놓이게 된다(대판 1999.7.9, 99다15184).
> ㉡ 형성권부 기한이익상실 특약(특약사유가 발생해도 채권자의 통지가 있어야 발생): 일정한 사유가 발생한 후 **채권자의 통지나 청구** 등 채권자의 의사행위를 기다려 비로소 채무자가 기한의 이익을 상실하여 이행기가 도래하는 것을 말한다. 형성권적 기한이익상실의 특약이 있는 경우에는 그 특약은 채권자의 이익을 위한 것으로서 기한이익의 상실 사유가 발생하였다고 하더라도 채권자가 나머지 전액을 일시에 청구할 것인가 또는 종래대로 할부변제를 청구할 것인가를 자유로이 선택할 수 있다(대판 1997.8.29, 97다12990).
> ㉢ 불분명하면 형성권부 상실특약으로 추정: 기한이익상실의 특약이 채권자를 위하여 둔 것인 점에 비추어 명백히 정지조건부 기한이익상실의 특약이라고 볼만한 특별한 사정이 없는 이상 '**형성권적 기한이익상실의 특약**'으로 추정한다(대판 2002.9.4, 2002다28340).

> **확인예제**

법률행위의 조건과 기한에 관한 설명으로 옳은 것은?   제29회

① 정지조건 있는 법률행위는 조건이 성취한 때로부터 그 효력을 잃는다.
② 기한은 채권자의 이익을 위한 것으로 추정하며, 기한의 이익은 포기할 수 있다.
③ 기한의 도래가 미정한 권리의무는 일반규정에 의하여 처분하거나 담보로 할 수 없다.
④ 조건이 법률행위 당시 이미 성취한 것인 경우, 그 조건이 해제조건이면 그 법률행위는 무효로 한다.
⑤ 당사자가 조건성취의 효력을 그 성취 전에 소급하게 할 의사를 표시한 경우에도 그 효력은 조건이 성취된 때부터 발생한다.

해설

④ 조건이 법률행위 당시 이미 성취한 것인 경우(기성조건), 그 조건이 해제조건이면 그 법률행위는 무효로 한다.
① 정지조건이 성취한 때부터 효력이 생긴다.
② 채무자를 위한 것으로 추정한다.
③ 기한 도래 전에 처분·담보로 할 수 있다.
⑤ 소급효 약정이 있을 때에는 '조건의 성취시점'이 아니라 '법률행위의 성립시'부터 발생한다.

정답: ④

해커스 킬 정리 조건과 기한 핵심체계 정리하기

1. 조건
   ① 조건의 의의[불확실한 사실에 의존]
      ㉠ 법률행위의 효력발생요건이다. / 성립요건이 아니다.
      ㉡ 단독행위는 조건에 친하지 않다.
   ② 조건의 종류
      ㉠ 정지조건 – 성취되면 효력이 생긴다.
      ㉡ 해제조건 – 성취되면 효력을 잃는다.
      ㉢ 기성조건[이미 이루어진 것]
      ㉣ 불능조건[이루어질 수 없는 것]
      ㉤ 기성조건이 정지조건인 때 유효이다. / 불능조건이 해제조건인 때 유효이다.
      ㉥ 반사회적인 조건을 붙이면 법률행위 전체가 무효이다.
   ③ 조건성취가 미정인 권리도 담보, 처분, 상속할 수 있다.
   ④ 조건성취를 신의칙에 반하여 방해한 때는?
   ⑤ 조건성취의 입증책임은?
      정지조건이 있다는 사실의 입증은?

2. 기한[도래 여부가 확실]
   ① 시기 – 효력이 생긴다. / 종기 – 효력을 잃는다.
   ② 불확정 기한 – 특약사실이 발생하든 발생하지 않든 채무를 이행해라.
   ③ 기한의 이익 – 채무자를 위한 것으로 추정한다.
   ④ 법정기한이익상실사유 – 담보를 손상한 때 즉시 이행지체로 된다.
   ⑤ 기한이익의 상실 약정
      ㉠ 정지조건부 기한이익상실 약정 – 사유가 발생하면 즉시 효력발생
      ㉡ 형성권부 기한이익상실 약정 – 사유가 생겨도 채권자가 통보해야

해커스 공인중개사
land.Hackers.com

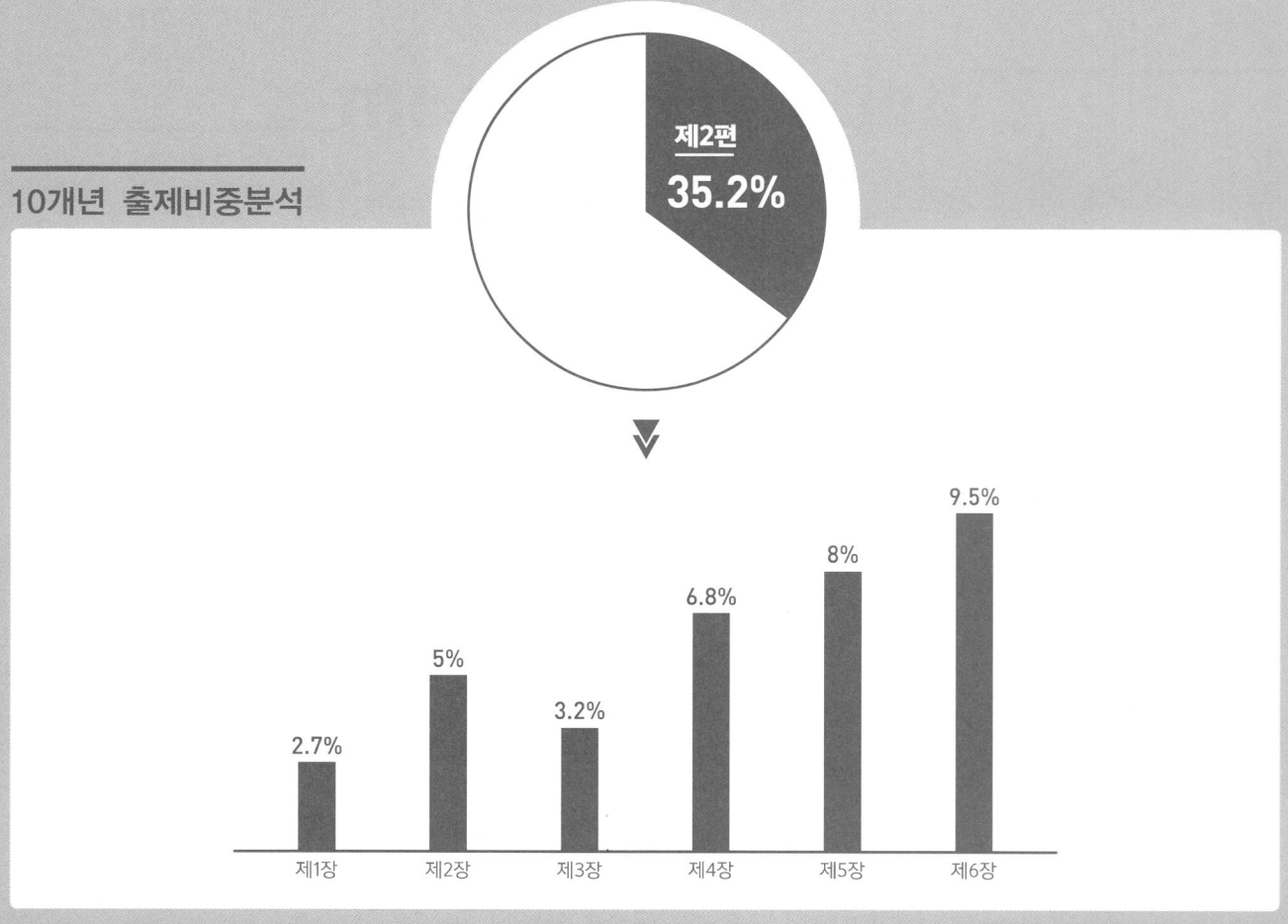

제2편

물권법

[총론]
제1장 총설
제2장 물권의 변동

[각론]
제3장 점유권
제4장 소유권
제5장 용익물권
제6장 담보물권

제1장 총설

목차 내비게이션 제2편 물권법

- **제1장** 총설
  - 제1절 물권법 총설
  - 제2절 물권의 효력
- 제2장 물권의 변동
- 제3장 점유권
- 제4장 소유권
- 제5장 용익물권
- 제6장 담보물권

출제경향

- 물권의 객체, 물권의 종류, 물권의 효력에서 1문항, 물권의 변동에서 2문항이 출제된다.
- 물권의 종류에서는 물권법정주의, 관습법상 물권이 아닌 것을 고르는 문제가 출제된다.
- 물권적 청구권에서 매년 1문항이 출제된다.

학습전략

- 물권의 특성을 숙지하여야 한다.
- 물권의 객체에서는 1물1권주의를 이해한다.
- 물권의 우선적 효력과 물권적 청구권을 이해하여야 한다.

핵심개념

1. [물권의 총설]
   - 1물1권주의 ★★☆☆☆ p.158
   - 물권법정주의 ★★☆☆☆ p.159

2. [물권의 효력]
   - 물권적 청구권 ★★★★★ p.163

제1절 물권법 총설

01 물권의 의의

채권 (人채권자 —— 급부청구권 —— 人채무자)	물권 (人 —— 배타적 지배권 —— 물건)
① 특정인에 대한 급부청구권 ② 계약당사자간에 효력이 있음 ③ 특정인에 대한 상대권 ④ 공시가 필요 없음 ⑤ 처분의 자유가 없음	① 물건에 대한 배타적인 지배권 ② 모든 사람에게 효력이 있음 ③ 제3자에게도 효력이 있음(절대권) ④ 공시가 필요 ⑤ 처분의 자유가 있음

목차 내비게이션
물권법 총설
1. 물권의 의의
2. 물권의 객체
3. 물권의 종류

1. 물권의 개념❶

물건에 대한 직접 배타적인 지배권을 물권이라 한다. 물건을 지배한다는 것은 사용, 수익, 처분권을 보유한다는 의미이다. 이에 반해 채권❷은 채무자에 대하여 약속된 급부를 청구하는 권리로서 청구권이라 한다(예 甲이 빌라를 소유하다가 1억원을 대출받으려고 乙에게 저당권을 설정해 준 경우를 비교해 보기로 한다).

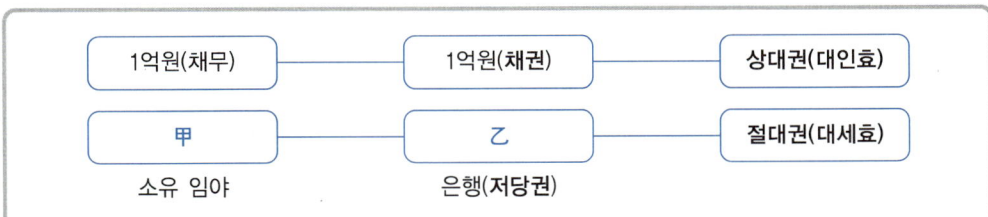

2. 물권의 특질(채권과 비교)❸

(1) 배타적 지배권

① 물권은 직접 물건을 배타적으로 지배하는 권리이다. 따라서 자기 물권의 존재가 외부로 공시되어야 하는데 부동산은 등기, 동산은 점유로 공시한다.

② 물권은 물건에 대한 배타적인 지배권이다. 따라서 하나의 물건 위에 양립할 수 없는 물권이 동시에 두 개 이상 성립할 수 없다(1물1권주의가 적용).

(2) 절대권(대세효 = 제3자에 대항력 있다)

① 물권은 모든 사람에 대하여 주장할 수 있는 권리로 계약당사자뿐만 아니라 모든 사람에게 효력이 있다(이를 대세효라고 함 = 절대권).

② 채권은 원칙적으로 계약의 상대방, 즉 채무자에 대해서만 주장할 수 있는 권리(대인효 = 상대권)와 본질적으로 구별된다.

---

❶ **물권**
물권은 물건에 대한 직접 배타적인 지배권을 말한다.
• 甲 소유 빌라에 전세권자는 빌라에 대한 배타적 지배권을 가진다.
• 전세권자는 누구에게도 주장할 수 있는 대세효가 있다.

❷ **채권**
빌라 주인 乙에 대하여 甲이 1억원의 금전채권을 가진 경우

❸ **물권과 채권**
• 1물1권주의: 동일물에 대하여 동일내용의 물권은 1개밖에 성립하지 않는다.
• 채권자 평등의 원칙: 채권은 그 발생원인, 발생시기의 선후와 관계없이 원칙적으로 평등하다.

용어사전
대세효
모든 사람에게 효력이 있는 것(물권)을 말한다.

대인효
특정인에게만 주장(채권)하는 것을 말한다.

(3) 양도성(처분권 보장)

① 물권은 물권자가 일반적으로 처분, 양도할 수 있음이 원칙이다.
② 채권은 당사자간의 신뢰에 근거하는 권리이므로 채권자가 임의로 양도할 수 없음이 원칙이다.

(4) 강행규정성

① 물권에 관한 규정은 당사자뿐만 아니라 모든 사람에게 영향을 미치게 되므로 당사자가 임의로 내용을 정할 수 없도록 하여 강행규정으로 되어 있음이 원칙이다.
② 채권은 당사자에게 효력이 있고 계약당사자가 자유로이 내용을 정할 수 있으므로 계약자유가 인정된다.

02 물권의 객체 제27·33·34·35회

1. 물권의 객체

(1) 물건

① 원칙: 물권의 객체는 원칙적으로 특정의 독립한 물건이어야 한다.
② 예외: 지상권 또는 전세권을 목적으로 저당권을 설정하는 경우처럼 권리를 목적으로 하는 경우도 있다.

(2) 특정의 물건

① 물건은 특정되고 현존하는 것이어야 한다. 그러므로 특정되지 않고 현존하지 않는 물건에 대하여는 물권이 성립할 수 없다. 임야의 어느 부분에 속해 있는 수목인지를 특정하지 아니한 채 수목의 집단에 대하여 실시한 명인방법은 효력이 없다.
② 집합물에는 하나의 물권이 성립할 수 없지만 집합물을 하나로 특정하면 하나의 물권의 객체가 될 수 있다. 집합물이라도 하나로 특정되면 하나의 물권이 성립하며 그 구성물에 변동이 있더라도 특정성을 잃지 않는다.

> 증감 변동하는 양어장 안에 있는 뱀장어 수량 약 1백만 마리를 담보로 5억원을 빌린 경우 이 양도담보설정은 유효한가?
> 양어장 안에 있는 뱀장어가 종류, 장소 또는 수량지정 등의 방법에 의하여 특정되어 있으면 그 전부를 하나의 재산권으로 보아 담보권설정도 무효가 아니라 유효이다. 이때 구성물인 뱀장어의 수량이 증감 변동해도 양어장 안으로 특정성이 유지되고 있으므로 양도담보의 효력은 현재 양어장 안의 뱀장어 전부에 효력이 미친다(대판 1990.12.26, 88다카20224).

기출 CHECK ✓

1 물권의 객체는 특정의 독립한 물건이다.
　　　정답 O

2 지상권 또는 전세권을 목적으로 저당권을 설정할 수 있다.
　　　정답 O

3 지역권을 저당권의 목적으로 할 수 없다.
　　　정답 O

용어사전
명인방법
새끼줄치고 푯말에 소유자를 표시하여 소유관계를 알리는 방법이다.

용어사전
양도담보
채무자가 채무보증의 방법으로 채권자에게 담보물의 소유권이전등기를 해주는 형태의 담보 설정방법을 말한다.

2. 물건의 분류

(1) 부동산과 동산 제26회

① 부동산(不動産)의 개념(제99조)
  ㉠ 토지와 토지의 정착물을 말한다. 부동산 이외의 물건은 동산이다. 부동산의 공시방법은 등기이고, 동산의 공시방법은 점유다.
  ㉡ 토지의 경계는 지적도상의 경계와 현실의 경계가 다른 경우 원칙적으로 토지소유권의 범위는 현실의 경계와 관계없이 지적공부상의 경계를 기준으로 확정하여야 한다(대판 2016.5.24, 2012다87898).

② 토지의 정착물로서 토지의 구성부분인 경우
  ㉠ 토지 위에 권원(권리의 원천) 없이 심은 수목: 토지의 구성부분이다.
  ㉡ 미분리 과실은 토지의 구성부분이다. 임야에서 벌채하기 전의 소나무, 사과나무에서 수확하기 전의 사과는 원물에 부착되어 있으므로 '원물의 구성부분'이다. 따라서 미분리 과실은 원물과 일체로서 거래의 대상이지만, 명인방법을 갖춘 미분리 과실은 독립된 물건의 지위를 인정한다.

③ 토지의 정착물로서 토지와 별개의 물건인 경우
  ㉠ 건물: 건물은 토지에 부합하지 아니하고 토지와 별개의 독립한 물건이다. 독립한 건물로 취급되기 위하여는 기둥, 지붕, 주벽을 갖추면 된다.
  ㉡ 농작물: 타인의 토지에 심은 농작물은 명인방법을 갖출 필요도 없이 언제나 경작자의 소유로서 토지와 별개의 독립한 물건으로 다루어진다(대판 1979.8.28, 79다784).
  ㉢ 명인방법(수목에 울타리를 치고 푯말을 세워 소유자를 표시하는 방법)을 갖춘 수목은 토지와 별개의 독립한 물건으로 다룬다. 명인방법을 갖춘 수목은 소유권의 양도를 공시할 수 있으나 저당권의 객체로 할 수 없다.
  ㉣ 「입목에 관한 법률」으로 등기된 입목(수목의 집단을 토지와 분리하여 독립적으로 거래하고자 「입목에 관한 법률」으로 보존등기된 입목을 말한다)은 토지와 별개의 독립한 물건으로 다룬다. 그러므로 「입목에 관한 법률」으로 등기된 입목에는 저당권을 설정할 수 있다.

(2) 주물과 종물 제26회

① 종물의 개념: 종물은 주된 물건과 함께 동일한 소유자에게 속하며, 독립한 물건으로서 주물의 상용(항시 사용)에 이바지하는 보조적 물건을 말한다(주유소의 주유기, 횟집의 수족관).

② 종물의 효과
  ㉠ 종물은 주물의 처분에 따른다(제100조 제2항). 즉, 종물은 주물과 법률적 운명을 같이 한다. 이는 강행규정이 아니므로 종물만을 처분하기로 하는 약정도 유효하다.

기출 CHECK ✓

1 지적도상의 경계와 현실의 경계가 다른 경우 원칙적으로 토지소유권의 범위는 현실의 경계와 관계없이 지적공부상의 경계를 기준으로 확정한다.
정답 O

2 미분리의 과실도 명인방법을 갖추면 독립한 물건으로 본다.
정답 O

기출 CHECK ✓

1 타인의 토지에 심은 농작물은 성숙하면 명인방법을 갖출 필요도 없이 언제나 경작자의 소유다.
정답 O

2 「입목에 관한 법률」로 등기된 입목은 저당권의 객체가 될 수 있다.
정답 O

3 명인방법을 갖춘 수목은 소유권은 공시할 수 있으나 저당권의 객체로 할 수 없다.
정답 O

ⓒ 권리의 종물이론

> ⓐ 타인 토지의 임차권자가 신축한 건물에 저당권이 설정된 경우에 그 저당권의 효력은 건물과 임차권에도 효력이 미친다(제358조). 따라서 타인소유 토지 위의 건물이 양도되면 토지에 대한 임차권도 건물의 양수인에게 함께 이전하는 것은 권리의 종물을 인정하기 때문이다(대판 1993.4.13, 92다24950).
> ⓑ 아파트 전유부분에 설정한 저당권의 효력은 특별한 사정이 없는 한 대지사용권에도 효력이 미친다.

기출 CHECK ✓
1 타인 토지의 임차권자가 신축한 건물에 저당권이 설정된 경우에 그 저당권의 효력은 건물과 임차권에도 효력이 미친다.
　　　　　　정답 O

2 아파트 전유부분에 설정한 저당권의 효력은 특별한 사정이 없는 한 대지사용권에도 효력이 미친다.
　　　　　　정답 O

(3) 원물과 과실

① 사과나무를 심어서 사과를 얻을 때 원물은 사과나무이고, 사과는 천연과실이다. 건물을 임대하여 얻은 임대료(차임)가 있을 때 건물은 원물이고 임대료는 법정과실이라고 한다.
② 과실의 수취권자는 물건의 소유자인 것이 원칙이다. 예외적으로 소유권이 없는 자에게도 과실수취권을 인정하는 경우가 있다(예 매매계약 후 잔금을 완납한 매수인, 목적물의 유치권자, 선의 점유자, 저당권자가 저당물을 압류한 후 설정자가 수취한 차임 등).

3. 1물1권주의(一物一權主義) 원칙

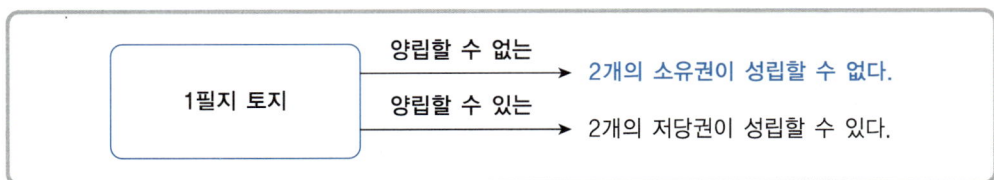

(1) 의의

① 1개의 물건에는 1개의 물권이 성립한다는 원칙을 말한다. 즉, 하나의 부동산 위에 양립할 수 없는 복수의 물권이 성립할 수 없다.
② 물건의 구성부분이나 일부에는 하나의 물권이 성립할 수 없다. 따라서 1필 '토지의 일부'에는 '소유권이나 저당권'이 성립할 수 없다. 다만, 1필 토지의 일부라도 점유취득시효의 요건을 갖추면 분할등기절차를 거쳐서 소유권을 취득할 수 있다.
③ 분할의 절차를 거치지 아니한 채 하나의 부동산 중 일부분만에 관하여 따로 소유권보존등기를 경료하는 것은 허용되지 아니한다(대판 2000.10.27, 2000다39582).

기출 CHECK ✓
1필 토지의 일부라도 점유취득시효의 요건을 갖추면 소유권을 취득할 수 있다.
　　　　　　정답 O

(2) 1물1권주의의 예외

① 1동의 건물의 일부에 구조상·이용상의 독립성을 갖추고 구분행위를 하면 '구분소유권의 객체'로 될 수 있다(「집합건물의 소유 및 관리에 관한 법률」 참고).
② 용익물권은 분필절차 없이도 1필 토지의 일부 위에 성립할 수 있다.

03 물권의 종류 제26·32·33·35회

1. 물권법정주의(物權法定主義)❶

> 제185조【물권의 종류】 물권은 **법률 또는 관습법에 의하는 외에는 임의로 창설하지 못한다.**

(1) 물권은 법률 또는 관습법으로만 창설할 수 있다.

당사자들이 임의로 이와 다른 물권을 창설하는 것이 금지된다(제185조). 이를 물권법정주의라 하며 이 원칙 때문에 물권법은 강행규정임이 원칙이다. 물권법정주의로 인하여 계약법과 달리 사적자치가 허용되지 아니한다.

(2) 법률 또는 관습법

① 법률: 제186조의 법률은 국회가 제정한 형식적 의미의 법률을 의미하고 명령·규칙은 포함되지 않는다.
② 관습법: 관습법에 의한 새로운 물권의 창설을 인정하고 있다. 예를 들면 분묘기지권, 관습법상 법정지상권❷이 해당된다.❸

(3) 임의로 창설하지 못한다. 제32회

① **종류강제**: 당사자가 법률에 없는 새로운 종류의 물권을 임의로 만들지 못한다.
② **내용강제**
  ㉠ 법률에 규정된 내용과 다르게 물권의 내용을 만들 수 없다.

> 소유권 중에서 사용·수익권을 영구히 포기하는 약정은 무효이다. 물건에 대한 사용·수익권과 처분권은 소유권의 핵심적 권능으로서 소유자가 제3자와의 계약으로서 소유물에 대한 사용수익권능을 포기하거나 사용·수익권의 행사를 영구히 제한하게 하는 것은 법률에 규정되지 않는 새로운 종류의 소유권을 창설하는 것으로서 물권법정주의에 위배되어 허용되지 않는다(대판 2013.8.22, 2012다54133).

  ㉡ 처분권을 인정하지 않는 소유권은 허용되지 않는다.

기출 CHECK ✓
1 1필 토지의 일부에 저당권은 성립할 수 없다.
정답 O

2 1필 토지의 일부에도 용익물권은 성립할 수 있다.
정답 O

❶ 물권법정주의의 예외
1. 저당권의 효력이 부합물과 종물에 미친다는 규정(제358조): 임의규정
2. 관습법상 지상권을 배제하는 특약
3. 전세권의 양도를 금지하는 특약(제306조)

기출 CHECK ✓
1 관습법에 의하여 새로운 종류의 물권을 창설하는 것은 허용된다.
정답 O

2 명령이나 규칙으로 새로운 종류의 물권을 창설하는 것은 허용되지 않는다.
정답 O

❷ 지상권에서 후술한다.

❸ 분묘기지권은 관습법상의 물권이다.

기출 CHECK ✓
소유자가 소유권의 내용 중에서 사용·수익권을 영구히 포기하는 약정은 허용되지 않는다.
정답 O

2. 물권의 종류

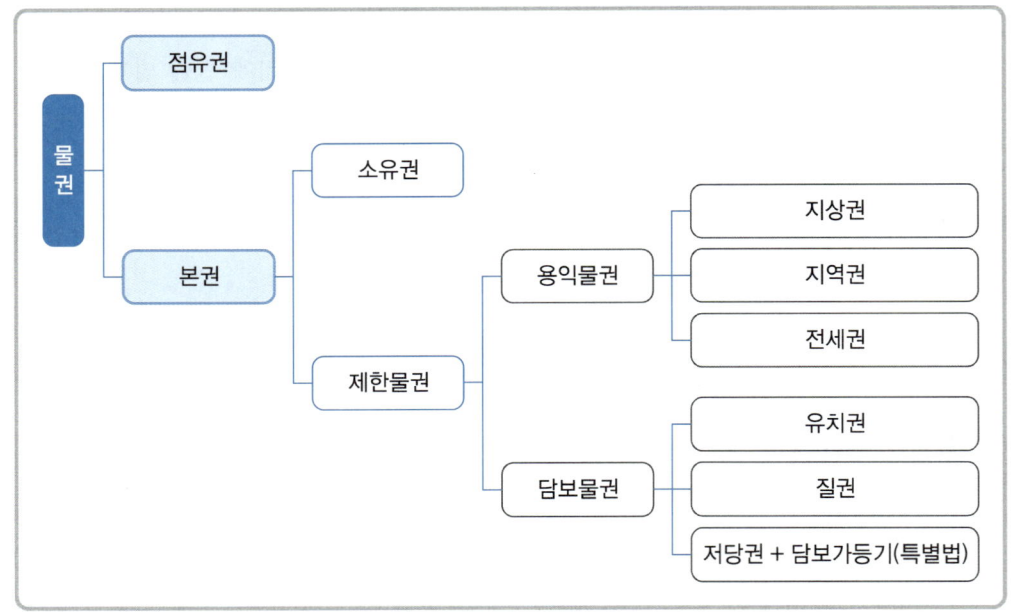

(1) 「민법」상의 물권(8개를 법전에 명문화)
① 8개 물권: 「민법」이 인정하는 물권으로서 점유권, 소유권, 지상권, 지역권, 전세권, 유치권, 질권, 저당권의 8가지가 있다.
② 점유권과 본권: 점유권은 물건을 소지하여 사실상 지배만으로 성립하나, 본권은 소유권처럼 점유를 정당하게 하는 권리를 말한다. 주의할 것은 본권은 소유권만을 의미하는 것이 아니라 전세권, 지상권, 유치권, 저당권 등을 포함한다는 점이다.
③ 소유권과 제한물권: 소유권은 사용, 수익, 처분권 전부를 지배하는 권리인데 반하여 용익물권은 사용, 수익권만을 지배하고, 담보물권은 물건의 교환가치만을 지배한다.

(2) 특별법이 인정하는 물권
① 광업권: 광구에서 광물을 채굴할 수 있는 배타적인 권리이다.
② 어업권: 어장에서 수산물을 채취, 양식할 수 있는 배타적인 권리이다.
③ 가등기담보권: 채무자가 돈을 빌리고 부동산을 채권자에게 가등기를 해주는 것을 말한다.

(3) 관습법상의 물권
① 판례가 인정하는 관습법상 물권: 판례가 인정하는 관습법상 물권에는 분묘기지권, 관습법상의 법정지상권 등이 있다.

기출 CHECK ✓
소유권, 전세권, 지상권, 저당권은 본권의 일종이다.
정답 O

기출 CHECK ✓
분묘기지권, 광업권, 어업권, 양도담보권, 유치권은 물권이다.
정답 O

② 판례가 관습법상 물권으로 인정하지 않는 것

　㉠ **온천권**: 온천권이 토지소유권과 독립되는 물권이나 준물권으로 볼만한 관습이 있음을 인정할 만한 증거가 없는데다가 온천수도 지하수의 일종이고, 그 토지 및 건물과 함께 운명을 같이 하는 것으로서 그 토지와 건물의 소유권을 취득한 자는 온천수와 그 인수시설에 관한 지배권도 취득하는 것이다(대판 1970.5.26, 69다1239).

　㉡ **근린공원이용권**: 인근주민들이 누구에게나 주장할 수 있는 근린공원이용권이라는 배타적인 권리를 취득한다고 할 수 없으므로 관습상 물권이 인정되지 않는다(판례).

　㉢ **사도통행권**: 법률이 인정하지 않는 새로운 종류의 물권을 창설하는 것은 허용되지 아니하므로 관습상의 사도통행권을 인정하는 것은 물권법정주의에 위배된다(대판 2002.2.26, 2001다64165).

　㉣ 미등기 무허가건물의 양수인에게 소유권에 준하는 물권은 인정되지 않는다.

> 미등기의 무허가건물의 양수인이 건물을 매입하였어도 그 소유권이전등기를 경료받지 않는 한 건물에 대한 소유권을 취득할 수 없고, 그러한 건물의 취득자에게 소유권에 준하는 관습상의 물권이 있다고 볼 수 없다(대판 1999.3.23, 98다59118).

기출 CHECK ✓

1 온천권, 사도통행권, 근린공원이용권은 관습상 물권이 아니다.
　　　　　　　정답 O

2 무허가건물의 양수인에게 소유권에 준하는 관습상 물권이 인정되지 않는다.
　　　　　　　정답 O

용어사전
사도통행권
개인이 소유하고 있는 토지를 도로로 만든 것, 그 도로는 개인소유로서 아무나 자유롭게 다닐 수 없다. 진입로를 이용하려면 통행권을 취득하여야 하는데 그 종류로는 주위토지통행권, 통행지역권, 임대차나 사용대차와 같은 계약에 의한 통행권 등이 있다.

확인예제

물권에 관한 설명으로 옳은 것은? (다툼이 있으면 판례에 따름)　제26회

① 지상권은 본권이 아니다.
② 온천에 관한 권리는 관습법상의 물권이다.
③ 타인의 토지에 대한 관습법상 물권으로서 통행권이 인정된다.
④ 근린공원을 자유롭게 이용한 사정만으로 공원이용권이라는 배타적 권리를 취득하였다고 볼 수는 없다.
⑤ 미등기 무허가건물의 양수인은 소유권이전등기를 경료받지 않아도 소유권에 준하는 관습법상의 물권을 취득한다.

해설
④ 공원이용권은 관습법상 물권이 아니다.
① 지상권도 본권의 일종이다.
②③⑤ 관습상 물권이 인정되지 않는다.　　　　　정답: ④

제2절 물권의 효력

01 물권의 우선적 효력

(1) 권리의 순위

하나의 물건 위에 여러 개의 권리가 경합하는 경우 그 중 한 권리가 다른 권리에 우선하는 효력을 말한다. 배타적 효력이 인정되는 물권에서는 우선적 효력이 인정되지만 배타적 효력이 없는 채권에는 우선적 효력이 생기지 않는다.

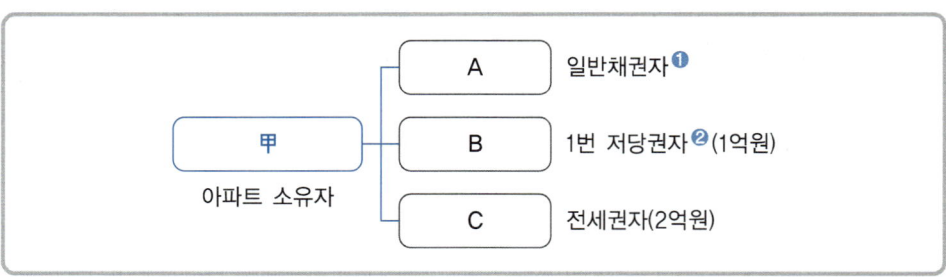

❶ 일반채권자
담보 없이 돈을 빌려준 채권자

❷ 저당권자
부동산을 담보를 잡고 돈을 빌려준 은행

(2) 물권과 채권 상호간의 우선순위

① 원칙: 물권과 채권이 경합하는 경우에 그 성립의 시간적 선후에 관계없이 물권이 채권에 우선하는 것이 원칙이다.
② 예외: 우선특권「주택임대차보호법」상의 소액보증금채권(최우선변제권), 근로자의 3개월분의 임금채권, 조세채권 등의 경우에는 채권이지만 예외적으로 물권보다 우선한다. 그러므로 물권이 채권보다 항상 우선한다는 지문은 타당하지 않다.

(3) 물권 상호간의 효력

① 소유권과 제한물권 상호간: 제한물권이 언제나 우선한다.
② 제한물권 상호간의 관계
  ㉠ 시간적으로 먼저 성립한 물권이 후에 성립한 물권에 우선한다.
  ㉡ 저당권이 먼저 성립한 뒤에 설정된 지상권은 저당권의 실행으로 소멸한다.

기출 CHECK ✓
전세권이 먼저 성립한 뒤에 설정된 저당권이 실행되면 전세권은 존속한다.
정답 O

02 물권적 청구권 제27·29·30·31·32·33·34·35회

1. 서론

물권적 청구권이란 물권이 방해받고 있거나 방해받을 염려가 있는 경우에 물권자가 방해자에 대하여 '일정한 행위'를 청구할 수 있는 권리를 말한다(예 수협 소유의 노량진 수산시장 건물을 상인들이 불법점유하는 경우, 건물의 소유자인 수협은 계약만료된 상인들에게 건물의 명도청구를 할 수 있다).

핵심 콕! 콕!

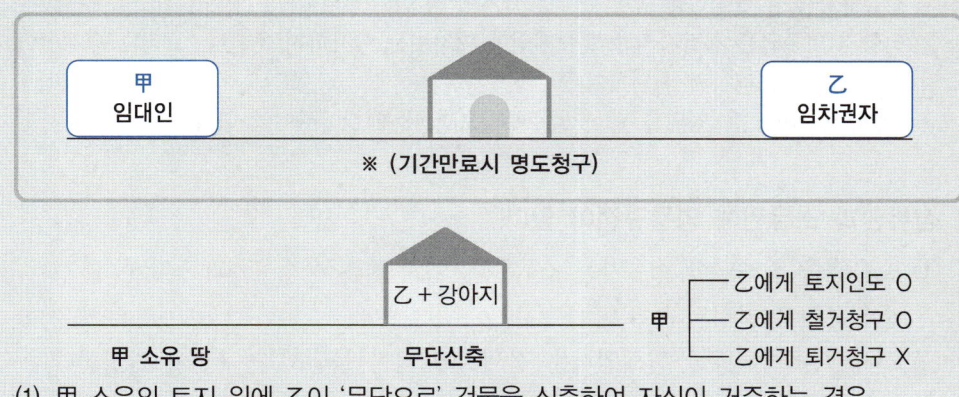

(1) 甲 소유의 토지 위에 乙이 '무단으로' 건물을 신축하여 자신이 거주하는 경우
 ① 토지소유자 甲은 乙에게 **건물철거 및 토지인도**를 청구할 수 있다.
 ② 토지소유자 甲은 건물소유자 乙에게 퇴거청구는 할 수 없다.

(2) 甲 소유의 토지 위에 乙이 '무단으로' 건물을 신축하여 1층은 자신이, 2층은 임차인이 사용하는 경우 甲의 권리의 행사방법은?

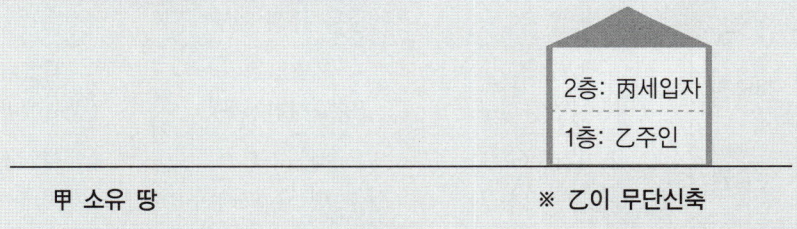

 ① 甲은 **건물주 乙에게 (철거청구)** – 인정
    甲은 **건물주 乙에게 (퇴거청구)** – 불인정
 ② 甲은 **임차인 丙에게 (퇴거청구)** – 인정(세입자를 내보내야 철거를 할 수 있다)
    甲은 임차인 丙에게 (철거청구) – 불인정(임차인은 남의 건물 철거권한이 없다)

목차 내비게이션

물권적 청구권의 체계
1. 서론
2. 「민법」 규정
3. 종류
4. 특성
5. 특수문제

❶ 점유보호청구권과 소유물반환청구권의 연계학습이다.

용어사전
명도
점유를 타인의 지배하에 옮기는 것, 임차인이 임대기간이 종료되었음에도 목적물을 반환하지 않을 경우에 명도를 청구하는 것을 말한다.

퇴거청구
집을 비우고 나가달라는 요구를 말한다.

기출 CHECK ✓

[1~3] 甲 소유의 토지 위에 乙이 무단으로 건물을 신축하여 거주하는 경우

1 甲은 乙에게 건물의 철거를 청구할 수 있다.
정답 ○

2 甲은 乙에게 퇴거청구를 할 수 없다.
정답 ○

3 甲 소유의 토지 위에 乙이 무단신축한 건물에 임차인 丙이 거주하는 경우, 甲은 丙에게 퇴거청구를 할 수 있다.
정답 ○

2. 「민법」 규정

> 제213조 【소유물반환청구권】 소유자는 그 소유에 속한 물건을 **점유한 자**에 대하여 반환을 청구할 수 있다. 그러나 점유자가 그 물건을 **점유할 권리가 있는 때**에는 반환을 거부할 수 있다.
>
> 제214조 【소유물방해제거, 방해예방청구권】 소유자는 소유권을 방해하는 자에 대하여 방해의 제거를 청구할 수 있고 소유권을 방해할 **염려**있는 행위를 하는 자에 대하여 그 **예방이나 손해배상의 담보를 청구**할 수 있다.
>
> 제204조 【점유의 회수】
> ① **점유자**가 점유의 **침탈**을 당한 때에는 그 물건의 반환 및 손해의 배상을 청구할 수 있다.
> ② 전항의 청구권은 **침탈자의 특별승계인**에 대하여는 **행사하지 못한다**. 그러나 승계인이 악의인 때에는 그러하지 아니하다. ❶
> ③ 제1항의 청구권은 침탈을 당한 날로부터 **1년 내**에 행사하여야 한다.

❶ 침탈자의 특별승계인이 선의이면 점유자는 점유물반환청구를 할 수 없다.

(1) 점유권과 소유권에 명문규정이 있다.

① 소유권을 침해당한 소유자는 소유권에 기한 물권적 청구권과 점유권에 기한 반환청구권이 인정된다.
② 전세권을 침해당한 전세권자는 전세권에 기한 물권적 청구권이 인정된다.

(2) 제한물권에 준용한다. 제26·28·29회

① 소유권에 기한 물권적 청구권에 관한 규정을 다른 제한물권에 준용한다(제290조, 제301조, 제319조, 제370조 참고).

구분	준용 규정 여부		
점유권	제204조 (점유물반환청구)	제205조 (방해제거청구)	제206조 (방해예방청구)
소유권	제213조 (소유물반환청구)	제214조 (소유물방해제거청구)	제214조 (소유물방해예방청구)
지상권	제213조 준용	제214조 준용	제214조 준용
전세권	제213조 준용	제214조 준용	제214조 준용
지역권	제213조 준용 규정 없음	제214조 준용	제214조 준용
저당권	제213조 준용 규정 없음	제214조 준용	제214조 준용
유치권	제213조 준용 규정 없음	유치권에 기한 반환청구는 인정 안 됨	

기출 CHECK ✓

1 전세권의 침해시에는 제213조를 준용하므로 전세권에 기한 반환청구를 할 수 있다.
정답 O

2 지역권을 침해한 경우 제213조의 준용규정이 없으므로 지역권에 기한 반환청구를 할 수 없다.
정답 O

② 저당권, 지역권의 침해의 경우 제213조를 준용하지 않으므로 저당권, 지역권에 기하여 반환청구를 할 수 없다.
  ㉠ 저당잡힌 부동산의 점유를 제3자가 침범한 경우 저당권자는 점유권이 없으므로 저당권에 기한 반환청구권은 인정되지 않는다(저당권의 침해의 경우 제213조를 준용하지 않는다).
  ㉡ 지역권을 제3자가 침범한 경우 지역권에는 제213조의 준용규정이 없으므로 지역권에 기한 반환청구권이 인정되지 않는다.
③ 유치권에는 준용규정이 없다. 유치권을 침해당하면, 유치권자는 유치권에 기한 물권적 청구권이 인정되지 않고, 점유권에 기한 점유물반환청구권을 행사할 수 있다.

3. 종류

(1) 반환청구권
타인이 권한 없이 목적물을 점유하는 경우에 그 반환을 청구하여 빼앗긴 점유를 회복하는 권리이다(예 퇴거청구, 토지인도청구 등이 해당된다).

(2) 방해제거청구권(철거청구, 무효등기의 말소청구, 진정명의회복)
① 소유권에 기한 방해배제청구권에 있어서 '방해'라 함은 현재에도 지속되고 있는 침해를 의미하고, 법익 침해가 과거에 일어나서 이미 종결된 침해에 해당하는 '손해'의 개념과는 다르다 할 것이어서, 소유권에 기한 방해배제청구권은 방해 결과의 제거를 내용으로 하는 것이 되어서는 아니 되며(이는 손해배상의 영역에 해당한다 할 것이다) 현재 계속되고 있는 방해의 원인을 제거하는 것을 내용으로 한다. 다시 말해 방해배제청구권의 요건으로 요구되는 방해는 개념상 손해와 구별된다.
② 쓰레기 매립으로 조성한 토지에 소유권자가 매립에 동의하지 않은 쓰레기가 매립되어 있다 하더라도 이는 과거의 위법한 매립공사로 인하여 생긴 결과로서 소유권자가 입은 손해에 해당한다 할 것일 뿐, 그 쓰레기가 현재 소유권에 대하여 별도의 침해를 지속하고 있다고 볼 수 없으므로 소유권에 기한 방해배제청구권을 행사할 수 없다(대판 2003.3.28, 2003다5917).

(3) 방해예방청구권
① 현재 물권이 방해받고 있지 않지만 장래에 방해가 생길 염려가 있는 경우, 방해예방 '또는' 손해배상의 담보를 청구하는 권리이다(제206조). 주의할 것은 방해예방과 함께 손해배상의 담보를 청구하는 것이 아니라 예방조치 또는 손해배상의 담보 둘 중 하나를 선택적으로 청구하는 권리이다.
② 여기서 방해가 생길 염려란 막연히 추상적인 발생 가능성이 아니라 객관적으로 상당한 개연성을 요건으로 한다(대판 1995.7.14, 94다50533).

기출 CHECK ✓
저당권, 지역권의 침해시에는 제213조를 준용하지 않으므로 저당물을 제3자가 불법점유하는 경우, 저당권에 기하여 반환청구를 할 수 없다.
정답 O

기출 CHECK ✓
유치권의 침해시에는 유치권에 기한 반환청구를 할 수 없다.
정답 O

기출 CHECK ✓
방해제거청구는 방해결과의 제거가 아니라 방해원인의 제거를 내용으로 한다.
정답 O

기출 CHECK ✓
1 방해예방청구에서 방해가 생길 염려는 막연히 추상적인 발생 가능성이 아니라 객관적으로 상당한 개연성을 요한다.
정답 O
2 소유권을 방해당할 염려가 있는 경우 방해예방과 함께 손해배상의 담보를 청구할 수 있다.
정답 X

③ 甲 소유의 토지에 인접한 토지소유자 乙이 토지를 절토하여 축사를 신축하였는데 토지가 무너질 염려가 있는 경우에 甲이 주장할 수 있는 권리는?

> ㉠ 甲 소유 토지가 아직 현실적인 침해를 받은 것이 아니므로 침해받은 것을 전제로 하는 방해제거비용이나 예방비용을 청구할 수는 없다.
> ㉡ 축사 등을 건축하는 과정에서 원고 소유 토지에 연접한 비탈면 부분의 토지를 수직으로 절토하는 바람에 원고 소유 토지가 붕괴되는 등의 피해가 발생할 것으로 예상된다고 주장하면서 「민법」 제214조에 기하여 비탈면 부분에 '옹벽을 설치하는 데 드는 비용' 상당의 지급을 청구하는 것이 허용되지 않는다(대판 2014.11.27, 2014다52612).

4. 물권적 청구권의 특성

(1) 물권과 함께 이전한다. 제26회

① 물권에 종속된 권리: 물권적 청구권은 물권에 종속하는 권리이므로 언제나 물권과 운명을 같이 한다. 따라서 물권이 이전하게 되면 물권적 청구권도 함께 이전하게 된다.

② 물권과 물권적 청구권은 분리, 양도를 할 수 없다.
  ㉠ 물권적 청구권은 물권에 의존하는 권리로서 물권과 법률적 운명을 같이 하며, 물권으로부터 독립하여 양도될 수 없다. 그러므로 물권적 청구권만을 물권과 분리하여 양도하지 못한다.
  ㉡ 토지 위에 건물을 무단으로 신축함으로써 토지의 불법점유를 당하고 있는 토지의 소유자가 토지소유권을 양도함에 있어 소유권에 의하여 발생되는 물권적 청구권을 소유권과 분리시켜서 양도할 수 없고, 소유권이 없는 전 소유자에게 유보하여 제3자에게 대하여 이를 행사케 한다는 것은 허용될 수 없다. 일단 소유권을 상실한 전 소유자는 제3자인 불법점유자에 대하여 물권적 청구권에 의한 방해배제를 청구할 수 없다(대판 1969.5.27, 68다725 전원합의체).

(2) 방해의 원인

물권의 방해가 있으면 방해자의 귀책사유 유무와 관계없이 인정된다. 따라서 방해자의 고의, 과실이 있든 없든 인정된다. 이 점에서 가해자의 귀책사유를 요건으로 하는 불법행위로 인한 손해배상청구권과 구별된다.

(3) 물권적 청구권의 행사 제27·28·30·31회

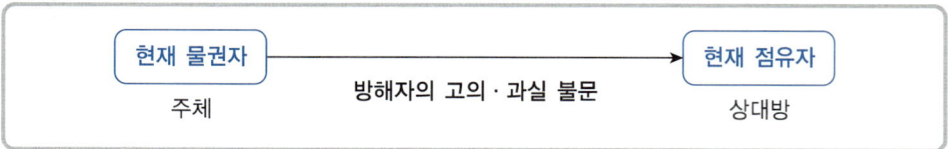

① 주체는? 현재의 물권자
  ㉠ 현재 소유자가 물권적 청구권을 행사하여야 한다. 甲 소유의 토지 위에 乙이 건물을 무단신축한 상태에서 甲이 토지를 丙에게 양도한 경우, 건물의 철거청구권자는 현재 소유자인 토지의 양수인 丙이고 전 소유자인 甲은 철거청구를 할 수 없다.
  ㉡ '전 소유자'는 물권적 청구권을 행사할 수 없다. 토지매매로 일단 소유권을 취득한 토지양수인은 소유권에 기한 물권적 청구권만을 소유권과 분리, 양도하여 전 소유자(양도인)에게 유보하여 행사하게 할 수 없고, 소유권을 상실한 전 소유자(양도인)는 토지의 불법점유자에게 방해배제를 청구할 수 없다(대판 1969.5.27, 68다725 전원합의체).
  ㉢ '소유권이 없는 자'는 물권적 청구권을 행사할 수 없다. 건물을 신축하여 소유권을 원시취득한 자로부터 그 건물을 매수하였으나 아직 소유권등기를 갖추지 못한 자는 그 건물의 불법점유자에 대하여 직접 자신의 소유권에 기한 명도청구를 할 수 없다(대판 2007.6.15, 2007다11347).
  ㉣ 미등기 무허가건물의 양수인이라도 소유권이전등기를 마치지 않는 한 건물의 소유권을 취득할 수 없고, 소유권에 준하는 관습상의 물권이 있다고도 할 수 없으므로, 미등기 무허가건물의 양수인은 소유권에 기한 방해제거청구를 할 수 없다(대판 2016다214483).

② 물권적 청구권의 상대방은? - 현재의 방해자(= 현재의 점유자)
  ㉠ 점유자는 직접점유자이든 간접점유자이든 불문한다.
  ㉡ 점유보조자는 점유권이 없으므로 물권적 청구권의 상대방이 될 수 없다.
  ㉢ 과거에 점유를 하였던 자는 상대방이 될 수 없다. 甲 소유의 골프채를 乙이 훔쳐서 丙에게 양도하여 丙이 점유하는 경우, 甲은 과거에 점유하던 乙이 아니라 현재의 점유자인 丙에게 인도청구해야 한다.
  ㉣ 토지소유자는 권원 없이 그의 토지에 건물을 신축·소유한 사람으로부터 건물을 매수하여 점유하는 사람에게 건물의 철거를 청구할 수 있다.

핵심 콕! 콕!

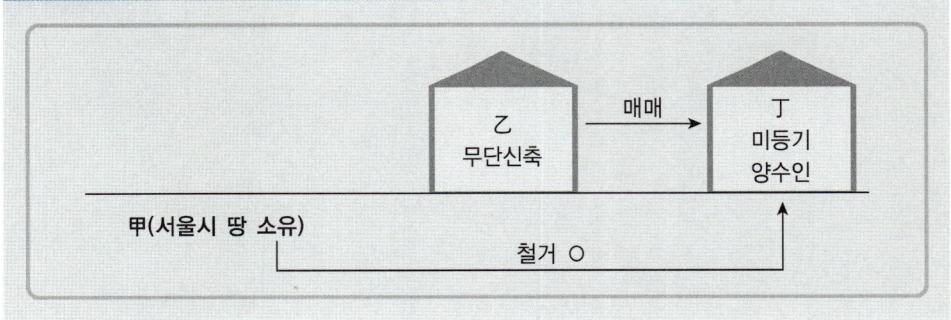

기출 CHECK ✓
1 토지매매로 일단 소유권을 상실한 전 소유자는 토지의 불법점유자에 대하여 물권적 청구권에 의한 방해배제를 청구할 수 있다.
정답 ✗

2 근저당권이 설정된 후에 부동산의 소유권이 이전된 경우 현재 소유자뿐만 아니라 종전 소유자 설정자도 근저당권말소를 청구할 수 있다.
정답 ○

기출 CHECK ✓
간접점유자도 물권적 청구권의 상대방이 될 수 있다.
정답 ○

용어사전
점유보조자
점유자의 지시에 따라 물건을 소지하는 자로, 점주(店主)의 지시에 의하여 상품을 소지하는 직원이 그 예이며, 보조자는 점유권을 갖지 못한다.

기출 CHECK ✓
甲의 토지에 乙이 무단으로 건물을 신축하여 丙에게 양도하였으나 등기 없이 丙이 점유하는 경우 甲은 丙에게 철거청구할 수 있다.
정답 ○

용어사전
채권자 대위권(제404조)
채권자가 자기의 채권을 보전하기 위하여 채무자가 불행사하는 권리를 대신 행사하는 것을 말한다.

❶
- 소유물반환청구권: 소멸시효에 걸리지 않는다.
- 점유물반환청구권: 1년 내에 행사하여야 한다.

기출 CHECK ✓
명의신탁된 부동산을 제3자가 침해하는 경우 신탁자는 직접 물권적 청구권을 행사할 수 없다.
정답 ○

기출 CHECK ✓
미등기건물의 매수인은 제3자의 침해에 대해 직접 소유권에 기한 물권적 청구권을 행사할 수 없다.
정답 ○

③ 물권적 청구권의 행사는 소멸시효에 걸리는가?❶
　㉠ 소유권에 기한 물권적 청구권은 기간의 제한이 없고 소멸시효에 걸리지 않는다. 甲이 토지를 乙에게 매각하여 소유권이전등기를 마친 후 甲이 乙의 잔금불이행을 원인으로 계약을 해제하면 매수인에게 이전하였던 소유권은 매도인에게 소유권이전등기 없이 복귀하므로 매도인은 소유권에 기하여 매수인 명의등기를 말소 청구할 수 있고 이는 소멸시효에 걸리지 않는다.
　㉡ 반면에 점유물반환청구권은 1년 내에 행사하여야 한다(제204조 참조).

④ 물권적 청구권의 대위행사 여부
　㉠ 명의신탁자는 명의신탁부동산을 침해한 제3자에 대하여 직접 물권적 청구권을 행사할 수 없다.

> 명의신탁자 甲이 명의신탁에 기하여 명의수탁자 乙에게 소유권등기를 경료하여 둔 경우 신탁자는 대외적인 소유권을 주장할 수 없으므로 명의신탁된 토지를 침해한 제3자에 대하여 '명의신탁자'가 직접 물권적 청구권을 행사할 수 없고, 수탁자의 물권적 청구권을 대위하여야 한다(대판 2001.8.21, 2000다36484).

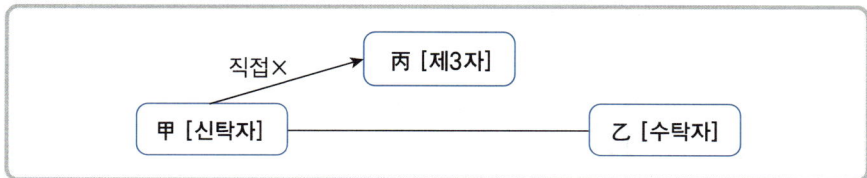

　㉡ 임대인으로부터 부동산을 임차한 자는 임대인이 불법점유자에게 가지고 있는 소유권에 기한 물권적 청구권을 대위하여 행사할 수 있다.

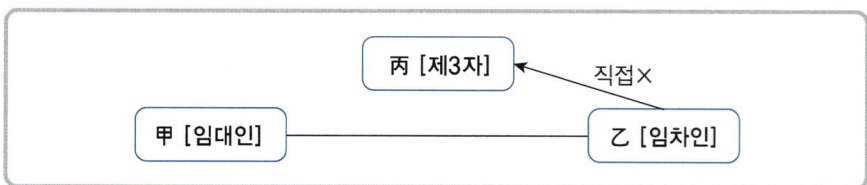

5. 특수문제

> **더 알아보기**

1. **퇴거청구 여부** 제27회
   (1) 토지소유자가 무단신축한 '건물의 소유자'에게 건물에서 퇴거청구 여부: 甲 소유의 토지를 乙이 무단신축한 건물의 소유를 통하여 무단으로 점유하고 있을 때, **토지소유자 甲은 건물소유자 乙에게 그 '건물의 철거와 대지의 인도'를 청구할 수 있을 뿐, 자기 소유의 건물에 거주하고 있는 乙에게 그 '건물에서 퇴거'청구는 할 수 없다**(대판 1999.7.9, 98다57457).
   (2) 토지소유자가 '건물의 점유자(임차인)'에게 퇴거청구 여부: 건물의 소유자가 아닌 사람이 건물을 점유하고 있다면 토지소유자는 그 건물의 점유를 제거하지 않는 한 건물의 철거를 실행할 수 없다. 그때 토지소유자는 자신의 소유권에 기한 방해배제로서 「건물점유자」에 대하여 건물로부터 퇴거를 청구할 수 있다(대판 2010다43801).

2. **소유권을 상실한 종전 소유자도 행사할 수 있는지 여부** 제31회

   > 양자간 등기명의신탁에서 명의수탁자가 신탁부동산을 처분하여 제3취득자가 유효하게 소유권을 취득하고 이로써 명의신탁자가 신탁부동산에 대한 소유권을 상실하였다면, 명의신탁자의 소유권에 기한 물권적 청구권, 즉 말소등기청구권이나 진정명의회복을 원인으로 한 이전등기청구권도 더 이상 그 존재 자체가 인정되지 않는다. 그 후 명의수탁자가 우연히 신탁부동산의 소유권을 다시 취득하였다고 하더라도 명의신탁자가 신탁부동산의 소유권을 상실한 사실에는 변함이 없으므로, 여전히 물권적 청구권은 그 존재 자체가 인정되지 않는다(대판 2013.2.28, 2010다89814).

   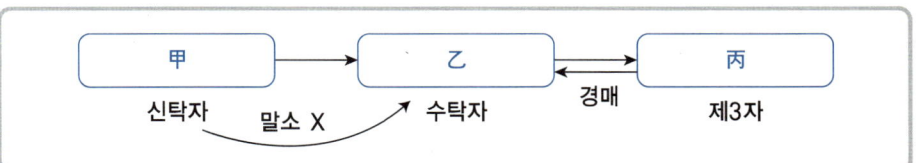

3. **물권적 청구권의 행사가 제한되는 특수한 경우** 제27회

   > 甲 소유 토지를 매수하여 점유하던 乙이 소유권등기 전에 다시 丙에게 매매를 하여 미등기매수인 丙이 토지를 점유하며 사용하고 있는 경우, 토지소유자 甲은 토지를 매수한 乙로부터 다시 매수하여 사용하는 丙에게 토지의 소유물반환을 청구할 수 있는가?
   > 부동산의 매수인이 소유권이전등기를 경료받기 전에 토지를 인도받은 매수인으로부터 다시 토지를 매수하여 점유·사용하고 있는 자(토지를 매매하여 점유, 사용할 권리가 있으므로)에 대하여 매도인이 토지소유권에 기한 물권적 청구권을 행사할 수 없다(대판 1998.6.26, 97다42823).

기출 CHECK ✓

1 甲의 토지에 乙이 무단신축한 건물에서 거주하는 경우, 甲은 乙에게 건물철거청구를 할 수 있으나 퇴거청구는 할 수 없다.
정답 O

2 甲의 토지에 乙이 무단신축한 건물에서 임차인 丙이 거주하는 경우, 甲은 丙에게 퇴거청구를 할 수 있다.
정답 O

기출 CHECK ✓

양자간 명의신탁에서 명의수탁자가 부동산을 처분하여 제3자가 소유권을 취득하였다가 우연히 수탁자가 다시 소유권을 취득한 경우 신탁자는 수탁자에게 물권적 청구권을 행사할 수 없다.
정답 O

기출 CHECK ✓

甲 토지를 매수하여 점유하던 乙이 미등기로 다시 丙에게 매매하여 丙이 미등기로 점유하는 경우, 甲은 丙에게 소유물반환청구할 수 없다.
정답 O

> 확인예제

01 甲 소유 X토지에 대한 사용권한 없이 그 위에 乙이 Y건물을 신축한 후 아직 등기하지 않은 채 丙에게 일부를 임대하여 현재 乙과 丙이 Y건물을 일부분씩 점유하고 있다. 다음 설명 중 틀린 것은? (다툼이 있으면 판례에 따름) 제27회

① 甲은 乙을 상대로 Y건물의 철거를 구할 수 있다.
② 甲은 乙을 상대로 Y건물의 대지 부분의 인도를 구할 수 있다.
③ 甲은 乙을 상대로 Y건물에서의 퇴거를 구할 수 있다.
④ 甲은 丙을 상대로 Y건물에서의 퇴거를 구할 수 있다.
⑤ 乙이 Y건물을 丁에게 미등기로 매도하고 인도해 준 경우 甲은 丁을 상대로 Y건물의 철거를 구할 수 있다.

> 해설

甲은 乙을 상대로 Y건물에서의 퇴거를 구할 수 없다. 정답: ③

02 물권적 청구권에 관한 설명으로 틀린 것은? (판례에 따름) 제34회

① 저당권자는 목적물에서 임의로 분리, 반출된 물건을 자신에게 반환할 것을 청구할 수 있다.
② 진정명의회복을 원인으로 한 소유권이전등기청구권의 법적 성질은 소유권에 기한 방해배제청구권이다.
③ 소유자는 소유권을 방해할 염려 있는 행위를 하는 자에 대해「민법」제214조에 기해 방해배제비용을 청구할 수 없다.
④ 미등기 무허가건물의 양수인은 소유권에 기한 방해배제청구권을 행사할 수 없다.
⑤ 소유권에 기한 방해배제청구권은 현재 계속되고 있는 방해원인의 제거를 내용으로 한다.

> 해설

저당권자는 목적물에 대한 점유권이 없으므로 목적물에서 임의로 분리, 반출된 물건을 자신에게 반환할 것을 청구할 수 없다. 정답: ①

> **해커스 킬 정리** 물권적 청구권 핵심체계 정리하기

1. 개념
2. 법규정 - 반환청구를 못하는 것[저당권 / 지역권]
3. 종류[반환청구 / 방해배제는 방해의 원인제거 / 예방청구 또는 담보]
4. 특성[소유권과 물권적 청구권은 분리 불가]
   방해의 원인 - 귀책사유는 요건이 아니다.
5. 행사
   ① 주체는? 소유권을 가진 자일 것[소유권 상실자는 못한다]
   ② 상대방은? 현실적 방해자[미등기 건물의 양수인 O]
   ③ 소멸시효? 소유권에 기한 물권적 청구권은 시효 ×
6. 특수문제
   ① 퇴거청구 여부 - 땅주인은 무단으로 건물신축자에게 퇴거청구 ×
   ② 행사 못 할 때는? 甲에서 乙로 乙에서 丙으로 등기 없이 전매하여 丙이 점유할 때 甲은 丙에 대하여 소유물반환청구를 하지 못한다.

제 2 장 물권의 변동

목차 내비게이션 제2편 물권법

- 제1장 총설
- **제2장 물권의 변동**
  - 제1절 물권변동
  - 제2절 부동산 물권변동에서 등기여부
  - 제3절 등기청구권
  - 제4절 부동산 등기제도
  - 제5절 동산물권의 변동
  - 제6절 물권의 소멸
- 제3장 점유권
- 제4장 소유권
- 제5장 용익물권
- 제6장 담보물권

 출제경향

- 물권변동의 등기여부에서 매년 1문항이 출제된다.
- 등기제도 전반에서 매년 1문항이 출제된다.

학습전략

- 공시의 원칙과 공신의 원칙의 개념을 이해하여야 한다.
- 부동산의 물권변동에서 등기가 필요한 경우(제186조)와 등기가 필요 없는 경우(제187조)를 정리하여야 한다.
- 동산의 물권변동에서 인도의 종류와 동산의 선의취득의 개념을 정리하여야 한다.
- 물권의 소멸 원인으로 혼동의 법리를 이해하여야 한다.

핵심개념

1. [공시·공신의 원칙]
   - 형식주의　　　　　　　★☆☆☆☆　p.173
   - 등기의 공신력 여부　　★★☆☆☆　p.174
2. [부동산물권변동에서 등기 여부]　★★★★★　p.175
3. [등기청구권]　★★★★★　p.177
4. [부동산 등기제도]　★★☆☆☆　p.183
5. [동산물권의 변동]
   - 동산의 선의취득　★☆☆☆☆　p.194
6. [물권의 소멸]
   - 혼동의 법리　★★☆☆☆　p.197

제1절 물권변동

목차 내비게이션
물권변동의 체계도
1. 공시의 원칙, 등기의 공신력 부인
2. 물권변동에 등기여부
3. 등기청구권
4. 각종 등기제도

01 개념

물권의 변동이란 물권의 취득, 변경, 소멸(득실변경)을 의미한다. 다시 말하면 소유권이나 제한물권의 '취득, 변경, 소멸'을 말한다(민법총칙에서 권리변동과 같은 의미).

02 공시의 원칙과 공신의 원칙

1. 공시(公示)의 원칙

(1) 의의

① 공시(公示): 물권의 존재, 변동을 외부에 알리는 것을 말한다.
② 공시방법: 부동산의 물권변동은 등기, 동산의 물권변동은 인도, 자동차나 선박은 등록, 수목의 집단은 '명인방법'이라는 공시방법(형식)을 갖추어야 한다.

용어사전
공시의 원칙
물권의 존재, 변동을 외부에 알리는 것을 말한다.

공신의 원칙
물권이 공시된 대로 신뢰하고 거래한 사람을 보호해 주는 것을 말한다.

(2) 형식주의(성립요건주의, 독법주의 - 현행 「민법」)

권리의 변동은 당사자간의 합의와 별도로 등기·점유·명인방법 같은 다른 사람이 인식할 수 있는 요건을 갖추지 아니하면 물권의 변동이 발생하지 않는다는 원칙을 말한다. 우리 「민법」이 현재 채택하고 있는 방법이다.

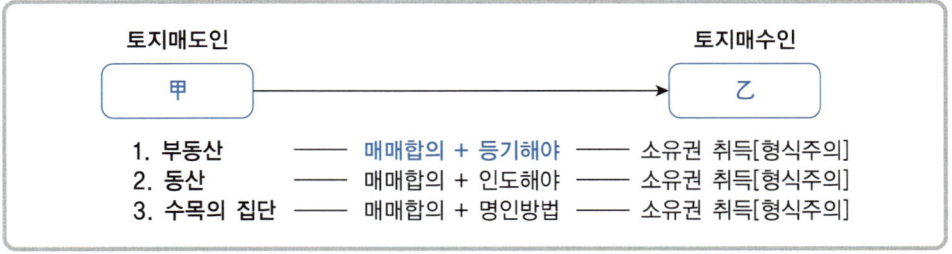

2. 공신(公信)의 원칙

(1) 의의

권리관계를 추측할 수 있는 등기나 점유 같은 외형적 요건이 있는 경우 그것을 믿고 행하여진 법률행위를 유효한 것으로 인식하는 것을 말한다.

> **더 알아보기**
>
> 종중 甲이 소유하는 임야를 대표자인 종원 乙이 관리하다가 서류를 조작하여 등기원인 없이 乙 앞으로 소유권이전등기를 경료한 다음 이런 사정을 모르는 제3자 丙에게 매각한 경우에 누가 부동산의 소유자가 되는가?
>
> | 등기의 공신력을 인정할 때
(독일 「민법」) | • 선의 제3자가 보호받는 결과가 된다.
• 소유권은 제3자 丙의 소유로 된다. |
> |---|---|
> | 등기의 공신력을 부인할 때
(한국 「민법」) | 선의의 제3자인 丙은 소유권을 취득하지 못하고, 등기를 말소당할 위험이 있다(선의 제3자가 희생). 반면에 진정한 권리자인 甲은 보호받는다. |

(2) 우리 「민법」의 태도

① **부동산**: 무효등기의 공신력을 부인한다. 따라서 부동산의 등기를 믿고 소유권을 이전받았어도 그 등기가 나중에 무효등기로 판명되면 진정소유자가 소유권을 회복하고 제3자는 말소당할 위험이 있다.❶

　㉠ 원칙

　　ⓐ 부동산 등기에는 공신력이 없다. 따라서 원인무효의 부실등기를 모르고 매수한 제3자는 원칙적으로 소유권을 취득할 수 없다.

　　ⓑ 절대적 무효인 경우, 부실등기의 경우: 선의 제3자가 보호될 수 없다.

　㉡ 예외: 법률이 거래안전보호를 위해 제3자를 보호하는 특별규정을 둔 경우

> **더 알아보기** 제3자 보호 특별규정
>
> 1. 허위표시의 무효는 '선의의 제3자'에게 대항하지 못한다(제108조 제2항). 착오, 사기, 강박으로 인한 취소는 선의 제3자에게 대항하지 못한다.
> 2. 계약의 해제는 '제3자'의 권리를 해하지 못한다(제548조 단서).
> 3. 등기부 취득시효에서 제3자가 보호받기 위하여는 선의이고 무과실이어야 한다.
> 4. 명의신탁약정의 무효는 '선의·악의 불문하고 제3자'에게 대항하지 못한다(「부동산 실권리자명의 등기에 관한 법률」 제4조).

03 물권변동을 일으키는 법률행위(물권행위)

(1) 물권행위의 의의

① 물권변동을 목적으로 하는 법률행위로서, 직접 물권의 변동을 일으키므로 더 이상 이행의 문제를 남기지 않는 처분행위를 말한다.

② 물권행위는 의무부담행위가 아니라 처분행위이므로 처분권한이 필요하다. 따라서 처분권 없는 자의 물권행위(소유권이전행위, 전세권설정, 저당권설정행위)는 무효이다.

---

❶ **등기의 공신력 부인**
등기관은 실체법상의 권리관계와 일치 여부를 심사할 권한은 없고, 오직 신청서류와 등기부에 의하여 등기요건에 합당한지를 형식적으로 심사할 권한밖에 없기 때문이다(판례).

기출 CHECK ✓
「민법」은 부동산의 등기에는 공신력을 부인하나 동산에는 점유의 공신력을 인정한다.

정답 O

(2) 물권행위의 종류

① **물권 계약**: 소유권이전의 합의, 전세권 설정합의, 저당권 설정합의, 저당권의 양도합의, 전세권의 양도합의 등이 있다.
② **단독행위**: 소유권의 포기, 제한물권의 포기 등이 있다.

> **기출 CHECK** ✓
> 소유권의 포기는 상대방 없는 단독행위이다.
> 정답 ○

제2절 부동산물권변동에서 등기 여부 제27·30·31·34·35회

목차 내비게이션
물권변동에서 등기여부
1. 등기가 필요한 경우 [제186조]
2. 등기가 불필요한 때 [제187조]

> 제186조【부동산물권변동의 효력】 부동산에 관한 **법률행위**로 인한 물권의 득실변경은 **등기하여야** 그 효력이 **생긴다**.
> 제187조【등기를 요하지 아니하는 부동산물권취득】 **상속, 공용징수, 판결, 경매 기타 법률의 규정**에 의한 부동산에 관한 물권의 **취득**은 등기를 요하지 아니한다. 그러나 등기를 하지 아니하면 이를 **처분**하지 못한다.

01 법률행위에 의한 부동산물권의 변동(제186조)

(1) 제186조가 적용되는 물권

등기가 요구되는 부동산물권은 소유권, 지상권, 지역권, 전세권, 저당권, 권리질권의 '득실변경'이다. 부동산물권 중 점유권과 유치권은 등기를 요하지 않는다.

(2) 제186조의 적용범위(물권의 변동에 등기를 요하는 경우) 제26·31회

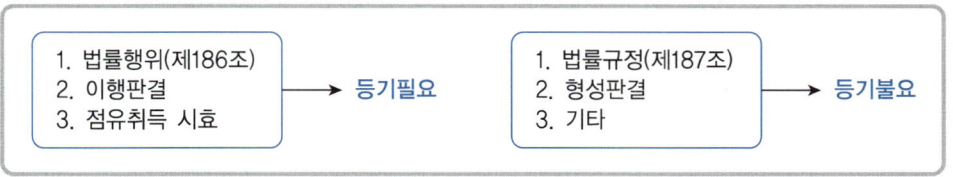

> **기출 CHECK** ✓
> 매매계약, 매매의 예약, 소유권의 포기에 의한 물권변동에는 등기를 하여야 한다.
> 정답 ○

> **기출 CHECK** ✓
> 1 공유물의 협의분할로 인한 소유권의 취득에는 등기를 요한다.
> 정답 ○
>
> 2 공유물에 대한 현물분할의 조정이 성립된 경우 공유자 앞으로 등기를 해야 소유권을 취득한다.
> 정답 ○
>
> 3 매매를 원인으로 소유권이전등기의 이행을 명하는 판결은 판결 즉시 소유권을 취득할 수 없고 등기를 한 때 소유권을 취득한다.
> 정답 ○

더 알아보기

1. 법률행위로 인한 물권 취득
   ① **매매계약**, 환매권의 행사로 소유권 취득, **교환계약**으로 인한 소유권의 취득
   ② '매매의 예약완결권의 행사'로 인한 소유권의 취득
   ③ '저당권설정계약'으로 인한 저당권 취득, 지상권설정계약으로 지상권의 취득
   ④ 공유지분의 포기에 의한 물권변동은 지분 포기의 의사표시가 있는 즉시 물권변동의 효력이 발생하는 것이 아니고 제186조에 의하여 등기를 하여야 한다(대판 2016.10.27, 2015다52978). **합유지분의 포기로 인한 물권변동**도 등기가 필요하다.

2. 점유취득시효 완성의 경우
   점유취득시효가 완성된 경우 법률규정에 의한 물권 취득이지만 예외적으로 **등기를 하여야** 소유권을 취득한다.

3. 이행판결의 경우
   매매를 원인으로 **소유권이전등기의 이행을 명하는 판결**(이행판결)만으로는 즉시 소유권이 매수자에게 이전하지 않으며 매수인 앞으로 '등기를 한 때' 소유권을 취득한다(대판 1998.7.28, 96다50025).

4. 공유물의 '협의분할', 공유물의 '조정', 화해조서에 의한 소유권을 취득하는 경우
   공유물분할의 현물분할의 협의가 성립하여 합의 사항을 조서에 기재함으로써 **조정**이 성립하였다 하더라도 즉시 공유관계가 소멸하고 각 공유자에게 협의에 따른 새로운 법률관계가 창설되는 것은 아니고 공유자들이 협의한 바에 따라 토지의 분필절차를 마친 후 각 단독소유로 다른 공유자의 공유지분을 이전받아 등기를 마침으로써 소유권을 취득한다(대판 2013.11.21, 2011두1917 전원합의체).

02 법률규정에 의한 부동산물권의 변동(제187조)

(1) 제187조의 적용범위 제26·30회

① 형성판결
  ㉠ 제187조의 판결: 제187조에서 말하는 판결은 형성판결(예 공유물분할판결)만을 의미하고 이행판결이나 확인판결의 경우에는 등기를 해야 소유권을 취득한다.
  ㉡ 공유물분할판결: 형성판결에 해당하므로 물권변동 시기는 판결이 확정된 때이고 별도의 등기를 요하지 아니한다.
② 공용징수(재결수용): 재결수용의 경우에는 보상금의 지급이라는 정지조건이 성취된 때 물권을 취득한다.
③ 상속: 피상속인이 사망한 때 등기 없이도 부동산물권은 상속인에게 이전된다. 상속 외에 포괄유증(제1078조), 회사의 합병 등으로 인한 포괄승계에 의한 부동산물권의 취득에도 등기를 요하지 않는다.
④ 경매: 제187조의 경매는 국가기관이 하는 공경매를 말하며, 「민사집행법」에 의한 경매에 한하지 않고 「국세징수법」상의 체납처분에 의한 경매를 포함한다. 경매에 의한 물권변동 시기는 경매의 매수인이 매각대금을 완납한 때이다.

(2) 기타 법률규정에 의한 물권변동(등기를 요하지 않는 경우)

① 신축으로 소유권을 취득(대판 1965.4.6, 66다113)
② 혼동에 의한 물권의 소멸, 채권의 변제로 저당권의 소멸(저당권의 말소등기 없이 소멸)
③ 존속기간 만료에 의한 용익물권의 소멸(지상권은 말소등기 없이 소멸)

기출 CHECK ✓
1 형성판결, 수용, 상속, 경매로 소유권을 취득하려면 등기를 요하지 아니한다.
정답 O

2 강제경매에 의한 관습상 법정지상권을 취득함에는 등기를 요하지 않으나 이를 양도하려면 등기를 하여야 한다.
정답 O

기출 CHECK ✓
혼동, 법정지상권의 취득, 전세권의 법정갱신, 집합건물에서 구분소유권의 취득, 공용부분의 득실변경에는 등기를 요하지 않는다.
정답 O

④ 법정지상권의 취득, 전세권의 법정갱신, 법정저당권의 취득, 관습법상 법정지상권
⑤ 매매계약의 해제(취소)로 소유권의 등기 없이 복귀: 매수인에게 이전하였던 소유권은 계약이 해제되면, 별도의 소유권이전등기 없이 매도인에게 자동으로 복귀한다(대판 1977.5.24, 75다1394).
⑥ 집합건물에서 구조상 공용부분의 득실변경에는 등기를 요하지 아니한다.
⑦ 집합건물에서 구분소유권의 취득: 구조상 독립성과 이용상 독립성을 갖추고 구분행위를 하여 구분소유권을 원시취득하는 경우(대판 2013.1.17, 2010다71578 전원합의체)

> **확인예제**
>
> **등기가 있어야 물권이 변동되는 경우는? (다툼이 있으면 판례에 따름)** 제27회
> ① 공유물분할청구소송에서 현물분할의 협의가 성립하여 조정이 된 때 공유자들의 소유권 취득
> ② 건물 소유자의 법정지상권 취득
> ③ 분묘기지권의 시효취득
> ④ 저당권실행에 의한 경매에서의 소유권 취득
> ⑤ 법정갱신된 경우의 전세권 취득
>
> **해설**
> 현물분할의 협의가 성립하여 조정이 된 때 공유자들의 소유권 취득에는 등기를 요한다. 정답: ①

제3절 등기청구권 제30·32·34회

목차 내비게이션
등기청구권
1. 의의
2. 등기청구권의 성질
3. 등기청구권의 양도

01 의의

(1) 등기청구권이란 부동산의 매수자인 등기권리자가 매도자인 등기의무자에게 등기절차에 협력할 것을 청구할 수 있는 실체법상의 권리이다(사법상 권리).

(2) 등기신청권은 사인이 등기관을 상대로 등기를 신청할 수 있는 등기절차법상 인정되는 권리를 말한다(공법상 권리).

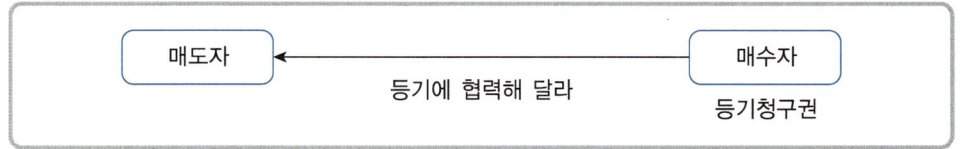

02 발생 원인에 따른 등기청구권의 성질

(1) 논의 배경

등기청구권을 채권적 청구권이라고 보면 이 청구권은 채권적 효력밖에 없고, 10년의 소멸시효에 걸리게 되며 그 양도는 채권양도의 방법에 따라야 한다. 반면에 등기청구권이 물권적 청구권이라면 이 청구권은 소멸시효로 소멸되지 않고 또한 등기청구권의 양도는 물권의 양도처럼 자유롭게 할 수 있다.

> **용어사전**
> **채권적 청구권**
> 타인에 대한 일정한 행위를 요구할 권리이다.
>
> **물권적 청구권**
> 물권이 어떤 방해를 받고 있을 때 물권자가 침해자에 대하여 갖는 청구권이다.

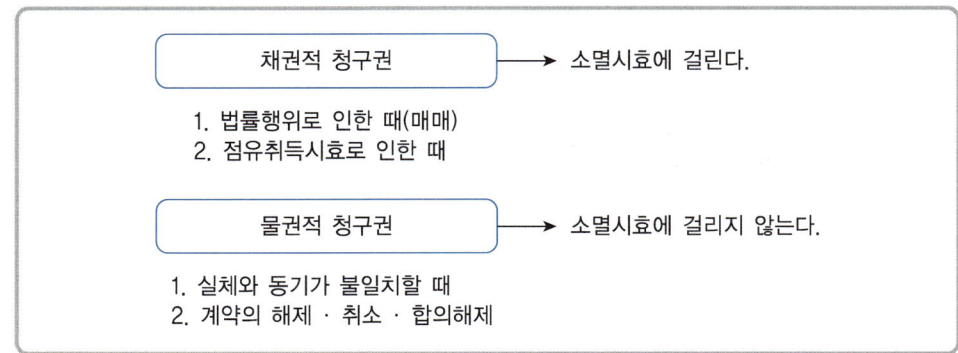

(2) 채권적 청구권인 경우❶

> ❶ **채권적 청구권인 경우**
> • 환매로 인한 등기청구권
> • 매수인의 등기청구권
> • 시효완성의 경우
> • 가등기에 의한 본등기청구권
> • 중간생략등기합의로 인한 때

① 환매권자가 행사하는 소유권이전등기청구권은 채권적 청구권이다.

② 매매로 인한 매수인의 등기청구권

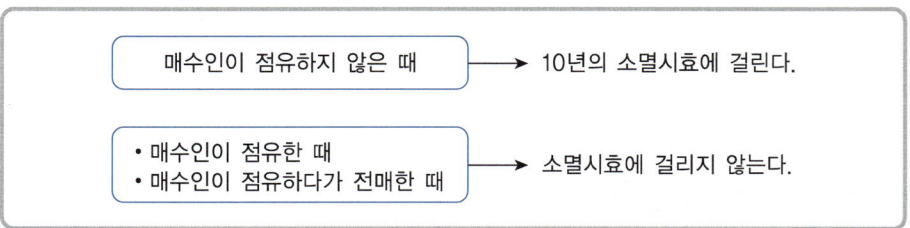

> **용어사전**
> **소멸시효**
> 법은 권리 위에 잠자는 자는 보호하지 않는다. 권리를 행사하지 않는 사실상태가 일정기간 계속된 경우에 권리의 소멸을 인정하는 제도이다.

㉠ 매수인이 부동산을 인도받지 않은 경우: 부동산 매수인의 등기청구권은 채권행위인 매매계약으로부터 발생한 것이므로 채권적 청구권이다(대판 1976.11.6, 76다148 전원합의체). 따라서 10년의 소멸시효에 걸린다.

㉡ 매수인이 부동산을 인도받아 '점유'하는 경우: 부동산의 매수인이 등기나 인도 중 어느 한쪽만이라도 권리를 행사하는 자는 권리 위에 잠자는 자라 할 수 없으므로 매수인이 부동산을 인도받아 계속 점유하는 경우 소유권이전등기청구권은 소멸시효에 걸리지 않는다(대판 1990.12.7, 90다카25208).

ⓒ 매수인이 점유하다가 다시 전매하여 점유를 상실한 경우

> 부동산의 매수인이 그 부동산을 인도받아 사용하거나 이를 사용·수익하다가 그 부동산에 대한 보다 적극적인 권리행사의 일환으로 다른 사람에게 그 부동산을 처분하고 그 점유를 승계하여 준 경우(매매한 경우)에도 그가 그 부동산을 스스로 계속 사용·수익만 하고 있는 경우와 특별히 다를 바 없으므로 위 두 어느 경우이나 이전등기청구권의 소멸시효는 진행되지 않는다(대판 1999.3.18, 98다32175 전원합의체).

기출 CHECK ✓
甲의 토지를 매수한 乙이 미등기로 점유하다가 제3자에게 매매하고 점유를 상실한 경우 乙의 甲에 대한 등기청구권은 乙이 점유를 상실한 때로부터 소멸시효가 진행한다.
정답 ✗

③ **시효완성으로 인한 등기청구권**: 점유취득시효 요건을 갖춘 경우 시효완성자의 등기청구권은 채권적 청구권의 성질을 가진다.

④ **가등기에 기한 본등기청구권**: 甲 소유 건물에 대한 매수인 乙의 매매예약에 기한 등기청구권(채권적 청구권) 보전을 위한 본등기청구권은 '매매예약이라는 채권행위'에 근거한 것이므로 채권적 청구권으로서 10년의 소멸시효에 걸린다.

⑤ **중간생략등기에 있어서 최종양수인의 최초양도인에 대한 등기청구권**: 甲, 乙, 丙으로 전전매매하기로 한 상태에서 3자의 합의로 중간자의 등기를 생략하고 甲에서 직접 丙으로 이전등기하기로 합의한 경우, 이는 '중간생략등기의 합의라는 법률행위'에 근거한 것으로 채권적 청구권이다.

(3) 물권적 청구권인 경우(실체관계와 등기명의가 불일치한 경우)❶

① **진정명의회복**을 원인으로 이전등기청구권: 실체관계와 일치하지 않는 무효의 등기가 경료된 경우 진정한 소유자의 무효등기말소청구 대신에 진정한 소유권에 기하여 진정명의회복을 위한 소유권이전등기를 청구할 수 있다. 이미 자기 앞으로 소유권을 표상하는 등기가 되어 있었던 자가 진정한 등기명의를 회복하기 위한 방법으로는 '현재의 무효등기 명의인'을 상대로 무효등기의 말소청구권과 진정명의의 회복을 원인으로 한 소유권이전등기청구권은 모두 소유권에 기한 방해배제청구권의 성질을 가지며, 법적 성질과 근거가 동일하다(대판 1990.11.27, 89다카12398 전원합의체).

❶ **등기청구권이 물권적 청구권인 경우**
- 진정명의회복
- 위조·해제시 진정소유자의 무효등기말소청구권
- 부동산의 매수인의 시효완성된 가등기말소청구권

기출 CHECK ✓
진정명의의 회복을 원인으로 한 소유권이전등기청구권은 소유권에 기한 방해배제청구권의 성질을 가진다.
정답 ○

> **핵심 콕! 콕!**
>
> 甲 소유의 토지를 서류위조로 乙이 소유권이전등기를 경료한 다음 이를 모르는 丙에게 매각하여 丙 명의로 소유권이전등기를 하여 丙이 전원주택을 신축하여 살고 있는 경우
> (가) 진정한 소유권자인 甲은 원인무효를 입증하여서 乙의 등기와 丙의 등기를 순차적으로 말소청구할 수 있다.
> (나) 진정한 소유권자인 甲은 말소등기에 갈음하여 현재 명의자인 丙으로부터 甲에게 진정명의회복으로 이전등기를 청구할 수 있다.

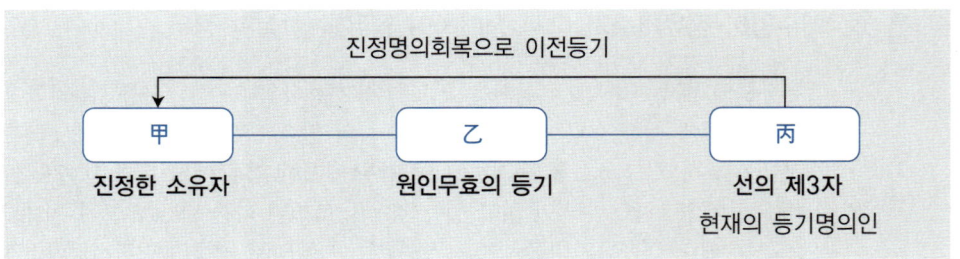

② 위조문서에 의한 등기의 경우 진정한 소유자의 무효등기 말소청구: A의 토지소유권이 서류 위조로 원인 없이 B에게 이전등기가 경료되어 실제 토지소유권자(A)와 등기부상 명의인(B)이 불일치하는 경우 진정한 소유자 A가 원인무효임을 입증하여 등기명의자인 B에게 행사하는 '무효등기의 말소청구권'은 소유권자가 물권의 효력으로서 행사하는 물권적 청구권이다.

③ 계약의 해제(취소)의 경우 실제 소유권자가 행사하는 말소청구권: A 소유 건물을 B에게 매매하여 소유권등기를 마친 상태에서 A가 적법하게 매매계약을 해제한 경우 건물의 소유권은 매도인 A에게 등기이전 없이 자동으로 복귀하므로 실제 소유자인 매도인 A가 등기명의자인 매수인 B를 상대로 행사하는 말소등기청구권은 소유권에 기한 물권적 청구권이다.

④ 가등기로 보전하려는 등기청구권이 시효로 소멸 후 매수인의 가등기말소청구: 가등기에 기한 소유권이전등기청구권이 시효완성으로 소멸 후 그 부동산을 취득한 제3자가 가등기 권리자에 대해 갖는 가등기말소청구권은 소유권에 기한 물권적 청구권이다(대판 1991.3.12, 90다카27570).

기출 CHECK
매매계약이 해제, 취소된 경우 매도인의 매수인을 상대로 하는 등기말소청구권은 물권적 청구권이다.
정답 O

03 등기청구권의 양도 요건

구분	성질	등기청구권의 양도요건
매매로 인한 등기청구권	채권적 청구권	매도인의 승낙을 요건으로 함
취득시효로 인한 등기청구권	채권적 청구권	소유자의 승낙을 요건×

(1) 부동산의 매수인이 매도인에 대하여 가지는 등기청구권을 양도하려면 매도인(채무자)의 승낙을 요한다.

① 부동산매매계약에서 매도인과 매수인은 서로 동시이행관계에 있는 일정한 의무를 부담하므로 이행과정에 신뢰관계가 따른다. 특히 매도인으로서는 매매대금 지급을 위한 매수인의 자력, 신용 등 매수인이 누구인지에 따라 계약유지 여부를 달리 생각할 여지가 있다.

② 이러한 이유로 매매로 인한 소유권이전등기청구권의 양도는 특별한 사정이 없는 이상 양도가 제한되고 양도에 채무자의 승낙이나 동의를 요한다고 할 것이므로 통상의 채권양도와 달리 양도인의 채무자에 대한 통지만으로는 채무자에 대한 대항력이 생기지 않으며 반드시 채무자의 동의나 승낙을 받아야 대항력이 생긴다.

③ 매매로 인한 소유권이전등기청구권은 채권적 청구권으로 그 이행과정에 신뢰관계가 따르므로 소유권이전등기청구권을 매수인으로부터 양도받은 양수인은 매도인이 그 양도에 대하여 동의하지 않고 있다면 매도인에 대하여 '채권양도를 원인'으로 하여 소유권이전등기절차의 이행을 청구할 수 없다.

④ 따라서 다세대건물에 대한 분양계약상의 매수인의 지위를 양수하지 않은 이상 매수인으로부터 채권으로서의 소유권이전등기청구권을 양도받은 것만으로써는 양수인이 매도인에 대하여 그 다세대건물의 매수인임을 주장할 수 없는 것이고, 이와 같은 '매수인의 지위를 양수'함에 있어서는 계약의 상대방인 매도인과의 합의(승낙)가 있어야 한다(대판 2005.3.10, 2004다67653).

(2) 취득시효 완성으로 인한 소유권이전등기청구권은 채권자와 채무자 사이에 아무런 계약관계나 신뢰관계가 없고, 그에 따라 채권자가 채무자에게 반대급부로 부담하여야 하는 의무도 없다. 따라서 취득시효완성으로 인한 소유권이전등기청구권의 양도의 경우에는 매매로 인한 소유권이전등기청구권에 관한 양도제한의 법리가 적용되지 않고 통상의 채권양도절차에 의하여 양도할 수 있다(대판 2018.7.12, 2015다36167).

> **해커스 킬 정리** **등기청구권 핵심체계 정리하기**
>
> 1. 개념[등기청구권 / 등기신청권]
> 2. 종류[채권적 청구권 / 물권적 청구권]
> 3. 등기청구권의 양도요건은?

기출 CHECK ✓
매수인이 매도인에게 등기청구권을 제3자에게 양도통지만 하고 승낙을 얻지 못한 경우 제3자는 직접 매도인에게 등기절차의 협력을 청구할 수 없다.
정답 O

기출 CHECK ✓
甲 - 乙 - 丙으로 순차 매매시 중간생략등기 합의를 한 경우 매매계약의 당사자는 甲 - 乙이다.
정답 O

> [확인예제]
>
> **부동산 소유권이전등기청구권에 관한 설명으로 옳은 것은? (다툼이 있으면 판례에 따름)**
> 제34회
>
> ① 교환으로 인한 이전등기청구권은 물권적 청구권이다.
> ② 점유취득시효 완성으로 인한 이전등기청구권의 양도는 특별한 사정이 없는 한 양도인의 채무자에 대한 통지만으로는 대항력이 생기지 않는다.
> ③ 매수인이 부동산을 인도받아 사용·수익하고 있는 이상 매수인의 이전등기청구권은 시효로 소멸하지 않는다.
> ④ 점유취득시효 완성으로 인한 이전등기청구권은 점유가 계속되더라도 시효로 소멸한다.
> ⑤ 매매로 인한 이전등기청구권의 양도는 특별한 사정이 없는 한 양도인의 채무자에 대한 통지만으로 대항력이 생긴다.
>
> [해설]
> ① 교환, 매매, 환매로 인한 이전등기청구권은 채권적 청구권이다.
> ② 양도인의 채무자에 대한 통지만으로 대항력이 생긴다.
> ④ 점유하면 시효에 걸리지 않는다.
> ⑤ 매매로 인한 이전등기청구권의 양도는 매도인의 승낙을 대항요건으로 한다.
> 정답: ③

04 부동산 미등기매수인의 지위

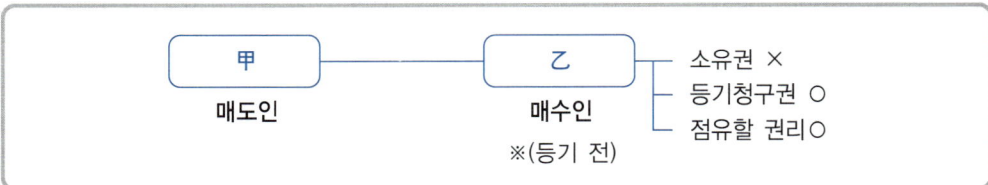

> **[더 알아보기]** 부동산 미등기매수인의 지위
>
> 1. 미등기매수인은 소유권이 인정되지 않는다.
>   ① 매수인은 매매합의만으로는 등기를 갖추지 못하여 아직 부동산의 소유권을 취득할 수 없다(형식주의 원리).
>   ② 사실상 소유(실질적 소유)란 매매 등 소유권취득의 원인이 되는 법률요건이 성립되어 소유권취득의 '실질적 요건'은 구비하였으나 '형식적 요건'인 자기명의의 등기를 갖추고 있지 않은 경우를 말한다(대판 2000.10.13, 98다55659)[세법상 개념]. 현행 법상 사실상 소유권을 인정할 수 없다.
>
> 2. 소유권에 기한 물권적 청구권이 부인된다.
>   건물을 신축하여 소유권을 원시취득한 자로부터 그 건물을 매수하였으나 아직 소유권등기를 갖추지 못한 자는 그 건물의 불법점유자에 대하여 직접 자신의 소유권에 기한 명도청구를 할 수 없다(대판 2007.6.15, 2007다11347).

기출 CHECK ✓
미등기매수인은 직접 불법점유자에게 소유권에 기한 물권적 청구권을 행사할 수 없다.
정답 O

3. 정당한 점유할 권리

미등기매수인이 다시 제3자에게 전매하여 제3자가 목적물의 인도를 받아 점유를 하는 경우 매매계약의 효력으로 **점유, 사용할 권리**가 발생하므로 매도인은 제3자인 점유자에게 소유권에 기한 반환을 청구할 수 없다(대판 1998.6.26, 97다42823).

제4절 부동산 등기제도

01 중복보존등기

(1) 서론

① 우리 등기법제상 하나의 부동산에 대하여는 하나의 등기용지만을 둔다. 따라서 어떤 부동산에 관하여 등기가 행해지면 비록 그 등기가 부적법한 것이라도 그것을 말소하지 않는 한 다시 등기를 하지 못한다.

② 동일한 부동산에 대하여 절차상, 기타사유로 인하여 이중으로 등기가 행하여지는 경우, 이중으로 경료된 등기의 효력이 어떻게 되는지가 문제된다.

(2) 사항란의 중복등기

동일인 명의로 중복하여 소유권보존등기가 경료된 경우: 먼저 경료된 등기가 유효하고 나중에 경료된 후행등기는 실제 관계와의 부합여부와 관계없이 무효이다. 이 경우 무효인 후행등기에 기하여 경락을 받았다 하더라도 낙찰자는 소유권을 취득하지 못한다(대판 1981.8.25, 80다3259).

02 무효등기의 유용

(1) 의의 제28회

① 등기와 실체관계가 부합하지 않아서 등기가 무효로 된 후 다시 무효등기에 부합하는 실체관계가 생긴 경우에 기존의 무효등기를 그대로 재활용하는 것을 말한다.

② 무효등기의 유용은 새로운 등기비용을 절감하는 장점이 있다.

핵심 콕! 콕! 채무의 전액 상환으로 무효인 저당권등기를 말소하지 않고 그대로 두다가 다시 대출받으면서 기존의 무효인 저당권등기를 그대로 재활용하는 경우

甲 ─── 1억원 채무 변제 ─── 乙
소유 건물   유용하기로 합의   은행 저당권 등기

목차 내비게이션

부동산 등기제도
1. 중복보존등기
2. 무효등기의 유용
3. 중간생략등기와 가등기
4. 실체관계와 부합하는 등기
5. 등기의 추정력
6. 등기의 불법말소
7. 입목등기

❶
- 등기의 전반적 개요는 등기법에서 상술하는 것으로 대체한다.
- 등기시스템의 이해는 분량이 너무 방대하므로 분량의 확대보다는 기출논점을 중심으로 압축하여 정리하여야 효율적이다.

목차 내비게이션

무효등기의 유용
1. 의의
2. 유용의 요건
3. 무효등기 유용의 효력

③ 무효등기의 유용의 사례
  ㉠ 가장매매에 의한 소유권이전등기는 무효이나 나중에 적법한 매매계약이 있으면 그 무효인 등기를 유용하여 유효로 볼 수 있다(대판 1986.12.9, 86다카716).
  ㉡ 甲 소유 건물에 乙명의 저당권이 설정된 상태에서 채무변제로 저당권이 소멸하여 무효로 된 뒤에 다시 甲, 乙간의 합의로 무효인 저당권을 유용하기로 합의한 경우

(2) 무효등기의 유용의 요건 제27회

① 당사자간 유용에 관한 합의가 있을 것: 무효등기의 유용은 명시적으로도 가능하고 묵시적으로도 가능하다.
② 이해관계 있는 제3자가 없을 것: 실질관계의 소멸로 무효로 된 등기의 유용은 그 등기를 유용하기로 하는 합의가 이루어지기 전에 등기상 이해관계가 있는 제3자가 생기지 않은 경우에 한하여 허용된다(대판 2009.2.26, 2006다72802). 따라서 甲 소유 토지에 乙의 저당권, 丙의 전세권이 존재하는 경우 채무자의 채무변제로 乙의 저당권 소멸 후 다시 기존의 저당권을 유용할 수 없다(후순위자 丙이 존재하므로).

(3) 유용의 효과 제29회

① 무효등기의 유용에는 소급효가 없음: 무효인 가등기를 유효한 가등기로 전용키로 한 약정은 그때부터 유효하고 이로써 위 가등기가 소급하여 유효한 등기로 전환될 수 없다(대판 1992.5.12, 91다26546).
② 표제부 등기의 유용은 불가: 표제부 등기의 유용은 인정되지 않기 때문에 기존의 3층짜리 멸실된 건물과 5층짜리 신축건물의 위치, 면적이 서로 같다고 하더라도 두 건물이 동일한 건물이라고 할 수 없으므로 멸실건물의 보존등기를 신축건물의 등기에 유용할 수 없고 그 등기는 무효이다(대판 1980.11.11, 80다441).

03 중간생략등기와 가등기

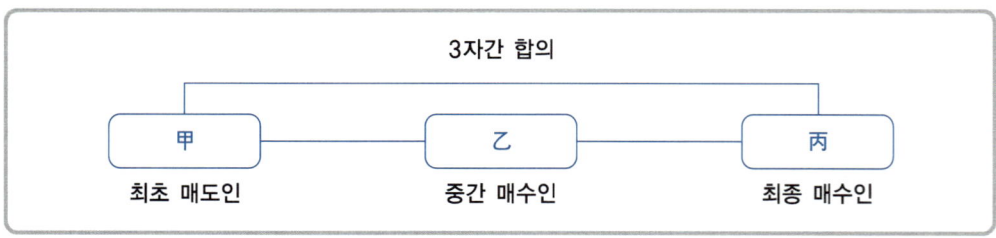

용어사전
유용
다른 용도로 돌려쓰는 것을 말한다.

기출 CHECK ✓
1 무효인 가등기를 유효한 가등기로 전용키로 한 약정은 소급하여 유효로 될 수 없다.
정답 O

2 멸실된 구건물의 등기를 신축건물의 등기로 유용할 수 없다.
정답 O

> **더 알아보기** 중간생략등기 제31·34·35회

1. 의의 및 유효성
   ① 중간생략등기: 甲 – 乙 – 丙간의 순차매매가 있는 경우 중간자 乙이 등기부에 노출되지 않고 취득세, 양도세를 면탈받고자 중간자로의 등기를 생략하고 甲으로부터 직접 丙으로 소유권이전등기를 하는 경우를 말한다.
   ② 유효성: 「부동산등기 특별조치법」은 미등기전매(중간생략등기)를 형사처벌(매매계약의 이행이 완료된 날로부터 60일 내에 등기를 신청하지 않으면 3년 이하의 징역이나 1억원 이하의 벌금형)하도록 하고 있으나, 그것이 **당사자간 중간생략등기합의에 관한 '사법상의 효력'까지 무효로 한다는 취지는 아니다**(대판 1993.1.26, 92다39112). 「부동산등기 특별조치법」상 미등기전매처벌규정은 효력규정이 아니라 **단속규정에 해당한다**. 그리고 당사자간 중간생략등기의 합의는 특별조치법 위반으로 불법이고 **'적법한 등기원인'**이 될 수 없다.

2. 3자간 합의가 있는 경우(최초매도인에서 최종매수인으로 직접 이전등기)
   이때의 합의는 묵시적으로, 순차적으로 甲-乙간, 乙-丙간, 甲-丙간으로도 가능하나 반드시 최초매도인의 승낙을 얻어야 한다.
   ① 최초매도인에서 최종매수인으로 직접 소유권이전등기를 경료할 수 있다. 다만, 3자간의 **중간생략등기의 합의가 있었다 하여도 계약당사자가 최초매도인과 최종매수인이라는 의미가 아니라** 중간자의 등기절차의 생략에 협조해준다는 의미이다.
   ② 중간생략등기의 합의가 있었다고 하여 매매계약의 당사자가 최초매도인과 최종매수인으로 되는 것은 아니므로 **중간매수인의 최초매도인에 대한 소유권이전등기청구권이 소멸되는 것은 아니다**(대판 1991.12.13, 91다18316).
   ③ 또한 이러한 합의가 있다고 하여 최초의 매도인이 매매계약상의 매수인인 중간자에 대하여 갖고 있는 **매매대금청구권의 행사**가 제한되는 것도 아니므로, 최초의 매도인은 **인상된 매매대금이 지급되지 않았음을 이유로 최종매수인 명의로의 소유권이전등기의무의 이행을 거절할 수 있다**(대판 2005.4.29, 2003다66431).

3. 3자간 합의가 없는 경우(甲에서 乙, 乙에서 丙으로 **순차적으로 이전등기**)
   ① 순차 이전(甲에서 乙, 乙에서 丙으로 **순차적으로 이전등기하여야** 한다)한다. 丙은 乙이 甲에 대하여 보유하는 등기청구권을 대위행사하여 甲 – 乙로 먼저 등기이전을 하고, 이어서 乙-丙으로 등기이전을 순차적으로 한다[순차적 이전등기]
   ② **3자 합의 없이 이미 경료된 중간생략등기의 효력은 유효하다.** 3자간의 합의가 없이 이루어진 중간생략등기일지라도 그 등기가 결국은 실체관계와 부합하는 등기가 되기 때문에 **중간생략등기에 관한 합의가 없었다는 사정만으로 무효로 할 수 없어 이 등기는 유효하다**(대판 1993.1.26, 92다39112).

4. 중간자의 등기청구권의 양도 요건은?
   미등기전매는 소유권이전이라는 신뢰관계가 수반되는 법률관계이기 때문에 3자간의 합의가 없으면 최종양수인은 최초양도인에게 직접 자기에게 이전등기할 것을 청구할 수 없고, 최종양수인이 중간자로부터 **소유권이전등기 청구권을 양도통지**하더라도 최초양도인이 양도에 동의하지 않고 있다면 **최종양수인은 최초양도인에 대하여 채권양도를 원인으로 하여 소유권이전등기이행을 직접 청구할 수 없다**(대판 1995.8.22, 95다15575).

기출 CHECK ✓
당사자간 중간생략등기의 합의는 단속규정위반으로서 적법한 등기원인이 될 수 없다.
정답 O

기출 CHECK ✓
중간생략등기의 합의가 있었다고 하여 중간매수인의 최초매도인에 대한 소유권이전등기청구권이 소멸되는 것은 아니다.
정답 O

기출 CHECK ✓
3자 합의 없이 이미 경료된 중간생략등기는 무효가 아니다.
정답 O

기출 CHECK ✓
최초양도인이 양도에 동의하지 않고 있다면 최종양수인은 최초양도인에 대하여 채권양도를 원인으로 하여 소유권이전등기이행을 직접 청구할 수 없다.
정답 O

따라서 매수한 토지를 인도받아 점유하고 있는 미등기매수인으로부터 그 토지를 다시 매수한 자는 특별한 사정이 없는 한 최초 매도인에 대하여 직접 자신에게로의 소유권이전등기를 청구할 수 없다.

5. 토지거래허가구역 내에서 중간생략등기는 무효이다.
   허가구역 내에서 3자의 합의 아래 전전매매된 경우, 이 경우 **각 매매계약은 처음부터 무효이고, 최종양수인은 최초양도인에게 직접 허가신청절차의 협력을 구할 수 없다**(대판 1996.6.28, 96다3982). 甲으로부터 매매계약을 체결한 乙이 다시 丙에게 X토지를 전매하고, 丙이 자신과 甲을 매매 당사자로 하는 토지거래의 허가를 받아 甲으로부터 곧바로 등기를 이전받았어도 그 등기는 무효이다. 또한, 丙이 甲에게 **직접 허가절차의 협력을 청구할 수 없다.**

6. 중간생략등기의 응용
   미등기건물의 양수인이 그 건물을 신축한 양도인의 동의를 얻어 **직접 승계취득자인 양수인 명의로 직접 보존등기를 한 경우에도** 결국은 실체관계와 부합하는 등기이므로 유효한 등기이다(대판 1995.12.26, 94다44675).

> **확인예제**
>
> X 토지는 甲 → 乙 → 丙으로 순차 매도되고, 3자간에 중간생략등기의 합의를 하였다. 이에 대한 설명으로 틀린 것은? (다툼이 있으면 판례에 따름) 제31회
>
> ① 丙은 甲에게 직접 소유권이전등기를 청구할 수 있다.
> ② 乙의 甲에 대한 소유권이전등기청구권은 소멸하지 않는다.
> ③ 甲의 乙에 대한 매매대금채권의 행사는 제한받지 않는다.
> ④ 만약 X토지가 토지거래허가구역에 소재한다면, 丙은 직접 甲에게 허가신청절차의 협력을 구할 수 없다.
> ⑤ 만약 중간생략등기의 합의가 없다면, 丙은 甲의 동의나 승낙 없이 乙의 소유권이전등기청구권을 양도받아 甲에게 소유권이전등기를 청구할 수 있다.
>
> **해설**
> 중간생략등기의 합의가 없다면, 丙은 甲의 승낙 없이 乙의 소유권이전등기청구권을 양도받아 甲에게 직접 소유권이전등기를 청구할 수 없다.
> 정답: ⑤

❶
1. 본등기 전 효력
2. 본등기 후 효력

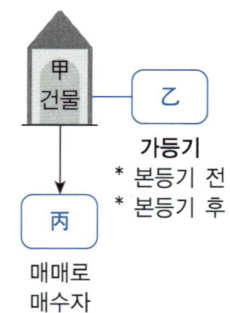

매매로 매수자

> **더 알아보기** 가등기 쟁점 정리 제30회
>
> 1. 가등기의 전제조건❶
>   자신의 '**채권적 청구권을 보전**'하기 위하여 허용되고 **물권적 청구권을 보전하기 위하여는 허용될 수 없다**(대판 1982.11.23, 81다카1110).
>
> 2. 본등기 전 가등기의 효력
>   ① 가등기 상태로는 실체법상 효력이 없다: 가등기에 기하여 본등기가 없는 한 **가등기만으로는 아무런 실체법상의 효력이 없다.** 따라서 본등기 전의 가등기권리자는 중복된 무효인 보존등기의 말소를 청구할 수 없다(대판 2001.3.23, 2000다51285).

② **가등기의 추정력 문제**: 가등기가 경료된 것만으로는 가등기된 청구권의 기초인 법률관계인 매매가 존재한다는 추정력도 인정되지 않는다(대판 1979.5.22, 79다239).
③ **가등기의 양도**: 가등기상 권리의 이전등기도 가등기의 양도인과 양수인간의 합의로 가등기의 부기등기 형식으로 경료할 수 있다(대판 1998.11.19, 98다24105 전원합의체).
④ **가등기 소멸시효**: 가등기의 등기원인에 해당하는 매매가 채권적 청구권으로 10년의 소멸시효에 걸리므로 가등기가 경료된 상태에서 그 부담을 안고 인수한 제3자인 부동산의 소유권자는 그 소유권에 기한 방해배제청구권으로서 소멸시효를 이유로 가등기의 말소를 청구할 수 있다.

3. 본등기 후의 효력
   ① 가등기에 기한 본등기를 경료한 경우 물권변동의 시기는?
      ㉠ 물권변동의 효력은 본등기를 한 때(가등기권리자에게 소유권이전등기를 경료한 때)에 발생하고 가등기를 한 때로 소급하는 것이 아니다.
      ㉡ 가등기 후 경료된 중간취득등기는 가등기에 기한 본등기 경료시 직권말소된다. 가등기 후에 이루어진 중간취득등기(예컨대 가등기 후 소유권이전등기, 가등기 후 가압류를 경료한 경우 가등기권리자가 나중에 가등기에 기해 본등기를 실행하게 되면 본등기의 순위가 가등기한 때로 소급함으로써 그 중간취득등기가 본등기보다 후순위로 되거나 직권말소된다(대판 1982.6.22, 81다1298).
   ② **본등기의 상대방은 가등기 당시의 소유자**: 가등기에 저촉되는 중간처분이 있는 경우라도 가등기권리자는 현재 소유자가 아니라 가등기 당시 의무자를 상대로 본등기를 하여야 한다(대판 1962.12.24, 4294민재항675 전원합의체).

> **확인예제**
>
> **청구권보전을 위한 가등기에 관한 설명으로 틀린 것은? (판례에 따름)** 제32회
>
> ① 가등기된 소유권이전청구권은 가등기에 대한 부기등기의 방법으로 타인에게 양도될 수 있다.
> ② 정지조건부 청구권을 보전하기 위한 가등기도 허용된다.
> ③ 가등기에 기한 본등기 절차에 의하지 않고 별도의 본등기를 경료받은 경우, 제3자 명의로 중간처분의 등기가 있어도 가등기에 기한 본등기 절차의 이행을 구할 수 없다.
> ④ 가등기는 물권적 청구권을 보전하기 위해서는 할 수 없다.
> ⑤ 소유권이전청구권을 보전하기 위한 가등기에 기한 본등기를 청구하는 경우, 가등기 후 소유자가 변경되더라도 가등기 당시의 등기명의인을 상대로 하여야 한다.
>
> **해설**
> 가등기에 기한 본등기 절차에 의하지 않고 별도의 본등기를 경료받은 경우, 제3자 명의로 중간처분의 등기가 있은 경우 가등기에 기한 본등기 절차의 이행을 청구할 수 있다.
> 정답: ③

04 실체관계와 부합하여 유효한 등기

(1) 실체관계와 다른 등기원인에 의한 등기

甲이 乙에게 실제는 증여인데 매매를 원인으로 하여 소유권이전등기를 경료한 경우 그 등기도 '실체관계와 부합하므로 유효'하다(증여로 소유권이전등기를 경료하여도 乙 소유고, 매매를 원인으로 소유권이전등기를 하여도 乙 소유이므로 실체관계와 일치한다).

(2) 중간생략등기의 합의 없이 미리 중간생략등기가 경료된 때

전원의 합의 없이 이미 중간생략등기가 경료되어 버린 경우, 계약당사자들 사이에 양도계약이 적법하게 성립된 이상 그 등기는 실체에 부합하는 등기이므로 무효라고 할 수 없다(대판 1979.7.10, 79다847).

(3) 모두(冒頭)생략등기

건물을 신축하여 원시취득한 자로부터 매매로 승계취득한 자가 쌍방 합의하에 원시취득자로부터 이전등기가 아니라 직접 소유권보존등기를 경료한 경우, 이 보존등기는 실체적 권리관계에 부합하므로 유효하다(대판 1995.12.26, 94다44675). 미등기건물의 원시취득자는 그 승계인과 합의하여 승계인 명의로 소유권보존등기를 하여 유효하게 건물소유권을 이전할 수 있다.

> **기출 CHECK** ✓
> 건물을 신축하여 원시취득한 자로부터 매매로 승계취득한 자가 직접 '소유권보존'등기를 경료한 경우 이 등기는 유효이다.
> 정답 O

(4) 존속기간 시작 전에 경료된 전세권등기의 효력 제29·31회

합의한 전세권의 존속기간이 시작되기 전에 전세권등기가 경료된 경우 그 등기는 특별한 사정이 없는 한 유효로 추정된다(판례).

(5) 건물의 완성 전에 경료된 소유권보존등기 제28회

건물을 신축하여 완성하기 전에 소유권보존등기가 먼저 경료된 후 나중에 건물이 완성된 경우 그 등기는 유효하다(판례).

(6) 위조문서에 의한 등기가 실체관계와 부합할 경우

위조문서에 의한 등기라도 실체관계와 부합하면 유효하다(대판 1965.5.25, 65다365). 예컨대 甲 소유 토지 1천평을 乙이 서류를 위조하여 원인 없이 乙 앞으로 소유권이전등기가 경료된 상태에서 乙이 소송 중에 토지를 甲으로부터 실제 매수를 한 경우 이미 乙 앞으로 경료되어 있던 소유권이전등기는 실체에 부합하는 유효한 등기다.

05 등기의 추정력 제30·31회

(1) 추정력의 개념
어떤 등기가 존재하면 그와 일치하는 실체적 권리관계가 존재하는 것으로 추정하는 것을 말한다.

(2) 추정력의 범위 제27·30회

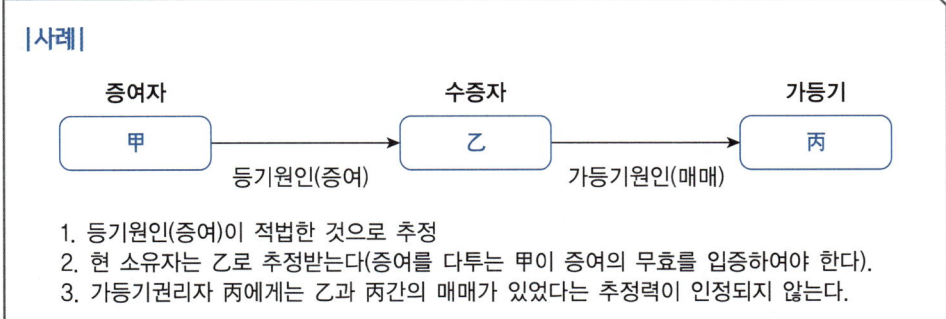

| 사례 |

증여자 甲 → 수증자 乙 → 가등기 丙
등기원인(증여)   가등기원인(매매)

1. 등기원인(증여)이 적법한 것으로 추정
2. 현 소유자는 乙로 추정받는다(증여를 다투는 甲이 증여의 무효를 입증하여야 한다).
3. 가등기권리자 丙에게는 乙과 丙간의 매매가 있었다는 추정력이 인정되지 않는다.

① 등기된 권리의 적법추정
  ㉠ 현재 명의인이 적법한 권리자로 추정: 소유권이전등기는 권리의 추정력이 있으므로 이를 다투는 측에서 무효사유를 입증하여야 하며, 이를 다투는 측에서 무효사유를 입증하지 못하는 한 현재 등기명의인은 적법한 소유자로 추정된다(사례에서 甲으로부터 乙은 적법한 증여를 원인으로 소유권을 취득한 것으로 추정된다(대판 1979.6.26, 79다741).
  ㉡ 담보물권의 등기: 담보물권의 등기(저당권의 등기)가 경료되면 그 담보물권의 존재 자체뿐만 아니라 이에 상응하는 피담보채권이 존재하는 것으로 추정된다(대판 1969.2.18, 68다2329). 다만, 근저당권등기가 행해지면 그 피담보채권을 성립시키는 기본계약의 존재는 추정되지 않는다.
  ㉢ 소유권이전청구권 보전을 위한 가등기가 있는 경우: 소유권이전등기를 청구할 어떤 법률관계(매매)가 있다고 추정되지는 않는다.

② 등기원인과 절차의 적법추정

> **등기의 추정력이 '등기원인'에도 미치는지 여부**
> 매매를 원인으로 매수인에게 소유권이전등기가 경료되면 등기원인인 매매가 적법하다고 추정된다. 따라서 등기원인의 무효를 주장하는 자가 그 원인사실의 부존재를 입증하여야 한다(대판 1977.6.7, 76다3010).

목차 내비게이션

등기의 추정력
1. 의의
2. 추정력의 범위
3. 추정력이 깨지는 경우
4. 점유의 추정력과의 관계

기출 CHECK ✓
1 저당권등기가 경료되면 이에 상응하는 피담보채권이 존재하는 것으로 추정된다.
  정답 O

2 근저당권등기가 행해지면 그 피담보채권을 성립시키는 기본계약의 존재도 추정된다.
  정답 X

기출 CHECK ✓
소유권이전등기가 경료되면 등기의 원인(매매), 절차가 적법한 것으로 추정된다.
  정답 O

기출 CHECK ✓
1 소유권이전등기명의인은 제3자뿐만 아니라 전 소유자에 대하여도 적법한 등기원인으로 소유권을 취득한 것으로 추정된다.
정답 O

2 건물 소유권보존등기에서 전 소유자는 양도사실을 부인하는 경우에는 그 보존등기의 추정력은 깨어진다.
정답 O

③ 대리에 의한 매매의 경우 소유권이전등기의 대리권존재의 추정: 매매를 원인으로 하는 소유권이전등기의 등기명의인은 본인이 직접 또는 대리인에 의해 적법하게 매수한 것으로 추정된다. 매도자가 현재 명의자의 등기가 원인무효임을 이유로 말소를 청구하는 경우 매도자인 전 등기명의인으로서는 제3자에게 전 등기명의인을 대리할 권한이 없었다든지 또는 제3자가 전 등기명의인의 등기서류를 위조하였다는 등의 무효사실에 대한 입증책임을 진다(대판 1993.10.12, 93다18914).

④ 물권변동의 당사자 사이에도 추정력이 미치는가?

> ㉠ 소유권이전등기명의인은 '제3자'에 대하여 뿐만 아니라 '전 소유자'에 대하여도 매매, 증여 같은 적법한 등기원인에 의하여 소유권을 취득한 것으로 추정된다(대판 1994.9.13, 94다10160). 즉, 물권변동의 '당사자 사이'에서도 추정력이 인정된다.
>
> ㉡ 건물 소유권보존등기 명의자가 보존등기하기 이전의 소유자로부터 부동산을 양수한 것이라고 주장하고 전 소유자는 양도사실을 부인하는 경우에는 그 보존등기의 추정력은 깨어진다(대판 1982.9.14, 82다카707).

(3) 등기의 추정력이 깨어지는 경우 제27·30회

① 계약서가 진정하지 않은 것임이 입증된 때: 소유권이전등기의 원인으로 주장된 계약서가 진정하지 않은 것으로 증명된 이상 등기의 추정은 복멸되는 것이고 계속 다른 적법한 등기원인이 있을 것으로 추정할 수는 없다(대판 1998.9.22, 98다29568).

② 사망자(死亡者) 명의 등기신청에 의해 경료된 등기
  ㉠ 원칙: 전 소유자가 사망한 후에 사망자 명의의 등기신청에 의하여 경료된 등기는 원인무효의 등기로서 등기의 추정력이 인정되지 않는다.
  ㉡ 예외: 등기의무자의 사망 전에 그 등기원인(매매)이 이미 존재하는 경우, 그 등기는 적법하게 경료된 것으로 추정되어 그 등기의 추정력을 부정할 수 없다(대판 1997.11.28, 95다51991). 즉, 등기원인(매매)이 이미 존재하고 있으나 아직 등기신청을 하지 않고 있는 동안 상속이 개시된 경우 피상속인이 살아있다면 그가 신청하였을 등기를 상속인이 신청하는 때에는 그 등기를 무효라고 할 수 없다.
  ㉢ 구「부동산 소유권이전등기에 관한 특별조치법」(1977.12.31, 법률 제3094호, 실효)에 따라 마쳐진 등기는 실체적 권리관계에 부합하는 등기로 추정되고, 보증서나 확인서가 허위 또는 위조된 것이라거나 그 밖의 사유로 적법하게 등기된 것이 아니라는 입증이 없는 한 그 소유권보존등기나 이전등기의 추정력은 번복되지 않는다(대판 2002.3.15, 2001다77352).

기출 CHECK ✓
1 소유권이전등기의 원인으로 주장된 계약서가 진정하지 않은 것으로 증명된 이상 그 등기의 추정력은 깨어진다.
정답 O

2 사망한 등기의무자로부터 경료된 등기라도 사망 전에 이미 매매가 존재하는 경우 그 등기는 무효가 아니다.
정답 O

③ 보존등기의 추정력이 깨어지는 경우: 소유권보존등기는 등기명의인이 원시취득자가 아님이 증명된 경우 추정력이 깨어진다. 건물의 소유권보존등기의 명의자가 건물의 신축자가 아닌 것임이 증명된 경우 그 보존등기의 추정력은 깨어진다(대판 2007.10.25, 2007다46138).

④ 전 소유자가 양도사실을 부인할 때: 보존등기 명의자가 보존등기하기 이전의 소유자로부터 부동산을 양수한 것이라고 주장하고 전 소유자는 양도사실을 부인하는 경우에는 그 보존등기의 추정력은 깨어진다(대판 1982.9.14, 82다카707). 왜냐하면 보존등기는 명의자의 단독신청으로 이루어지기 때문에 전 소유자로부터 적법한 원인으로 등기되었음이 추정되지 않는다. 그 결과 전 소유자가 양도사실을 부인하면 추정력이 깨어지는 것이다.

⑤ 보존등기 명의인 이외의 자가 당해 토지를 사정받은 것이 밝혀진 때: 토지조사부에 소유자로 등재되어 있는 자는 반증이 없는 이상 토지 소유자로 사정받아 그 사정이 확정된 것으로 추정되어 토지를 원시적으로 취득하게 되고, 소유권보존등기 추정력은 보존등기 명의인 이외의 자가 당해 토지를 사정받은 것으로 밝혀지면 깨어진다(대판 2011.5.13, 2009다94384).

(4) 점유의 추정력과의 관계 제27·28회

제200조는 점유자가 점유물에 대하여 행사하는 권리는 적법하게 보유한 것으로 추정한다고 규정하고 있는데 이 규정이 부동산에 관해서도 적용되는가? 점유의 추정력은 동산에만 적용되고 부동산에 대하여는 점유의 추정력에 관한 제200조는 적용되지 않는다. 따라서 부동산에 대하여 등기명의인과 점유자가 일치하지 않는 경우, 점유가 아닌 등기에 권리추정력이 인정된다(대판 1982.4.13, 81다780).

06 등기가 불법말소된 경우

등기의 불법말소의 경우(등기는 사라져도 물권은 사라지지 않는다)

① 등기는 물권의 효력발생요건에 불과하고 효력존속요건은 아니므로 등기가 원인 없이 불법말소되었다 하더라도 그 물권은 소멸하지 않는다(대판 1982.9.14, 81다카923).
② 소유권이전등기가 불법말소된 경우, 말소된 등기의 최종명의인은 그 회복등기가 경료되기 전이라도 적법한 권리자로 추정된다.
③ 등기가 불법말소된 후 소유권이 제3자에게 이전된 경우에는 당초 말소 당시의 소유자를 상대로 말소회복등기 청구를 하여야 한다(대판 1969.3.18, 68다1617).

기출 CHECK ✓
1 소유권등기가 원인 없이 불법 말소되었다 하더라도 그 물권은 소멸하지 않는다.
정답 O

2 저당권등기가 원인 없이 불법하게 말소된 경우 그 저당권은 소멸한다.
정답 X

확인예제

등기의 추정력에 관한 설명으로 옳은 것을 모두 고르면? (판례에 따름) 제30회

㉠ 사망자 명의로 신청하여 이루어진 이전등기에는 특별한 사정이 없는 한 추정력이 인정되지 않는다.
㉡ 대리에 의한 매매계약을 원인으로 소유권이전등기가 이루어진 경우, 대리권의 존재는 추정된다.
㉢ 근저당권등기가 행해지면 피담보채권뿐만 아니라 그 피담보채권을 성립시키는 기본계약의 존재도 추정된다.
㉣ 건물 소유권보존등기 명의자가 전(前)소유자로부터 그 건물을 양수하였다고 주장하는 경우, 전(前)소유자가 양도사실을 부인하더라도 그 보존등기의 추정력은 깨어지지 않는다.

① ㉠, ㉡   ② ㉠, ㉢   ③ ㉡, ㉢   ④ ㉡, ㉣   ⑤ ㉢, ㉣

해설

옳은 것은 ㉠㉡이다.
㉢ 근저당권등기가 행해지면 피담보채권의 존재는 추정되나 그 피담보채권을 성립시키는 기본계약의 존재는 추정되지 않는다. 그러므로 기본계약을 성립시키는 법률행위가 별도로 존재하여야 근저당권이 유효하게 성립한다.
㉣ 건물 소유권보존등기에서 전(前)소유자가 양도사실을 부인하는 경우, 그 보존등기의 추정력은 깨어진다.

정답: ①

07 입목등기와 명인방법

(1) 입목등기

① **입목**: 「입목에 관한 법률」에 의해서 소유권보존등기를 경료한 수목의 집단을 말한다.
② **소유권, 저당권의 변동을 공시**: 「입목에 관한 법률」로 등기된 수목에는 '소유권'을 유보하거나 이전할 수 있을 뿐만 아니라 '저당권'의 설정도 가능하다.

> **기출 CHECK** ✓
> 등기된 입목에는 소유권, 저당권을 공시할 수 있다.
> 정답 ○

(2) 명인방법(明認方法)에 의한 물권변동

① **명인방법**: 입목을 제외한 수목의 집단과 입도, 미분리의 과실, 인삼, 엽연초, 농작물 등의 소유자가 누구라고 하는 것을 외부로부터 명백하게 인식할 수 있도록 한 공시방법을 말한다. 예컨대 수목의 집단의 경우에 울타리를 둘러치고 푯말을 세우고서 '소유자 ○○○라고 표시하여 입산금지'라고 표시해 두는 것을 말한다.
② **공시대상**: 명인방법으로 공시되는 물권의 변동은 소유권의 이전과 유보에 한정된다. 그러므로 명인방법으로는 수목에 저당권을 설정할 수 없다는 한계가 있다.

> **기출 CHECK** ✓
> 명인방법으로 공시되는 물권의 변동은 '소유권의 이전과 유보'에 한정된다.
> 정답 ○

> **해커스 킬 정리** 물권변동 핵심체계 정리하기
>
> 1. 공시의 원칙 / 등기의 공신력 부인
> 2. 등기 여부
>   ① [제186조 – 법률행위로 인한 경우 등기를 해야]
>   ② [제187조 – 법률규정으로 인한 경우 등기 없이]
> 3. 등기청구권
>   ① [채권적 청구권 – 매매, 시효완성일 때]
>   ② [물권적 청구권 – 실체와 등기가 불일치 / 진정 명의회복]
>   ③ 등기청구권의 양도요건은?
>   ㉠ 매매일 때 매도인의 승낙을 얻어야
>   ㉡ 시효완성일 때 양도통지만으로 대항력
> 4. 등기제도[중간생략등기 / 가등기 기타 / 등기의 추정력]

제5절 동산물권의 변동

01 동산의 권리자로부터의 인도

> 제188조 【동산물권양도의 효력, 간이인도】
> ① 동산에 관한 물권의 양도는 그 동산을 인도하여야 효력이 생긴다.
> ② 양수인이 이미 그 동산을 점유한 때에는 당사자의 의사표시만으로 그 효력이 생긴다.
>
> 제189조 【점유개정】 동산에 관한 물권을 양도하는 경우에 당사자의 계약으로 양도인이 그 동산의 점유를 계속하는 때에는 양수인이 인도받은 것으로 본다.
>
> 제190조 【목적물반환청구권의 양도】 제3자가 점유하고 있는 동산에 관한 물권을 양도하는 경우에는 양도인이 그 제3자에 대한 반환청구권을 양수인에게 양도함으로써 동산을 인도한 것으로 본다.

1. 원칙

「민법」은 동산물권변동에 관해서도 형식주의(성립요건주의)를 채택하고 있다. 즉, 동산의 물권거래의 합의와 인도가 있어야 동산물권의 변동이 일어난다.

2. 인도(引導)의 종류

(1) 의의

동산의 인도란 점유의 이전을 말한다.

(2) 인도의 종류 4가지

① 현실의 인도(물건을 배달하여 점유를 이전): 동산인 물건이 양도인의 지배권으로부터 양수인의 지배권으로 현실적으로 이전함을 말한다.
② 간이인도(양수인이 빌려서 사용하던 동산을 매수하는 경우)
③ 점유개정(양도인이 동산을 팔고 나서 계속 빌려서 쓰는 경우)
④ 목적물반환청구권의 양도(제3자에게 빌려준 것을 매매하는 경우): 제3자가 점유하고 있는 동산에 관한 물권을 양도하는 경우에는 양도인이 그 제3자에 대한 반환청구권을 양수인에게 양도함으로써 동산을 인도한 것으로 본다(제190조).

02 동산의 선의취득

> 제249조【선의취득】평온, 공연하게 동산을 양수한 자가 **선의이며 과실없이 그 동산을 점유한 경우**에는 양도인이 정당한 소유자가 아닌 때에도 즉시 그 동산의 소유권을 취득한다.
> 제250조【도품, 유실물에 대한 특례】전조의 경우에 그 동산이 도품이나 유실물인 때에는 피해자 또는 유실자는 도난 또는 유실한 날로부터 **2년 내에 그 물건의 반환**을 청구할 수 있다. 그러나 도품이나 유실물이 금전인 때에는 그러하지 아니하다.
> 제251조【도품, 유실물에 대한 특례】양수인이 도품 또는 유실물을 경매나 공개시장에서 또는 동종류의 물건을 판매하는 상인에게서 **선의로**❶ 매수한 때에는 피해자 또는 유실자는 양수인이 지급한 **대가를 변상하고** 그 물건의 반환을 청구할 수 있다.

❶ 무과실까지 필요하다.

1. 의의

동산의 점유자가 무권리자인 경우에도 상대방이 무권리자를 진정한 권리자인 것으로 믿고 거래한 경우 상대방이 동산에 대한 소유권을 취득하는 것을 말한다. 선의취득은 동산거래의 신속과 거래안전을 위해서 동산 물권변동의 공시방법인 점유에 공신력을 부여한 제도이다.

핵심 콕! 콕!

甲이 소유하는 골프채를 친구 乙이 빌려서 사용하던 중 乙이 이런 사정을 모르는 중고 골프샵 사장 丙에게 매각하여 골프채를 인도한 경우 누가 골프채의 소유자인가?

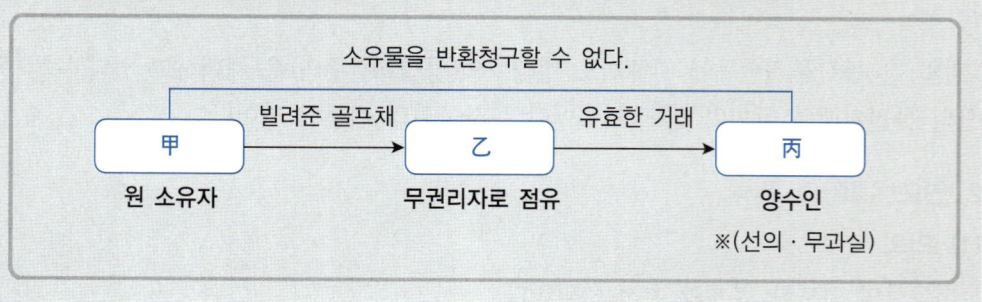

2. 선의취득의 요건

(1) 선의취득의 객체(동산)
① 선의취득은 점유로 공시되는 동산만 가능하다. 따라서 부동산, 선박이나 자동차와 같이 등기나 등록에 의하여 공시되는 동산은 선의취득의 대상이 되지 못한다.
② 등기된 입목, 명인방법에 의해 공시되는 수목의 집단은 선의취득의 대상이 될 수 없다.
③ 아파트 입주권, 분양권은 선의취득의 대상이 될 수 없다.

> **기출 CHECK ✓**
> 저당권, 부동산, 입주권은 선의취득할 수 없다.
> 정답 O

(2) 양도인은 동산의 점유자이지만 무권리자일 것
양도인은 점유자이어야 한다. 그 점유가 직접점유인가 간접점유인가 자주점유인가 타주점유인가는 문제되지 않는다.

(3) 유효한 거래행위
① 거래행위에 제한능력자, 착오, 사기, 강박처럼 하자가 있는 경우와 무권대리인의 처분행위처럼 거래행위가 무효인 경우동산의 선의취득이 인정될 수 없다.
② 양도인과 양수인간의 거래행위에는 매매뿐만 아니라 경매도 포함한다. 채무자 이외의 자가 소유하던 동산을 경매로 낙찰받아 점유한 낙찰자는 동산을 선의취득할 수 있다(대판 1998.3.27, 97다32680).

> **기출 CHECK ✓**
> 양도인과 양수인간의 거래가 무효인 경우 선의취득할 수 없다.
> 정답 O

(4) 양수인이 점유를 취득할 것
① 양수인이 거래를 하여 점유를 인도받아야 하는데 점유취득의 방법 중 현실의 인도, 간이인도, 목적물반환청구권의 양도에 의한 취득으로 선의취득이 가능하다.
② 주의할 것은 점유개정에 의한 선의취득은 판례가 이를 인정하지 않는다. 예컨대 甲 소유 물건을 乙이 점유하다 선의인 丙에게 매각하고 다시 빌려서 乙이 점유를 유지하는 경우 丙의 선의취득은 부정된다. 왜냐하면 양수인의 점유취득은 물건에 대한 사실상 지배가 원소유자의 지배를 벗어나서 이전해 와야 하는데 점유개정에서는 아무런 외관상 변경이 없고 여전히 원소유자의 지배관계를 벗어나지 못하기 때문이다.

> **기출 CHECK ✓**
> 점유개정에 의한 점유취득으로는 선의취득할 수 없다.
> 정답 O

(5) 점유취득의 평온, 공연, 선의, 무과실
① 양수인의 동산점유로 평온, 공연, 선의는 제197조에 의하여 추정된다.
② 양수인의 무과실에 관해서는 판례는 추정되지 않고 양수인(선의취득자)이 스스로 무과실임을 입증해야 한다는 태도이다(대판 1981.12.22, 80다2910).

> **기출 CHECK ✓**
> 양수인에게 선의는 추정되나 무과실은 추정되지 않는다.
> 정답 O

3. 선의취득의 효과

(1) 선의취득자는 확정적으로 원시취득한다.

① 취득되는 물권은 소유권과 질권에 한한다.
② 선의취득에 의한 소유권취득의 효과는 확정적이기 때문에 선의취득자는 역으로 선의취득의 효과를 거부하고 종전 소유자에게 동산을 반환받아 갈 것을 요구할 수 없다(대판 1998.6.12, 98다6800).

(2) 부당이득반환의무 없다.

선의취득은 거래안전을 위한 제도이므로 선의취득자는 원소유자에게 부당이득반환의무가 없다.

제6절 물권의 소멸

목차 내비게이션

물권의 소멸 원인
1. 물건의 멸실
2. 소멸시효
3. 물권의 포기
4. 혼동

01 목적물의 멸실

(1) 물건의 멸실

건물이 멸실되면 그 건물의 소유권도 말소등기 없이 소멸한다.

(2) 토지의 포락

한번 포락되어 해면 아래에 잠김으로써 복구가 심히 곤란하여 토지로서의 효용을 상실하면 종전의 소유권이 영구히 소멸되고, 그 후 포락된 토지가 다시 성토되어도 종전의 소유자가 다시 소유권을 취득할 수는 없다(대판 1992.9.25, 92다24677).

기출 CHECK ✓
토지가 포락되어 복구가 심히 곤란하여 토지로서의 효용을 상실하면 종전의 소유권이 영구히 소멸한다.
정답 O

❶ 소유권, 점유권은 소멸시효에 걸리지 않는다.

02 소멸시효❶

(1) 소유권

소유권은 소멸시효에 걸리지 않는다.

(2) 점유권과 유치권

점유의 존속을 그 성립요건으로 하므로 소멸시효의 적용이 없다.

기출 CHECK ✓
저당권은 피담보채권이 존속하는 한 독립하여 소멸시효에 걸리지 않는다.
정답 O

(3) 담보물권

피담보채권이 존속하는 한 담보물권만이 독립하여 소멸시효에 걸리지는 않는다.

(4) 용익물권(지상권, 지역권)

20년간 사용, 수익을 방치하면 소멸시효에 의해 소멸한다(제162조 제2항).

03 물권의 포기

(1) 소유권의 포기

상대방 없는 단독행위이지만, 제한물권의 포기는 상대방 있는 단독행위이다.

(2) 지상권이 저당권의 목적이 되어 있는 경우

지상권자가 지상권을 포기함에는 저당권자의 동의가 필요하다(제371조 제2항).

04 혼동[1]

> 제191조 【혼동으로 인한 물권의 소멸】
> ① 동일한 물건에 대한 **소유권**과 **다른 물권**이 동일한 사람에게 귀속한 때에는 **다른 물권**은 소멸한다. 그러나 **그 물권이 제3자의 권리의 목적이 된 때**에는 소멸하지 아니한다.
> ② 전항의 규정은 소유권 이외의 물권과 그를 목적으로 하는 다른 권리가 동일한 사람에게 귀속한 경우에 준용한다.
> ③ **점유권**에 관하여는 전2항의 규정을 적용하지 아니한다.

핵심 콕! 콕! 甲 소유의 빌라에 빌라의 전세권자 乙이 빌라매매로 소유권을 취득한 때?

1. 원칙
   (1) 소유권과 전세권이 동일인에 귀속하면 **전세권은 혼동으로 소멸한다.**
   (2) 甲 소유의 건물에 '**임차인**' 乙이 건물을 매매하여 '소유권을 취득'한 경우 임차권과 임대인의 지위가 동일인에 귀속하므로 **임차인 乙의 보증금반환청구권은 소멸한다.**
2. 예외: 후순위 권리자가 존재하는 경우, 제한물권은 소멸하지 않는다.

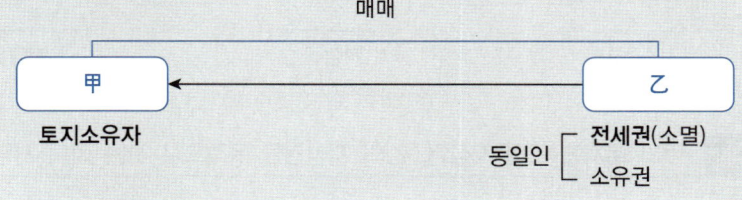

(1) 의의

① 혼동이란 채권·채무와 같이 서로 대립하는 2개의 법률상 지위가 동일인에게 귀속하는 일을 말한다. 예컨대 채무자가 채권을 양수받거나 전세권자가 가옥의 소유권을 취득한 경우에 혼동이 일어난다. 혼동이 있게 되면 권리(예 채권, 전세권 등)는 원칙적으로 소멸한다. 왜냐하면 채권자가 자신에 대하여 채권을 가지거나, 자기의 소유건물에 전세권을 가진다는 것은 무의미하기 때문이다.

② 혼동으로 물권의 소멸에는 등기를 요하지 않는다.

기출 CHECK ✓
소유권의 포기로 인한 물권변동은 등기가 필요하다.
정답 O

기출 CHECK ✓
지상권이 저당권의 목적인 경우, 지상권을 포기함에는 저당권자의 동의 없이는 할 수 없다.
정답 O

❶ 혼동의 유형
• 소유권과 제한물권의 혼동
• 제한물권과 제한물권의 혼동
• 점유권과 다른 물권의 혼동

(2) 혼동의 유형 제26·27회

① 소유권과 제한물권의 혼동
㉠ 원칙: 제한물권은 혼동으로 소멸한다(제191조 제1항 본문). 예컨대 甲 소유 토지에 '지상권자'가 그 토지를 매매하여 '소유권을 취득'하는 경우, 지상권은 혼동으로 소멸한다.
㉡ 예외: 혼동으로 소멸하는 제한물권이 제3자의 권리의 목적인 때나 후순위로 권리자가 존재할 때에는 제한물권은 혼동으로 소멸하지 않는다.

> **핵심 콕! 콕!**
>
> (가) 甲 소유 건물에 1번 저당권자 乙, 2번 저당권자 丙이 존재하는 경우?
> ① 1번 저당권자 乙이 건물을 **매매**로 인수하여 소유권을 취득한 경우 乙의 1번 저당권은 소멸하지 않는다(1번 저당권을 소멸시키면 후순위자가 배당에서 불합리하게 먼저 배당받기 때문에).
> ② 2번 저당권자가 **건물을 매매**로 인수하면 2번 저당권은 소멸한다.
> (나) 甲의 토지에 지상권자 乙, 그 지상권을 목적으로 丙의 저당권이 존재하는 경우 乙이 토지소유권을 매매로 취득하면 乙의 지상권은 소멸하는가?
> 지상권이 제3자인 저당권의 목적이 되어 있으므로 혼동으로 소멸하지 않는다.
> (다) 부동산에 대한 **임차권이 대항요건을 갖춘 후에 저당권이 설정된 때**에는 임차권자가 부동산의 소유권을 매매로 취득하였을 때 **임차권은 소멸하지 않는다**(대판 2001.5. 15, 2000다12693).

② 제한물권과 제한물권의 혼동

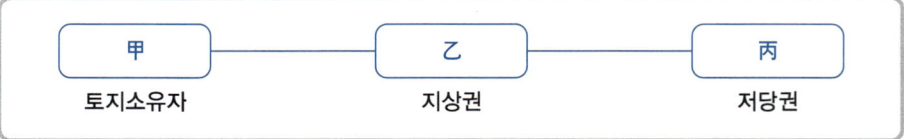

> **핵심 콕! 콕!** 甲의 토지에 乙의 지상권, 乙의 지상권을 목적으로 하는 丙의 저당권이 존재
>
> 지상권자 乙이 저당권자 丙에게 지상권을 양도한 경우, 乙의 지상권과 丙의 저당권이 동일인에게 귀속되면 저당권은 혼동으로 소멸한다.

(3) 혼동의 효과

① 혼동에 의한 물권의 소멸은 등기를 요하지 않는다.
② '근저당권'자가 매매로 부동산의 '소유권을 취득'하면 그 근저당권은 혼동에 의하여 소멸하지만 그 뒤 그 소유권취득이 무효인 것이 밝혀지면 소멸하였던 근저당권은 당연히 부활하므로 근저당권은 소멸하지 않는다(대판 1971.8.31, 71다1386).

(4) 성질상 혼동의 원칙이 적용되지 않는 경우 제32회

① **점유권**: 성질상 다른 권리와 함께 병존이 가능하므로 토지의 무단점유자가 토지를 매매하여 소유권을 취득하여도 점유권은 혼동으로 소멸하지 않는다.

② **가등기권리자가 별개의 원인으로 소유권이전등기를 경료한 때**: 甲이 토지를 乙에게 명의신탁하고 장차의 소유권이전청구권의 보전을 위하여 자기명의로 가등기를 마친 가등기권리자 甲이 가등기에 기하여 본등기를 하지 아니하고 별개의 원인으로 소유권이전등기를 경료한 때 가등기 보다 뒤에 가압류가 존재하는 경우, 혼동의 법리에 의하여 甲의 가등기에 기한 본등기청구권이 소멸하는 것은 아니다(대판 1995.12.26, 95다29888).

> **확인예제**
>
> **혼동에 의한 물권소멸에 관한 설명으로 옳은 것을 모두 고른 것은?** 제22회
>
> ㉠ 甲의 토지 위에 乙이 1번 저당권, 丙이 2번 저당권을 가지고 있다가 乙이 증여를 받아 토지소유권을 취득하면 1번 저당권은 소멸한다.
> ㉡ 乙이 甲의 토지 위에 지상권을 설정받고, 丙이 그 지상권 위에 저당권을 취득한 후 乙이 甲으로부터 그 토지를 매수한 경우, 乙의 지상권은 소멸한다.
> ㉢ 甲의 토지를 乙이 점유하다가 乙이 이 토지의 소유권을 취득하더라도 乙의 점유권은 소멸하지 않는다.
> ㉣ 甲의 토지 위에 乙이 지상권, 丙이 저당권을 가지고 있는 경우, 丙이 그 소유권을 취득하면 丙의 저당권은 소멸한다.
>
> ① ㉠, ㉡   ② ㉡, ㉢   ③ ㉢, ㉣
> ④ ㉠, ㉣   ⑤ ㉠, ㉢
>
> **해설**
>
> 옳은 것은 ㉢㉣이다.
> ㉠ 乙의 1번 저당권은 소멸하지 않는다.
> ㉡ 乙의 지상권이 제3자인 저당권자 丙의 목적이 되어 있으므로 혼동으로 소멸하지 않는다.
>
> 정답: ③

제 3 장 점유권

목차 내비게이션 제2편 물권법

- 제1장 총설
- 제2장 물권의 변동
- **제3장 점유권**
  - 제1절 서설
  - 제2절 점유의 종류
  - 제3절 점유권의 취득, 점유의 승계
  - 제4절 점유권의 효력
  - 제5절 점유보호청구권
- 제4장 소유권
- 제5장 용익물권
- 제6장 담보물권

출제경향
점유의 종류, 점유자와 회복자 관계에서 출제비율이 매우 높다.

학습전략
- 관념적 점유, 자주점유와 타주점유, 점유의 추정력의 개념을 이해하고 정리하여야 한다.
- 점유자와 회복자간의 관계에 대한 법조문과 점유보호청구권의 법조문을 정리하여야 한다.

핵심개념

1. [점유의 개념]
   관념적 지배 ★☆☆☆☆ p.202
2. [점유의 종류]
   자주점유와 타주점유 ★★☆☆☆ p.204
3. [점유권의 효력]
   점유의 추정력 ★★☆☆☆ p.209
   점유자와 회복자의 관계 ★★★★★ p.211
4. [점유보호청구권]
   점유보호청구권(제204조) ★★☆☆☆ p.216

제1절 서설

01 점유제도 제26·27·28·29·30·31·32·33·34·35회

1. 점유권의 개념

(1) 서설

> **핵심 콕! 콕!**
>
> 甲이 소유하는 건물을 세입자 乙이 계약기간 2년 동안 사용하다가 계약기간이 만료된 상태인 경우
> 1. 세입자 乙은 기간 중 **본권**(점유를 정당화하는 권리)과 **점유권**을 가진다.
> 2. 세입자 乙은 기간 만료 후 본권은 소멸하고 **점유권(사실상 지배)**만을 가진다.

(2) 점유권과 본권❶

점유권은 점유라는 사실을 법률요건으로 하여 점유자에게 인정되는 물권을 말한다. 반면에 본권은 법적으로 점유를 정당화할 수 있는 권리(점유할 권리)를 말한다. 점유권은 법률상의 '지배할 수 있는 권리(본권)'가 있는지의 여부를 불문하고 사실상의 지배상태, 즉 점유에 대하여 권리를 부여하는 제도이다. 예컨대 도둑이 훔친 물건은 본권은 없으나 사실상 지배를 하고 있으므로 점유권은 인정된다.

❶ 점유권과 점유할 권리(본권)는 다르다.

(3) 점유권을 인정하는 이유

현재의 사실상의 평화상태를 유지하는 데 근거한다. 또한 점유권의 취득은 점유취득이라는 사실행위이고 법률행위가 아니다(통설).

2. 사실적 지배(물리적 지배 + 관념적 지배)

(1) 개념

① **사실상 지배**: 사회 관념상 물건이 어떤 사람의 지배하에 있다고 인정되는 객관적 관계를 말한다.

② **물리적 지배와 관념적 지배**: 점유권이 있다고 하기 위하여는 물건에 대한 물리적으로 지배하는 것(물건의 소지)만을 의미하지 않고 관념적인 지배도 해당한다.

　㉠ **자동차의 관념적 지배**: 甲이 주차장에 차를 세워놓고 점심식사를 한 경우 甲이 차를 물리적으로는 점유를 하지 않으나 관념적으로 점유를 하고 있다(점유의 관념화).

> 기출 CHECK ✓
> 건물의 부지가 된 토지는 그 건물의 소유자가 점유하는 것으로 본다.
> 정답 O

  ⓒ 건물부지의 지배: 건물은 그 부지를 떠나서는 존재할 수 없는 것이므로 **건물의 부지**가 된 토지는 그 **건물의 소유자가 점유**하는 것으로 볼 것이고, 이 경우 건물의 소유자 아닌 자가 건물에서 거주하더라도 건물의 부지를 점유할 수 없다(대판 1996.6.14, 95다47282). 따라서 유치권자가 타인의 건물을 점유하여도 유치권자는 그 건물의 부지를 점유하지 못한다.
  ⓓ 건물의 공유자 중 일부만이 건물을 점유하는 경우, 그 건물의 부지는 공유자 전원이 공동으로 점유한다(판례).
  ⓔ 미등기의 건물을 매수하여 '건물에 관한 사실상 처분권'을 보유하게 된 미등기 건물의 양수인은 건물의 부지도 점유한다(대판 2010.1.28, 2009다61193).

(2) 점유의 성립요소

① 물건에 대한 사실상 지배가능성, ② 타인의 간섭배제가능성, ③ 타인의 인식가능성을 요소로 하여 사회 통념에 따라 합목적적으로 판단하여야 한다(대판 1999.6.11, 99다2553).

02 관념적 지배

1. 점유보조자

> 용어사전
> **점유보조자**
> 상점에서 점유주의 지시를 받는 직원을 말한다.

> 제195조 【점유보조자】 가사상, 영업상 기타 이와 유사한 관계에 의하여 **타인의 지시**를 받아 물건에 대한 **사실상의 지배**를 하는 때에는 그 타인만을 점유자로 한다.

(1) 요건
① 점유주와 점유보조자 사이에는 점유보조관계가 있어야 한다.
② 타인의 지시를 받아 물건에 대한 사실상의 지배를 하는 자(점유보조자), 예컨대 상점의 점원 등을 점유보조자라고 한다.

(2) 효과
① 점유보조자는 점유권이 없고 점유주만이 점유권이 있다.
② 점유주는 점유권을 가지므로 점유주는 물권적 청구권의 상대방이 될 수 있으나 점유보조자는 물권적 청구권의 상대방이 될 수 없다.

> 기출 CHECK ✓
> 점유보조자는 점유권이 없고 물권적 청구권의 상대방이 될 수 없다.
> 정답 O

2. 간접점유(間接占有)

> 제194조 【간접점유】 지상권, 전세권, 질권, 사용대차, 임대차, 임치 기타의 점유매개관계로 타인으로 하여금 물건을 점유하게 한 자는 간접으로 점유권이 있다.

(1) 의의
甲 소유의 아파트를 乙이 임차인(예 전세권, 지상권자, 사용차주 등)이 점유하는 경우, 임차인은 직접점유자이고 임대인은 임차인을 매개관계로 하여 간접점유한다.

(2) 요건
① 점유매개관계(지상권, 전세권, 질권, 임대차)가 있어야 한다.
② 점유매개관계는 반드시 유효할 필요는 없다.
③ 점유매개관계는 중첩적으로 존재할 수도 있다.
　㉠ 임차인이 건물을 전대차한 경우 임대차, 전대차처럼 점유매개관계는 중첩적으로 존재한다.
　㉡ 甲 소유 건물을 임차한 乙이 동의 없이 丙에게 전대한 경우?
　　ⓐ 임차인 乙도 간접점유이고 임대인 甲도 간접점유자다.
　　ⓑ 점유매개관계의 직접점유자는 타인의 소유권 있음을 전제로 하므로 타주점유자다.

(3) 효과 제30회
① 간접점유자도 직접점유자도 모두 점유권을 가진다(제194조).
② 점유를 침탈당하면 간접점유자도 점유물반환청구할 수 있다.

3. 상속인의 점유

> 제193조 【상속으로 인한 점유권의 이전】 점유권은 상속인에 이전한다.

구분	사례	점유권	비고
점유보조자	상점의 점원	×	점유주의 점유권만을 인정
간접점유자	임대인	○	직접, 간접 모두 점유권이 인정
상속인	상속인	○	점유가 상속인에게 이전

기출 CHECK ✓
지상권, 전세권, 임대차 기타의 점유매개관계로 타인으로 하여금 물건을 점유하게 한 자는 간접점유권이 있다.
정답 O

기출 CHECK ✓
甲 소유 건물을 임차한 乙이 동의 없이 丙에게 전대한 경우, 乙만이 간접점유이다.
정답 X

기출 CHECK ✓
간접점유자도 점유물반환청구를 할 수 있다.
정답 O

기출 CHECK ✓
피상속인이 사망한 사실을 알지 못한 때도 점유권은 상속인에게 이전한다.
정답 O

제2절 점유의 종류

01 자주점유(自主占有)와 타주점유(他主占有)

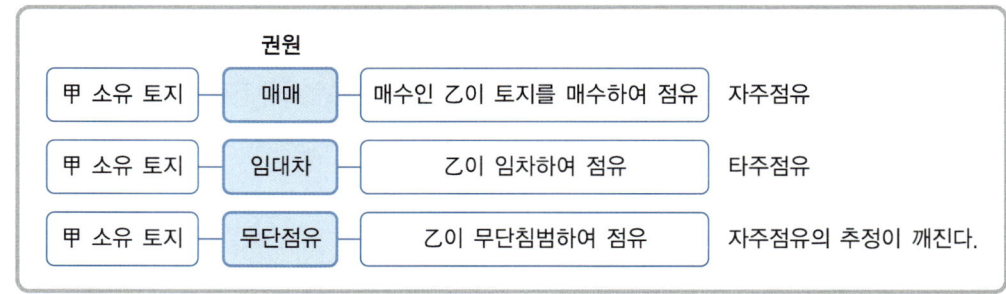

(1) 자주점유

① 자주점유란 소유의 의사를 가지고 하는 점유를 말하고, 타주점유란 소유의 의사가 없는 점유로서 타인이 소유권을 가지고 있다는 것을 전제로 하는 점유를 말한다. 여기서 소유의사란 소유자와 동일한 지배를 하려는 의사를 가지고 하는 점유를 의미하는 것이지 법률상 그러한 지배를 할 수 있는 권한, 즉 반드시 소유권을 가지고 있거나 또는 소유권이 있다고 믿고서 하는 점유를 의미하는 것은 아니다(대판 1987.4.14, 85다카2230).

② 토지의 매수인의 점유는 토지를 소유하려고 매수한 것이므로 자주점유이다. 설령 매도인이 자기 소유물이 아닌 타인 소유물을 매매한 경우라도 토지를 매수하여 점유하는 자는 자주점유이다(대판 1981.11.24, 80다3083).

③ 토지의 임차인, 전세권자, 지상권자는 타인이 소유권을 가지고 있음을 전제로 소유의사 없이 사용하다가 반환하려는 것으로 성질상 타주점유이다.

(2) 구별의 실익

취득시효의 유무, 무주물의 선점 등에서 구별의 실익이 있다.

(3) 입증책임

① 점유자는 제197조에 의하여 자주점유로 추정되므로 점유자 스스로 자주점유를 입증할 책임이 없고, 오히려 타주점유임을 주장하는 '상대방'이 점유자의 점유가 타주점유임을 입증하여야 한다.

② 따라서 점유자가 스스로 매매 또는 증여와 같은 자주점유의 권원을 주장하였으나 이것이 인정되지 않는 경우에도 원래 위와 같은 자주점유의 권원에 관한 입증책임이 점유자에게 있지 아니한 이상, 그 주장한 점유권원이 인정되지 아니한다는 사유만으로 자주점유의 추정이 번복된다거나 또는 점유권원의 성질상 타주점유라고 볼 수는 없다(대판 1983.7.12, 82다708 전원합의체).

(4) 자주점유의 판단 제32회

① 소유의 의사 유무의 판단은 점유취득시를 기준으로 권원의 성질에 의하여 객관적으로 결정되며 점유자의 내심의 의사로 결정되는 것이 아니다(대판 1997.8.21, 95다28625 전원합의체).

② 권원의 성질상 자주점유인 경우

   ⊙ 매매가 무효인 사정을 알지 못한 경우 토지를 매수한 자의 점유

> 부동산을 매수하여 이를 점유한 자는 '그 매매가 무효라는 사정을 알고 있었다는 등의 특별한 사유가 없는 한' 그 점유의 시초에 소유의 의사로 점유한 것이라고 할 것이며 후에 그 매도인에게 처분권원이 없었다는 사실을 알게 된 경우 자주점유가 타주점유로 전환되지 아니한다(대판 1981.6.9, 80다469).

   ⓒ 점유자가 주장한 매매 등 점유자의 권원이 부인된 때

> 점유자가 스스로 매매 또는 증여와 같이 자주점유의 권원을 주장하였으나 이것이 인정되지 않는 경우, 원래 자주점유의 권원에 관한 입증책임이 점유자에게 있지 아니하고 상대방이 자주점유가 아님을 입증하기 전까지는 점유자의 점유권원이 인정되지 않는다는 사유만으로 자주점유의 추정이 번복된다거나 타주점유라고 볼 수 없다(대판 2003.8.22, 2001다23225).

   ⓒ 권원의 성질이 불분명할 때

> 점유자는 소유의 의사로 선의, 평온 및 공연하게 점유한 것으로 추정되는 것이며, 이러한 추정은 국가나 지방자치단체가 점유하는 경우에도 마찬가지로 적용된다. 토지에 관한 지적공부 등이 6·25 전란으로 소실되어 임야소유권 보존등기를 경료하고 점유를 개시한 지방자치단체가 점유권원을 주장·증명하지 못한다는 사정만으로 자주점유의 추정이 깨어지지 않는다(대판 2014.3.27, 2010다94731).

   ⓔ 인접경계를 일부초과한 경우: 매수인이 인접 토지와의 경계선을 정확하게 확인해 보지 아니하고 착오로 인접 토지의 일부를 그가 매수·취득한 토지에 속하는 것으로 믿고서 점유하고 있다면 인접 토지의 일부에 대한 점유는 소유의 의사에 기한 것으로 보아야 하며, 이 경우 그 인접 토지의 점유 방법이 분묘를 설치·관리하는 것이었다고 하여 점유자의 소유의사를 부정할 것은 아니다(대판 2007.6.14, 2006다84423).

③ 권원의 성질상 타주점유인 경우❶

   ⊙ 관청의 허가 없는 학교법인의 기본재산을 매수한 자가 무효인 사정을 알고서 점유를 개시한 경우

   ⓒ 임차인이나 지상권자의 점유는 타주점유이다. 또한 타인의 토지 위에 분묘를 설치, 소유하는 자는 그 점유의 성질상 소유의 의사로 점유하는 것이라고 볼 수 없다(대판 1994.11.8, 94다31549).

기출 CHECK ✓
소유의사 유무는 점유자의 내심의 의사가 아니라 권원의 성질에 의하여 객관적으로 결정한다.
정답 O

기출 CHECK ✓
점유자가 스스로 자주점유의 권원을 주장하였으나 이것이 인정되지 않는 경우, 자주점유의 추정이 깨어진다.
정답 X

기출 CHECK ✓
권원의 성질이 불분명한 점유도 자주점유로 추정된다.
정답 O

❶
- 무효임을 알면서 점유를 개시한 경우: 타주점유
- 무효인 사정을 알지 못한 매수인의 점유: 자주점유

ⓒ **명의수탁자의 점유**: 명의신탁에 의하여 부동산의 소유자로 등기된 자(수탁자)는 점유가 인정된다고 하더라도 점유권원의 성질상 자주점유라고 할 수 없다(대판 1987.11.10, 85다카1644).
② **귀속재산**(미군정에 몰수된 일제강점기 때 일본인 소유의 농지 등의 재산)의 점유자
⑩ 경락인이 토지소유권을 취득한 경우에 **종전 소유자의 점유**
⑭ 토지를 매도한 후에도 점유하는 **매도인의 점유**
⊗ 공유부동산은 공유자 한 사람이 전부를 점유하고 있더라도 다른 공유자의 지분비율범위 내에서는 타주점유다.
◎ 아무 권원 없이 무단점유한 경우

> 점유자가 점유 개시 당시에 소유권 취득의 원인이 될 수 있는 법률요건이 없다는 사실을 잘 알면서 타인 소유의 부동산을 무단 점유한 것임이 입증된 경우, 자주점유라는 추정은 깨어진다(대판 1997.8.21, 95다28625 전원합의체).

㉺ 인접경계부분을 상당히 초과하는 점유

> 매매대상토지의 실제 면적이 **등기부상의 면적을 상당히 초과한 경우**에는 계약 당시 그러한 사정을 알고 있었다고 봄이 상당하므로 그 초과부분은 단순한 점용권의 매매로서 권원의 성질상 타주점유로 본다.

(5) 타주점유에서 자주점유로의 전환

① 타주점유가 자주점유로 전환되기 위해서는 **새로운 권원**에 의하여 다시 소유의 의사로 점유하거나 자기에게 타주점유 시킨 자에게 **소유의 의사가 있음**을 표시하여야 한다(판례).
② 임차인이 임차목적물을 매수한 경우가 그러하다. 한편 타주점유자가 상속을 원인으로 하여 점유권을 승계한 경우 새로운 권원이 없으면 자주점유로 전환되었다고 볼 수 없다(대판 1997.5.30, 97다2344).

(6) 자주점유에서 타주점유로의 전환

① **경락에 의한 소유권이전등기가 경료된 경우**: 종전 소유자는 경락부동산을 경락인에게 인도하여야 할 의무가 있으므로 **종전 소유자**의 점유는 자주점유에서 타주점유로 전환된다(대판 1968.7.30, 68다523).
② **매도인의 점유**

> 부동산을 타인에게 매도하여 그 인도의무를 지고 있는 **매도인의 점유**는 특별한 사정이 없는 한 타주점유로 변경된다(대판 1992.12.24, 92다26468).

기출 CHECK ✓
경락인이 소유권을 취득한 후 종전 소유자 점유는 타주점유다.
정답 ○

기출 CHECK ✓
타주점유가 자주점유로 전환되기 위해서는 새로운 권원에 의하여 소유의 의사로 점유하여야 한다.
정답 ○

❶ 토지의 점유자가 소유자를 상대로 토지에 관하여 소유권이전등기말소 절차의 이행을 구하는 소를 제기하였다가 패소하고 판결이 확정되었다고 하더라도 점유자에게 어떤 의무가 새로이 부과되는 것은 아니므로 자주점유의 추정이 번복되는 것은 아니다(대판 1981.3.24, 80다2226).

02 그 밖의 점유

> **제197조 【점유의 태양】**
> ① 점유자는 소유의 의사로 선의, 평온, 공연하게 점유한 것으로 추정된다.
> ② 선의의 점유자라도 본권에 관한 소에서 패소한 때에는 그 소가 제기된 때부터 악의의 점유자로 간주된다.

선의점유란 본권이 없는 자가 본권 있다고 오신한 점유이고, 악의점유란 본권이 없음을 알았거나 본권의 유무에 관해 의심을 품으면서 하는 점유이다.

제3절 점유권의 취득, 점유의 승계

01 점유의 취득

(1) 점유의 원시취득

물건에 대한 사실상의 지배(점유)가 성립하면 당연히 점유권은 원시적으로 취득된다. 예컨대 바다낚시에서 대형 문어를 잡은 자는 무주물을 선점하여 점유권을 원시취득한다.

(2) 점유의 승계취득

① 임야를 매수하여 소유권이전등기를 경료한 매수자는 일응 타인으로부터 점유를 인도받은 것으로 볼 것이다.
② 임야의 소유권보존등기를 경료한 자는 타인으로부터 점유를 인도받은 것으로 볼 수 없다.

02 점유의 승계 제27회

> **제199조 【점유의 승계의 주장과 그 효과】**
> ① 점유자의 승계인은 자기의 점유만을 주장하거나 자기의 점유와 전 점유자의 점유를 아울러 주장할 수 있다.
> ② 전 점유자의 점유를 아울러 주장하는 경우에는 그 하자도 계승한다.

기출 CHECK ✓
점유의 승계인이 전 점유자의 점유를 함께 주장하는 경우 하자도 승계한다.
정답 O

> **핵심 콕! 콕!**
>
>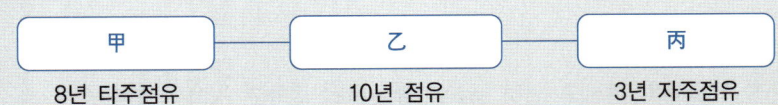
>
> 甲 — 8년 타주점유   乙 — 10년 점유   丙 — 3년 자주점유
>
> (가) 현 점유자 丙은 자신의 점유 3년을 주장할 수 있다(점유의 분리).
> (나) 丙은 자신의 점유기간 3년과 앞 사람의 점유기간을 합한 21년의 점유를 주장할 수도 있다(점유의 병합). 다만, 현 점유자 丙이 전 점유자의 점유를 함께 병합하여 주장하는 경우, 즉 21년의 점유를 주장하는 경우 그 하자도 승계한다.
> (다) 전 점유자의 **점유개시시점을 선택할 수 있으나** 임의로 중간시점을 선택할 수 없다.

(1) 점유의 분리

① 현 점유자가 자기의 전 점유자의 점유를 주장함에 있어 자신의 점유만을 주장하거나(점유의 분리) 그 전 점유자의 것을 아울러 주장하는 것(점유의 병합)은 주장자의 임의에 속한다(대판 1980.3.11, 79다2110).

② 점유의 승계가 있는 경우 전 점유자의 점유가 타주점유라 하여도 점유자의 승계인이 자기의 점유만을 주장하는 경우 현 점유자의 점유는 자주점유로 추정된다(대판 2002.2.26, 99다72743).

(2) 상속인은 새로운 권원이 없는 한 피상속인의 점유와 분리할 수 없다.

> 상속에 의하여 점유권을 취득한 경우에는 상속인은 새로운 권원에 의하여 자기 고유의 점유를 개시하지 않는 한 피상속인의 점유를 떠나 자기만의 점유를 분리하여 주장할 수 없다. 이때 선대의 점유가 타주점유인 경우 상속인의 점유도 특별한 사정이 없는 한 타주점유이다(대판 1992.9.22, 92다22602).

기출 CHECK ✓
상속인은 새로운 권원이 없는 한 피상속인의 점유를 떠나 자기만의 점유를 분리하여 주장할 수 없다.
정답 O

> **확인예제**
>
> **점유에 관한 설명으로 옳은 것은? (다툼이 있으면 판례에 따름)**   제29회
>
> ① 점유매개관계의 직접점유자는 타주점유자이다.
> ② 점유자는 소유의 의사로 과실 없이 점유한 것으로 추정한다.
> ③ 甲이 乙로부터 임차한 건물을 乙의 동의 없이 丙에게 전대한 경우, 乙만이 간접점유자이다.
> ④ 甲이 乙과의 명의신탁약정에 따라 자신의 부동산 소유권을 乙명의로 등기한 경우, 乙의 점유는 자주점유이다.
> ⑤ 실제 면적이 등기된 면적을 상당히 초과하는 토지를 매수하여 인도받은 때에는 특별한 사정이 없으면 초과부분의 점유는 자주점유이다.

> **해설**
> ① 점유매개관계의 직접점유자는 타인에게 소유권 있음을 전제로 하므로 타주점유자이다.
> ② 무과실의 점유는 추정되지 않는다.
> ③ 甲, 乙 모두 간접점유이다.
> ④ 명의수탁자의 점유는 타주점유이다.
> ⑤ 경계를 상당히 초과하는 부분의 점유는 타주점유이다.
> 정답: ①

제4절 점유권의 효력 제29·30·31·32·34·35회

01 점유의 추정력

제197조 【점유의 태양】
① 점유자는 소유의 의사로 선의, 평온 및 공연하게 점유한 것으로 추정한다.
② 선의의 점유자라도 본권에 관한 소에 패소한 때에는 그 소가 제기된 때부터 악의의 점유자로 본다.

점유의 추정력❶	선의점유 추정
	자주점유 추정
	평온, 공연 추정
	점유 계속의 추정

(1) 자주점유의 추정

> 점유자는 자주점유가 추정되므로 점유자가 스스로 자주점유를 입증할 책임이 없다. 그 결과 입증책임이 전환되어 점유자의 점유가 소유의 의사가 없는 점유임을 주장하는 상대방이 점유자의 타주점유를 입증하여야 한다(대판 1987.4.14, 85다카2230).

(2) 점유자의 무과실은 추정되지 않는다.

점유자에게 무과실은 추정되지 않으므로 점유자가 스스로 과실 없는 점유의 입증책임을 진다.

기출 CHECK ✓
1 선의의 점유자라도 본권에 관한 소에서 패소한 때에는 그 소가 제기된 때로부터 악의의 점유자로 본다.
정답 O

2 점유자에게 선의점유, 자주점유는 추정되나 무과실의 점유는 추정되지 않는다.
정답 O

3 점유자에게 선의점유, 과실 없는 점유가 추정된다.
정답 X

❶ 무과실의 점유는 추정되지 않는다.

기출 CHECK ✓
1 상대방이 점유자의 점유가 타주점유임을 입증하여야 한다.
정답 O

2 점유자가 스스로 자주점유를 입증할 책임이 있다.
정답 X

(3) 점유계속의 추정 제28회

> 제198조【점유계속의 추정】전후 양시에 점유한 사실이 있는 때 그 점유는 계속한 것으로 추정한다.

① 1955년부터 甲이 X토지의 점유를 하고 2025년에도 甲이 X토지를 점유하고 있다면, 1955년부터 2025년까지 甲의 점유계속이 추정된다.
② 「민법」제198조의 점유계속 추정은 동일인이 전후 양 시점에 점유한 것이 증명된 때에만 적용되는 것이 아니고 전후 양 시점의 점유자가 다른 경우에도 점유의 승계가 입증되면 점유계속은 추정된다(대판 1996.9.20, 96다24279).

기출 CHECK ✓
전후 양 시점의 점유자가 다른 경우에도 점유의 승계가 입증되면 점유의 계속은 추정된다.
정답 O

(4) 권리의 적법 추정 제27회

> 제200조【권리적법의 추정】점유자가 점유물에 행사하는 권리는 적법하게 보유한 것으로 추정한다.

① 제200조의 권리적법의 추정력은 '동산'에 관하여만 적용된다.
② 제200조의 권리적법의 추정력은 부동산에는 적용되지 않는다.

기출 CHECK ✓
점유의 권리적법의 추정은 부동산에는 인정되지 않는다.
정답 O

확인예제

점유에 관한 설명으로 옳은 것은? (다툼이 있으면 판례에 따름)
① 점유자는 스스로 자주점유를 입증할 책임이 없다.
② 점유자는 소유의 의사로 과실 없이 점유한 것으로 추정한다.
③ 甲이 乙로부터 임차한 건물을 乙의 동의 없이 丙에게 전대한 경우, 乙만이 간접점유자이다.
④ 甲이 乙과의 명의신탁약정에 따라 자신의 부동산 소유권을 乙 명의로 등기한 경우, 乙의 점유는 자주점유이다.
⑤ 실제 면적이 등기된 면적을 상당히 초과하는 토지를 매수하여 인도받은 때에는 특별한 사정이 없으면 초과부분의 점유는 자주점유이다.

해설
② 점유자는 무과실의 점유는 추정되지 않는다.
③ 甲, 乙 모두 간접점유이다.
④ 명의수탁자의 점유는 타주점유다.
⑤ 실제 면적이 등기된 면적을 상당히 초과할 경우 타주점유다.
정답: ①

02 점유자와 회복자의 관계(제201조~제203조) 제28회

핵심 콕! 콕!

甲 소유의 펜션과 과수원을 乙이 매수하여 사용하던 중 매매계약이 1년 뒤에 취소된 때 소유자 甲의 소유물반환청구로 乙이 점유, 사용하던 펜션과 과수원을 반환하게 되는 경우

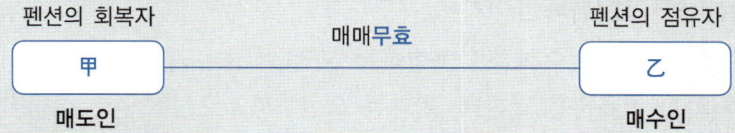

1. 점유자와 회복자 사이에 중요한 법률적 쟁점
    ① 점유자가 '남의 펜션을 1년간 사용한 사용료'를 부당이득으로 반환하는가(제201조)
    ② 점유하던 '펜션이 점유자의 과실로 불이 난 경우' 멸실에 따른 책임범위(제202조)
    ③ 점유자가 '남의 펜션에 지출한 개·보수비용'을 회복자에게 상환청구할 수 있나(제203조)
2. 선결 조건
    ① 소유자와 점유자 사이에 계약이 무효, 취소된 경우[계약관계 등이 적법한 권원이 없는 상황일 때], 본권 없는 물건의 점유자를 상대로 소유자가 소유물반환청구를 하는 과정에서 그들 사이의 이해관계를 조정할 때는 선의 점유자의 과실수취권 규정이 적용된다.
    ② 소유자와 점유자 사이에 계약관계 등 적법한 권원이 있는 경우 본 규정이 적용되지 않는다.
    소유자와 점유자 사이에 임대차 계약 등 본권에 기하여 계약관계가 존재하는 상황에서 타인의 물건을 점유하는 자가 소유자의 소유물반환청구에 응하는 경우에는 그들 사이의 본권관계를 발생시킨 계약관계의 법리, 즉 임대차관계의 법 규정에 따라야 한다. 이때는 점유자와 회복자 관계(제201~203조)의 법리는 적용되지 않는다.
3. [주의] 점유자가 점유물 반환 이외의 원인으로 물건의 점유자 지위를 잃어 소유자가 그를 상대로 물권적 청구권을 행사할 수 없게 되었다면, 그들은 더 이상 제203조가 규율하는 점유자와 회복자의 관계에 있지 않으므로, 점유자는 위 조항을 근거로 비용상환청구권을 행사할 수 없다(대판 2022.6.30, 2020다209815).

1. 선의점유자의 과실취득권(제201조)

제201조 【점유자의 과실수취권】
① 선의의 점유자는 점유물의 과실을 취득한다.
② 악의의 점유자는 수취한 과실을 반환하여야 하며 소비하였거나 과실로 인하여 훼손 또는 수취하지 못한 경우에는 그 과실의 대가를 보상하여야 한다.
③ 전항의 규정은 폭력 또는 은비에 의한 점유자에 준용한다.

기출 CHECK ✓
선의점유자는 점유물의 과실을 취득하고 악의점유자는 과실을 반환하여야 한다.
정답 ○

(1) 의의

선의의 점유자는 점유물의 과실을 취득한다(제201조 제1항). 이를 인정하는 근거는 점유자는 보통 과실을 수취하고 소비하여 남아있는 것이 없는 것이 보통이기 때문이다.

(2) 선의점유자의 과실취득권 제26·27·31회

① 선의점유자란 과실수취권을 포함하는 본권(예 소유권, 전세권 등)이 있다고 오신(誤信)한 점유자를 말한다. 판례는 오신하고, '오신할 만한 정당한 근거'가 필요하다.

② 선의점유자는 점유물의 과실을 취득한다.
  ㉠ 점유자가 취득할 수 있는 과실은 천연과실과 법정과실을 모두 포함한다.
  ㉡ 토지나 건물의 사용이익도 과실에 포함된다는 것이 판례이다.

> 선의점유자가 과실을 취득할 수 있는 범위에서 부당이득반환의무가 없다. 선의점유자는 법률상 원인 없이 타인의 토지를 사용하여 소유자에게 손해를 입혔어도 그 점유, 사용으로 인한 이득을 회복자에게 부당이득반환의무가 없다(대판 1987.9.22, 86다카1996).

③ 매매가 무효·취소된 때는 제201조가 적용되지만,❶ 이행지체로 인한 매매계약이 해제된 경우 제201조가 적용되지 않는다. 즉, 매매계약이 해제된 경우에는 부당이득반환에 관한 특칙인 제548조가 적용되기 때문에 선의점유자인 매수인에게 과실취득권의 규정(제201조)이 적용되지 않는다(대판 1991.8.9, 91다13267).

(3) 악의점유자의 과실반환 제26·27회

① 악의점유자의 과실반환의무
  ㉠ 악의점유자는 수취한 과실을 반환하여야 한다. 농지의 소유자는 아무 권원 없이 배추를 경작한 경작자에게 경작자가 악의여도 농작물은 경작자의 소유이므로 농작물의 반환을 청구할 수 없고, 악의점유자에게 농지의 사용이익을 반환청구할 수 있다.
  ㉡ 폭력 또는 은비에 의한 점유자도 수취한 과실을 반환하여야 한다.

② 악의점유자의 대가보상 제26·27회
  ㉠ 악의점유자가 점유자의 과실로(잘못으로) 점유물의 과실을 수취하지 못한 경우 과실의 대가를 보상하여야 한다.
  ㉡ 점유자의 잘못 없이 과실을 수취하지 못한 때는 제201조가 적용되지 않는다.

기출 CHECK ✓
토지, 기계의 사용이익도 과실에 포함한다.
정답 ○

기출 CHECK ✓
선의점유자는 원인 없이 타인의 토지를 사용하여 소유자에게 손해를 입혔어도 회복자에게 부당이득반환의무가 없다.
정답 ○

❶ 비교
1. 계약이 취소: 선의 점유자의 과실수취규정 적용 ○
2. 계약이 해제시: 점유자의 과실수취규정 적용 ✕

기출 CHECK ✓
악의점유자가 점유자의 과실 없이 점유물의 과실을 수취하지 못한 경우 과실의 대가를 보상하여야 한다.
정답 ✕

2. 점유물의 멸실·훼손에 대한 책임(제202조) ❶

> 제202조 【점유자의 회복자에 대한 책임】 점유물이 점유자의 **책임있는 사유**로 인하여 멸실 또는 훼손한 때에는 **악의의 점유자**는 그 손해의 전부를 배상하여야 하며 선의의 점유자는 **이익이 현존하는 한도**에서 배상하여야 한다. 소유의 의사가 없는 점유자는 선의인 경우에도 **손해의 전부**를 배상하여야 한다.

선의이고 자주점유자	현존한도에서 배상책임
선의이고 타주점유자, 악의점유자의 반환범위	손해의 전부 배상책임 (받은 이익에 이자를 붙여 반환)

❶ '선의 + 자주 ➡ 이익현존 한도'로 암기한다.

3. 점유자의 비용상환청구권(제203조) ❷

> 제203조 【점유자의 상환청구권】
> ① (선의, 악의, 타주점유 불문) "**점유자**"가 "**점유물을 반환할 때**"에는 "**회복자**"에 대하여 점유물을 보존하기 위하여 지출한 금액 기타 필요비의 상환을 청구할 수 있다. 그러나 점유자가 "**과실을 취득**"한 경우에는 통상의 **필요비는 청구하지 못한다**.
> ② 점유자가 점유물을 개량하기 위하여 지출한 금액 기타 유익비에 관하여는 그 **가액의 증가가 현존한 경우**에 한하여 "**회복자의 선택**"에 좇아 그 지출금액이나 증가액의 상환을 청구할 수 있다.
> ③ 전항의 경우에 법원은 회복자의 청구에 의하여 상당한 **상환기간을 허여**할 수 있다.

❷ 필요비 청구에는 상환기간의 허여가 인정되지 않는다.

기출 CHECK ✓
점유자가 과실을 취득한 경우 통상필요비는 청구할 수 없다.
정답 O

(1) 필요비상환청구권 제26·27회

① 필요비란 물건의 현상을 유지, 보존하는 데 지출되는 비용을 말한다.
   ㉠ 점유자가 과실을 취득하지 않은 경우(물건을 사용하지 않은 경우): 선의뿐만 아니라 악의점유자도 필요비의 상환을 청구할 수 있다.
   ㉡ 점유자가 과실(果實)을 취득한 경우(물건을 사용한 경우): 통상의 필요비는 청구할 수 없다(비용과 과실은 서로 상쇄되기 때문이다).
   ㉢ 기계의 점유자가 기계장치를 계속 사용함에 따라 손상된 부품을 수리하기 위하여 지출한 비용은 통상의 필요비에 해당하고 점유자가 기계를 사용하여 과실을 취득한 때는 회복자로부터 필요비상환청구할 수 없다.
   ㉣ 필요비청구에 대하여 법원은 상환기간을 유예할 수 없다.

기출 CHECK ✓
1 점유자가 필요비를 지출한 때는 가액증가가 현존한 경우에 한하여 상환청구할 수 있다.
정답 X

2 점유자가 유익비를 지출한 경우, 점유자의 선택에 좇아 그 지출금액이나 증가액의 상환을 청구할 수 있다.
정답 X

3 법원은 필요비에 대하여도 상환기간을 유예할 수 있다.
정답 X

(2) 유익비상환청구권 제26 · 28 · 29 · 31회

① 유익비란 물건의 개량이나 가치를 증가시키기 위한 비용을 말한다.
② 가액의 증가가 현존할 때에 한하여 유익비상환청구할 수 있다. 점유자가 유익비를 지출한 때에는 가액의 증가가 현존하는 경우에 한하여 점유자가 아니라 '회복자의 선택'에 좇아 그 지출금액이나 증가액의 상환을 청구할 수 있다(제203조 제2항).
③ 법원은 유익비청구에 대하여 상환기간을 유예할 수 있다. 법원이 유익비의 상환을 위하여 기간을 허여한 경우, 유치권은 성립하지 않는다.

(3) 비용상환청구의 시기 및 상대방 제29 · 31회

① 점유자는? 선의, 악의, 자주, 타주점유를 불문하고 비용상환을 청구할 수 있다. 즉, 악의 점유자도 점유물에 지출한 비용상환청구를 할 수 있다.
② 비용상환청구시기는? 점유자가 비용지출 즉시가 아니라 점유물을 반환할 때에 이행기가 도래하여 비로소 회복자에 대하여 지출비용의 상환을 청구할 수 있다(대판 1994.9.9, 94다4592).
③ 점유자의 비용상환청구의 상대방은 누구인가?

> ㉠ 점유자가 유익비를 지출할 당시 계약관계 등 적법한 점유의 권원을 가진 경우: 지출비용의 상환에 관하여는 계약관계를 규율하는 법조항이나 법리가 적용되는 것이어서, 점유자는 '그 계약관계 등의 상대방'에 대하여 해당 법조항이나 법리에 따른 비용상환청구권을 행사할 수 있을 뿐 계약관계 등의 상대방이 아닌 '점유회복 당시의 소유자'에 대하여 「민법」제203조 제2항에 따른 지출비용의 상환을 구할 수는 없다(대판 2014.3.27, 2011다101209).
> ㉡ 점유자가 비용을 지출할 당시에 계약관계 등 적법한 점유권원이 없는 경우: 지출비용의 상환에 대하여는 제203조가 적용되어 점유자는 그 비용을 지출할 당시의 소유자가 누구이었는지 관계없이 점유회복 당시의 소유자, 즉 회복자에 대하여 비용상환을 청구할 수 있다(대판 2003.7.25, 2001다64752). 즉, 무효인 매매계약의 매수인이 점유물에 필요비를 지출한 후 매도인이 목적물을 제3자에게 양도한 경우, 점유자는 양수인(회부 당시의 소유자)에게 비용상환청구를 할 수 있다.

기출 CHECK ✓
무효인 매매계약의 매수인이 점유목적물에 필요비 등을 지출한 후 매도인이 그 목적물을 제3자에게 양도한 경우, 점유자인 매수인은 양수인에게 비용상환을 청구할 수 있다.
정답 ○

더 알아보기 점유자의 비용상환청구권과 임차인의 비용상환청구권 비교

구분	점유자가 비용을 지출한 경우	임차인이 비용을 지출한 경우
근거	제203조 (계약관계가 없는 경우일 것)	제626조 (계약관계가 있는 경우)
청구시기	필요비, 유익비 모두 물건의 반환시	필요비(즉시)
상대방	회복 당시의 소유자	계약관계의 상대방

> 확인예제

01 점유자와 회복자의 관계에 관한 설명으로 옳은 것은? (다툼이 있으면 판례에 따름)
제33회

① 악의의 점유자가 점유물의 과실을 수취하여 소비한 경우, 특별한 사정이 없는 한 그 점유자는 그 과실의 대가를 보상하여야 한다.
② 은비(隱秘)에 의한 점유자는 점유물의 과실을 수취할 권리가 있다.
③ 점유물의 전부가 점유자의 책임 있는 사유로 멸실된 경우, 선의의 자주점유자는 특별한 사정이 없는 한 그 멸실로 인한 손해의 전부를 배상해야 한다.
④ 점유자는 특별한 사정이 없는 한 회복자가 점유물의 반환을 청구하기 전에도 그 점유물의 반환 없이 그 회복자에게 유익비상환청구권을 행사할 수 있다.
⑤ 악의의 점유자는 특별한 사정이 없는 한 점유물에 지출한 통상의 필요비의 상환을 청구할 수 없다.

> 해설

② 은비에 의한 점유자, 악의 점유자는 과실을 반환해야 한다.
③ 선의이고 자주점유면 현존한도배상한다.
④ 물건을 반환할 때 비용상환청구한다.
⑤ 악의의 점유자도 비용상환청구할 수 있다.
정답: ①

02 甲은 그의 X건물을 乙에게 매도하여 점유를 이전하였고, 乙은 X건물을 사용·수익하면서 X건물의 보존·개량을 위하여 비용을 지출하였다. 甲과 乙 사이의 계약이 무효인 경우의 법률관계에 관한 설명으로 옳은 것은? (다툼이 있으면 판례에 따름)
제25회

① 乙이 악의인 경우에도 과실수취권이 인정된다.
② 선의의 乙은 甲에 대하여 통상의 필요비의 상환을 청구할 수 있다.
③ 가액의 증가가 현존하는 경우에 乙은 甲에 대하여 유익비의 상환을 청구할 수 있다.
④ 선의의 乙은 甲에 대하여 점유·사용으로 인한 이익을 반환할 의무가 있다.
⑤ 乙의 비용상환청구권은 비용을 지출할 때 즉시 이행기가 도래한다.

> 해설

③ 甲 ─ 매매 무효 ─ 乙
회복자   점유자가 물건을 사용·수익

① 선의의 점유자만 과실수취권이 인정된다.
② 물건을 사용한 점유자는 통상필요비를 청구할 수 없다.
④ 선의의 점유자는 과실수취권이 인정되므로 그 사용·이익을 부당이득으로 반환의무가 없다.
⑤ 물건을 반환할 때가 이행기에 해당한다.
정답: ③

제5절 점유보호청구권

> **제204조 【점유의 회수】**
> ① 점유자가 점유의 침탈을 당한 때에는 물건의 반환 및 손해의 배상을 청구할 수 있다.
> ② 전항의 청구권은 침탈자의 **특별승계인**에 대하여는 행사하지 못한다. 그러나 **승계인이 악의인 때**에는 그러하지 아니하다.
> ③ 제1항의 청구권은 **침탈을 당한 날로부터 1년 내**에 행사하여야 한다.
>
> **제205조 【점유의 보유】**
> ① 점유자가 점유의 방해를 받은 때에는 방해의 제거 및 손해의 배상을 청구할 수 있다.
> ② 전항의 청구권은 방해가 종료한 날로부터 1년 내에 행사하여야 한다.
> ③ 공사로 인하여 점유의 방해를 받은 경우에는 공사착수 후 1년을 경과하거나 그 공사가 완성한 때에는 방해의 제거를 청구하지 못한다.
>
> **제206조 【점유의 보전】**
> ① 점유자가 점유의 방해를 받을 염려가 있는 때에는 그 **방해의 예방 또는 손해배상의 담보**를 청구할 수 있다.
> ② 공사로 인하여 점유의 방해를 받을 염려가 있는 경우 전조 제3항의 규정을 준용한다.
>
> **제207조 【간접점유의 보호】**
> ① 전3조의 청구권은 제194조의 규정에 의한 **간접점유자도** 이를 행사할 수 있다.
> ② 점유자가 점유의 침탈을 당한 경우에 간접점유자는 그 물건을 점유자에게 반환할 것을 청구할 수 있고 점유자가 그 물건의 반환을 받을 수 없거나 이를 원하지 아니하는 때에는 자기에게 반환할 것을 청구할 수 있다.

01 의의

(1) 점유보호청구권

점유의 침해가 있는 경우 그 침해의 배제를 청구하기 위하여 인정되는 물권적 청구권을 말한다.

(2) 3가지 유형

① 점유물반환청구권(제204조 점유의 회수)
② 점유물방해제거청구권(제205조)
③ 점유물방해예방청구권(제206조)

02 점유물반환청구권

핵심 콕! 콕!

A 소유의 자동차를 甲이 수리를 맡아서 보관 중 乙이 자동차의 점유를 침탈하였다. 乙은 다시 그 자동차를 丙에게 인도하여 현재 자동차를 丙이 점유를 하고 있다. 점유자인 甲은 자동차를 언제까지 누구에게 반환을 청구할 수 있는가?

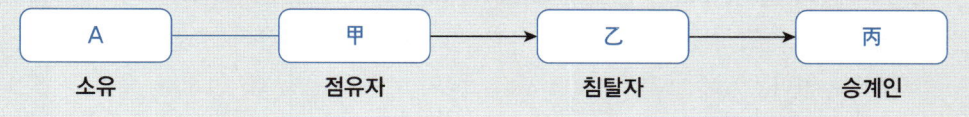

(1) 청구권자는 점유자

① 점유보호청구권의 주체는 현재의 점유자이다. 직접점유자뿐만 아니라 간접점유자도 점유보호청구권을 행사할 수 있다.
② 점유보조자는 점유물반환청구할 수 없다. 점유보조자는 점유권이 없으므로 점유회수를 청구할 수 없다.

(2) 청구요건은 점유의 침탈이 있을 것

① 점유의 침탈이란 점유자의 의사에 기하지 않은 채 점유를 빼앗긴 것을 말한다.
② 점유의 침탈에 해당하지 않는 경우

> **판례**
>
> (가) **점유자가 사기로 건물을 명도해 준 경우라면, 점유의 침탈이 아니므로 점유물반환청구권을 행사할 수 없다**(대판 1992.2.28, 91다17443).
>
> | 사례 |
> 甲이 점유하는 로렉스 시계를 乙이 비싸게 팔아주겠다고 기망으로 속여서 시계를 인도받은 경우 이는 점유의 침탈이 아니므로 甲은 점유회수를 청구할 수 없다.
>
> (나) **직접점유자가 임의로 점유를 타인에 인도한 경우** 직접점유자의 점유이전이 간접점유자의 의사에 반한다 하더라도 점유가 침탈된 경우에 해당하지 않으므로 점유자는 점유물반환을 청구할 수 없다(대판 1993.3.9, 92다5300).

기출 CHECK ✓

1 점유자가 사기로 건물을 명도해준 경우라면, 점유물반환청구권을 행사할 수 없다.
정답 O

2 직접점유자가 임의로 점유를 타인에게 인도하였으나 그 점유이전이 간접점유자의 의사에 반하는 경우, 점유자는 점유물반환을 청구할 수 없다.
정답 O

(3) 상대방은 현재 점유자

① 침탈자의 특별승계인은 악의인 때만 상대방이 될 수 있다. 점유침탈자로부터 특별승계인은 악의인 경우에 한해서 상대방이 될 수 있다.

② 특별승계인이 선의인 경우 점유자는 점유회수할 수 없다. 침탈자의 특별승계인이 선의일 경우에는 점유물반환을 청구할 수 없다.

③ 엄폐물의 법칙(악의인 전득자 보호): 점유침탈자에서 '선의의 특별승계인'으로부터 다시 '악의의 전득자'에게 점유가 이전되더라도 점유자는 점유물반환청구를 할 수 없다.

> 기출 CHECK ✓
> 점유침탈자의 특별승계인이 선의인 경우 점유자는 점유물반환청구할 수 없다.
> 정답 O

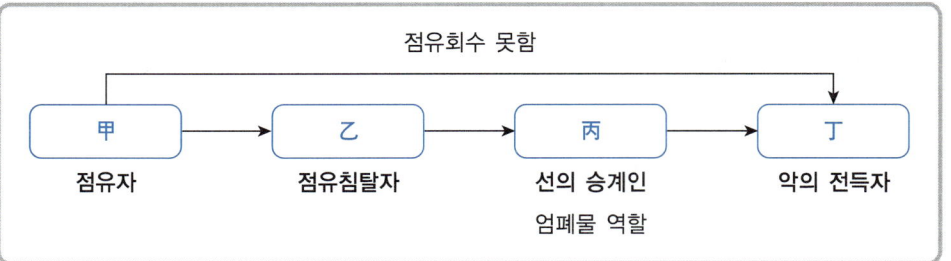

(4) 내용

① 침탈당한 날로부터 1년 내 점유물반환청구권은 출소기간(재판상 행사기간을 말함)이다.

② 재판상 행사기간(출소기간): 점유의 회수 및 방해제거 등 청구권에 규정한 제척기간은 재판 외에서 권리행사하는 것으로 족한 기간이 아니라 반드시 그 기간 내에 소를 제기하여야 하는 출소기간으로 해석함이 타당하다(대판 2002.4.26, 2001다8097).

③ 점유자가 점유를 침탈당한 때 물건의 반환 및 손해의 배상을 청구할 수 있다.
  ㉠ 점유물반환청구권에는 손해배상청구권이 포함된 것이 아니다. 점유자의 손해배상청구권은 점유보호청구권과 별개이나 점유에 대한 침해로 인한 손해배상청구권을 함께 발생시킬 수 있다는 점에서 동시에 규정한 것일 뿐이고, 점유보호청구권 속에 손해배상청구권이 포함되어 있는 것은 아니다.
  ㉡ 점유자의 손해배상청구권이 발생하려면 침해자에게 일반 불법행위의 요건인 고의·과실을 갖추어야 한다.

> 기출 CHECK ✓
> 점유물반환청구권은 침탈된 날로부터 1년 내에 행사하여야 하고 이는 출소기간이다.
> 정답 O

03 점유의 소와 본권의 소

(1) 의의

> 제208조 【점유의 소와 본권의 소와의 관계】
> ① 점유권에 기인한 소와 본권에 기인한 소는 **서로 영향을 미치지 아니한다.**❶
> ② 점유권에 기인한 소는 **본권에 관한 이유로 재판하지 못한다.**

❶ 서로 독립적이다.

甲이 소유하는 물건을 乙이 침탈한 경우 甲은 소유권에 기하여 반환을 청구할 수도 있고, 점유권에 기하여 반환을 청구할 수도 있다. 이때 전자를 본권의 소(즉 소유권, 지상권, 전세권 기타 실질적인 권리를 기초로 한 소를 말함), 후자를 점유의 소(점유보호청구권을 행사하는 소)라고 한다.

(2) 양자의 관계 제28회

① **양자의 독립성**: 점유권에 기인한 소와 본권에 기인한 소는 서로 영향을 미치지 아니한다(제208조 제1항). 즉 서로 독립적이다. 그러므로 甲이 乙을 상대로 점유의 소에서 입증실패로 패소하였어도 다시 본권에 기한 소를 제기할 수 있다.

② **점유의 소는 본권에 관한 이유로 재판하지 못한다**: 점유자가 '점유에 기한 소'를 제기했을 때 상대방은 '본권에 기한 항변'을 제출할 수 없다. 점유권에 기인한 소와 본권에 기인한 소는 서로 영향을 미치지 아니하고, 점유권에 기인한 소는 본권에 관한 이유로 재판하지 못하므로 점유회수의 청구에 대하여 점유침탈자가 점유물에 대한 본권이 있다는 주장으로 점유회수를 배척할 수 없다(대판 2019다202795).

해커스 킬정리 | 점유권 핵심체계 정리하기

1. 점유의 개념 – 사실상 지배[물리적 지배, 관념적 지배]
2. 종류[자주점유, 타주점유 / 선의점유, 악의점유]
3. 점유의 효력
    ① 점유의 추정력
        ㉠ 자주점유의 추정 / 무과실의 점유는 추정되지 않는다
        ㉡ 점유자의 권리적법의 추정력은 동산에만 인정된다.
    ② 점유자와 회복자 관계
        ㉠ 과실취득 – 선의 점유자는 과실취득
                   – 악의점유자가 소비하거나 잘못으로 과실수취 못한 때?
        ㉡ 멸실책임 – 선의이고 자주점유자는 이익이 현존한도에서 반환
        ㉢ 비용상환청구
            – 악의 점유자도 인정
            – 점유자가 과실을 취득시 필요비는 상환청구 못한다.
            – 유익비는 가액증가가 현존할 때만 회복자의 선택
4. 점유보호청구권
    ① 甲의 점유를 乙이 침탈하여 악의인 丙에게 인도한 때? 甲은 악의인 丙에게 점유물반환청구 ○ – 1년 내[출소기간]
    ② 甲이 사기로 점유물을 인도한 경우 점유회수할 수 없다.

land.Hackers.com

제 4 장 소유권

목차 내비게이션 | 제2편 물권법

- 제1장 총설
- 제2장 물권의 변동
- 제3장 점유권
- **제4장 소유권**
  - 제1절 서설
  - 제2절 상린관계
  - 제3절 소유권의 취득
  - 제4절 소유권에 기한 물권적 청구권
  - 제5절 공동소유
- 제5장 용익물권
- 제6장 담보물권

출제경향
취득시효와 공유에서 각각 거의 매년 1문항씩 출제된다.

학습전략
- 상린관계에서 주위토지통행권 부분의 판례를 정리하여야 한다.
- 취득시효 문제, 주위토지통행권, 부합의 법리는 거의 매년 출제되는 빈출테마이므로 해당 내용을 확실히 이해하여야 한다.
- 소유권에 기한 물권적 청구권의 판례를 정리하여야 한다.
- 공유에서 매년 사례문제의 출제 비중이 매우 높으므로 사례를 정리하여야 한다.

핵심개념

1. [상린관계]
   주위토지통행권 ★☆☆☆☆ p.227
2. [소유권의 취득 원인]
   취득시효 ★★★★★ p.233
   부합 기타 ★★★☆☆ p.246
3. [소유물반환청구권]
   제213조, 제214조 ★★☆☆☆ p.250
4. [공동소유]
   공유, 합유, 총유 ★★★★★ p.253

제1절 서설

01 소유권의 개념

> 제211조 【소유권의 내용】 소유자는 법률의 범위 내에서 그 소유물을 사용, 수익, 처분할 권리가 있다.

(1) 소유권

법률의 범위 내에서 소유물을 사용, 수익, 처분할 수 있는 권리이다(제211조).

(2) 소유권의 내용 제31회

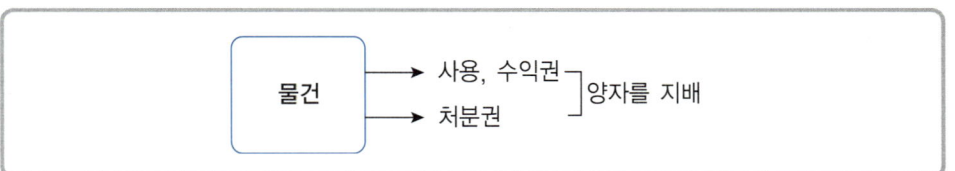

① 소유권의 내용 중 사용·수익권을 영구히 포기하는 약정은 무효이다.

> **판례** 사용·수익권을 영구히 포기하는 약정은 무효
>
> 물건에 대한 배타적인 사용, 수익권과 처분권은 소유권의 핵심적 권능으로서 소유자가 제3자와의 계약으로서 **소유물에 대한 사용수익권능을 포기하거나 사용수익권의 행사를 영구히 제한하게 하는 것**은 법률에 규정되지 않은 새로운 종류의 소유권을 창설하는 것으로서 물권법정주의에 위배되어 허용되지 않는다(대판 2013.8.22, 2012다54133). 만약 이를 허용하면 처분권능만 남는 새로운 유형의 소유권을 창출하는 것이어서 「민법」이 정한 물권법정주의에 위반된다(대판 2009.3.26, 2009다228).

② **공공의 이익**을 위한 배타적 사용·수익권 포기의 법리

> **판례**
>
> 토지소유자가 그 소유의 토지를 도로, 수도시설의 매설 부지 등 **일반공중**을 위한 용도로 **제공**한 경우, 소유자가 그 토지에 대한 독점적이고 배타적인 사용·수익권을 포기한 것으로 볼 수 있다면, 그 토지를 점유·사용하고 있다 하더라도 특별한 사정이 없는 한 그로 인해 토지소유자에게 어떤 손해가 생긴다고 볼 수 없으므로, 토지소유자는 그 타인(예 공중, 지자체 등)을 상대로 **부당이득반환을 청구할 수 없고, 토지의 인도 등을 청구할 수도 없다**(대판 2019.1.24, 2016다264556 전원합의체).

기출 CHECK ✓

소유자가 사용수익권능을 포기하거나 사용수익권의 행사를 영구히 제한하게 하는 것은 허용되지 않는다.

정답 O

02 소유권의 법적 성질

(1) 전면적 지배권
물건을 관념적으로 지배하는 권리이고 사용, 수익권과 처분권을 모두 가진다는 점에서 전면적 지배권이라고 한다.

(2) 소멸시효
소유권은 항구성을 가지므로 소멸시효에 걸리지 않는다.

(3) 객체
소유권의 객체는 현존하는 물건에 한한다. 그러므로 물건이 아닌 권리, 즉 분양권 같은 것에는 소유권이 성립할 수 없다.

(4) 1물1권주의 적용
하나의 물건에는 하나의 소유권이 성립하므로 1물1권주의 원칙이 작용한다.

03 부동산소유권의 범위

(1) 「민법」 규정
토지의 소유권은 정당한 이익이 있는 범위 내에서 토지의 상하에 미친다(제212조). 따라서 토지의 소유권의 범위는 지표면뿐만 아니라 그 지상의 공간 및 지하의 토석에까지 확장된다. 그러나 토지의 이용과 관계없이 무한한 범위까지 소유권의 효력이 미치는 것은 아니다.

(2) 소유권의 범위가 문제되는 사안
① **지표면상의 자연석**: 원칙적으로 토지의 구성부분에 속한다. 다만, 판례는 자연석을 조각하여 만든 석불은 임야의 구성물이 아니므로 임야와는 독립한 소유권의 객체가 된다고 선언한다(대판 1970.9.22, 70다1494).
② 현실의 경계와 지적도상의 경계가 다른 경우 원칙적으로 토지소유권의 범위는 지적공부상의 경계로 확정한다. 다만, 기술적 착오로 인해 경계가 다른 경우에는 현실의 경계에 의해 확정된다.

제2절 상린관계 제26·27·28·33회

01 의의

1. 상린관계의 개념
인접하고 있는 부동산 소유자 상호간의 충돌을 조화롭게 조절하기 위한 목적으로 하는 권리관계를 상린관계라고 한다.

2. 특성

(1) 상린관계에 기한 권리는 독립한 물권이 아니다.
경계선에서 인정되는 소유권의 확장이고 '독립한 물권'으로 취급할 수 없다.

(2) 등기를 할 수 없고 소멸시효에 걸리지 않는다. 제26회
상린관계는 법률로 인정한 것으로 따로 등기가 필요 없고 법률이 인정한 것이므로 방치하여도 소멸시효에 걸리지 않는다.

(3) 준용규정
소유권에 명문규정을 두고 지상권과 전세권에 준용한다(제290조, 제319조).

(4) 법적 성격
상린관계는 인접하는 부동산 상호간의 이용조절을 위한 것으로서 상린관계에 관한 「민법」 규정은 강행규정이 아니라 임의규정이다. 우물을 파거나 지하시설을 하는 경우에 경계로부터 2m 이상의 거리를 두어야 한다는 제244조의 규정과 다른 내용의 당사자 사이의 특약은 무효가 아니라 유효하다(대판 1982.10.26, 80다1634).

(5) 상린관계와 지역권의 비교

구분	상린관계	지역권
발생원인	법률규정으로 당연히 인정된다.	당사자의 계약으로 인정된다.
등기여부	등기가 필요 없다.	지역권 등기가 필요하다.
소멸시효	시효에 걸리지 않는다.	불행사하면 소멸시효에 걸린다.
인접성 여부	인접성이 요건이다.	인접성은 요건이 아니다.

기출 CHECK ✓
상린관계는 등기가 필요 없고 소멸시효에 걸리지 않는다.
정답 O

기출 CHECK ✓
상린관계는 지상권과 전세권에 준용된다.
정답 O

02 상린관계에 관한 「민법」의 규정

1. 인지사용청구권[1]

> 제216조 【인지사용청구권】
> ① 토지소유자는 경계나 그 근방에서 담 또는 건물을 축조하거나 수선하기 위하여 필요한 범위 내에서 이웃 토지의 사용을 청구할 수 있다. 그러나 이웃 사람의 승낙이 없으면 그 주거에 들어가지 못한다.
> ② 전항의 경우에 이웃 사람이 손해를 받은 때에는 보상을 청구할 수 있다.

[1] 주의할 것은 인지사용청구권에는 관습이 법률에 우선하는 규정이 없다는 것이다.

2. 생활방해(Immission)의 금지

> 제217조 【매연 등에 의한 인지에 대한 방해금지】
> ① 토지소유자는 매연, 열기체, 액체, 음향, 진동 기타 이에 유사한 것으로 이웃 토지의 사용을 방해하거나 이웃 거주자의 생활에 고통을 주지 아니하도록 적당한 조처를 할 의무가 있다.
> ② 이웃 거주자는 전항의 사태가 이웃 토지의 통상의 용도에 적당한 것인 때에는 이를 **인용할 의무**가 있다.

생활방해가 사회통념상 수인한도(참을 한도)를 넘지 않은 경우에는 토지소유자는 소유권에 기해 방해제거나 예방을 청구할 수 없고, 수인한도를 넘은 때는 방해제거나 예방을 청구할 수 있다(판례).

3. 수도 시설권 제32회

> 제218조 【수도 등 시설권】
> ① 토지소유자는 타인의 토지를 통과하지 아니하면 필요한 수도, 소수관, 가스관, 전선 등을 시설할 수 없거나 과다한 비용을 요하는 경우에는 **타인의 토지를 통과하여 이를 시설**할 수 있다. 그러나 이로 인한 손해가 가장 적은 장소와 방법을 선택하여 이를 시설할 것이며 타 토지의 소유자의 요청에 의하여 **손해를 보상하여야** 한다.
> ② 전항에 의한 시설을 한 후 사정의 변경이 있는 때에는 타 토지의 소유자는 그 시설의 변경을 청구할 수 있다. 시설변경의 비용은 토지소유자가 부담한다.

기출 CHECK ✓
타인의 토지를 통과하지 않으면 필요한 수도를 설치할 수 없는 토지의 소유자는 그 타인의 승낙 없이도 수도를 시설할 수 있다.
정답 O

> **판례**
> 수도 등 시설권은 법정의 요건을 갖추면 당연히 인정되고, 시설권에 근거하여 수도 등 시설공사를 위해 따로 수도 등이 통과하는 토지소유자의 승낙을 받아야 하는 것이 아니다(판례).

4. 주위토지통행권

> **제219조【주위토지통행권】❶**
> ① 어느 토지와 공로 사이에 그 **토지의 용도에 필요한 통로가 없는 경우**에 그 **토지소유자**는 주위의 토지를 통행 또는 통로로 하지 아니하면 공로에 출입할 수 없거나 과다한 비용을 요하는 때에는 그 **주위의 토지를 통행**할 수 있고 필요한 경우에는 **통로를 개설**할 수 있다. 그러나 이로 인한 손해가 가장 적은 장소와 방법을 선택하여야 한다.
> ② 전항의 통행권자는 통행지소유자의 **손해를 보상하여야** 한다.
>
> **제220조【분할, 일부양도와 주위통행권】**
> ① **분할로 인하여** 공로에 통하지 못하는 토지가 있는 때에는 그 토지소유자는 공로에 출입하기 위하여 다른 분할자의 토지를 통행할 수 있다. 이 경우에는 **보상의 의무가 없다**.
> ② 전항의 규정은 토지소유자가 그 토지의 **일부를 양도한 경우**에 준용한다.

❶
주위토지통행권 = 유상통행권

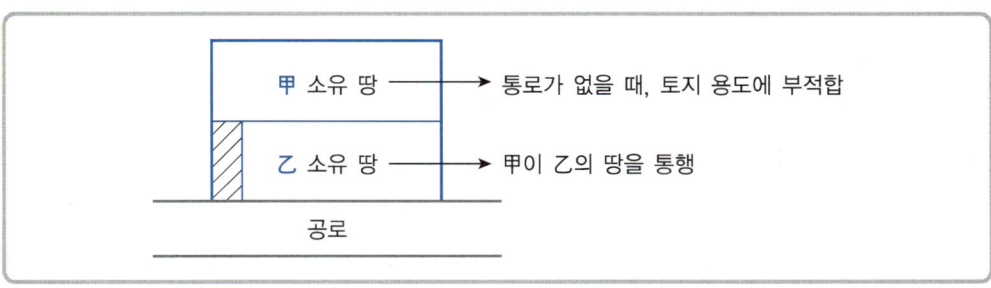

(1) 주위토지통행권의 요건

① 통로가 없는 경우: 어느 토지와 공로 사이에 토지의 용도에 필요한 진입로가 없을 것이다.
② 통로가 있는 경우: 이미 통로가 있더라도 당해 '토지의 이용에 부적합'하여 실제로 통로로서의 충분한 기능을 하지 못하는 경우에 인정되는 것이다(대판 1998. 3.10, 97다47118).
③ 통행권이 인정되는 자는 토지의 적법한 사용권을 가진 자이어야 한다. 적법한 토지의 사용권을 가진 자, 즉 토지의 소유권자, 지상권자, 전세권자에게 인정된다. 따라서 토지의 불법점유자, 토지의 대외적인 소유권이 없는 명의신탁자에게는 주위토지통행권이 인정되지 않는다.
④ 통행권은 인접한 토지상호이용의 조절을 위하여 법률이 인정한 것으로 등기 없이 인정된다.

기출 CHECK ✓
주위토지통행권은 이미 통로가 있더라도 토지의 이용에 부적합하여 실제로 통로로서의 충분한 기능을 하지 못하는 경우에 인정된다.

정답 O

> **판례** 통행권을 인정하지 않는 경우
>
> (가) 우회도로가 있는 경우
> 주거지역에서 공로에 이르는 길로 폭 2m의 '우회도로가 있다면' 주위토지를 통행하여 공로에 이르는 것이 보다 '더 편리하다는 이유만으로' 주위토지통행권을 주장할 수 없다. 이미 그 소유 토지의 용도에 필요한 통로가 있는 경우에는 그 통로를 사용하는 것보다 '더 편리하다는 이유'만으로 다른 장소로 통행할 권리를 인정할 수 없다(대판 1995.6.13, 95다1088).
>
> (나) 장차의 이용상황에 미리 대비한 통행권
> 주위토지통행권은 '현재의 토지의 용법'에 따른 이용의 범위에서 인정되는 것이지 더 나아가 '장차의 이용 상황까지를 미리 대비'하여 통행로를 정할 것은 아니다(대판 1992.12.22, 92다30528). 그러므로 장래의 아파트 신축으로 도로이용량이 많아지게 될 것이라는 이유로 통행로를 주장할 수 없다.
>
> (다) 스스로 통로를 막은 때
> 통행권자가 스스로 통로를 막는 건축행위를 한 경우에 통행권이 생길 수 없다.

(2) 주위토지통행권의 내용 제26·32회

① 통행권자는 통로를 개설할 수 있다.
　㉠ 주위토지통행권자는 필요한 경우에는 통행지상에 통로를 개설할 수 있으므로 모래를 깔거나, 돌계단을 조성하거나, 장해가 되는 나무를 제거하는 등의 방법으로 통로를 개설할 수 있으며 통행지소유자의 이익을 해하지 않는다면 통로를 포장하는 것도 허용된다(대판 2003.8.19, 2002다53469).
　㉡ 통로 개설비용은 통행권자가 부담한다. 주위토지통행권이 인정되더라도 통로의 개설비용이나 유지비용은 통행권자가 부담하여야 한다. 따라서 통행지소유자는 소극적인 인용의무만 있고 적극적인 작위의무가 없다(대판 2006.10.26, 2005다30993).
　㉢ 통행에 방해되는 담장 철거를 청구할 수 있다. 주위토지통행권은 법정의 청구권이지 당사자간의 계약으로 생긴 것이 아니다. 그러므로 적법하게 설치된 담장이라도 통행권자의 통행에 방해가 되는 경우에는 철거를 청구할 수 있고 통행지소유자는 철거의무를 부담한다(대판 1990.11.13, 90다5238).
② 통행은 인정되지만 배타적 점유권은 없다. 주위의 토지를 통행하거나 통로를 개설할 수 있다고 하여 통행지에 대한 통행지 소유자의 점유를 배제할 권능까지 있는 것은 아니며, 통행지소유자는 이를 '전적으로 주차장으로 점유하고 있는 통행권자'에 대해 인도청구할 수 있다(대판 1980.4.8, 79다1460).

기출 CHECK ✓
주위토지통행권이 인정되더라도 통로의 개설비용은 통행권자가 부담하여야 한다.
정답 O

용어사전
소극적 인용의무
가만히 둔 채 행위를 하지 않을 의무를 말한다.

적극적 작위의무
적극적으로 어떤 행위를 하여 결과를 유발하는 것을 말한다.

③ 통행로는 고정이 아니다. 통행권은 지역권과 달리 통행로가 항상 고정되어 있는 것이 아니고 주위토지통행권이 인정되었더라도 그 이후 그 전제가 되는 포위된 토지나 주위토지 등의 현황이나 구체적 이용 상황에 변동이 생긴 경우에는 「민법」 제219조의 입법취지나 신의성실의 원칙 등에 비추어 구체적 상황에 맞게 통행로를 이동할 수 있는 것이다(대판 2004.5.13, 2004다10268).

④ 나중에 공로가 개설되면 통행권은 소멸한다. 일단 주위토지통행권이 발생하였다고 하더라도 나중에 그 토지에 접하는 '공로가 개설'됨으로써 주위토지통행권을 인정할 필요성이 없어진 때는 통행권은 소멸한다(대판 1998.3.10, 97다47118).

(3) 보상 여부 제26회

① 유상통행권
  ㉠ 통행 또는 통로개설로 인해 통행지소유자에게 손해를 주었을 때에는 통행권자는 그 '손해를 보상하여야' 한다(제219조 제2항).
  ㉡ 통행지소유자는 '통행권자에게' 손해보상을 청구해야 한다.
  ㉢ 통행지소유자는 '통행권자의 허락을 얻어 사실상 통행하고 있는 자'에게는 그 손해의 보상을 청구할 수 없다(대판 1991.9.10, 91다19623).
  ㉣ 통행권자의 보상의 이행은 통행권의 성립요건이 아니므로 통행권자가 손해를 보상하지 않아도 통행권은 소멸하지 않으며 채무불이행책임이 발생할 뿐이다.

② 무상통행권
  ㉠ 원래 공로에 통하고 있던 토지가 토지의 분할 또는 일부양도로 공로에의 출입이 막힌 경우에는, 토지소유자는 보상의 의무 없이 '다른 분할자 또는 양도당사자'의 토지를 통행할 수 있고 '제3자의 토지'를 통행하지 못한다.
  ㉡ 무상의 주위토지통행권이 발생하는 토지의 일부양도라 함은 1필의 토지의 일부가 양도된 경우뿐만 아니라 일단으로 되어 있던 동일인 소유의 수필의 토지 중 일부가 양도된 경우도 포함된다(대판 1995.2.10, 94다45869).
  ㉢ 무상통행권은 분할된 토지의 특정승계인에 적용되는가?

> **분할된 토지의 특정승계인에게 무상통행권 적용 여부**
> 무상의 주위토지통행권에 관한 「민법」 제220조의 규정은 토지의 직접 분할자 또는 일부 양도의 당사자 사이에만 적용되고 포위된 토지 또는 피통행지의 특정승계인에게는 적용되지 않는다(대판 2002.5.31, 2002다9202).

기출 CHECK ✓
통행지소유자는 '통행권자의 허락을 얻어 사실상 통행하고 있는 자'에게는 손해의 보상을 청구할 수 있다.
정답 ✕

기출 CHECK ✓
분할로 인한 무상통행권은 분할자간에만 인정되고, 토지의 양수인에게는 인정되지 않는다.
정답 ○

> **확인예제**
>
> **주위토지통행권에 관한 설명으로 틀린 것은? (다툼이 있으면 판례에 따름)** 제27회
>
> ① 주위토지통행권은 토지와 공로 사이에 기존의 통로가 있더라도 그것이 그 토지의 이용에 부적합하여 실제로 통로로서의 충분한 기능을 하지 못하는 경우에도 인정된다.
> ② 주위토지통행권의 범위는 장차 건립될 아파트의 건축을 위한 이용상황까지 미리 대비하여 정할 수 있다.
> ③ 주위토지통행권이 인정되는 경우 통로개설 비용은 원칙적으로 주위토지통행권자가 부담하여야 한다.
> ④ 통행지소유자가 주위토지통행권에 기한 통행에 방해가 되는 축조물을 설치한 경우 주위토지통행권의 본래적 기능발휘를 위하여 통행지소유자가 그 철거의무를 부담한다.
> ⑤ 주위토지통행권의 성립에는 등기가 필요 없다.
>
> **해설**
>
> 주위토지통행권은 '현재의 토지의 용법'에 따른 이용의 범위에서 인정되는 것이지 더 나아가 '장차의 이용 상황까지를 미리 대비'하여 통행로를 정할 것은 아니다(대판 1992.12.22, 92다30528).
>
> 정답: ②

5. 물에 관한 상린관계❶

(1) 자연적 배수

> **제221조【자연유수의 승수의무와 권리】**
> ① 토지소유자는 이웃 토지로부터 자연히 흘러오는 물을 막지 못한다.❷
> ② 고지소유자는 이웃 저지에 자연히 흘러내리는 이웃 저지에서 필요한 물을 자기의 정당한 사용범위를 넘어서 이를 막지 못한다.

> **판례**
>
> 1. 낮은 곳의 토지소유자가 제방을 쌓아 물의 흐름을 막는 것은 승수의무 위반이다.
> 2. 승수의무는 소극적으로 이웃 토지로부터 자연히 흘러오는 물을 막지 못한다는 것일 뿐 '적극적으로' 물의 소통을 유지할 의무까지는 포함하지 않는다(대판 1977.11.22, 77다1588).

> **제222조【소통공사권】** 흐르는 물이 저지에서 폐색된 때에는 고지소유자는 자비로 소통에 필요한 공사를 할 수 있다.❸

---

❶ 관습이 법률에 우선하는 규정이 다수 있다.

❷ '승수의무'라 한다.

❸ 비용부담에 관하여 특별한 관습이 있으면 그 관습에 따른다.

(2) 인공적 배수

> 제223조 【저수, 배수, 인수를 위한 공작물에 대한 공사청구권】 토지소유자가 저수, 배수 또는 인수하기 위하여 공작물을 설치한 경우에 공작물의 파손 또는 폐색으로 타인의 토지에 손해를 가하거나 가할 염려가 있는 때에는 타인은 그 공작물의 보수, 폐색의 소통 또는 예방에 필요한 청구를 할 수 있다.
>
> 제224조 【관습에 의한 비용부담】 전2조의 경우에 비용부담에 관한 관습이 있으면 그 관습에 의한다.

(3) 여수급여청구권

> 제228조 【여수급여청구권】 토지소유자는 과다한 비용이나 노력을 요하지 아니하고는 가용(家用)이나 토지이용에 필요한 물을 얻기 곤란할 때에는 이웃 토지소유자에게 보상하고 여수의 급여를 청구할 수 있다.

(4) 수류변경권

> 제229조 【수류의 변경】
> ① 구거 기타 수류지의 소유자는 대안의 토지가 타인의 소유인 때에는 그 수로나 수류의 폭을 변경하지 못한다.
> ② 양안의 토지가 수류지소유자의 소유인 때에는 소유자는 수로와 수류의 폭을 변경할 수 있다. 그러나 하류는 자연의 수로와 일치하도록 하여야 한다.
> ③ 전2항의 규정은 **다른 관습이 있으면 그 관습에 의한다.**
>
> 제231조 【공유하천용수권】
> ① 공유하천의 연안에서 농, 공업을 경영하는 자는 이에 이용하기 위하여 타인의 용수를 방해하지 아니하는 범위 내에서 필요한 인수를 할 수 있다.
> ② 전항의 인수를 하기 위하여 필요한 공작물을 설치할 수 있다.
>
> 제234조 【용수권에 관한 다른 관습】 전3조❶의 규정은 **다른 관습이 있으면 그 관습에 의한다.**

❶ 제231조(공용하천용수권)

(5) 경계(境界)에 관한 상린관계 제26·27·28회

> 제237조 【경계표, 담의 설치권】
> ① 인접하여 토지를 소유한 자는 공동비용으로 통상의 **경계표나 담**을 설치할 수 있다.
> ② 전항의 비용은 쌍방이 절반하여 부담한다. 그러나 **측량비용**은 토지의 면적에 비례하여 부담한다.
> ③ 전2항의 규정은 다른 관습이 있으면 그 관습에 의한다.

기출 CHECK ✓
인접하여 토지를 소유한 자는 담설치비용은 절반씩 부담하나 측량비용은 면적에 비례하여 부담한다.
정답 O

> 제238조【담의 특수시설권】인지소유자는 **자기의 비용**으로 담의 재료를 통상보다 양호한 것으로 할 수 있으며 그 높이를 통상보다 높게 할 수 있고 또는 방화벽 기타 특수시설을 할 수 있다.
>
> 제239조【경계표 등의 공유추정】경계에 설치된 경계표, 담, 구거 등은 상린자의 공유로 추정한다. 그러나 경계표, 담, 구거 등이 상린자 일방의 단독비용으로 설치되었거나 담이 건물의 일부인 경우에는 그러하지 아니하다.
>
> 제240조【수지, 목근의 제거권】
> ① 인접지의 **수목가지**가 경계를 넘은 때에는 그 소유자에 대하여 가지의 제거를 청구할 수 있다.
> ② 전항의 청구에 응하지 아니한 때에는 청구자가 그 가지를 제거할 수 있다.
> ③ 인접지의 **수목뿌리**가 경계를 넘은 때에는 임의로 제거할 수 있다.
>
> 제242조【경계선부근의 건축】
> ① 건물을 축조함에는 특별한 관습이 없으면 경계로부터 반미터 이상의 거리를 두어야 한다.
> ② 인접지소유자는 전항의 규정에 위반한 자에 대하여 건물의 변경이나 철거를 청구할 수 있다. 그러나 건축에 착수한 후 1년을 경과하거나 **건물이 완성된 후에는 손해배상만을 청구할 수 있다.**
>
> 제244조【지하시설 등에 대한 제한】
> ① 우물을 파거나 용수, 하수 또는 오물 등을 저치할 지하시설을 하는 때에는 경계로부터 2m 이상의 거리를 두어야 하며 저수지, 구거 또는 지하실공사에는 경계로부터 그 깊이의 반 이상의 거리를 두어야 한다.
> ② 전항의 공사를 함에는 토사가 붕괴하거나 하수 또는 오액이 이웃에 흐르지 아니하도록 적당한 조처를 하여야 한다.

① 어느 한쪽의 토지소유자는 인접한 다른 토지의 소유자에게 공동비용으로 담을 설치하는 데에 협력을 요구할 수 있고, 인접 토지소유자는 이에 협력할 의무가 있다(대판 1997.8.26, 97다6063).

② 판례는 제242조 제1항은 서로 인접한 대지에 건물을 축조하는 경우에 각 건물의 통풍이나 채광방지 등을 꾀하려는 취지이므로, 경계로부터 반m는 경계로부터 건물의 가장 돌출된 부분까지의 거리를 말한다.

③ 제242조 제1항에서 정한 이격 거리를 위반한 경우라도 건축에 착수한 후 1년을 경과하거나 건물이 완성된 후에는 손해배상만을 청구할 수 있을 뿐 건물의 변경이나 철거를 청구할 수 없다(제242조 제2항). 여기에서 건물의 완성은 사회통념상 독립한 건물로 인정될 수 있는 정도로 건축된 것을 말하며, 건축 관계법령에 따른 건축허가나 착공신고 또는 사용승인 등 적법한 절차를 거친 것인지는 문제되지 아니한다(대판 2011.7.28, 2010다108883).

기출 CHECK ✓

인접하여 토지를 소유한 자가 경계로부터 반미터를 두지 않고 건물을 완성한 경우 건물철거를 청구할 수 있다.

정답 ✗

제3절 소유권의 취득

```
                    ┌─ 1. 법률행위(매매)
                    │  2. 법률규정
                    │     ① 취득시효
        소유권의    │     ② 무주물 선점
        취득 원인  ─┤     ③ 유실물 습득
                    │     ④ 매장물 발견
                    │     ⑤ 부합
                    └─    ⑥ 가공
```

01 서설

(1) 매매나 증여 같은 법률행위로 부동산의 소유권을 취득하는 것이 일반적인데 여기서는 법률의 규정에 의해 특별히 소유권이 취득되는 것을 살펴본다.

(2) 「민법」은 법률규정에 의한 소유권의 취득원인으로 취득시효, 선의취득, 무주물 선점, 유실물 습득, 매장물 발견, 첨부에 관해 규정을 한다(제245조 이하). 위의 모든 소유권의 취득원인은 '원시취득'임을 기억하여야 한다.

02 취득시효 제26·31·34회

1. 의의

취득시효란 점유를 일정기간 계속하는 경우에 그것이 진실한 권리에 기한 것인지를 묻지 않고, 법률이 점유자에게 소유권을 선물로 인정해 주는 제도를 말한다.

(1) 존재이유

오랜 기간동안 계속된 점유의 사실 상태에 대하여 권리를 인정하여 법질서를 안정시키는 데 존재이유가 있다.

(2) 시효취득되는 권리 제26회

① 점유를 요소로 하는 권리: 소유권과 지상권, 분묘기지권, 계속되고 표현된 지역권 등

② 점유를 요소로 하지 않는 권리: 저당권, 불표현된 지역권은 취득시효할 수 없다.

> **기출 CHECK** ✓
> 저당권은 취득시효를 할 수 없다.
> 정답 O

(3) 취득시효의 종류

취득시효의 종류		요건
부동산	점유취득시효	20년간 소유의사로 평온, 공연한 점유 + 등기
	등기부 취득시효	10년간 소유의사로 평온, 공연, 선의, 무과실로 점유
동산	장기 취득시효	10년간 소유의사로 평온, 공연한 점유
	단기 취득시효	5년간 소유의사로 평온, 공연, 선의, 무과실로 점유

2. 부동산의 점유취득시효

제245조【점유로 인한 부동산소유권의 취득기간】 ① 20년간 소유의 의사로 평온, 공연하게 부동산을 점유하는 자는 등기함으로써 그 소유권을 취득한다.

> **핵심 콕! 콕!** 사실관계
>
> A로부터 甲은 토지와 주택을 매수하여 점유·사용해 왔고, 옆집 땅주인 B(18년 점유)로부터 乙이 토지와 건물을 매수하여 3년째 점유·사용해오고 있었다. 甲이 낡은 주택을 철거하고 신축하려 토지의 측량을 한 결과 자기소유 토지의 일부인 3평 정도를 옆집 주인 乙이 점유해 온 사실을 알게 되었다. 甲은 乙에게 소유권에 기하여 토지를 반환하라고 할 수 있는가?

(1) 취득시효의 객체(부동산) 제27·28·30·31·32회

① 취득시효의 대상이 되는 것

  ㉠ **성명불상자(성과 이름을 잘 알 수 없는 사람)의 토지**: 시효로 인한 부동산 소유권의 취득은 원시취득으로서 취득시효의 요건을 갖추면 곧 등기청구권을 취득하는 것이고 또 타인의 소유권을 승계취득하는 것이 아니어서 시효취득의 대상이 반드시 타인의 소유물이어야 하거나 그 타인이 특정되어 있어야만 하는 것은 아니므로 성명불상자의 소유물에 대하여 시효취득을 인정한다(대판 1992.2.25, 91다9312).

  ㉡ **권원이 불분명한 토지**: 「민법」 제197조 제1항에 의하여 점유자는 소유의 의사로 선의, 평온 및 공연하게 점유한 것으로 추정되며, 이러한 추정은 국가나 지방자치단체가 점유취득의 권원이 되는 서류를 제공하지 못하는 경우에도 마찬가지로 자주점유로 추정된다(대판 2014.3.27, 2010다94731).

  ㉢ **국유재산 중 일반재산**: 국유재산 중 잡종재산(일반재산)은 시효취득이 인정된다(헌재 1991.5.13, 89헌가97). 이때 '취득시효기간 동안 계속하여 행정재산이 아닌 일반재산'이어야만 취득시효가 가능하다(판례).

> **판례**
>
> 부동산에 관하여 **적법·유효한 등기를 마치고, 그 소유권을 취득한 사람이 자기소유의 부동산을 점유하는 경우**, 특별한 사정이 없는 한 사실상태를 권리관계로 높여 보호할 필요가 없고, 부동산의 명의자는 소유권을 적법하게 보유한 것으로 추정되어 소유권에 대한 증명의 곤란을 구제할 필요성 역시 없으므로, 그러한 점유는 **취득시효의 기초가 되는 점유라고 할 수 없다.** 다만, 그 상태에서 **다른 사람 명의로 소유권이전등기가 되어 소유권의 변동이 있는 때**는 비로소 취득시효의 요건인 점유가 개시되었다고 볼 수 있을 뿐이다(대판 2016.10.27, 2016다224596).

기출 CHECK ✓
부동산에 유효한 등기를 마치고, 소유권을 취득한 사람이 자기소유의 부동산을 점유하는 경우 취득시효의 기초가 되는 점유라고 할 수 없다.
정답 ○

② 취득시효의 대상이 될 수 없는 것
  ㉠ 도로, 공원 같은 행정재산: 행정재산이 기능을 상실하여 본래의 용도에 제공되지 아니하여도 '법령에 의하여 공용폐지가 되지 않은 상태'라면 사법상 거래의 대상이 될 수 없어 취득시효의 대상이 될 수 없다(대판 2010.11.25, 2010다58957).
  ㉡ 「집합건물의 소유 및 관리에 관한 법률」상의 공용부분: 공용부분인 '대지'에 대하여 취득시효의 완성을 인정하여 그 부분에 대한 소유권취득을 인정하면 전유부분과 분리하여 공용부분의 처분을 허용하고 일정 기간의 점유로 인하여 공용부분이 전유부분으로 변경되는 결과가 되어 「집합건물의 소유 및 관리에 관한 법률」의 취지에 어긋나게 된다. 따라서 집합건물의 공용부분은 취득시효에 의한 소유권 취득의 대상이 될 수 없다(대판 2013.12.12, 2011다78200).

기출 CHECK ✓
1 행정재산, 집합건물법상 공용부분은 취득시효를 할 수 없다.
정답 ○
2 국유재산 중 일반재산은 취득시효의 대상이 된다.
정답 ○
3 국유재산도 취득시효기간 동안 계속하여 일반재산인 경우 취득시효의 대상이 된다.
정답 ○

(2) 취득시효의 요건 제31·32회

① 20년간의 점유
  ㉠ 제3자를 점유매개자로 하여 농지를 **간접으로 점유한 자**가 농민이 아니어도 시효취득을 부정할 수 없다(대판 1993.4.27, 93다5000).
  ㉡ 점유의 기산점

소유자의 변동이 있을 때	임의로 기산점을 선택할 수 없고 '점유개시시'부터 기산일로 한다.
소유자의 변동이 없을 때	점유자가 임의로 기산점을 선택할 수 있다(역산설).

기출 CHECK ✓
간접점유로는 취득시효를 완성할 수 없다.
정답 ✗

기출 CHECK ✓
점유의 승계가 있는 경우 시효이익을 받으려는 자는 자기 또는 전(前) 점유자의 점유개시일 중 임의로 점유기산점을 선택할 수 있다.
정답 ○

  ㉢ 점유의 승계가 있는 경우, 점유자는 점유승계의 효과로서 자신의 점유만을 주장하거나 전 점유자의 점유를 합산하여 주장할 수 있다(제199조 제1항). 점유의 승계가 있는 경우에는 자기의 특정된 점유개시일이나 전 점유자의 특정된 점유개시일을 선택할 수 있을 뿐이며 임의의 중간시점을 기산점으로 선택할 수는 없다(대판 1982.1.26, 81다826).

② 소유의 의사로 점유(자주점유)
  ㉠ 자주점유에 대한 판단은 '권원의 성질'에 의하여 객관적으로 결정한다.
    ⓐ 토지를 임대하여 25년째 사용하고 있는 점유자, 명의수탁자의 토지점유는 권원의 성질상 타주점유이므로 취득시효를 할 수 없다.
    ⓑ 토지를 매수하여 점유하게 되었으나 인접토지의 일부가 타인소유의 토지임이 나중에 밝혀졌으나 경계를 초과부분이 상당하지 아니한 경우, 자주점유로 추정된다(판례).
  ㉡ 점유자 스스로 자주점유를 입증할 책임이 없다. 제197조에 의하여 점유자는 자주점유로 추정받으므로 상대방이 점유자의 점유가 소유의 의사가 없는 점유임을 주장하여 취득시효의 성립을 부정하는 사람(상대방)에게 입증책임이 있다(대판 2014.4.10, 2013다74080). 따라서 점유자가 자주점유의 권원을 주장하였으나 이것이 인정되지 않는 경우, 상대방이 타주점유를 입증하지 못하는 한 자주점유의 추정은 번복되지 아니한다.
③ 평온, 공연한 점유: 점유자는 특별한 사정이 없는 한 평온, 공연하게 점유하는 것으로 추정된다(제197조 제1항). 따라서 점유자가 평온, 공연한 점유임을 입증할 필요는 없고 시효취득을 부정하는 자가 평온, 공연한 점유가 아님을 입증하여야 한다(대판 1984.6.12, 83다카1128).
④ 취득시효의 중단
  ㉠ 토지소유자가 점유자에게 재판상 청구를 하면 취득시효가 중단된다. 취득시효의 중단사유인 재판상 청구에는 취득시효의 대상인 토지인도, 소유권존부확인소송, 소유권에 기한 방해배제소송 및 부당이득반환청구도 포함한다(대판 1997.4.25, 96다46484).
  ㉡ 부동산에 대한 가압류는 취득시효를 중단시키지 않는다. 점유취득시효의 중단사유는 점유를 파괴하여야 하는데 부동산에 대하여 가압류를 하여도 점유의 파괴를 가져오지 않기 때문이다(대판 2019.4.3, 2018다296878).

(3) 취득시효 완성의 효과 제28·31·32회
① 시효완성자에게 등기 전 등기청구권의 발생
  ㉠ 취득시효기간의 완성만으로는 소유권취득의 효력이 바로 생기는 것이 아니라, 다만 이를 원인으로 하여 소유권취득을 위한 등기청구권이 발생한다.
  ㉡ 미등기 부동산의 경우라고 하여 점유자가 취득시효기간의 완성만으로 등기 없이도 점유자가 소유권을 취득한다고 볼 수 없다(대판 2006.9.28, 2006다22074).
  ㉢ 취득시효는 법률행위가 아니라 법률규정에 의한 물권취득이지만 「민법」은 제187조의 예외로서 등기를 하여야 비로소 소유권을 취득한다(제245조).

② **원시취득**
　㉠ 취득시효로 인한 소유권의 취득은 원시취득이므로 보존등기를 하여야 하지만 실무에서는 소유자로부터 시효완성자 앞으로 소유권이전등기를 행한다.
　㉡ 시효진행 중 가등기를 경료한 경우

> ⓐ 시효취득은 원시취득에 해당하므로 전 소유자에게 존재하던 부담은 소멸한다. 따라서 시효진행 중 매매의 예약에 기한 가등기를 경료한 경우 시효완성자 앞으로 소유권등기를 경료하면 가등기는 소멸한다.
> ⓑ 다만, 시효완성자 앞으로 등기를 마치지 아니한 이상 소유권에 붙어있는 가등기는 소멸하지 아니한다(대판 2004.9.24, 2004다31463).

③ **취득시효의 소급효와 제3자**
　㉠ 취득시효에 의한 권리취득의 효력은 점유를 개시한 때에 소급한다(제247조 제1항). 따라서 시효기간 중에 시효취득자가 수취한 과실은 소유자가 아니라 점유자가 유효하게 취득하는 것이므로 부당이득반환대상이 되지 아니한다.
　㉡ 취득시효가 완성된 후 점유자가 그 등기를 하기 전에 제3자가 소유권이전등기를 경료한 경우에는 점유자는 그 제3자에 대하여는 시효취득을 주장할 수 없는 것이 원칙이기는 하지만 이는 어디까지나 그 제3자 명의의 등기가 적법 유효함을 전제로 하는 것으로서 위 제3자 명의의 등기가 원인무효인 경우에는 점유자는 취득시효 완성 당시의 소유자를 대위하여 위 제3자 앞으로 경료된 원인무효인 등기의 말소를 구함과 아울러 위 소유자에게 취득시효 완성을 원인으로 한 소유권이전등기를 구할 수 있다. 또 위 제3자가 취득시효 완성 당시의 소유자의 상속인인 경우에는 그 상속분에 한하여는 위 제3자에 대하여 직접 취득시효 완성을 원인으로 한 소유권이전등기를 구할 수 있다(대판 2001다77352·77369).
　㉢ 점유로 인한 소유권취득시효 완성 당시 미등기로 남아 있던 토지에 관하여 소유권을 가지고 있던 자가 취득시효 완성 후에 그 명의로 소유권보존등기를 마쳤다 하더라도 이는 소유권의 변경에 관한 등기가 아니므로 그러한 자를 그 취득시효 완성 후의 새로운 이해관계인으로 볼 수 없으므로, 이러한 경우에는 그 등기명의인(원소유자의 상속인)에게 취득시효 완성을 주장할 수 있다(대판 2007.6.14, 2006다84423).

기출 CHECK ✓
취득시효로 인한 소유권의 취득은 원시취득이다.
　　　　정답 O

❶
1. **시효완성 전 가등기의 처리**: 점유자가 등기시 가등기는 소멸한다.
2. **시효완성 후 근저당권 처리**: 점유자가 등기시 저당권 부담있는 토지를 취득한다.

ⓔ 판례는 원소유자는 점유자명의로 소유권등기가 마쳐지기 전까지는 소유자로서 토지에 대한 적법한 권리행사로 토지를 처분하거나 제한물권을 설정할 수 있다.

> **시효완성 후 점유자에게 등기 전 근저당권을 설정한 경우 상호간 법리는?**
> 취득시효가 완성된 상태에서도 점유자명의로 소유권이전등기 경료 전까지는 원소유자로서는 적법하게 토지를 제3자에게 처분할 수 있다.
> 이때 시효완성 후 등기 전에 원소유자가 제3자에 근저당권을 설정한 경우
> ⓐ 원소유자는 시효취득자에 대한 관계에서 불법행위가 성립하는 것은 아니며
> ⓑ 시효완성자로서는 취득시효의 소급효를 들어 제3자에게 대항할 수 없다.
> ⓒ 점유자가 취득시효 완성으로 소유권이전등기를 경료하는 경우 시효완성자는 제한물권의 부담이 있는 상태, 즉 근저당권 '있는' 소유권을 취득한다.
> ⓓ 시효완성자가 근저당채무를 소유자를 대위하여 변제하는 것은 시효취득자가 용인하여야 할 부담을 제거하여 완전한 소유권을 확보하기 위한 것으로 이는 자신의 이익을 위한 것이므로 위 변제액에 대하여 구상권이나 부당이득반환을 청구할 수 없다(대판 2006.5.12, 2005다75910).

ⓜ 1필지의 토지 중 일부에 관하여 점유취득시효가 완성된 경우, 점유자가 토지소유자로부터 그 부분에 관한 소유권을 이전받으려면 먼저 그 1필지의 토지 중 점유취득시효가 완성된 부분에 대한 분할절차를 거치는 것이 일반적인 방법이다. 이때 그 1필지의 토지가 지적공부상 면적의 표시가 잘못된 등록사항 정정 대상토지라면 면적이 확정되어 있지 않아 그 상태로 토지분할을 하는 것은 어려우므로 면적의 확정이 선행되어야 할 것인데, 그 방법으로는 「공간정보의 구축 및 관리 등에 관한 법률」 제84조에서 규정하는 지적공부의 등록사항 정정절차가 있다(대판 2023.6.15, 2022다303766).

④ **시효이익의 포기** 제32회

㉠ 취득시효이익의 포기와 같은 상대방 있는 단독행위는 그 의사표시로 인하여 권리에 직접적인 영향을 받는 상대방에게 도달하는 때에 효력이 발생한다. 취득시효 완성으로 인한 권리변동의 당사자는 시효취득자와 취득시효 완성 당시의 진정한 소유자이므로 시효취득자가 취득시효 완성 당시의 진정한 소유자에 대하여 하여야 그 효력이 발생하는 것이지 원인무효인 등기의 등기부상 소유명의자에게 그와 같은 의사를 표시하였다고 하여 그 효력이 발생하는 것은 아니다(대판 2001.7.14, 2011다23200).

㉡ 시효완성자가 소를 취하한 경우 취득시효 완성을 원인으로 소유권이전등기를 청구하였으나 상대방의 소유를 인정하고 '소를 취하'한 경우 시효이익을 포기한 것으로 본다(대판 1973.9.29, 73다762).

㉢ 취득시효 만료 후 소유자인 국가에게 점유자가 당해 토지에 관하여 어떠한 권리도 주장하지 않는다는 내용의 각서를 작성하였다면 점유자는 취득시효 완성의 이익을 포기하는 적극적인 의사를 표시한 것이다(대판 1998.5.22, 96다24101).

기출 CHECK ✓
취득시효로 인한 시효이익의 포기는 상대방 있는 단독행위다.
정답 O

기출 CHECK ✓
취득시효로 인한 시효이익의 포기는 시효완성 당시의 진정한 소유자에게 하여야 효력 있다.
정답 O

ⓔ 소유자에게 매수제의를 한 경우: 취득시효 기간이 경과한 후 부동산의 점유자가 소유자에게 매수제의를 한 사실만을 들어서 취득시효이익의 포기나 타주점유라고 볼 수 없다. 일반적으로 점유자는 소유자와의 분쟁을 간편히 해결하기 위하여 매수를 시도하는 사례가 많기 때문이다(대판 1995.2.24, 94다18195).

확인예제

취득시효에 관한 설명으로 틀린 것은? (다툼이 있으면 판례에 따름) 제31회

① 국유재산 중 일반재산은 취득시효의 대상이 된다.
② 중복등기로 인해 무효인 소유권보존등기에 기한 등기부 취득시효는 부정된다.
③ 취득시효완성으로 인한 소유권이전등기청구권은 원소유자의 동의가 없어도 제3자에게 양도할 수 있다.
④ 취득시효완성 후 등기 전에 원소유자가 시효완성된 토지에 저당권을 설정하였고, 등기를 마친 시효취득자가 피담보채무를 변제한 경우, 원소유자에게 부당이득반환을 청구할 수 있다.
⑤ 취득시효완성 후 명의신탁 해지를 원인으로 명의수탁자에서 명의신탁자로 소유권이전등기가 된 경우, 시효완성자는 특별한 사정이 없는 한 명의신탁자에게 시효완성을 주장할 수 없다.

해설

원소유자가 시효완성된 토지에 저당권을 설정하였고, 등기를 마친 시효취득자가 피담보채무를 변제한 경우, 이는 자신의 이익을 위한 것으로 원소유자에게 부당이득반환을 청구할 수 없다. **정답: ④**

더 알아보기 취득시효의 핵심쟁점 5가지 뽀개기

쟁점 1. 취득시효에 의한 등기청구권의 성질은? 제32회

등기청구권의 성질	① **채권적 청구권**으로 10년의 소멸시효에 걸린다. ② 시효완성자가 **점유하면** 소멸시효에 걸리지 않는다(전원합의체). ③ 시효완성자가 **점유를 상실한 경우**라도 시효이익의 포기로 볼 수 있는 경우가 아닌 한 등기청구권은 **바로 소멸하지 않으며, 10년** 후에 소멸시효가 완성된다(판례).
점유승계인의 지위	전 점유자의 점유를 승계한 자는 그 점유 자체와 하자만을 승계하는 것이지 그 점유로 인한 법률효과(등기청구권)까지 승계하는 것은 아니므로 부동산을 취득시효기간 만료 당시의 점유자로부터 양수하여 **점유를 승계한 현 점유자**는 자신의 전 점유자에 대한 소유권이전등기청구권을 보전하기 위하여 전 점유자의 소유자에 대한 소유권이전등기청구권을 **대위행사할 수 있을 뿐**, 전 점유자의 취득시효 완성의 효과를 주장하여 **직접 자기에게 소유권이전등기를 청구할 권원은 없다**(대판 1995.3.28, 93다47745 전원합의체).

기출 CHECK ✓

1 시효취득자의 점유가 계속되는 동안 이미 발생한 소유권이전등기청구권은 시효로 소멸하지 않는다. **정답 O**

2 시효완성자가 목적물을 매도하여 점유를 승계받은 점유승계인은 전 점유자의 시효완성의 효과를 주장하여 자신 앞으로 직접 시효완성으로 인한 이전등기를 청구할 수 없다. **정답 O**

3 취득시효완성으로 인한 소유권이전등기청구권은 원소유자의 동의가 없어도 제3자에게 양도할 수 있다. **정답 O**

| 시효완성자의 등기청구권의 양도 | 소유자와 점유자간에는 특별한 신뢰관계가 존재하지 않으므로 등기청구권의 양도를 위하여 **소유자의 승낙을 요건으로 하지 아니하고**, **통상의 채권양도 통지**로 양도할 수 있다(판례). |

쟁점 2. 시효완성자의 등기청구의 상대방은 시효완성 당시의 진정한 소유자

① 제3자 명의 등기가 원인 무효인 경우 시효완성 당시의 소유권보존등기 또는 이전등기가 무효라면?

원칙적으로 **그 등기명의인은 시효취득을 원인으로 한 소유권이전등기청구의 상대방이 될 수 없다.** 이때 시효취득자는 소유자를 대위하여 무효등기의 말소를 구할 수 있을 뿐 직접말소를 구할 수 없다(대판 2005.5.26, 2002다43417).

② 원소유자가 제3자에게 처분했다가 다시 회복된 경우? 점유자가 취득시효 당시의 소유자에 대한 시효취득으로 인한 소유권이전등기청구권을 '상실하게 되는 것이 아니라' 단지 소유자의 점유자에 대한 소유권이전등기의무가 이행불능으로 된 것에 불과하므로, 그 후 어떠한 사유로 취득시효완성 당시의 소유자에게로 '소유권이 회복'되면 소유자에게 시효취득의 효과를 주장할 수 있다(대판 90다14225).

쟁점 3. 원소유자가 제3자에 처분한 경우 시효완성자가 제3자에게 취득시효를 주장할 수 있는가? 제29·30·32회

① **원칙 1 – 시효완성 전(진행 중)에 소유자가 제3자에게 처분한 경우❶**: 시효기간 **진행 중** 등기명의인이 변동된 경우로서 점유자는 시효기간 진행 중에 소유명의인이 변동되어도 점유상태가 파괴되는 것이 아니어서 점유취득시효가 중단되는 것이 아니다. 따라서 시효완성자는 **취득시효완성 당시의 등기명의인**에 해당하는 **제3자에게 취득시효의 완성을 주장할 수 있다**(대판 1976.3.9, 75다2220).

② **원칙 2 – 시효완성 후에 소유자가 제3자에게 처분한 경우**: 시효완성자는 채권적 청구권으로 제3자에게 취득시효를 주장할 수 없음이 원칙이다(대판 1965.11.23, 65다2056).

[판례] 종중명의 토지를 종원에게 명의신탁하여 수탁자에게 소유권등기가 경료되어 있는 상태에서 점유자가 취득시효를 완성하였다. 이때, 취득시효로 인한 등기청구의 상대방은 시효완성 당시의 소유자이므로 수탁자에게 등기를 요구할 수 있다.

이 명의신탁이 해지되어 등기명의가 수탁자에서 신탁자에게로 변경된 경우 "**신탁자는 취득시효완성 후의 새로운 소유권을 취득한 자**"에 해당하므로 시효완성자는 신탁자에게 취득시효를 주장할 수 없다(대판 2000.8.22, 2000다21987).

③ **원칙 3 – 2차 취득시효**: 시효완성 후 소유자가 제3자에게 부동산을 처분한 경우 **제3자에게 소유명의가 변동된 시점을 새로운 기산점으로 삼아 다시 취득시효가 완성된 경우** 점유자는 취득시효 완성 후 양도받은 제3자에게 취득시효를 주장할 수 있다. 한편 2차 취득시효 기간 진행 중에 소유자가 계속하여 동일함을 요한다는 기존의 판례입장을 변경하여 **시효기간 중 계속하여 소유자의 동일함을 요하지 아니한다**고 판례를 변경하였다(대판 2009.7.16, 2007다15189 전원합의체).

기출 CHECK ✓

1 시효진행 중에 목적부동산이 전전양도된 후 시효가 완성된 경우, 시효완성자는 최종 등기명의자에 대해 이전등기를 청구할 수 있다.

정답 O

2 시효기간 만료 후 명의수탁자로부터 적법하게 이전등기받은 명의신탁자(시효완성 후 제3자)는 시효완성자에게 대항할 수 없다.

정답 ✗

쟁점 4. **소유자는 등기경료 전의 시효완성자에게 토지인도청구할 수 있는가?**
                                                                        제29·32회

① 취득시효를 완성한 경우 시효완성자는 법률의 규정에 의거하여 토지를 점유할 권리가 발생하고 이에 응할 의무가 있는 토지소유자는 시효완성자가 아직 등기 전이라고 해서 **대지에 대한 불법점유임을 이유로 그 지상건물의 철거와 대지의 인도를 청구할 수는 없다**(대판 1988.5.10, 87다카1979).
② 소유자는 시효완성자에게 **토지인도를 청구할 수 없고 부당이득반환을 청구할 수 없다.**

쟁점 5. **원소유자가 제3자에게 처분시 책임소재는?** 제26회

① 점유자가 취득시효 완성된 사실을 알면서(점유자가 시효취득을 주장하여 소를 제기하거나 소유권등기청구를 주장한 때) 등기의무를 회피하기 위하여 고의로 취득시효의 대상이 되는 부동산을 제3자에게 처분한 경우 점유자와 소유자간에는 **서로 계약상 채권, 채무관계가 성립하는 것이 아니므로 채무불이행책임이 성립하지 아니하고,** 소유자가 부동산을 제3자에게 처분하여 소유권이전등기를 넘겨 줌으로써 취득시효완성을 원인으로 한 소유권이전등기의무가 이행불능에 빠짐으로써 시효취득을 주장하는 자가 손해를 입었다면 **불법행위를 구성한다.**
② 이때 소유자가 시효완성 사실을 '모르고' 토지를 처분하였다면 소유자는 정당한 소유권을 행사한 것으로 점유자에게 아무런 책임이 없다.

쟁점 6. **토지가 수용된 경우**
시효완성자가 등기를 요구한 후 수용된 때는 토지소유자가 수령한 수용보상금의 반환을 청구할 수 있다.

> **기출 CHECK ✓**
> 시효취득으로 인한 소유권이전등기청구권이 발생하면 부동산 소유자와 시효취득자 사이에 계약상의 채권관계가 성립한 것으로 본다.
>
> 정답 ✗

더 알아보기 | 원소유자가 부동산을 제3자에게 처분한 경우

완성 전 처분	점유자의 시효완성 전에 소유자가 부동산을 처분하여 시효기간 진행 중에 소유명의인이 변동되어도 점유상태가 깨어지는 것이 아니어서 **점유취득시효가 중단되는 것이 아니므로 취득시효완성 당시의 등기명의인에 해당하는 제3자에게 취득시효를 주장할 수 있음**	
완성 후 처분	1. 채무불이행 ✗	원소유자와 시효취득자간에는 계약상 채권·채무관계가 없으므로 **채무불이행 책임을 물을 수 없음**
	2. 불법행위 ○	① 원칙: 시효취득 주장 전에는 소유자는 취득시효 사실을 알 수 없으므로 제3자에게 처분해도 불법행위가 성립하지 않음 ② 예외: 소유자가 취득시효 사실을 알면서 제3자에게 처분한 경우 **불법행위책임이 성립**
	3. 제3자에 시효취득 주장 여부	① 원칙: 시효완성 후 등기 전에 소유권을 취득한 제3자에 대해서 점유자는 취득시효를 주장할 수 없음 ② 예외: 제3자에게 등기가 경료된 시점을 기준으로 20년 경과(2차 취득시효)

> **확인예제**
>
> 부동산 점유취득시효에 관한 설명으로 옳은 것은? (다툼이 있으면 판례에 따름)
>
> 제34회
>
> ① 국유재산 중 일반재산이 시효완성 후 행정재산으로 되더라도 시효완성을 원인으로 한 소유권이전등기를 청구할 수 있다.
> ② 시효완성 당시의 소유권보존등기가 무효라면 그 등기명의인은 원칙적으로 시효완성을 원인으로 한 소유권이전등기청구의 상대방이 될 수 없다.
> ③ 시효완성 후 점유자 명의로 소유권이전등기가 경료되기 전에 부동산 소유명의자는 점유자에 대해 점유로 인한 부당이득반환을 청구할 수 있다.
> ④ 미등기부동산에 대한 시효가 완성된 경우, 점유자는 등기 없이 소유권을 취득한다.
> ⑤ 시효완성 전에 부동산이 압류되면 시효는 중단된다.
>
> **해설**
> ① 행정재산은 취득시효를 할 수 없다.
> ③ 시효완성자에게 부당이득반환을 청구할 수 없다.
> ④ 등기를 하여야 한다.
> ⑤ 부동산에 대한 압류는 점유를 파괴하지 못하므로 취득시효는 중단되지 않는다.
>
> 정답: ②

3. 등기부 취득시효

> **제245조 【점유로 인한 부동산소유권의 취득기간】**
> ② 부동산의 소유자로 등기한 자가 10년간 소유의 의사로 평온, 공연하게 선의이며 과실 없이 그 부동산을 점유한 때에는 소유권을 취득한다.

> **판례**
>
> 적법한 원인 없이 타인 소유 부동산에 관하여 소유권보존등기를 마친 무권리자가 그 부동산을 제3자에게 매도하고 소유권이전등기를 마쳐주었다고 하더라도, 그러한 소유권보존등기와 소유권이전등기는 실체관계에 부합한다는 등의 특별한 사정이 없는 한 모두 무효이다. 무권리자로부터 부동산을 매수한 제3자나 그 후행 등기 명의인이 과실 없이 점유를 개시한 후 소유권이전등기가 말소되지 않은 상태에서 소유의 의사로 평온, 공연하게 선의로 점유를 계속하여 10년이 경과한 때에는 제245조 제2항에 따라 바로 그 부동산에 대한 소유권을 취득한다.
> 이때 원소유자는 소급하여 소유권을 상실함으로써 손해를 입게 된다. 그러나 이는 제245조 제2항에 따른 물권변동의 효과일 뿐 무권리자와 제3자가 체결한 매매계약의 효력과는 직접 관계가 없으므로, 무권리자가 제3자와의 매매계약에 따라 대금을 받음으로써 이익을 얻었다고 하더라도 이로 인하여 원소유자에게 손해를 가한 것이라고 볼 수도 없다(대판 2022. 12.29, 2019다272275).

(1) 요건 _{제32회}

① 등기의 적격성
   ㉠ 원칙적으로 등기부 취득시효의 요건으로서의 소유자로 등기한 자라 함은 적법, 유효한 등기를 마친 자일 필요는 없고 무효의 등기를 마친 자라도 상관없다(대판 1994.2.8, 93다23367).
   ㉡ 예외적으로 이중 보존등기 중 뒤에 된 무효인 보존등기에 기초해서 등기부 취득시효를 할 수 있는가?

   > 등기부 취득시효에서 말하는 등기란 1부동산 1용지주의에 위배되지 아니한 등기를 말하므로, 어느 부동산에 관하여 등기명의인을 달리하여 소유권보존등기가 이중으로 경료된 경우 먼저 이루어진 소유권보존등기가 원인무효가 아니어서 뒤에 된 소유권보존등기가 무효로 되는 때에는, 뒤에 된 소유권보존등기를 근거로 하여서는 등기부 취득시효의 완성을 주장할 수 없다(대판 1996.10.17, 96다12511 전원합의체).

   ㉢ 상속인은 자기 앞으로 등기하지 않고 父명의로 등기된 부동산을 10년간 상속인이 점유한 경우 상속인은 자기명의로 등기 없이도 등기부 취득시효를 할 수 있다(판례).

② 10년간 점유할 것: 등기명의인이 반드시 자기명의로 10년이어야 하는가, 아니면 자기명의와 앞사람의 등기기간을 합쳐서 10년이어도 가능한가?

   > 등기부 취득시효에 의하여 소유권을 취득하는 자는 10년간 반드시 자기명의로 등기되어 있어야 하는 것은 아니고 앞사람의 등기기간까지 아울러 그 기간 동안 부동산의 소유자로 등기되어 있으면 된다(대판 1989.12.26, 87다카2176 전원합의체).

③ 소유의사로 점유: 부동산의 소유명의를 신탁하여 등기를 경료한 수탁자는 성질상 타주점유이므로 취득시효를 할 수 없다(대판 1987.11.10, 85다카1644).

④ 선의, 무과실의 점유
   ㉠ 등기부 취득시효에서는 점유취득시효와 달리 특별요건으로 선의, 무과실의 점유가 요건으로 추가된다.
   ㉡ 점유자의 선의, 무과실은 점유개시시에만 있으면 되고, 전체 시효기간 동안 계속되어야 하는 것은 아니다(대판 1983.10.11, 83다카531).
   ㉢ 점유자의 선의는 「민법」 제197조에 의하여 추정되나 무과실은 점유자에게 추정되지 않으므로 시효취득을 주장하는 점유자에게 입증책임이 있다.
   ㉣ 등기부상 소유명의인과 매도인이 동일인인 경우에는 이를 소유자로 믿고 그 부동산을 매수한 자는 특별한 사정이 없는 한, 과실 없는 점유자로 보아야 한다(대판 1995.10.12, 95다22481). 반면에 등기부상 소유명의인이 아닌 자로부터 매수하여 점유한 자는 일응 과실 있는 점유다.

기출 CHECK ✓
이중 보존등기 중 뒤에 된 무효인 보존등기에 기초해서 등기부 취득시효를 할 수 없다.
정답 **O**

기출 CHECK ✓
소유권을 취득하는 자는 10년간 반드시 자기명의로 등기되어 있어야 하는 것은 아니고 앞사람의 등기기간까지 아울러 등기되어 있으면 된다(이를 등기의 승계가 인정된다고 한다).
정답 **O**

(2) 효과

① 등기부 취득시효가 완성되면 시효완성자는 소유권을 바로 취득한다.

② 등기는 효력발생요건이지 존속요건이 아니기 때문에 시효완성자의 등기가 불법말소되어도 시효완성자가 소유권을 상실하는 것이 아니다(대판 98다20110).

> 기출 CHECK ✓
> 시효완성자의 등기가 불법말소된 경우 그 시효완성자가 소유권을 상실한다.
> 정답 ✗

4. 동산소유권의 취득시효

> 제246조【점유로 인한 동산소유권의 취득기간】
> ① 10년간 소유의 의사로 평온, 공연하게 동산을 점유한 자는 그 소유권을 취득한다.
> ② 전항의 점유가 선의이며 과실 없이 개시된 경우에는 5년을 경과함으로써 그 소유권을 취득한다.

03 선점, 습득, 발견

(1) 무주물의 선점

> 제252조【무주물의 귀속】
> ① 무주의 동산을 소유의 의사로 점유한 자는 그 소유권을 원시취득한다.
> ② 무주의 부동산은 국유로 한다.

① 무주물이란 현재 소유자가 없는 물건을 말한다. 사육하던 야생동물도 다시 야생상태로 돌아가면 무주물로 된다(제252조 제3항).
  ㉠ 바다낚시로 고기를 잡은 경우 무주물 선점이다.
  ㉡ 무주물 선점은 무주의 동산만이 선점의 대상이고 무주의 부동산은 선점할 수 없다.
  ㉢ 선점자는 목적물의 소유권을 원시취득한다(제252조 제1항).

② 선점할 수 없는 물건: 학술, 기예, 고고의 중요한 자료가 되는 물건은 국유로 된다(제255조 제1항).

> 기출 CHECK ✓
> 무주의 부동산은 선점할 수 없다.
> 정답 ○

(2) 유실물 습득

> 제253조【유실물의 소유권취득】 유실물은 법률에 정한 바에 의하여 공고한 후 6개월 내에 그 소유자가 권리를 주장하지 아니하면 습득자가 그 소유권을 취득한다.
>
> 제255조【문화재의 국유】
> ① 학술, 기예 또는 고고의 중요한 재료가 되는 물건에 대하여는 제252조 제1항 및 전2조의 규정에 의하지 아니하고 국유로 한다.
> ② 전항의 경우에 습득자, 발견자 및 매장물이 발견된 토지 기타 물건의 소유자는 국가에 대하여 적당한 보상을 청구할 수 있다.

> 기출 CHECK ✓
> 유실물이 학술·고고의 중요한 재료가 되는 물건인 때에는 습득자가 소유권을 취득할 수 없다.
> 정답 ○

(3) 매장물의 발견

> 제254조 【매장물의 소유권취득】 매장물은 법률에 정한 바에 의하여 공고한 후 1년 내에 그 소유자가 권리를 주장하지 아니하면 발견자가 그 소유권을 취득한다. 그러나 **타인의 토지 기타 물건으로부터 발견한 매장물**은 그 토지 기타 물건의 소유자와 발견자가 절반하여 취득한다.
>
> 제255조 【문화재의 국유】 ② 전항의 경우에 습득자, 발견자 및 매장물이 발견된 토지 기타 물건의 소유자는 국가에 대하여 적당한 보상을 청구할 수 있다.

기출 CHECK ✓
타인토지에서 발견한 매장물은 발견자와 토지소유자가 공유한다.

정답 ㅇ

04 첨부 – 부합, 혼화, 가공

1. 의의

첨부란 어떤 물건에 타인의 물건이 결합하거나 타인의 노력이 가해지는 것을 말한다. 첨부에 의하여 생기는 물건은 1개의 물건으로 존속하고 복구는 허용되지 않는다. 이 첨부에는 부합(附合), 혼화(混和), 가공(加工)의 세 가지가 있다. 이 경우에 소유권을 누구에게 귀속시키느냐 하는 문제가 발생한다.

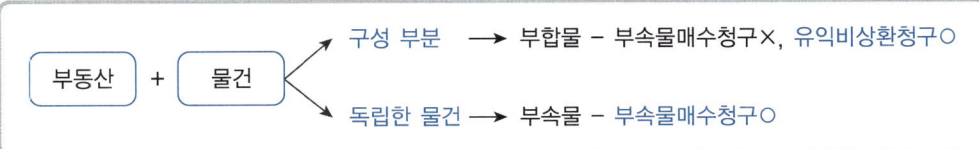

> 제256조 【부동산에의 부합】 **부동산의 소유자**는 그 부동산에 부합한 물건의 소유권을 취득한다. 그러나 타인의 권원에 의하여 **부속된 것은 그러하지 아니하다.**
>
> 제257조 【**동산간의 부합**】 동산과 동산이 부합하여 훼손하지 아니하면 분리할 수 없거나 그 분리에 과다한 비용을 요할 경우에는 그 합성물의 소유권은 주된 동산의 소유자에게 속한다. 부합한 동산의 주종을 구별할 수 없는 때에는 동산의 소유자는 부합 당시의 가액의 비율로 합성물을 공유한다.
>
> 제258조 【혼화】 전조의 규정은 동산과 동산이 혼화하여 식별할 수 없는 경우에 준용한다.
>
> 제259조 【가공】
> ① 타인의 동산에 가공한 때에는 그 물건의 소유권은 **원재료의 소유자**에게 속한다. 그러나 가공으로 인한 가액의 증가가 원재료의 가액보다 현저히 다액인 때에는 가공자의 소유로 한다.
> ② 가공자가 재료의 일부를 제공하였을 때에는 그 가액은 전항의 증가액에 가산한다.
>
> 제260조 【첨부의 효과】
> ① 전4조의 규정에 의하여 동산의 소유권이 소멸한 때에는 그 동산을 목적으로 한 **다른 권리도 소멸한다.**
> ② 동산의 소유자가 합성물, 혼화물 또는 가공물의 단독소유자가 된 때에는 전항의 권리는 합성물, 혼화물 또는 가공물에 존속하고 그 공유자가 된 때에는 그 지분에 존속한다.

> 제261조 【첨부로 인한 구상권】 전5조의 경우에 손해를 받은 자는 부당이득에 관한 규정에 의하여 **보상**을 **청구**할 수 있다.

2. 부합 _{제28·29·30회}

(1) 부합의 개념

소유자를 각각 달리하는 수개의 물건이 결합하여 사회관념상 1개의 물건으로 되는 것을 말한다.

(2) 동산간의 부합

① 동산과 동산의 '주종을 구별할 수 있는 때' 그 합성물의 소유권은 '주된 동산의 소유자'에게 속한다.
② 동산과 동산의 '주종을 구별할 수 없는 때' 각 동산의 소유자는 부합 당시의 가액의 비율로 합성물을 공유한다.

(3) 부동산과 동산간의 부합 _{제27·29·30·31회}

① **부합의 전제조건**: 부합이란 '물건의 구성부분'이 된 것을 말한다. 훼손하지 아니하면 분리할 수 없거나 분리에 과다한 비용을 요하는 경우는 물론 분리하게 되면 경제적 가치를 심히 감소시키는 경우도 포함된다(대판 1962.1.31, 4294민상445). 판례는 주유소부지의 지하에 매설된 유류저장탱크는 이를 분리하기 곤란하므로 주유소의 부합물로 판단한다(대판 1995.6.29, 94다6345).
② **부합의 원인**: 자연적이든 인공적이든 묻지 않으며 권원에 의하여 부합될 것을 요하지 않으며 경제적 효용을 증대한다는 의사를 필요로 하는 것도 아니다(대판 2009.5.14, 2008다49202).
③ **부합의 대상물**: 부동산에 부합되는 물건은 동산에 한정되는가에 대하여 판례는 증축한 건물 같은 부동산도 포함된다고 한다(대판 1991.4.12, 90다11967).
④ **부합물의 소유권의 귀속처리**
  ㉠ 임차인이 임차한 건물에 그 권원에 의하여 증축을 한 경우에 증축된 부분이 부합으로 인하여 기존 건물의 구성부분이 된 경우?
  부합물로서 증축된 부분에 별개의 소유권이 성립할 수 없고 부동산 소유자에게 귀속하나, 증축된 부분이 구조상으로나 이용상으로 기존 건물과 구분되는 독립성이 있는 때에는 구분소유권이 성립하여 증축된 부분은 독립한 소유권의 객체가 된다(대판 1999.7.27, 99다14518).

기출 CHECK ✓
동산과 동산이 부합되어 '주종을 구별할 수 없는 때'는 부합 당시의 가액의 비율로 합성물을 공유한다.
정답 O

기출 CHECK ✓
부합은 목적물의 구성부분이 되어 분리에 과다한 비용을 요하는 것을 말한다.
정답 O

기출 CHECK ✓
임차한 건물에 그 권원에 의하여 증축된 부분이 기존 건물의 구성부분이 된 때에는 증축된 부분에 별개의 소유권이 성립할 수 없다.
정답 O

> **판례**
>
> 건물의 임차인이 욕실바닥에 타일을 사다가 붙인 경우처럼 부동산에 부합된 물건이 사실상 분리복구가 불가능하여 거래상 독립한 권리의 객체성을 상실하고 그 부동산과 일체를 이루는 **부동산의 구성부분이 된 경우**에는 타인이 권원에 의하여 이를 부합시킨 경우에도 그 물건의 소유권은 '부동산의 소유자'에게 귀속된다(대판 2007다36933).

　　ⓒ 권원에 의하여 부속된 물건이 독립성을 가진 경우?
　　　부합한 물건이 타인의 권원에 의하여 '부속'된 것일 때에는 그것은 부속시킨 자의 소유로 된다(제256조 단서). 여기서 권원이란 타인의 부동산에 자기의 물건을 부속시켜 그 부동산을 이용할 수 있는 권리로서 전세권, 임차권 등을 의미한다. 부속물로서 인정되기 위하여는 물건이 구성부분으로 되지 아니하고 독립한 존재이어야 하며, 물건이 독립성이 없는 경우 부동산의 구성부분으로 되어 부합이 성립된다.
　　ⓓ 부합하는 동산의 가격이 부동산의 가격을 초과하는 경우라 할지라도 물건의 소유자는 동산 소유자가 아니라 부동산의 소유자이다.
⑤ 부합의 특수 문제
　　㉠ 건물의 부합 여부

> ⓐ 토지와 건물은 별개의 부동산이므로 건물은 토지에 부합하지 않는다. 판례는 대지상에 있으나 제3자 소유인 별개의 독립된 건물을 채무자 소유 건물의 부합물로 경락을 받았다고 하더라도 경락인이 그 건물의 소유권을 취득할 수 없다.
> ⓑ 저당건물과는 별개의 독립된 건물을 저당건물의 부합물이나 종물로 보아 경매법원에서 저당건물과 같이 경매를 진행하고 경락허가를 하였다고 하여 위 건물의 소유권에 변동이 초래될 수는 없다(대판 1990.10.12, 90다카27969).
> 한편, 건물에 부합된 증축부분이 경매절차에서 경매목적물로 평가되지 않은 때에도 매수인은 그 소유권을 취득한다.

　　㉡ 타인소유의 건물을 증축한 경우에 증축부분의 소유자: 증축부분이 기존 건물의 구성부분이 된 경우 부합의 법리에 따라 기존 건물의 소유자에게 속한다. 건물 임차인이 권원에 기하여 증축한 부분에 구조상·이용상 독립성이 없는 경우 임대차종료시 임차인은 증축부분의 소유권을 주장할 수 없다. 그러나 타인의 권원에 의하여 증축한 부분이 '구조상, 이용상 독립성'을 갖추고 있는 경우에는 증축한 자의 소유가 된다(대판 1999.7.27, 99다14518). 이 경우 임대차종료시 임차인은 증축부분의 소유권을 주장할 수 있고, 임대차계약의 종료시 부속물매수청구권을 행사할 수 있다.

기출 CHECK ✓

1 건물, 농작물은 토지에 부합하지 않는다.
　　　　　　　정답 O

2 건물에 부합된 증축부분이 경매절차에서 경매목적물로 평가되지 않은 때에도 매수인은 그 소유권을 취득한다.
　　　　　　　정답 O

기출 CHECK ✓

1 임차인이 임차한 기존 건물에 증축을 한 경우 증축부분이 독립성을 가진 경우 임대인의 소유다.
　　　　　　　정답 X

2 기존 건물에 대한 저당권의 효력은 기존 건물의 증축부분이 구조상·이용상 독립성을 가진 경우 증축부분에도 효력이 미친다.
　　　　　　　정답 X

기출 CHECK ✓

1 권원 없이 제3자가 타인의 토지에 수목을 심은 경우에 그 수목은 토지에 부합한다.
정답 O

2 권한 없이 타인의 토지에 농작물을 심어서 성숙하면 명인방법을 갖춘 때에 한하여 경작자가 소유권을 취득한다.
정답 X

ⓒ 수목의 부합
  ⓐ 수목은 원칙적으로 토지의 부합물이다. 즉 권원 없이 제3자가 타인의 토지에 유실수인 사과나무, 뽕나무, 잣나무 같은 수목을 심은 경우에 그 수목은 토지에 부합한다(대판 1970.11.30, 68다1995).
  ⓑ 임대차나 사용대차로 빌린 토지에 권원에 의하여 수목을 심은 경우에는 수목을 심은 자에게 소유권이 있다(대판 1980.9.30, 80도1874). 다만, 토지임차인의 승낙만을 받아 임차 토지에 나무를 심은 사람은 다른 약정이 없으면 토지소유자에 대하여 그 나무의 소유권을 주장할 수 없다.
  ⓒ 「입목에 관한 법률」으로 등기된 입목과 명인방법을 갖춘 수목은 독립한 물건이므로 토지에 부합하지 않는다.
  ⓓ 타인 소유의 토지에 수목을 식재할 당시 토지의 소유권자로부터 그에 관한 명시적 또는 묵시적 승낙·동의·허락 등을 받았다면, 이는 제256조에서 부동산에의 부합의 예외사유로 정한 '권원'에 해당한다고 볼 수 있으므로, 해당 수목은 토지에 부합하지 않고 식재한 자에게 그 소유권이 귀속된다(대판 2023도11885).
ⓔ 농작물의 경우: 농작물을 재배한 경우 파종 시부터 수확기까지 수개월 밖에 걸리지 않고 경작자의 부단한 관리가 필요하며 그 점유의 귀속이 용이하므로 권한 없이 타인의 토지에 농작물을 심어서 성숙하면 명인방법을 갖출 필요도 없이 언제나 경작자에게 소유권이 있다(대판 1979.8.28, 79다784).
ⓜ 매도인에게 소유권이 유보된 시멘트를 매수한 자가 제3자 소유의 신축건물 공사에 사용한 경우 부합이 성립하는지 여부

기출 CHECK ✓

[1~2] 매도인에게 소유권이 유보된 시멘트를 매수인이 제3자 소유의 건물 건축공사에 사용한 경우
1 제3자가 매도인의 소유권 유보에 대해 악의라면 특별한 사정이 없는 한 시멘트는 건물에 부합하지 않는다.
정답 X

2 제3자가 선의·무과실이면 매도인에게 보상의무가 없다.
정답 O

판례 시멘트가 제3자의 건물에 부합된 경우

(가) 매매 목적물에 대한 소유권이 유보된 경우라 하더라도 이를 다시 매수한 제3자의 선의취득이 인정되는 때에는, 그 선의취득이 이익을 보유할 수 있는 법률상 원인이 되므로 제3자는 그러한 반환의무를 부담하지 않는다.

(나) 매도인에 의하여 소유권이 유보된 자재를 매수인이 제3자와 사이의 도급계약에 의하여 제3자 소유의 건물 건축에 사용하여 부합됨에 따라 매도인이 소유권을 상실하는 경우에, 비록 그 자재가 직접 매수인으로부터 제3자에게 교부된 것은 아니지만 도급계약에 따른 이행에 의하여 제3자에게 제공된 것으로서 거래에 의한 동산 양도와 유사한 실질을 가지므로, 그 부합에 의한 보상청구에 대하여도 위에서 본 **선의취득에서의 이익보유에 관한 법리가 유추적용된다.**

(다) 따라서 매도인에게 소유권이 유보된 자재가 제3자와 매수인과 사이에 이루어진 도급계약의 이행에 의하여 부합된 경우 제3자가 도급계약에 의하여 제공된 자재의 소유권이 유보된 사실에 관하여 과실 없이 알지 못한 경우라면 선의취득의 경우와 마찬가지로 제3자가 그 자재의 귀속으로 인한 이익을 보유할 수 있는 법률상 원인이 있다고 봄이 상당하므로 매도인으로서는 그에 관한 보상청구를 할 수 없다(대판 2009.9.24, 2009다15602).

3. 가공

(1) 가공
타인의 동산에 노력을 하여 새로운 물건을 창조하는 것을 말한다.

(2) 가공물의 소유권
① 원칙: 타인의 동산에 가공한 때는 물건의 소유권은 원재료의 소유자에게 귀속한다.
② 예외: 가공으로 인한 가액의 증가가 원재료의 가액보다 현저히 다액인 때에는 가공자의 소유로 한다(제259조 제1항 단서).

> **핵심 획! 획!** 첨부의 법리 정리
>
> | 구분 | 유형 | 소유권의 귀속 |
> |---|---|---|
> | 부합 | 부동산과 동산 | • 원칙: 부동산 소유자에 귀속
• 예외: 타인의 권원에 의한 부속물 – 부속시킨 자의 소유 |
> | | 동산과 동산 | • 주된 동산의 소유자
• 주종을 구별할 수 없으면 부합 당시의 가액비율로 공유 |
> | 혼화 | 동산과 동산 | 동산간의 부합규정을 준용 – 공유 |
> | 가공 | 동산과 노력 | • 원칙: 원재료의 소유자
• 예외: 가액의 증가가 현저히 다액인 경우에는 가공자 소유 |

> **확인예제**
>
> **부합에 관한 설명으로 옳은 것을 모두 고른 것은? (다툼이 있으면 판례에 따름)** 제28회
>
> ㉠ 지상권자가 지상권에 기하여 토지에 부속시킨 물건은 지상권자의 소유로 된다.
> ㉡ 적법한 권원 없이 타인의 토지에 경작한 성숙한 배추의 소유권은 경작자에게 속한다.
> ㉢ 적법한 권원 없이 타인의 토지에 식재한 수목의 소유권은 토지소유자에게 속한다.
> ㉣ 건물임차인이 권원에 기하여 증축한 부분은 구조상·이용상 독립성이 없더라도 임차인의 소유에 속한다.
>
> ① ㉠　　　　　　　② ㉡, ㉣　　　　　　　③ ㉠, ㉡, ㉢
> ④ ㉡, ㉢, ㉣　　　⑤ ㉠, ㉡, ㉢, ㉣
>
> **해설**
> 옳은 것은 ㉠㉡㉢이다.
> ㉣ 건물임차인이 권원에 기하여 증축한 부분은 구조상·이용상 독립성이 없으면 임대인의 소유이다.
>
> 정답: ③

제4절 소유권에 기한 물권적 청구권

01 서설

소유권 내용의 실현이 현재 방해당하고 있을 때, 장래에 방해당할 염려가 있을 때 소유자가 그 방해제거나 방해예방을 청구하는 권리이다. 「민법」은 물권적 청구권을 점유권에 기한 것과 소유권에 기한 것으로 크게 둘로 나누고 그 밖의 제한물권에는 소유권에 기한 물권적 청구권의 규정을 준용한다.❶

> 제213조【소유물반환청구권】 소유자는 그 소유에 속한 물건을 **점유한 자**에 대하여 반환을 청구할 수 있다. 그러나 **점유자가 그 물건을 점유할 권리**가 있는 때에는 반환을 거부할 수 있다.
> 제214조【소유물방해제거, 방해예방청구권】 소유자는 소유권을 방해하는 자에 대하여 방해의 제거를 청구할 수 있고 소유권을 방해할 염려 있는 행위를 하는 자에 대하여 그 **예방 또는 손해배상의 담보**를 청구할 수 있다.

❶ 자세한 내용은 물권법 총론의 물권적 청구권을 참조한다.

02 소유물반환청구권

소유자는 그 소유에 속한 물건을 점유한 자에 대하여 반환을 청구할 수 있다. 그러나 점유자가 그 물건을 점유할 권리가 있는 때에는 반환을 거부할 수 있다.

(1) 주체 – 현재 소유자

① 전 소유자는 물권적 청구권을 행사할 수 없다. 소유권을 양도함에 있어 소유권에 의하여 발생되는 물권적 청구권을 소유권과 분리하여, 소유권이 없는 전 소유자에게 유보하여 제3자에게 대하여 이를 행사케 한다는 것은 소유권의 절대적 권리인 점에 비추어 허용될 수 없는 것이다. 그러므로 소유권을 상실한 전 소유자는 제3자인 불법점유자에 대하여 물권적 청구권에 의한 방해배제를 청구할 수 없다(대판 1969.5.27, 68다725 전원합의체).

② 미등기 건물을 양수한 자는 소유물반환청구할 수 없다. 미등기 무허가건물의 양수인은 그 소유권이전등기를 경료받지 않는 한 그 건물에 대한 소유권을 취득할 수 없으므로, 건물을 신축하여 그 소유권을 원시취득한 자로부터 그 건물을 매수하였으나 아직 소유권이전등기를 갖추지 못한 자는 그 건물의 불법 점거자에 대하여 직접 자신의 소유권 등에 기하여 명도를 청구할 수는 없다. 그러나 미등기 건물을 그 원시취득자로부터 매수하였으나 아직 소유권이전등기를 갖추지 못한 원고가 위 매도인을 대위하여 건물명도청구를 할 수는 있다(대판 2007.6.15, 2007다11347).

(2) 상대방 - 현재의 점유자

① 직접점유든 간접점유든 불문하며, 점유침탈자라도 현재 그 물건에 대한 점유를 상실한 때에는 청구의 상대방이 되지 않는다(대판 1970.9.29, 70다1508).
② 임대차계약이 해지되어 임차인이 건물의 점유권한이 없음에도 계속 거주하는 경우 건물소유자의 퇴거청구가 여기에 해당한다.

(3) 행사기간 - 제한 없다.

소유권에 기한 물권적 청구권은 행사기간에 제한이 없고 소멸시효에 걸리지 않는다는 점에서 1년의 제한이 있는 점유물반환청구권과 다르다.

(4) 점유자가 점유할 권리를 가진 때는 소유물반환청구할 수 없다.

① 점유할 권리를 가진 경우: 점유자가 점유할 권리를 가진 경우 소유자의 반환청구에 대해서 반환을 거부할 수 있다(제213조 단서).
② 점유할 권리[물권(예 지상권, 전세권, 유치권, 질권 등), 동시이행의 항변권 등]: 토지매수인으로부터 위 토지를 다시 매수한 자는 위와 같은 토지의 점유·사용권을 취득한 것으로 봄이 상당하므로 매도인은 매수인으로부터 다시 위 토지를 매수한 자에 대하여 토지소유권에 기한 물권적 청구권을 행사할 수 없다(대판 1998.6.26, 97다42823).

> **기출 CHECK ✓**
> 소유자로부터 미등기매수인이 다시 전매하여 점유하는 자에게 소유자는 소유물반환을 청구할 수 없다.
> 정답 O

03 소유물방해제거청구권 제27·31회

(1) 방해원인의 제거

① 방해의 원인을 제거하는 것을 내용으로 하고, 이미 종결된 손해, 즉 방해결과의 제거를 내용으로 하는 손해배상청구와는 구별된다.
② 진정명의회복을 원인으로 하는 소유권이전등기청구권

> **판례**
>
> 진정한 소유권을 다른 사람이 원인 없이 불법으로 등기를 이전한 경우 진정소유자는 말소등기를 청구하거나 이에 갈음하여 진정명의회복을 원인으로 이전등기를 청구할 수 있다. 이 **진정명의회복을 위한 이전등기청구권의 성질은 방해제거청구권의 성질을 가진 것이다**(대판 2009.4.9, 2006다30921).

> **기출 CHECK ✓**
> 소유물방해제거청구권은 방해결과의 제거를 내용으로 한다.
> 정답 X

> **기출 CHECK ✓**
> 진정명의회복을 원인으로 하는 소유권이전등기청구권은 소유권에 기한 방해제거청구권의 성질을 가진다.
> 정답 O

(2) 토지소유자는 무단신축한 건물의 소유자에게 건물에서 퇴거청구를 할 수 없다.

건물이 피고의 소유라면 피고가 위 건물의 소유를 통하여 위 토지를 점유하고 있다고 하더라도 원고로서는 그 건물의 철거와 그 대지 부분의 인도를 청구할 수 있을 뿐, 자기 소유의 건물을 점유하고 있는 피고에 대하여 그 건물에서 퇴거할 것을 청구할 수는 없다(대판 1999.7.9, 98다57457).

> **기출 CHECK ✓**
> 甲의 토지에 乙이 건물을 무단신축하여 거주하는 경우 甲은 乙에게 퇴거청구는 허용되지 않는다.
> 정답 O

(3) 토지소유자는 무허가 미등기건물의 양수인에게 건물철거를 청구할 수 있다.

타인의 토지 위에 무단으로 건물을 신축하여 그 건물을 등기 없이 양도하여 건물양수인이 사용하는 경우 그 건물의 철거의무를 지는 사람은 그 건물을 매수하여 법률상, 사실상 처분할 권리가 있는 자이므로 토지소유자는 미등기건물의 양수인에게 건물의 철거를 청구할 수 있다(대판 1987.11.24, 87다카257).

04 소유물방해예방청구권 제26회

기출 CHECK ✓
소유권을 방해받을 염려가 있는 소유자는 방해예방과 함께 손해배상의 담보를 청구할 수 있다.
정답 ✗

(1) 소유자는 소유물을 방해할 염려가 있는 행위를 하는 자에 대하여 그 예방 또는 손해배상의 담보를 청구할 수 있다(제214조 후단). 소유자는 방해의 예방청구나 손해배상의 담보청구 중 하나만을 선택하여야 하고 방해예방청구와 함께 손해배상의 담보를 청구할 수 없다. 방해받을 염려는 객관적으로 상당한 개연성을 요한다는 것이 판례이다. 방해의 염려를 발생시킨 데 대하여 귀책사유가 없더라도 방해예방청구권의 내용으로서 담보제공을 청구할 수 있다.

기출 CHECK ✓
1 소유권의 방해를 받을 염려가 있는 경우 소유자는 방해예방비용의 청구를 할 수 있다.
정답 ✗
2 소유물반환청구는 침탈자의 특별승계인이 선의여도 허용된다.
정답 ○

(2) 소유자는 소유물을 방해할 염려가 있는 경우 아직 손해를 입은 것이 아니기 때문에 방해예방청구권에 기하여 방해예방비용의 청구나 방해제거비용의 청구를 할 수 없다.

핵심 콕! 콕! 소유물반환청구권과 점유물반환청구권의 비교

구분	점유물반환청구권(제204조)	소유물반환청구권(제213조)
발생원인	점유의 침탈	침해의 원인 불문
상대방	점유자는 침탈자의 선의의 특별승계인에게 행사할 수 없다.	소유자는 침탈자의 선의의 특별승계인에게도 반환청구할 수 있다.
행사기간	1년 내에 행사해야 한다.	기간의 제한 없다.

확인예제

소유자 甲으로부터 가옥을 임차하여 점유한 乙을 제3자 丙이 불법으로 몰아내고 그 가옥을 현재 점유하고 있다. 다음 설명 중 틀린 것은?

① 乙은 丙에 대하여 점유물반환청구권을 갖는다.
② 甲은 丙에 대하여 소유물반환청구권을 갖는다.
③ 甲은 丙에 대하여 점유물반환청구권을 갖지 않는다.
④ 丙의 점유침탈 후 1년이 경과하면 乙은 丙에게 점유물반환청구권을 행사할 수 없다.
⑤ 乙은 임차권을 등기하지 아니한 이상, 丙에 대하여 임차권에 기한 방해배제청구권을 갖지 않는다.

해설
甲은 간접점유자로서 침탈자 丙에 대하여 점유물반환청구권을 갖는다.
정답: ③

제5절 공동소유 제26·27·28·29·30·31·32·33·34·35회

01 공동소유의 의의

공동소유는 하나의 물건을 2인 이상의 다수인이 공동으로 소유하는 것을 말한다. 「민법」은 공동소유의 형태를 공동소유자 상호간의 인적 결합의 정도에 따라 공유, 합유, 총유의 세 가지로 규정한다.

목차 내비게이션

공동소유의 의의
1. 공유
2. 합유
3. 총유

(1) 공유

① 공유란 다수인이 지분투자를 하여 공동소유하는 형태이나 공동의 목적을 위한 결합 관계가 없는 것을 말한다. 예컨대 3인이 1억원씩 지분투자로 토지를 매수하여 지분등기를 한 때는 공유가 성립한다.
② 따라서 각 공유자가 가지는 몫인 지분은 단독소유권과 유사한 성질을 가지므로 지분처분의 자유가 인정되고, 공유물분할청구의 자유가 인정된다. 다만, 목적물을 공동으로 소유하므로 사용·수익·처분에 제약을 받는다.

(2) 합유 제29회

① 조합의 재산 소유형태를 말한다(예 여러 사람이 홍삼가공 협동조합을 경영할 목적으로 공동으로 출자를 하여 토지를 매수하는 형태).
② 조합의 구성원은 조합재산에 대한 지분을 가지나 조합의 공동목적으로 견고하게 결합되어 있기 때문에 조합을 유지하기 위하여는 합유자의 전원의 동의 없이는 지분을 처분할 수 없고 조합관계가 종료할 때까지는 합유물분할을 청구할 수 없다.
③ 조합원간에 끈끈하게 동업목적으로 결합되어 있는 상태이므로 합유자의 1인이 사망하면 그의 상속인❶이 그 지분을 포괄승계할 수 없다.

❶
다른 조합원과는 유대관계가 전무하다.

(3) 총유

① 법인 아닌 사단의 구성원들이 집합체로서 단체가 소유하는 형태를 말한다. 예컨대 김해 김씨 종중의 토지 소유형태, 교회의 부동산 소유형태이다.
② 총유는 매우 단체주의적 성향이 강한 공동소유형태로서 소유권의 내용이 관리, 처분권과 사용수익권으로 분해되어 이원화되어 있다. 그 결과 총유물의 관리·처분권은 단체에게 귀속하고, 사용·수익권은 개인에게 귀속되어 있다.

핵심 콕! 콕! 공동소유의 비교

구분	공유	합유	총유
인적 결합형태	여러 사람이 지분투자로 부동산을 매수한 경우	여러 사람이 공동사업을 위하여 토지를 매수하여 조합체로 소유하는 형태	비법인 사단이 단체 명의로 소유하는 형태 (예) 교회, 종중 등)
지분의 처분	각자 단독으로 처분	전원 동의 필요	개인의 지분이 없다.
목적물의 처분	전원 동의	전원 동의	사원총회 결의
보존행위	각자 단독	각자 단독	사원총회 결의(判), 개인 단독 ×
분할청구	공유물분할은 전원 동의	불가	불가

> **목차 내비게이션**
> **공유의 체계도**
> 1. 공유의 지분
> 2. 공유물 이용관계
> 3. 공유물의 분할

02 공유

1. 서론

(1) 개념

> 제262조 【물건의 공유】
> ① 물건이 지분에 의하여 수인의 소유로 된 때에는 공유로 한다.
> ② 공유자의 지분은 균등한 것으로 추정한다.

① 공유는 물건이 지분에 의하여 수인의 소유로 되는 것을 말한다. 예컨대 甲, 乙, 丙이 각 1억원씩 투자하여 부동산을 매수하면서 甲, 乙, 丙 3인의 공유로 등기한 형태가 그것이다.

② 공유는 1개의 소유권이 분량적으로 수인에게 속하는 상태로 이해된다(대판 1991.11.12, 91다27228).❶ 따라서 3인이 공유로 하나의 물건을 지분의 비율로 소유하므로 이러한 견해는 1물1권주의에 위반하지 않는다.

❶ **양적 분할설**
1개의 소유권이 분량적으로 여러 명에게 귀속하는 상태를 말한다.

(2) 공유의 성립

① **계약에 의한 성립**: 당사자간의 합의에 의하여 공유가 성립한다. 이때에 부동산인 경우에는 공유의 등기와 공유지분의 비율을 등기를 하여야 한다.

② **법률의 규정에 의한 성립**: 타인의 물건 속에서 매장물을 발견한 경우(제254조 단서), 주종을 구별할 수 없는 동산의 부합(제257조 후단), 집합건물에서 공용부분(제215조 제1항) 경계에 설치된 경계표, 담, 공동상속재산은 법률규정에 의하여 공유관계가 성립한다.

2. 공유의 지분

> 제263조【공유지분의 처분과 공유물의 사용, 수익】 공유자는 그 지분을 처분할 수 있고 공유물 전부를 지분의 비율로 사용, 수익할 수 있다.
>
> 제267조【지분포기 등의 경우의 귀속】 공유자가 그 지분을 포기하거나 **상속인 없이 사망한 때**에는 그 지분은 **다른 공유자**에게 각 지분의 비율로 귀속한다.

(1) 공유지분

① 지분이란 각 공유자가 목적물에 대하여 가지는 '소유의 비율'을 지분이라 한다. 따라서 어느 공유자 1인의 지분은 공유물 전부에 분포한다(예 지분의 이해 – 물컵에 A 소유의 파란색 물감을 반 컵, B 소유의 노란색 물감도 반 컵을 넣어서 흔들어 놓은 때에 각자는 2분의 1의 지분을 가지고 있다).

② **지분의 비율**[1]: 부동산의 공유지분의 비율은 등기하여야 하고 등기하지 않아 불분명한 경우에는 공유자의 지분은 균등한 것으로 추정된다(제262조 제2항).

(2) 지분의 처분

① 지분은 하나의 독립된 소유권의 성질을 가지므로 소유권과 같은 방법으로 처분되고 양도된다. 그러므로 공유자는 자신의 지분을 단독으로 다른 공유자의 동의 없이 처분(예 양도, 담보제공, 포기 등)할 수 있다.

② 공유자 1인이 다른 공유자의 동의 없이 지분에 저당권을 설정하는 것도 유효하다. 한편 공유자 1인의 지분에 다른 공유자의 동의 없이는 지상권, 전세권을 설정할 수 없다(전세권, 지상권은 부동산을 배타적으로 점유하는 물권인데 지분은 성질상 공유물 전체에 미치기 때문에 지분 위에 전세권을 설정하는 것은 공유자 1인이 공유물 전체에 대하여 지배, 처분권을 부여하는 것으로 다른 공유자에게 위법, 부당한 결과가 된다).

(3) 지분의 탄력성 제30·31회

① 공유자가 지분을 포기하거나 상속인 없이 사망한 때에는 그 지분은 국가가 아니라 '**다른 공유자**'에게 각 지분의 비율로 귀속한다(제267조).

② 공유지분의 포기에 의한 물권변동은 등기를 요하는가?

> 공유지분의 포기에 의한 물권변동은 상대방 있는 단독행위로서 지분 포기의 의사표시가 있는 즉시 물권변동의 효력이 발생하는 것이 아니고 제186조에 의하여 등기를 하여야 한다(대판 2016.10.27, 2015다52978).

기출 CHECK ✓
공유자는 공유물 전부를 지분비율로 사용·수익할 수 있다.

정답 ○

[1] 등기부상 지분과 실제 지분 비율이 다를 때는 '제3자 관계'에서 등기부상 기준으로 하지만, '원래의 공유자 사이'에서는 실제의 지분을 기준으로 한다.

기출 CHECK ✓
공유자 1인이 다른 공유자의 동의 없이 지분에 저당권을 설정하는 것도 유효하다.

정답 ○

기출 CHECK ✓
공유지분의 포기에 의한 물권변동은 등기를 하여야 효력이 발생한다.

정답 ○

3. 공유자 사이의 법률관계

> 제263조【공유지분의 처분과 공유물의 사용, 수익】공유자는 그 지분을 처분할 수 있고 공유물 전부를 지분의 비율로 사용, 수익할 수 있다.
>
> 제264조【공유물의 처분, 변경】공유자는 다른 공유자의 동의 없이 공유물을 처분하거나 변경하지 못한다.
>
> 제265조【공유물의 관리, 보존】공유물의 관리에 관한 사항은 공유자의 지분의 과반수로써 결정한다. 그러나 보존행위는 각자가 할 수 있다.
>
> 제266조【공유물의 부담】
> ① 공유자는 그 지분의 비율로 공유물의 관리비용 기타 의무를 부담한다.
> ② 공유자가 1년 이상 전항의 의무이행을 지체한 때에는 다른 공유자는 상당한 가액으로 지분을 매수할 수 있다.

(1) 공유물의 사용, 수익

① 각 공유자는 공유물 전부를 지분의 비율로 사용, 수익할 수 있다.

> 공유자들 사이에 지분의 과반수의 협의가 없이는 공유자 1인이 특정부분을 배타적으로 사용할 수 없는 것이므로 공유자 중의 일부가 공유물의 특정부분을 배타적으로 점유·사용하고 있다면, 그 특정부분의 면적이 자신의 지분비율에 상당하는 면적범위 내라 하여도, 지분이 있으나 사용·수익은 전혀 하지 않고 있는 다른 공유자에 대하여 그 지분비율만큼 부당이득으로 반환할 의무가 있다(대판 2001.12.11, 2000다13948).

② **공유물의 관리비용**: 공유자는 특별한 사정이 없는 한 지분의 비율로 관리비용을 부담한다(제266조 제1항).

(2) 보존행위(공유자 각자)

① 보존행위란 물건의 멸실이나 훼손을 방지하고 현상을 유지하고자 하는 행위를 말한다. 공유물의 보존행위는 공유자 각자 단독으로 할 수 있다.

판례

(가) 공유부동산에 관하여 **제3자에게 원인무효의 소유권이전등기**가 경료된 때, 각 공유자 중 1인은 공유물의 **보존행위**로서 그 등기 전부의 말소를 청구할 수 있다(대판 1993.5.11, 92다52870).

(나) 공유부동산에 관하여 **공유자 중 1인이 부정한 방법으로 단독명의로 소유권이전등기가 행해진 경우**, 자신의 지분범위 내에서 실체관계와 부합하는 등기이므로 다른 공유자는 그 공유자의 지분을 제외한 나머지 공유지분에 관하여 등기말소를 청구할 수 있다(= 전부말소를 구할 수 없다).

기출 CHECK ✓
공유자 1인이 다른 공유자와 협의 없이 공유물을 배타적으로 사용하는 경우 다른 공유자에 대해 지분비율만큼 부당이득반환의무가 있다.
정답 ○

기출 CHECK ✓
공유자 1인은 제3자에게 경료된 원인무효의 등기에 대해 보존행위로 그 등기 전부말소를 청구할 수 있다.
정답 ○

② 소수지분의 공유자 1인이 공유자와 협의 없이 공유물을 배타적으로 독점하여 사용하는 경우 다른 소수지분권자는 보존행위로 인도청구할 수 없다(대판 2020. 5.21, 2018다287522 전원합의체).

> **판례**
>
> ㈎ 공유물의 소수지분권자인 피고가 다른 공유자와 협의하지 않고 공유물의 전부 또는 일부를 독점적으로 점유하는 경우 **다른 소수지분권자가 독점하여 사용하는 소수지분권자를 상대로 공유물의 인도를 청구할 수는 없다.**
> 공유물을 독점적으로 점유하는 **위법한 상태**를 시정한다는 명목으로 원고의 인도 청구를 허용한다면, 피고가 적법하게 보유하는 **지분 비율에 따른 사용·수익권까지 근거 없이 박탈**하는 부당한 결과를 가져 온다.
> ㈏ 원고는 피고를 상대로 지분권에 기한 방해배제청구권을 행사함으로써 위와 같은 위법상태를 충분히 시정할 수 있다.
> ㈐ 공유자들 사이에 공유물 관리에 관한 결정이 없는 경우 공유자가 다른 공유자를 배제하고 공유물을 **독점적으로 점유·사용하는 것은 위법하여 허용되지 않는다.**
> ㈑ 원고와 피고는 이 사건 건물을 1/2의 지분 비율로 공유하고 있다. 그렇다면 피고가 이 사건 건물 중 3층을 독점적으로 점유하고 있다고 하여도 소수지분권자인 원고는 피고를 상대로 그 인도를 청구할 수 없다(대판 2024다213157).

기출 CHECK ✓
공유자 1인이 다른 공유자와 협의 없이 공유물을 '배타적으로 사용'하는 경우 다른 소수지분의 공유자는 보존행위로 공유물의 인도를 청구할 수 있다.

정답 ✗

(3) 관리행위(공유자 지분의 과반수) 제27·29·30·32회

관리행위란 공유물의 이용, 개량을 목적으로 하는 행위를 말하고, 이 관리행위는 공유자 수의 과반수가 아니라 공유자 지분의 과반수로 결정한다(제265조).

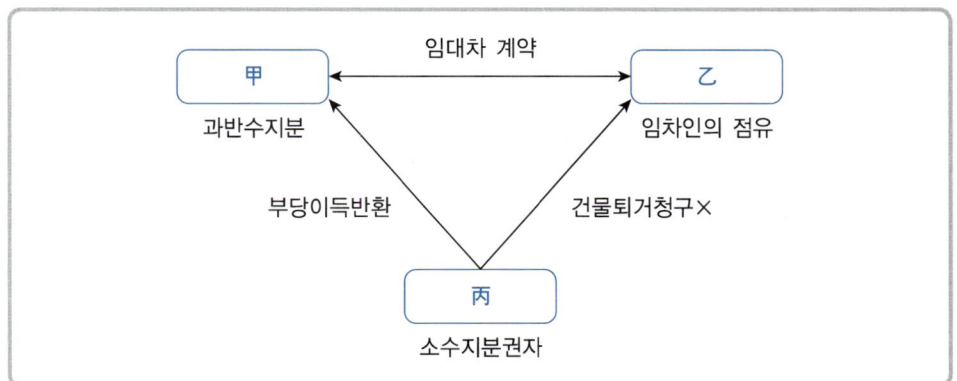

기출 CHECK ✓
공유물에 대한 2분의 1 지분권자는 단독으로 공유물을 적법하게 임대할 수 있다.

정답 ✗

① 과반수 지분의 공유자가 단독으로 공유물의 관리방법을 정할 수 있다. 과반수 지분을 가진 공유자는 다른 공유자와 미리 공유물의 관리방법에 관한 협의가 없었다 하여도 공유물의 관리에 관한 사항을 단독으로 결정할 수 있다(대판 2001. 11.27, 2000다33645).

> 과반수 지분의 공유자는 공유물의 관리 방법으로서 공유 토지의 특정된 부분을 배타적으로 사용·수익할 수 있지만, 그로 인하여 특정 부분의 사용을 전혀 하지 못해서 손해를 입고 있는 소수지분권자에 대하여 그 지분에 상응하는 임료 상당의 부당이득을 반환할 의무가 있다(대판 2002.5.14, 2002다9738).

② 과반수 지분의 공유자로부터 사용·수익을 허락받은 제3자의 점유(임차인의 점유)는 적법점유인가 불법점유인가?

> ⑦ 과반수 지분의 공유자로부터 사용·수익을 허락받은 제3자의 점유(임차인의 점유)는 다수지분권자의 공유물관리권에 터잡은 적법한 점유이므로, 다른 소수지분권자는 임차인에게 건물의 철거나 퇴거 등 점유배제를 구할 수 없고, 부당이득반환을 구할 수도 없다(대판 2002.5.14, 2002다9738).
> ⓒ 주의할 것은 소수지분권자는 임차인이 아니라 과반수 지분권자에게 지분의 비율만큼의 차임상당액을 부당이득반환청구할 수 있다(대판 2002.5.14, 2002다9738).

기출 CHECK ✓

[1~2] 과반수 지분의 공유자로부터 사용·수익을 허락받은 제3자가 점유하는 경우

1 다른 소수지분권자는 임차인에게 부당이득반환을 구할 수 없다.
　　　　　　정답 O

2 다른 소수지분권자는 임차인에게 건물에서 퇴거를 청구할 수 없다.
　　　　　　정답 O

③ 소수지분권자가 단독으로 공유물을 제3자에게 임대하여 임차인이 점유하는 경우 그 점유는 불법점유다.

> 甲의 지분 7분의 1, 乙의 지분 7분의 6인 경우 소수지분권자 甲이 乙의 동의 없이 단독으로 공유물을 임차인 丙과 임대차계약을 하여 丙이 점유하는 경우 이는 불법점유이고, 보증금 1억원, 차임 월 100만원씩을 수령한 경우 이로 인한 수익 중 자신의 지분을 초과하는 부분에 대하여는 월 차임에 대하여 부당이득으로 반환할 의무가 있다(대판 1991.9.24, 91다23639).

쟁점 비교 정리

⑦ 소수지분권자가 공유물을 독점 사용할 때 – 위법한 점유	• 다른 소수지분권자는 보존행위로 공유물의 인도청구를 할 수 없다. • 다른 지분권자는 부당이득반환청구할 수 있다.
ⓒ 과반수지분권자의 허락을 얻어 임차인이 점유 – 적법점유	• 소수지분권자는 임차인에게 인도청구 × • 소수지분권자는 임차인에게 부당이득 ×
ⓒ 과반수지분권자가 배타적 사용	• 관리방법으로서 적법 • 소수지분권자는 부당이득반환청구할 수 있다.

④ 공유물의 관리에 관한 특약
　⑦ 공유물 관리에 관한 특약의 변경 요건: 공유물의 관리특약 이후 공유자의 변경이 있고 관리특약을 변경할 경우, 공유자 지분의 과반수로써 변경할 수 있다(대판 2005.5.12, 2005다1827).

ⓒ 공유자간의 사용, 관리에 관한 특약이 특별승계인에게 승계되는가?

> ⓐ 원칙적으로 공유자의 특정승계인에게도 공유물의 관리특약은 당연히 승계된다.
> ⓑ 예외적으로 공유지분권의 본질적 부분을 침해하는 관리특약(지분권자로서의 사용, 수익권을 사실상 포기하는 약정)은 특별승계인이 이를 알고 지분권을 승계하였다는 특별한 사정이 없는 한 공유자의 특별승계인에게 원칙적으로 승계되지 않는다(대판 2013.3.14, 2011다58701).

⑤ 임대차의 해지, 갱신거절통지 행위는 공유물의 관리행위다.
  ㉠ 공유부동산의 임대차계약을 해지하는 행위는 관리행위다.
  ㉡ 임차인의 갱신요구를 거절하는 행위도 처분행위가 아니라 관리행위다. 「상가건물 임대차보호법」이 적용되는 상가건물의 공유자인 임대인이 임차인에게 갱신 거절의 통지를 하는 행위는 실질적으로 임대차계약의 해지와 같이 공유물의 임대차를 종료시키는 것이므로 공유물의 관리행위에 해당하여 공유자의 지분의 과반수로써 결정하여야 한다(대판 2010.9.9, 2010다37905).

기출 CHECK ✓
과반수 지분의 공유자는 단독으로 임대차계약을 해지할 수 있다.
정답 ○

(4) 공유물의 처분, 변경행위(공유자 전원의 동의)❶

각 공유자는 다른 공유자의 동의 없이 공유물을 처분하거나 변경하지 못한다.
① 공유자 중 1인이 다른 공유자의 동의 없이 공유물을 매각한 경우❷

> **판례**
>
> 공유자 1인이 단독으로 자기명의로 또는 제3자에게 처분하여 소유권이전등기를 마친 경우 **처분공유자의 지분범위 내에서는 유효**하므로 다른 공유자는 그 **등기 전부에 대하여 말소를 청구할 수 없다**(대판 2006.8.24, 2006다32200).

② 공유하는 '나대지' 위에 과반수지분권자의 건물 건축행위는 적법한가?

> ㉠ 과반수의 지분을 가진 공유자가 그 공유물의 특정 부분을 배타적으로 사용·수익하기로 정하는 것은 공유물의 관리방법으로서 적법하다.
> ㉡ 그 사용·수익의 내용이 공유물의 기존의 모습에 본질적 변화를 일으켜 관리 아닌 처분이나 변경의 정도에 이르는 것이어서는 안 될 것이고, 예컨대 다수지분권자라 하여 나대지에 새로이 건물을 건축한다든지 하는 것은 관리의 범위를 넘는 처분행위에 해당한다. 그러므로 다른 지분권자는 나대지 위에 신축한 건물전부를 철거청구할 수 있다(대판 2001.11.27, 2000다33638).

❶
- 공유지분의 처분: 단독으로
- 공유물의 처분: 전원 동의

❷ 비교
- 공유부동산을 공유자 1인이 자기단독명의로 등기한 경우: 다른 공유자는 전부말소 ✕
- 공유부동산을 제3자가 원인무효로 등기한 경우: 다른 공유자는 보존행위로 전부말소 ○

4. 공유의 대외적 관계

(1) 공유자 1인이 자신의 지분권을 제3자에게 주장하는 경우 제28·31회

① 공유자는 제3자명의로 된 원인무효의 등기에 대하여 공유물에 관한 보존행위로 제3자에 대하여 등기의 전부를 말소청구할 수 있다(대판 1993.5.11, 92다52870).

> ㉠ 제3자가 공유물을 불법으로 점유하는 경우 각 공유자는 보존행위를 근거로 공유물 전부의 인도를 청구할 수 있다.
> ㉡ 공유부동산에 관하여 제3자에게 원인무효의 소유권이전등기가 경료된 때, 각 공유자 중 1인은 공유물의 보존행위로서 그 등기 전부의 말소를 청구할 수 있다(대판 1993.5.11, 92다52870).
> ㉢ 불법행위로 인한 손해배상청구권: 공유물에 가한 불법행위로 인한 손해배상청구권이나 부당이득반환청구권은 특별한 사유가 없는 한 각 공유자는 그 지분의 비율에 대응한 한도에서만 행사할 수 있고, 타인의 지분에 대하여는 행사할 수 없다(판례).

② 공유자 1인이 다른 공유자의 지분권을 대외적으로 주장하는 행위는 보존행위가 아니므로 공유자 단독으로 행사할 수 없다.

> ㉠ 공유자 1인이 다른 공유자의 지분권을 대외적으로 주장하여 제3자 명의로 된 원인무효의 등기 전부를 말소청구할 수 없다(대판 2010.1.14, 2009다67429).
> ㉡ 공유부동산에 제3자에게 원인무효의 소유권이전등기가 경료된 경우, 공유자 1인이 자신의 지분이 아닌 다른 공유자의 공유지분을 침해하는 원인무효의 등기가 이루어졌다는 이유로 다른 공유자의 지분권을 대외적으로 주장하여 단독으로 그 부분등기의 말소를 청구할 수 없다(대판 2009.2.26, 2006다72802).

③ 공유자는 단독으로 지분권에 기하여 제3자의 취득시효를 중단시킬 수 있다.

(2) 공유관계에 기한 반환청구권

① 공유자 1인이 행사하는 공유관계에 기한 반환청구권은 공유자 전원이 행사하여야 하는 필요적 공동소송이다.
② 공유물을 제3자가 불법점유하는 경우 공유자는 지분권에 기하여 단독으로 반환청구하거나 방해배제청구할 수 있고, 전체로서의 공유관계에 기하여 반환청구할 수 있다.

기출 CHECK ✓
공유물이 제3자에게 원인무효의 소유권이전등기가 경료된 때 공유자 1인은 보존행위로서 전부의 말소를 청구할 수 있다.
정답 O

기출 CHECK ✓
공유자 1인이 다른 공유자의 지분권을 대외적으로 주장하는 행위는 보존행위가 아니므로 공유자 단독으로 행사할 수 없다.
정답 O

5. 공유물의 분할

> 제268조 【공유물의 분할청구】
> ① 공유자는 공유물의 분할을 청구할 수 있다. 그러나 **5년 내의 기간으로 분할하지 아니할 것**을 약정할 수 있다.
> ② 전항의 **계약을 갱신**한 때에는 그 기간은 갱신한 날로부터 5년을 넘지 못한다.
> ③ 전2항의 규정은 **제215조, 제239조의 공유물에는 적용하지 아니한다.**
>
> 제269조 【분할의 방법】
> ① 분할의 방법에 관하여 **협의가 성립되지 아니한 때**에는 공유자는 법원에 그 분할을 청구할 수 있다.
> ② 현물로 분할할 수 없거나 분할로 인하여 현저히 그 가액이 감손될 염려가 있는 때에는 법원은 물건의 경매를 명할 수 있다.
>
> 제270조 【분할로 인한 담보책임】 공유자는 다른 공유자가 분할로 인하여 취득한 물건에 대하여 그 지분의 비율로 매도인과 동일한 담보책임이 있다.

(1) 공유물의 분할 자유 제27·29회

① 원칙
  ㉠ 각 공유자는 언제든지 공유물의 분할을 청구할 수 있다(제268조). 여기서 공유관계가 존속하는 동안 공유물분할청구권은 소멸시효에 걸리지 않는다(대판 1981.3.24, 80다1888).
  ㉡ 채권자가 자신의 금전채권을 보전하기 위하여 채무자를 대위하여 부동산에 관한 공유물분할청구권을 행사하는 것은, 책임재산의 보전과 직접적인 관련이 없어 채권의 현실적 이행을 유효·적절하게 확보하기 위하여 필요하다고 보기 어렵고 채무자의 자유로운 재산관리행위에 대한 부당한 간섭이 되므로 보전의 필요성을 인정할 수 없다. 따라서 극히 예외적인 경우가 아니라면 금전채권자는 부동산에 관한 공유물분할청구권을 대위행사할 수 없다(대판 2020.5.21, 2018다879 전원합의체).

② 예외
  ㉠ 공유물의 분할금지약정
    ⓐ 공유자는 5년 내의 기간으로 분할하지 아니할 것을 약정할 수 있다.
    ⓑ 공유물 분할금지약정은 당사자간의 합의로 갱신할 수 있다.
    ⓒ 분할금지특약은 '등기된 경우에 한하여' 지분양수인에게 효력이 있다. 따라서 분할금지특약을 '등기하지 않으면' 제3자에게 주장할 수 없다.
  ㉡ 법률의 명문규정에 의한 분할금지: 집합건물법상 공용부분(제215조), 경계에 설치된 경계표, 담(제239조)에 대해서는 법률규정에 의하여 분할이 인정되지 않는다(제268조).

기출 CHECK ✓

1 공유물 분할금지특약은 당사자간의 합의로 갱신할 수 있다.
정답 O

2 경계에 설치된 경계표, 담은 공유물 분할청구를 할 수 없다.
정답 O

(2) 공유물분할의 방법 제26회

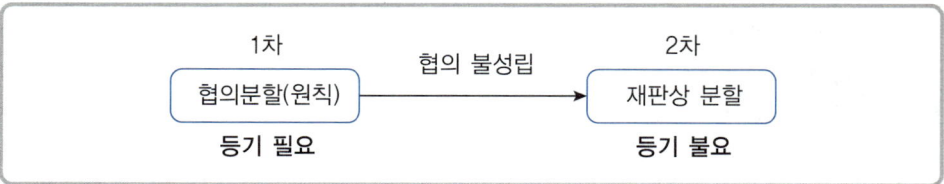

공유물의 분할은 우선 협의에 의하고, 협의가 이루어지지 않을 경우에는 보충적으로 법원에 그 분할을 청구할 수 있다(제269조 제1항). 협의분할이든 재판상 분할이든 반드시 공유자 전원이 분할절차에 참석하여야 한다. 공유자의 1인이라도 제외하거나 누락되면 공유물분할은 효력이 없다.

① 협의에 의한 분할: 공유물의 분할은 당사자간에 협의가 이루어지는 경우에는 그 방법을 임의로 선택할 수 있다. 이때 현물분할을 원칙으로 하되 그 현물을 처분하여 대금을 나누는 대금분할, 공유자의 한 사람이 다른 공유자들의 지분을 양수하여 그 가격을 지급하고 단독소유자가 되는 가격배상의 방법 등이 있다. 여기서 협의분할로 인한 물권취득은 등기를 요한다(제186조).

② 재판에 의한 분할
ㄱ. 전제조건

> ⓐ 분할의 방법에 관하여 '협의가 성립하지 않는 때'에 보충적으로 공유자는 법원에 그 분할을 청구할 수 있다(제269조 제1항).
> ⓑ 공유자 사이에 '이미 분할에 관한 협의가 성립'한 경우에는 일부 공유자가 분할에 따른 이전등기에 협조하지 않거나 분할에 관하여 다툼이 있더라도 또 다시 소로써 재판상 분할을 청구하는 것은 허용되지 않는다(대판 1995. 1.12, 94다30348).

ㄴ. 공유물분할의 소: 법원의 구체적 자유재량에 의한 분할이라는 법률관계의 형성을 내용으로 하는 형성판결, 즉 형성의 소이다(대판 1969.12.29, 68다2425). 따라서 그 판결의 확정으로 등기 없이 즉시 물권변동의 효과가 발생한다.

ㄷ. 분할방법: 현물분할을 원칙으로 하되 현물로 분할할 수 없거나 분할로 인하여 그 가액이 현저히 감소될 염려가 있는 때에는 공유물을 경매하여 그 대금을 분할한다.

기출 CHECK ✓
공유물분할판결은 형성판결로서 등기를 요하지 않는다.

정답 O

③ 조정이 성립한 경우

> **공유물의 조정이 성립된 경우 소유권취득에 등기를 요하는가?**
> 소송절차 또는 조정절차에서 공유자 사이에 현물분할의 협의가 성립하여 그 합의사항을 조서에 기재함으로써 **조정이 성립**된 경우, 그와 같은 사정만으로 각 공유자에게 그 협의에 따른 새로운 법률관계가 창설되는 것은 아니고, 공유자 앞으로 분필절차를 마친 후 등기를 마침으로써, 비로소 그 부분에 대한 소유권을 취득한다(대판 2013.11.21, 2011두1917 전원합의체).

> **기출 CHECK ✓**
> 공유물의 현물분할의 조정이 성립된 경우 등기를 하여야 소유권이 발생한다.
> 정답 ⭕

(3) 공유물분할의 효과

① **공유관계의 종료**: 공유물분할에 의하여 공유관계는 종료하고 각 공유자는 분할된 부분에 단독소유권을 취득한다.

② **분할의 비소급효**: 공유물의 현물분할은 지분의 교환이고, 대금분할은 지분의 매매의 실질을 가지므로 분할의 효과는 분할한 때부터 발생하고 소급하지 않는다.

③ **분할로 인한 담보책임**: 공유자는 다른 공유자가 분할로 인하여 취득한 물건이나 현물을 처분하여 받은 대금에 대하여 그 지분의 비율로 '매도인과 동일한 담보책임'을 진다(제270조).

④ **공유부동산이 분할된 경우 지분상의 저당권**: 두 사람이 공유하는 토지에 저당권이 설정된 경우 공유토지가 두 필지로 현물분할이 된 경우에는 저당권은 분할된 두 필지 위에 분산하여 존속하는가, 아니면 저당권설정자가 분할받은 토지로 집중하는가?

> ㉠ 저당권은 종전의 지분비율대로 분할된 두 필지 전부 위에 종전 지분비율대로 그대로 존속하고, 담보권설정자 앞으로 분할된 토지부분에 집중되는 것은 아니다(대판 1989.8.8, 88다카24868).
> ㉡ 저당권은 분할된 두 필지에 그대로 존속하고, 분할된 두 필지의 토지는 저당권의 공동담보가 된다(대판 2012.3.29, 2011다74932).

> **기출 CHECK ✓**
> 공유토지에 저당권이 설정된 경우 공유토지가 두 필지로 분할되면 저당권은 설정자가 분할받은 토지에 집중하는 것이 아니다.
> 정답 ⭕

⑤ 공유대지의 분할로 대지가 공유에서 단독소유로 된 경우 관습상 법정지상권이 성립하는가?

> 공유자 중 1인 또는 수인이 소유하는 건물이 있는 공유대지를 분할하여 대지의 소유권이 공유에서 단독소유로 바뀐 경우 건물소유자는 관습상 법정지상권을 취득한다. 왜냐하면 공유대지의 분할에는 공유자 전원의 동의가 있었기에 가능하므로 대지의 분할시에 공유자 전원이 건물의 존재를 용인한 것으로 관습상 법정지상권의 존재를 묵인하는 전제하에 토지를 분할받은 것이다(대판 1974.2.12, 73다353).

> **기출 CHECK ✓**
> 공유자 중 1인이 소유하는 건물이 있는 공유대지를 분할하여 대지의 소유권이 단독소유로 바뀐 경우 건물소유자는 관습상 법정지상권을 취득한다.
> 정답 ⭕

확인예제

甲, 乙, 丙은 X토지를 각 2분의 1, 4분의 1, 4분의 1의 지분으로 공유하고 있다. 이에 관한 설명으로 옳은 것은? (단, 구분소유적 공유관계는 아니며, 다툼이 있으면 판례에 따름)
제32회

① 乙이 X토지에 대한 자신의 지분을 포기한 경우, 乙의 지분은 甲, 丙에게 균등한 비율로 귀속된다.
② 당사자간의 특약이 없는 경우, 甲은 단독으로 X토지를 제3자에게 임대할 수 있다.
③ 甲, 乙은 X토지에 대한 관리방법으로 X토지에 건물을 신축할 수 있다.
④ 甲, 乙, 丙이 X토지의 관리에 관한 특약을 한 경우, 그 특약은 특별한 사정이 없는 한 그들의 특정승계인에게도 효력이 미친다.
⑤ 丙이 甲, 乙과의 협의 없이 X토지를 배타적·독점적으로 점유하고 있는 경우, 乙은 공유물에 대한 보존행위로 X토지의 인도를 청구할 수 있다.

해설

① 균등하게가 아니라 지분의 비율로 귀속한다.
② 甲은 과반수가 아니므로 단독으로 임대할 수 없다.
③ 나대지에 건축은 처분행위로 공유자 전원의 동의를 요한다.
⑤ 소수지분권자는 인도청구할 수 없다.

정답: ④

해커스 킬 정리 | 공유 핵심체계 정리하기

1. 지분 - 동의 없이 단독으로 처분할 수 있다.
   - 지분을 포기하면 지분비율로 다른 공유자에게 귀속

2. 공유물의 이용관계
   [보존행위] - 소수지분의 공유자가 독점한 때?
             - 제3자가 공유물을 원인 없이 등기를 경료한 때
   [관리행위] - 지분의 과반수권자로부터 임대를 얻은 자는 적법점유
             - 소수지분의 공유자로부터 임대를 얻은 자는 불법점유
             - 관리특약은 원칙적으로 지분의 승계인에게 효력이 있다.
   [처분행위] - 나대지 위에 건물신축은 관리범위를 넘은 처분행위에 속한다.

3. 공유물의 분할
   [협의분할] - 등기를 해야 소유권취득
   [재판상 분할] - 협의가 결렬되는 조건하에 가능
               - 공유물분할판결은 형성판결로 등기 없이 효력발생
   [조정이 성립] - 등기를 하여야 물권이 발생한다.

03 합유 제27회

(1) 의의
① **합유**: 조합이 동업목적으로 물건을 소유하는 때는 합유로 한다(제271조).
② 합유의 성립
   ㉠ 조합원이 동업목적으로 공동출자하여 매수한 부동산을 합유로 등기한 경우 합유가 성립한다(예 홍삼 개량 협동조합소유 공장).
   ㉡ 부동산을 조합체에서 매수하여 합유로 등기한 경우, 매수인들이 상호출자하여 공동사업을 경영할 것을 목적으로 조합이 조합재산으로서 부동산의 소유권을 취득하였다면, 조합체의 합유물이 된다(대판 2006.4.13, 2003다25256).

(2) 합유의 법률관계
① 합유지분의 처분
   ㉠ 합유자는 전원의 동의 없이 합유물에 대한 지분을 처분하지 못한다(제273조 제1항). 합유의 지분은 조합의 목적과 단체성에 의하여 제약을 받기 때문에 조합원의 자격과 분리하여 지분권만을 처분할 수 없다.
   ㉡ 합유자 전원의 동의 없이 합유물에 대한 지분을 매매하면 공유와 달리 자신의 지분처분의 범위 내에서 유효가 아니라 무효이다(대판 1970.12.29, 69다22).
② 합유물의 보존행위는 합유자 '각자'가 할 수 있다(제272조 단서). 합유물에 관하여 경료된 원인무효의 소유권이전등기의 말소를 구하는 소송은 합유물의 보존행위로서 합유자 각자가 할 수 있다(대판 1997.9.9, 96다16896).
③ 합유물의 분할금지: 각 합유자는 합유물의 분할을 청구하지 못한다.
④ 합유의 종료
   ㉠ 조합체의 해산이 있는 때, 합유물의 양도로 재산이 없는 때(제274조)
   ㉡ 합유자 중 1인이 사망한 때 공유와 달리 합유지분은 상속되지 않는다.
      ⓐ 그 조합원은 조합에서 탈퇴하게 되고 조합원의 지위는 일신전속적이므로 상속인에게 상속되지 않는다(대판 1981.7.28, 81다145).
      ⓑ 조합체가 보유한 부동산은 잔존 합유자가 1인인 경우 잔존 합유자의 단독소유로 귀속되고, 2인 이상일 경우에는 잔존 합유자의 합유로 귀속된다(대판 1994.2.25, 93다39225).
   ㉢ 합유지분의 포기시 포기된 합유지분은 나머지 잔존 합유자들에게 균등하게 귀속되지만 그와 같은 물권변동은 법률행위에 기한 것으로서 등기하여야 효력이 생긴다(대판 1997.9.9, 96다16896).

기출 CHECK ✓
조합체가 합유재산을 조합원 1인 명의로 소유권이전등기한 경우 조합에서 명의신탁한 것으로 본다.
정답 O

기출 CHECK ✓
합유자는 전원의 동의 없이 합유물에 대한 지분을 처분하지 못한다.
정답 O

기출 CHECK ✓
합유자가 전원의 동의 없이 합유지분을 처분하면 자기 지분범위 내에서는 유효하다.
정답 X

기출 CHECK ✓
합유지분의 포기에 의한 물권변동은 등기를 하여야 한다.
정답 O

04 총유

(1) 총유

① 법인 아닌 사단(비법인 사단)의 사원이 집합체로서 물건을 소유하는 것을 말한다.

> **판례**
>
> 종중재산, 교회재산, 동창회의 보유 재산, 마을부락민들의 공동재산은 총유이다. 5형제가 종산을 구입하여 부모의 묘소로 쓰기로 하고, 자력이 있는 4형제가 돈을 모아 맏형 명의로 매수하여 소유권이전등기를 경료하고 묘소를 설치한 토지는 5형제의 총유이다(대판 1992.10.27, 91다11209).

② **총유재산의 등기방법**: 총유재산의 등기신청은 대표자가 단체명의로 한다. 총유는 단체의 소유로서 사원에게 지분을 등기할 수 없다는 점에서 공유와 구별된다.

(2) 총유물의 법률관계 제29회

① **총유물의 보존행위**: 공유물의 보존에 관한 「민법」 제265조의 규정(단독으로 보존행위를 할 수 있다)이 적용될 수는 없고 특별한 사정이 없는 한 '사원총회의 결의'를 거쳐야 한다. 그러므로 비법인 사단의 총유물의 보존행위는 사원이 대표자이거나 총회의 결의를 거쳤더라도 그 소송의 당사자가 될 수 없다.
그 결과 총유물의 보존행위는 사원이 단독으로 할 수 없다.

② 총유물의 관리 및 처분은 사원총회의 결의에 의한다(제276조 제1항).
  ㉠ **총회결의 없는 총유재산의 처분행위는 무효**: 종중 재산의 처분이 종중총회 결의를 거치지 아니하고 종중대표자에 의해 이루어진 경우 이는 무효이다(대판 2000.10.27, 2000다22881).
  ㉡ **종중 임야에 분묘를 설치하는 행위**: 단순한 사용, 수익에 불과한 것이 아니라 관습에 의한 지상권과 유사한 물권의 취득을 가져오는 처분행위에 해당하므로 구성원 단독으로 할 수 없고 총회결의가 필요하다(대판 2007.6.28, 2007다16885).
  ㉢ 종중이 토지매매를 중개한 중개업자에게 중개수수료를 지급하기로 하는 약정은 '단순 채무부담행위'에 불과하여 총유물의 관리·처분이라고 할 수 없다(판례).

③ 총유재산에 관한 보존행위는 단독으로 할 수 없다. 법인 아닌 사단이 사단의 명의로 사원총회의 결의를 거쳐 하거나 또는 구성원 전원이 당사자가 되어 필수적 공동소송의 형태로 할 수 있을 뿐 그 개인구성원은 설령 그가 사단의 대표자이거나 사원총회의 결의를 거쳤다 하더라도 그 소송의 당사자가 될 수 없다. 총유재산의 보존행위로서 소를 제기하는 경우에도 구성원 개인이 단독으로 할 수 없다(대판 2005.9.15, 2004다44971).

기출 CHECK ✓

1 공유, 합유물의 보존행위는 단독으로 허용되나 총유물의 보존행위는 단독으로 할 수 없다.
정답 ○

2 총유재산을 처분함에 있어서 총회결의를 거치지 아니하고 처분한 행위에는 강행법규를 위반하여 무효이다.
정답 ○

④ 일부 교인들이 탈퇴한 경우 교회재산권은 누구에게 귀속하나?

> ㉠ 교회의 분열은 인정되지 않으므로 교회의 재산권은 **분열 당시의 교인들의 총유물**이 아니라 **잔존 교인들의 총유**에 속한다(대판 2006.4.20, 2004다37775 전원합의체).
> ㉡ 일부 교인들이 교회를 탈퇴하여 그 교회의 교인으로서 지위를 상실하게 되면 탈퇴가 개인적인 것이든 집단적인 것이든 종전 교회재산권의 사용·수익 권능을 상실하게 되고, 종전의 교회는 잔존 교인들만으로 동일성을 유지하며 존속하고, 종전 교회의 재산권은 그 교회에 소속된 **잔존 교인들의 총유**로 귀속됨이 원칙이다.

> **기출 CHECK** ✓
> 일부 교인들이 교회에서 탈퇴한 경우 교회재산권은 분열 당시 교인들의 총유이다.
>
> 정답 ✗

더 알아보기

1. 준공유
   소유권 이외의 재산권을 수인이 공동으로 가지는 것을 말한다.
2. 근저당권의 준공유
   여러 채권자가 같은 기회에 어느 부동산에 관해 하나의 근저당권을 설정받아 이를 준공유하게 된다.

확인예제

甲, 乙, 丙은 각 1/3 지분으로 나대지인 X토지를 공유하고 있다. 이에 관한 설명으로 틀린 것은? (다툼이 있으면 판례에 따름)   제31회

① 甲은 단독으로 자신의 지분에 관한 제3자의 취득시효를 중단시킬 수 없다.
② 甲과 乙이 X토지에 건물을 신축하기로 한 것은 공유물 관리방법으로 부적법하다.
③ 甲이 공유지분을 포기한 경우, 등기를 하여야 포기에 따른 물권변동의 효력이 발생한다.
④ 甲이 단독으로 丁에게 X토지를 임대한 경우, 乙은 丁에게 부당이득반환을 청구할 수 있다.
⑤ 甲은 특별한 사정이 없는 한 X토지를 배타적으로 점유하는 丙에게 보존행위로서 X토지의 인도를 청구할 수 없다.

해설
甲은 단독으로 자신의 지분에 관한 제3자의 취득시효를 중단시킬 수 있다.   정답: ①

제 5 장 용익물권

목차 내비게이션 제2편 물권법

제1장 총설 — 제2장 물권의 변동 — 제3장 점유권 — 제4장 소유권 — **제5장 용익물권** — 제6장 담보물권

제1절 총설
제2절 지상권
제3절 지역권
제4절 전세권

 출제경향

지상권, 지역권, 전세권에서 매년 각 1문항이 출제된다.

학습전략

- 지상권에서는 존속기간, 지상권자의 권리와 의무, 지상권의 처분, 담보지상권의 소멸, 특수지상권에서 분묘기지권과 관습법상 법정지상권의 개념을 이해하고 정리하여야 한다.
- 지역권에서는 조문 위주로 학습하며, 요역지와 승역지, 지역권의 불가분성, 지역권이 침해된 때 구제수단을 정리하여야 한다.
- 전세권에서는 조문과 판례를 둘 다 정리하여야 하며, 전세권의 성립, 기간, 처분, 소멸 그리고 전세권자의 권리와 의무를 정리하여야 한다.

핵심개념

1. [지상권]
   - 지상권의 효력(권리·의무) ★★☆☆☆ p.274
   - 관습법상 법정지상권 ★★★★☆ p.282
2. [지역권]
   - 지역권의 개념(요역지와 승역지) ★★★☆☆ p.288
   - 지역권의 특성(불가분성) ★★★★☆ p.290
   - 지역권 침해시 구제수단 ★★☆☆☆ p.292
3. [전세권]
   - 전세권의 존속기간 ★★☆☆☆ p.294
   - 전세권자의 권리·의무 ★★★★☆ p.296
   - 전세권의 처분 ★★★★★ p.300

제1절 총설[1]

물건의 사용가치를 지배하는 물권을 용익물권, 처분가치(교환가치)를 지배하는 물권을 담보물권이라고 한다. 물건의 사용, 수익을 내용으로 하는 용익물권에는 지상권, 지역권, 전세권의 3가지가 있다.

지상권	지상권자는 타인의 토지에 건물, 공작물, 수목을 소유하기 위하여 타인의 토지를 사용하는 권리가 있다(제279조).
지역권	지역권자는 일정한 목적을 위하여 타인의 토지(승역지)를 자기 토지(요역지)의 편익에 이용하는 권리가 있다(제291조).
전세권	전세권자는 전세금을 지급하고 타인의 부동산을 점유하여 그 용도에 좇아 사용·수익하며, 그 부동산의 전부에 대하여 후순위권리자 기타 채권자보다 우선변제를 받을 권리가 있다(제303조).

[1] 지상권, 전세권은 목적물의 점유권을 가지나, 지역권은 점유권을 갖지 않는다.

제2절 지상권 제26·28·29·30·31·34회

01 의의와 성질

제279조【지상권의 내용】 지상권자는 타인의 토지에 건물 기타 공작물이나 수목을 소유하기 위하여 그 토지를 사용하는 권리가 있다.

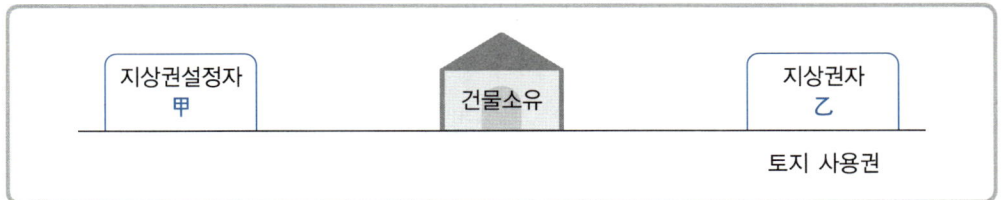

목차 내비게이션

지상권
1. 의의 및 성질
2. 지상권의 취득, 존속기간
3. 지상권자의 권리와 의무
4. 지상권의 소멸
5. 특수지상권
   - 분묘기지권
   - 관습상 법정지상권

(1) 지상권 제26·28회

건물 기타 공작물이나 수목의 소유를 위하여 타인의 토지를 배타적으로 점유하여 사용하는 물권이다.

① 목적
   ㉠ 지상권은 건물 기타 공작물이나 수목을 소유하기 위한 목적하에만 인정되는 용익물권이다.

ⓒ 구분지상권은 지상, 지하의 공간은 상하의 범위를 정하여 건물, 공작물을 소유하기 위하여는 인정되지만 수목을 소유하기 위하여 성립할 수 없다.
ⓒ 공작물이란 지상이나 지하에 인공적으로 설치된 시설물로서 교량, 전봇대, 광고탑 등을 말한다. 지상권자가 타인의 토지에 부속시킨 공작물은 토지에 부합하지 않으며 지상권자의 소유로 된다.

② 토지사용권(물권)
ⓐ 지상권은 타인의 토지를 사용하는 물권이다.
ⓑ 지상권의 객체인 토지는 1필의 토지 전부뿐만 아니라 일부라도 무방하며 1물 1권주의의 예외가 인정된다.

(2) 지료는 지상권의 성립요소가 아니다.

지료의 지급은 지상권의 성립요소가 아니다. 따라서 무상의 지상권도 성립할 수 있으므로 전세금이나 차임의 지급을 필수요소로 하는 전세권, 임차권과 구별된다.

(3) 지상권과 임차권의 비교

지상권	임차권
토지사용권(물권)	임대인에 대한 청구권(채권)
설정계약과 등기	임대차 계약
제3자에 대항력 ○	제3자에 대항력 ×
최단기 30년	최단기 없음
처분시 설정자의 동의 불필요	임차권의 양도시 임대인의 동의 필요

02 지상권의 취득

1. 법률행위에 의한 취득(약정지상권)

(1) 지상권은 토지소유자와 지상권자의 지상권 설정계약과 '등기'에 의하여 취득하는 것이 일반적이다. 지상권설정계약에 의한 취득은 법률행위에 의한 물권변동이므로 등기하여야 효력이 있다.

(2) 유상계약인 지상권설정계약에도 제569조를 준용하여 부동산의 소유자가 아닌 자라도 향후 해당 부동산에 지상권을 설정하여 줄 것을 내용으로 하는 계약을 체결할 수 있고, 단지 그 계약상 의무자는 향후 처분권한을 취득하거나 소유자의 동의를 얻어 해당 부동산에 지상권을 설정하여 줄 의무를 부담할 뿐이라고 보아야 한다 (대판 2018.11.29, 2018다37949·37956). ❶

2. 법률의 규정에 의한 취득

(1) 상속

지상권자가 사망한 경우 상속에 의한 지상권의 취득은 '등기 없이' 효력이 생긴다.

(2) 법정지상권 제26·29회

① **인정배경**: 우리 「민법」은 토지와 건물을 각각 별개의 독립한 부동산으로 취급하고 있다. 그러므로 토지와 건물의 소유자가 부동산을 처분함에 있어서 일반적으로 한꺼번에 처분하면 아무런 문제가 생기지 않지만 토지와 건물 중 어느 하나만을 처분하는 경우 토지와 건물의 소유자가 달라져서 분리되는 현상이 발생한다. 이때 건물철거를 방지하고자 건물소유자에게 법률로써 지상권의 성립을 인정하는 제도가 법정지상권이다.

② **등기여부**: 법정지상권은 법률의 규정에 의한 물권취득이므로 등기를 요하지 않는다(대판 1965.9.23, 65다1222).

③ **법규정의 성질**: 법정지상권의 규정은 법률로 인정한 강행규정이므로 이를 배제하거나 포기하기로 하는 약정은 효력이 없다.

④ **법정지상권 성립의 전제조건**: 토지와 건물이 동일인의 소유인 상황을 전제로 한다. 이 조건하에서 토지와 건물 중 어느 하나에 아래 ⑤의 ㉠, ㉡ 중 하나의 상황이 발생하였을 때 법정지상권이 성립한다.

⑤ **「민법」상의 유형**

㉠ **제305조의 법정지상권**: 대지와 그 지상의 건물이 동일한 소유자에게 속한 경우에 건물에 전세권을 설정한 때에는 그 대지소유권의 특별승계인(다시 말하면 건물에 전세주고 토지를 처분하여 건물과 토지소유자가 달라질 때)은 전세권설정자(전세권자가 아니다)에 대하여 지상권을 설정한 것으로 본다(제305조 제1항).

㉡ **제366조의 법정지상권❶**: 저당권설정 당시에 토지와 지상의 건물이 동일인 소유인 경우 저당물의 경매로 인하여 토지와 지상건물이 각각 다른 소유자에게 속하게 된 경우에는 토지소유자는 건물소유자에 대하여 지상권을 설정한 것으로 본다(제366조).

기출 CHECK ✓

1 관습상 법정지상권을 취득하기 위하여는 등기가 필요 없으나 양도하기 위하여는 등기를 하여야 한다.
정답 O

2 당사자간에 법정지상권의 성립을 배제하는 약정은 효력이 없다.
정답 O

용어사전

강행규정
당사자의 의사와는 관계없이 적용되는 규정이다.

❶ 저당권 부분에서 자세히 상술한다.

3. 지상권의 존속기간

> 제280조 【존속기간을 약정한 지상권】
> ① 계약으로 지상권의 존속기간을 정하는 경우에는 기간은 다음 연한보다 단축하지 못한다.
>   1. 석조, 석회조, 연와조 또는 이와 유사한 견고한 건물이나 수목의 소유를 목적으로 하는 때에는 30년
>   2. 전호 이외의 건물의 소유를 목적으로 하는 때에는 15년
>   3. 건물 이외의 공작물의 소유를 목적으로 하는 때에는 5년
> ② 전항의 기간보다 단축한 기간을 정한 때에는 전항의 기간까지 연장한다.
>
> 제281조 【존속기간을 약정하지 않은 지상권】
> ① 계약으로 지상권의 존속기간을 정하지 아니한 때는 기간은 전조의 최단기간으로 한다.
> ② 지상권설정 당시에 공작물의 종류와 구조를 정하지 아니한 때에는 지상권은 전조 제2호의 건물의 소유를 목적으로 한 것으로 본다.

❶ 최단기
30/15/5년으로 긴 기간이다.

기출 CHECK ✓
지상권의 존속기간을 영구로 하는 약정은 유효하다.
정답 O

(1) 최장기의 제한이 없다. ❶

① 지상권의 최장기는 제한이 없다. 지상권의 최단 기간만을 제한하고, 지상권의 최장기는 제한규정이 없다.
② 지상권의 존속기간을 영구무한으로 할 수도 있다. 특히 구분지상권의 경우에는 존속기간이 영구라 할지라도 대지의 소유권을 전면적으로 제한하지 아니한다는 점 등에 비추어 보면 구분지상권의 존속기간을 영구로 약정하는 것도 허용된다(대판 2001.5.29, 99다66410).
③ '기존 건물의 사용'을 목적으로 지상권을 설정하는 경우 이는 지상권자가 신축한 건물이 아니라 지상권 설정자가 신축한 건물을 사용할 목적으로 설정한 경우로서 최단기간의 적용이 없다(대판 1996.3.22, 95다49318).

기출 CHECK ✓
1 지상권의 기간을 약정하지 않은 경우 양 당사자는 언제든지 지상권의 소멸을 통지할 수 있다.
정답 X

2 지상권 설정 당시 공작물의 종류를 정하지 않은 때에는 그 존속기간은 15년으로 한다.
정답 O

(2) 설정계약으로 기간을 정하지 않은 경우

① 설정계약으로 기간을 약정하지 않은 경우 지상물의 종류와 구조에 따라 제280조에 규정된 최단기간을 그 존속기간으로 한다(제281조 제1항). 따라서 지상권에서는 기간을 약정하지 않은 경우 최단기간을 정한 것으로 간주하므로 '양 당사자는 언제든지 지상권의 소멸을 통지할 수 있다'는 지문은 틀린 것이다.
② 견고한 건물이면 30년, 일반건물이면 15년, 공작물이면 5년으로 본다.
③ 공작물의 종류와 구조를 정하지 않은 경우 주의할 것은 지상권 설정 당시 공작물의 종류와 구조를 정하지 않은 때에는 그 존속기간은 15년으로 한다(제281조 제2항).
④ 수목의 소유: 수목의 소유를 목적으로 하는 지상권은 30년이다.

(3) 계약의 갱신 제27회

① **약정갱신**: 지상권의 존속기간이 만료한 경우에 당사자는 합의에 의하여 지상권 설정계약을 갱신할 수 있다.

② **법정갱신(인정 안 됨)**: 지상권에서는 임차권과 달리 계약기간의 만료시에 자동으로 연장되는 법정갱신이 명문규정에 없으므로 법정갱신이 인정되지 않으나 임차권, 전세권에는 법정갱신이 인정된다.

③ **지상물매수청구권(제283조)**: 지상권자는 존속기간이 만료한 경우 건물이나 공작물이 현존하는 경우 계약의 갱신을 청구할 수 있다(제283조 제1항).

> **제283조【지상권자의 갱신청구권, 매수청구권】**
> ① 지상권이 소멸한 경우에 건물 기타 공작물이나 수목이 현존한 때에는 지상권자는 계약의 갱신을 청구할 수 있다.
> ② **지상권설정자**가 계약의 갱신을 원하지 아니하는 때에는 "**지상권자**"는 상당한 가액으로 전항의 공작물이나 수목의 매수를 청구할 수 있다.
>
> **제285조【수거의무, 매수청구권】**
> ① 지상권이 소멸한 때에는 지상권자는 건물 기타 공작물이나 수목을 수거하여 토지를 원상에 회복하여야 한다.
> ② 전항의 경우에 "**지상권설정자**"가 상당한 가액을 제공하여 그 공작물이나 수목의 매수를 청구한 때에는 지상권자는 정당한 이유 없이 이를 거절하지 못한다.

㉠ 요건
  ⓐ 지상권의 존속기간의 만료로 지상권이 소멸한 경우에 건물, 공작물, 수목이 현존하여야 한다.
  ⓑ 지상권자의 지료연체를 이유로 토지소유자가 지상권의 소멸을 청구하여 지상권이 소멸한 경우에는 지상물매수청구권이 인정되지 않는다.

㉡ 행사방법

> 1차(갱신청구를 거절할 때) ➔ 2차(지상물매수청구)

지상권자의 갱신청구가 있을 때 지상권설정자가 갱신청구를 거절하는 경우에는 지상권자는 상당한 가액으로 지상물의 매수를 청구할 수 있다.

㉢ **효과**: 지상물매수청구권은 형성권이므로 지상물에 대한 계약갱신을 강제하여 지상물의 매매가 성립한다.

㉣ **강행규정의 성질**: 지상권의 존속기간과 갱신청구권, 지상물매수청구권, 2년 연체시 지상권 소멸청구권에 관한 규정, 지료증감청구권은 모두 강행규정이므로 이에 위반되는 계약으로서 지상권자에게 불리한 것은 효력이 없다(제289조, 편면적 강행규정).

용어사전

매수청구권
일방적 의사표시에 의하여 특정물건에 대한 강제매매계약이 성립한 것과 같은 법률효과를 발생시키는 권리이다.
[예] 제283조(지상권자의 매수청구권), 제285조(지상권설정자의 매수청구권)

기출 CHECK ✓
1 지상권이 소멸한 경우에 지상권설정자가 상당한 가액을 제공하여 그 공작물이나 수목의 매수를 청구한 때에는 지상권자는 정당한 이유 없이 이를 거절하지 못한다.
정답 O

2 지상권이 소멸한 경우에 건물 기타 공작물이나 수목이 현존한 때에는 지상권자는 계약의 갱신을 청구할 수 있다.
정답 O

기출 CHECK ✓
지상권의 규정 중 지상물매수청구권, 지료증감청구권 등은 강행규정이다.
정답 O

03 지상권의 효력(지상권자와 설정자의 권리, 의무)

❶ 지상권자의 권리
토(**토**지사용권)
지(**지**료증감청구권)
상(**상**린관계)
매수(**매수**청구권)
처(**처**분권)

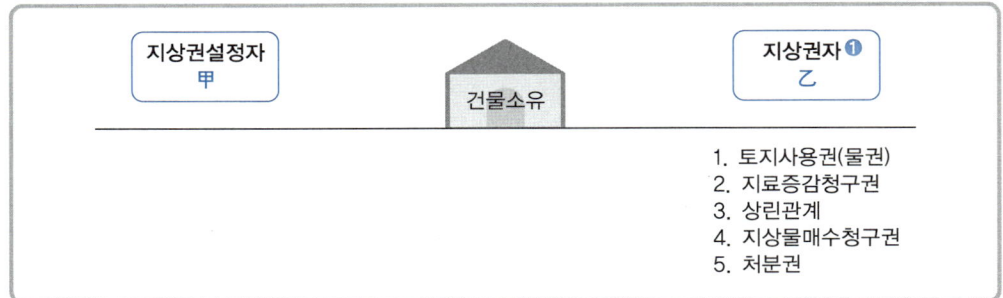

기출 CHECK ✓
지상권이 설정된 토지를 양도한 경우 양수인(제3자)이 지상권자에 대한 토지의 인도청구를 하면 지상권자는 거절할 수 있다.
정답 O

(1) 토지의 사용권(물권) 제26·28회

> **제279조【지상권의 내용】** 지상권자는 타인의 토지에 건물 기타 공작물이나 수목을 소유하기 위하여 그 토지를 사용하는 권리가 있다.

① 물권이므로 제3자에 대항력이 있다: 지상권자의 권리는 토지소유자에게만 요구할 수 있는 채권(임차권)이 아니라 토지를 직접 지배하는 물권이다. 그러므로 지상권자가 사용하는 토지를 토지소유자가 양도하여 새 주인으로 바뀐 경우 토지양수인(제3자)이 지상권자에게 토지의 반환을 요구하여도 지상권자는 물권으로서 대항력이 있으므로 이를 거절할 수 있다.

② 지상권에 기한 물권적 청구권 인정: 소유권에 기한 소유물반환청구권에 관한 규정(제213조)은 지상권에도 준용된다. 그러므로 토지의 지상권을 제3자가 침해하여 무단으로 건물을 신축한 경우 지상권자는 본권인 지상권에 기한 물권적 청구권과 점유권에 기한 물권적 청구권을 행사하여 무단 신축된 건물의 철거를 청구할 수 있다.

기출 CHECK ✓
지상권자는 무단으로 제3자가 건축한 건물을 지상권에 기해 철거청구할 수 있다.
정답 O

기출 CHECK ✓
1 지상권설정 당시에 건물, 공작물, 수목이 없더라도 지상권은 유효하게 성립한다.
정답 O

2 건물, 공작물이 멸실하면 지상권은 소멸한다.
정답 X

③ 토지사용권이 본체이므로 건물이 멸실해도 지상권은 존속한다.

> 지상권은 타인의 토지를 이용하는 것을 본체적인 내용으로 하는 권리이기 때문에 현재 건물, 공작물, 수목이 없더라도 지상권은 유효하게 성립하며, '기존의 건물, 공작물이 멸실'하여도 지상권은 계약기간까지 존속한다(대판 1996.3.22, 95다49318).
> ● 건물을 불살라도 지상권은 존속하더라!!

❷ 사정변경으로 증감청구
• 임대차 – 차임증감청구권
• 전세권 – 전세금증감청구권
• 지상권 – 지료증감청구권

(2) 지료증감청구권(제286조)❷ 제29·30회

> **제286조【지료증감청구권】** 지료가 토지에 관한 조세 기타 부담의 증감이나 지가의 변동으로 인하여 상당하지 아니하게 된 때에는 당사자는 그 증감을 청구할 수 있다.

① 사정변경을 이유로 하는 지료증감청구권은 형성권이다.

② 지료의 증액청구나 감액을 청구하면 청구한 즉시 효력이 발생한다. 지료액수의 감액청구에 대해서 상대방이 다투는 경우에는 법원이 지료를 결정하는 판결을 하는데 이때 법원이 지료액수를 결정하는 판결을 오늘하면 그 지료감액청구의 효력은 '판결이 확정된 오늘부터' 발생하는 것이 아니라 '감액청구를 한 날로부터 소급'하여 지료감액청구의 효력이 생긴다.

> **기출 CHECK ✓**
> 지상권자가 지료감액청구권을 행사한 때는 법원의 판결이 확정된 때로부터 감액청구의 효력이 생긴다.
> 정답 ✗

(3) 상린관계 준용

상린관계의 규정은 지상권자 사이 또는 지상권자와 인접소유자 사이에 준용된다.

> **기출 CHECK ✓**
> 지상권자 사이에도 상린관계가 준용된다.
> 정답 ○

(4) 지상권자의 지상물매수청구권

① 지상물매수청구권은 지상권이 존속기간의 만료로 인하여 소멸하는 때에 지상권자에게 갱신청구권이 있어 갱신청구를 하였으나 지상권설정자가 계약갱신을 원하지 아니할 때 비로소 행사할 수 있는 권리이다.

② 한편 지상권갱신청구권의 행사는 지상권의 존속기간 만료 후 지체 없이 하여야 한다. 따라서 지상권의 존속기간 만료 후 지체 없이 행사하지 아니하여 지상권자의 갱신청구권이 소멸한 경우에는, 지상권자의 적법한 갱신청구권의 행사와 지상권설정자의 갱신 거절을 요건으로 하는 지상물매수청구권은 발생하지 않는다(대판 2023.4.27, 2022다306642).

(5) 처분의 자유(지상권의 양도, 임대, 담보제공의 자유) 제26회

> 제282조 【지상권의 양도, 임대】 지상권자는 타인에게 그 권리를 양도하거나 그 권리의 존속기간 내에서 그 토지를 임대할 수 있다.

① 지상권의 처분금지 특약은 무효이다. 지상권자의 처분권을 행사하지 못하게 하는 지상권설정자와의 특약은 강행규정 위반으로서 무효이다.
따라서 지상권자는 지상권의 처분금지 특약이 있어도, 설정자의 반대의사가 있어도 유효하게 처분할 수 있다.

② 지상권과 건물은 분리, 처분할 수 있다.
  ㉠ 건물과 지상권을 함께 처분하는 것이 일반적이라는 점은 부인할 수 없다.
  ㉡ 지상권과 건물은 분리하여 처분할 수 있는가?

> **지상권자와 그 지상물의 소유권자가 반드시 일치하여야 하는지 여부**
> 지상권은 건물의 종된 권리가 아니라 독립한 물권이기 때문에 '건물양도와 반드시 함께 수반하는 것은 아니다'.
> 그러므로 건물과 지상권자가 반드시 일치하여야 하는 것은 아니다. 지상권자는 지상권을 유보한 채 지상물 소유권만을 양도할 수도 있고, 지상물 소유권을 유보한 채 지상권만을 양도할 수도 있는 것이어서 지상권자와 그 지상물의 소유권자가 반드시 일치하여야 하는 것은 아니다(대판 2006.6.15, 2006다6126).

> **기출 CHECK ✓**
> 지상권자는 지상권설정자의 처분금지 특약에 반하여 지상권을 처분할 수 있다.
> 정답 ○

> **기출 CHECK ✓**
> 지상권자는 지상권을 유보한 채 지상물 소유권만을 분리하여 양도할 수도 있다.
> 정답 ○

(6) 지료 제28·29·32회

① 지료의 지급은 지상권의 요소가 아니다. 무상의 지상권설정계약도 유효하다. 당사자가 지료의 지급을 약정한 때에만 지상권자는 지료지급의무를 부담한다.

② 지료를 등기한 때 제3자에 대항력이 생긴다.
  ㉠ 지료(액) 및 지급시기에 관한 약정은 등기하여야 제3자에게 대항할 수 있다.
  ㉡ 법정지상권자도 토지소유자에게 지료지급의무가 있는 것이므로 법원의 판결에 의하여 지료액수가 결정되면 지료를 지급하여야 하며, 만일 지료액수가 미결정되어 지급할 수 없는 상태인 경우(지료액수가 미결정 상태)에는 토지소유자는 지료연체를 이유로 법정지상권의 소멸을 청구할 수 없다(대판 2001.3.13, 99다17142).
  ㉢ 지료액수를 등기하지 않은 경우

> 지료를 등기하지 않은 경우 무상의 지상권으로서 지료증액청구권도 발생할 수 없으며, 토지소유자는 구 지상권자의 지료연체 사실을 들어 지상권을 이전받은 제3자에게 대항하지 못한다(대판 1996.4.26, 95다52864).

③ 지료체납의 효과

> **제287조【지상권소멸청구권】** 지상권자가 2년 이상의 지료를 지급하지 아니한 때에는 지상권설정자는 지상권의 소멸을 청구할 수 있다.

  ㉠ 토지 양도 전후에 걸쳐서 지료를 연체한 경우 토지양수인이 양도 전후의 지료연체액을 합산하여 지상권의 소멸을 청구할 수 있는가?

> 토지소유자가 바뀐 경우에 지상권자가 전 소유자(양도인)에게 1년간 지료를 연체한 상태이고, 토지의 새 주인(양수인)에게 지료를 다시 1년 연체한 상태인 경우 새 주인(토지의 양수인)이 연체액의 합산을 주장하여 지상권을 소멸청구할 수 없다. 지상권자의 지료지급연체가 토지소유권의 양도 전후에 걸쳐 이루어진 경우 토지양수인에 대한 연체기간이 2년이 되지 않는다면 토지양수인은 지료연체액의 합산을 주장하여 지상권의 소멸청구를 할 수 없다(대판 2001.3.13, 99다17142).

  ㉡ 지상권이 저당권의 목적인 경우

> **제288조【지상권소멸청구와 저당권자에 대한 통지】** 지상권이 저당권의 목적인 때 또는 그 토지에 있는 건물, 수목이 저당권의 목적이 된 때에는 전조의 청구는 저당권자에게 통지한 후 상당한 기간이 경과함으로써 그 효력이 생긴다.

기출 CHECK ✓
지료는 지상권의 성립요소가 아니다.
정답 O

기출 CHECK ✓
'지료를 등기하지 않은 경우' 토지소유자는 지상권을 이전받은 자에게 지료증액청구를 할 수 없다.
정답 O

기출 CHECK ✓
법정지상권자의 지료액수가 미결정 상태인 경우에는 토지소유자는 지료연체를 이유로 법정지상권의 소멸을 청구할 수 없다.
정답 O

기출 CHECK ✓
지상권자의 지료연체가 토지소유권의 양도 전후에 걸쳐 이루어진 경우 토지양수인에 대한 연체기간이 2년이 되지 않는다면 토지양수인은 지상권의 소멸청구를 할 수 없다.
정답 O

기출 CHECK ✓
지상권이 저당권의 목적인 경우 지상권자가 2년 이상의 지료를 연체한 때 지상권소멸청구는 저당권자에게 통지한 후 즉시가 아니라 상당한 기간이 경과함으로써 효력이 생긴다.
정답 O

04 지상권의 소멸

(1) 소멸사유 제26·30·31회

① **기간만료**: 지상권의 존속기간이 만료하면 지상권에는 법정갱신이 인정되지 않으므로 지상권은 말소등기 없이 소멸한다.

② **혼동**: 지상권자가 매매나 상속에 의하여 토지소유권을 취득하면 지상권과 소유권이 동일인에게 귀속하여 혼동이 생기므로 지상권은 말소등기 없이 소멸한다.

③ **지료 2년 연체**: 지상권자가 2년 이상의 지료를 지급하지 않은 때 지상권설정자는 지상권의 소멸을 청구할 수 있다(제287조).

(2) 담보지상권의 소멸

① 근저당권을 설정하면서 당사자간에 토지에 차후 건물신축하거나 용익권이 설정되어 건물을 신축함으로써 토지의 담보가치가 저감되는 것을 방지하기 위한 것을 주요한 목적으로 하여 은행인 채권자 앞으로 근저당권과 아울러 지상권을 설정하였다면(담보지상권) 피담보채권이 변제로 소멸하게 되면 지상권은 소멸한다(대판 2011.4.14, 2011다6342).

② 토지소유자는 저당 부동산의 담보가치를 하락시킬 우려가 있는 등의 특별한 사정이 없는 한 토지를 사용·수익할 수 있다(대판 2018.3.15, 2015다69907).

③ 담보지상권은 토지를 점유, 사용하는 것이 본체가 아니라 저당부동산의 담보가치 확보를 목적으로 하기 때문에 제3자가 토지를 사용한다는 사정만으로는 금융기관에게 어떤 손해가 발생하였다고 볼 수 없다. 따라서 담보지상권자는 토지를 불법점유하는 제3자에 대하여 토지를 사용하지 못하였음을 원인으로 부당이득반환청구나 임료 상당의 손해배상을 청구할 수 없다(대판 2008.1.17, 2006다586).

④ 지상권은 용익물권으로서 피담보채권이 존재할 수 없고, 담보지상권은 당사자의 약정에 따라 담보권의 존속과 지상권의 존속이 서로 연계되어 있을 뿐이고, 이러한 경우에도 지상권의 피담보채무가 존재하는 것은 아니므로 피담보채무의 확인을 구할 수 없다(대판 2017.10.31, 2015다65042).

⑤ 제3자가 토지 위에 건물을 신축하는 경우 제3자가 지상권자에게 대항할 수 있는 권원을 가지고 있다는 특별한 사정이 없는 한, 지상권자는 그 방해배제청구로서 신축 중인 건물의 철거와 대지인도를 구할 수 있다(대판 2008.2.15, 2005다47205).

기출 CHECK ✓
지상권의 존속기간이 만료하면 지상권은 말소등기 없이 소멸한다.
정답 O

기출 CHECK ✓
지상권이 저당권의 목적인 때에는 저당권자의 동의 없이 지상권을 포기할 수 없다.
정답 O

기출 CHECK ✓
[1~2] 채권자 앞으로 근저당권과 아울러 무상의 담보지상권을 설정한 경우
1 피담보채권이 변제로 소멸하면 지상권은 소멸한다.
정답 O

2 제3자가 토지를 불법하게 사용한 경우 담보지상권에 기하여 부당이득반환청구를 할 수 없다.
정답 O

3 제3자가 권원없이 건물을 신축하는 경우 담보지상권에 기하여 건물철거 청구할 수 있다.
정답 O

> **확인예제**
>
> 지상권에 관한 설명으로 옳은 것을 모두 고른 것은? (판례에 따름) 제31회
>
> ㉠ 지료의 지급은 지상권의 성립요소이다.
> ㉡ 기간만료로 지상권이 소멸하면 지상권자는 갱신청구권을 행사할 수 있다.
> ㉢ 지료체납 중 토지소유권이 양도된 경우, 양도 전·후를 통산하여 2년에 이르면 지상권소멸청구를 할 수 있다.
> ㉣ 채권담보를 위하여 토지에 저당권과 함께 무상의 담보지상권을 취득한 채권자는 특별한 사정이 없는 한 제3자가 토지를 불법점유하더라도 임료상당의 손해배상청구를 할 수 없다.
>
> ① ㉡　　② ㉠, ㉢　　③ ㉡, ㉣
> ④ ㉢, ㉣　　⑤ ㉠, ㉢, ㉣
>
> **해설**
>
> 옳은 것은 ㉡㉣이다.
> ㉠ 지료의 지급은 지상권의 성립요소가 아니므로 무상으로도 가능하다.
> ㉢ 지료의 연체료는 승계되지 않으므로 양도 전·후를 통산하여 2년에 이르면 지상권소멸청구를 할 수 없고, 토지의 양수인에 대하여 2년을 연체하여야 한다.
>
> 정답: ③

> **목차 내비게이션**
> **특수지상권의 목차**
> 1. 구분지상권
> 2. 분묘기지권
> 3. 관습상 법정지상권

05 특수지상권

1. 구분지상권

> **제289조의2【구분지상권】**
> ① 지하 또는 지상의 공간은 상하의 범위를 정하여 **건물 기타 공작물을 소유하기 위한** 지상권의 목적으로 할 수 있다. 이 경우 설정행위로써 지상권의 행사를 위하여 토지의 사용을 제한할 수 있다.
> ② 제1항의 규정에 의한 구분지상권은 **제3자가 토지를 사용·수익할 권리**를 가진 때에도 그 권리자 및 그 권리를 목적으로 하는 권리를 가진 자 **전원의 승낙**이 있으면 이를 설정할 수 있다. 이 경우 토지를 사용·수익할 권리를 가진 제3자는 그 지상권의 행사를 방해하여서는 아니 된다.

(1) 개념

구분지상권이라 함은 지하 또는 지상의 공간에 상하의 범위를 정하여 건물 기타 공작물을 소유하기 위한 지상권을 말한다(제289조의2 제1항). 이는 지하철을 목적으로 토지의 상하 중 일정 범위를 지정하여 그 범위에서만 지상권을 취득하려는 것으로 토지이용의 효율화를 위하여 신설되었다.

(2) 특징

① **수목소유를 위하여는 불가능**: 건물, 공작물의 소유를 위하여 성립할 수 있으나 일반지상권과는 달리 수목의 소유를 위해서는 설정할 수 없다.
② **존속기간 영구설정 가능**: 구분지상권의 존속기간을 영구로 하는 것도 허용된다.
③ **상린관계 규정**: 구분지상권에도 상린관계 규정이 준용된다.
④ **공작물의 소유권 귀속**: 구분지상권자가 토지에 부속한 공작물은 권원에 의하여 부속된 물건으로서 토지에 부합하지 않고 구분지상권자의 소유에 속한다.
⑤ 제3자가 토지를 사용·수익할 권리를 가진 때는 그 권리자 전원의 승낙을 얻고 구분지상권을 설정할 수 있다.

> **기출 CHECK** ✓
> 구분지상권은 건물, 공작물의 소유를 위하여 성립할 수 있으나 수목의 소유를 위해서는 설정할 수 없다.
> 정답 O

2. 분묘기지권 제26·32·35회

(1) 의의

① **개념**: 타인의 토지 위에 분묘를 설치한 때에는 그 분묘를 소유하기 위하여 그 기지(基地)를 사용할 수 있는 지상권 유사의 물권이 발생하는데 이를 분묘기지권이라 한다.
② 관습상 물권으로 등기가 필요 없다. 분묘기지권은 관습상 물권으로서 분묘 자체가 공시의 기능을 하고 있으므로 등기 없이도 제3자에게 대항할 수 있다.

> **기출 CHECK** ✓
> 분묘기지권은 관습상 물권으로서 등기를 요하지 아니한다.
> 정답 O

(2) 분묘기지권이 성립하는 유형(3가지)

① **시효취득형 분묘기지권**
   ㉠ 타인 소유의 토지에 그의 승낙 없이 분묘를 설치한 자가 20년간 평온, 공연하게 그 분묘의 기지를 점유함으로써 지상권으로서의 분묘기지권을 등기 없이 시효취득한다(대판 1996.6.14, 96다14036).
   ㉡ 분묘기지권이 성립하기 위하여는 분묘가 외부에서 인식할 수 있어야 하며, 시신이 안장되어 있어야 한다. 그러므로 평장이나 암장 또는 시신이 안장되지 않은 허묘로는 분묘기지권이 발생하지 않는다(대판 1991.10.25, 91다18040).
② **양도형 분묘기지권**: 자기소유 토지에 분묘를 설치한 자가 토지를 타인에게 양도하면서 분묘를 이장한다는 특약을 하지 않고 토지만을 양도한 경우 분묘의 소유자는 분묘기지권을 취득한다(대판 1967.10.12, 67다1920). 이때 지료는 분묘기지권이 성립한 날부터 지료를 지급하여야 한다.
③ **승낙형 분묘기지권**: 토지소유자가 분묘의 소유자에 대하여 분묘의 설치를 승낙한 때는 그 분묘의 기지에 대하여 분묘소유자를 위한 지상권에 유사한 물권(분묘기지권)을 설정한 것으로 본다. 이러한 경우 토지의 소유자는 분묘기지가 된 토지부분에 대하여 소유권의 행사가 제한된다(대판 2000.9.26, 99다14006).

(3) 효력 제26·32회

① 분묘기지를 사용할 권리
  ㉠ 분묘기지를 시효취득할 수 있는 자는 분묘의 소유자에 한한다(대판 1959. 4.30, 4291민상182).
  ㉡ 분묘의 소유자는 등기 없이 관습법에 의한 분묘기지의 '사용권'이 생기는 것이지 분묘기지의 '소유권'을 취득하는 것이 아니다(대판 1997.3.27, 97다3651).
  ㉢ 따라서 분묘기지권자는 분묘기지를 사용할 뿐이므로 토지소유자에게 분묘기지의 소유권을 이전해 달라고 청구할 수 없다.

② 분묘기지권은 물권이므로 토지의 새로운 소유자는 분묘기지권자에게 분묘를 이장해 달라고 청구할 수 없다.

③ 분묘기지권의 범위
  ㉠ 분묘의 기지 자체에 국한하는 것이 아니라 분묘의 수호와 제사에 필요한 범위 내에서 '분묘의 기지와 주위의 공터'를 포함한 지역에까지 미친다. 한편 분묘기지권이 미치는 범위에 대하여 토지소유자는 공작물 등을 설치할 수 없다(대판 1959.10.8, 4291민상770).
  ㉡ 분묘기지권의 효력이 미치는 범위일지라도 기존의 분묘 외에 '새로운 분묘를 신설할 권능'은 포함되지 않으므로 기존의 분묘에 후에 사망한 부부 중 일방을 단분 형태로 합장하여 분묘를 설치하는 것도 허용되지 아니한다(대판 2001.8.21, 2001다28367).

④ 존속기간: 지상권의 존속기간 5년을 따를 것이 아니라 당사자간에 약정이 없으면, 분묘소유자가 분묘수호를 계속하는 한 분묘기지권은 존속한다.

⑤ 지료의 지급 여부 ❶
  ㉠ 분묘기지권을 '시효취득'하는 경우에는 토지소유자가 지료의 지급을 청구한 때부터 지료를 지급하여야 한다[종전에는 무상이었으나 유상으로 변경됨].

  > 구 「장사 등에 관한 법률(이하 '장사법'이라 한다)」의 시행일인 2001.1.13. 이전에 타인의 토지에 분묘를 설치한 다음 20년간 평온·공연하게 분묘의 기지를 점유함으로써 분묘기지권을 시효로 취득하였더라도, 분묘기지권자는 토지소유자가 분묘기지에 관한 지료를 청구하면 그 지료를 청구한 날부터 지료를 지급할 의무가 있다(대판 2021.4.29, 2017다228007 전원합의체). ❷

  ㉡ 양도형 분묘기지권은 분묘기지권이 성립한 때로부터 지료를 지급해야 한다.

  > 자기 소유 토지에 분묘를 설치한 사람이 그 토지를 양도하면서 분묘를 이장하겠다는 특약을 하지 않음으로써 분묘기지권을 취득한 경우, 특별한 사정이 없는 한 분묘기지권자는 분묘기지권이 성립한 때부터 토지소유자에게 그 분묘의 기지에 대한 토지사용의 대가로서 지료를 지급할 의무가 있다(대판 2020다295892).

기출 CHECK ✓
분묘기지권자는 분묘의 수호를 위해 분묘기지의 '소유권' 자체를 취득한다.
정답 ✗

기출 CHECK ✓
분묘기지권이 성립한 경우 토지소유자는 분묘기지권자에게 분묘를 이장해 달라고 청구할 수 없다.
정답 ○

❶ 지료의 지급시기 비교
• 양도형 분묘기지권
  ➡ 분묘기지권이 성립한 날부터
• 시효취득형 분묘기지권
  ➡ 지료의 지급을 청구한 날부터

기출 CHECK ✓
1. 분묘기지권을 시효취득한 경우 지료를 지급할 필요가 없다.
정답 ✗

2. 분묘기지권을 시효취득하는 경우 토지소유자가 지료지급을 청구한 때로부터 지료를 지급해야 한다.
정답 ○

❷ 대법원의 소수견해는 분묘기지권이 성립한 날로부터 지료를 지급할 의무가 있다고 본다.

ⓒ 승낙에 의하여 성립하는 분묘기지권의 경우 성립 당시 토지 소유자와 분묘의 수호·관리자가 지료 지급의무의 존부나 범위 등에 관하여 약정을 하였다면 그 약정의 효력은 분묘 기지의 승계인에 대하여도 미친다(판례).
ⓓ 2년간 지료 지체한 경우 분묘기지권의 소멸청구

> 자기소유의 토지 위에 분묘를 설치한 후 토지의 소유권이 경매 등으로 타인에게 이전되면서 분묘기지권을 취득한 자가, 판결에 따라 분묘기지권에 관한 지료의 액수가 정해졌음에도 판결 확정 후 책임 있는 사유로 상당한 기간 동안 지료의 지급을 지체하여 지체된 지료가 판결 확정 전후에 걸쳐 2년분 이상이 되는 경우에는 「민법」 제287조를 유추적용하여 새로운 토지소유자는 분묘기지권자에 대하여 분묘기지권의 소멸을 청구할 수 있다. 분묘기지권자가 판결확정 후 지료지급 청구를 받았음에도 책임 있는 사유로 상당한 기간 지료의 지급을 지체한 경우에만 분묘기지권의 소멸을 청구할 수 있는 것은 아니다(대판 2015. 7.23, 2015다206850).

⑥ 분묘기지권의 소멸
ⓐ 분묘기지권이 성립한 뒤 분묘를 다른 곳으로 이장한 경우 분묘기지권은 소멸한다.
ⓑ 분묘가 일시적으로 멸실되어도 유골이 존재하여 분묘의 원상회복이 가능하여 일시적인 멸실에 불과하다면 분묘기지권은 소멸하지 않고 존속한다(대판 2007.6.28, 2005다44114).
ⓒ 분묘기지권은 권리자가 의무자에게 그 포기의사를 표시하면 곧바로 소멸하며, 분묘기지권을 포기하는 의사를 표시한 경우, 점유까지 포기하여야만 분묘기지권이 소멸하는 것은 아니므로 '점유의 포기가 없더라도' 분묘기지권은 소멸한다(대판 1992.6.23, 92다14762).

> **확인예제**
>
> **분묘기지권에 관한 설명으로 옳은 것은? (다툼이 있으면 판례에 따름)** 제17회 수정
>
> ① 토지소유자의 승낙 없이 분묘를 설치한 후 20년간 평온·공연하게 분묘기지를 점유한 자는 그 기지의 소유권을 시효취득한다.
> ② 타인토지에 분묘를 설치·소유하는 자에게는 그 토지에 대한 소유의 의사가 추정된다.
> ③ 등기는 분묘기지권의 취득요건이다.
> ④ 분묘기지권을 시효취득한 자는 지료를 청구한 때로부터 지급하여야 한다.
> ⑤ 존속기간에 관한 약정이 없는 분묘기지권의 존속기간은 5년이다.
>
> **해설**
> 분묘기지권을 시효취득하는 경우 지료를 청구한 때로부터 지료를 지급하여야 한다. 정답: ④

❶ 관습법상 법정기지권
'동일인 – 매매 기타 – 달라질 때'로 암기한다.

3. 관습법상 법정지상권❶ 제28·29·32회

(1) 의의

동일인에게 속하였던 토지와 건물 중 어느 하나가 매매 기타 원인으로 소유자가 달라질 경우 그 건물을 철거한다는 특약이 없는 이상, 건물소유자가 대지 위에 등기 없이 지상권을 취득하는데 이를 관습법상 법정지상권이라고 한다.

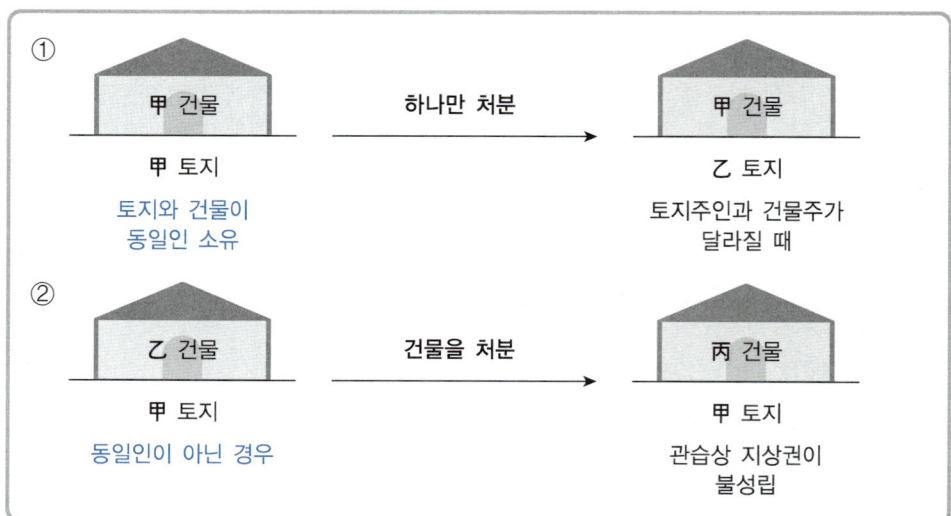

법정지상권과 관습법상 법정지상권의 차이점

구분	제366조의 법정지상권	관습법상 법정지상권
근거	법률규정(제366조) 강행규정(배제특약은 효력이 없다)	관습법 임의규정(배제특약은 유효하다)
동일인	저당권 설정 당시 토지와 건물이 동일인 소유일 것	처분 당시 토지와 건물이 동일인 소유일 것
분리원인	저당권실행의 경매로 달라질 것	매매 기타 사유로 달라질 것

(2) 성립요건 제26·29회

① 토지와 건물이 처분 당시 '동일인의 소유'
  ㉠ 무허가건물에도 성립한다. 건물로서의 요건을 갖추고 있는 이상 처분 당시에 동일인의 소유라면 '무허가건물'이거나 미등기건물이거나를 가리지 않고 관습법상 지상권이 성립한다(대판 1988.4.12, 87다카2404).
  ㉡ 처분 당시에 동일인 소유일 것
    ⓐ 토지와 건물이 '원시적으로 동일인'의 소유였을 필요는 없고 '처분 당시에 동일인'의 소유에 속하면 된다(대판 1995.7.28, 95다9075).

기출 CHECK ✓
관습상 지상권이 성립하려면 토지와 건물이 원시적으로 동일인의 소유이어야 한다.
정답 ✗

ⓑ '타인소유의 토지 위에 토지소유자의 승낙'을 얻어 신축한 건물을 매수자가 건물만을 매매로 취득한 경우 처분 당시에 토지와 건물이 동일인이 아니므로 관습상 지상권이 성립하지 않는다(대판 1966.5.17, 66다504).
② 토지와 건물 중 어느 하나만 처분할 것
　㉠ 토지와 건물 중 어느 하나만 달라질 때: 토지와 건물이 甲의 소유인데 토지만 乙에게 매매, 증여로 분리처분된 경우 건물의 소유자인 甲에게 관습법상 지상권이 성립한다.
　㉡ 토지와 미등기건물을 함께 매수한 때

> 토지와 미등기건물을 함께 매수한 자가 대지에 관하여만 소유권이전등기를 넘겨받고 건물에 대하여는 소유권등기를 넘겨받지 못한 경우에, 토지의 매수인이 건물까지 함께 매수하여 토지매수인이 건물의 처분권까지 함께 취득한 경우에는, 건물의 매도인은(건물의 처분권을 매수인에게 넘겨주었기 때문에) 토지사용권인 지상권을 전혀 필요로 하지 않으므로 관습법상의 법정지상권을 인정할 필요가 없다(대판 2002.6.20, 2002다9660 전원합의체).

③ '매매 기타 원인'으로 소유자가 달라질 것
　㉠ 매매 기타 사유: 동일인의 소유였던 토지와 건물 중에서 어느 하나만을 '매매, 증여, 귀속재산의 불하, 강제경매, 「국세징수법」에 의한 공매' 등을 원인으로 소유자가 달라지는 경우 관습법상 지상권이 성립한다.
　㉡ 건물의 공유자 甲, 乙 중 1인(甲)이 대지를 단독소유하다가 건물대지의 소유권을 타인에게 매매, 증여로 처분한 경우 건물공유자들은 그 대지에 관습법상 지상권이 성립한다(대판 1977.7.26, 76다388).
④ 당사자 사이에 '건물을 철거한다는 특약'이 없거나 대지의 사용관계에 관하여 아무런 합의가 없을 것
　㉠ 동일인 소유이던 토지와 그 지상 건물이 매매 등으로 인하여 각각 소유자를 달리하게 되었을 때 건물 소유자와 토지 소유자 사이에 대지의 사용관계에 관하여 어떠한 약정이 있다면 이를 우선적으로 존중하므로, 관습법상 법정지상권은 당사자 사이에 아무런 약정이 없을 때 보충적으로 인정된다고 볼 수 있다(대판 2022.7.21, 2017다236749 전원합의체). 관습법상의 법정지상권은 강행규정이 아니라 임의규정이다. 따라서 당사자가 이를 포기할 수 있다.
　㉡ 건물을 철거한다는 특약이 있는 경우: 관습상 지상권은 성립하지 않는다.
　㉢ 동일인에게 속하였던 대지나 지상물 중 건물만을 양도하면서 따로 건물을 위하여 '당사자가 대지에 관한 임대차계약을 체결'한 경우에는 건물의 양수인이 관습법상의 법정지상권을 포기한 것으로 본다(대판 1991.5.14, 91다1912).

기출 CHECK ✓
[1~2] 토지와 미등기건물을 함께 매수한 자가 대지에만 이전등기를 하고, 건물에는 등기를 하지 않은 경우
1 건물의 매도인에게 관습법상의 법정지상권을 인정할 필요가 없다.
　　　　정답 O
2 대지가 경매된 경우 관습법상의 법정지상권이 성립하지 않는다.
　　　　정답 O

기출 CHECK ✓
토지와 건물 중 어느 하나만을 처분하면서 건물의 철거 특약이 있는 경우 관습법상 지상권은 불성립한다.
　　　　정답 O

기출 CHECK ✓
나대지에 환매특약의 등기가 마쳐진 상태에서 매수자가 건물을 신축하였다가 환매권의 행사로 토지와 건물의 소유자가 달라진 경우에 관습상의 지상권은 불성립한다.
정답 O

ⓔ 나대지에 환매특약이 된 사안

> 나대지상에 환매특약의 등기가 마쳐진 상태에서 대지매수자가 그 지상에 건물을 신축하였다가 환매권자의 환매권의 행사로 토지와 건물의 소유자가 달라지게 된 경우, 대지소유자는 환매특약 당시의 권리관계 그대로의 토지소유권을 이전하여 줄 의무를 부담하므로 환매권의 행사에 따라 토지와 건물의 소유자가 달라진 경우에 그 건물을 위한 관습상의 법정지상권은 애초부터 생기지 않는다(대판 2010.11.25, 2010두16431).

ⓜ **건물을 철거한 후 건물의 신축을 합의한 경우**: 토지와 건물의 소유자가 토지만을 타인에게 증여한 후 '구 건물을 철거하되 그 지상에 자신의 이름으로 건물을 다시 신축'하기로 합의한 경우, 그 건물철거의 합의는 건물소유자가 토지의 계속 사용을 포기하는 합의로 볼 수 없으므로 관습법상의 법정지상권의 발생을 배제하는 효력이 인정되지 않는다. 따라서 철거 후 신축한 건물에는 관습법상 지상권이 성립한다(대판 1999.12.10, 98다58467).

ⓗ 대지 소유자가 그 지상 건물을 다른 사람과 공유하면서 대지만을 타인에게 매도한 경우 건물 공유자들은 대지에 관하여 관습법상 법정지상권을 취득한다(대판 1977.7.26, 76다388).

(3) 효력 제26·28회

① 등기 없이 관습상 지상권을 취득하고 등기 없이 제3자에게 대항할 수 있다.
   ㉠ 관습법상의 법정지상권을 취득한 건물소유자는 관습법에 의하여 당연히 성립하는 것이므로 제187조에 의하여 등기를 할 필요가 없다(판례). 다만, 관습상 지상권을 양도하려면 등기해야 한다.
   ㉡ 관습상 지상권자가 토지의 전득자(제3자 - 토지의 양수인)에게 관습상 지상권취득을 주장하기 위하여 등기가 필요한가?

기출 CHECK ✓
관습상 지상권을 등기 없이 취득한 건물소유자가 토지소유권을 전득한 제3자에게 대항하기 위하여 등기가 필요하다.
정답 ✗

> 관습상 지상권을 등기 없이 취득한 건물소유자는 법정지상권을 '취득할 당시의 토지소유자'에게는 물론이고 '취득 당시의 토지소유자로부터 토지소유권을 전득한 제3자'에게 대항하기 위하여 등기가 필요한 것이 아니므로 등기 없이 관습법상의 법정지상권을 토지의 전득자에게 주장할 수 있다(대판 1988.9.27, 87다카279).

② **존속기간**: 당사자간에 기간을 약정하지 아니한 것으로 보므로 제281조의 규정에 의하여 그 목적물의 최단기간을 정한 것으로 본다. 그러므로 견고한 건물이면 30년의 지상권이 성립한다.

③ 범위
　㉠ 법정지상권의 범위는 건물의 사용을 위하여 필요한 범위 내의 대지부분에 한정된다(대판 1997.1.21, 96다40080). 따라서 시공사가 소유대지에 수위실을 신축하였다가 대지만 처분한 경우 수위실 건물의 유지에 필요한 범위에 관습상 지상권이 성립하고 자전거 보관소 범위까지는 인정되지 않는다.
　㉡ 토지와 건물소유자가 달라져서 건물소유자에게 법정지상권이 성립 후 '구 건물을 철거하고 새로 신축'한 경우 신축건물에 어느 범위까지 성립하는가?

> 법정지상권이 성립한 후 '개축하거나 증축하는 경우는 물론이고 '건물이 멸실되거나 구 건물이 철거되고 새로이 건물이 신축'된 경우에도 '신축건물'에 법정지상권은 인정된다. 다만, 그 범위는 '구 건물을 기준'으로 하여 인정된다(대판 1997.1.21, 96다40080).

기출 CHECK ✓
법정지상권이 성립한 후 구 건물이 철거되고 건물이 신축된 경우에도 신축건물에 구 건물의 범위로 법정지상권이 인정된다.
정답 O

더 알아보기 관습법상 법정지상권이 불성립하는 경우 정리

1. 건물의 철거 특약이 존재하는 경우: 관습법상 지상권을 포기하는 약정이다.
2. 대지나 지상물 중 건물만을 양도하면서 따로 건물을 위하여 '당사자가 대지에 관한 임대차계약을 체결'한 경우에는 건물의 양수인이 관습법상의 법정지상권을 포기한 것으로 본다.
3. 나대지에 환매특약 등기 이후 대지매수자가 건물을 신축하였다가 환매권의 행사로 토지와 건물의 소유자가 달라진 경우에 관습상의 지상권은 불성립한다.
4. 토지와 미등기건물을 함께 매수한 경우: 토지와 미등기건물을 함께 매수하고 토지만 소유권이전등기를 경료한 경우, 건물의 매도인은 건물을 처분하여서 자신에게는 관습법상 지상권을 인정할 필요가 없다.
5. 토지공유자가 다른 지분권자 과반수 동의를 얻고 건물을 신축한 후 토지와 건물의 소유자가 분리되어도 관습상 법정지상권은 성립하지 않는다.
6. 타인소유의 토지 위에 '토지소유자의 승낙'을 얻어 신축한 건물을 매수자가 건물만을 매매로 취득한 경우, 건물을 위한 관습법상 지상권이 성립하지 않는다.

4. (관습법상) 법정지상권이 성립한 건물을 등기 없이 양도한 경우

(1) 문제의 소재

甲 소유의 토지와 건물 중 건물(레스토랑)만 乙에게 처분하여 乙이 법정지상권을 등기 없이 취득하였다. 이때 법정지상권을 취득한 건물소유자 乙이 건물만을 丙에게 양도하여 건물양수인 丙에게 건물소유권을 이전등기하고, 지상권이전등기는 하지 않은 상황이다. 이때 토지소유자인 甲이 건물의 양수인 丙에게 지상권등기가 없는 상태이니 건물을 철거청구할 수 있는가?

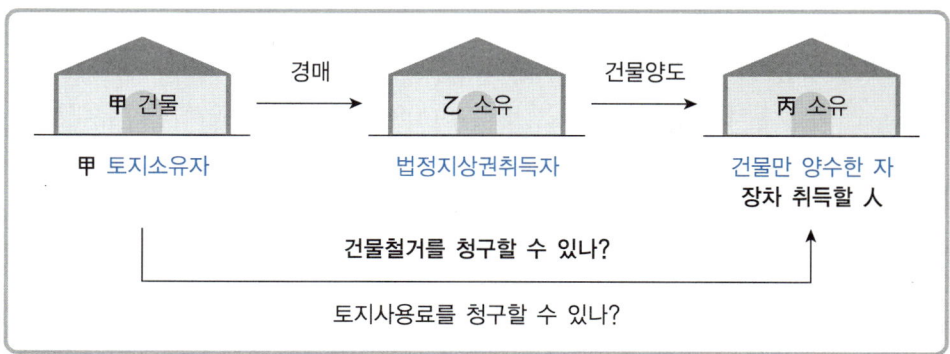

(2) 문제의 해결 제28·29·30회

> **더 알아보기**
>
> 1. 법정지상권이 딸린 건물을 매도한 경우
>   ① 건물의 양수인은 지상권의 등기 없이는 법정지상권을 승계취득하지 못하고 법정지상권은 원래의 지상권자, 즉 '건물양도인'에게 유보되어 있다. 그러므로 지상권이전등기를 하지 않은 건물의 양수인은 토지소유자에게 지상권을 주장할 수 없다(대판 1995.4.11, 94다39925).
>   ② 법정지상권이 딸린 건물을 '경매로 취득한 경우: 건물의 경락인은 지상권의 등기 없이 법정지상권을 취득한다. 관습법상 법정지상권이 붙어 있는 건물을 경매를 통하여 매각받은 자는 특별한 사정이 없는 한 등기 없이 당연히 관습상 법정지상권을 취득한다(대판 1991.6.28, 90다16214).
>   이 경우 건물의 경락인은 지상권의 '등기 없이' 그 후 토지소유권을 취득한 제3자에게 지상권을 주장할 수 있다(대판 1979.8.28, 79다1087).
> 2. 건물양수인은 건물양도인을 순차적으로 대위하여 지상권을 설정 및 이전한다.
>   건물양수인은 건물양도인이 토지소유자에게 갖고 있는 지상권설정등기청구권을 채권자 대위권에 의하여 건물양도인명의로 지상권 설정등기를 경료한 다음에 자신명의로 지상권이전등기를 순차적으로 대위할 수 있다(대판 1981.9.8, 80다2873).
> 3. 토지소유자는 장차 지상권을 취득할 건물양수인에게 건물철거를 청구할 수 없다.
>   법정지상권을 가진 건물소유자로부터 건물을 양수하면서 법정지상권까지 양도받기로 한 사람. 즉, 장차 법정지상권을 취득할 지위에 있는 '건물양수인'에 대하여 지상권을 설정해 줄 의무를 부담하는 '대지소유자'가 소유권에 기하여 건물철거 및 대지의 인도를 구하는 것은 신의칙상 허용될 수 없다(대판 1988.9.27, 87다카279).
> 4. 토지소유자는 건물양수인에게 토지사용료를 부당이득으로 반환청구할 수 있다.
>   건물양수인은 건물이 철거되지 않는 것과 별개로 대지사용에 대하여 부당이득반환의무를 부담한다. 따라서 토지소유자가 법정지상권을 취득할 지위에 있는 자에게 임료 상당의 부당이득반환을 청구하는 것은 신의칙 위반이라고 할 수 없다(대판 1997.12.26, 96다34665).

기출 CHECK ✓

1 법정지상권이 성립한 건물을 매매로 양수한자는 지상권도 함께 취득한다.
　　　　　　　　정답 ✗

2 법정지상권이 성립한 건물을 경매로 낙찰받은자는 지상권의 등기 없이 법정지상권을 취득한다.
　　　　　　　　정답 ○

3 법정지상권이 성립한 건물을 양수한 자에 대하여 토지소유자는 건물철거를 청구할 수 없다.
　　　　　　　　정답 ○

4 법정지상권자는 그 등기를 하여야 토지소유권을 취득한 양수인에게 대항할 수 있다.
　　　　　　　　정답 ✗

5. **토지가 양도된 경우 법정지상권을 취득한 자는 토지의 전득자인 제3자에게 등기 없이 지상권을 대항할 수 있다.**

　　토지가 양도된 경우에도 관습법상 지상권은 등기 없이 발생하는 것이므로 이를 취득할 당시의 토지소유자에게 **법정지상권 취득을 등기 없이 주장할 수 있으며** 그로부터 대지의 소유권을 **전득한 제3자에게 지상권을 대항하기 위하여 등기가 필요한 것이 아니다**(대판 1988.9.27, 87다카279).

확인예제

甲은 자신의 토지와 그 지상건물 중 건물만을 乙에게 매도하고 건물 철거 등의 약정 없이 건물의 소유권이전등기를 해 주었다. 乙은 이 건물을 다시 丙에게 매도하고 소유권이전등기를 마쳐주었다. 다음 설명 중 틀린 것은? (다툼이 있으면 판례에 따름)

제28회

① 乙은 관습상의 법정지상권을 등기 없이 취득한다.
② 甲은 丙에게 토지의 사용에 대한 부당이득반환청구를 할 수 있다.
③ 甲이 丁에게 토지를 양도한 경우, 乙은 丁에게는 관습상의 법정지상권을 주장할 수 없다.
④ 甲은 丙에 대한 건물철거 및 토지인도청구는 신의성실상의 원칙상 허용될 수 없다.
⑤ 만약 丙이 경매에 의하여 건물의 소유권을 취득한 경우라면, 특별한 사정이 없는 한 丙은 등기 없이도 관습상의 법정지상권을 취득한다.

해설

③ 건물소유자 乙에게 관습법상 지상권이 성립한 상태에서 '토지가 양도'된 경우에도 관습법상 지상권은 등기 없이 발생하는 것이므로 이를 '취득할 당시의 토지소유자'에게 법정지상권 취득을 등기 없이 주장할 수 있으며 '그로부터 대지의 소유권을 전득한 제3자에게' 지상권을 대항하기 위하여 등기가 필요한 것이 아니다(대판 1988.9.27, 87다카279).
① 甲 소유 토지와 건물 중 건물만 乙에게 매도하여 토지와 건물의 소유가 동일이었다가 소유권이 분리되었다. 그러므로 건물주 乙은 관습법상 법정지상권을 등기 없이 취득한 상태이다.
② 법정지상권이 있는 건물의 양수인으로서 '장차 법정지상권을 취득한 지위에 있는 건물양수인'에게 '지상권을 설정하여 줄 의무를 부담하는 토지소유자'가 건물의 철거를 청구하면 이를 거부할 수 있으나, 건물양수인은 이와 별개로 대지를 점유, 사용하여 부당이득반환의무를 부담한다. 따라서 토지소유자가 장차 관습법상 법정지상권을 취득할 지위에 있는 자에게 임료 상당의 부당이득반환을 청구하는 것은 신의칙 위반이라고 할 수 없다(대판 1997.12.26, 96다34665). 정답: ③

해커스 킬 정리 관습상 지상권 핵심체계 정리하기

1. 성립요건[동일인 소유 - 매매 - 달라질 것]
2. 효력[등기 없이 취득]
3. 관습상 지상권이 불성립하는 경우 총정리
　　[철거특약 / 임대차 / 나대지에 환매특약 /
　　과반수 동의 얻고 신축 / 남의 땅에 신축 / 토지와 건물 함께 매수]

4. 관습상 법정지상권이 성립한 건물을 매도한 케이스
   (1) 건물의 양수인은 등기 없이는 지상권을 취득할 수 없다.
   (2) 토지소유자가 건물양수인에게 하는 철거청구는 신의칙에 반한다.

제3절 지역권 제28·29·30·31·32·33·34·35회

목차 내비게이션

지역권
1. 지역권의 개념
   - 요역지(1필지 전부)
   - 승역지(일부, 전부)
2. 지역권의 시효취득
3. 부종성·불가분성
4. 지역권의 침해시 구제수단

01 의의

제291조 【지역권의 내용】 지역권자는 일정한 목적을 위하여 타인의 토지를 자기토지의 편익에 이용하는 권리가 있다.

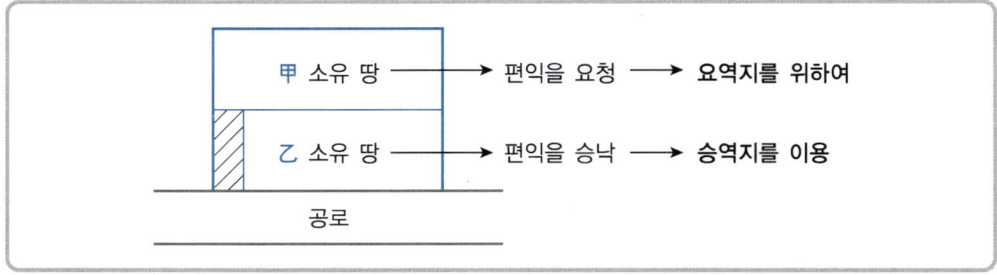

(1) 지역권의 개념

타인의 토지(승역지)를 자기의 토지(요역지)의 편익에 점유없이 이용하는 물권이다.

(2) 지역권의 객체

① 편익을 요청하는 토지를 요역지, 편익을 제공하는 토지를 승역지라 한다.
② 편익을 얻는 요역지는 반드시 1필의 토지 전부를 위하여 성립한다.❶
③ 편익을 제공하는 승역지는 1필의 토지 전부이거나 일부에 대해서 가능하다.
④ 1필지의 토지 일부를 위한 지역권은 성립할 수 없으나 1필 토지의 일부를 승역지로 하여 지역권을 설정할 수 있다.

(3) 다른 권리와 비교

① **임차권과 지역권의 비교**: 임차권은 채권적 권리이므로 원칙적으로 토지의 바뀐 주인(제3자)에 대하여 대항할 수 없는 반면에 지역권은 물권으로서 제3자에 대하여 대항할 수 있다.

---

❶ 요역지는 1필지 **전부**를 위하여 인정한다.
➔ '전부요'로 암기한다.

기출 CHECK ✓
1필지의 토지 일부를 위한 지역권은 설정할 수 없으나 토지의 일부에 대하여는 지역권이 성립할 수 있다.
정답 ○

② 상린관계(주위토지통행권)와 지역권의 비교

지역권	주위토지통행권
하나의 물권임	독립한 물권이 아님 (인접한 소유권의 확장일 뿐임)
등기를 요함	등기 없이 인정함
소멸시효에 걸림	소멸시효에 안 걸림
인접이 요건이 아님	인접이 요건임

02 지역권의 취득

(1) 일반적 취득사유

승역지 소유자와 요역지 소유자간의 지역권설정계약과 등기에 의하여 취득하는 것이 보통이다.

(2) 취득시효에 의한 지역권의 취득 제26·30회

① 취득시효의 조건: 계속되고 표현된 지역권에 한하여 지역권을 취득시효할 수 있다.

② 계속되고 표현된 지역권: 통로를 개설하고 20년간 통행
  ㉠ 통행지역권에 관하여 요역지의 소유자가 승역지상에 '통로를 개설하여' 승역지를 항시 사용하고 있다는 객관적인 상태가 「민법」 제245조에 규정된 기간 계속된 사실이 있어야 한다. 그러므로 '통로개설 없이' 오랜 기간 동안 통행한 사정만으로는 지역권을 시효취득할 수 없다(대판 1966.9.6, 65다2305).
  ㉡ 통로개설이 요역지 소유자에 의하여 행하여져야 한다(대판 1993.5.11, 91다46861).
  ㉢ 요역지의 소유자 기타 적법한 사용권자만이 시효취득할 수 있고, 요역지의 불법점유자는 시효취득을 할 수 없다(대판 1976.10.29, 76다1694). 따라서 요역지 토지상의 지상권을 가진 적법한 점유자는 인접한 토지에 통행지역권을 시효취득할 수 있다.

③ 지역권을 취득시효하는 경우 등기하여야 지역권을 취득한다.❶ 만일 취득시효로 지역권을 등기하지 않은 사이에 승역지의 소유권자가 바뀌면 새 주인에게는 지역권의 시효취득을 주장할 수 없다(대판 1990.10.30, 90다카20395).

> 기출 CHECK ✓
> 계속되고 표현된 지역권에 한하여 지역권을 취득시효할 수 있다.
> 정답 ○

> ❶ 지역권을 시효취득하는 경우
> 1. 통로를 개설하고 통행
> 2. 요역지의 적법한 사용권자만 가능하다.
> 3. 등기하여야 한다.
> 4. 승역지 소유자에게 보상하여야 한다.

④ 지역권을 취득시효하는 경우 승역지 소유자에게 손해를 보상하여야 한다.

> 지역권을 취득시효하는 경우 주위토지통행권과 마찬가지로 보상을 하여야 한다. 도로 설치에 의한 사용을 근거로 영구적인 통행지역권이 인정되는 통행지역권의 취득시효에 관한 여러 사정들과 아울러 주위토지통행권과의 유사성 등을 종합하여 보면, 통행지역권을 취득시효한 경우에도 주위토지통행권의 경우와 마찬가지로 요역지 소유자는 승역지에 대한 도로 설치 및 사용에 의하여 승역지 소유자가 입은 손해를 보상하여야 한다(대판 2015.3.20, 2012다17479).

⑤ 어느 토지에 대하여 통행지역권을 주장하려면 토지의 통행으로 편익을 얻는 요역지가 있음을 주장, 입증하여야 한다(대판 1992.12.8, 92다22725).

03 지역권의 특성

(1) 배타적 점유권이 없다.

① 지역권자는 승역지 토지를 편익에 이용하는 권리일 뿐 배타적인 점유권이 없다. 甲의 승역지 토지에 乙이 지역권을 취득하여 통행하는 경우라도 통행에 방해하지 않는 범위에서 甲도 통행을 할 수 있다.
② 또한 동일 토지 위에 수개의 지역권이 성립할 수 있다. 예컨대 甲의 승역지 위에 乙에게는 통행지역권을, 丙에게는 용수지역권을 설정할 수 있다.

(2) 부종성

> 제292조【부종성】
> ① 지역권은 요역지 소유권에 부종하여 이전하며 또는 요역지에 대한 소유권 이외의 권리의 목적이 된다. 그러나 다른 약정이 있는 때에는 그 약정에 의한다.
> ② 지역권은 요역지와 분리하여 양도하거나 다른 권리의 목적으로 하지 못한다.

① 요역지의 종된 권리: 지역권은 요역지 소유권에 종된 권리이다.
  ㉠ 요역지 소유권을 양도하면 당연히 함께 수반하여 이전한다.
  ㉡ 요역지 소유권과 지역권을 분리하여 처분할 수 없다.
② 요역지와 분리하여 지역권을 목적으로 저당권을 설정할 수 없다.
③ 요역지의 소유권 이외의 권리의 목적이 된다. 지역권이 설정된 후에 요역지에 대하여 지상권을 취득한 자는 토지에 수반하는 지역권을 행사할 수 있다.
④ 지역권의 수반성은 당사자의 약정으로 배제할 수 있으며, 그 약정은 등기하여야 요역지의 양수인 등 제3자에게 대항할 수 있다.

(3) 불가분성

> 제293조 【공유관계, 일부양도와 불가분성】
> ① 토지공유자의 1인은 지분에 관하여 그 토지를 위한 지역권 또는 그 토지가 부담한 지역권을 **소멸하게 하지 못한다.**
> ② 토지의 분할이나 토지의 일부양도의 경우에는 지역권은 요역지의 **각 부분을 위하여** 또는 그 승역지의 **각 부분에 존속한다.** 그러나 지역권이 토지의 일부분에만 관한 것인 때에는 다른 부분에 대하여는 그러하지 아니하다.
>
> 제295조 【취득과 불가분성】
> ① 공유자의 1인이 지역권을 취득한 때에는 **다른 공유자도 이를 취득**한다.
> ② 점유로 인한 **지역권취득기간의 중단**은 지역권을 행사하는 **모든 공유자에 대한 사유가 아니면** 그 효력이 없다.
>
> 제296조 【소멸시효의 중단, 정지와 불가분성】 요역지가 수인의 공유인 경우에 그 1인에 의한 **지역권소멸시효의 중단** 또는 정지는 **다른 공유자를 위하여 효력이 있다.**

지역권의 불가분성 비교

다른 공유자에 효력 있다.	다른 공유자에 효력 없다.
• 공유자 1인이 지역권을 취득한 때 • 요역지가 공유인 경우 그 1인에 의한 소멸시효의 중단	승역지 소유자가 요역지 공유자 중 1인에게만 지역권의 취득을 중단시킨 때

04 지역권의 효력

(1) 점유 없이 승역지 이용

지역권자는 설정계약에 의하여 '정하여진 범위 내'에서 승역지를 이용할 수 있다.

(2) 공작물의 공동사용

승역지의 소유자는 지역권의 행사를 방해하지 않는 범위 내에서 지역권자가 지역권의 행사를 위하여 승역지에 설치한 공작물을 사용할 수 있다(제300조 제1항). 이때 승역지의 소유자는 '수익하는 정도의 비율'로 공작물의 설치, 보존의 비용을 분담한다.

(3) 선순위지역권이 후순위권리보다 우선 제28회

지역권은 물권이므로 먼저 성립한 지역권이 나중에 성립한 지역권에 우선한다. 따라서 승역지에 수개의 용수지역권이 설정된 때에는 후순위지역권자는 선순위지역권자의 용수를 방해하지 못한다(제297조 제2항).

기출 CHECK ✓

1 승역지의 점유를 제3자가 불법으로 침해하면 지역권에 기한 반환청구권은 없다.
정답 O

2 소유권에 기한 소유물반환청구권에 관한 규정(제213조)은 지역권에 준용되지 않는다.
정답 O

용어사전
승역지 소유자의 위기
길로 사용하는 승역지토지를 승역지의 땅주인이 지역권자에게 넘겨주는 것을 말한다.

(4) 지역권에 기한 물권적 청구권(지역권 침해시 구제수단) 제29회

지역권에 기한 방해배제청구권과 방해예방청구권이 인정된다(제301조). 승역지의 점유를 제3자가 불법으로 침해하면 지역권은 점유를 수반하지 않으므로 소유권에 기한 소유물반환청구권에 관한 규정은 지역권에 준용되지 않는다. 따라서 지역권자는 승역지를 권원 없이 점유한 자에게 그 반환을 청구할 수 없다.

05 지역권의 소멸

(1) 지역권의 소멸시효

지역권자가 20년간 지역권을 불행사하면 지역권은 소멸시효로 소멸한다.

(2) 승역지 소유자의 위기

요역지 소유자가 아니라 '승역자의 소유자'가 승역지 토지를 지역권자에게 이전하여 넘겨준다는 일방적 의사표시를 위기(委棄)라 한다.

확인예제

지역권에 관한 설명으로 틀린 것은? (다툼이 있으면 판례에 따름) 제30회

① 요역지는 1필의 토지여야 한다.
② 요역지의 지상권자는 자신의 용익권 범위 내에서 지역권을 행사할 수 있다.
③ 공유자 중 1인이 지역권을 취득한 때에는 다른 공유자도 지역권을 취득한다.
④ 요역지의 불법점유자는 통행지역권을 시효취득할 수 없다.
⑤ 통행지역권을 시효취득하였다면, 특별한 사정이 없는 한 요역지 소유자는 도로설치로 인해 승역지 소유자가 입은 손실을 보상하지 않아도 된다.

해설
요역지 소유자는 보상을 하여야 한다.
정답: ⑤

해커스 킬 정리 | 지역권 핵심체계 정리하기

1. 의의
   ① 요역지 – 한 필지 전부이어야 한다.
   ② 승역지 – 한 필지 전부, 일부도 가능

2. 취득
   ① [승역지가 공유이면 1인이 설정할 수 없다]
   ② [시효취득 – 계속되고 표현된 지역권 – 보상해야 / 등기해야]

3. 특성
   ① 수반성 - 요역지와 지역권은 분리처분하지 못한다.
   ② 불가분성 - 1인이 의한 지역권의 소멸시효 중단, 정지는?
              - 지역권의 취득시효 중단은?
4. 효력
   ① 비점유성 - 배타적인 점유권이 없다.
   ② 승역지를 불법점유해도 지역권에 기한 반환청구 ×

제4절 전세권 제28·29·30·31·32·33·34·35회

01 의의[1]

| 월세(임대차) | 채권 ➡ 제3자에 대항력 없음 ➡ 「민법」상 임대차규정이 적용 |
| 전세 | • 미등기전세(채권적 전세) ➡ 「주택임대차보호법」 적용
• 전세권등기(물권적 전세) ➡ 「민법」상의 전세권이 적용 |

목차 내비게이션

전세권
1. 전세권의 성립
2. 전세권의 존속기간
3. 전세자의 효력
4. 전세권의 처분
5. 전세권의 소멸

[1]
- 전세권과 미등기전세는 다르다.
- **미등기전세**: 1억원 전세금 + 확정일자 ➡ 「주택임대차보호법」의 적용

구분	전세권(물권적 전세)	채권적 전세(주택임대차 적용)
공시방법	등기해야 성립	주민등록과 인도가 대항요건
제3자에 대항력	있음	있음
양도성	소유자의 동의 없이 양도 가능	임대인의 동의 없이 양도 불가
필요비상환청구권	필요비청구권 ×	필요비청구권 ○
최단기간	건물전세 1년	2년

1. 개념

제303조 【전세권의 내용】
① 전세권자는 **전세금을 지급하고** 타인의 부동산을 점유하여 그 부동산의 **용도에 좇아 사용·수익**하며, 그 부동산 전부에 대하여 후순위권리자 기타 채권자보다 **전세금의 우선변제를 받을 권리가 있다.**
② 농경지는 전세권의 목적으로 하지 못한다.

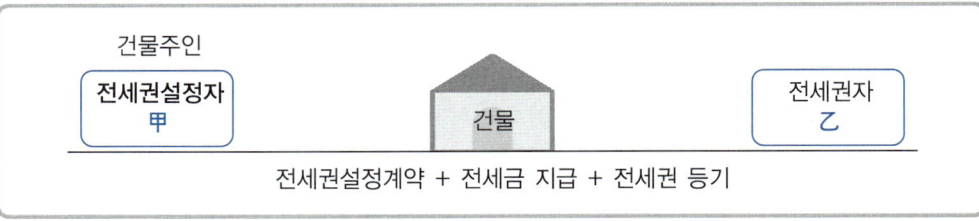

2. 법적 성질

(1) 객체 - 부동산
① 전세권은 타인의 부동산을 목적으로 하는 제한물권이며(제303조 제1항), 그 목적물은 건물뿐만 아니라 토지도 가능하다.
② 농경지는 전세권의 목적이 될 수 없다(제303조 제2항).

> **기출 CHECK ✓**
> 농경지는 전세권의 목적이 될 수 없다.
> 정답 O

(2) 배타적인 점유권 취득
① 전세권자는 목적물의 배타적인 점유권을 취득한다.
② 따라서 동일목적물 위에 두 개의 전세권은 양립할 수 없다.

(3) 용익물권인 동시에 담보물권
① **양면적 특성**: 「민법」상의 전세권은 부동산을 사용하는 측면에서는 용익물권적 기능과 전세금을 담보하는 측면에서는 담보물권적 기능을 함께 가지고 있다.
② **담보물권성**: 전세권자에게 전세금에 대한 '우선변제권'이 인정되며 '경매권'이 있다는 점 때문에 담보물권의 성질을 가진다. 또한 전세금반환채권에 대하여 다음과 같은 담보물권적 성질을 가진다.
  ㉠ **수반성**: 전세권자가 전세금반환채권과 전세권을 함께 처분하는 것이 원칙이다.
  ㉡ **불가분성**: 전세금채권이 일부라도 남아 있으면 전세목적물 전부에 대하여 효력이 미친다.
  ㉢ **경매권**: 전세권설정자가 전세금의 반환을 지체한 때에는 전세권자는 전세권의 목적물을 경매청구할 수 있다(제318조). 그리고 전세권자는 부동산 전부에 대하여 후순위권리자 기타 채권자보다 전세금의 우선변제를 받을 권리가 있다(제303조 제1항).

> **기출 CHECK ✓**
> 전세권은 용익물권적 성격과 담보물권적 성격을 겸한다.
> 정답 O

02 전세권의 취득과 존속기간

1. 전세권의 취득

(1) 설정계약에 의한 취득 제26·27회
① 전세권설정계약과 등기
  ㉠ 전세권등기가 있어야 전세권이 발생한다.

> **기출 CHECK ✓**
> 전세권설정행위는 처분행위로서 처분권한이 없는 자가 설정한 전세권설정은 무효이다.
> 정답 O

         ㉡ 전세권 설정행위는 처분행위로서 처분권한을 가진 자만 설정할 수 있다. 따라서 처분권 없는 자의 전세권설정은 무효다.
    ② 목적부동산의 인도는 전세권의 성립요건이 아니다. 당사자가 주로 채권담보의 목적으로 전세권을 설정하면서 목적물을 인도하지 않은 경우, 장차 전세권자가 목적물의 사용·수익하는 것을 완전히 배제하지 않는 한 전세권이 유효하다. 임대인과 임차인이 임대차계약에 따른 임대차보증금반환채권을 담보할 목적으로 전세권을 설정하기 위하여 전세권설정계약을 체결한 경우(대판 2021.12.30, 2018다268538) 그 전세권등기도 유효하다.
    ③ 제3자 명의 전세권도 제3자 합의가 있는 경우 유효하다. 전세권은 다른 담보권과 마찬가지로 '전세권자와 전세권설정자 및 제3자 사이에 합의'가 있으면 그 '전세권자의 명의를 전세권자가 아닌 제3자로' 하는 것도 유효하다(대판 2005.5.26, 2003다12311).

(2) 전세금이 필수요소이다. 제27·28회

① 전세금은 필수적 등기사항이다. 전세금은 전세권의 필수적 요소이다. 등기된 금액에 한하여 제3자에게 대항할 수 있다. 그러므로 전세금을 증액한 경우 증액한 부분을 등기하지 않으면 제3자에게 대항할 수 없다.
② 기존의 채권으로 전세금에 갈음할 수 있다. 전세금은 반드시 현실적으로 수수되어야만 하는 것은 아니고 기존의 채권으로 전세금의 지급에 갈음할 수 있다(대판 1995.2.10, 94다18508).

2. 전세권의 존속기간

> **제312조【전세권의 존속기간】**
> ① 전세권의 존속기간은 10년을 넘지 못한다. 당사자의 약정기간이 10년을 넘는 때에는 이를 10년으로 단축한다.
> ② **건물**에 대한 전세권의 존속기간을 1년 미만으로 정한 때에는 이를 **1년**으로 한다.
> ③ 전세권의 설정은 이를 갱신할 수 있다. 그 기간은 갱신한 날로부터 **10년**을 넘지 못한다.
> ④ 건물의 전세권설정자가 전세권의 존속기간 만료 전 6월부터 1월까지 사이에 전세권자에 대하여 갱신거절의 통지 또는 조건을 변경하지 아니하면 갱신하지 아니한다는 뜻의 통지를 하지 아니한 경우에는 그 기간이 만료된 때에 전전세권과 동일한 조건으로 다시 전세권을 설정한 것으로 본다. 이 경우 전세권의 **존속기간**은 정함이 없는 것으로 본다.

(1) 최장기 10년

전세권의 최장기간은 10년을 넘지 못한다. 당사자의 약정기간이 10년을 넘은 때에는 이를 10년으로 단축한다(제312조 제1항).

기출 CHECK ✓
전세권자와 전세권설정자 및 제3자 사이에 합의가 있으면 전세권자가 아닌 제3자 명의로 하는 전세권도 유효하다.
정답 O

기출 CHECK ✓
전세금은 반드시 현실적으로 수수되어야만 하는 것은 아니고 기존의 채권으로 전세금의 지급에 갈음할 수 있다.
정답 O

기출 CHECK ✓
건물에 대한 전세권의 존속기간을 1년 미만으로 정한 경우 전세권자는 2년을 주장할 수 있다.
정답 X

❶
- 건물전세권의 최단기간: 1년
- 주택임대차의 최단기간: 2년

❷ 법정갱신이 된 경우

주택임대차	2년
상가임대차	1년
전세권	기간 정함이 없는 것

기출 CHECK ✓
1 건물전세권이 법정갱신 되면 기간 정함이 없는 것으로 본다.
    정답 O

2 건물전세권이 법정갱신 되면 2년으로 본다.
    정답 X

기출 CHECK ✓
건물전세권이 법정갱신되면 양 당사자는 언제든지 소멸통고할 수 있다.
    정답 O

❸ 전세권자의 권리
부(부동산 사용권)
전(전세금증감청구권)
상(상린관계)
매수(매수청구권)
처(처분권)
→ '부전상매수처'라고 암기한다.

기출 CHECK ✓
전세목적물의 소유권이 이전된 경우 전세금 상환청구의 상대방은 전세권설정자가 아니라 신 소유자이다.
    정답 O

---

(2) 건물전세권의 최단기 1년 ❶
건물에 대한 존속기간을 1년 미만으로 정한 때에는 이를 1년으로 한다(제312조 제2항). 이 제한은 토지가 아니라 건물전세권에만 적용된다.

(3) 법정갱신 ❷
① 요건: 건물의 전세권설정자가 전세권의 존속기간 만료 전 6개월부터 1개월까지 사이에 전세권자에 대하여 계약조건의 변경을 통지하지 않아야 한다(아무 말 없을 것).

② 효과
   ⊙ 전세금: 종전과 동일하다.
   ⓒ 존속기간: 정함이 없는 것으로 본다(제312조 제4항).
   ⓒ 법정갱신: 등기 없이 제3자에게 효력이 있다.

> 전세권의 법정갱신은 법률의 규정에 의한 부동산물권변동이므로 전세권갱신에 관한 등기를 필요로 하지 아니하고 그 '등기 없이도' 전세권설정자나 그 목적물을 취득한 제3자에 대하여 권리를 주장할 수 있다(대판 88다카21029).

3. 존속기간을 약정하지 않은 경우
'양 당사자'는 언제든지 상대방에 대하여 전세권의 소멸을 통고할 수 있고 상대방이 이 통고를 받은 날로부터 '6월이 지나면' 전세권은 소멸한다(제313조).

전세권의 법정갱신과 주택임대차의 묵시적 갱신

① 전세권이 법정갱신	양 당사자는 언제든지 소멸통고할 수 있고 6개월 후 효력발생
② 주택임대차가 묵시갱신	임차인만 언제든지 해지할 수 있고 3개월 후 효력발생

03 전세권의 효력

1. 전세권자의 권리 ❸

(1) 부동산을 사용·수익할 수 있는 물권(대항력)
① 집주인이 바뀐 경우 전세금반환의무자: 전세목적물의 양도로 인하여 소유권이 이전된 경우 전세권 관계로부터 생기는 전세금상환청구의 상대방은 전세권설정자가 아니라 신 소유자이다. 전세권설정자는 전세권설정자의 지위를 상실하여 전세금반환의무를 면한다(대판 2000.6.9, 99다15122).

② 전세권에 기한 물권적 청구권: 토지 전세권을 제3자가 침범하여 무단으로 건물을 건축한 경우 전세권자는 전세권에 기한 물권적 청구권으로 건물철거를 청구할 수 있다.

(2) 전세금 증감청구권❶

> 제312조의2 【전세금 증감청구권】 전세금이 목적 부동산에 관한 조세·공과금 기타 부담의 증감이나 경제사정의 변동으로 인하여 상당하지 아니하게 된 때에는 당사자는 장래에 대하여 그 증감을 청구할 수 있다. 그러나 증액의 경우에는 전세권설정계약이 있은 날 또는 약정한 전세금의 증액이 있은 날로부터 1년 이내에는 이를 하지 못한다.

전세금의 증액한도는 약정한 전세금의 20분의 1(5%)을 초과하지 못한다.

(3) 상린관계의 준용 제28회

건물의 전세권자와 인지소유자에게도 상린관계에 관한 규정이 준용된다(제319조).

(4) 부속물매수청구권❷

> 제316조 【원상회복의무, 매수청구권】
> ① 전세권이 그 존속기간의 만료로 인하여 소멸한 때에는 전세권자는 그 목적물을 원상에 회복하여야 하며 그 목적물에 부속시킨 물건은 수거할 수 있다. 그러나 **전세권설정자**가 그 부속물건의 매수를 청구한 때에는 전세권자는 정당한 이유 없이 거절하지 못한다.
> ② 전항의 경우에 그 부속물건이 **전세권설정자의 동의**를 얻어 부속시킨 것인 때에는 **전세권자**는 전세권설정자에 대하여 그 부속물건의 매수를 청구할 수 있다. 그 부속물건이 전세권설정자로부터 매수한 것인 때에도 같다.

① 전세권설정자의 부속물매수청구권: 전세권설정자가 부속물의 매수를 청구한 때는 전세권자는 '정당한 이유 없이' 거절하지 못한다(제316조 제1항 단서).
② 전세권자의 부속물매수청구권(제316조 제2항): 전세권설정자의 동의를 얻어 부속시킨 경우나 전세권설정자로부터 매수한 때에는 전세권자가 전세권설정자에게 부속물매수청구를 할 수 있다. 이 권리는 형성권이다.
③ 토지의 전세권자에게 지상물매수청구권에 대해서는 명문규정이 존재하지 않는다. 다만, 판례는 임차인의 지상물매수청구 규정을 유추적용하여 토지전세권자에게 지상물매수청구권을 인정한다.

(5) 처분권

① 원칙: 전세권은 물권이므로 임차권과 달리 원칙적으로 처분의 자유가 있다. 따라서 전세권자는 전세권을 설정자의 동의 없이 처분할 수 있다.
② 예외: 설정행위로써 전세권의 처분을 금지하는 특약을 유효하게 할 수 있다(제306조). 이러한 '전세권의 처분금지특약'은 이를 등기하면 제3자에게 대항할 수 있다.

---

❶ 증액한도 비교

전세권에서 증액한도	5%
주택임대차 증액한도	5%
상가임대차 증액한도	5%

❷
- 지상권자, 지상권설정자 모두 지상물매수청구권이 인정된다.
- 전세권자, 전세권설정자 모두 부속물매수청구권이 인정된다.

용어사전
부속물
어떤 물건에 부착된 독립한 물건이다.

기출 CHECK ✓
전세권설정자의 동의를 얻어 부속시킨 경우나 전세권설정자로부터 매수한 부속물은 부속물매수청구대상이다.
정답 ○

기출 CHECK ✓
전세권의 처분금지특약은 유효하며 이를 등기하면 제3자에게 대항할 수 있다.
정답 ○

(6) 경매권

전세권설정자가 전세금의 반환을 지체한 때에는 전세권자는 「민사집행법」이 정한 바에 따라 전세권의 목적물의 경매를 청구할 수 있다(제318조).

> **확인예제**
>
> 다음 중 전세권자의 권리가 <u>아닌</u> 것은?
> ① 부속물매수청구권
> ② 경매권 및 우선변제권
> ③ 필요비상환청구권
> ④ 전세금감액청구권
> ⑤ 전세권의 처분권
>
> **해설**
> 전세권자는 유익비상환청구권은 인정되나 필요비상환청구권은 인정되지 않는다.　　정답: ③

기출 CHECK ✓
전세권설정자가 전세금의 반환을 지체한 때에는 전세권자는 전세권의 목적물의 경매를 청구할 수 있다.
정답 O

2. 전세권자의 의무

> 제309조 【전세권자의 유지, 수선의무】 전세권자는 목적물의 현상을 유지하고 그 통상의 관리에 속한 수선을 하여야 한다.
>
> 제310조 【전세권자의 상환청구권】
> ① 전세권자가 목적물을 개량하기 위하여 지출한 금액 기타 유익비에 관하여는 그 가액의 증가가 **현존한 경우에 한하여** 소유자의 선택에 좇아 그 지출액이나 증가액의 상환을 청구할 수 있다.
> ② 전항의 경우에 법원은 소유자의 청구에 의하여 상당한 상환기간을 허여할 수 있다.

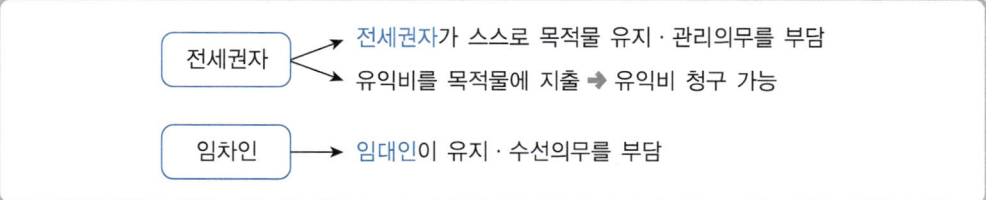

용어사전
필요비
물건을 현 상태로 유지, 보존하는 데 드는 비용을 말한다.

유익비
물건을 개량하는 데 드는 비용을 말한다.

기출 CHECK ✓
1 전세권설정자가 목적물의 현상을 유지하고 그 통상의 관리에 속한 수선을 하여야 한다.
정답 ✗

2 전세권자는 목적물의 현상을 유지하는데 지출한 비용을 상환청구할 수 있다.
정답 ✗

(1) 목적물의 유지, 수선의무

① 전세권자는 필요비청구권이 없다(스스로 유지, 관리의무를 부담한다). 전세권자는 스스로 목적물의 수선의무(예 보일러의 수선의무)를 부담하므로, 목적물에 관하여 지출한 필요비(예 보일러 수선비)의 상환을 청구할 수 없다.

② 전세권자는 유익비상환청구권이 있다. 전세권자가 목적물의 유익비를 지출한 경우 소유자의 선택에 좇아 그 지출액이나 증가액의 상환을 청구할 수 있다.

❶
전세권자	필요비청구 ✗
임차인	필요비청구 O

(2) 용도에 좇은 사용의무

전세권자는 목적물을 설정계약 또는 정해진 용도로 사용하여야 하며 이를 위반한 경우 전세권설정자는 전세권의 소멸을 청구할 수 있다(제311조).

3. 전세권의 특수한 효력❶

❶ 이해하기 어려운 법리이므로 별도로 전개한다.

(1) 법정지상권(제305조)

> 제305조【건물의 전세권과 법정지상권】
> ① **대지와 건물이 동일한 소유자에 속한 경우에 건물에 전세권을 설정한 때에는** 그 대지소유권의 특별승계인은 **전세권설정자**에 대하여 지상권을 설정한 것으로 본다. 그러나 지료는 당사자의 청구에 의하여 법원이 이를 정한다.
> ② 전항의 경우에 대지소유자는 타인에게 그 대지를 임대하거나 이를 목적으로 한 지상권 또는 전세권을 설정하지 못한다.

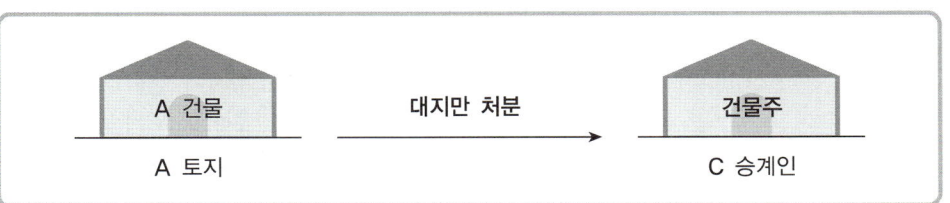

① A 소유 토지와 건물 중 건물에 관하여 B에게 전세권을 주고 대지만을 매매하여 대지를 C가 특별승계받은 경우 법정지상권은 누가 취득하는가?: 건물의 전세권설정자(건물주)인 A가 건물의 소유를 위하여 법정지상권을 취득한다. 주의할 것은 건물전세권자 B가 취득하는 것이 아니다.

② 대지소유자는 타인에게 그 대지를 목적으로 한 지상권 또는 전세권을 설정하지 못한다. 왜냐하면 동일물 위에 이미 지상권이 성립하였으므로 두 개의 지상권이 양립할 수 없는 결과 또 다시 지상권, 전세권을 설정하지 못한다.

기출 CHECK ✓
A 소유 토지와 건물 중 건물을 B에게 전세권을 주고 대지만을 C가 특별승계받은 경우 법정지상권은 B가 아니라 전세권설정자 A가 취득한다.
정답 O

(2) 건물전세권의 효력은 '건물' 소유를 목적으로 하는 '지상권'에 미친다. 제27회

> 제304조【건물의 전세권, 지상권, 임차권에 대한 효력】
> ① 타인의 토지에 있는 건물에 전세권을 설정한 때에는 전세권의 효력은 그 건물의 소유를 목적으로 한 **지상권 또는 임차권**에 미친다.
> ② 전항의 경우에 전세권설정자는 **전세권자의 동의 없이 지상권 또는 임차권을 소멸**하게 하는 행위를 하지 못한다.

기출 CHECK ✓
타인의 토지 위에 있는 건물에 전세권을 설정한 경우 전세권의 효력은 건물의 소유를 목적으로 한 토지에 대한 지상권에 미친다.
정답 O

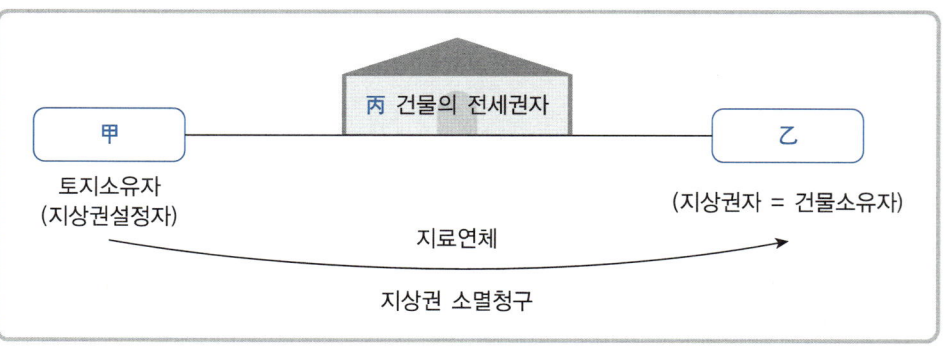

① 전세권설정자(지상권자)는 '전세권자의 동의 없이' 지상권 또는 임차권을 소멸하게 하는 행위를 하지 못한다(제304조 제2항).
② 토지소유자는 소유권에 기한 방해배제로서 건물점유자에 대하여 건물로부터의 퇴거를 청구할 수 있다.
③ 건물점유자가 대항력을 갖추었어도 토지소유자의 퇴거 청구에 대항할 수 없다.

> 전세권설정자가 지료연체로 지상권이 소멸된 때 토지소유자가 건물의 점유자에게 퇴거를 청구한 경우 '건물의 점유자가 대항력을 갖춘 경우'에도 토지소유자의 퇴거 청구에 대항할 수 없다(대판 2010.8.19, 2010다43801).

기출 CHECK ✓
건물의 점유자가 '대항력을 갖춘 경우'에도 토지소유자의 퇴거청구에 대항할 수 없다.
정답 ○

04 전세권의 처분

1. 처분권

> 제306조【전세권의 양도, 임대 등】전세권자는 전세권을 타인에게 양도 또는 담보로 제공할 수 있고 그 존속기간 내에서 그 목적물을 타인에게 전전세 또는 임대할 수 있다. 그러나 **설정행위로 이를 금지한 때**에는 그러하지 아니하다.
>
> 제307조【전세권양도의 효력】전세권양수인은 전세권설정자에 대하여 전세권양도인과 동일한 권리의무가 있다.
>
> 제308조【전전세 등의 경우의 책임】전세권의 목적물을 전전세 또는 임대한 경우에는 전세권자는 전전세 또는 임대하지 아니하였으면 면할 수 있는 **불가항력으로 인한 손해에 대하여 그 책임**을 부담한다.

(1) 원칙

전세권은 물권이므로 임차권과 달리 원칙적으로 처분의 자유가 있다. 여기서 전세권자는 설정자의 동의 없이 전세권을 처분할 수 있다.

(2) 예외

설정행위로써 전세권의 처분을 금지하는 특약을 유효하게 할 수 있다(제306조). '전세권의 처분금지특약'은 이를 등기하면 제3자에게 대항할 수 있다.

> **기출 CHECK ✓**
> 전세권의 처분을 금지하는 특약은 유효하다.
> 정답 O

2. 전세권의 양도

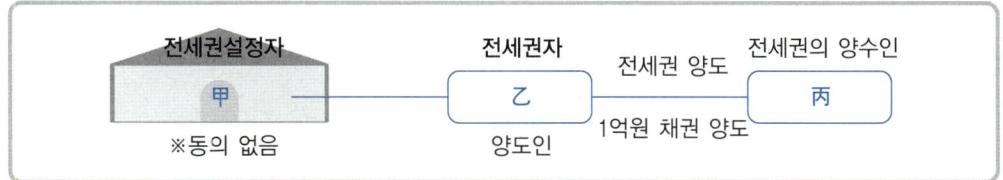

(1) 전세권의 양수인은 '전세권설정자'에 대하여 권리, 의무를 가진다.

전세권을 양도하면 전세권자인 양도인은 당사자 지위에서 빠져나가고 그 자리를 전세권의 양수인이 차지하기 때문이다.

> **기출 CHECK ✓**
> 전세권을 양도한 경우 전세권양수인은 전세권설정자에 대하여 전세권양도인과 동일한 권리가 있다.
> 정답 O

(2) 전세권자가 거주하면서 전세금반환청구권을 전세권과 분리하여 양도할 수 있는지 여부 제26회

① 원칙: 전세금은 전세금반환채권과 분리될 수 없는 요소이므로 전세권을 존속시키기로 하면서 전세금반환청구권만을 전세권과 분리하여 확정적으로 양도하는 것은 허용되지 않는다(대판 2002.8.23, 2001다69122).

② 예외
  ㉠ 기간의 만료나 계약의 합의 해지 같은 특별한 사정이 있는 때: 전세권의 양도 없이 전세금반환채권만을 양도할 수 있고, 이 경우 채권양수인은 담보물권이 없는 무담보의 채권을 양수한 것이 된다(대판 1997.11.25, 97다29790).
  ㉡ 존속 중 조건부 채권의 양도: 전세권의 존속 중에 장래 전세권의 소멸로 전세금반환채권이 발생하는 것을 조건(기간이 끝나면 전세금을 빼가라)으로 그 장래의 조건부 채권을 양도할 수 있다(대판 2002.8.23, 2001다69122).

3. 전전세

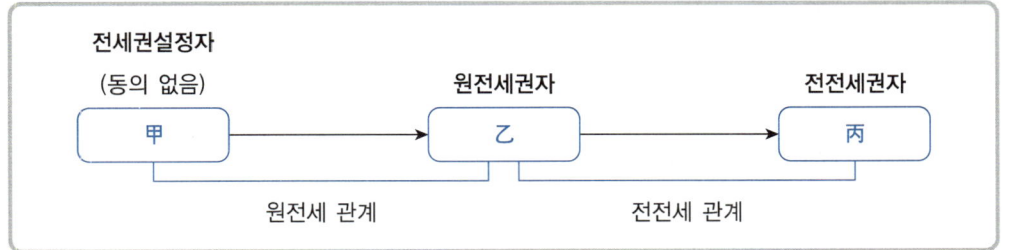

> **용어사전**
> **전전세**
> 전세권자가 다시 전세를 설정하는 것으로 원전세는 존속하는 상황이다.

(1) 의의

전세권자의 전세권을 그대로 둔 채 그것을 기초로 하여 그 전세 목적물에 전세권을 다시 설정하는 것을 말한다. 전전세의 경우 주인과 원전세권자의 원전세 그리고 전세권자와 전전세권자간의 이중의 전세관계가 존재한다.

(2) 전전세의 요건

① 전전세권 설정계약과 전세금, 등기가 있어야 한다.
  ㉠ 당사자는 원전세권자(전전세설정자)와 전전세권자이다.
  ㉡ 전전세를 설정하는 경우 원전세권설정자(집주인)의 동의는 요건이 아니다.
  ㉢ 설정행위로 전전세설정이 금지되지 않은 상태이어야 한다.
② 범위
  ㉠ 전세금, 존속기간은 원전세권의 존속기간 내이어야 한다.
  ㉡ 전전세권은 원전세권을 기초로 하기 때문에 원전세의 전세금을 초과할 수 없는 제약이 따른다.
③ 전세목적물의 일부를 목적으로 하는 전전세의 설정도 유효하다.

(3) 전전세의 효과 제26회

① 원전세권(모권)의 존속: 원전세권자가 전전세권을 설정한 경우 원전세권은 소멸하지 않는다.
② 전세권에 의존적: 전세권(母)이 소멸하면 전전세권(子)도 소멸한다.
③ 전전세권자는 원전세권자에게 아무런 권리를 가지지 않는다.
④ 책임의 가중(무과실 책임): 전전세권자는 전전세하지 않았으면 면할 수 있는 '불가항력으로 인한 손해'에 대하여 그 책임을 부담한다(제308조).
⑤ 전전세권자가 경매청구하려면 원전세, 전전세 모두 소멸해야 한다.

(4) 전세권 목적 저당권

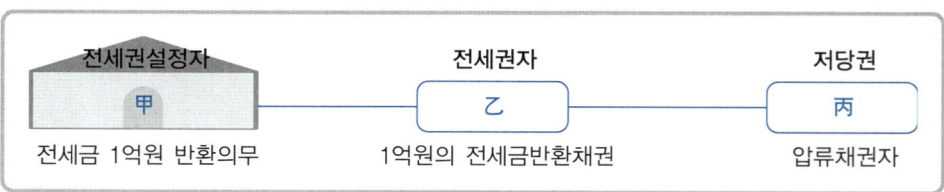

> **전세권 목적 저당권 관련 판례**
> ① 전세권이 기간만료로 종료된 경우 전세권은 그 말소등기 없이도 당연히 소멸하고, 이 경우 전세권을 목적으로 하는 저당권도 당연히 소멸한다. 이때 전세권이 소멸하면 더 이상 전세권 자체에 대하여 저당권을 실행할 수 없다(판례).

기출 CHECK ✓
전전세권설정의 당사자는 원전세권자와 전전세권자이다.
정답 O

기출 CHECK ✓
원전세권자가 전전세권을 설정한 경우 원전세권은 소멸하지 않는다.
정답 O

용어사전
무과실 책임
행위자에게 고의나 과실이 있든 없든 책임을 지는 것을 말한다.

과실 책임
행위자에게 고의, 과실이 있을 때만 책임을 지우는 것을 말한다.

② 이 경우 전세권설정자는 전세금반환채권에 대한 제3자의 압류 등이 없는 한 전세권자에 대하여만 전세금반환의무를 부담한다(대판 1999.9.17, 98다31301).
③ 저당권자는 저당권의 목적물인 전세권에 갈음하여 존속하는 것으로 볼 수 있는 전세금반환채권에 대하여 물상대위권을 행사하여 압류 및 추심명령을 받거나 제3자의 강제집행절차에서 배당요구를 하는 방법으로 자신의 권리를 우선변제 받을 수 있다(대판 1999.9.17, 98다31301).
④ 저당권의 효력은 물상대위의 목적이 된 전세금반환채권에 존속하여 저당권자는 전세금반환채권으로부터 다른 일반채권자보다 우선하여 변제받을 권리가 있다(대판 1999.9.17, 98다31301).

기출 CHECK ✓

1 전세권이 소멸하면 더 이상 전세권 자체에 대하여 저당권을 실행할 수 없다.
정답 O

2 전세권 목적 저당권에서 저당권자는 저당권의 목적물인 전세권에 갈음하여 존속하는 것으로 볼 수 있는 전세금반환채권에 대하여 물상대위권을 행사한다.
정답 O

05 전세권의 소멸

1. 전세권의 소멸사유

(1) **전세권의 존속기간이 만료** 제28회

전세권의 용익물권적 권능은 기간만료로 말소등기 없이도 소멸한다.

(2) **선순위저당권자가 경매실행한 경우**

① 저당권이 전세권보다 먼저 성립한 경우 저당권 실행에 의한 경매시 전세권은 계약기간이 아직 남아있어도 소멸한다.
② 최선순위전세권자가 경매절차에서 스스로 배당요구한 때: 최선순위의 전세권은 존속기간에 상관없이 오로지 전세권자의 배당요구에 의하여만 소멸하고, 전세권자가 배당요구를 하지 않는 한 매수인에게 인수된다는 취지이다. 따라서 최선순위의 전세권은 전세권자 스스로 배당요구를 하여야만 매각으로 소멸함이 원칙이다(대판 2015.11.17, 2014다10694).

(3) **전세권설정자의 소멸청구와 소멸통고**

① 전세권의 소멸청구: 전세권자가 '정해진 용법으로 목적물을 사용하지 않는 경우' 전세권설정자는 전세권의 소멸을 청구할 수 있다(제311조 제1항).
② 전세권의 소멸통고: 존속기간을 약정하지 않은 전세권은 '각 당사자는 언제든지' 상대방에 대하여 전세권의 소멸을 통고할 수 있고, 상대방이 이 통고를 받은 날로부터 6개월이 경과하면 전세권은 소멸한다(제313조).

(4) **목적부동산의 멸실**

제314조 【불가항력으로 인한 멸실】
① 전세권의 목적물의 전부 또는 일부가 불가항력으로 인하여 멸실된 때에는 그 멸실된 부분의 전세권은 소멸한다.

② 전항의 일부멸실의 경우에 전세권자가 그 잔존부분으로 전세권의 목적을 달성할 수 없는 때에는 전세권설정자에 대하여 전세권 전부의 소멸을 통고하고 전세금의 반환을 청구할 수 있다.

제315조 【전세권자의 손해배상책임】
① 전세권의 목적물의 전부 또는 일부가 **전세권자에 책임 있는 사유로 인하여 멸실**된 때에는 전세권자는 손해를 배상할 책임이 있다.
② 전항의 경우에 전세권설정자는 전세권이 소멸된 후 전세금으로써 손해의 배상에 충당하고 잉여가 있으면 반환하여야 하며 부족이 있으면 다시 청구할 수 있다.

(5) 전세권의 포기

전세권이 저당권의 권리의 목적인 때 '저당권자의 동의' 없이 포기할 수 없다.

2. 전세권소멸의 효과

제317조 【전세권의 소멸과 동시이행】 전세권이 소멸한 때에는 전세권설정자는 전세권자로부터 그 목적물의 인도 및 전세권설정등기의 말소등기에 필요한 서류의 교부를 받는 동시에 전세금을 반환하여야 한다.

제318조 【전세권자의 경매청구권】 전세권설정자가 전세금의 반환을 지체한 때에는 전세권자는 「민사집행법」의 정한 바에 의하여 전세권의 목적물의 경매를 청구할 수 있다.

설정자의 전세금반환의무와 전세권자의 목적물 인도 및 전세권의 말소서류 제공의무는 동시이행관계이다.

정답 ○

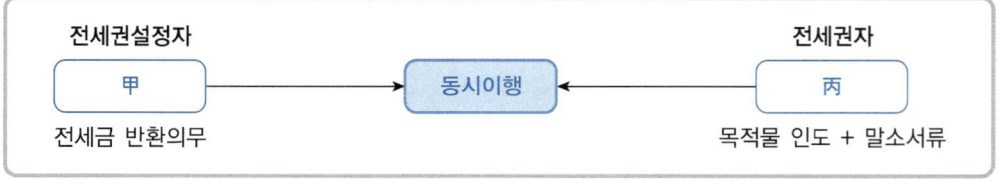

(1) 동시이행관계

① 설정자의 전세금반환의무와 전세권자의 목적물 인도 및 전세권의 말소서류제공 의무는 동시이행관계이다.
② 전세권이 소멸하면 전세권설정자의 전세금반환의무와 전세권자의 목적물 인도 및 전세권의 말소서류 제공을 동시에 이행하여야 한다(제317조).
③ 전세권자가 그 목적물을 인도하였다고 하더라도 전세권의 말소등기에 필요한 서류를 제공하지 않는 경우 설정자는 전세금의 반환을 거부할 수 있고 특별한 사정이 없는 한 그가 전세금에 대한 이자상당액의 이득을 취했더라도 부당이득이 되지 않는다(대판 1997.12.23, 97다31250).

(2) 경매청구권 제32회

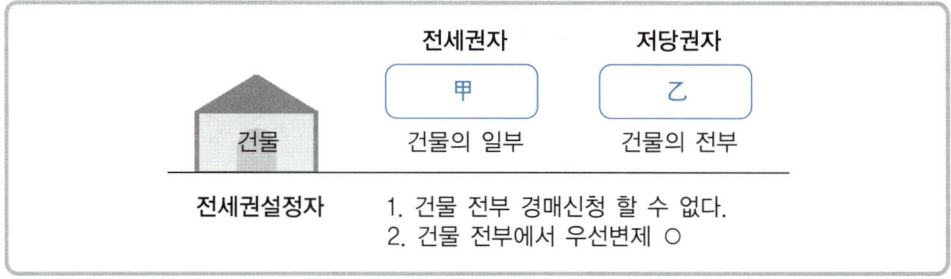

① 전세목적물의 경매를 신청하는 방법
  ㉠ 일반채권자로서 강제경매(건물의 일부전세권자도 전세금을 받기 위하여 판결을 얻어 목적물의 전부를 경매할 수 있다)를 하는 방법이 있다.
  ㉡ 전세권이라는 담보권의 실행경매에 의하는 방법이 있다.
② 경매의 요건(세입자는 집을 비워서 주인을 이행지체에 빠뜨릴 것): 전세권자인 채권자가 전세목적물에 대한 경매를 청구하려면 우선 전세권설정자에 대하여 전세목적물의 인도의무 및 전세권설정등기말소 의무의 이행제공을 완료하여 전세권설정자를 이행지체에 빠뜨려야 한다(대결 1977.4.13, 77마90).
③ 건물 일부의 전세권자는 전세권에 기하여 건물 전부를 경매신청할 수 있는가?

> ㉠ 구분소유권의 객체가 될 수 없는 건물 일부의 전세권자는 '전세권에 기해서' 건물 전부를 경매신청할 수 없다. 전세권설정자가 전세금의 반환을 지체한 때는 전세권의 목적물이 아닌 나머지 '건물 전부'에 대하여는 '전세권에 기한 경매신청권'은 없다(대결 1992.3.10, 91마256).
> ㉡ 건물 일부의 전세권자는 전세권의 목적이 된 부분을 초과하여 건물전부의 경매를 청구할 수 없으며, 전세권의 목적이 된 부분이 구조상, 이용상 독립성이 없어 독립한 구부소유권의 객체로 분할할 수 없고, 따라서 그 부분만의 경매신청이 불가능하다 하여 달리 볼 것은 아니다(대결 2001.7.2, 2001마212).

기출 CHECK ✓
건물 일부의 전세권자는 전세권에 기해서 건물 전부를 경매신청할 수 없다.
정답 ○

(3) 경매에서 전세금의 우선변제권
① 전세권자는 경매대금에서 후순위권리자보다 전세금의 우선변제를 받을 수 있다.
② 건물의 '일부'에 대하여 전세권이 설정되어 있는 경우 그 전세권자는 그 '건물 전부'에 대하여 후순위권리자 기타 채권자보다 '전세금의 우선변제를 받을 권리'가 있다.

기출 CHECK ✓
최선순위의 전세권은 전세권자 스스로 배당요구를 하여야만 매각으로 소멸함이 원칙이다.
정답 ○

(4) 유익비 상환청구권(제310조)

> 제310조 【전세권자의 상환청구권】
> ① 전세권자가 목적물을 개량하기 위하여 지출한 금액 기타 유익비에 관하여는 그 가액의 증가가 현존한 경우에 한하여 소유자의 선택에 좇아 그 지출액이나 증가액의 상환을 청구할 수 있다.
> ② 전항의 경우에 법원은 소유자의 청구에 의하여 상당한 상환기간을 허여할 수 있다.

비용상환청구권의 비교

전세권	임대차
1. 유지, 관리의무는 전세권자 스스로 부담	1. 유지, 관리의무는 임대인이 부담
2. 필요비상환청구 ×	2. 필요비상환청구 ○

해커스 킬 정리 전세권 핵심체계 정리하기

1. 의의 / 성립요건
2. 존속기간 - 건물전세권[최단기 1년 // 법정갱신이 인정]
3. 효력[권리는?]
   부동산 사용권 / 전세금증감청구권 / 상린관계 / 부속물매수청구권 / 처분권
   [의무] - 전세권자 스스로 유지, 관리할 의무를 부담한다.
   [특수한 효력]
   - 제305조의 법정지상권
   - 제304조[타인 토지의 건물에 전세권을 설정한 경우 그 전세권의 효력은 토지의 지상권에도 미친다]
4. 처분[양도 / 전전세 / 전세목적 저당권]
5. 소멸[주인은 전세금반환의무 - 전세권자는 목적물 인도 및 말소서류 제공]

> **확인예제**

전세권에 관한 설명으로 옳은 것은? (판례에 따름) 제34회

① 전세권설정자의 목적물 인도는 전세권의 성립요건이다.
② 타인의 토지에 있는 건물에 전세권을 설정한 경우, 전세권의 효력은 그 건물의 소유를 목적으로 한 지상권에 미친다.
③ 전세권의 사용·수익 권능을 배제하고 채권담보만을 위해 전세권을 설정하는 것은 허용된다.
④ 전세권설정자는 특별한 사정이 없는 한 목적물의 현상을 유지하고 그 통상의 관리에 속한 수선을 해야 한다.
⑤ 건물전세권이 법정갱신된 경우, 전세권자는 이를 등기해야 제3자에게 대항할 수 있다.

해설

① 인도는 성립요건이 아니다.
③ 사용·수익권을 배제한 전세권등기는 무효이다.
④ 전세권자가 유지·수선한다.
⑤ 법정갱신은 등기를 요하지 아니한다.

정답: ②

제 6 장 담보물권

목차 내비게이션 | 제2편 물권법

제1장 총설 — 제2장 물권의 변동 — 제3장 점유권 — 제4장 소유권 — 제5장 용익물권 — **제6장 담보물권**

제1절 총설
제2절 유치권
제3절 저당권
제4절 특수 저당권(공동저당/근저당/공동근저당)

출제경향
유치권, 저당권, 근저당에서 매년 각 1문항이 출제되며, 공동저당에서 4~5년에 한번 1문항이 출제되고 있다.

학습전략
- 유치권에서는 특성, 성립요건, 권리와 의무, 소멸사유를 이해하고 정리하여야 한다.
- 저당권에서는 성립요건, 효력, 처분, 저당권 침해시 구제수단을 이해하고 정리하여야 한다.
- 근저당에서는 최고액과 채무액, 채무확정사유, 채무자의 변제범위를 이해하고 정리하여야 한다.
- 공동저당에서는 동시배당, 이시배당시 후순위자의 대위권 여부를 이해하고 정리하여야 한다.

핵심개념

1. [유치권]
   - 특성 ★★☆☆☆ p.311
   - 성립요건 ★★★★☆ p.313
   - 권리와 의무 ★★★☆☆ p.318
   - 소멸 ★☆☆☆☆ p.323

2. [저당권]
   - 성립요건 ★☆☆☆☆ p.326
   - 저당권의 효력 ★★★★★ p.328
   - 저당권과 용익관계 ★★★★★ p.334
   - 저당권 침해에 대한 구제 ★★☆☆☆ p.343

3. [공동저당권과 공동근저당권]
   - 동시배당 ★☆☆☆☆ p.347
   - 이시배당(후순위자의 대위권) ★★☆☆☆ p.349

4. [근저당권]
   - 채권최고액 ★★★★★ p.352

제1절 총설

01 의의

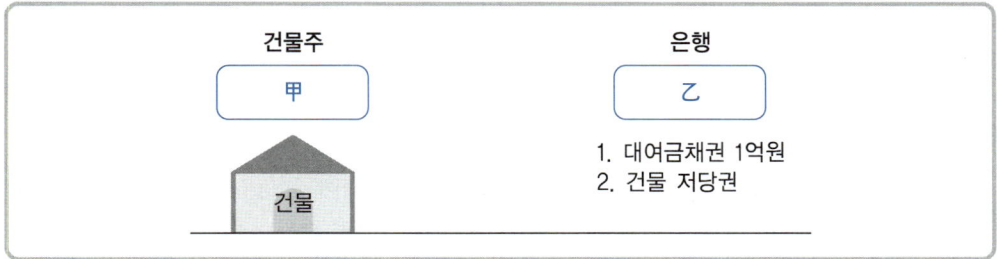

(1) 채권의 만족을 얻는 방법
① 일반채권자(담보잡지 않고 돈을 거래한 경우): 대여금반환 소송에서 법원의 승소판결을 얻어 채무자의 '일반재산(전재산)'에 강제경매한다.
② 저당권자(담보잡고 돈을 거래한 자): 법원의 판결 없이 저당잡힌 '특정부동산'에 저당권에 기한 임의경매한다.

(2) 담보제도의 종류
① 물적담보: 담보로 제공한 '특정의 담보물건'만을 담보로 하는 방법을 말한다. 이때 채무자의 채무불이행이 있으면 채권자는 채권자 평등의 원칙을 깨뜨려서 특정의 담보물만을 금전으로 환가처분하여 채권 회수한다.
② 인적담보: 채무자의 일반재산뿐만 아니라 제3자의 모든 일반재산을 담보로 하는 것을 말한다.

(3) 담보제도의 유형

전형담보(민법전에 존재)	법정담보물권	유치권
	약정담보물권	저당권
비전형담보(특별법상의 담보)	소비대차의 형식	양도담보
		가등기담보

용어사전
강제경매
일반채권자가 법원의 승소판결문을 얻어 신청한다. 채권자가 승소판결을 받았는데도 채무자가 빚을 갚지 않을 때 채권자가 채무자의 재산을 압류하고 매각하여 매각대금으로 빚을 받아내는 절차이다.

02 담보물권의 특성

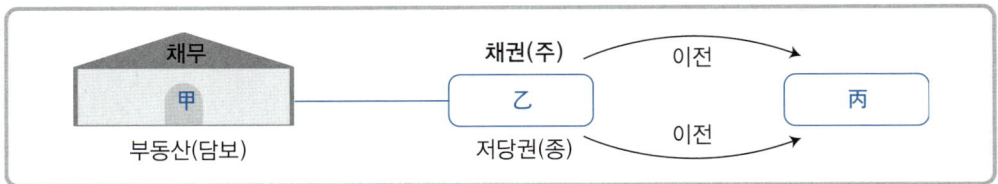

(1) 부종성(附從性) 제28회

담보물권은 피담보채권이 성립해야 담보물권이 성립하고(성립상의 부종성), 채권이 소멸하는 때에는 담보물권도 소멸한다(소멸상의 부종성). 따라서 1억원의 부채를 변제하면 저당권은 채권이 존재하지 않으므로 말소등기 없이 소멸한다.

(2) 수반성(隨伴性)

피담보채권이 이전하게 되면 담보물권도 이에 따라 같이 이전하는 것을 말한다. 乙이 저당권을 제3자에게 처분하여 양도하려면 1억원의 채권을 丙에게 같이 양도해야 한다. 따라서 채권과 담보물권이 따로 존재할 수 없다(독일은 한국과 달리 채권과 저당권이 수반하지 않고 독립적이다).

(3) 불가분성(不可分性)

담보물권자는 피담보채권의 전부의 변제를 받을 때까지 목적물 전부에 대하여 그 효력이 미친다.

(4) 물상대위성(物上代位性) 제27회

담보물권의 목적물이 멸실, 훼손, 공용징수된 경우 그 목적물의 가치적 변형물(보험금) 위에 저당권의 효력이 작용하는 것을 말한다. 예컨대 저당잡은 건물이 불타서 소멸하면 화재보험금청구권 위에 저당권의 효력이 미치는 것을 말한다.

구분	유치권	저당권
성립	법정담보물권	약정 + 등기(약정담보물권)
목적물	물건(동산, 부동산)	부동산, 권리(지상권, 전세권)
경매권	있음	있음
부종성	있음	있음(완화됨 - 근저당)
불가분성	있음	있음
물상대위성	없음	있음

용어사전

수반성
채권이 이전하면 담보물권도 같이 수반하여 이전하는 것이다.

피담보채권·피담보채무
- 돈을 빌려준 채권자가 담보를 통해 확보한 채권을 말한다.
- 채권자 입장에서는 경매로 받아갈 돈이고, 채무자 입장에서는 갚아야 할 돈을 말한다.

제2절 유치권 제28·29·30·31·32·33·34·35회

01 서론

1. 의의

> **제320조【유치권의 내용】**
> ① 타인의 물건 또는 유가증권을 점유한 자는 그 물건이나 유가증권에 관하여 생긴 채권이 변제기에 있는 경우에는 변제를 받을 때까지 그 물건 또는 유가증권을 유치할 권리가 있다.
> ② 전항의 규정은 그 점유가 불법행위로 인한 경우에 적용하지 아니한다.

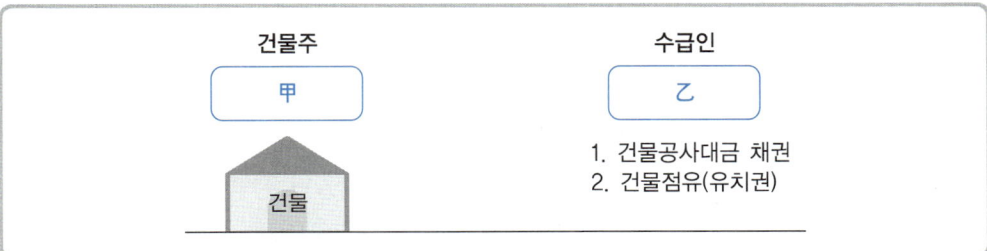

핵심 콕! 콕! 유치권의 이해

(가) 일반적으로 **공사미수금 채권을** 담보하기 위해 건축업자가 공사로 지은 건물을 점유를 장악하여 성립하는 물권을 말한다.

(나) 예를 들어, 건축주 A와 건물공사의 도급계약을 10억원에 체결한 수급인 **B가 다시 하청업체 C에게 하도급계약을** 하여 C가 건물공사를 완공하였다. B(원청업체)는 A로부터 공사대금을 지급받았으나 하청업체 C에게 대금을 결제하지 않고 미루고 있다. 이때 C가 그 공사미수금채권을 변제받을 때까지 **채무자(B)가 아닌 제3자(A) 소유의 건물을** 점유하여 유치권을 행사한다.

2. 특성

(1) 유치권자에게 인정되지 않는 것❶

① **우선변제권이 없다**: 유치권자는 저당권자와 달리 유치물이 경매가 된 경우에 우선변제를 받을 수 없다. 따라서 유치권자는 유치물의 경매권은 있으나 우선변제권이 없으므로 유치물에 대한 경매를 선호하지 아니한다.

② **물상대위가 없다**: 담보물이 제3자의 과실로 멸실하거나 수용당한 경우 소유자가 제3자에게 받게 되는 손해배상채권이나 보상금을 담보권자가 압류하여 채권을 회수할 수 있다. 이를 물상대위라 한다. 이때 저당권자는 물상대위가 인정되지만 유치권에는 물상대위가 인정되지 않는다는 점에서 구별된다.

목차 내비게이션

유치권
1. 유치권의 개념
2. 성립요건
3. 유치권의 효력
4. 유치권의 소멸

❶ 유치권자에게 인정 ✕ 암기법
우(**우**선변제권)
물(**물**상대위)
물(유치권에 기한 **물**권적 청구권)

기출 CHECK ✓
1 유치권에는 우선변제권, 물상대위가 인정되지 않는다.
정답 ○

2 유치권을 침해당한 경우 유치권에 기한 반환청구권이 인정되지 않는다.
정답 ○

③ 유치권에 기한 물권적 청구권이 없다: 유치물의 점유를 침탈당한 경우 유치권에는 물권적 청구권 규정(제213조, 제214조)을 준용하지 않으므로 '유치권에 기한 물권적 청구권'이 인정되지 않는다. 대신에 점유권에 기한 물권적 청구권으로 점유를 회수하여야 한다.

(2) 유치권자에게 인정되는 것

① 부종성: 채무를 전부 변제하거나 채권이 시효로 소멸하면 유치권은 소멸한다.
② 불가분성
  ㉠ "유치권자는 채권 전부의 변제를 받을 때까지 유치물 전부에 대하여 그 권리를 행사할 수 있다."고 규정하고 있으므로, 유치물은 그 각 부분으로써 피담보채권의 전부를 담보하며, 유치권의 불가분성은 그 목적물이 분할 가능하거나 수개의 물건인 경우에도 적용된다.
  ㉡ 따라서 다세대주택의 창호 등의 공사를 완성한 하수급인이 공사대금채권 잔액을 변제받기 위하여 위 다세대주택 중 한 세대를 점유하여 유치권을 행사하는 경우, 그 유치권은 한 세대에 대하여 시행한 공사대금만이 아니라 다세대주택 전체에 대하여 시행한 공사대금채권의 잔액 전부를 피담보채권으로 하여 성립한다(대판 2007.9.7, 2005다16942).
  ㉢ 하나의 채권을 피담보채권으로 하여 여러 필지의 토지에 대하여 유치권을 취득할 수 있다. 불가분성은 여러 개의 물건에도 인정된다.

3. 유치권과 동시이행항변권의 차이점 제27회

구분	유치권	동시이행항변권
물권	누구에게나 주장 가능	계약당사자 사이에서만 주장 가능

(1) 유치권은 물권으로서 제3자에게도 효력이 있으나 동시이행항변권은 계약당사자에게만 효력이 있음이 원칙이다. 따라서 채무자 A 소유의 건물에 B가 유치권과 동시이행항변권을 가지고 있는데 이 건물이 제3자 C에게 매각된 경우 B가 유치권을 가지고 제3자 C에게 주장할 수 있으나 동시이행항변권은 C에게 주장할 수 없다.

(2) 유치권은 점유를 성립요소로 하나, 동시이행항변권은 점유가 요소가 아니다.

기출 CHECK ✓
유치권의 불가분성은 그 목적물이 분할 가능하거나 수개의 물건인 경우에도 적용된다.
정답 O

기출 CHECK ✓
유치권은 제3자에게 주장할 수 있으나 동시이행항변권은 제3자에게 주장할 수 없다.
정답 O

기출 CHECK ✓
유치권과 동시이행항변권이 동시에 서로 병존할 수 있다.
정답 O

02 유치권의 성립요건

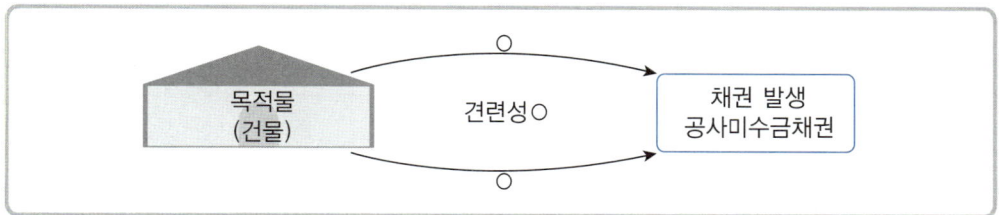

목차 내비게이션

유치권의 성립요건
1. 객체 – 타인소유물
2. 물권에 관하여 채권 발생(견련성)
3. 채권의 변제기 도래
4. 적법점유
5. 배제 특약이 없을 것

1. 목적물(객체)

(1) '타인 소유'의 물건(동산, 부동산) 또는 유가증권이다.

① 타인 소유의 물건(부동산이나 동산도 가능하다)이어야 한다.
② 채무자가 아닌 제3자 소유물: 유치권의 목적물은 반드시 채무자 소유에 국한하지 않고 제3자의 소유물도 가능하다.

(2) 유치권의 객체가 될 수 없는 것 제30회

① '자기소유'의 물건: 건축업자인 '수급인이 자신의 노력과 출재로 완성'한 독립된 건물은 도급인과 수급인 사이에 도급인에게 소유권을 귀속하기로 한다는 특약이 없다면 '수급인 자신의 소유'라 할 것이므로, 자기소유물에 대하여는 수급인은 유치권을 가질 수 없다(대판 1993.3.26, 91다14116).
② 구조물에 불과한 정착물인 경우(거푸집 사건): 건물의 신축공사를 도급받은 수급인이 '사회통념상 독립한 건물이라고 볼 수 없는 정착물(거푸집)'을 토지에 설치한 상태에서 공사가 중단된 경우에 위 정착물은 토지의 부합물에 불과하여 이러한 정착물에 대하여 유치권을 행사할 수 없다. 또한 이 공사대금채권은 토지에 관하여 생긴 채권이 아니므로 토지에 대하여도 유치권을 행사할 수 없다(대결 2008.5.30, 2007마98).

2. 목적물에 관하여 채권이 발생할 것(견련성이 인정될 것)

(1) '목적물(물건 자체)에 관하여 채권이 발생'하여야 한다(제320조 제1항).

① 물건과 채권 발생간의 연관성: 그 물건과 채권 발생간의 연관성이 있음을 말한다. 예컨대 카센터에서 자동차를 수리하면 그 자동차수리로 인한 수리비채권이 발생하는데 이때 수리비채권발생과 자동차간에는 연관성이 있다.
② '물건에 관하여 생긴 채권(이원설)'의 의미: 채권이 목적물 자체로부터 발생한 경우와 채권이 목적물의 반환청구권과 동일한 법률관계나 사실관계로부터 발생한 경우(대판 2007.9.7, 2005다16942)

기출 CHECK ✓

수급인의 재료로 신축한 자기소유건물에는 특별한 사정이 없는 한 유치권을 가질 수 없다.

정답 O

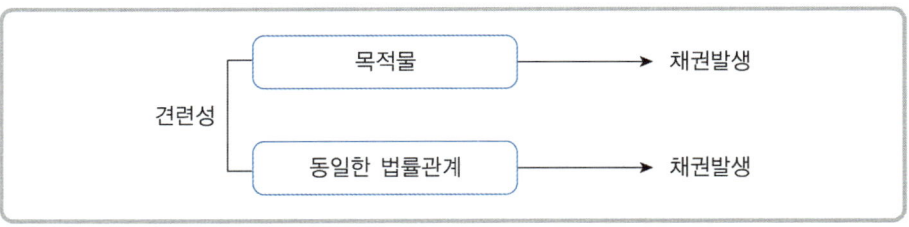

(2) 채권과 목적물간에 견련성이 인정될 때(유치권의 피담보채권이 될 수 있는 경우)

제27·32회

① 건물공사로 발생한 공사대금채권에 기하여 건물 점유: 신축 건물공사 수급인이 건물에 바닥공사, 인테리어공사, 전기공사를 맡아 공사비채권이 생긴 경우 그 공사대금채권은 신축 건물에 투입된 비용이므로 공사비채권은 건물에 관하여 발생한 채권으로 서로 견련성이 있으므로 수급인은 그 건물에 관하여 유치권이 성립한다(대판 1995.9.15, 95다16202).

② 자동차수리로 인한 자동차수리비채권에 기하여 자동차 점유: 카센터에서 자동차를 수리해서 발생한 수리비채권과 자동차는 견련성이 인정되므로 자동차수리비채권을 피담보채권으로 자동차를 유치할 수 있다.

③ 동물이 농작물에 피해를 입혀 발생한 불법행위로 인한 손해배상채권

④ 임차인이 목적물에 지출한 비용상환청구권
   ㉠ 건물임차인이 임차건물의 배관공사에 필요비를 지출한 경우: 임차인이 수도관 공사에 관하여 지출한 비용은 '건물의 공사에 투입된 비용'으로서 건물과 비용상환청구권의 발생간에는 견련성이 인정된다.
   ㉡ 임대인이 필요비상환채무의 불이행으로 인한 손해배상청구권: 이는 '본래 채권의 연장'이라고 보아야 하므로 '본래 채무불이행으로 인한 손해배상채권'과 물건 사이에 견련관계가 인정된다(대판 1976.9.28, 76다582).
   ㉢ 임대차목적물의 하자로부터 발생한 임차인의 손해배상청구권은 임차목적물에서 발생한 채권으로 목적물과 견련성이 인정된다.
   ㉣ 주의할 점은 임대인이 건물시설을 아니해 주기 때문에 임차인이 목적물을 임차목적대로 사용하지 못하여 발생한 손해배상채권은 건물로부터 발생한 채권이 아니므로 이를 피담보채권으로 유치권을 주장할 수 없다(대판 1976.5.11, 75다1305).

기출 CHECK ✓
임대인이 필요비상환채무의 불이행으로 인한 임차인의 손해배상청구권은 유치권의 피담보채권이 될 수 있다.

정답 O

(3) 견련성이 부정되는 경우 제32회

견련성이 인정되는 경우	유치권의 피담보채권이 될 수 없는 경우
① 공사수급이 가지는 건물공사비채권	① 임차인의 보증금반환청구권과 임차건물
② 임차인이 건물에 지출한 비용상환청구권	② 임차인의 권리금반환청구권과 임차건물
③ 필요비상환채무의 불이행으로 인한 임차인의 손해배상청구권	③ 계약명의신탁에서 신탁자의 부당이득반환청구권과 부동산
④ 임차목적물하자로 발생한 손해배상채권	④ 건축자재 매매대금채권과 건축물
⑤ 동물의 불법행위로 인한 손해배상채권	⑤ 토지매매로 인한 매매대금채권과 목적물

① **임차인의 보증금반환청구권**: 임차인의 '보증금반환청구권'은 건물에서 발생한 채권이 아니므로 건물과는 서로 견련성이 없으므로 보증금반환청구권을 피담보채권으로 하여 건물에 유치권을 행사할 수 없다(대판 1976.5.11, 75다1305).

② **임차인의 권리금반환청구권**: 임차인과 임대인 사이에 '권리금반환 약정'이 있는 경우 임차인의 권리금반환채권은 건물에서 발생한 채권이 아니라 건물과 별개의 비품, 시설물의 양도대가로 발생한 채권이므로 건물과 견련성이 없으므로 권리금반환청구권을 피담보채권으로 건물에 유치권을 주장할 수 없다(대판 1976.5.11, 75다1305).

> **확인예제**
>
> 임차인이 임차물에 관한 유치권을 행사하기 위하여 주장할 수 있는 피담보채권을 모두 고른 것은? (다툼이 있으면 판례에 따름) 제27회
>
> ㉠ 보증금반환청구권
> ㉡ 권리금반환청구권
> ㉢ 필요비상환채무의 불이행으로 인한 손해배상청구권
> ㉣ 원상회복약정이 있는 경우 유익비상환청구권
>
> ① ㉠　　　② ㉢　　　③ ㉠, ㉢
> ④ ㉡, ㉣　　　⑤ ㉠, ㉡, ㉣
>
> **해설**
> 옳은 것은 ㉢이다.
> ㉠㉡㉣(유치권의 포기약정에 해당)은 유치권의 피담보채권이 될 수 없다. 　　　정답: ②

기출 CHECK ✓

1 건물의 임차인은 보증금반환청구권을 피담보채권으로 하여 임차건물에 유치권을 행사할 수 없다.
　　　　　　　　정답 O

2 임차인은 권리금반환청구권을 피담보채권으로 건물에 유치권을 주장할 수 없다.
　　　　　　　　정답 O

기출 CHECK ✓
1 시멘트 같은 건축자재의 공급으로 인한 자재매매대금채권은 유치권의 피담보채권이 될 수 없다.
정답 ○

2 계약명의신탁에서 신탁자의 매매대금 상당의 부당이득반환청구권을 피담보채권으로 하여 그 부동산에 유치권이 성립한다.
정답 ✕

> **판례** 목적물과 채권간의 견련성이 부인되는 판례

(가) **건축자재에 대한 매매대금채권**과 **신축건물**
건축주 甲이 공사수급인 乙과 도급계약을 하고 乙이 시멘트공급업자인 丙과 체결한 약정에 따라 丙이 공사현장에 시멘트와 모래 등의 건축자재를 공급하여 발생한 건축자재에 대한 매매대금채권은 그 건축자재를 공급받은 업체와의 매매계약에 따른 매매대금채권에 불과한 것이고, **위 건물 자체에 관하여 생긴 채권이라고 할 수는 없으므로 건물에 유치권을 행사할 수 없다**(대판 2012.1.26, 2011다96208).

(나) **신탁자의 부당이득반환청구권**과 **부동산**
계약명의신탁에 있어 명의신탁자가 명의수탁자에 대하여 가지는 **매매대금 상당의 부당이득반환청구권은 목적물과 견련성이 없으므로**(땅 사라고 대준 돈이고 부동산 자체로부터 발생한 채권이 아니므로) '신탁자의 매매대금 상당의 부당이득반환청구권'을 피담보채권으로 하여 그 부동산에 유치권이 성립할 수 없다(대판 2009.3.26, 2008다34828).

(다) **매도인의 매매대금채권**과 **매매의 목적물**
부동산의 매도인이 매매대금채권을 전부 지급받기 전에 매수인에게 소유권이전등기를 마쳐준 경우 **매도인의 목적물 인도의무와 매매대금채권간에는 동시이행항변권은 인정되나 물권적 권리인 유치권까지 인정할 것은 아니다.**
따라서 매도인이 부동산을 점유하고 있고 소유권을 이전받은 매수인에게서 매매대금의 일부를 지급받지 못하고 있는 경우 **매매대금채권을 원인으로 매수인이나 그에게서 소유권을 취득한 제3자를 상대로 유치권을 주장할 수 없다**(대결 2012.1.12, 2011마2380).

3. 채권의 변제기의 도래

(1) 채권의 변제기 도래는 '유치권이 성립하기 위한 요건'이다.
저당권에서는 이와 달리 경매를 '실행하기 위한 요건'이라는 점에서 다르다.

기출 CHECK ✓
임대차에서 유익비상환청구에 대하여 법원이 상당한 유예기간을 허여한 경우 유치권은 성립하지 않는다.
정답 ○

(2) 채권이 변제기에 도래하기 전이면 유치권은 성립하지 않는다. 제27·29회
왜냐하면 돈을 갚을 날짜인 변제기 전의 채무이행을 강제하는 결과가 되어 부당하기 때문이다. 채무자로부터 변제기를 유예받아서 변제기가 도래하기 전이면 유치권은 성립하지 않는다(제203조 제3항, 제310조 제2항, 제626조 제2항). 그러므로 임대차에서 '유익비상환청구에 대하여 법원이 상당한 유예기간'을 허여한 경우 변제기의 도래가 연장된 것으로 유치권은 성립하지 않는다(제626조 제2항).

(3) 전세권자의 지상물매수청구권이나 부속물매수청구권은 기간이 만료되어야 비로소 변제기에 이르는 것이므로 기간만료 전에는 이 채권에 기하여는 유치권이 성립되지 아니한다(대판 2005다41740).

4. 적법한 점유

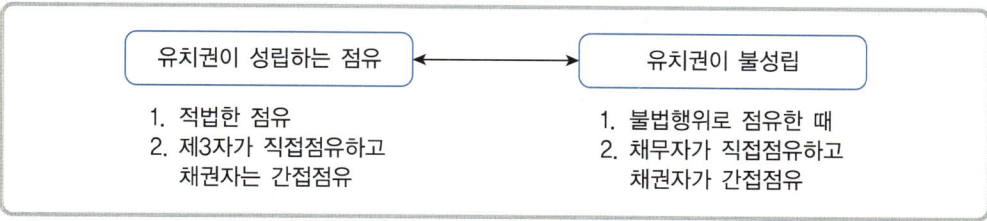

(1) 점유 제27·29·30회

① 유치권자의 점유는 유치권의 성립요건이면서 동시에 존속요건이다.
② 유치권자의 점유는 직접점유이든 간접점유이든 묻지 않는다(대결 2002.11.27, 2002마3516).

> **채권자가 간접점유할 때 유치권의 성립 여부**
> ㉠ 제3자를 직접점유자로 하여 채권자가 간접점유에는 유치권이 성립한다: 건물의 유치권을 가진 자가 건물을 제3자에게 관리를 맡겨서 '제3자가 직접점유'를 하고, 유치권자가 간접점유를 하고 있는 경우에는 유치권은 성립한다.
> ㉡ 채무자를 직접점유로 하여 채권자가 간접점유를 하는 경우에 유치권이 성립하지 않는다: 건물의 유치권을 가진 자가 '채무자를 직접점유자'로 하여 유치권자가 간접점유를 하는 경우 이는 유치권자로서의 점유에 해당하지 않으므로 유치권은 성립하지 않는다(대판 2008.4.11, 2007다27236).

③ 점유가 불법행위로 인한 경우 유치권은 성립하지 않는다(제320조).
  ㉠ 점유물에 대한 유치권의 주장을 배척하려면 그 점유가 불법행위로 개시되었거나 점유할 권원 없음을 알았거나 이를 알지 못함에 중대한 과실에 기인하였다고 인정할 만한 사유에 대하여 상대방 당사자의 주장, 증명이 있어야 한다(대판 1966.6.7, 66다600).
  ㉡ 유치권을 부정하는 채무자가 유치권자의 불법점유를 입증책임: 유치권자 B가 스스로 적법점유임을 입증하는가 아니면 채무자 A가 유치권자의 점유가 불법점유임을 입증하는가? 유치권자 B의 점유가 적법하지 않은 불법행위로 개시되었음을 채무자 A가 입증하여야 한다(대판 1966.6.7, 66다600).
④ 채권발생과 목적물의 점유시점
  ㉠ 채권은 목적물의 점유 중에 발생할 것을 요하지 않고 목적물에 '채권이 발생한 후 목적물의 점유를 취득'한 경우에도 유치권은 성립한다(대판 1965.3.30, 64다1977).
  ㉡ 목적물에서 채권이 발생하여야 하므로 채권과 목적물간에는 견련성을 요하나, 채권발생 후에 점유해도 유치권은 성립하므로 채권발생과 목적물의 점유와의 견련성은 요하지 않는다.

기출 CHECK ✓
1 유치권자가 채무자를 직접점유자로 하여 유치권자가 간접점유하는 경우 유치권은 성립하지 않는다.
정답 O

2 제3자가 직접점유하고, 유치권자가 간접점유를 하는 경우 유치권은 성립한다.
정답 O

기출 CHECK ✓
유치권을 부정하는 채무자가 유치권자의 불법점유를 입증하여야 한다.
정답 O

5. 유치권의 배제 특약이 없을 것

(1) 유치권이 성립하려면 유치권의 배제 특약이 없어야 한다.

유치권이 법정담보물권임에도 유치권을 배제하는 특약은 '유효'하다.

(2) 유치권의 발생을 배제하는 특약 제29·31회

① 유치권을 사전에 포기하는 특약은 유효하며 제3자도 주장할 수 있다.

> ⓐ 유치권을 사전에 포기하는 특약이 있는 경우 유치권은 발생하지 않으며, 유치권을 사후에 포기한 경우 곧바로 유치권은 소멸한다(대판 2016.5.12, 2014다52087).
> ⓑ 유치권은 채권자의 이익을 보호하기 위한 법정담보물권으로서, 당사자는 미리 유치권의 발생을 막는 특약을 할 수 있고 이러한 특약은 유효하다. 유치권 배제 특약이 있는 경우 유치권은 발생하지 않는데, 특약에 따른 효력은 특약의 상대방 뿐 아니라 그 밖의 제3자도 주장할 수 있다(대판 2018.1.24, 2016다234043).

② 임차인이 임대차 종료시에 건물을 원상복구하기로 하는 특약을 한 경우 이 특약은 임차인이 건물에 지출한 각종 비용상환청구권을 미리 포기하기로 하는 취지로서 이는 유효하며 당사자는 비용상환청구권도 행사할 수 없고 건물에 유치권도 행사할 수 없다(대판 1975.4.22, 73다2010).

03 유치권의 효력

1. 유치권자의 권리❶

(1) 경매권

> 제322조【경매, 간이변제충당】① 유치권자는 채권의 변제를 받기 위하여 **유치물을 경매할 수 있다.**

① 유치권자의 경매는 '목적물을 환가하기 위한 경매'이다. 유치권자는 유치물 경매의 경우 저당권과는 달리 우선변제권이 인정되지 않는다.
② 경매의 배당절차에서 일반채권자와 동등한 관계에 있다. 유치권자는 우선변제권이 없기 때문에 유치권자의 신청에 의하여 경매가 실행되면 '일반채권자와는 동등한 관계'에 서 있다. 그러므로 유치권자는 스스로 경매를 원하지 않고 유치권으로 버티는 것이 보다 유리하다.

기출 CHECK ✓
건물을 원상복구하기로 하는 특약을 한 경우 임차인의 비용상환청구권을 위하여 건물에 유치권을 주장할 수 없다.
정답 O

❶ 유치권자의 권리
경(**경**매권)
유(**유**치적 효력)
비(**비**용상환청구권)
간(**간**이변제충당권)
과(**과**실수취권)
보(**보**존을 위한 사용권)
➡ '경유비간과보'로 암기한다.

(2) 유치적 효력(대세적 인도거절권) 제27회

① 유치권 행사의 상대방은?

㉠ 유치권자의 점유하에 있는 유치물의 소유자가 변동해도 유치권은 소멸하지 않는다. 유치권은 물권이기 때문에 채무자에 대해서뿐만 아니라 제3자 소유(건물의 경락인), 즉 모든 사람에게 유치권으로 대항할 수 있다. 이 점에서 계약당사자에게만 주장할 수 있는 동시이행항변권과 다르다. 여기서 유치권자로부터 유치물의 점유 내지 보관을 위탁받은 자도「점유할 권리」가 있음을 이유로 소유자의 소유물반환청구를 거부할 수 있다(대판 2011다62618).

㉡ 유치목적물의 매수인은 유치권자에게 그 유치권으로 담보하는 '채권을 변제할 책임이 있다'는 의미는 유치목적물의 매수인이 부동산에 있는 부담을 승계한다는 의미이고 인적 채무까지 승계한다는 취지가 아니다(대판 1996.8.23, 95다8713).

㉢ 채무자 소유의 유치목적물이 경매된 경우 유치권자는 경락인에게 '인도거절'할 수 있다. 반면에 유치권자는 경락인에게 채무의 '변제를 청구'할 수 없다(대판 1996.8.23, 95다8713).

② 상환급부판결: 소유자의 목적물인도소송에 대해서는 유치권을 주장할 때 원고패소판결이 아니라 채무의 변제와 상환으로 물건을 인도하라는 뜻의 판결을 한다(일부 승소판결).

(3) 비용상환청구권 제27회

① 유치권자가 유치물에 관하여 필요비를 지출한 때: 소유자에게 그 필요비상환을 청구할 수 있다(제325조 제1항). 주의할 것은 필요비청구에는 법원의 상환기간의 허여가 허용되지 않는다.

② 유치권자가 유치물에 관하여 유익비를 지출한 때

㉠ 그 가액의 증가가 현존한 경우에 한하여 '소유자의 선택'에 좇아 그 지출한 금액이나 증가액의 상환을 청구할 수 있다.

㉡ 유치권자의 점유하에 있는 유치물의 소유자가 변동해도 유치권은 소멸하지 않으며, 유치권자의 점유는 적법하고 그 소유자 변동 후 유치권자가 유치물에 관하여 새로이 유익비를 지출하여 가액증가가 현존하는 경우에는 그 유익비에 대하여도 유치권을 행사할 수 있다(대판 1972.1.31, 71다2414).

㉢ 이때 유익비청구에 대하여 법원은 상당한 상환기간을 허여할 수 있다(제325조 제2항).

(4) 간이변제충당권

목적물의 가치가 적어서 경매에 붙이는 것이 부적당한 경우 유치권자는 감정인의 평가에 의하여 유치물로 직접 '변제에 충당'할 것을 법원에 청구할 수 있다. 이 경우에는 '채무자에게 미리 통지'하여야 한다(제322조 제2항).

기출 CHECK ✓
유치권자는 목적물의 경락인에게 채무의 변제를 청구할 수 없다.
정답 O

기출 CHECK ✓
유치권자는 유치물의 경락인에게 인도거절을 할 수 있다.
정답 O

용어사전
상환급부판결
서로 주고받고 하라는 뜻이다.
예 피고는 원고에게서 돈을 받음과 동시에 물건을 돌려줘라.

기출 CHECK ✓
유익비청구에 대하여 법원은 상환기간을 허여할 수 있으나 필요비는 상환기간을 허여할 수 없다.
정답 O

(5) 과실수취권

> **제323조【과실수취권】**
> ① 유치권자는 **유치물의 과실을 수취하여 다른 채권보다 먼저 그 채권의 변제에 충당**할 수 있다. 그러나 과실이 금전이 아닌 때에는 경매하여야 한다.
> ② 과실은 먼저 채권의 이자에 충당하고 그 잉여가 있으면 원본에 충당한다.

① 유치권은 담보물권이므로 제323조의 과실수취권은 유치물의 과실에 대한 사용, 수익권이 아니라 유치물의 과실에 대한 변제충당권으로 보아야 한다. 즉, 유치권자는 유치물로부터 수취한 과실로서 자기채권의 변제에 충당할 수 있다.
② 수취한 과실은 먼저 채권의 이자에 충당하고 나머지가 있으면 원본에 충당하여야 한다.

> **기출 CHECK** ✓
> 유치권자는 유치물의 과실을 수취하여 다른 채권자보다 먼저 그 채권의 변제충당할 수 있다.
> 정답 O

(6) 보존을 위한 사용권 제26 · 27 · 29회

① 유치물의 보존에 필요한 사용은 채무자의 승낙 없이 할 수 있다(제324조 제2항).
② 유치권자가 유치물인 주택에 '거주'하며 사용하는 경우
  ㉠ 유치물의 보존에 필요한 사용에 해당하므로 채무자의 승낙 없이 할 수 있다.
  ㉡ 유치권자의 점유는 불법점유가 아니므로 불법행위로 인한 손해배상책임이 없다.
  ㉢ 또한 유치권자가 유치물에 대한 보존행위로 목적물을 사용하는 것은 적법행위이므로 채무자는 유치권의 소멸을 청구할 수 없다.
  ㉣ 다만, 유치권자가 이로 인하여 얻은 이익은 일종의 부당이득이므로 채무자에게 반환하여야 한다(대판 2009.9.24, 2009다40684).

> **기출 CHECK** ✓
> 유치권자가 유치물인 주택에 거주하며 사용한 경우 불법점유가 아니므로 채무자는 유치권의 소멸청구를 할 수 없으나 부당이득반환의무는 성립한다.
> 정답 O

> **[쟁점] 압류 전·후 성립한 유치권의 효력을 낙찰자에게 주장할 수 있는가?**
> ⓐ 압류 후 유치권이 성립한 경우 경락인에게 유치권으로 대항할 수 없다: '압류의 처분금지효에 저촉'되어 경락인에게 유치권을 주장할 수 없다(대판 2005.8.19, 2005다22688). 마찬가지로 경매개시결정등기가 된 뒤에 비로소 부동산의 점유를 이전받거나 피담보채권이 발생하여 유치권을 취득한 경우에는 경매절차의 매수인에 대하여 유치권을 행사할 수 없다(대판 2021다253710). 이를 허용하면 낙찰자에게 예상치 못한 불측의 손해를 인수시키는 결과가 되기 때문이다. 따라서 경락인은 압류 후 성립한 유치권자에게 소유물 인도를 청구할 수 있다.
> ⓑ 압류 전 유치권이 성립한 경우 경락인에게 유치권으로 대항할 수 있다: 압류효력 발생 전 '경매개시결정등기가 되기 전'에 이미 그 부동산에 관하여 민사유치권을 취득한 사람은 '그 취득에 앞서 저당권설정등기나 가압류등기 또는 체납처분압류등기가 먼저 되어 있다' 하더라도 경매절차의 매수인에게 자기의 유치권으로 대항할 수 있다(대판 2014.3.20, 2009다60336 전원합의체).

> **기출 CHECK** ✓
> 1 압류효력 발생 전 부동산에 관하여 유치권을 취득한 사람은 경매절차의 매수인에게 유치권으로 대항할 수 있다.
> 정답 O
> 2 압류효력 발생 후 부동산에 유치권을 취득한 자는 그 부동산의 경락인에게 유치권으로 대항할 수 있다.
> 정답 X
> 3 가압류, 저당권 설정 후 성립한 유치권자는 경매절차의 매수인에게 유치권으로 대항할 수 있다.
> 정답 O

ⓒ 압류 전에 점유 취득하였으나 압류 후 채권의 변제기가 도래한 경우: 채권의 변제기가 도래한 시점에 유치권이 성립하므로 압류 후 채권의 변제기가 도래하여 유치권을 취득하였다면 그 부동산의 경락인에게 유치권으로 대항할 수 없다(대판 2013.6.27, 2011다50165).

ⓓ 가압류 후 유치권을 취득한 경우 유치권으로 경락인에게 대항할 수 있다: 건물에 가압류등기가 경료된 후 채무자가 채권자에게 건물 점유를 이전한 것은 가압류의 처분금지효에 저촉되지 않으므로, 유치권자는 건물경락인에게 건물에 대한 유치권을 주장할 수 있다(대판 2011.11.24, 2009다19246).

ⓔ 저당권설정 후 유치권을 취득한 경우 유치권으로 경락인에게 대항할 수 있다: "저당권설정 후 지상권·지역권·전세권 및 등기된 임차권은 저당권실행경매시 매각으로 소멸된다"고 규정하고 있는 것과는 달리 유치권은 그 성립시기에 관계없이 경매절차에서의 매각으로 인하여 소멸하지 않고, 경락인에게 인수되며 그 성립시기가 저당권설정 후 성립한 유치권이라도 달리 볼 것이 아니다(대판 2014.4.10, 2010다84932).

확인예제

甲은 X건물에 관하여 생긴 채권을 가지고 있다. 乙의 경매신청에 따라 X건물에 압류의 효력이 발생하였고, 丙은 경매절차에서 X건물의 소유권을 취득하였다. 다음 중 甲이 丙에게 유치권을 행사할 수 있는 경우를 모두 고른 것은? (다툼이 있으면 판례에 따름) 제29회

㉠ X건물에 위 압류의 효력이 발생한 후에 甲이 X건물의 점유를 이전받은 경우
㉡ X건물에 위 압류의 효력이 발생한 후에 甲의 피담보채권의 변제기가 도래한 경우
㉢ X건물에 위 압류의 효력이 발생하기 전에 甲이 유치권을 취득하였지만, 乙의 저당권이 甲의 유치권보다 먼저 성립한 경우
㉣ X건물에 위 압류의 효력이 발생하기 전에 甲이 유치권을 취득하였지만, 乙의 가압류등기가 甲의 유치권보다 먼저 마쳐진 경우

① ㉠, ㉡ ② ㉡, ㉢ ③ ㉢, ㉣
④ ㉠, ㉡, ㉣ ⑤ ㉠, ㉢, ㉣

해설

甲이 丙에게 유치권을 행사할 수 있는 경우는 ㉢㉣이다.
㉠㉡ 채무자 소유의 건물 등 부동산에 경매개시결정의 기입등기가 경료되어 압류의 효력이 발생한 후에 채무자가 위 부동산에 관한 공사대금 채권자에게 그 점유를 이전함으로써 그로 하여금 유치권을 취득하게 한 경우 이와 같은 점유의 이전은 목적물의 교환가치를 감소시킬 우려가 있는 처분행위에 해당하여 압류의 처분금지효에 저촉되므로 점유자로서는 위 유치권을 내세워 그 부동산에 관한 경매절차의 매수인(경락인)에게 대항할 수 없다(대판 2005.8.19, 2005다22688).

정답: ③

2. 유치권자의 의무

> 제324조 【유치권자의 선관의무】
> ① 유치권자는 **선량한 관리자의 주의**로 유치물을 점유하여야 한다.
> ② 유치권자는 채무자의 승낙 없이 유치물의 **사용, 대여** 또는 **담보제공**을 하지 못한다. 그러나 유치물의 **보존에 필요한 사용**은 그러하지 아니하다.
> ③ 유치권자가 전2항의 규정에 위반한 때에는 채무자는 유치권의 소멸을 청구할 수 있다.

(1) 선관주의의무 제29회

① 유치권자는 '선량한 관리자의 주의'로 유치물을 점유하여야 한다. 이 선관주의 의무는 물건의 임차인, 전세권자, 유치권자에게 동일하게 적용된다.

② 주의할 것은 물건의 소유자는 선관주의의무가 아니라 '자기재산과 동일한 주의'로 관리할 의무를 부담한다.

③ 여러 필지의 토지에 대하여 유치권이 성립한 경우 유치권의 불가분성으로 인하여 각 필지의 토지는 다른 필지의 토지와 관계없이 피담보채권의 전부를 담보한다. 이때 일부 필지 토지에 대한 점유를 상실하여도 나머지 필지 토지에 대하여 피담보채권의 담보를 위한 유치권이 존속한다. 같은 취지에서 일부 필지 토지에 대한 유치권자의 선량한 관리자의 주의의무 위반을 이유로 유치권 소멸청구가 있는 경우에도 그 위반 필지 토지에 대하여만 소멸청구가 허용된다고 해석함이 타당하다(대판 2022.6.16, 2018다301350).

(2) 사용, 대여, 담보제공할 때 채무자의 승낙을 얻을 의무 제28회

① 유치권자는 채무자의 승낙 없이 유치물을 사용, 대여, 담보제공을 할 수 없다. 이를 위반하면 채무자는 유치권의 소멸을 청구할 수 있다.

② 甲 소유 건물에 유치권을 가진 乙이 甲의 승낙 없이 건물을 제3자 丙에게 임대하여 준 경우, 유치권자는 채무자의 승낙이 없는 이상 그 목적물을 타에 임대할 수 있는 권한이 없으므로 유치권자의 그러한 임대행위는 소유자의 처분권한을 침해하는 것으로서 소유자에게 그 임대차의 효력을 주장할 수 없고, 따라서 소유자의 동의 없이 유치권자로부터 유치권의 목적물을 임차한 임차인은 유치물의 소유자, 경락인에게 대항할 수 없다(대결 2002.11.27, 2002마3516).

용어사전
선관주의
일반인, 평균인에 요구되는 정도의 주의의무를 말한다.

기출 CHECK ✓
1 유치권자는 채무자의 승낙 없이 유치물을 사용, 대여, 담보제공을 하지 못한다.
정답 O

2 소유자의 동의 없이 유치권자의 목적물을 임차한 자는 경락인에게 대항할 수 있다.
정답 X

04 유치권의 소멸

1. 일반적 소멸사유

> 제326조 【피담보채권의 소멸시효】 유치권의 행사는 채권의 소멸시효의 진행에 영향을 미치지 아니한다.
> 제327조 【타담보제공과 유치권소멸】 채무자는 상당한 담보를 제공하고 유치권의 소멸을 청구할 수 있다.
> 제328조 【점유상실과 유치권소멸】 유치권은 점유의 상실로 인하여 소멸한다.

(1) 채권의 소멸시효완성

피담보채권이 소멸하면 유치권은 소멸한다(부종성).

(2) '목적물에 유치권을 행사'해도 채권의 소멸시효는 중단되지 않는다.

'물건'의 유치권을 행사하는 것과 채무자에게 채권의 행사를 하는 것과는 구별되므로 물건에 대한 유치권을 행사해도 채권의 소멸시효는 중단되지 않는다. 따라서 목적물에 유치권을 행사하여도 채권의 소멸시효의 진행에 영향을 미치지 아니한다.

2. 유치권 특유의 소멸사유

(1) 점유의 상실 - 유치권은 점유의 상실로 소멸한다(제328조).

① 유치물의 점유를 제3자에게 침탈당한 경우 유치권에 기한 반환청구권이 인정되지 않는다. 대신에 점유권에 기하여 반환청구할 수 있다.

② 유치물의 점유를 침탈당한 경우 점유권에 기하여 점유를 회수하면 소멸하였던 유치권이 부활한다. 유치권자가 점유를 침탈당하여 '점유권에 기하여 점유회복의 소'를 제기하여 '승소판결을 받은 것만'으로는 유치권이 회복되지 않으며, 승소판결에 따라 다시 '점유를 회복'하였을 때 비로소 소멸하였던 유치권이 부활한다(대판 2012.2.9, 2011다72189).

③ 본권의 침해로 인한 손해배상청구권 행사에는 점유침탈로 인한 제204조 제3항이 적용되지 않으므로 1년 내에 행사할 것을 요하지 않는다(대판 2021다213866).

(2) 다른 담보의 제공(대담보의 제공)

채무자는 상당한 다른 담보를 제공하여 유치권의 소멸을 청구할 수 있다. 여기서 대담보제공은 채무자와 소유자도 할 수 있다(대판 2001.12.11, 2001다59866).

기출 CHECK ✓
1 유치권의 행사는 '채권의 소멸시효의 진행에 영향을 미치지 아니한다.
정답 O
2 유치권의 행사는 채권의 소멸시효를 중단시킨다.
정답 X

기출 CHECK ✓
유치물의 점유를 침탈당한 경우 점유권에 기하여 점유를 회수하면 소멸하였던 유치권이 부활한다.
정답 O

> **해커스 킬 정리** 유치권 핵심체계 정리하기

1. 유치권의 특성은?
2. 성립요건은?
   (1) [목적물에 관하여 채권이 발생] – 견련성 여부
   (2) [점유] – 채무자가 직접점유하고 유치권자가 간접점유시에는 불성립
   (3) [채권의 변제기]
   (4) [배제특약이 없을 것]
3. 효력은?
   [권리] – 경매권 / 유치적 효력 / 비용상환청구권 / 간이변제 / 과실수취
   [의무] – 유치물을 사용, 대여, 담보제공시 채무자 승낙 얻을 의무
        – 유치권자가 채무자의 승낙 없이 빌라에 거주한 경우?
   [압류 후 유치권] – 낙찰자에게 대항할 수 없다.
4. 소멸사유는?
   (1) 점유를 상실한 때
   (2) [유치권을 행사해도 채권의 시효진행에 영향을 미치지 아니한다]

> **확인예제**

민법상 유치권에 관한 설명으로 옳은 것은? (다툼이 있으면 판례에 따름) 제33회

① 유치권자는 유치물에 대한 경매신청권이 없다.
② 유치권자는 유치물의 과실인 금전을 수취하여 다른 채권보다 먼저 피담보채권의 변제에 충당할 수 있다.
③ 유치권자는 채무자의 승낙 없이 유치물을 담보로 제공할 수 있다.
④ 채권자가 채무자를 직접점유자로 하여 간접점유하는 경우에도 유치권은 성립한다.
⑤ 유치권자는 유치물에 관해 지출한 필요비를 소유자에게 상환청구할 수 없다.

> **해설**

② 유치권자는 유치물의 과실인 금전을 수취하여 다른 채권보다 먼저 피담보채권의 변제에 충당할 수 있다.
① 유치권자는 유치물에 대한 경매신청권이 인정된다. 다만, 우선변제권이 없다.
③ 유치권자는 채무자의 승낙 없이 유치물을 사용, 대여, 담보로 제공할 수 없다.
④ 채권자가 채무자를 직접점유자로 하여 간접점유하는 경우에도 유치권은 성립하지 않는다.
⑤ 유치권자는 유치물에 관해 지출한 필요비를 소유자에게 상환청구할 수 있다.

정답: ②

| 제3절 | **저당권** 제27·28·29·30·31·32·33·34·35회 |

목차 내비게이션

저당권의 체계도
1. 저당권의 의의
2. 저당권의 성립
3. 저당권의 효력
4. 저당권과 용익관계
5. 저당권의 침해시 구제

01 의의

> 제356조 【저당권의 내용】 저당권자는 채무자 또는 제3자가 점유를 이전하지 아니하고 채무의 담보로 제공한 부동산에 대하여 다른 채권자보다 자기채권의 우선변제를 받을 권리가 있다.

(1) 저당권의 개념

① 저당권이란 채무자 또는 제3자(물상보증인)가 채무의 담보로 제공한 부동산의 점유를 이전하지 않고, 그 목적물로부터 채권의 우선변제를 받을 수 있는 담보물권을 말한다(제356조).

② 저당권설정자가 저당목적물에 대한 점유, 사용, 수익을 계속하고(사용가치는 설정자에게 유보) 변제기에 채무상환을 못하면 저당권자가 저당잡은 부동산을 경매처분해서 채권을 회수하는 권리이다(금전으로 환가해서 채권을 회수하므로 교환가치를 지배).

용어사전
물상보증인
타인의 채무를 위하여 자기의 재산을 담보로 제공한 사람

(2) 저당권의 법적 성질

① **약정담보물권**: 저당권은 당사자간의 합의와 등기에 의하여 성립하는 약정담보물권이므로 법정담보물권인 유치권과는 다르다.

② **점유권이 없음**: 목적물의 점유를 저당권설정자에게 남겨둔다는 점에서 목적물의 점유권이 인정되지 않으므로 유치권과 상이하다.

③ **타인소유물을 대상**: 저당권은 타인 소유의 부동산을 목적으로 하여 성립하는 것으로 타물권이다. 그러므로 「민법」은 소유자 저당권을 인정하지 않는다. 다만, 혼동의 예외로서 자기 소유의 부동산 위에 저당권의 성립이 인정될 뿐이다.

④ **담보물권의 통유성 인정**: 저당권은 담보물권으로서의 통유성, 즉 부종성, 수반성, 불가분성, 물상대위성이 인정된다. 유치권에서는 물상대위가 인정되지 않는 것과 구별하여야 한다.

02 저당권의 성립

저당권은 저당권설정자와 저당권자간의 저당권설정계약과 등기에 의해서 성립하는 약정담보물권이다.

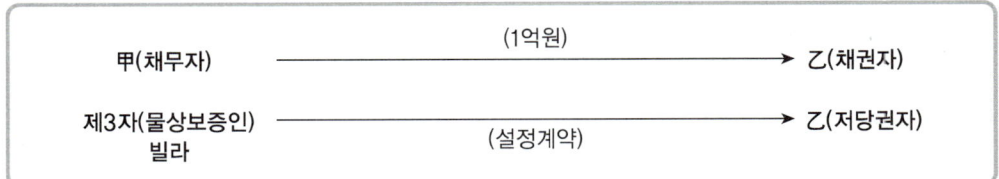

1. 당사자

(1) 저당권설정자 제31회

① 저당권설정자란 자신의 부동산을 저당채무의 담보로 제공하는 자를 말하는데, 통상적으로 돈을 빌리는 채무자가 저당권설정자가 되지만, 다른 사람의 채무를 위해 자신의 부동산을 담보로 제공하는 것도 가능한데 그러한 자를 물상보증인이라 한다.

② 대출은 채무자가 받고 보증은 친구가 서주면서 친구 소유의 아파트에 저당권을 설정하는 경우 채무자 아닌 제3자(물상보증인이라 한다)가 **저당권설정자가 될 수 있다.**

(2) 저당권자 제26·31회

① 원칙: 저당권자는 채권자와 일치하여야 한다(부종성의 원리). 채무자 A에 대한 1억원의 채권자는 은행 B인 경우 저당권자를 **채권자 B가 아닌 제3자인 C로 하여 경료된 저당권등기**는 특별한 사정이 없는 한 **무효가 원칙이다.**

② 예외: '특별한 사정이 있을 때'는 '채권자 아닌 제3자 명의 저당권'도 유효하다. 채권자 아닌 제3자를 저당권 명의인으로 하는 저당권을 설정하는 경우 그 점에 대하여 '**채권자와 채무자 및 제3자 사이에 합의**'가 있고, 채권양도, 제3자를 위한 계약, **불가분적 채권관계**의 형성 등의 방법으로 채권이 채권자가 아닌 제3자에게 실질적으로 귀속되었다고 볼 수 있는 '**특별한 사정**'이 있는 경우에는 **제3자 명의의 저당권설정등기도 유효하다**(대판 2001.3.15, 99다48948 전원합의체).

2. 저당권의 객체(담보물)

(1) 저당권의 객체는 등기, 등록의 공시방법이 마련되어 있어야 한다.

① 부동산은 저당권의 객체가 될 수 있다(동산은 객체가 될 수 없다).
② 등기된 입목은 객체가 될 수 있다(명인방법을 갖춘 수목은 객체가 될 수 없다).
③ 공유지분은 객체가 될 수 있다(1필지 **토지의 일부는 객체가 될 수 없다**).
④ 광업권, 어업권, 등록이 가능한 자동차나 선박은 **객체가 될 수 있다.**
⑤ 지상권, 전세권을 목적으로 저당권을 설정할 수 있다.

(2) 지역권을 목적으로 저당권을 설정할 수 없다.

지역권, 1필 토지의 일부, 명인방법을 갖춘 수목은 저당권의 객체가 될 수 없다.

3. 저당권설정계약 + 저당권등기

(1) 저당권설정계약의 성질

① 종된 계약: 저당권설정계약은 채권의 존재를 전제로 하므로 주계약인 소비대차계약의 종된 계약이다.

② 처분행위: 저당권설정계약은 의무부담행위가 아니라 '처분행위'이다.

(2) 저당권등기

① 저당권설정계약을 하고 저당권등기: 등기할 사항은 채권액, 채무자, 변제기, 이자, 조건부 채권인 때에 그 조건의 내용 등을 기재한다(「부동산등기법」 제75조 제1항).

② 저당권등기가 원인 없이 불법말소된 경우

㉠ 저당권등기가 불법말소되어도 저당권은 소멸하지 않는다. 등기가 물권의 효력발생요건일 뿐 효력존속요건이 아니므로 물권에 관한 등기가 원인 없이 말소된 경우에 저당권자는 저당권을 상실하지 않고 그 말소된 등기의 회복을 청구할 수 있다(만약 등기가 물권의 효력존속요건이라면 저당권등기가 불법말소될 때 저당권은 소멸하게 된다).

㉡ 저당목적물이 경매로 매각된 경우 불법말소된 저당권은 소멸하고 말소회복등기를 할 수 없다(배당받아간 채권자에게 부당이득반환청구함).

4. 피담보채권

(1) 개념

① 피담보채권이란 저당권에 의하여 담보로 확보된 채권을 말한다.

② 甲에게 은행 乙이 1억원(원금)의 채권을 가지고 저당권등기를 한 상황에서 저당잡은 집을 경매실행하는 경우 저당권자가 얼마나 회수할 수 있는가에 대하여 원금 1억원, 지연이자 1천만원 등을 포함해서 받아갈 돈을 피담보채권이라 한다.

③ 피담보채무란 채무자가 갚아야 할 돈을 말한다. 즉, 채무자는 피담보채무(1억 1천만원)을 변제하여야 저당잡힌 집의 저당권을 소멸시킬 수 있다.

(2) 보통은 금전채권이지만 비금전채권도 가능

① 피담보채권은 보통은 금전거래로 인한 금전채권을 담보하는 것이 일반적이지만 반드시 금전채권에 한하는 것은 아니다.

기출 CHECK ✓
1필지 토지의 일부, 지역권은 저당권의 객체가 될 수 없다.
정답 O

❶ 소비대차계약이 주된 계약이고, 저당권설정계약이 종된 계약이다.

기출 CHECK ✓
처분권한 없는 자가 타인 소유 부동산에 대하여 설정한 저당권등기는 무효이다.
정답 O

기출 CHECK ✓
저당권등기가 원인 없이 불법말소되어도 저당권은 소멸하지 않는다.
정답 O

용어사전
피담보채권
채권자 입장에서는 저당물에서 경매로 받을 돈, 채무자 입장에서는 갚을 돈을 말한다.

기출 CHECK ✓
1 저당권의 피담보채권은 반드시 금전채권이어야 한다.
정답 X

2 장래에 발생하게 될 조건부 채권도 저당권의 피담보채권이 될 수 있다.
정답 O

② 저당권의 '설정 당시'에는 비금전채권, 예컨대 '공사의 완료를 목적'으로 하는 금전채권이 아닌 채권이라도 채무불이행이 있게 되면 손해배상청구권으로 변하고 그 손해배상금액을 저당권의 피담보채권으로 할 수 있다. 저당권설정시에는 금전 아닌 채권이나 채무불이행으로 금전채권으로 전환될 수 있으면 저당권의 피담보채권이 될 수 있다.

③ 장래에 발생하게 될 조건부 채권도 피담보채권이 될 수 있다.

④ 장래의 증감, 변동하는 불특정 채권에 대해서도 저당권을 설정할 수 있는데 이를 근저당이라 한다(제357조).

03 저당권의 효력

1. 저당권의 효력의 범위❶ – 부합물과 종물에 미친다.

> 제358조 【저당권의 효력의 범위】 저당권의 효력은 **저당부동산에 부합된 물건과 종물에 미친다.** 그러나 법률에 특별한 규정 또는 설정행위에 다른 약정이 있으면 그러하지 아니하다.

❶ 저당권 효력의 범위

저당권의 효력 ○
부합물과 종물
저당권의 효력 ×
• 별개의 독립한 물건 • 저당토지 위의 건물 • 명인방법을 갖춘 수목 • 남의 토지에 심은 배추

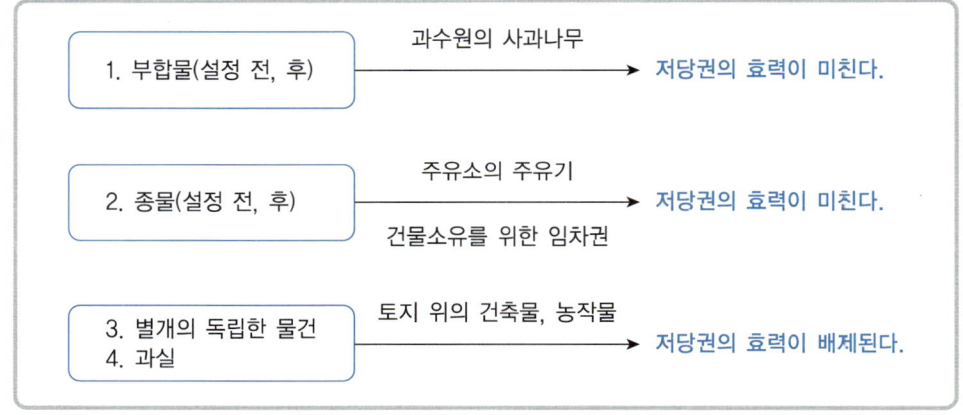

기출 CHECK ✓

1 저당권의 효력은 저당부동산에 부합된 물건과 종물에 미친다.
정답 ○

2 저당권의 효력은 권원 없이 심은 수목에 미치나 권원 없이 심은 농작물에 미치지 않는다.
정답 ○

3 기존건물에 대한 저당권의 효력은 증축부분(독립성 없는 때)에도 효력이 미친다.
정답 ○

4 건물저당권의 효력은 특별한 사정이 없는 한 그 건물의 소유를 목적으로 한 지상권(임차권)에도 미친다.
정답 ○

5 건물의 증축부분이 기존 건물에 부합한 경우 저당권의 효력은 증축부분에도 미친다.
정답 ○

(1) 저당권의 효력이 미치는 것 제26·29·30회

① 부합물

㉠ 저당권의 설정 전, 후의 담보물의 부합물에 미친다. 부합물이면 성립시기를 불문하므로 저당권의 설정 전에 존재하던 부합물과 저당권설정 후에 부합물이든 관계없이 저당권의 효력이 미친다(대판 1974.2.12, 73다298). 저당권의 실행으로 부동산이 경매된 경우에 그 부동산에 부합된 물건은 그것이 부합될 당시에 누구의 소유이었는지를 가릴 것 없이 그 부동산을 낙찰받은 사람이 소유권을 취득한다(대판 2008.5.8, 2007다36933).

㉡ 저당잡힌 토지 위의 수목은 토지의 부합물이다.

ⓐ 과수원에 저당을 설정한 경우 저당권 '설정 전에 심어놓은 사과나무'와 저당권 '설정 후에 심은 사과나무'에도 저당권의 효력이 미친다.

ⓑ 제3자가 '권원 없이 남의 토지에 심은 수목'은 토지의 부합물에 해당하므로 토지저당권의 효력은 제3자가 권원 없이 심은 수목에도 미친다.

ⓒ 제3자가 '권원 없이 남의 토지에 심은 농작물'은 토지와 독립한 물건이므로 토지저당권의 효력은 농작물에 미치지 않는다.

ⓓ 토지에 매설한 유류저장탱크는 토지의 부합물이다.

ⓒ 기존건물에 증축부분이 독립성이 없는 때(부합된 때)

> **건물에 저당권을 설정한 후 기존건물을 증축한 경우 저당권의 효력이 건물의 증축부분에도 미치는지 여부**
> 건물의 증축부분이 기존 건물에 부합하여 기존 건물과 분리하여서는 별개의 '독립물로서의 효용을 갖지 못하는 이상' 기존 건물에 대한 근저당권은 부합된 증축 부분에도 효력이 미친다. 따라서 기존 건물에 대한 경매절차에서 '경매목적물로 평가되지 아니하였다(경매목록에서 누락)'고 할지라도 경락인은 저당권설정 후 부합된 증축 부분의 소유권을 취득한다(대판 2002.10.25, 2000다63110).

② 종물로서 분리되지 않은 것

㉠ 설정 전, 설정 후의 종물에 저당권의 효력이 미친다: 저당권의 효력은 특별한 법률규정 또는 다른 약정이 없는 한 저당부동산의 종물에도 미친다.

㉡ 종된 권리: 물건의 종물뿐만이 아니라 종된 권리에도 저당권의 효력이 미치는지에 대하여 판례는 집합건물의 '전유부분'에 설정한 저당권 또는 압류의 효력은 특별한 사정이 없는 한 대지사용권에도 그 효력이 미친다고 본다(대판 2008.3.13, 2005다15048).

㉢ 건물소유를 위한 지상권(임차권): 건물저당권의 효력은 특별한 사정이 없는 한 그 건물의 소유를 목적으로 한 지상권(임차권)에도 미친다. 건물에 대한 저당권의 효력은 그 건물의 종된 권리에도 미치므로, 그 건물에 대한 저당권이 실행되어 경락인이 그 건물의 소유권을 취득하였다면 특별한 사정이 없는 한 건물 소유를 위한 지상권(임차권)도 제187조의 규정에 따라 등기 없이 당연히 취득한다(대판 1996.4.26, 95다52864).

③ 저당권의 효력이 부합물과 종물에 미친다는 제358조 규정은 강행규정이 아니라 임의규정이다. 따라서 '부합물과 종물에 저당권의 효력을 배제하는 특약은 유효'하다. 다만, 이를 '등기하여야' 제3자에게 대항할 수 있다.

④ 과실에 대한 효력

> **제359조【과실에 대한 효력】** 저당권의 효력은 저당부동산에 대한 **압류가 있은 후**에 저당권설정자가 그 부동산으로부터 수취한 과실 또는 수취할 수 있는 과실에 미친다. 그러나 저당권자가 그 부동산에 대한 소유권, 지상권 또는 전세권을 취득한 제3자에 대하여는 압류한 사실을 통지한 후가 아니면 이로써 대항하지 못한다.

용어사전
종물
주물의 항시 사용을 도와주는 보조적 물건을 말한다(예 나룻배와 노).

기출 CHECK ✓
집합건물의 전유부분에 설정한 저당권의 효력은 대지사용권에도 그 효력이 미친다.
정답 O

기출 CHECK ✓
부합물과 종물에 저당권의 효력을 배제하는 특약은 유효하다.
정답 O

용어사전
원물
과실을 생기게 하는 물건이다.

과실
원물로부터 생기는 경제적 수익이다.

㉠ **원칙**: 원칙적으로 저당목적물의 천연과실이나 법정과실에는 저당권의 효력이 미치지 않는다. 저당목적물의 사용, 수익권을 설정자에게 남겨두기 때문이다. 예컨대 저당목적물의 압류 전에 발생한 차임채권에는 저당권의 효력이 미치지 아니한다.

㉡ **예외**: 위 규정상 과실에는 천연과실뿐만 아니라 법정과실도 포함되므로 저당부동산에 대한 압류 후 발생한 차임채권에는 저당권의 효력이 미친다(대판 2016.7.27, 2015다230020).

> **기출 CHECK** ✓
> 1 압류 전 발생한 차임채권에는 저당권의 효력이 미치지 않는다.
> 정답 O
> 2 저당부동산에 대한 압류가 있은 후 건물의 차임채권에 미친다.
> 정답 O

저당권의 효력이 미치는 것	• 부합물 • 종물 • 압류 후 수취한 차임채권(과실)

확인예제

법률에 특별한 규정 또는 설정행위에 다른 약정이 없는 경우, 저당권의 우선변제적 효력이 미치는 것을 모두 고른 것은? (다툼이 있으면 판례에 따름) 제33회

㉠ 토지에 저당권이 설정된 후 그 토지 위에 완공된 건물
㉡ 토지에 저당권이 설정된 후 토지소유자가 그 토지에 매설한 유류저장탱크
㉢ 저당토지가 저당권 실행으로 압류된 후 그 토지에 관하여 발생한 저당권설정자의 차임채권
㉣ 토지에 저당권이 설정된 후 토지의 전세권자가 그 토지에 식재하고 등기한 입목

① ㉡   ② ㉠, ㉣   ③ ㉡, ㉢   ④ ㉠, ㉢, ㉣   ⑤ ㉡, ㉢, ㉣

해설
저당권의 우선변제적 효력이 미치는 것은 ㉡㉢이다.
㉠ 저당권의 우선변제적 효력은 토지에만 미치고 건물의 매각대금에는 우선변제효력이 미치지 않는다.
㉡ 토지에 저당권이 설정된 후 토지소유자가 그 토지에 매설한 유류저장탱크는 토지의 부합물로서 저당권의 우선변제효력이 미친다.
㉢ 저당토지가 저당권 실행으로 '압류된 후' 그 토지에 관하여 발생한 저당권설정자의 차임채권에는 저당권의 효력이 미친다.
㉣ 토지에 저당권이 설정된 후 토지의 전세권자가 그 토지에 식재하고 등기한 입목은 토지소유자의 소유가 아니라 그 전세권자의 소유로 토지와 별개의 독립한 물건이므로 토지저당권의 효력이 미치지 아니한다.
정답: ③

(2) 물상대위 제26·27·30·32회

> **제342조【물상대위】** 질권은 **질물의 멸실, 훼손 또는 공용징수**로 인하여 질권설정자가 받을 금전 기타 물건에 대하여도 이를 행사할 수 있다. 이 경우에는 그 **지급 또는 인도 전에 압류**하여야 한다.

① 개념: 저당물의 멸실, 훼손, 공용징수로 인하여 저당권설정자가 받을 가치적 변형물(예 건물의 화재시 보험금청구권, 손해배상금청구권, 토지수용시 수용보상금청구권)에 대하여 저당권을 행사하는 것을 말한다.
② 행사 요건
  ㉠ 저당목적물이 '멸실, 훼손, (강제)수용'으로 '가치적 변형물'이 존재할 것: 예컨대 저당잡힌 빌라가 화재로 소멸한 경우 화재보험금청구권에 저당권의 효력이 작용하는 것을 말한다.
  ㉡ 금전의 지급 전 압류나 배당요구를 할 것(물상대위권의 행사)
    ⓐ 금전의 '지급이나 인도 전에 압류'가 있어야 한다. 금전의 지급 후에는 물상대위를 할 수 없다. 여기서 압류를 요하는 이유는 다른 재산과 섞여버리면 우선변제를 받지 못하기 때문에 금전의 특정성을 유지하기 위함이다. 따라서 금전의 지급이나 인도 이후에는 물상대위를 할 수 없다.
    ⓑ 물상대위를 위한 압류를 누가 하는가에 대하여 판례는 특정성을 유지하는 한 압류는 반드시 저당권자 자신에 의해 행해질 것을 요하지는 않는다고 본다. 따라서 일반채권자나 제3자에 의해 압류가 된 때에도 그 특정성은 유지되는 것이므로 저당권자는 일반채권자가 압류한 금전에 대하여도 물상대위권을 행사하여 일반채권자보다 우선변제를 받을 수가 있다(대판 1996.7.12, 96다21058).
    ⓒ 전세권에 갈음하여 존속하는 전세금반환채권에 대해서 물상대위를 할 수 있다. 저당권의 대상이 된 전세권이 기간 만료로 소멸한 경우 저당권자는 더 이상 전세권 자체에 대하여 저당권을 실행할 수 없고, 전세권에 갈음하여 존속하는 것으로 볼 수 있는 전세금반환채권에 대해서 물상대위를 할 수 있다(대판 1999.9.17, 98다31301).

2. 피담보채권의 범위 제35회

> 제360조【피담보채권의 범위】저당권은 원본, 이자, 위약금, 채무불이행으로 인한 손해배상 및 저당권의 실행비용을 담보한다. 그러나 지연배상에 대하여는 원본의 이행기일을 경과한 후의 1년분에 한하여 저당권을 행사할 수 있다.

(1) 저당권의 피담보채권에 포함되는 것
  ① 원본: 원본채권의 전액이 피담보채권으로 되는 것이 보통이지만 원본의 일부만을 피담보채권으로 할 수도 있다.
  ② 이자: 이자는 무제한 담보되며 1년분에 제한되지 않는다. 이자를 발생케 하는 특약이 있는 때에는 이율을 등기하면 '무제한'으로 담보된다.
  ③ 위약금: 위약금의 약정이 있는 경우에는 등기된 때에 한하여 담보된다.

기출 CHECK ✓
저당부동산에 대한 물상대위를 위해서는 금전의 지급이나 인도 전에 압류가 있어야 한다.
정답 O

기출 CHECK ✓
1 물상대위를 위한 압류는 반드시 저당권자에 의해서 행해져야 한다.
정답 X

2 물상대위는 배당요구의 종기까지 하여야 한다.
정답 O

3 물상대위를 위한 압류는 금전의 지급 후에도 가능하다.
정답 X

기출 CHECK ✓
전세권 목적 저당권의 경우 저당권자는 전세권에 갈음하여 존속하는 것으로 볼 수 있는 전세금반환채권에 대해서 물상대위를 할 수 있다.
정답 O

❶ 피담보채권의 범위
이(이자)
위(위약금)
원(원본)
손(채무불이행으로 손해배상)
실(실행비용)

④ 채무불이행으로 인한 손해배상(지연배상)
  ㉠ 지연이자는 원본의 이행 기일을 경과한 후의 '1년분'에 한한다. 이 제한을 둔 이유는 선순위자의 지연액이 확대되면 '후순위저당권자나 제3자의 이익'을 침해할 위험이 있기 때문이다.
  ㉡ 지연이자의 1년 제한은 채무자가 '후순위권리자나 제3자가 존재할 때의 제한'이며, '채무자가 저당권자에 대하여' 주장할 수 있는 것은 아니다(대판 1992. 5.12, 90다8855).
    따라서 저당채무자는 저당권자에게 1년분을 초과하는 지연이자도 전액을 변제하여야 하며, 1년분만 변제하여서는 아니 된다.

(2) 저당권의 피담보채권에 포함되지 않는 것 제29회
  ① 저당물의 보존비용: 담보 잡은 부동산의 보존(유지, 관리)은 저당권설정자가 부담하고, 저당권자는 저당물의 보존과 관련하여 아무 비용의 부담을 하지 않으므로 저당물의 보존비용에 지출한 돈은 피담보채권에 포함되지 않는다.
  ② 목적물의 하자로 인한 손해배상금채권: 저당목적물의 하자로 인한 손해배상금채권은 저당권의 피담보채권에 포함되지 않는다.

> **기출 CHECK** ✓
> 저당목적물의 하자로 인한 손해배상금채권은 저당권의 피담보채권에 포함되지 않는다.
> 정답 O

3. 우선변제적 효력

(1) **채권을 회수하는 방법**

첫째는 저당권에 기해 경매 처분하여 우선변제받는 방법, 둘째는 일반채권자로서 변제를 받는 방법이다. 우선변제적 효력은 담보물권인 저당권에 있어서 본체적 효력이다. 이하에서는 이를 중심으로 살펴본다.

(2) **저당권에 기하여 우선변제를 받는 경우**

저당권자가 담보물을 경매 실행하여 우선변제를 받는 것을 말한다. 일반채권자나 후순위권리자가 저당목적물의 경매를 신청하는 경우에는 저당권자는 이를 막을 수 없고 그가 가지는 우선순위에 따라 매각대금으로부터 변제를 받는다.

(3) **우선변제의 순위**

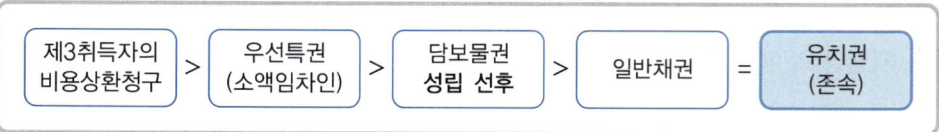

① 일반채권자보다 저당권이 우선: 일반채권자가 여러 명 있어도 저당권자가 배당에서 우선변제받는다. 그러나 여기에는 다음과 같은 예외가 존재하여 채권자가 물권보다 우선하는 경우가 존재한다.

㉠ **소액임차인의 최우선변제권**: 소액보증금 중 '일정액'에 관해서는 임차인이 '대항요건'을 갖춘 경우에는 소액임차인이 그보다 먼저 저당권등기를 갖춘 자보다 언제나 최우선한다(「주택임대차보호법」 제8조, 「상가건물 임대차보호법」 제14조).

㉡ **국세우선권과의 관계**: 저당물의 소유자가 체납하고 있는 국세는 그 법정기일보다 먼저 설정된 저당권에 우선해서 징수하지 못한다. 그러나 그 저당물에 부과된 국세(예 상속세, 증여세)와 가산금은 이를 당해세라고 하는데 이는 법정기일보다 먼저 설정된 저당권보다 언제나 우선한다(당해세 우선의 원칙).

㉢ **임금우선특권**: 근로관계가 소멸한 경우에 최종 3개월분의 임금은 사용자의 총재산에 대하여 저당권에 의하여 담보된 채권에 우선한다. 여기서 소액임차인의 최우선변제권과 임금우선채권의 상호간에는 동순위이다.

② **저당권 상호간의 순위**
㉠ 저당권자 상호간의 배당순위는 각 저당권의 설정등기의 선후에 의한다.
㉡ 이때 후순위저당권자의 신청으로 경매되는 경우 모든 저당권은 항상 소멸하고 순위에 따라 배당을 받는다.

> **더 알아보기 | 가압류**
> 1. 금전채권의 강제집행을 보전하기 위한 목적으로 강제집행하기 전에 미리 채무자의 재산을 동결시켜서 채무자가 재산을 빼돌리는 것을 막는 제도이다.
> 2. 가압류에는 처분금지효력이 없으므로 가압류된 재산을 채무자가 처분하여도 그 처분행위는 유효하며, 가압류채권자에게만 상대적으로 무효이다.

4. 저당권의 실행

(1) 저당권실행의 요건
저당권을 실행하기 위하여는 유효한 저당권의 존재, 그리고 피담보채권의 변제기 도래시 채무자의 이행지체가 있어야 한다.

(2) 경매절차
경매의 신청 ➡ 경매개시결정문 송달(압류 송달문) ➡ 매각기일의 공고 ➡ 매각허가 결정 ➡ 매각대금의 납부 ➡ 소유권이전등기 촉탁 ➡ 배당의 실시 순서로 경매가 진행된다.

(3) 매각의 효과
경매로 경락인이 소유권을 취득하는 시점은 경락인이 '매각대금을 완납한 때'이고 소유권이전등기를 경료한 때가 아니다. 이때 경락인은 제187조에 따라서 등기 없이 부동산의 소유권을 취득한다.

04 저당권과 용익관계

1. 저당권과 용익권(전세권, 임차권, 지상권)의 관계

삭제주의와 인수주의

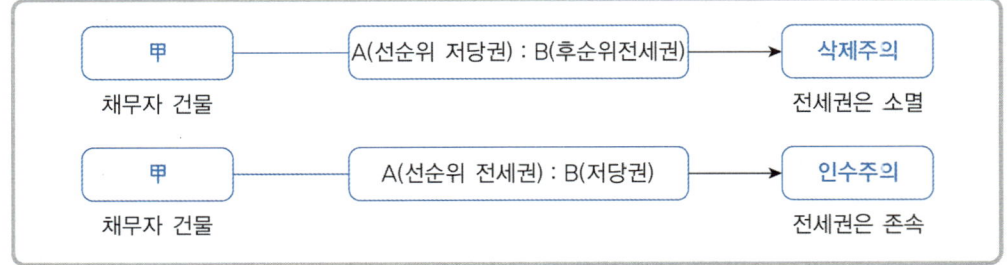

(1) 삭제주의

경매로 소멸하는 최선순위저당권(말소기준권리)보다 나중에 설정된 전세권, 지상권, 임차권은 저당목적물의 경매로 소멸한다(삭제주의). 따라서 전세권자는 경락인에게 전세권을 주장할 수 없다.

(2) 인수주의

전세권이 먼저 설정되고 나중에 저당권이 설정된 경우 저당권자가 경매를 신청하더라도 전세권자가 배당을 요구하지 않는 한 전세권은 소멸하지 않는다. 이를 인수주의라고 한다(「민사집행법」 제91조 제4항).

(3) 말소기준권리는 최선순위 저당권

① 전세권이 중간에 낀 경우: 1번 저당권, 전세권, 2번 저당권이 순서대로 성립한 경우 2번 저당권자가 경매신청하면 전세권자는 소멸하고 2순위로 배당받는다.
② 임차권이 중간에 낀 경우: 후순위저당권자에 대하여는 대항할 수 있는 임차권이라 할지라도 소멸된 선순위저당권보다 뒤에 등기되었거나 대항요건을 갖춘 임차권은 주택이 경매된 경우 함께 소멸한다(대결 1990.1.23, 89다카33043). 그 결과 경락인에게 임차권을 주장할 수 없다.
③ 유치권이 중간에 낀 경우: 동일한 부동산에 1번 저당권, 전세권, 2번 저당권, 유치권의 순서로 성립한 경우 2번 저당권자가 목적물을 경매한 경우 유치권을 제외하고 모든 권리는 경매실행으로 소멸하고 순위대로 배당받는다.

목차 내비게이션

저당권과 용익관계
1. 저당권과 용익권
2. 법정지상권
3. 일괄경매권
4. 제3취득자 지위

기출 CHECK ✓

1 1번 저당권, 전세권, 2번 저당권이 순서대로 성립한 경우, 2번 저당권자가 경매신청하면 전세권자는 소멸한다.
정답 O

2 1번 저당권, 전세권, 2번 저당권, 유치권이 순서대로 성립한 경우, 경매가 실행되면 유치권을 제외하고 모두 소멸한다.
정답 O

2. 법정지상권(제366조)

> 제366조 【법정지상권】 저당물의 경매로 인하여 토지와 그 지상건물이 다른 소유자에 속한 경우에는 토지소유자는 건물소유자에 대하여 지상권을 설정한 것으로 본다. 그러나 지료는 당사자의 청구에 의하여 법원이 이를 정한다.

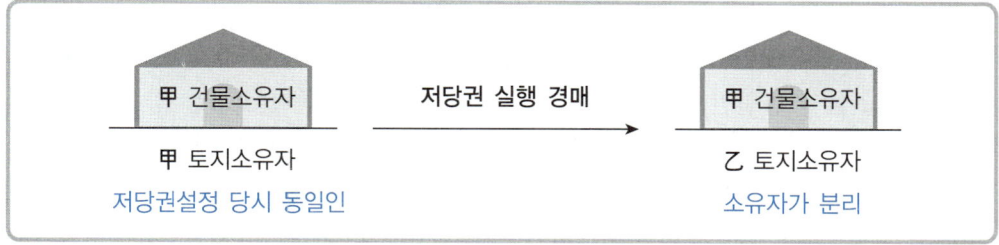

(1) 인정근거 제29회

「민법」은 토지와 건물을 각각 별개의 부동산으로 따로 취급하므로 어느 하나만 경매로 처분되면 토지와 건물의 소유권이 달라지는 경우에 건물철거라는 사회적·경제적인 손실을 방지하기 위하여 법률이 강제로 건물소유자에게 남의 토지에 대한 지상권을 인정하여 주는 제도이다. 법정지상권의 규정은 '강행규정'으로서 동조의 적용을 배제하는 당사자간의 특약은 무효이다.

(2) 성립요건❶ 제26회

① 저당권설정 당시에 건물이 존재할 것

㉠ 무허가, 미등기건물인 경우: 저당권설정 당시에 무허가건물이나 미등기건물이 존재하는 경우에도 동일인의 소유라면 저당물의 경매로 소유자가 달라진 때는 법정지상권이 성립한다(대판 1964.9.22, 63아62).

㉡ 건축 중인 건물(ING 건물 사건): 토지에 저당권설정 당시에 토지소유자에 의하여 지상에 건물이 건축 중이었던 경우, 건물이 사회관념상 독립한 건물로 볼 수 있을 정도에 이르지 않았더라도 건물의 규모나 종류가 외형상 예상할 수 있는 정도까지 축이 진전되어 있었고 그 후 경락인이 매각대금을 다 낸 때까지 최소한의 기둥, 주벽, 지붕이 이루어져서 독립한 부동산의 요건을 갖추면 법정지상권이 성립한다(대판 2004.6.11, 2004다13533).

㉢ 건물철거 후 신축한 경우(단독저당의 경우): 「민법」 제366조 소정의 법정지상권이 성립하려면 토지에 저당권설정 당시 저당권의 목적이 되는 토지 위에 건물이 존재하여야 하는데, 토지에 저당권설정 당시의 건물을 그 후 '개축·증축한 경우는 물론이고 그 건물이 멸실되거나 철거된 후 재건축·신축한 경우'에도 법정지상권이 성립한다. 이 경우 소유자가 동일할 것을 요하는 것은 아니며, 신 건물에 성립하는 법정지상권의 내용인 존속기간·범위 등은 '구 건물을 기준'으로 하여야 할 것이다(대판 2001.3.13, 2000다48517).

❶ 성립요건
• 저당권설정 당시 동일인
• 저당권 실행 경매가 원인
• 토지와 건물의 소유자가 달라질 것

기출 CHECK ✓
토지에 저당권설정 당시의 건물이 철거된 후 재건축한 경우에도 법정지상권이 성립한다.
정답 O

ⓔ 경매 전에 건물주가 바뀐 경우: 저당권의 설정 당시에는 동일인이었으나 경매 전에 건물을 양도하여 경매실행 당시에는 토지와 건물의 소유자가 다른 경우에도 저당권설정 당시에 소유자가 동일하면 그 후 '어느 한쪽이나 양쪽'이 경매 전에 제3자에게 양도되어 각각 다른 소유자에게 속하게 되더라도 법정지상권은 성립한다(대판 1999.11.23, 99다52602).

② 저당권설정 당시 토지와 건물이 '동일인의 소유'일 것
  ㉠ 저당권의 설정 당시에 동일인의 소유일 것: 저당권의 설정 당시에 토지와 건물이 동일인 소유이고 토지와 건물의 어느 한쪽이나 또는 양쪽에 저당권이 설정되어야 한다. 저당권설정 당시에 소유자가 동일하면 그 후 '어느 한쪽이나 양쪽'이 제3자에게 양도되어 각각 다른 소유자에게 속하게 되더라도 법정지상권은 성립한다(대판 1999.11.23, 99다52602).
  ㉡ 건물을 공유하다가 공유자 1인이 토지에 저당잡혔다가 토지만 경매된 경우: 건물공유자인 甲과 乙 중 1인이 그 건물의 부지인 토지를 단독으로 소유하면서 그 토지에 관하여만 저당권을 설정하였다가 위 저당권에 의한 경매로 인하여 토지의 소유자가 달라진 경우, 법정지상권이 성립한다.
  위 토지소유자는 자기뿐만 아니라 다른 건물공유자들을 위하여도 위 토지의 이용을 인정하고 있었다고 할 것인 점에 비추어 위 건물공유자들은 토지 전부에 관하여 법정지상권을 취득한다(대판 2011.1.13, 2010다67159).

③ 저당권 실행 경매로 소유자가 분리될 것: 동일인에게 속하였던 토지와 그 건물이 저당권 실행 경매가 아닌 강제경매, 매매 등의 방법으로 소유자를 달리하게 된 경우에는 관습법상의 법정지상권은 성립할 수 있어도 「민법」제366조에 의한 법정지상권은 성립하지 않는다(대판 1991.4.9, 89다카1305).

(3) 법정지상권이 성립하지 않는 경우

① 가설건축물의 경우: 동일인의 소유에 속하던 토지와 건물의 소유자가 달라지게 된 시점에는 해당 건물이 독립된 부동산으로서 건물의 요건을 갖추었으나 그 후 해당 건물이 철거되고 가설건축물 등 독립된 건물이라고 볼 수 없는 지상물이 건축된 경우 법정지상권이 성립하지 않는다(대판 2022.2.10, 2016다262635).

② 나대지에 저당권을 설정한 후 건물을 신축한 경우

> 저당권자는 나대지 상태의 토지의 담보가치를 파악하여 대출을 해주는데 그 후에 세워진 건물에도 법정지상권이 인정된다면 그 토지의 담보가치가 형편없이 크게 떨어지고 이는 저당권자에게 전혀 예측할 수 없는 피해를 주는 것이 되므로 저당권 설정 후 신축한 건물에는 법정지상권이 성립하지 않는다(판례).

③ **공동저당설정 후** 건물을 철거했다가 신축한 경우: 동일인의 토지 및 지상건물에 관하여 '공동저당권이 설정된 후 지상건물이 철거되고 새로 건물이 신축된 경우' 특별한 사정이 없는 한, 저당물의 경매로 토지와 신축건물이 다른 소유자에 속하게 된 경우, 신축건물을 위한 법정지상권은 성립하지 않는다(대판 2003.12.18, 98다43601 전원합의체). 그 이유는 신축건물에 법정지상권을 인정하면 공동저당권자는 토지에 대한 법정지상권의 부담만큼 나대지로서의 토지의 담보가치를 추가로 상실되는 손해를 입게 하기 때문이다.

④ **토지와 미등기건물을 함께 매수한 경우**: 미등기건물을 그 대지와 함께 매수한 사람이 그 대지에 관하여만 소유권이전등기를 넘겨받고 건물에 대하여는 그 등기를 이전받지 못하고 있다가 '대지에 대하여 저당권을 설정'하고 그 저당권의 실행으로 대지가 경매되어 다른 사람의 소유로 된 경우에는 그 저당권설정 당시에 이미 대지는 매수인 소유이고 건물은 매수인 소유가 아니어서 각각 다른 사람의 소유에 속하고 있었으므로 법정지상권이 성립될 여지가 없다(대판 2002.6.20, 2002다9660 전원합의체).

> **기출 CHECK** ✓
> 동일인의 토지 및 건물에 관하여 공동저당권이 설정된 후 건물이 철거되고 건물이 신축된 경우 저당물의 경매로 토지와 신축건물이 다른 소유자에 속하게 된 경우, 신축건물에 법정지상권이 성립한다.
> 정답 ✗

확인예제

저당물의 경매로 토지와 건물의 소유자가 달라지는 경우에 성립하는 법정지상권에 관한 설명으로 옳은 것을 모두 고른 것은? (다툼이 있으면 판례에 따름)   제35회

㉠ 토지에 관한 저당권설정 당시 해당 토지에 일시사용을 위한 가설건축물이 존재하였던 경우, 법정지상권은 성립하지 않는다.
㉡ 토지에 관한 저당권설정 당시 존재하였던 건물이 무허가건물인 경우, 법정지상권은 성립하지 않는다.
㉢ 지상건물이 없는 토지에 저당권을 설정받으면서 저당권자가 신축 개시 전에 건축을 동의한 경우, 법정지상권은 성립하지 않는다.

① ㉠ ② ㉢ ③ ㉠, ㉡
④ ㉠, ㉢ ⑤ ㉠, ㉡, ㉢

해설

㉠ 가설건축물의 경우: 동일인의 소유에 속하던 토지와 건물의 소유자가 달라지게 된 시점에는 해당 건물이 독립된 부동산으로서 건물의 요건을 갖추었으나 그 후 해당 건물이 철거되고 가설건축물 등 독립된 건물이라고 볼 수 없는 지상물이 건축된 경우 법정지상권이 성립하지 않는다(대판 2022.2.10, 2016다262635).
㉡ 저당권설정 당시에 무허가건물이나 미등기건물이 존재하는 경우에도 동일인의 소유라면 저당물의 경매로 소유자가 달라진 때는 법정지상권이 성립한다(대판 1964.9.22, 63아62).
㉢ 지상건물이 없는 토지(나대지)에 저당권을 설정받으면서 저당권자가 신축 개시 전에 건축을 동의한 경우, 동의 여부는 공시되지 않아서 제3자가 알 수 없으므로 법정지상권은 성립하지 않는다.

정답: ④

3. 일괄경매권

> 제365조【저당지상의 건물에 대한 경매청구권】 토지를 목적으로 저당권을 설정한 후 그 설정자가 그 토지에 건물을 축조한 때에는 저당권자는 토지와 함께 그 건물에 대하여도 경매를 청구할 수 있다. 그러나 그 건물의 경매대가에 대하여는 우선변제를 받을 권리가 없다.

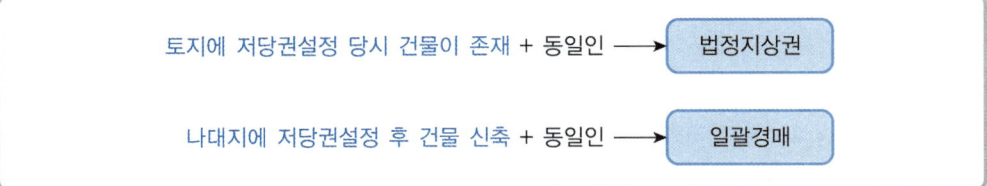

(1) 배경

저당권설정 당시에는 나대지였는데 저당권이 설정된 후 설정자가 나대지에 건물을 축조한 경우 저당권자가 저당잡은 토지만을 경매실행하면 건물에는 법정지상권이 불성립하고, 건물로 인하여 담보가치 하락이 생겨서 경매대금이 저감될 수 있다. 여기서 토지와 함께 건물도 일괄경매청구를 허용한다면 토지와 건물이 동일한 낙찰자에게 귀속될 수 있어 저당권자에게는 담보가치 하락을 막아 좋으며, 또한 건물 철거도 방지되어 채무자에게도 좋아 서로 윈윈(win-win)하는 장점이 있다.

(2) 일괄경매의 요건 제26·32회

> 첫째, 나대지에 저당설정 후 설정자가 건물신축?
> 둘째, 나대지에 저당설정 후 설정자가 신축건물을 제3자에 양도?
> 셋째, 토지의 임차권자가 신축한 건물을 설정자가 취득한 경우?

① 나대지에 저당권을 설정한 후 건물신축할 것
  ㉠ '나대지에 저당권설정 후'에 건물이 신축된 경우에 한하여 적용된다.
  ㉡ 저당권설정 당시에 건물이 존재하면 일괄경매는 허용되지 않으며 이때에는 법정지상권이 문제될 뿐이다.
② 토지와 건물이 동일인의 소유
  ㉠ 제3자가 건물을 축조한 경우: 저당권설정 후 임차인 같은 제3자가 건물을 축조한 경우에는 토지와 건물이 동일인의 소유가 아니므로 일괄경매는 허용되지 않는다.

ⓛ 저당권설정자가 축조한 건물을 제3자에게 양도한 경우

> 토지에 저당권설정 후 저당권설정자가 건물 축조 후 '건물을 제3자에게 양도'한 경우에는 동일인의 소유가 아니므로 일괄경매청구권이 성립하지 않는다(대결 1999.4.20, 99마146).

ⓒ 용익권자가 신축한 건물을 설정자가 매수하여 동일인의 소유인 경우

> 토지일괄경매청구권은 저당권설정자가 건물을 축조한 경우뿐만 아니라 저당권설정자로부터 저당토지에 대한 '용익권을 설정받은 자'가 그 토지에 건물을 축조한 경우라도 그 후 '저당권설정자가 그 건물의 소유권을 취득한 경우'에는 저당권자는 토지와 함께 그 건물에 대하여 경매를 청구할 수 있다(대판 2003.4.11, 2003다3850).

(3) 효력

① **토지와 건물을 일괄경매를 하는 경우**: 저당권의 우선변제적 효력은 건물에 대하여는 미치지 않으므로 저당권자는 토지의 경매대금에서만 우선변제를 받을 수 있고, 건물의 경매대금에서는 우선변제를 받을 수 없다(제365조 단서). 이 경우 토지와 건물을 동일인에게 경락시켜 건물을 유지하려고 하는 것이 일괄경매의 취지이므로 '토지와 건물은 반드시 동일인에게 매각'되어야 한다.

② 법정지상권이 성립하려면 토지에 저당권설정 당시에 건물이 존재하고 있고 동일인이어야 하는데 토지에 저당권설정 당시에 건물이 존재하지 않고 설정 후 신축한 것이므로 토지만 경매를 실행한 경우 건물에는 제366조의 법정지상권은 성립하지 않는다.

기출 CHECK ✓
토지에 저당권설정 후 저당권설정자가 건물 축조 후 건물을 제3자에게 양도한 경우에는 일괄경매할 수 없다.
정답 O

기출 CHECK ✓
저당토지에 대한 용익권을 설정받은 자가 건물을 축조한 후 저당권설정자가 건물의 소유권을 취득한 경우 토지와 건물을 일괄경매할 수 있다.
정답 O

기출 CHECK ✓
일괄경매의 경우 저당권자는 토지에서만 우선변제를 받을 수 있고 건물에서는 우선변제를 받을 수 없다.
정답 O

기출 CHECK ✓
토지에 저당권설정 후 건물을 신축하여 동일인 소유인 경우 토지만 경매된 경우 건물에 법정지상권이 성립하지 않는다.
정답 O

> **확인예제**
>
> 甲은 乙 소유의 X토지에 저당권을 취득하였다. X토지에 Y건물이 존재할 때, 甲이 X토지와 Y건물에 대해 일괄경매를 청구할 수 있는 경우를 모두 고른 것은? (다툼이 있으면 판례에 따름)
>
> 제31회
>
> > ㉠ 甲이 저당권을 취득하기 전, 이미 X토지 위에 乙의 Y건물이 존재한 경우
> > ㉡ 甲이 저당권을 취득한 후, 乙이 X토지 위에 Y건물을 축조하여 소유하고 있는 경우
> > ㉢ 甲이 저당권을 취득한 후, 丙이 X토지에 지상권을 취득하여 Y건물을 축조하고 乙이 그 건물의 소유권을 취득한 경우
>
> ① ㉠ ② ㉡ ③ ㉠, ㉢
> ④ ㉡, ㉢ ⑤ ㉠, ㉡, ㉢
>
> **해설**
>
> 일괄경매를 청구할 수 있는 경우는 ㉡㉢이다. 일괄경매의 요건은 첫째, 나대지에 저당권설정 후 건물을 신축하고 둘째, 토지와 건물이 동일인이어야 한다.
> ㉡ 나대지에 설정 후 토지와 건물이 乙소유로 동일인이다.
> ㉢ 제3자가 토지에 지상권같은 용익권자가 건물을 신축하여 소유하다가 토지소유자乙이 건물을 매입하여 토지와 건물이 모두 乙 소유로 동일인 소유일 경우 일괄경매가 허용된다.
>
> 정답: ④

4. 제3취득자의 지위

제363조【경매인】② 저당물의 소유권을 취득한 제3자도 경매인이 될 수 있다.

제364조【제3취득자의 변제】저당부동산에 대하여 소유권, 지상권 또는 전세권을 취득한 제3자는 저당권자에게 그 부동산으로 담보된 채권을 변제하고 저당권의 소멸을 청구할 수 있다.

제367조【제3취득자의 비용상환청구권】저당물의 제3취득자가 그 부동산의 보존, 개량을 위하여 필요비 또는 유익비를 지출한 때에는 제203조 제1항, 제2항의 규정에 의하여 저당물의 경매대가에서 우선상환을 받을 수 있다.

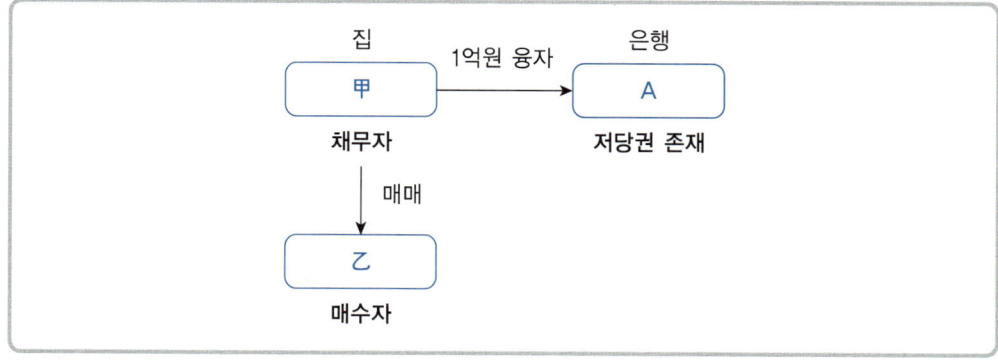

(1) 개념

① 저당권이 설정된 후에 저당목적물의 매수인 또는 지상권이나 전세권을 취득한 자를 제3취득자라고 한다.

② 제3취득자는 저당권이 실행되기 전까지는 아무런 제한도 받지 않지만 일단 저당권이 실행되면 그 권리를 상실하는 불안정한 상태에 놓여 있다. 이 불안정한 제3취득자를 보호하기 위해 「민법」이 규정을 마련하고 있다.

(2) 제3취득자의 보호수단 제26·32회

① 제3취득자는 저당물의 경매인이 될 수 있다. 저당목적물의 소유권을 취득한 제3자는 경매인이 될 수 있다. 채무자는 경매절차에서 자신이 경매를 받을 수 없으나 제3취득자는 경매를 받을 수 있다.

② 제3취득자는 담보된 채권만을 변제하고 저당권 소멸을 청구할 수 있다.
   ㉠ 제3취득자는 저당권자에게 그 부동산으로 '담보된 채권'을 변제하고 저당권의 소멸을 청구할 수 있다(제364조).
   ㉡ 제3취득자는 그 '부동산으로 담보된 채권만 변제'하면 족하므로 지연이자는 원본의 이행기일을 경과한 후의 1년분만 변제하면 된다.
   ㉢ 법정대위가 인정된다: 제3취득자는 채무를 변제할 정당한 이익이 있는 자이므로 변제를 하면 당연히 채권자(저당권자)를 대위한다. 즉, 제3취득자가 변제한 경우 저당권은 제3취득자에게 이전한다.

③ 제3취득자가 지출한 비용의 우선상환청구권
   ㉠ 저당부동산의 제3취득자가 목적물에 비용을 지출한 경우 경매대가에서 저당권보다 우선상환을 받을 수 있다(제367조).
   ㉡ 제3취득자의 비용상환청구권과 선순위저당권의 관계: 제3취득자의 우선상환권은 저당권자가 배당받은 나머지에 대해서만 배당받는 것이 아니라 선순위저당권보다 우선하여 변제받는 것이다.
   ㉢ 물상보증인이나 저당권설정자가 저당물에 비용을 지출한 경우에는 우선상환을 받을 수 없다.
   ㉣ 근저당부동산에 대하여 '후순위저당권을 취득한 자'는 선순위근저당권의 채무를 변제하고 선순위저당권을 소멸청구할 수 있는가?

   > 「민법」 제364조에서 정한 채무를 변제하고 저당권의 소멸을 청구할 수 있는 제3취득자에 해당하지 않는다. 따라서 저당목적물의 후순위저당권자는 선순위근저당권의 채무를 변제하고 선순위저당권을 소멸청구할 수 없다(대판 2006.1.26, 2005다17341).

용어사전
법정대위
변제할 정당한 이익이 있는 사람이 변제했을 때에 법률상 당연히 채권자를 대위하는 일(제481조)

기출 CHECK ✓
저당부동산의 제3취득자가 목적물에 비용을 지출한 경우 경매대가에서 저당권보다 우선상환을 받을 수 있다.
정답 O

기출 CHECK ✓
근저당목적물의 후순위저당권자는 선순위근저당권의 채무를 변제하고 선순위저당권을 소멸청구할 수 없다.
정답 O

⑩ 저당권이 설정되어 있는 부동산의 제3취득자가 저당부동산에 관하여 지출한 필요비, 유익비는 부동산 가치의 유지·증가를 위하여 지출된 일종의 공익비용이므로 저당부동산의 환가대금에서 부담하여야 할 성질의 비용이고 더욱이 제3취득자는 경매의 결과 그 권리를 상실하게 되므로 특별히 경매로 인한 매각대금에서 우선적으로 상환을 받도록 한 것이다.
  저당부동산의 소유권을 취득한 자도 제367조의 제3취득자에 해당한다.
  위와 같이 제367조에 의한 우선상환은 제3취득자가 경매절차에서 배당받는 방법으로 제203조 제1항·제2항에서 규정한 비용에 관하여 경매절차의 매각대금에서 우선변제받을 수 있다는 것이지 이를 근거로 제3취득자가 직접 저당권설정자, 저당권자 또는 경매절차 매수인 등에 대하여 비용상환을 청구할 수 있는 권리가 인정될 수 없다. 따라서 제3취득자가 저당부동산에 지출한 비용상환청구권을 피담보채권으로 주장하면서 유치권을 행사할 수 없다(대판 2023.7.13, 2022다265093).

> **확인예제**
>
> **저당부동산의 제3취득자에 관한 설명으로 옳은 것을 모두 고른 것은? (다툼이 있으면 판례에 따름)**   제32회
>
> > ㉠ 저당부동산에 대한 후순위저당권자는 저당부동산의 피담보채권을 변제하고 그 저당권의 소멸을 청구할 수 있는 제3취득자에 해당하지 않는다.
> > ㉡ 저당부동산의 제3취득자는 부동산의 보존·개량을 위해 지출한 비용을 그 부동산의 경매대가에서 우선상환을 받을 수 없다.
> > ㉢ 저당부동산의 제3취득자는 저당권을 실행하는 경매에 참가하여 매수인이 될 수 있다.
> > ㉣ 피담보채권을 변제하고 저당권의 소멸을 청구할 수 있는 제3취득자에는 경매신청 후에 소유권, 지상권 또는 전세권을 취득한 자도 포함된다.
>
> ① ㉠, ㉡   ② ㉠, ㉣   ③ ㉡, ㉢
> ④ ㉠, ㉢, ㉣   ⑤ ㉡, ㉢, ㉣
>
> **해설**
>
> 옳은 것은 ㉠㉢㉣이다.
> ㉠ 저당부동산에 대한 '후순위저당권자'는 저당부동산의 피담보채권을 변제하고 그 저당권의 소멸을 청구할 수 있는 제3취득자에 해당하지 않는다.
> ㉡ 저당부동산의 제3취득자는 부동산의 보존·개량을 위해 지출한 비용을 그 부동산의 경매대가에서 우선상환을 받을 수 있다.
> ㉢ 저당부동산의 제3취득자는 경매에 참가하여 매수인이 될 수 있다.
> ㉣ 피담보채권을 변제하고 저당권의 소멸을 청구할 수 있는 제3취득자에는 경매신청 후에 소유권, 지상권 또는 전세권을 취득한 자도 포함된다.
>
> 정답: ④

05 저당권의 침해에 대한 구제

> **제362조【저당물의 보충】** 저당권설정자의 책임있는 사유로 인하여 저당물의 가액이 현저히 감소된 때에는 저당권자는 저당권설정자에 대하여 그 원상회복 또는 상당한 담보제공을 청구할 수 있다.
>
> **제388조【기한의 이익의 상실】** 채무자는 다음 각호의 경우에는 기한의 이익을 주장하지 못한다.
> 1. 채무자가 담보를 손상, 감소 또는 멸실하게 한 때
> 2. 채무자가 담보제공의 의무를 이행하지 아니한 때

1. 물권적 청구권

(1) 저당권에 기해 반환청구할 수 없다.

저당권침해가 있는 경우에는 제213조(반환청구권)를 준용하지 않는다. 따라서 제3자가 저당목적물을 불법점유한 경우 저당목적물의 반환청구권은 인정되지 않으나 저당권에 기한 방해의 제거, 예방을 청구할 수 있다.

기출 CHECK ✓
제3자가 저당목적물을 불법점유한 경우 저당목적물의 반환청구권은 인정되지 않는다.
정답 **O**

(2) 저당권이 설정된 후 토지소유자가 토지 위에 건물을 신축하는 경우 저당권자가 간섭할 수 있는가?

① 원칙적으로 간섭하지 못한다. 담보로 제공된 부동산 소유자로부터 점유권원을 설정받은 제3자가 통상의 용법에 따라 부동산을 사용·수익하는 한 저당권침해로 볼 수 없다(대판 2006.1.27, 2003다58454).

② '특별한 사정' 있으면 저당권자에 기한 방해배제를 청구할 수 있다. 제3자의 점유가 저당권의 실현을 방해하기 위한 것이고, 그 점유에 의해서 저당권자의 교환가치의 실현을 방해하는 '특별한 사정이 있는 경우'(예 경매실행이 임박한 상황에서 토지소유자가 토지에 신축공사를 함으로써 토지의 경매가격을 저감시켜서 저당권자가 지배하는 교환가치의 실현을 방해하는 때)에는 저당권의 침해로 인정되므로 저당권에 기한 건축 중지를 청구할 수 있다(대판 2007.10.25, 2007다47896).

③ 저당권의 담보가치 확보를 위한 지상권(담보지상권)❶

> 저당권을 설정하면서 '토지의 담보가치가 저감되는 것을 방지'하기 위한 것을 주요한 목적으로 하여 채권자 앞으로 근저당권과 아울러 지상권을 설정한 경우, 제3자가 토지 위에 건물을 신축하면?
> 지상권자는 방해배제청구권으로서 건물의 철거와 대지인도를 청구할 수 있다(대판 2008.2.15, 2005다47205). 그러나 저당부동산의 담보가치 확보를 목적으로 하는 담보지상권자는 제3자가 토지를 사용한다는 사정만으로는 금융기관에게 어떤 손해가 발생하였다고 볼 수 없어 부당이득반환청구나 임료 상당의 손해배상을 청구할 수 없다(대판 2008.1.17, 2006다586).

❶ 지상권 부분을 참조한다.

2. 손해배상청구권

(1) 목적물의 잔존가치가 채권의 담보로서 충분한 경우 제30회

담보물의 잔존가치가 아직 피담보채권액을 넘고 있는 때에는 저당권자에게 아직 손해가 발생한 것은 아니므로 손해배상청구권이 인정되지 않는다. 담보물의 교환가치가 피담보채권액 미만으로 하락하면 저당권의 침해를 이유로 손해배상을 청구할 수 있다.

(2) 저당권등기가 불법말소된 경우

등기는 저당권의 효력 발생요건이고 존속요건은 아니므로 저당권등기가 원인 없이 말소되어도 저당권은 소멸하지 않고 아무런 영향이 없으므로, 그 저당권등기명의인이 저당권 상실의 손해를 입었다고 할 수 없다(대판 2010.2.11, 2009다68408).

3. 담보물보충청구권

(1) 저당권설정자의 '책임 있는 사유'로 저당물의 가액이 감소된 때

저당권자는 저당권설정자에게 원상회복 또는 상당한 담보제공을 청구할 수 있다.

(2) 담보물보충청구권을 행사하는 경우 즉시변제청구할 수 없다.

담보물보충청구를 행사한 경우 별도로 손해배상청구권이나 즉시변제청구권은 행사하지 못한다.

4. 즉시변제청구권

저당권의 침해가 있는 경우 채무자는 기한의 이익을 상실한다. 그러므로 채권자는 변제기 전에 즉시변제를 청구할 수 있다.

06 저당권의 처분과 소멸

(1) 저당권의 처분 제26회

> 제361조 【저당권의 처분제한】 저당권은 그 담보한 채권과 분리하여 타인에게 양도하거나 다른 채권의 담보로 하지 못한다.

기출 CHECK ✓
저당권등기가 원인 없이 말소되어도 저당권은 소멸하지 않으나 회복등기를 못한 상태에서 경매가 되면 불법말소된 저당권은 소멸한다.
정답 O

기출 CHECK ✓
저당권설정자에게 책임 있는 사유로 저당물이 멸실한 경우, 저당권자는 담보물보충을 청구할 수 있다.
정답 O

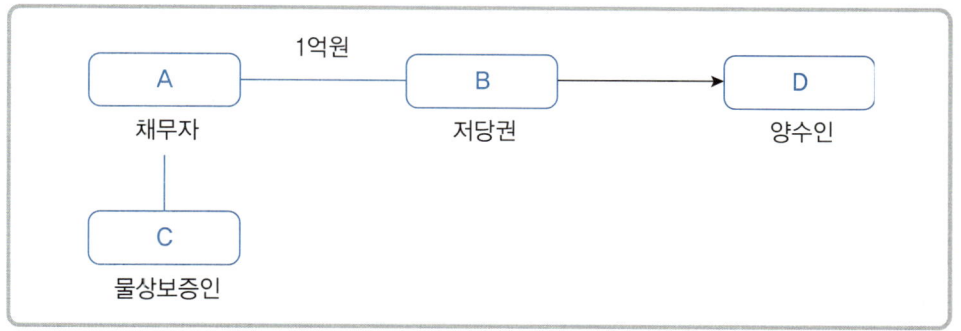

① **채권과 저당권의 수반성**: 저당권과 피담보채권은 함께 처분하여야 한다. 그러므로 채권과 저당권은 분리하여 처분할 수 없다. 양도인과 양수인간의 저당권의 양도합의와 저당권이전등기를 하여야 한다.
② 저당권을 양도할 때 물상보증인이나 채무자에게 동의를 요하지 않는다. 저당권 양도의 물권적 합의는 양도인과 양수인 당사자 사이에 있으면 족하고 물상보증인이나 채무자 사이에까지 있어야 하는 것은 아니다(대판 2005.6.10, 2002다15412).
③ **채권 소멸 후 저당권이전등기의 효력은 무효**: 피담보채권이 소멸하면 저당권은 그 부종성에 의하여 당연히 소멸하게 되므로, 채무를 변제하였으나 저당권의 말소등기가 경료되기 전에 그 저당권부 채권을 압류 및 전부명령을 받아 양수인 앞으로 저당권 이전의 부기등기를 경료한 자는 그 저당권을 유효하게 취득할 수 없다. 즉, 채무변제로 이미 소멸한 저당권은 부활하지 않는다.

(2) 저당권의 소멸

> 제369조 【부종성】 저당권으로 담보한 채권이 시효의 완성 기타 사유로 인하여 소멸한 때에는 저당권도 소멸한다.

① **경매**: 저당목적물이 경매되는 경우 1번 저당권, 2번 저당권, 근저당권 등 모든 저당권은 항상 소멸한다. 다만, 순위에 따라 배당을 받는다.
② **채무변제**: 저당물의 제3취득자가 채무를 변제하면 저당권은 소멸한다. 이때 저당권은 말소등기 없이도 채무의 소멸로 당연히 소멸한다(부종성).
③ 저당권으로 담보한 채권이 시효의 완성으로 인하여 소멸한 때에는 저당권도 소멸한다(제369조).

기출 CHECK ✓
저당권은 담보한 채권과 분리하여 타인에게 양도할 수 없다.
정답 O

기출 CHECK ✓
저당권의 피담보채권이 소멸한 후 말소등기 전에 저당권이전등기를 경료한자는 저당권을 유효하게 취득한다.
정답 X

기출 CHECK ✓
저당물의 제3취득자가 부동산으로 담보된 채권을 변제하면 저당권은 말소등기 없이도 소멸한다.
정답 O

> **확인예제**
>
> **저당권에 관한 설명으로 옳은 것은? (다툼이 있으면 판례에 따름)** 제29회
>
> ① 저당권은 그 담보한 채권과 분리하여 타인에게 양도할 수 있다.
> ② 저당물의 소유권을 취득한 제3자는 그 저당물의 경매에서 경매인이 될 수 없다.
> ③ 건물저당권의 효력은 특별한 사정이 없는 한 그 건물의 소유를 목적으로 한 지상권에도 미친다.
> ④ 저당부동산에 대한 압류가 있으면 압류 이전의 저당권설정자의 저당부동산에 관한 차임채권에도 저당권의 효력이 미친다.
> ⑤ 저당부동산의 제3취득자는 부동산의 보존·개량을 위해 지출한 비용을 그 부동산의 경매대가에서 우선변제받을 수 없다.
>
> **해설**
> ① 저당권은 채권과 분리하여 타인에게 양도할 수 없다.
> ② 저당물의 소유권을 취득한 제3자는 그 저당물의 경매에서 경매인이 될 수 있다.
> ④ 압류 이전의 차임채권에 저당권의 효력이 미치지 않는다.
> ⑤ 제3취득자는 부동산의 보존·개량을 위해 지출한 비용을 그 부동산의 경매대가에서 우선변제받을 수 있다.
>
> 정답: ③

해커스 킬 정리 | 저당권 핵심체계 정리하기

1. 저당권의 성립요건은?
   (1) [저당권설정자] - 채무자와 제3자도 가능
   (2) [저당권자는?] - 채권자 아닌 제3자 명의 저당권은 무효가 원칙
   (3) [객체는?] - 부동산 전부 ○ / 한필지 일부 × / 지역권 ×

2. 저당권의 효력은?
   (1) [부합물과 종물]에 미친다. / 압류 후 차임채권에도 미친다.
   (2) [물상대위] - 목적물이 멸실하면 가치적 변형물에 효력이 미친다.
       - 지급 전에 압류를 할 것 / 목적물의 매매대금에는 물상대위 ×
   (3) [법정지상권] - 저당권설정 당시에 건물이 존재하고 동일인 소유 / 경매로 달라질 것
       - 불성립하는 경우[가설건축물 / 나대지인 때 / 공동저당 / 함께 매수]
   (4) [일괄경매] - 토지에 저당권설정 후 건물신축 + 동일인 소유
   (5) [제3취득자] - 저당권이 설정된 후 전세권자, 매수자, 지상권자
       - 채권을 변제하고 저당권의 소멸청구 ○
       - 비용지출할 때 우선상환 ○

3. 침해시 구제는? 저당권에 기하여 반환청구를 할 수 없다.

4. 처분과 소멸

제4절 특수 저당권(공동저당/근저당/공동근저당)

> **제368조【공동저당과 대가의 배당, 차순위자의 대위】**
> ① 동일한 채권의 담보로 수개의 부동산에 저당권을 설정한 경우에 그 부동산의 경매대가를 동시에 배당하는 때에는 각부동산의 경매대가에 비례하여 그 채권의 분담을 정한다.
> ② 전항의 저당부동산 중 일부의 경매대가를 먼저 배당하는 경우에는 그 대가에서 그 채권전부의 변제를 받을 수 있다. 이 경우에 그 경매한 부동산의 차순위저당권자는 선순위저당권자가 전항의 규정에 의하여 다른 부동산의 경매대가에서 변제를 받을 수 있는 금액의 한도에서 선순위자를 대위하여 저당권을 행사할 수 있다.

01 공동저당 제27·29회

1. 개념

'동일한 채권을 담보하기 위하여 여러 개의 부동산 위에 설정된 저당권'을 말한다. 예컨대 A가 B에게 1억원의 금전을 차용하면서 담보로 토지와 건물에 저당권을 설정하여 1억원이라는 하나의 채권을 담보하기 위한 목적으로 여러 부동산에 저당을 설정한 것이다.

2. 공동저당관계의 등기는 공동저당권의 성립요건이 아니다.

그러므로 수개의 부동산에 동일채권을 담보하기 위하여 수개의 저당권등기를 하면 공동저당권의 등기를 마쳤는지 여부와 관계없이 공동저당권은 성립한다(대판 2010. 12.23, 2008다57746).

3. 공동저당의 실행

공동저당권자는 복수의 저당권 전부를 동시에 실행(동시배당)하거나 일부만을 실행(이시배당)하여 그 매각대금으로부터 채권의 전액을 변제받을 수 있다. 공동저당권자는 동시배당이나 이시배당 중 선택하여 실행할 수 있다.

(1) 동시배당

① **모두 채무자 소유인 경우 채권액의 안분방법**: 모두 채무자의 소유인 경우 여러 개의 부동산을 동시에 배당하는 때에는 '각 부동산의 경매대가에 비례'하여 그 채권의 분담을 정한다(제368조 제1항).

기출 CHECK ✓
공동저당의 목적물을 동시에 배당하는 때는 각 부동산의 경매대가에 비례하여 그 채권의 분담을 정한다.
정답 ○

> **확인예제**
>
> 甲은 乙에 대한 3억원의 채권을 담보하기 위하여 乙 소유의 X토지와 Y건물에 각각 1번 공동저당권을 취득하고, 丙은 X토지에 피담보채권 2억 4천만원의 2번 저당권을, 丁은 Y건물에 피담보채권 1억 6천만원의 2번 저당권을 취득하였다. X토지와 Y건물이 모두 경매되어 X토지의 경매대가 4억원과 Y건물의 경매대가 2억원이 동시에 배당되는 경우, 丁이 Y건물의 경매대가에서 배당받을 수 있는 금액은? (경매비용이나 이자 등은 고려하지 않음) 제27회
>
> ① 0원
> ② 4천만원
> ③ 6천만원
> ④ 1억원
> ⑤ 1억 6천만원
>
> **해설**
>
>
>
> - 동시경매된 경우 X토지에서 배당액 = 채권액 3억원 × $\dfrac{4억원}{4억원 + 2억원}$ = 2억원
> - 동시경매된 경우 Y건물에서 배당액 = 채권액 3억원 × $\dfrac{2억원}{4억원 + 2억원}$ = 1억원
> - 동시배당의 경우 Y건물(시가 2억원)에서 1번 저당권자의 배당액(1억원)을 빼고 남은 금액, 즉 건물의 낙찰가(2억원) - 1번 저당권자의 배당액(1억원) = 1억원
>
> 따라서 1억원이 2번 저당권자가 건물에서 2순위로 배당받는 금액이다.
>
> 정답: ④

② 채무자 소유인 X토지와 물상보증인 소유인 Y토지를 동시경매한 경우: 안분배당 규정(제368조 제1항)이 적용되지 않으며, 법원에서는 '채무자 소유의 부동산의 경매대가에서 먼저 우선적으로 배당'을 하고, '부족분이 있는 경우에 한하여 물상보증인 소유부동산의 경매대가에서 추가로 배당'을 하여야 한다(대판 2010. 4.15, 2008다41475).

기출 CHECK ✓
하나는 채무자의 소유이고, 다른 하나는 물상보증인의 소유인 경우 동시경매하는 때에는 동시배당 규정이 적용되지 않는다.
정답 O

> **핵심 퀵! 퀵!**
>
>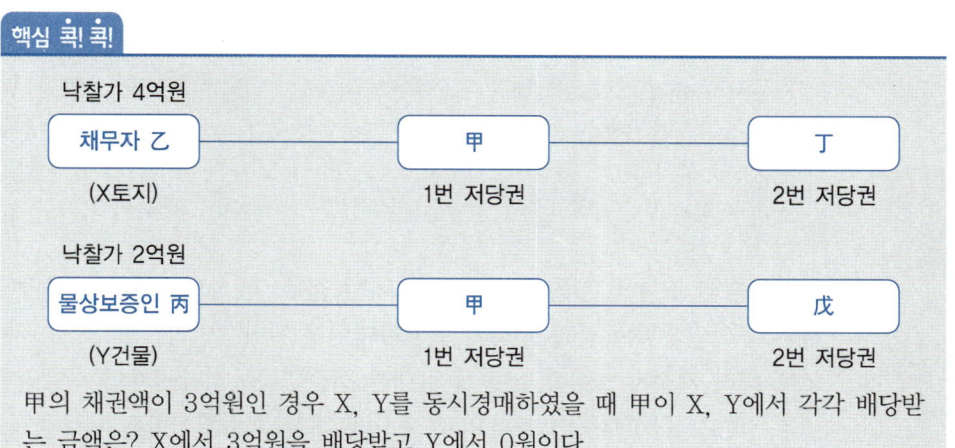
>
> 甲의 채권액이 3억원인 경우 X, Y를 동시경매하였을 때 甲이 X, Y에서 각각 배당받는 금액은? X에서 3억원을 배당받고 Y에서 0원이다.

(2) 이시배당

여러 개의 공동담보물 중에서 채권자는 공동저당의 어느 '일부 부동산만을 경매'하여 그 대가를 먼저 배당하는 경우에는 공동저당권자는 그 대가로부터 '채권 전부'의 변제를 받을 수 있다.

① **후순위자의 대위권(전제조건 – 담보물이 모두 채무자의 소유인 때)**: X부동산을 먼저 경매하여 배당금을 받아내지 못한 X부동산의 차순위저당권자는 선순위저당권자가 동시배당을 했더라면 다른 부동산 Y의 경매대가에서 변제를 받을 수 있는 금액의 한도에서 선순위자를 대위하여 저당권을 행사할 수 있다(제368조 제2항).

② **담보물이 '하나는 채무자 소유이고, 다른 하나는 물상보증인 소유인 때'**

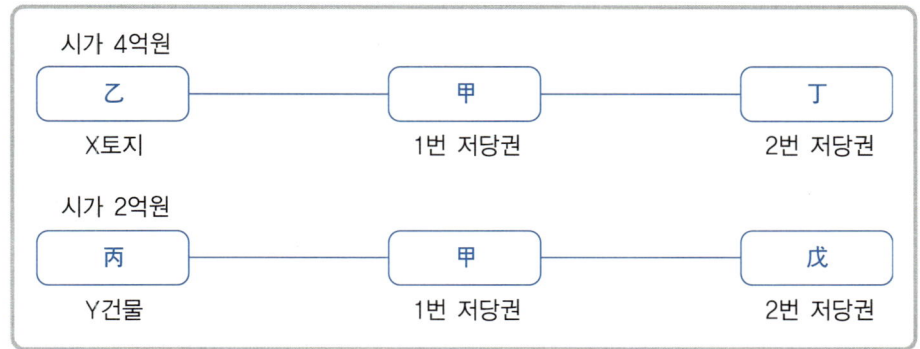

㉠ **채무자 소유의 부동산이 먼저 경매된 경우**: 채무자 소유 X부동산을 먼저 경매했으나 후순위권리자가 배당을 못 받은 경우 '채무자 소유 X부동산의 후순위저당권자'는 물상보증인 소유의 Y부동산에 있는 1번 저당권을 대위행사할 수 없다.

> **기출 CHECK ✓**
>
> 채무자 소유와 물상보증인 소유의 부동산에 공동저당이 있는 상황에서 물상보증인의 부동산이 먼저 경매된 경우, 물상보증인 부동산의 후순위저당권자는 채무자부동산에 있는 1번 저당권에 대하여 물상대위를 할 수 있다.
>
> 정답 O

> **채무자 소유의 부동산에 대한 후순위저당권자의 경우**
> '채무자 소유의 부동산에 대한 후순위저당권자'는 「민법」제368조 제2항 후단에 의하여 1번 공동저당권자를 대위하여 '물상보증인 소유의 부동산'에 대하여 저당권을 행사할 수 없다(대판 1995.6.13, 95마500). 왜냐하면 물상보증인은 채무자 소유 후순위권리자를 보증해 줄 의사가 전혀 없기 때문이다.

ⓒ 물상보증인 소유의 부동산이 먼저 경매된 경우: 물상보증인은 채무자에 대하여 구상권을 취득함과 동시에 변제자대위에 관한 「민법」제481조, 제482조에 따라 채무자 소유의 부동산에 대한 선순위공동저당권자의 저당권을 대위취득하고, 물상보증인 소유의 부동산에 대한 후순위저당권자는 물상보증인이 대위취득한 채무자 소유의 부동산에 대한 선순위공동저당권자의 저당권에 대하여 물상대위를 할 수 있다(대판 2015.11.27, 2013다41103).

채무자 소유 X부동산을 먼저 경매한 경우	물상보증인 소유 Y부동산을 먼저 경매한 경우
배당금을 받지 못한 채무자 소유의 후순위저당권자는 '물상보증인 Y부동산' 1번 저당권을 대위할 수 없다.	• 자기 소유 부동산이 먼저 경대된 물상보증인은 채무자에게 구상권을 취득하여 채무자 소유 X부동산에 있는 1번 저당권을 대위취득한다. • 이때 물상보증인 부동산의 후순위권리자는 '채무자 소유 X부동산'에 있는 1번 저당권을 물상대위할 수 있다.

> **확인예제**
>
> 甲은 채무자 乙의 X토지와 제3자 丙의 Y토지에 대하여 피담보채권 5천만원의 1번 공동저당권을, 丁은 X토지에 乙에 대한 피담보채권 2천만원의 2번 저당권을, 戊는 Y토지에 丙에 대한 피담보채권 3천만원의 2번 저당권을 취득하였다. Y토지가 경매되어 배당금액 5천만원 전액이 甲에게 배당된 후 X토지 매각대금 중 4천만원이 배당되는 경우, 戊가 X토지 매각대금에서 배당받을 수 있는 금액은? (다툼이 있으면 판례에 의함)
>
> 제25회
>
> ① 0원
> ② 1천만원
> ③ 2천만원
> ④ 3천만원
> ⑤ 4천만원

해설

- 1번 저당권자가 물상보증인의 부동산을 먼저 경매실행한 경우
  보증인의 Y토지는 甲(1번 저당권) ➡ 戊(2번 저당권) 순으로 배당된다.
  보증인이 채무자의 X토지에 대한 1번 저당권을 물상대위한다.
- X토지가 나중에 경매되면 보증인 부동산의 차순위자(2번 저당권자 戊)가 자신의 채권액 3천만원을 채무자의 X토지에 있는 1번 저당권을 대위하게 된다.

정답: ④

02 근저당권 제26·28·31·33·34·35회

> 제357조【근저당】
> ① 저당권은 그 담보할 채무의 최고액만을 정하고 채무의 확정을 장래에 보류하여 이를 설정할 수 있다. 이 경우에는 그 확정될 때까지의 채무의 소멸 또는 이전은 저당권에 영향을 미치지 아니한다.
> ② 전항의 경우에는 채무의 이자는 최고액 중에 산입한 것으로 본다.

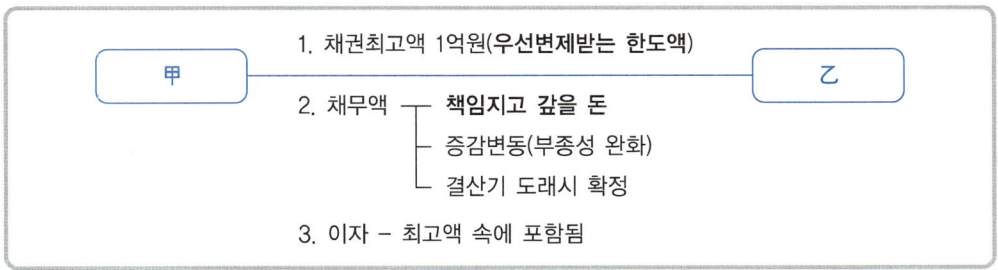

1. 특징

(1) 근저당이란 '계속적인 거래관계로부터 생기는 불특정다수의 장래채권'을 결산기에 있어서 일정한 '한도액(최고액)'까지 담보하려는 저당권을 말한다. 예컨대 동네식당과 상품도매상간의 상품공급계약, 상인과 은행간 당좌대월거래가 해당된다.

(2) **불특정채권 담보**

근저당권은 장래 증감변동하는 '불특정의 채권'을 담보하는 점에서 특정의 채권을 담보하는 보통의 저당권과는 다르다.

기출 CHECK ✓
근저당권은 불특정채권을 결산기에 있어서 일정한 한도액까지 담보하는 저당권이다.
정답 ○

용어사전
당좌대월
은행이 고객의 정기예금을 담보로 하여서 예금잔고액을 일정한도액까지 거래하는 것을 말한다.

(3) 부종성의 완화

근저당권은 채무액이 확정될 때까지 채무가 소멸해도 근저당권에 영향을 미치지 않는다. 따라서 보통의 저당권은 채무가 0원으로 소멸하면 저당권이 소멸하지만 근저당권은 채무액이 일시적으로 0원으로 존재하지 않더라도 근저당권은 계속적 거래관계를 목적으로 하므로 결산기 전에 일시적으로 채무액이 0원이어도 결산기까지 다른 불특정채무가 발생할 가능성이 있다면 근저당권은 소멸하지 않는다. 이것을 부종성의 완화라고 한다.

> **기출 CHECK** ✓
> 근저당권은 채무액이 확정될 때까지 채무가 소멸(채무가 0원)해도 근저당권에 영향을 미치지 않는다.
> 정답 O

2. 근저당권의 성립

(1) 근저당권설정계약의 기초

근저당권설정계약을 함에 있어서 가장 기본이 되는 것은 근저당권설정자와 근저당권자(채권자) 등 계약의 당사자를 정하고, 피담보채권의 기초가 되는 기본계약관계, 근저당권에 의해 담보되는 피담보채권을 성립시킨 후, 채권최고액을 정하는 것이다.

(2) 기본계약의 결정

> ① 근저당권설정계약시에는 담보할 채권의 최고액과 피담보채권의 기초가 되는 계속적 법률관계, 즉 기본계약관계도 정하여야 한다. 따라서 근저당권 설정행위와 피담보채권의 기초가 되는 법률행위, 즉 기본계약관계는 별도로 있어야 하므로 근저당권 설정계약만을 체결하고 기본계약관계를 성립시키는 의사표시가 없는 때에는 근저당권은 무효이다(대판 2004.5.28, 2003다70041).
> ② 근저당권설정등기가 경료된 경우 기본계약의 존재는 추정되지 아니한다(판례).

(3) 채권최고액은 필수적 등기사항

① **채권최고액**: 필수적으로 반드시 등기하여야 한다.
② 이자는 등기할 필요가 없다. 이자는 최고액 중에 산입한 것으로 본다.

> **기출 CHECK** ✓
> 근저당권을 설정할 때 채권최고액은 필수적 등기사항이다.
> 정답 O

3. 근저당권의 효력

(1) 근저당권은 계약에서 정한 채권최고액의 범위 내에서 증감변동한다.

(2) **채권최고액** 제26회

① 최고액이란 '우선변제를 받을 수 있는 한도액'(은행이 배당받아 갈 수 있는 최대 한도액)을 의미하는 것이지 '책임의 한도액'을 의미하는 것은 아니다(판례).
② 결산기에 확정된 채무액이 '1억 5천만원'이고, 채권최고액이 '1억원'일 경우
  ㉠ 근저당권자는 목적물의 경매될 경우 우선변제 받는 금액: 채권액 1억 5천만원이 아니라 등기된 최고액 '1억원 한도로 후순위권리자보다 우선변제'를 받는다.

> **기출 CHECK** ✓
> 근저당권의 최고액은 우선변제를 받을 수 있는 한도액이지 책임의 한도액은 아니다.
> 정답 O

ⓒ 채권액이 최고액을 초과하는 경우 근저당권을 말소를 위한 변제금액은?
  ⓐ 채무자 겸 근저당권설정자는 채무전액을 변제해야 한다. '근저당권자와 채무자 겸 설정자 사이'에는 채권 전액 변제가 있을 때까지 근저당권의 효력은 최고액과는 관계없이 잔존채무에 미친다. 그러므로 채무자는 최고액만을 변제하고 근저당설정등기의 말소를 청구할 수 없고 채무전액을 변제하여야 근저당권을 말소청구할 수 있다(대판 2010.5.13, 2010다3681).
  ⓑ 물상보증인이나 제3취득자는 채권최고액을 한도로 당해 부동산으로 담보적 책임을 부담하므로 최고액을 변제하면 근저당권을 말소할 수 있다. 따라서 물상보증인은 채권최고액을 초과하는 부분까지 변제할 의무가 있는 것은 아니다(대판 1974.12.10, 74다998).
  한편 제3취득자는 채무자나 제3자가 일부를 변제한 경우 잔존 피담보채권액이 채권최고액을 초과하는 한 담보부동산에 의한 자신의 책임이 일부 변제부분만큼 감축되었다고 주장할 수 없다(대판 2007.4.26, 2005다38300).
  ⓒ 근저당권보다 '후순위저당권자'는 최고액을 변제하여도 근저당권을 소멸청구할 수 없다. 왜냐하면 후순위저당권자는 제3취득자가 아니기 때문이다.

(3) 근저당권은 '채권최고액'의 범위 내에서만 채권을 담보한다.
  ① 피담보채권액이 최고액을 초과하는 경우 근저당권은 최고액까지만 담보되며, 최고액을 초과하는 부분은 근저당권에 의하여 담보되지 않는다.
  ② 최고액의 범위 이내면 지연이자는 보통의 저당권(지연이자는 1년분의 제한 있음)과는 달리 '1년분의 제한 없이' 담보된다.
  ③ 이자는 채권최고액 속에 포함되어 있다(제357조 제2항).
    ㉠ 근저당권의 실행비용은 최고액에 포함되지 않는다.
    ㉡ 최고액이 1억원이고 채권액이 1억원, 이자가 1,500만원, 실행비용이 500만원일 경우 근저당권자가 우선변제로 받는 금액은 최고액 1억원과 실행비용 500만원까지만이다. 여기서 이자 1,500만원은 최고액 1억원 안에 포함되어 있으므로 우선변제를 받을 수 없는 돈이다.

(4) 피담보채권 확정시기 제27·30·31회
  ① 결산기의 도래: 당사자가 정한 결산기가 도래한 때 채권액은 확정된다.
  ② 기본계약의 해지: 결산기의 정함이 없는 경우에는 '언제든지 기본계약 해지'의 의사표시를 함으로써 피담보채무를 확정시킬 수 있다. 이러한 계약해제, 해지의 권한은 근저당부동산의 '소유권을 취득한 제3자'도 원용할 수 있다(판례).
  ③ 채무자의 파산선고시, 회사정리절차의 개시가 있는 때는 피담보채권은 확정된다.
  ④ 존속기간이 있는 근저당권은 그 기간이 만료한 때 피담보채무가 확정된다.

기출 CHECK ✓

1 채권액이 최고액을 초과하는 경우 물상보증인이나 제3취득자는 최고액만을 변제하고 근저당말소를 청구할 수 있다.
정답 O

2 근저당권의 채권액이 최고액을 초과하는 경우 채무자는 최고액만을 변제하고 근저당설정등기의 말소를 청구할 수 없다.
정답 O

3 이자는 채권최고액 속에 포함되어 있다.
정답 O

기출 CHECK ✓
1 1번 근저당권자가 경매를 신청하는 경우 1번 근저당권의 채권액이 확정되는 시기는 경매를 신청한 때이다.
정답 O

2 2번 근저당권자가 경매를 신청한 경우 선순위근저당권의 채권액이 확정되는 시기는 매각대금을 완납한 때이다.
정답 O

⑤ 근저당권자가 경매신청한 경우

㉠ 1번 근저당권자가 경매를 신청하는 경우 1번 근저당권의 채권액이 확정되는 시기는 '경매를 신청한 때'에 확정된다(대판 2002.11.26, 2001다73022).
㉡ 후순위근저당권자가 경매신청한 경우 선순위근저당권의 채권액이 확정되는 시기는 경매신청시가 아니라 선순위근저당권이 소멸되는 시점, 즉 '매각대금을 완납한 때' 확정된다(대판 1999.9.21, 99다26085).
㉢ 경매신청을 취하한 경우: 근저당권자가 채무자의 채무불이행을 이유로 경매신청시에 채무액은 확정되는데 경매개시결정이 있은 후에 '경매신청이 취하'되었다 하더라도 채무확정의 효과는 번복되는 것이 아니다(대판 2002.11.26, 2001다73022).

(5) 채권액 확정의 효과
① 채권액이 확정되면 보통의 저당권으로 된다. 피담보채권이 확정되면 근저당권은 보통의 저당권과 동일하게 변하므로 확정된 채권액까지만 담보되고 그 후에 발생하는 채권은 근저당권에 의하여 담보되지 않는다.
② 결산기에 확정된 채권액이 최고액에 미달하는 때는 최고액까지가 아니라 확정된 채권액만을 우선변제받을 수 있다.

기출 CHECK ✓
채권이 확정된 이후에 새로운 거래로 발생한 채권액이 최고액에 미달하는 경우, 그 채권은 근저당권에 의해 담보되지 않는다.
정답 O

③ 채권이 확정된 이후 새로운 거래로 발생한 채권액이 최고액에 미달하는 경우에는 확정된 채권액만 근저당권으로 담보된다. 기본계약이 종료되거나 경매신청으로 채권액이 확정된 이후 새로운 거래로 발생한 채권은 최고액 미만이어도 근저당권으로 담보되지 않는다. 근저당권자가 경매신청한 후 발생한 대여금채권도 경매신청시에 채권이 확정되므로 그 후의 대여금채권은 근저당권에 의하여 담보되지 않는다(판례).

4. 근저당권의 변경 및 소멸

(1) 최고액의 변경
당사자는 계약에 의하여 근저당권설정계약으로 정한 최고액과 존속기간을 변경할 수 있다. 이때 최고액의 증액은 후순위권리자의 배당액수가 줄어들게 되므로 '후순위저당권자가 승낙'하여야 한다.

(2) 기본계약의 추가, 변경
① 근저당권이 설정된 후 당사자는 기본계약을 변경하거나 추가할 수 있다. 즉, 물품외상거래를 기본계약으로 거래하던 중 당좌대월계약을 추가할 수 있다.

② 채권이 확정되기 전에 당사자는 채무원인을 변경, 추가할 수 있으며 이때 후순위채권자의 승낙을 요하지 않는다. 채무원인을 추가하여도 최고액을 증액하지 않는 한 어차피 최고액 초과부분은 담보되지 않고 최고액 한도로만 담보되기 때문에 후순위자에게 피해를 주지 않기 때문이다.

(3) 채무범위나 채무자의 변경

채무 또는 채무자의 변경도 후순위자의 승낙없이 가능하다. 채무의 범위나 채무자가 변경된 경우에는 당연히 변경된 범위에 속하는 채권이나 채무자에 대한 채권만이 근저당권에 의하여 담보되고 '변경 전'의 범위에 속하는 채권이나 채무자에 대한 채권은 그 근저당권에 의하여 담보되는 채무의 범위에서 제외된다(대판 1999.5.14, 97다15777).

(4) 근저당권의 이전

① 채권 '확정 후' 양도: 채권이 확정된 경우 보통의 저당권처럼 채권의 전부나 일부가 양도되거나 대위변제되면 근저당권도 채권과 같이 이전한다(대판 2002.7.26, 2001다53929).

② 채권 '확정 전' 양도: 거래 계속 중인 경우 피담보채권이 확정되기 전 채권의 일부를 양도하거나 제3자가 일부를 대위변제한 경우 그 채권의 일부가 대위변제되었다 하더라도 근저당 거래가 계속되는 관계로 근저당권의 피담보채권이 확정되지 않는 동안에는 양수인이나 대위변제자에게 근저당권이 수반하여 이전하지 않는다(대판 2002.7.26, 2001다53929).

(5) 근저당권의 소멸

① 근저당권은 피담보채권이 확정되기 전에는 발생한 채무를 변제하여도 소멸하지 않는다. 그러나 채무확정 전이라도 채권이 소멸하거나 거래의 계속을 원하지 않을 경우에는 근저당권 설정계약을 해지하고 설정등기의 말소를 청구할 수 있다(대판 2006.4.28, 2005다74108).

② 당사자간의 약정이나 합의로 근저당권을 소멸시킬 수 있다.

③ 근저당권이 설정된 후 부동산의 소유권이 양도된 경우 종전 소유자도 근저당권의 말소를 청구할 수 있다. 근저당권이 설정된 후 부동산의 소유권이 양도되어 제3자에게 이전한 경우 채무소멸을 원인으로 근저당권의 말소를 청구할 수 있는 사람은 누구인지에 대하여 판례는 현재의 소유자는 소유권에 기한 물권적 청구권으로 채무소멸을 원인으로 근저당권 말소를 청구할 수 있다고 본다. 종전 소유자인 근저당권설정자도 계약당사자로서 근저당권의 말소를 청구할 수 있다(대판 1994.1.25, 93다16338 전원합의체).

기출 CHECK ✓

근저당권이 설정된 후 부동산의 소유권이 양도된 경우 종전 소유자도 근저당권의 말소를 청구할 수 있다.

정답 O

> **확인예제**
>
> 근저당권에 관한 설명으로 <u>틀린</u> 것은? (다툼이 있으면 판례에 따름) 제31회
> ① 채무자가 아닌 제3자도 근저당권을 설정할 수 있다.
> ② 채권자가 아닌 제3자 명의의 근저당권설정등기는 특별한 사정이 없는 한 무효이다.
> ③ 근저당권에 의해 담보될 채권최고액에 채무의 이자는 포함되지 않는다.
> ④ 근저당권설정자가 적법하게 기본계약을 해지하면 피담보채권은 확정된다.
> ⑤ 근저당권자가 피담보채무의 불이행을 이유로 경매신청을 한 경우에는 경매신청시에 피담보채권액이 확정된다.
>
> **해설**
> 근저당권에 의해 담보될 채권최고액에 채무의 이자는 포함된다. 정답: ③

03 공동근저당권

(1) 의의

담보물이 여러 개인 공동저당권과 채권최고액을 한도로 하는 근저당권이 결합된 형태를 말한다.

(2) 공동근저당에서 채권액의 확정시기

공동근저당권자가 목적 부동산 중 일부 부동산(X)에 대하여 제3자가 신청한 경매절차에 소극적으로 참가하여 우선배당을 받은 경우, 해당 부동산에 관한 근저당권의 피담보채권은 그 근저당권이 소멸하는 시기, 즉 매수인이 매각대금을 지급한 때에 확정된다. 그러나 나머지 목적 부동산 Y에 관한 근저당권의 피담보채권은 기본거래가 종료하거나 채무자가 파산이 선고되는 등의 다른 확정사유가 발생하지 아니하는 한 확정되지 아니한다(대판 2017.9.21, 2015다50637).

(3) 동시배당 방법

공동근저당권이 설정된 목적 부동산에 대하여 동시배당이 이루어지는 경우에 공동근저당권자는 '채권최고액 범위 내'에서 피담보채권을 「민법」 제368조 제1항에 따라 부동산별로 나누어 각 환가대금에 비례한 액수로 배당받으며, 공동근저당권의 각 목적 부동산에 대하여 채권최고액만큼 반복하여, 이른바 누적적으로 배당받지 아니한다(대판 2017.12.21, 2013다16992 전원합의체).

(4) 공동근저당에서 이시배당이 이루어지는 경우 배당방법은?

> |사례|
> - 甲은 乙에게 1억원을 대출해 주고 乙 소유 X토지, Y건물에 최고액 1억원으로 공동근저당을 취득하였다.
> - X토지(낙찰가 7천만원)을 甲이 먼저 배당받은 경우 그 후 Y건물의 경매에서 건물낙찰가액이 5천만원이면 甲이 Y건물의 경매에서 우선변제받는 금액은?
>
> 최고액 1억원 − X토지(낙찰가 7천만원) = Y건물에서 우선배당받는 금액

① 공동근저당권이 설정된 목적 부동산에 대하여 이시배당이 이루어지는 경우에도 동시배당의 경우와 마찬가지로 공동근저당권자가 공동근저당권 목적 부동산의 각 환가대금으로부터 채권최고액만큼 반복하여 배당받을 수는 없다.

② 공동담보의 나머지 목적 부동산 Y에 대하여 공동근저당권자로서 행사할 수 있는 우선변제권의 범위는 이후에 피담보채권액이 증가하더라도 최초의 채권최고액에서 위와 같이 우선변제받은 금액을 공제한 나머지 채권최고액으로 제한된다(대판 2017.12.21, 2013다16992 전원합의체).

기출 CHECK ✓
공동근저당권이 설정된 목적 부동산에 대하여 X에서 먼저 배당받고 나머지 목적 부동산 Y에 대하여 우선변제권의 범위는 최초의 채권최고액에서 우선변제받은 금액을 공제한 나머지 채권최고액으로 제한된다.

정답 **O**

> **확인예제**
>
> 甲은 乙에게 1억원을 대출해주고, 乙 소유의 X토지와 Y토지에 관하여 채권최고액 1억 2,000만원으로 하는 1순위 공동근저당권을 취득하였다. 그 후 甲은 丙이 신청한 X토지의 경매절차에서 8,000만원을 우선 변제받았다. 이후 丁이 신청한 경매절차에서 Y토지가 2억원에 매각되었고, 甲의 채권은 원리금과 지연이자 등을 포함하여 경매신청 당시는 5,000만원, 매각대금 완납시는 5,500만원이다. 甲이 Y토지의 매각대금에서 우선 배당받을 수 있는 금액은? (다툼이 있으면 판례에 따름) 제29회
>
> ① 2,000만원
> ② 4,000만원
> ③ 5,000만원
> ④ 5,500만원
> ⑤ 6,000만원
>
> **해설**
>
> 채무자 乙 X토지(1억 2천만원 최고액) ── 甲(1번 근저당권) 8천만원 배당 ── 丙(후순위자)
> Y토지(1억 2천만원 최고액) ── 甲(1번 근저당권) ? ── 丁(후순위자)
>
> 1번 공동근저당권자 甲은 乙소유 X토지에서 8천만원을 우선변제받았고, 그 후에 이시배당으로 Y토지에서 우선변제받는 금액은 X토지의 채권최고액(1억 2천만원) − X토지에서 우선변제받은 금액(8천만원) = 4천만원까지를 Y토지의 매각대금에서 우선배당받을 수 있는 금액이다. 정답: ②

 **Memo**

Memo

Memo

저자 약력

양민

현 | 해커스 공인중개사학원 민법 및 민사특별법 대표강사
해커스 공인중개사 민법 및 민사특별법 동영상강의 대표강사

전 | EBS 민법 및 민사특별법 더표강사
MTN 민법 및 민사특별법 대표강사
고시동네 민법 및 민사특별법 대표강사
랜드프로 민법 및 민사특별법 대표강사

저서 | 민법 및 민사특별법(기본서·핵심요약집), 랜드프로, 2020~2021
민법 및 민사특별법(기출문제집), 랜드프로, 2020~2022
민법 및 민사특별법(한손노트), 랜드프로, 2021~2022
민법 및 민사특별법(기본서), 해커스패스, 2023~2025
민법 및 민사특별법(급소지문특강), 해커스패스, 2022
민법 및 민사특별법(한손노트), 해커스패스, 2023~2025
민법 및 민사특별법(핵심요약집), 해커스패스, 2024~2025
민법 및 민사특별법(단원별 기출문제집), 해커스패스, 2025
민법 및 민사특별법(출제예상문제집), 해커스패스, 2023~2025
공인중개사 1차(기초입문서), 2023~2026
공인중개사 1차(핵심요약집), 해커스패스, 2023
공인중개사 1차(단원별 기출문제집), 해커스패스, 2023~2024

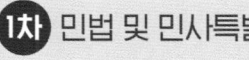

해커스 공인중개사 기본서

1차 민법 및 민사특별법

개정4판 1쇄 발행 2026년 1월 5일

지은이	양민
펴낸곳	해커스패스
펴낸이	해커스 공인중개사 출판팀
주소	서울시 강남구 강남대로 428 해커스 공인중개사
고객센터	1588-2332
교재 관련 문의	land@pass.com
	해커스 공인중개사 사이트(land.Hackers.com) 1:1 무료상담
	카카오톡 채널 [해커스 공인중개사]
학원 강의 및 동영상강의	land.Hackers.com
ISBN	979-11-7404-632-1 (13360)
Serial Number	04-01-01

저작권자 ⓒ 2026, 양민
이 책의 모든 내용, 이미지, 디자인, 편집 형태는 저작권법에 의해 보호받고 있습니다.
서면에 의한 저자와 출판사의 허락 없이 내용의 일부 혹은 전부를 인용, 발췌하거나, 복제, 배포할 수 없습니다.

공인중개사 시험 전문,
해커스 공인중개사 land.Hackers.com

- 해커스 공인중개사학원 및 동영상강의
- 해커스 공인중개사 온라인 전국 실전모의고사
- 해커스 공인중개사 무료 학습자료 및 필수 합격정보 제공

해커스 공인중개사

공인중개사 1위 해커스
한경비즈니스 2024 한국브랜드만족지수 교육(온·오프라인 공인중개사 학원) 1위

합격 이후까지 함께하는
해커스 공인중개사
동문회 혜택

공인중개사 합격자모임 초대

합격생 총동문록 제공
 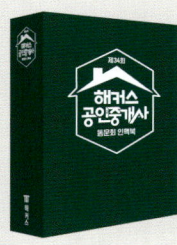

선배들의 현업 노하우 전수

해공회 정기모임

공동중개, 고급정보 실시간 교류

동문회 주최 실무교육

선후배 결연 멘토링

해커스 공인중개사

공인중개사 1위 해커스
한경비즈니스 2024 한국브랜드만족지수 교육(온·오프라인 공인중개사 학원) 1위

해커스 공인중개사
100% 환급 평생수강반

* 교재비 환급대상 제외, 제세공과금 본인부담
* 상품페이지 이용안내 필수 확인

합격할 때까지 평생 **무제한 수강**	전과목 최신교재 **21권 제공**	2026 대비 **3대 유료특강 제공**

* 매년 응시확인서 제출 필요		

 온가족 5명 줄줄이 합격!
해커스 합격생 정*진 님

 15세 중학생 역대 최연소 합격!
해커스 합격생 문*호 님

 70대 어르신도 해커스로 합격!
해커스 합격생 김*호 님

지금 등록 시 **최대할인 쿠폰지급**

 지금 바로 수강신청 ▶

* 상품 구성 및 혜택은 추후 변동 가능성 있습니다. 상품에 대한 자세한 정보는 이벤트페이지에서 확인하실 수 있습니다. * 상품페이지 내 유의사항 필수 확인

해커스 공인중개사

공인중개사 1위 해커스
한경비즈니스 2024 한국브랜드만족지수 교육(온·오프라인 공인중개사 학원) 1위

해커스 공인중개사 기본서
기본이론 50% 할인

50%

| 2026년 시험 대비 기본이론 단과강의 할인쿠폰 |

EEE836AF23EAECFK

해커스 공인중개사 사이트 land.Hackers.com에 접속 후 로그인
▶ [나의 강의실 - 쿠폰 등록] ▶ 본 쿠폰에 기재된 쿠폰번호 입력

- 아이디당 1회에 한하여 사용 가능하며, 다른 할인수단과 중복 사용 불가합니다.
- 본 쿠폰은 기본이론 단과강의에만 적용됩니다.
- 쿠폰 사용 기간: 등록 후 7일간 사용
- 쿠폰 유효 기한: 2026년 10월 24일

| 온라인 전국 실전모의고사 응시방법 |

우측 QR코드를 통해 접속하여 로그인 후 신청

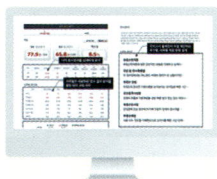

개인 성적분석
서비스 당일제공

스타 교수진
해설강의 제공

시험지, OMR 카드 제공
*온라인 응시생은 인쇄 후 사용가능

- 기타 쿠폰 사용과 관련된 문의는 해커스 공인중개사 고객센터 1588-2332로 연락해 주시기 바랍니다.

해커스 공인중개사

공인중개사 1위 해커스
한경비즈니스 2024 한국브랜드만족지수 교육(온·오프라인 공인중개사 학원) 1위

시간이 없을수록, 기초가 부족할수록, 결국 강사력

강의만족도 96.4%
최정상급 스타교수진

[96.4%] 해커스 공인중개사 2023 수강생 온라인 설문결과(해당 항목 응답자 중 만족의견 표시 비율)

다른 학원에 비해 교수님들의 **강의실력이 월등히 높다**는 생각에 해커스에서 공부를 하게 되었습니다.

-해커스 합격생 김정헌 님-

해커스 교수님들의 강의력은 타 어떤 학원에 비해 정말 **최고**라고 단언할 수 있습니다.

-해커스 합격생 홍진한 님-

해커스 공인중개사 교수진이 정말 **최고입니다.** 그래서 합격했고요.

-해커스 합격생 한주석 님-

해커스의 가장 큰 장점은 최고의 교수진이 아닌가 생각합니다. 어디를 내놔도 최고의 **막강한 교수진**이라고 생각합니다.

-해커스 합격생 조용우 님-

잘 가르치는 정도가 아니라 어떤 교수님이라도 너무 열심히, 너무 열성적으로 가르쳐주시는데 대해서 정말 감사히 생각합니다.

-해커스 합격생 정용진 님-

해커스처럼 이렇게 열심히 의욕적으로 가르쳐주시는 교수님들 타학원에는 **없다**고 확신합니다.

-해커스 합격생 노준영 님-

해커스 공인중개사

공인중개사 1위 해커스
한경비즈니스 2024 한국브랜드만족지수 교육(온·오프라인 공인중개사 학원) 1위

다른 곳에서 불합격해도 해커스에선 합격, 시간 낭비하기 싫으면 해커스!

제 친구는 타사에서 공부를 했는데, 떨어졌어요. 친구가 '내 선택이 잘못됐었나?' 이런 얘기를 하더라고요. 그래서 제가 '그러게 내가 말했잖아, 해커스가 더 좋다고.'라고 얘기했죠. 해커스의 모든 과정을 거치고 합격을 해보니까 알겠어요. **어디 내놔도 손색없는 1등 해커스 스타교수님들과 해커스 커리큘럼으로 합격할 수 있었습니다.**

해커스 합격생 은*주 님

아는 언니가 타학원 OOO에서 공부했는데 1, 2차 다 불합격했고, **해커스를 선택한 저만 합격했습니다.** 타학원은 적중률이 낮아서 불합격했다는데, 어쩜 해커스 교수님이 낸 모의고사에서 뽑아낸 것처럼 시험이 나왔는지, 정말 감사드립니다. 해커스를 선택한 게 제일 잘한 일이에요.

해커스 합격생 임*연 님

타사에서 3년 재수.. 해커스에서 해내다.. ^^

어린 아들을 둘 키우다 보니 학원은 엄두도 못내고, 인강으로만 해야 했는데, 사실 다른 사이트에서 인강 3년을 들었어요. 그리고 올해 해커스로 큰맘 먹고 바꾸고, 두 아들이 6살 7살이 된 올해 말도 안되게 합격했습니다. 진작 갈아 탔으면 하는 생각이 듭니다. 솔직히 그 전에 하던 곳과는 너무 차이가 났습니다. **특히 마지막 요약과 정리는 저처럼 시간을 많이 못내는 사람들에게는 최고입니다.**

해커스 합격생 김*정 님

타사에서 재수하고 해커스에서 합격!

저는 타사에서 공부했던 수험생입니다. 열심히 했지만 작년 시험에서 떨어졌습니다. 실제 시험에서 출제되었던 모든 문제의 난이도와 유형이 그 타사 문제집의 난이도와는 상상할 수 없이 달랐습니다. 저는 교재 수정도 잘 안되고 난잡했던 타사 평생회원반을 버리고 해커스로 옮겨보기로 결심했습니다. 해커스 학원에서 강의와 꾸준한 복습으로 6주, 정확하게는 **올해 3개월 공부해서 2차 합격했습니다.** 이는 모두 해커스 공인중개사 교수님들의 혼신을 다하신 강의의 질이 너무 좋았다고 밖에 평가되지 않습니다. 저의 이번 성공을 많은 분들이 함께 아시고 저처럼 헤매지 마시고 빠르게 공인중개사가 되는 길을 찾으셨으면 좋겠습니다.

해커스 합격생 이*환 님

해커스 공인중개사

공인중개사 1위 해커스
한경비즈니스 2024 한국브랜드만족지수 교육(온·오프라인 공인중개사 학원) 1위

교재만족도 96.5%!
베스트셀러 1위 해커스 교재

[96.5%] 해커스 공인중개사 수강생 온라인 설문조사(2023.10.28.~12.27.) 결과(해당 항목 응답자 중 만족의견 표시 비율)

쉽고 재미있게 시작하는 만화 입문서
쉽게 읽히는 만화 교재
스토리텔링으로 오래 기억되는 공부

초보 수험생을 위한 왕기초 입문서
기초 용어 완벽 정리
쉽고 빠른 기초이론 학습

합격을 위해 반드시 봐야 할 필수 기본서
공인중개사 합격 바이블
출제되는 모든 이론 정리

시험에 나오는 핵심만 담은 압축 요약집
최단 시간 최대 효과
필수 이론 7일 완성

흐름으로 쉽게 이해하는 공법체계도
한눈에 이해가능한
구조로 학습하는 공법

10개년 기출 완전정복 단원별 기출문제집
기출문제 단원별 학습
쉽게 이해되는 상세한 해설

출제유형 완전정복 실전모의고사
유형별 문제풀이
실전감각 완벽 익히기

합격 최종 점검! 출제예상문제집
최신 출제경향 완벽 반영
꼼꼼하고 정확한 해설 수록

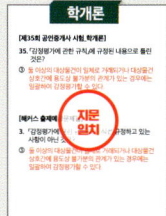
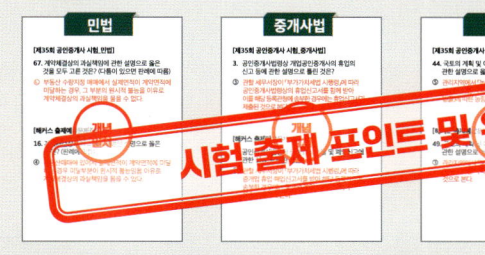
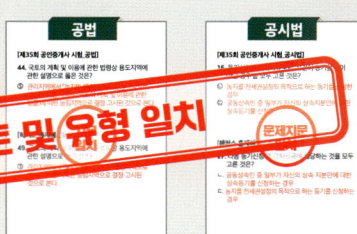
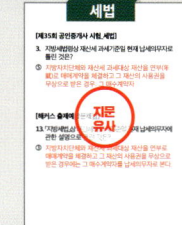

시험 출제 포인트 및 유형 일치

해커스 공인중개사

공인중개사 1위 해커스
한경비즈니스 2024 한국브랜드만족지수 교육(온·오프라인 공인중개사 학원) 1위

무료가입만 해도
6가지 특별혜택 제공!

전과목 강의 0원

스타교수진 최신강의
100% 무료수강
* 7일간 제공

합격에 꼭 필요한 교재 무료배포

최종합격에 꼭 필요한
다양한 무료배포 이벤트
* 비매품

기출문제 해설특강

시험 전 반드시 봐야 할
기출문제 해설강의 무료

전국모의고사 서비스 제공

실전모의고사 + 해설
강의까지 제공

막판 점수 UP! 파이널 학습자료

시험 직전 핵심자료 &
반드시 풀어야 할 600제 무료
* 비매품 * 이벤트 신청 시

개정법령 업데이트 서비스

계속되는 법령 개정도
끝까지 책임지는 해커스!

공인중개사 1위 해커스
지금 무료가입하고 이 모든 혜택 받기

해커스 공인중개사

기본서

1차 민법 및 민사특별법 ②

해커스 공인중개사

land.Hackers.com

공인중개사 합격을 위한 **필수 기본서,**
기초부터 실전까지 **한 번에!**

본 교재는 최근의 출제경향을 반영하여 아래와 같은 특징을 부각하여 수험서의 기능에 최대한 충실하도록 기획·제작되었습니다.

1. 법 개념과 관련된 사례 및 내용을 도식화함으로써 확실한 이해를 도울 수 있도록 하였습니다. '개념의 도식화'로 이해하기 쉽고 간결하게 정리하여 수험생들이 생소한 법에 접근하기 쉽고, 수험생과 어려운 법리와의 간극을 최소화하였습니다.
2. '목차의 도식화'로 전체 흐름을 잡아가는 데 유용하도록 구성하였습니다. 흐름을 따라가기 쉽지 않은 개념은 목차내비게이션을 통해 중점적으로 학습할 개념들을 미리 확인하고 학습할 수 있도록 하였습니다.
3. 주요 지문 및 쟁점이 되는 개념의 내용을 색자 처리하여 강조된 부분을 위주로 집중 학습할 수 있도록 하고, 복습시에도 효율적으로 내용을 정리할 수 있도록 하였습니다.

더불어 공인중개사 시험 전문 해커스 공인중개사(land.Hackers.com)에서 학원강의나 인터넷 동영상강의를 함께 이용하여 꾸준히 수강한다면 학습효과를 극대화할 수 있을 것입니다.

본 교재의 장점이 수험생의 열정에 더해져 아름다운 결실을 맺을 수 있도록 늘 응원합니다.

2025년 11월
양민

이 책의 차례

이 책의 구성	6
공인중개사 안내	8
공인중개사 시험안내	10
학습플랜	12
출제경향분석 및 수험대책	14

1권

제1편 민법총칙

제1장 | 법률관계와 권리변동 — 18
- 제1절 서론 — 19
- 제2절 권리의 변동 — 21
- 제3절 권리변동의 원인 — 23

제2장 | 법률행위 — 28
- 제1절 법률행위의 개념 — 29
- 제2절 법률행위의 요건 — 29
- 제3절 법률행위의 종류 — 31
- 제4절 법률행위의 목적(유효요건) — 34
- 제5절 법률행위의 해석 — 48

제3장 | 의사표시 — 54
- 제1절 총설 — 55
- 제2절 진의 아닌 의사표시(비진의표시) — 55
- 제3절 허위표시 — 59
- 제4절 착오에 의한 의사표시 — 66
- 제5절 하자 있는 의사표시(사기, 강박에 의한 의사표시) — 73
- 제6절 의사표시의 효력발생 — 80

제4장 | 법률행위의 대리(代理) — 84
- 제1절 대리제도 — 85
- 제2절 복대리(複代理) — 94
- 제3절 무권대리(無權代理) — 98
- 제4절 표현대리(表見代理) — 105

제5장 | 법률행위의 무효와 취소 — 116
- 제1절 법률행위의 무효(無效) — 117
- 제2절 법률행위의 취소(取消) — 127

제6장 | 조건과 기한 — 138
- 제1절 조건(條件) — 139
- 제2절 기한(期限) — 145

제2편 물권법

제1장 | 총설 — 154
- 제1절 물권법 총설 — 155
- 제2절 물권의 효력 — 162

제2장 | 물권의 변동 — 172
- 제1절 물권변동 — 173
- 제2절 부동산 물권변동에서 등기 여부 — 175
- 제3절 등기청구권 — 177
- 제4절 부동산 등기제도 — 183
- 제5절 동산물권의 변동 — 193
- 제6절 물권의 소멸 — 196

제3장 | 점유권 — 200
- 제1절 서설 — 201
- 제2절 점유의 종류 — 204
- 제3절 점유권의 취득, 점유의 승계 — 207
- 제4절 점유권의 효력 — 209
- 제5절 점유보호청구권 — 216

제4장 | 소유권 — 222
- 제1절 서설 — 223
- 제2절 상린관계 — 225
- 제3절 소유권의 취득 — 233
- 제4절 소유권에 기한 물권적 청구권 — 250
- 제5절 공동소유 — 253

제5장	용익물권	268
제1절	총설	269
제2절	지상권	269
제3절	지역권	288
제4절	전세권	293

제6장	담보물권	308
제1절	총설	309
제2절	유치권	311
제3절	저당권	325
제4절	특수 저당권(공동저당/근저당/공동근저당)	347

제4편　민사특별법

제1장	주택임대차보호법	484
제2장	상가건물 임대차보호법	506
제3장	가등기담보 등에 관한 법률	524
제4장	집합건물의 소유 및 관리에 관한 법률	538
제5장	부동산 실권리자명의 등기에 관한 법률	554

제36회 기출문제 및 해설　572

제3편　계약법

제1장	계약총론	368
제1절	총설	369
제2절	계약의 성립	374
제3절	계약의 효력	385
제4절	계약의 해제와 해지	403

제2장	계약각론	422
제1절	매매	423
제2절	교환	452
제3절	임대차	454

해커스 공인중개사
land.Hackers.com

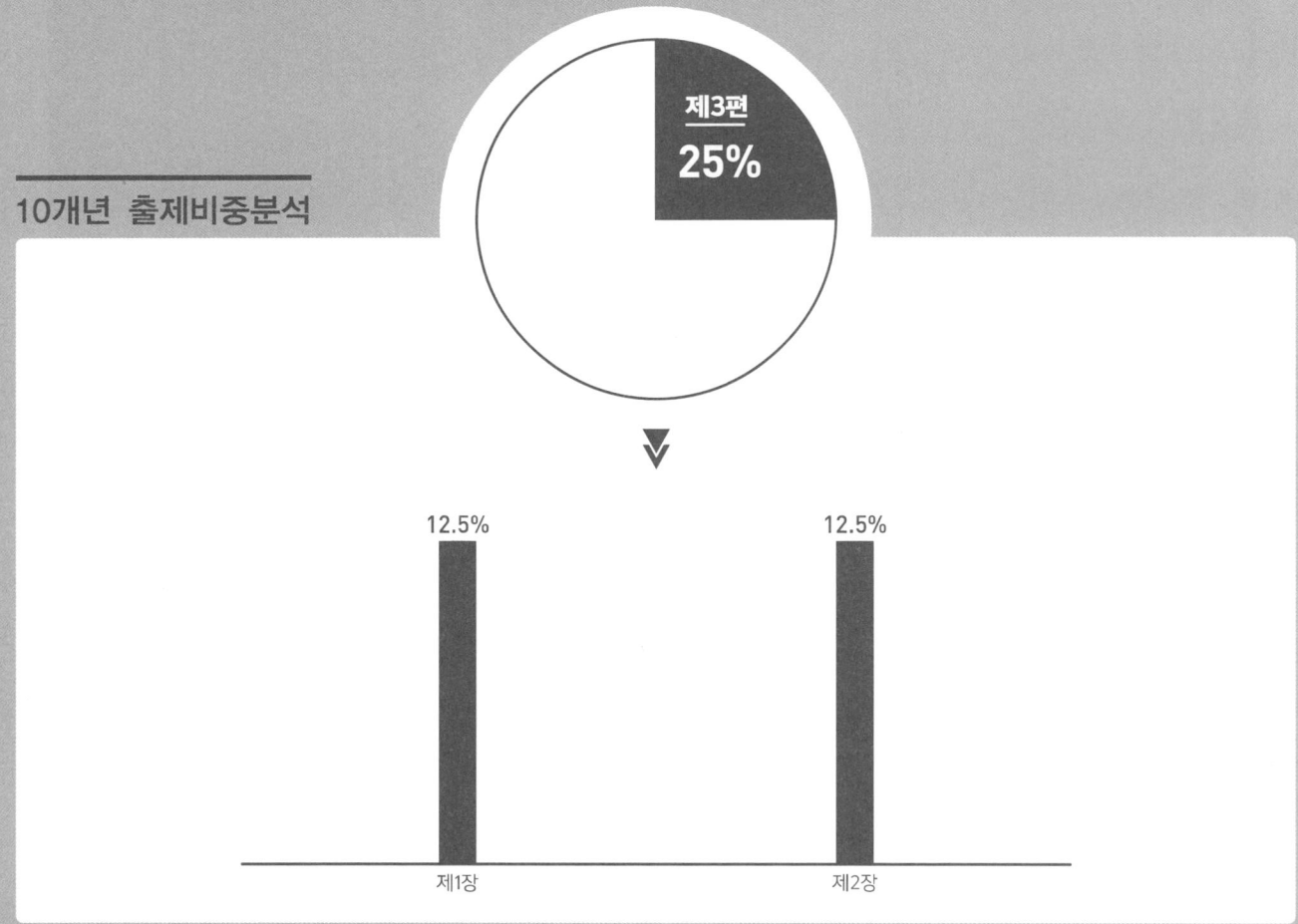

제3편

계약법

제1장 계약총론
제2장 계약각론

제1장 계약총론

목차 내비게이션 제3편 계약법

제1장 계약총론
- 제1절 총설
- 제2절 계약의 성립
- 제3절 계약의 효력
- 제4절 계약의 해제와 해지

제2장 계약각론

출제경향
- 계약의 종류, 쌍무계약과 유상계약의 관계가 자주 출제된다.
- 계약의 성립유형에서 1문항이 매년 출제되고 있다.
- 동시이행항변권에서 1문항, 위험부담에서 1문항이 출제되고 있다.
- 제3자를 위한 계약은 사례문제로 1문항이 매년 출제되고 있다.
- 계약해제는 해제의 원인, 해제시 제3자 보호 여부에서 1문항이 매년 출제되고 있다.

학습전략
- 계약의 종류에서는 쌍무계약과 유상계약의 관계를 학습하고 정리하여야 한다.
- 제3자를 위한 계약은 주로 사례문제가 출제되므로 관련 사례를 정리하여야 한다.

핵심개념

1. [총설]
   - 계약의 종류 ★★★☆☆ p.370

2. [계약의 성립]
   - 청약과 승낙에 의한 성립 ★★★★★ p.376
   - 계약체결상의 과실 책임 ★★☆☆☆ p.381

3. [계약의 효력]
   - 동시이행의 항변권 ★★★★☆ p.386
   - 위험부담의 사례응용 ★★★★★ p.393
   - 제3자를 위한 계약 사례응용 ★★★★★ p.398

4. [계약의 해제와 해지]
   - 해제권의 발생원인 ★★★☆☆ p.406
   - 해제의 효과, 제3자 보호문제 ★★★★☆ p.411

제1절 총설

01 계약의 의의

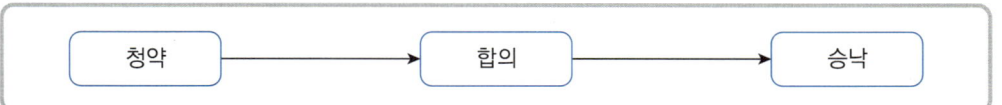

1. 의의

(1) 계약(contract, 契約)의 개념

① 계약의 구성요소: 청약자와 승낙자의 서로 대립하는 의사표시가 내용상 합치함으로써 이루어지는 법률행위를 말한다. 이러한 계약의 구성요소는 다음과 같다.
  ㉠ 복수당사자의 의사표시가 존재하여야 한다.
  ㉡ 쌍방의 의사합치가 있어야 한다. 따라서 계약의 의미와 내용에 관한 합치(객관적 합치)와 상대방에 관한 합치(주관적 합치)가 있어야 한다.
  ㉢ 의사표시는 쌍방간에 서로 대립적이고 교환적으로 이루어져야 한다.

② 계약준수의 원칙에서 출발
  ㉠ 계약은 타인과의 약속으로서 "약속은 준수하여야 한다(라틴어 pacta sunt servanda)"는 원칙에서 출발한다. 계약자에게 자유로운 의사결정의 계약자유를 인정하되 그렇게 체결된 계약은 당사자가 준수하여야 한다(계약준수의 원칙).
  ㉡ 「민법」 제2조 제1항에는 "권리의 행사와 의무의 이행은 신의에 좇아 성실히 하여야 한다."라고 규정하고 있으며 신의성실의 원칙(신의칙)을 우리나라 「민법」 전체를 지배하는 최고의 원리로 천명하고 있다.

(2) 계약은 채권계약을 의미함

넓은 의미의 계약에는 채권계약, 물권계약도 포함하지만 일반적으로 계약이라 하면 좁은 의미의 계약인 채권계약만을 의미한다.

목차 내비게이션

계약총론
1. 계약의 종류
2. 계약의 성립
3. **계약의 효력**
   - 동시이행항변권
   - 위험부담
   - 제3자를 위한 계약
4. 계약의 해제

용어사전

신의칙
신의와 성실을 가지고 행동하여 상대방의 신뢰와 기대를 배반하여서는 안 된다는 법의 원리이다(약속은 지켜야 한다).

채권계약
채권·채무를 발생시키는 내용의 계약이다.

2. 계약자유의 원칙

개인이 자율적 인격주체로서 타인과의 자유로운 의사결정에 기초하여 자신의 법률관계를 결정하고, 그 결과에 대하여 승인한다는 원칙을 계약자유의 원칙이라고 한다. 계약자유의 원칙은 다음과 같은 4가지를 포함하고 있다.

(1) 계약체결의 자유

계약을 체결할 것인지에 대하여 다른 누구에 의하여도 규제받지 않을 자유를 말한다. 계약은 청약과 승낙으로 이루어지므로 계약체결의 자유는 청약의 자유와 승낙의 자유를 포함한다. 그러므로 청약에 대하여 상대방에게 승낙을 거절할 자유도 당연히 인정된다.

(2) 상대방 선택의 자유

계약을 체결하고자 하는 경우 누구를 상대방으로 선택할 것인가는 당사자가 자유롭게 결정할 수 있다.

(3) 내용결정의 자유

계약을 체결할 경우에 그 내용을 어떻게 결정할 것인지에 대해 계약당사자가 스스로 결정할 수 있다. 다만, 약관에서는 작성자인 회사가 약관규정을 미리 작성하므로 고객에게 내용결정의 자유가 보장되지 않는다.

(4) 방식의 자유

당사자의 의사의 합치만으로 계약이 성립하고 특정한 방식은 요구되지 않음이 원칙이다. 즉, 「민법」은 계약을 함에 있어서 불요식을 원칙으로 한다.

> **기출 CHECK ✓**
> 「민법」은 불요식 행위가 원칙이다.
> 정답 O

02 계약의 종류 제28 · 31 · 33회

1. 전형계약(15개의 유명계약) · 비전형계약

(1) 「민법」에 명문으로 규정되어 있는 15종의 계약(매매, 증여 · 교환/소비대차 · 사용대차 · 임대차/위임, 도급, 여행계약, 고용, 임치, 조합, 종신정기금, 화해, 현상광고를 '전형계약'이라고 한다)이며, 공인중개사 시험 출제범위에 해당하는 것은 매매, 교환, 임대차 3개이다.

(2) 「민법」에 규정되어 있는 계약을 전형계약, 「민법」에 규정되어 있지 않은 계약을 비전형계약이라 한다. 예컨대, 부동산의 중개계약, 프로야구 선수와 구단간의 계약은 비전형계약이다.

2. 쌍무계약 · 편무계약

> 제563조【매매의 의의】매매는 당사자 일방이 재산권을 상대방에게 이전할 것을 약정하고 상대방이 그 대금을 지급할 것을 약정함으로써 그 효력이 생긴다.
>
> 제596조【교환의 의의】교환은 당사자 쌍방이 금전 이외의 재산권을 상호이전할 것을 약정함으로써 그 효력이 생긴다.
>
> 제618조【임대차의 의의】임대차는 당사자 일방이 상대방에게 목적물을 사용, 수익하게 할 것을 약정하고 상대방이 이에 대하여 차임을 지급할 것을 약정함으로써 그 효력이 생긴다.❶
>
> 제609조【사용대차의 의의】사용대차는 당사자 일방이 상대방에게 무상으로 사용, 수익하게 하기 위하여 목적물을 인도할 것을 약정하고 상대방은 이를 사용, 수익한 후 그 물건을 반환할 것을 약정함으로써 그 효력이 생긴다.❷
>
> 제664조【도급의 의의】도급은 당사자 일방이 어느 일을 완성할 것을 약정하고 상대방이 그 일의 결과에 대하여 보수를 지급할 것을 약정함으로써 그 효력이 생긴다.❸

❶ 쌍무 · 유상 · 낙성 · 불요식

❷ 편무 · 무상 · 낙성 · 불요식

❸ 쌍무 · 유상 · 낙성 · 불요식

기출 CHECK ✓
매매, 교환, 임대차는 쌍무, 유상, 낙성, 불요식 계약이다.

정답 O

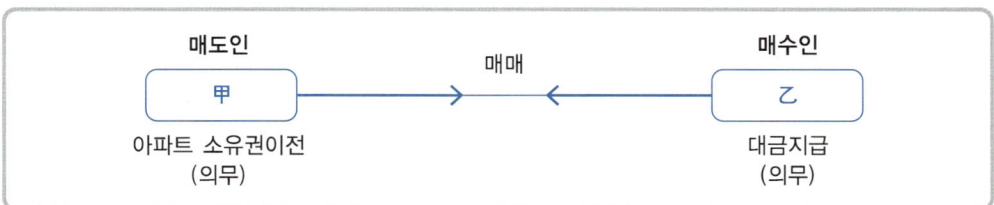

(1) 쌍무계약(bilateral contract)

① 의의: 쌍방이 서로 '대가적 의미의 채무를 부담하는 관계'에 있는 것을 말한다. 즉, 서로 맞물려 있다는 것이므로 '일방의 채무와 타방의 채무가 서로 의존관계에 있는 경우'를 뜻한다. 甲이 채무를 부담하는 것은 乙이 채무를 부담하기 때문이고 역으로 乙이 채무를 부담하는 것은 甲이 채무를 부담하기 때문이다. 상대방이 나에게 급부를 하니까 내가 급부를 하는 관계로서 양쪽의 채무가 상호간에 의존관계에 있는 것을 말한다. 이때 양 채무의 경제적 가치가 균등해야 하는 것은 아니다.

② 매매, 교환, 임대차, 도급계약은 쌍무계약이다. 예컨대 매매계약의 경우 매도인의 소유권이전의무와 매수인의 대금지급의무는 서로 의존관계에 있다.

(2) 편무계약

기출 CHECK ✓
증여, 사용대차, 무이자의 소비대차는 편무, 무상계약이다.

정답 O

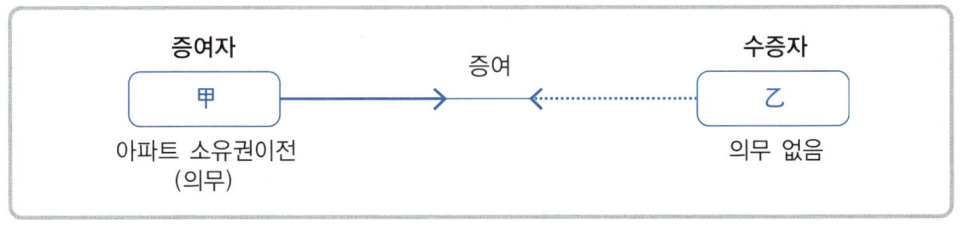

① 당사자 일방만이 채무를 부담하거나 쌍방이 채무를 부담하더라도 대가적 의존관계에 서지 않을 때 그것을 편무계약이라고 한다.
② 증여, 사용대차, 무이자의 소비대차는 편무계약이다.

(3) 구별의 실익 제27회

① 쌍무계약은 쌍방의 채무가 서로 의존하는 관계에 있기 때문에 동시이행의 항변권(제536조)·위험부담(제537조)의 문제가 성립한다.
② 무이자 소비대차나 사용대차와 같은 편무계약에 있어서는 이러한 문제가 생길 여지가 없다.

기출 CHECK ✓
쌍무계약에 한하여 동시이행의 항변권·위험부담의 문제가 성립한다.
정답 O

3. 유상계약·무상계약

(1) 유상계약

① 계약의 성립시점에서 채권의 실현시까지 서로 대가적 의미를 가지는 출연을 하는 계약을 말한다(계약의 성립시점에서부터 계약의 실현시점까지의 모든 과정을 거쳐서 서로 대가적 출연을 하느냐로 구별). 출연은 자신의 경제적 손실로서 상대방에게 지급하는 것을 말하는데 금전의 지급, 재산권의 이전 등이다.
② 매매에서 매도인은 재산권의 출연의무가 있고, 매수인은 대금의 출연의무가 상호간에 대가적으로 작용하므로 유상계약이다.❶
③ 매매, 교환, 임대차는 유상계약이다.

❶
매매에서 매도인은 집의 소유권이전을 출연하고 매수인은 대금지급을 출연하게 되는데 이는 대가적으로 작용한다.
예 돈을 왜 출연하지? 집을 얻으려고, 집을 왜 팔지? 돈을 얻으려고

(2) 무상계약

① 당사자 한쪽의 출연에 대하여 상대방의 대가적 출연이 없는 계약을 말한다.
② 증여, 사용대차계약, 임치계약은 무상계약이다.

(3) 구별의 실익

양자를 구별하는 실익은 유상계약에서는 목적물의 하자·흠결에 대하여 담보책임을 지지만, 무상계약에서는 담보책임을 지지 않는다.

(4) 쌍무계약과 유상계약의 관계

기출 CHECK ✓
1 쌍무계약은 모두 유상계약이지만, 유상계약이 모두 쌍무계약은 아니다.
정답 O
2 유상계약은 모두 쌍무계약이다.
정답 X

① 유상계약의 범위는 쌍무계약보다 넓다. 쌍무계약에서는 서로의 채무가 맞물려서 의존적이므로 대가적 출연이 반드시 존재하므로 쌍무계약은 모두 유상계약이다.
② 그러나 유상계약이 모두 쌍무계약은 아니다.

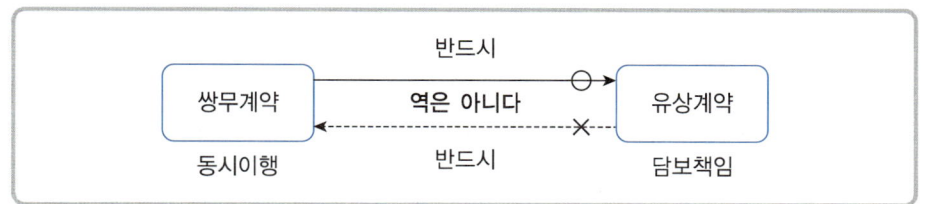

4. 낙성계약·요물계약

(1) 낙성(諾成)계약 제26회

① 당사자의 합의(약정)만으로 성립하는 계약을 낙성계약이라고 한다.
② 매매, 교환, 임대차, 증여, 사용대차는 당사자의 약정만으로 계약이 성립하므로 낙성계약이다.

(2) 요물(要物)계약

① 당사자의 합의 외에 물건의 인도 등 기타 현실적인 급부가 있어야 성립하는 계약을 말한다.
② 계약금계약은 요물계약이다. 계약금계약은 계약금을 지급하기로 하는 약정으로 성립하지 않고 계약금 전부를 지급한 때 성립하는 요물계약이다.
③ 현상광고❶는 광고자의 광고에 대하여 응모자가 지정행위를 완료하여야 성립하는 요물계약이다(현상광고는 편무이나 유상이고, 요물계약).

5. 예약·본계약

예약은 장래 본계약을 체결할 것을 미리 약정하는 계약이므로 항상 '채권계약'이다.

확인예제

계약의 유형에 관한 설명으로 옳은 것은? 제28회

① 부동산매매계약은 유상, 요물계약이다.
② 중개계약은 「민법」상의 전형계약이다.
③ 부동산교환계약은 무상, 계속적 계약이다.
④ 증여계약은 편무, 유상계약이다.
⑤ 임대차계약은 쌍무, 유상계약이다.

해설

매매, 교환, 임대차 계약은 쌍무, 유상, 낙성, 불요식계약이다.   정답: ⑤

---

❶ 현상광고
현상광고는 광고자가 지정행위를 완료한 자에게 보수를 지급해 줄 의무를 부담하고, 응모자가 지정행위를 완료시 성립한다.
1. 응모자는 지정행위를 완료할 의무가 없고 광고자만 의무를 부담하는 **편무계약**이다.
2. 광고자의 보수지급의무와 응모자의 지정행위 완료는 대가적 출연 관계로 **유상계약**이다.
3. 응모자가 지정행위를 완료한 때 성립하는 **요물계약**이다.

기출 CHECK ✓
매매의 예약은 항상 채권계약이다.
정답 O

기출 CHECK ✓
계약금계약은 당사자의 약정만으로는 성립하지 않는 요물계약이다.
정답 O

더 알아보기 계약의 종류[중개사 시험범위에는 매매, 교환, 임대차 3가지 해당]

종류	내용	구별
매매	일방이 재산권을 이전할 것을 약정하고, 상대방이 그 매매대금을 지급할 것을 약정	쌍무/유상
교환	금전이외의 재산권을 상호이전하기로 약정하는 계약	쌍무/유상
임대차	임대인이 목적물을 사용, 수익하게 할 것을 약정하고 임차인이 차임을 지급할 것을 약정	쌍무/유상
도급계약	일방(수급인)이 일을 완성할 것을 약정하고 상대방(도급인)이 그 일의 완성에 대하여 보수를 지급할 것을 약정	쌍무/유상
증여	증여자가 재산을 무상으로 상대방에게 준다는 의사를 표시하고 수증자가 이것을 수락함으로써 성립하는 계약	편무/무상
사용대차	일방이 상대방에게 물건을 무상으로 사용하기로 약정하고 상대방은 이를 사용·수익한 후 그 물건을 반환하기로 하는 약정	편무/무상
위임	위임인이 상대방에 대하여 '사무의 처리'를 위탁하고, 수임인이 이를 승낙함으로써 성립하는 계약(단, 대가로 보수가 있으면 유상위임)	

해커스 킬 정리 계약의 종류 핵심체계 정리하기

1. 쌍무계약 – 매매, 교환, 임대차, 도급계약
2. 편무계약 – 증여, 사용대차, 무상임치, 무이자 소비대차
3. 낙성계약 – 매매, 교환, 임대차 // 증여, 사용대차, 무상임치
4. 불요식 – 매매, 교환, 임대차 // 증여, 사용대차, 무상임치
   ① 요물계약 – 계약금계약, 현상광고
   ② 쌍무계약은 모두 유상계약이나 유상계약이 모두 쌍무계약은 아니다.

제2절 계약의 성립 제26·29·31·32·33회

계약의 성립 유형

1. 청약과 승낙에 의한 성립	격지자간에 승낙을 발송한 때(제531조)
2. 교차청약에 의한 성립	양 청약이 모두 도달한 때(제533조)
3. 의사실현에 의한 성립	사실행위가 있는 때(제532조)

01 서설

(1) 쌍방의 의사의 합치(객관적 합치 + 주관적 합치)

① 계약은 서로 대립되는 의사표시의 합치로 성립한다. 쌍방의 의사표시가 합치되기 위해서는 의사표시가 내용적으로 합치하고(객관적 합치), 누구와 거래할 것인지에 관하여도 합치(계약의 상대방에 관한 주관적 합치)해야 한다.

② 甲이 아끼던 동양화 그림을 친구 乙에게 1천만원에 팔겠다고 청약했는데 乙이 아니라 전혀 일면식도 없는 丙이 1천만원에 사겠다고 한 경우에는 거래상대방에 관한 합치가 상호간에 결여되어 계약은 성립하지 않는다.

   ㉠ 합치는 당해 계약을 이루는 모든 사항에 관하여 있어야 하는 것은 아니고, 계약의 '본질적 구성부분'이나 '중요사항'에 대하여 합의가 있어야 한다(대판 2001.3.23, 2000다51650).

   ㉡ 계약체결 당시에 반드시 구체적으로 매매대금이나 목적물이 확정되어야 하는 것은 아니나 사후에라도 확정할 수 있는 기준이 정해져 있어야 한다(대판 2001.3.23, 2000다51650).

③ 행위자가 타인의 이름으로 계약을 체결한 경우 행위자 또는 명의자 중 누가 당사자인가에 관하여 행위자와 상대방의 의사가 일치하면 그 일치하는 대로 당사자를 결정해야 한다(대판 2003.9.5, 2001다32120).

(2) 불합의 제26·27회

두 개의 의사표시의 내용이 일치하지 아니하는 것을 불합의라고 하고, 이때 계약은 성립하지 않는다.

> |사례|
> ㈎ A가 이중섭 화백의 그림 한 점을 980만원에 팔려는 의사였으나 "890만원에 판다."고 표시하였고, B가 890만원에 사려고 하였으나 잘못하여 "980만원에 산다."고 표시한 때 계약은 불성립한다(**무의식적 불합의**). 이때 표의자는 **착오로 취소하지 못한다.**
> ㈏ A가 그림을 980만원에 팔려고 하면서 잘못하여 "890만원에 판다."고 표시하였고, B가 표시된 대로 "**890만원에 산다.**"고 **승낙한 경우**(甲의 진의를 상대방이 모르고 있는 상황) 표시된 대로 **890만원에 계약은 성립**한다. 이때, 표의자는 **착오로 의사표시를 취소할 수 있다.**

① **의식적 불합의**: 의사표시의 불일치를 당사자가 의도적으로 하여 인식한 경우를 말한다. 예컨대 甲 소유 집을 5억원에 팔겠다고 제안하였더니 乙이 반값에 사겠다고 하여 상호간에 불합의로 결렬된 것을 말한다.

② **무의식적 불합의(숨은 불합의)**: 계약당사자가 계약이 체결된 것으로 잘못 알고 있으나 실제는 의사표시가 불일치하는 경우를 말한다.

기출 CHECK ✓
계약체결 당시에 구체적으로 대금이 확정되어야 하는 것은 아니나 사후에라도 확정할 수 있는 기준이 있으면 족하다.
정답 O

③ 착오
  ㉠ 무의식적 불합의와 착오는 다르다. 무의식적 불합의는 청약의 객관적 의미와 승낙의 객관적 의미가 서로 불일치하여 계약은 불성립한다.
  ㉡ 반면, 착오는 객관적 의미는 일치하는데 내심의 의사와 표시가 일치하지 않는 것으로 계약은 유효하나 착오로 취소할 수 있다.
  ㉢ 숨은 불합의는 계약이 불성립한 것으로 착오로 취소하지 못한다.

기출 CHECK ✓
숨은 불합의는 착오로 취소하지 못한다.
정답 ○

02 청약과 승낙에 의한 계약의 성립

청약과 승낙의 핵심정리

구분	청약	승낙
개념	구체적, 확정적 의사표시 청약의 유인과 구별된다.	확정적 의사표시
상대방	• 특정인에 대한 청약은 효력 있다. • 불특정 다수인에 대한 청약도 효력 있다.	• 특정인에만 승낙이 가능하다. • 불특정 다수인에 대한 승낙은 효력 없다.
시기	청약의 효력발생은 도달한 때이고, 청약이 도달 후에는 철회할 수 없다.	격지자간의 계약성립은 승낙통지를 발송한 때(제531조)
권리·의무	내용결정의 자유	승낙의 자유 (청약에 대해 회답의무가 없음)

1. 청약

(1) 개념
① 청약은 거래내용에 관한 '구체적이고 확정적인 의사표시'를 말한다.
② 청약만으로는 계약이 성립할 수 없으며, 청약은 하나의 법률사실에 불과하다.

(2) 청약의 유인❶ 제31회

❶ **청약의 유인**
타인을 권유하여 청약을 시키려고 하는 것으로 유인에 대해 상대방이 이에 호응하는 의사표시를 하면 이것이 청약이 된다.

① 어떤 자로 하여금 청약을 해오도록 유인하여 끌어들이는 행위를 말한다. 청약의 유인은 청약을 하기 전 단계로서 준비과정이나 흥정에 불과하므로 법적인 구속력이 없다.
② 의류매장에서 甲이 옷을 할인판매한다고 여러 사람에게 청약의 유인을 하고, 乙이 3만원에 산다는 의사표시를 한 때, 계약은 아직 성립하지 않으며, 乙의 의사표시가 청약이므로 유인자 甲이 3만원에 판다는 승낙을 하여야 계약이 성립한다.
③ 계약 내용이 제시되지 않은 아파트 공사의 입찰공고는 '청약의 유인'으로서의 성질을 가지는 것이 일반적이다. 그러므로 아파트 분양광고는 곧 계약 내용으로 되지 않으며 이는 청약의 유인으로서 성질을 갖는 것이 일반적이다(대판

2007.6.1, 2005다5812).

하도급계약을 체결하려는 교섭당사자가 **견적서를 제출하는 행위**는 통상 주문자의 발주를 권유하는 영업행위의 수단으로서 계약체결의 준비, 교섭행위, 즉 청약의 유인에 해당한다. 회사가 견적서·이행각서 등의 서류를 제출한 것은 그 기재된 금액의 범위 내에서 공사를 수행하겠다는 취지에 불과하고, 회사가 견적서·이행각서 등의 서류를 제출한 사정만으로 계약이 성립되었다고 할 수 없다(대판 2001.6.15, 99다40418).

④ 아파트 분양광고의 내용 중 **구체적인 거래조건, 즉 아파트의 외형·재질·구조 등에 관한 것**으로서 사회통념에 비추어 수분양자가 분양자에게 계약의 내용으로서 이행을 청구할 수 있다고 보이는 사항에 관한 것은 수분양자가 이를 신뢰하고 분양계약을 체결하는 것이고 분양자도 이를 알고 있었다고 보아야 할 것이므로, 특별한 사정이 없는 한 이러한 사항은 분양자와 수분양자 사이의 묵시적 합의에 의하여 분양계약의 내용으로 된다고 할 것이지만, **구체적 거래조건이 아닌 아파트 분양광고의 내용**은 일반적으로 **청약의 유인**으로서의 성질을 가지는 데 불과하므로 이를 이행하지 아니하였다고 하여 분양자에게 계약불이행의 책임을 물을 수는 없다(대판 2019.4.23, 2015다28968).

(3) 청약의 상대방

청약은 확정적 의사표시이지만 **특정인뿐만 아니라 불특정 다수인을 상대로 하는 청약도 효력이 있다**(예 자동판매기에 의한 커피구매의 청약). 따라서 청약의 상대방은 특정인이어야 하는 것은 아니다.

기출 CHECK ✓
특정인뿐만 아니라 불특정 다수인을 상대로 하는 청약도 효력이 있다.
정답 O

(4) 청약의 효력발생시기

청약은 의사표시로서 원칙적으로 상대방에게 도달한 때에 그 효력을 발생한다(제111조 제1항, 도달주의). 따라서 **격지자간의 청약은 발송한 때가 아니라 도달한 때 효력이 생긴다**. 이때 청약자가 청약의 의사표시를 발송한 후 도달 전에 사망하거나 제한능력자로 된 경우에도 청약의 효력에는 영향이 없다(제111조 제2항).

기출 CHECK ✓
격지자간의 청약은 발송한 때 효력이 생긴다.
정답 X

(5) 청약의 구속력 제26·28회

> 제527조【계약의 청약의 구속력】계약의 청약은 이를 **철회하지 못한다.❶**
> 제528조【승낙기간을 정한 계약의 청약】
> ① 승낙의 기간을 정한 계약의 청약은 청약자가 그 기간 내에 승낙의 통지를 **받지 못한 때에는** 그 효력을 잃는다.
> 제529조【승낙기간을 정하지 아니한 계약의 청약】승낙의 기간을 정하지 아니한 계약의 청약은 청약자가 **상당한 기간 내에** 승낙의 통지를 받지 못한 때에는 그 효력을 잃는다.

❶ 계약의 청약은 도달 후에는 이를 철회하지 못한다.

기출 CHECK ✓

1 청약이 상대방에게 도달한 후에는 철회할 수 없다.   정답 **O**

2 격지자간의 청약은 자유로이 철회할 수 있다.   정답 **X**

3 승낙의 기간을 정한 계약의 청약은 청약자가 그 기간 내에 승낙의 통지를 받지 못한 때에는 효력을 잃는다.   정답 **O**

① **원칙**: 청약의 효력이 발생된 후(청약 도달 후)에는 청약자는 청약을 자유로이 철회할 수 없다. 이는 상대방이 청약에 따라 준비행위를 하는데 청약자가 임의로 철회해 버리면 상대방은 뜻하지 않은 손해를 입게 되기 때문이다. 그러므로 명예퇴직의 합의가 있은 후에는 당사자 일방이 이를 철회할 수 없고, 사용자는 퇴직금 지급의무를 부담한다.

② **예외**: 청약이 승낙자에게 도달하기 전이라면 청약을 철회할 수 있다.

③ **청약의 존속기간**
 ㉠ 제528조(승낙기간을 정한 경우): 승낙의 기간을 정한 계약의 청약은 청약자가 '그 기간 내'에 승낙의 통지를 받지 못한 때에는 효력을 잃는다.
 ㉡ 제529조(승낙기간을 정하지 않은 경우): 승낙의 기간을 정하지 아니한 계약의 청약은 청약자가 '상당한 기간 내'에 승낙의 통지를 받지 못한 때에는 그 효력을 잃는다.

2. 승낙

> **제528조 【승낙기간을 정한 계약의 청약】**
> ① 승낙의 기간을 정한 계약의 청약은 청약자가 그 기간 내에 승낙의 통지를 받지 못한 때에는 그 효력을 잃는다.
> ② 승낙의 통지가 전항의 기간 후에 도달한 경우에 **보통 그 기간 내에 도달할 수 있는 발송인 때**에는 청약자는 지체 없이 상대방에게 그 **연착의 통지**를 하여야 한다. 그러나 그 도달 전에 지연의 통지를 발송한 때에는 그러하지 아니하다.
> ③ 청약자가 **전항의 통지를 하지 아니한 때**❶에는 승낙의 통지는 연착되지 아니한 것으로 본다.
>
> **제530조 【연착된 승낙의 효력】** 전2조의 경우에 **연착된 승낙**은 청약자가 이를 새 청약으로 볼 수 있다.
>
> **제531조 【격지자간의 계약성립시기】** 격지자간의 계약은 승낙의 통지를 발송한 때에 성립한다.

❶ 연착의 통지를 하지 아니한 때

(1) 개념

청약에 응하여 계약을 성립시킬 목적으로 하는 상대방의 확정적 의사표시이다.

(2) 승낙의 상대방 제26·27회

① 승낙은 특정의 청약자에게 하여야 한다.
② 청약의 상대방은 불특정 다수인이라도 무방하지만 승낙은 반드시 특정인에 대하여 한다는 점에서 차이가 있다. 따라서 불특정 다수인에 대한 청약은 유효하나 불특정 다수인에 대한 승낙은 효력이 없다.

기출 CHECK ✓

1 불특정 다수인에 대한 청약은 효력이 있다.   정답 **O**

2 불특정 다수인에 대한 승낙은 효력이 없다.   정답 **O**

(3) 변경을 가한 승낙, 조건부 승낙 제26회

① **청약에 변경을 가하거나 조건을 붙인 승낙**: 청약을 거절하고 새로운 청약을 한 것으로 본다(제534조). 따라서 합의해제의 청약에 상대방이 조건을 붙여 승낙한 때는 합의해제의 청약은 효력을 잃고 새로운 청약을 한 것으로 본다.❶

② **애초의 가격에 사겠다는 승낙의 효력**

> 청약자가 아파트를 5억원에 매수할 것을 청약하였고 매수자가 4억원에 사겠다고 수정제의를 하였으나 청약자가 아무런 응답을 주지 않자 승낙자가 협상전략을 변경하여 다시 애초의 가격에 매수하겠다고 통지를 한 경우 계약은 성립하는가?
> 판례는 승낙자가 수정제의를 한 것은 청약을 거절한 것으로서 '애초의 청약'은 이미 소멸하였고, 승낙자의 애초의 가격에 사겠다는 승낙의 의사표시는 청약자가 새로운 청약으로 볼 수 있다(대판 2002.4.12, 2000다17834).

③ **승낙자가 기간 내에 회답하지 않은 경우 계약은 성립하는가?**

> 청약자가 '일정 기간 내에 회답이 없으면 계약이 성립한 것으로 간주하겠다'고 하면서 청약을 하였으나 승낙자는 아무 답변 없이 그 기간이 지나 버렸다면 계약은 성립하는가? 이는 청약자의 일방적인 의사일 뿐이므로 '상대방을 구속하지 아니하고' 그 기간이 지나면 청약이 실효되고 '계약은 불성립'한다(대판 1999.1.29, 98다48903).

(4) 승낙기간

① **통상의 연착**: 승낙기간이 있는 경우 그 기간 내에 승낙의 통지가 도달하지 않으면 청약은 효력을 잃는다. 따라서 청약은 효력을 상실하고 계약은 성립되지 않는다.

② **통상의 연착**(승낙기간이 10월 31일까지인데 10월 29일 승낙통지를 발송하여 11월 2일 도달한 때): 원칙적으로 연착된 승낙으로 계약은 불성립한다. 다만, 연착된 승낙을 청약자 쪽에서 새로운 청약으로 보고 청약자가 다시 승낙을 통지하면 계약은 성립한다.

(5) 연착된 승낙, 변경을 가한 승낙

① 승낙기간이 지난 후 도달한 것은 연착된 승낙이다. 이는 승낙으로서의 효력이 없으므로 계약은 성립하지 않는다. 다만, 청약자가 이를 새로운 청약으로 보아 승낙하면 계약은 성립할 수 있다.

② **청약에 대하여 조건을 붙이거나 청약에 변경을 가하여 승낙한 때**: 청약의 거절과 동시에 새로운 청약을 한 것으로 본다(제534조).

---

❶ 집 매매 건을 원래의 집 가격에 5,000만원을 얹어서 반환해 줄 테니 계약을 없던 걸로 합시다(합의해제의 청약), 상대방이 이 제의에 대해서 1억원을 추가로 주면 해제해드리겠소(조건부 승낙).
➜ 합의해제의 청약은 효력을 잃는다.

기출 CHECK ✓
일정 기간 내에 회답이 없으면 계약이 성립한 것으로 간주하겠다는 청약은 상대방을 구속하지 않는다.
정답 O

기출 CHECK ✓
청약에 조건을 붙이거나 청약에 변경을 가하여 승낙한 때에는 새로운 청약을 한 것으로 본다.
정답 O

기출 CHECK ✓

1 격지자간의 계약은 승낙의 통지를 발송한 때에 성립한다.
정답 O

2 격지자간의 계약은 승낙의 통지가 도달한 때 성립한다.
정답 X

3. 격지자간의 계약성립시기

> **더 알아보기** 제531조 - 격지자간의 계약은 승낙의 통지를 발송한 때에 성립한다.

청약자 甲 ← 승낙자 乙
승낙기간 (10월 30일) / 발송일 (10월 25일)

(1) 논의 배경

승낙의 의사표시가 언제 효력이 생기는가에 관하여 제528조 제1항은 도달주의를 기초로 하고 있는 반면, 제531조는 발신주의에 입각하고 있으므로 계약의 성립에 관해서 해석상 충돌이 발생한다.

(2) 견해의 대립

① 해제조건설(발송주의 중시 입장 - 곽윤직, 이은영): 일단 계약은 승낙통지를 발송한 때에 성립하지만, 승낙기간 내에 청약자에게 도달하지 않으면(해제조건이 성취되면) 계약은 불성립한다.

② 정지조건설(도달주의 중시 입장): 승낙이 도달하기 전에 계약이 성립하는 것은 부당하므로 승낙의 통지가 청약자에게 '도달하면' 발송한 때에 계약이 성립한다 (도달이라는 정지조건이 성취되면 발송한 때로 소급하여 계약이 성립한다)

> **확인예제**
>
> **계약의 성립에 관한 설명으로 틀린 것은? (판례에 따름)** 제28회
>
> ① 청약은 그에 대한 승낙만 있으면 계약이 성립하는 구체적·확정적 의사표시이어야 한다.
> ② 아파트 분양광고는 청약의 유인의 성질을 갖는 것이 일반적이다.
> ③ 당사자간에 동일한 내용의 청약이 상호교차된 경우, 양 청약이 상대방에게 발송한 때에 계약이 성립한다.
> ④ 승낙자가 청약에 대하여 조건을 붙여 승낙한 때에는 그 청약의 거절과 동시에 새로 청약한 것으로 본다.
> ⑤ 청약자가 미리 정한 기간 내에 이의를 하지 아니하면 승낙한 것으로 본다는 뜻을 청약시 표시하였더라도 이는 특별한 사정이 없는 한 상대방을 구속하지 않는다.
>
> **해설**
> 격지자간 계약은 승낙의 통지를 발송한 때 성립하지만 교차청약은 양 청약이 도달한 때 성립한다.
> 정답: ③

03 그 밖의 방법에 의한 계약의 성립

(1) 의사실현에 의한 계약의 성립 제26·28·29회

> 제532조【의사실현에 의한 계약 성립】청약자의 의사표시나 관습에 의하여 승낙의 통지가 필요하지 아니한 경우에는 계약은 승낙의 의사표시로 인정되는 **사실이 있는 때**에 성립한다.

① 청약과 함께 송부되어 온 물품을 소비하는 경우: 청약과 함께 송부되어 온 물품을 소비하는 때에는 '물품을 소비하는 행위를 한 때' 승낙으로 인정되고 계약은 성립한다. 그 근거는 승낙자의 일정한 행동으로부터 승낙의 의사표시를 추단할 수 있기 때문이다.
② 의사실현으로 계약이 성립하는 시기: 승낙의 의사표시로 인정되는 '사실이 있는 때'이고, 청약자가 '사실행위가 있음을 안 때'가 아니다.

(2) 교차청약에 의한 계약의 성립

> 제533조【교차청약】당사자간에 동일한 내용의 청약이 상호교차된 경우에는 **양 청약이 상대방에게 도달한 때**에 계약이 성립한다.

피카소 그림의 소유자인 甲이 乙에게 자신의 그림을 1억원에 팔겠다고 청약하여 5월 2일 도달하였고, 반대로 乙도 우연히 1억원에 그림을 사겠다고 서로 청약하여 甲에게 5월 5일 도달한 경우, 두 청약이 동일하게 일치하므로 나중 청약이 도달할 때(5월 5일) 계약이 성립한다.

기출 CHECK ✓
동일한 내용의 청약이 서로 교차된 경우 양 청약이 상대방에게 도달한 때에 계약이 성립한다.
정답 O

04 계약체결상의 과실 책임 제35회

> 제535조【계약체결상의 과실】
> ① 목적이 불능한 계약을 체결할 때에 그 불능을 알았거나 알 수 있었을 자는 상대방이 그 계약의 유효를 믿었음으로 인하여 받은 손해를 배상하여야 한다. 그러나 그 배상액은 계약이 유효함으로 인하여 생길 이익액을 넘지 못한다.
> ② 전항의 규정은 **상대방이 그 불능을 알았거나 알 수 있었을 경우**에는 적용하지 아니한다.

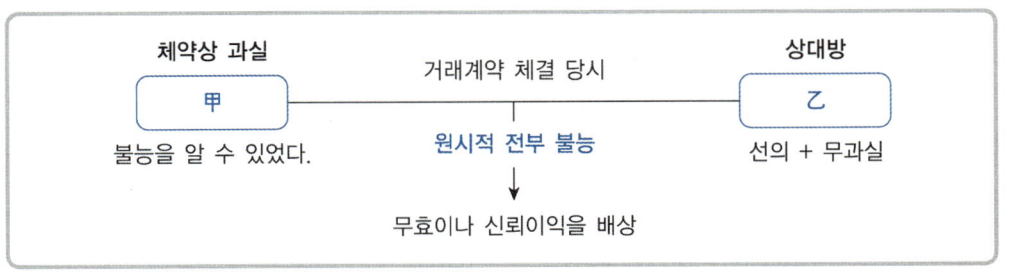

1. 의의

(1) 개념

① 계약의 성립과정에서 당사자 일방이 자신의 책임있는 사유로 상대방에게 손해를 입힌 경우 그 손해를 배상할 책임을 말한다.

② 「민법」제535조는 계약이 원시적 불능이어서 무효인 경우에 명문으로 계약체결상의 과실 책임을 인정한다. 예컨대 이미 멸실된 가옥에 대하여 매도인이 그 사실을 알면서 매매계약을 체결한 경우가 그 예이다.

(2) 법적 성질

불법행위책임으로 보는 입장과 계약책임설로 보는 입장 등 여러 견해가 대립하는데 판례는 다음과 같이 판시한다.

> 어느 일방이 교섭단계에서 계약이 확실하게 체결되리라는 정당한 기대 내지 신뢰를 부여하여 상대방이 그 신뢰에 따라 행동하였음에도 상당한 이유 없이 계약의 체결을 거부하여 손해를 입혔다면 이는 신의성실의 원칙에 비추어 볼 때 계약자유의 원칙의 한계를 넘는 위법한 행위로서 불법행위를 구성한다(대판 2004.5.28, 2002다32301).

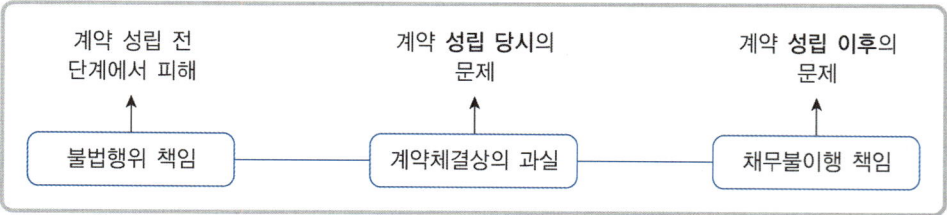

2. 성립요건(제535조를 중심으로 고찰)

(1) 원시적 불능일 것

① 우리 「민법」은 '원시적 불능'으로 계약이 무효로 된 경우에 계약체결상의 과실 책임을 인정하고 있다.

② 매매목적인 공장이 계약성립시부터 화재로 소멸하거나 계약체결 전에 이미 공장이 수용되어 원시적 불능으로 무효이어야 한다.

(2) 일방은 신의칙상 의무위반이 있고 이를 '알았거나 알 수 있었을 것'

① 일방은 목적의 불능을 알았거나 알 수 있는 상태이어야 한다.

② 계약을 체결함에 있어서 과실 있는 일방은 법적 비난을 받고 책임을 부담한다.

(3) 상대방은 '선의이고 무과실일 것'

① 상대방은 계약 당시부터 불능임을 모르고 무과실이어야 한다.

② 상대방이 선의이나 과실 있는 경우에는 이 책임이 성립하지 않는다.

기출 CHECK ✓

1 「민법」은 원시적 불능으로 계약이 무효로 된 경우에 계약체결상의 과실 책임을 인정한다.
정답 O

2 「민법」은 원시적 불능이나 후발적 불능에도 계약체결상의 과실 책임을 인정한다.
정답 X

3. 효과

(1) 신뢰손해의 배상이 원칙이다.

① 계약은 무효라도 당사자는 상대방이 그 계약의 유효를 믿었기 때문에 받은 손해, 즉 신뢰손해(예 은행에서 차용한 매매대금의 이자 등)를 배상하여야 한다.

② 계약의 후발적 불능을 원인으로 본래의 채무이행에 대신하는 전보배상을 구할 수 없다(대판 1971.6.22, 71다792).

(2) 배상액은 그 계약의 유효로 상대방이 얻었을 이익, 즉 이행이익을 넘지 못한다. 여기서 이행이익이란 시세차익이나 전매차익을 말한다.

4. 적용 여부 ❶

(1) 원시적 불능의 경우

① 원시적 불능의 경우(토지의 매매계약 체결 당시에 이미 토지가 수용된 경우): 계약체결상의 과실 책임이 적용될 수 있다.

② 후발적 불능의 경우(계약체결 후 토지가 수용된 경우): 계약체결상의 과실 책임이 적용되지 않는다.

(2) 원시적 수량부족의 경우(원시적 일부 불능) 제28회

> 부동산매매계약에 있어서 실제 면적이 계약면적에 미달하는 경우, 첫째, 그 매매가 수량지정매매에 해당할 때에 한하여 담보책임으로서 대금감액청구권을 행사할 수 있다. 둘째, 그 부분의 원시적 불능을 이유로 「민법」제535조가 규정하는 계약체결상의 과실에 따른 책임의 이행을 구할 수 없다(대판 2002.4.9, 99다47396).

(3) 계약이 불합치로 성립하지 아니한 경우

> 계약이 의사의 불합치로 성립하지 아니한 경우 그로 인하여 손해를 입은 당사자가 상대방에게 부당이득반환청구 또는 불법행위로 인한 손해배상청구를 할 수 있는지는 별론으로 하고, 상대방이 계약이 성립되지 아니할 수 있다는 것을 알았거나 알 수 있었음을 이유로 「민법」제535조를 유추적용하여 계약체결상의 과실로 인한 손해배상청구를 할 수는 없다(대판 2017.11.14, 2015다10929).

기출 CHECK ✓
계약체결상의 과실로 인한 손해배상은 신뢰손해의 배상이 원칙이다.
정답 O

❶ 계약체결상의 과실 책임이 적용되지 않는 경우
• 후발적 불능인 경우
• 원시적 수량부족의 경우
• 계약이 불합치한 경우

기출 CHECK ✓
수량지정매매의 경우에 실제 면적이 계약면적에 미달하는 경우, 계약체결상의 과실 책임이 적용되지 않는다.
정답 O

(4) 계약교섭 중 부당파기

> **기출 CHECK**
> 계약교섭 중 일방의 부당파기의 경우 판례는 불법행위로 신뢰손해의 배상을 인정한다.
> 정답 O

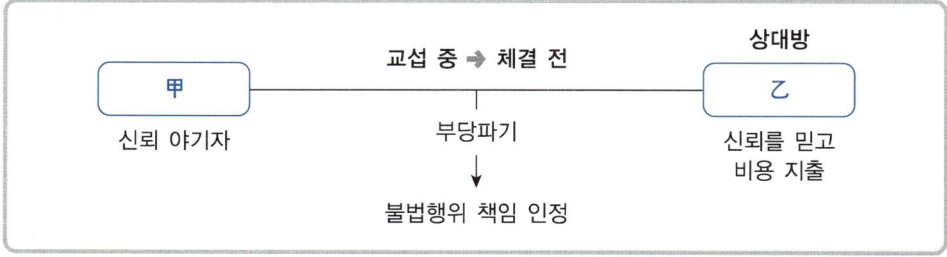

더 알아보기 계약교섭 중 일방의 부당파기 문제

1. 의의
   어느 일방이 **교섭단계에서 계약이 확실하게 체결되리라는 정당한 기대 내지 신뢰를 부여**하여 상대방이 그 신뢰에 따라 행동하였음에도 **상당한 이유 없이 계약의 체결을 거부**하여 손해를 입었다면 이는 신의성실의 원칙에 비추어 볼 때 계약자유의 원칙의 한계를 넘는 위법한 행위로서 **불법행위를 구성**한다(대판 2004.5.28, 2002다32301).

2. 상대방은 계약체결을 '이행강제'할 수는 없다.
   계약체결을 위한 교섭을 진행하였다 하여 계약을 체결하여야 할 의무가 있는 것은 아니다. 왜냐하면 계약체결의 자유가 있기 때문이다. 아직 **계약이 체결되기 전 단계에 있으므로 채무불이행책임을 물을 수 없다.**

3. 부당파기로 인한 손해배상의 범위
   ① 신뢰손해에 국한한다. 판례는 일방이 상당한 이유 없이 교섭을 파기함으로써 계약체결을 신뢰한 상대방이 입게 된 '상당인과관계 있는 손해'로서 '신뢰손해에 한정'된다.
   ② 계약체결을 확신하고 준비한 계약준비 비용, 일방의 적극적인 요구로 계약의 이행에 착수한 비용, 그리고 정신적 손해까지를 포함한다.
   ③ 아직 계약체결에 관한 확고한 신뢰가 부여되기 이전 상태에서 계약교섭의 당사자가 계약체결이 좌절되더라도 어쩔 수 없다고 생각하고 지출한 비용, 예컨대 **경쟁입찰에 참가하기 위하여 지출한 제안서, 견적서 작성비용 등은 포함되지 아니한다**(대판 2003.4.11, 2001다53059).

해커스 킬 정리 계약성립 핵심체계 정리하기

1. 청약과 승낙의 합치
   (1) 불특정 다수인에 대한 청약은 효력이 있으나
   (2) 불특정 다수인에 대한 승낙은 효력이 없다.
   (3) [격지자간 계약은 승낙을 발송한 때 성립]

2. 의사실현에 의한 성립시기는?
   [사실행위가 있는 때]

3. 교차청약으로 성립시기는?
   [나중 청약이 도달한 때]
4. 계약체결상의 과실책임[원시적 불능 / 상대방은 선의이고 무과실일 것]

제3절 계약의 효력

01 서론

(1) 쌍무계약의 특질(쌍방채무의 견련성)

쌍무계약에서 쌍방의 채무는 서로 의존관계(맞물림)에 있는데 이를 견련성이라 한다.
① 성립상의 견련성: 쌍무계약에 의해 발생할 일방의 채무가 처음부터 성립하지 않는 경우, 상대방의 채무도 성립하지 않는다.
② 이행상의 견련성: 쌍무계약에서 각 채무는 상호의존관계에 있으므로 원칙적으로 양 채무는 동시에 이행될 것이 요구된다. 이에 대해서 쌍방은 '동시이행의 항변권'을 주장할 수 있다(제536조).
③ 존속상의 견련성(소멸상의 견련성): 쌍무계약에서 일방의 채무가 채무자에게 귀책사유 없이 후발적 불능으로 된 경우 타방의 채무 역시 원칙적으로 같이 소멸한다. 이에 대해서 「민법」은 '위험부담'으로 처리하고 있다(제537조, 제538조).

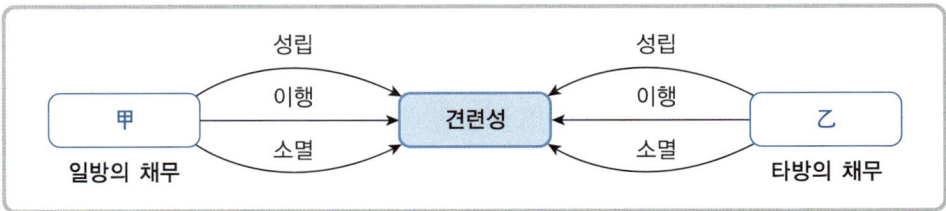

(2) 편무계약에서 동시이행의 법리가 인정되지 않는다.

쌍무계약이 아닌 편무계약에서는 동시이행항변권의 문제, 위험부담의 문제가 원칙적으로 인정되지 않는다. 예컨대 무이자 소비대차, 사용대차에서는 동시이행항변권이 인정되지 않는다.

02 동시이행의 항변권 제26·29·31·33·34·35회

> 제536조 【동시이행의 항변권】
> ① 쌍무계약의 당사자 일방은 상대방이 그 채무이행을 제공할 때까지 자기의 채무이행을 거절할 수 있다. 그러나 상대방의 채무가 변제기에 있지 아니하는 때에는 그러하지 아니하다.
> ② 당사자 일방이 상대방에게 먼저 이행하여야 할 경우에 상대방의 이행이 곤란할 현저한 사유가 있는 때에는 전항 본문과 같다.

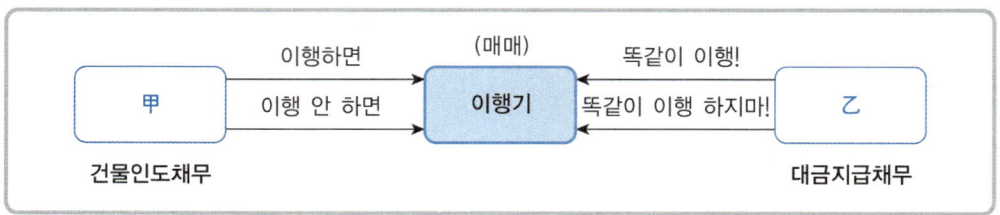

1. 서설

(1) 개념

① 의의: 쌍무계약에서 일방 당사자가 상대방이 그 채무의 이행을 제공할 때까지는 자기채무의 이행을 거절할 수 있는 권리를 말한다.

② 구체적 사례에 적용
  ㉠ 공장의 매매계약이 체결된 경우 매도인의 가압류말소 및 공장소유권이전의무와 매수인의 매매대금지급의무는 동시이행관계에 있다.
  ㉡ 임대차가 종료한 경우 임차인의 건물명도의무와 임대인의 임대보증금반환의무는 동시이행관계에 있다.

(2) 상대방이 줄 때까지 버티기(인도거절권)

쌍무계약에서 일방이 급부를 이행해 주면 타방도 '공평의 원리상' 동시에 이행해 주고, 반대로 일방이 급부를 제공하지 않으면 타방도 줄 때까지 버티고 거절할 수 있다는 의미이다. 이는 쌍무계약에서 일방이 자기의 채무는 이행하지 않으면서 상대방에 대하여 먼저 이행을 하라는 것은 공평의 원리상 부당하기 때문이다.

2. 성립요건

핵심 쿡! 쿡! 동시이행항변권의 성립요건

(가) 쌍방의 채무가 대가적 의존관계일 것
(나) 채무가 변제기에 있을 것
(다) 둘 다 채무제공이 없는 상태일 것

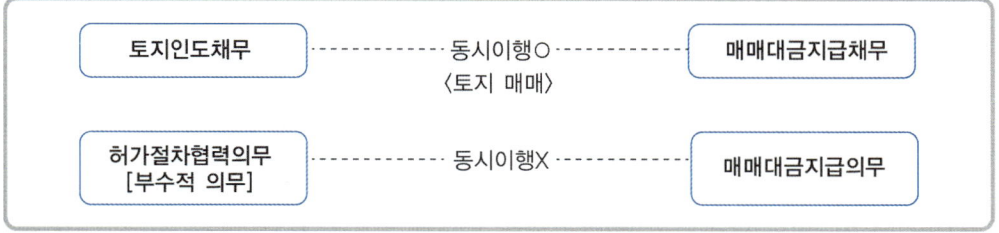

(1) 쌍방의 채무가 '대가적 의존관계'에 있을 것 제31·32회

① 쌍방의 채무가 대가적 의존관계(서로 맞물림)이어야 한다.
  ㉠ 부동산의 매매계약의 경우 매도인의 가압류말소(가처분등기말소의무도 동일) 및 소유권이전의무와 매수인의 대금지급의무 상호간에는 동시이행관계에 있다.
  ㉡ 임대차계약이 종료된 경우: 임대인의 보증금반환의무와 임차인의 목적물인도의무는 동시이행관계에 있다.

② 본래의 채무가 이행불능으로 인해 손해배상채무로 변경된 경우

> 동시이행의 관계에 있는 쌍방의 채무 중 일방의 본래의 채무(공장인도채무)가 이행불능으로 인하여 손해배상채무로 변경된 경우, 이는 본래 채무의 연장이므로 여전히 상대방의 반대급부와는 동시이행의 관계가 소멸하지 않고 존속한다(대판 2000.2.25, 97다30066).

기출 CHECK ✓
일방의 본래의 채무가 이행불능으로 인해 손해배상채무로 변경된 경우, 상대방의 반대급부와 동시이행의 관계가 존속한다.
정답 O

③ 동시이행항변권이 인정되지 못하는 경우
  ㉠ 동시이행항변권은 부수적 의무에는 특약이 없는 한 인정되지 않는다. 상대방의 채무와 대가적 의존관계가 있는 주된 채무에만 인정되고, 부수적 의무에는 동시이행항변권이 인정되지 않는다. 예컨대 토지거래허가구역에서 매도인의 토지거래허가 절차에 협력의무(부수적 의무)와 매수인의 대금지급의무는 동시이행관계가 아니다(대판 1996.10.25, 96다23825).
  ㉡ 동일한 법률요건이 아닌 별개의 원인으로 채무를 부담하는 경우

더 알아보기

(가) 쌍방이 채무를 부담하더라도 '별개의 원인(약정)'으로 채무를 부담하게 된 경우에는 동시이행하기로 하는 특약이 없는 한 동시이행의 항변권이 인정되지 않는다(대판 1990.4.13, 89다카23794).
예컨대 공장매도인 甲이 공장의 매매계약과는 별개 약정으로 키우던 진돗개 2마리를 200만원에 공장의 매수인과 매매합의한 경우, 매도인의 진돗개 인도의무와 매수인의 공장대금지급의무는 각각 별개의 원인으로 발생한 의무로 서로 연관성이 없으므로 동시이행관계가 아니다.

(나) 상가임차인의 '임차목적물 반환의무'는 임대차계약의 종료에 의하여 발생하나, '**임대인의 권리금 회수방해로 인한 손해배상의무**'는 「상가건물 임대차보호법」에서 정한 권리금 회수기회 보호의무 위반을 원인으로 하고 있으므로 양 채무는 동일한 법률요건이 아닌 **별개의 원인**에 기하여 발생한 것일 뿐 아니라 공평의 관점에서 보더라도 그 사이에 이행상 견련관계를 인정할 수 없으므로, 임차인의 **목적물반환의무와 임대인의 권리금 회수방해로 인한 손해배상의무**는 동시이행관계가 아니다(대판 2019.7.10, 2018다242727).

> **더 알아보기**
>
> 동시이행항변권은 계약당사자 상호간에 인정됨이 원칙이나 당사자가 아닌 제3자에게도 주장할 수 있는 예외가 있다.
> 채권양도, 상속 등으로 계약의 당사자가 변경되더라도 '**채권의 동일성**'을 유지하는 한 원래의 계약자가 아닌 제3자에게도 항변권을 주장할 수 있다.❶
>
> 甲의 [빌라 인도의무] → ← 매수인 乙의 [5억원 지급의무]
> ● 甲의 상속인에게도 매수인 乙은 동시이행항변권을 주장할 수 있다.

(2) 쌍방의 채무가 변제기에 있을 것

상대방의 채무가 변제기에 이르러야 항변권이 인정된다. 변제기에 이르기 전에 채무이행을 강요하는 것은 부당하기 때문이다.

① **원칙**: 선이행의무자는 항변권이 없다. 일방이 항변권을 스스로 포기하기로 하는 특약(동시이행항변권을 포기하는 특약은 유효)을 하여, 먼저 채무를 이행하여 주겠다는 특약(선이행의무를 부담하기로 약정)이 있을 경우, 그 선이행의무자는 동시이행항변권을 주장할 수 없다.

② **예외**: 선이행의무자에게 항변권이 인정되는 경우

㉠ 선이행의무자가 '이행지체 중 상대방의 채무도 이행기가 도래한 때'는 선이행의무자에게도 동시이행항변권이 인정된다. 예컨대 매수인 A가 아파트 중도금을 선이행하기로 한 의무(3월 1일에 지급약정)를 이행지체하던 중 매도인 B의 소유권이전채무도 이행기(6월 1일)를 지나버렸다. 이때 서로 아무런 이행제공이 없는 상태라면 선이행의무자 A도 그때부터(6월 1일부터) 동시이행항변권을 주장할 수 있다.❷

---

❶ **제3자에게 주장 예시**
제3자를 위한 계약에서 요약자가 급부를 낙약자에 이행 않으면 낙약자는 제3자에게 항변권을 주장하여 급부이행을 거절할 수 있다.

기출 CHECK ✓
동시이행관계에 있는 어느 일방의 채권이 양도되더라도 그 동일성이 인정되는 한 동시이행관계는 존속한다.
정답 O

기출 CHECK ✓
선이행의무자가 이행지체 중 상대방의 채무도 이행기가 도래한 때는 선이행의무자도 동시이행항변권이 인정된다.
정답 O

❷ 상대방이 집을 넘겨주지 않으면 돈을 주지 않겠다고 주장할 수 있다.

> 매수인이 선이행할 '중도금지급을 하지 아니한 채 잔대금지급일을 경과'한 경우 매수인의 중도금 및 이에 대한 지급일 다음 날부터 잔대금지급일까지의 지연손해금과 잔대금지급채무는 매도인의 소유권이전등기의무와 동시이행의 관계에 있다(대판 1991.3.27, 90다19930).
> 그때부터는 매수인은 중도금을 지급하지 아니한 데 따른 이행지체에 대한 책임을 지지 않는다(대판 1991.8.13, 91다13144).

ⓒ **불안의 항변권(제536조 제2항)**: 당사자 일방이 상대방에게 먼저 이행하여야 할 경우에 상대방의 이행이 곤란할 현저한 사유가 있는 때에는 전항 본문과 같다. '상대방의 이행이 곤란한 현저한 사유'가 있는 때란 선이행의무를 지게 된 자가 계약성립 후 상대방의 부도 같은 신용불안이나 재산 상태의 악화 등으로 반대급부를 이행케 하는 것이 공평과 신의칙에 반하게 되는 경우를 말한다. 이때 이러한 위험이 있는 경우에는 선이행의무자는 동시이행항변권을 행사할 수 있다. 다시 말해 선이행의무를 거절할 수 있다.

(3) 둘 다 이행제공하지 않은 상태에서 상대방에게 이행을 청구할 것

① **자신의 채무는 이행제공을 하지 않은 상태일 것**: 일방이 자신의 채무를 '이행제공'하면 채무의 대립 상태는 소멸하고 상대방의 동시이행항변권은 인정되지 않는다. 즉, 일방이 채무의 내용에 좇은 이행제공을 한 때에는 상대방에게 동시이행항변권은 인정되지 아니한다.

② **상대방을 이행지체에 빠뜨리기 위한 일방의 이행제공의 정도**: 매도인이 매수인을 이행지체에 빠뜨리기 위하여는 등기서류를 현실적으로 제공하거나 이행장소에 서류를 준비해 두고 매수인에게 그 뜻을 통지하고 수령하여 갈 것을 최고하면 족하다(대판 2001.5.8, 2001다6053).

③ **1회 제공하다가 이행제공을 중단한 경우(상대방이 수령지체에 빠진 경우)**

> ㉠ 쌍무계약의 당사자 일방이 먼저 '한 번 현실의 제공'을 하고, 상대방을 '수령지체에 빠지게 한 경우'라고 하더라도 그 이행의 제공이 계속되지 않는 때에는 과거에 이행의 제공이 있었다는 사실만으로 '수령지체에 빠진 자의 동시이행항변권이 소멸하는 것은 아니다.' 그러므로 일시적으로 당사자 일방의 의무제공이 있었으나 곧 그 이행제공이 중지되어 더 이상 그 제공이 계속되지 않은 기간 동안에는 상대방의 의무가 이행지체에 빠졌다고 할 수 없다. 따라서 그 이행제공이 중지된 이후에 상대방의 의무가 이행지체에 빠졌음을 전제로 하는 손해배상청구할 수 없다(대판 1999.7.9, 98다13754).
> ㉡ 甲이 이행제공이 있었음에도 乙이 이를 수령하지 않아 수령지체에 빠진 경우, 甲이 이행제공을 중단하여 다시 이행의 제공 없이 乙에게 이행을 청구하면, 수령지체에 빠졌던 乙도 동시이행항변권을 상실하지 않는다(대판2010다11323).

기출 CHECK ✓
일방이 채무의 내용에 좇은 이행제공을 하면 상대방에게 동시이행항변권은 인정되지 않는다.
정답 O

기출 CHECK ✓
甲이 이행제공하였으나 乙이 이를 수령하지 않아 수령지체에 빠진 경우, 甲이 다시 이행의 제공 없이 乙에게 이행을 청구하면, 수령지체에 빠진 乙은 동시이행항변권을 주장할 수 있다.
정답 O

3. 효력

(1) 실체법상 효력

① **연기적 항변권**: 상대방이 제공할 때까지 자기채무의 이행을 거절하는 것을 내용으로 한다. 즉, 상대방이 채무를 제공할 때까지 버티면서 일시적으로 연기시킬 수 있는 '연기적 항변권'이지 영구적으로 상대방의 청구를 부인하는 '영구적 항변권'이 아니다.

② **항변권의 존재로 이행지체책임이 성립하지 않는다(본체적 효력)**: 동시이행의 항변권을 가지는 자는 이행기에 상대방이 이행제공을 할 때까지는 자신의 채무를 이행하지 않더라도 이행지체로 인한 책임을 지지 않는다.

③ 매도인이 매매대금채권을 자동채권으로 하는 상계가 금지된다.
   ㉠ 동시이행항변권이 붙은 채권을 '자동채권'으로 하는 상계는 금지된다(제492조 제1항 단서). 만일 이를 허용한다면 상대방의 동시이행항변권의 행사 기회를 박탈하는 결과가 되기 때문에 부당하다(대판 2004.5.28, 2001다81245).
   ㉡ 매도인이 '매매대금채권'을 자동채권으로 하여 상계할 수 없다.❶ 공장매도인 甲의 공장매매대금채권 1억원과 매수인 乙이 甲에게 빌려준 대여금채권 1억원이 변제기에 있는 경우 甲이 공장매매대금채권 1억원을 '자동채권'으로 하여 乙의 대여금채권 1억원과 상계할 수 없다. 왜냐하면 매도인이 공장을 넘겨주지도 않고 상계처리를 해버리면, 매수인 입장에서는 공장을 넘겨받기 전에 받을 돈 1억원을 날리는 불공평한 결과가 되어 부당하다.

④ 항변권의 행사는 소극적으로 버티는 권리이지 적극적인 권리행사가 아니므로 동시이행항변권을 행사하여도 채권의 소멸시효는 중단되지 않고 진행한다.

(2) 소송상 효력[상환이행판결]

① 당사자가 항변권을 소송에서 주장해야 법원은 상환이행판결을 명한다.
   ㉠ 동시이행항변권은 소극적인 이행거절권능이므로 이를 소송에서 관철시키려면 동시이행항변권을 주장할 때 한하여 효력이 발생한다.
   ㉡ 소송에서 원고의 청구에 대해 피고가 동시이행의 항변권을 원용한 경우 법원은 원고 패소판결이 아니라 상환이행판결(원고 일부 승소판결)을 명한다.
   ㉢ 동시이행항변권은 당사자가 이를 원용하여야 법원은 그 인정 여부를 심리할 수 있다(대판 2006.2.23, 2005다53187).

② **동시이행항변권을 행사하지 않은 경우**: 당사자가 항변권을 행사하지 않은 경우 법원은 항변권의 존재를 고려하지 않는다.

기출 CHECK ✓
동시이행의 항변권을 가지는 자는 자신의 채무를 이행하지 않더라도 이행지체로 인한 책임을 지지 않는다.
정답 O

기출 CHECK ✓
동시이행항변권이 붙은 채권을 자동채권으로 하는 상계는 금지된다.
정답 O

❶ **자동채권**
채권과 채무를 대등액으로 소멸시키는 것을 상계라 하는데, 상계권을 행사하는 자가 가지고 있는 채권이 자동채권이고, 상계를 당하는 자의 채권을 수동채권이라 한다.

용어사전
상환이행판결
원고와 피고가 서로 채무를 이행하도록 명하는 판결을 말한다.

원용
주장·항변하는 것이다.

기출 CHECK ✓
1 임대인의 임대보증금반환의무와 임차인의 목적물인도의무는 동시이행관계이다.
정답 O

2 임대인의 보증금반환의무와 임차인의 임차권등기말소의무는 동시이행관계가 아니다.
정답 O

4. 동시이행항변권의 인정 여부

(1) 동시이행항변권이 인정되는 경우 제26·29·30·31회

① 부동산의 매매계약의 경우 '매도인의 소유권이전등기의무 및 가압류말소의무'와 '매수인의 대금지급의무'는 동시이행관계에 있다.

② 계약이 무효·취소된 경우 당사자 상호간의 반환의무 사이는 동시이행관계에 있다(대판 1995.9.15, 94다55071). 마찬가지로 계약해제로 인한 상호간의 원상회복의무 사이는 동시이행관계에 있다.

③ 전세권이 소멸한 경우 '전세권설정자의 전세보증금 반환의무'와 '전세권자의 목적물인도의무 및 전세권설정등기 말소의무'는 동시이행관계에 있다. 마찬가지로 임대차가 종료한 경우 '임대인의 보증금 반환의무'와 '임차인의 목적물 반환의무'는 동시이행관계에 있다(대판 1977.9.28, 77다1241 전원합의체).

④ 임차인이 지상물매수청구권 행사시 임대인의 건물대금지급의무와 임차인의 건물인도 및 소유권등기의무는 동시이행관계에 있다.

⑤ 「가등기담보 등에 관한 법률」상 '채권자의 청산금 지급채무'와 '채무자의 본등기 및 목적물 인도의무' 사이는 동시이행관계에 있다.

⑥ 구분소유적 공유관계가 해소되는 경우: 쌍방의 지분소유권이전등기의무는 동시이행관계에 있다(대판 2008.6.26, 2004다32992).

⑦ 임차인의 부속물매수청구권 행사에 따른 임대인의 부속물 매매대금지급의무와 임차인의 목적물반환의무(대판 2024다317332)

(2) 판례가 동시이행항변권을 인정하지 않는 경우 제26·27·29·30회

① '채무자의 채무변제'와 저당권자의 저당권등기말소의무는 동시이행관계가 아니라 채무변제가 선이행의무이다. 또한 채무를 담보하기 위해 경료된 '가등기담보, 양도담보'에서 '채무자의 채무변제의무'가 가등기말소의무보다 선이행할 의무이다. 즉, 채무담보의 목적으로 채권자 명의의 소유권이전등기나 그 청구권 보전의 가등기가 경료되어 있는 경우, 그 소유권이전등기의 말소나 가등기의 말소를 청구하려면 먼저 그 채무를 변제하여야 하고 피담보채무의 변제와 교환적으로 그 말소를 구할 수는 없다(대판 1984.9.11, 84다카781).

② 매도인의 '토지거래허가 협력의무'와 매수인의 잔대금지급의무는 동시이행관계가 아니다.

③ 임대인의 임대보증금반환의무와 임차인의 임차권등기말소의무는 동시이행관계가 아니고 임대인의 보증금반환의무가 임차인의 임차권등기말소의무보다 선이행의무이다.

용어사전

가압류
금전채권을 보전하려는 자가 강제집행 전에 채무자의 재산 은폐를 차단하고자 하는 금전채권의 보전처분이다.

압류
채무자의 특정 재산에 대한 처분이 제한되는 강제집행을 말한다. 압류의 처분금지효가 인정된다.

용어사전

전부명령(轉付命令)
채무자가 제3자에 대하여 가지고 있는 채권을 압류하여 채권자에게 이전하게 하는 것을 말한다.

용어사전

전부채권(轉付債權)
전부명령에 의하여 압류채권자에게 이전된 채권이다.

④ 근저당권 실행의 경매가 무효인 경우: 매수인의 소유권이전등기 말소의무는 '채무자'에게 이행할 의무이고 근저당권자가 배당받은 경락대금에 대한 부당이득반환의무는 '매수인'에 대해 이행할 의무이므로 각각 그 상대방을 서로 달리한 것으로 동시이행관계가 아니다.

> **더 알아보기**
>
> 임차인의 목적물반환의무와 임대인의 **권리금 회수방해라는 보호의무 위반으로 인한 손해배상의무**는 동시이행관계가 아니다(대판 2019.7.10, 2018다242727). 「상가건물 임대차보호법」에서 정한 권리금 회수기회 보호의무 위반을 원인으로 하고 있으므로 양 채무는 동일한 법률요건이 아닌 별개의 원인에 기하여 발생한 것일 뿐만 아니라 공평의 관점에서 보더라도 그 사이에 이행상 견련관계를 인정할 수 없다.

> **확인예제**
>
> **동시이행의 관계에 있지 않은 것은? (다툼이 있으면 판례에 따름)** 제29회
>
> ① 계약해제로 인한 당사자 쌍방의 원상회복의무
> ② 구분소유적 공유관계를 해소하기 위한 공유지분권자 상호간의 지분이전등기의무
> ③ 전세권이 소멸한 때에 전세권자의 목적물인도 및 전세권설정등기말소의무와 전세권설정자의 전세금반환의무
> ④ 근저당권 실행을 위한 경매가 무효인 경우, 낙찰자의 채무자에 대한 소유권이전등기말소의무와 근저당권자의 낙찰자에 대한 배당금반환의무
> ⑤ 가등기담보에 있어 채권자의 청산금지급의무와 채무자의 목적부동산에 대한 본등기 및 인도의무
>
> **해설**
>
> 근저당권 실행을 위한 경매가 무효인 경우, 낙찰자의 소유권이전등기말소의무는 '채무자'에 대하여 이루어지는 것인 반면에 근저당권자의 배당금반환의무는 '낙찰자'에 대한 의무로서 반환해 주는 상대방이 서로 어긋나 있으므로 동시이행관계가 아니다. 나머지는 모두 동시이행관계가 인정된다.
>
> 정답: ④

> **해커스 킬 정리** **동시이행항변권 핵심체계 정리하기**
>
> 1. 성립요건은?
>   쌍무계약일 것 / 변제기 도래할 것 / 둘 다 제공 없을 것
> 2. 효력은?
>   [이행지체책임이 면제] / [상환급부판결] / 자동채권으로 상계금지
> 3. 인정 여부
>   [동시이행관계가 부정되는 것]

03 위험부담 제29·30·34·35회

1. 서설

(1) 위험부담 제31회

쌍무계약에서 일방의 채무가 쌍방에게 책임 없는 사유로 이행불능이 되어 소멸한 경우 그로 인한 불이익을 누가 부담하는가를 말한다. ❶

쌍무계약에서 당사자 쌍방의 책임 없는 사유로 이행할 수 없게 된 때(건물매매에서 건물이 홍수로 멸실한 경우) 건물인도 채무자인 매도인은 홍수로 건물인도의무를 면하게 되지만 대신에 반대급부인 건물매매대금채권을 청구할 수 없다. 이를 반대급부 위험 또는 대가의 위험이라 한다.

(2) 위험부담에 관한 「민법」 규정은 임의규정이다.

위험부담에 관한 규정은 강행규정이 아니라 임의규정이다. 즉, 계약법상의 「민법」 규정은 임의규정이므로 당사자의 특약으로 「민법」과 달리 일방에게 천재지변으로 인하여 건물이 멸실한 경우 상대방에게 책임을 전가시키는 특약을 유효하게 할 수 있다.

2. 원칙 – 채무자 위험부담주의

> **제537조【채무자 위험부담주의】** 쌍무계약의 당사자 일방의 채무가 당사자 **쌍방의 책임 없는 사유로 이행할 수 없게 된 때에는 채무자는 상대방의 이행을 청구하지 못한다.**

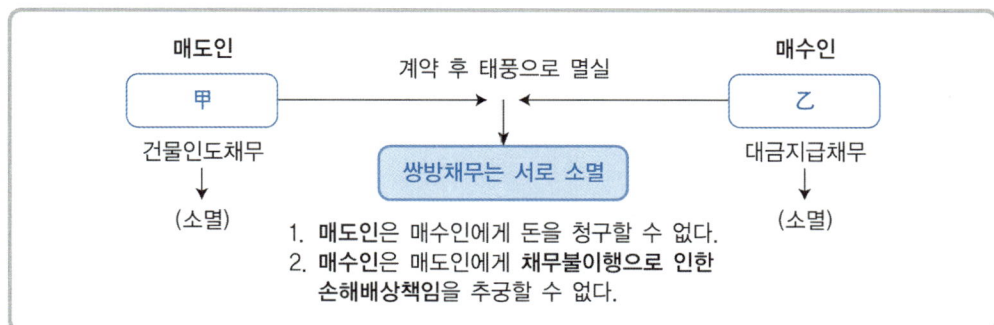

(1) 요건

① 후발적 불능(계약체결 후 이행불능)일 것
  ㉠ 일방의 채무가 '계약체결 후 이행불능'이어야 한다.
  ㉡ 원시적 불능일 경우 위험부담의 문제가 아닌 계약체결상의 과실이다.
② 쌍방의 '책임 없는 사유'로 이행불능일 것: 태풍, 지진 같은 천재지변으로 건물이 멸실하거나 매매계약 체결 후 국가의 수용으로 이행불능이 된 경우처럼 쌍방에 귀책사유 없는 불능이어야 한다.

---

❶ 쌍무계약에서 쌍방책임 없이 불능인 때 위험부담의 문제다.

기출 CHECK ✓

1 쌍무계약에서 채무자의 책임 있는 사유로 불능이 된 경우 위험부담이 문제된다.
정답 ✕

2 채무자의 책임 있는 사유로 이행불능이 된 때는 본래의 채무는 이행불능에 의한 손해배상(전보배상)으로 변하여 존속하므로 위험부담의 문제는 생기지 않는다.
정답 ○

용어사전
채무자
물건을 인도하여 줄 의무자(물건의 매도인)를 말한다.

채권자
물건에 대한 청구권을 가진 자(물건의 매수인)를 말한다.

기출 CHECK ✓
채무자위험부담은 쌍방의 귀책사유 없는 후발적 불능이어야 성립한다.
정답 ○

(2) 효과 제28회

① 쌍방 의무는 대등하게 소멸한다. 따라서 매도인은 급부의무가 소멸하고, 상대방의 반대급부의무도 소멸한다. 건물매도인은 '건물인도의무(급부의무)'가 소멸하지만, '매매대금(반대급부청구권)'을 매수인에게 청구할 수 없다.

② 매도인이 지급받은 계약금은 부당이득으로 반환하여야 한다. 이때 계약금의 2배를 반환해야 하는 것은 아니다. 반대로 매수인은 목적물을 점유, 사용함으로써 취득한 임료상당의 부당이득을 반환할 의무가 있다(대판 2009.5.28, 2008다98655).

③ 매수자는 매도인에게 '채무불이행을 원인으로 계약해제와 손해배상청구를 할 수 없다.' 왜냐하면 이행불능의 원인이 매도인에게 귀책사유가 없기 때문이다.

기출 CHECK ✓
매매계약체결 후 태풍으로 건물이 멸실된 경우 이미 지급받은 계약금은 부당이득반환하여야 한다.
정답 O

3. 예외 - 채권자 위험부담주의

> 제538조【채권자귀책사유로 인한 이행불능】
> ① 쌍무계약의 당사자 일방의 채무가 **채권자의 책임 있는 사유로 이행할 수 없게 된 때에는 채무자는 상대방의 이행을 청구할 수 있다.**
> **채권자의 수령지체 중에 당사자 쌍방의 책임 없는 사유로 이행할 수 없게 된 때에도** 채무자는 상대방에게 채무이행을 청구할 수 있다.
> ② 전항의 경우에 채무자는 자기의 채무를 면함으로써 이익을 얻은 때에는 이를 채권자에게 상환하여야 한다.

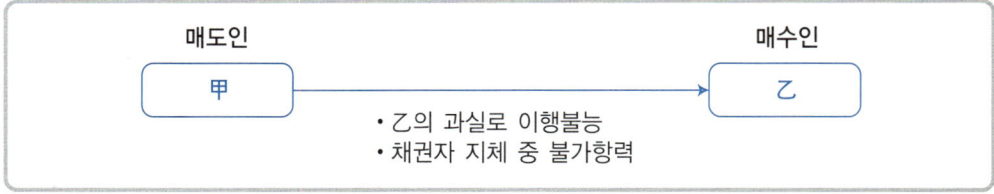

(1) 요건

① '채권자의 책임 있는 사유'로 이행불능일 때: 예컨대 펜션의 매수인이 펜션을 연휴에 미리 사용하다가 매수인의 과실로 화재를 일으킨 경우이다.

② 채권자의 '수령지체 중에 쌍방의 책임 없는 사유'로 이행불능일 때
  ㉠ 펜션의 매도인이 이행기에 이행제공하였으나 '매수인이 수령지체 중' 쌍방의 과실 없이 홍수로 펜션이 멸실된 경우 멸실의 원인은 매수인이 수령지체 중에 발생한 것이므로 매도인은 매수인에게 매매대금을 청구할 수 있다.
  ㉡ 매도인이 등기서류를 이행제공하면서 주택의 인수를 최고하였으나 매수인이 이를 거절하던 중 태풍으로 멸실된 경우 멸실의 원인은 태풍이 아니라 매수인이 수령지체하였기 때문이므로 매도인은 매수인에게 매매대금을 청구할 수 있다.
    ● 여기서 채권자의 수령지체 중에 쌍방의 책임 없는 사유로 이행불능에 해당하기 위하여는 채무자의 현실제공이나 구두제공이 필요하다(대판 2001다79013).

기출 CHECK ✓
매수인이 수령지체 중 쌍방의 과실 없이 이행불능이 된 경우, 매도인은 매수인에게 매매대금을 청구할 수 없다.
정답 X

(2) 효과 제27·29·30회

① **채무자는 상대방에게 급부의 이행을 청구할 수 있다.** 반대로 매수인은 매도인에게 급부의 인도청구를 할 수 없는 손해를 부담한다.

② **채무자의 이익상환의무**: 채무자가 자기의 채무를 면함으로써 이익을 얻은 때에는 이를 부당이득으로 채권자에게 상환하여야 한다(제538조 제2항).

- 예컨대 펜션을 10억원에 매매하면서 소유권이전등기 비용을 매도인이 부담하기로 특약하였는데 매수인의 과실로 펜션이 화재로 멸실한 경우, 매도인은 매수인에게 10억원을 청구할 수 있으나 소유권이전의무를 면함으로써 등기비용만큼의 이익을 얻었으므로 그 이익을 상환하여야 한다.

확인예제

甲과 乙이 乙 소유의 주택에 대한 매매계약을 체결하였는데, 주택이 계약 체결 후 소유권 이전 및 인도 전에 소실되었다. 다음 설명 중 틀린 것은? 　제27회

① 甲과 乙의 책임 없는 사유로 주택이 소실된 경우, 乙은 甲에게 매매대금의 지급을 청구할 수 없다.
② 甲과 乙의 책임 없는 사유로 주택이 소실된 경우, 乙이 계약금을 수령하였다면 甲은 그 반환을 청구할 수 있다.
③ 甲의 과실로 주택이 소실된 경우, 乙은 甲에게 매매대금의 지급을 청구할 수 있다.
④ 乙의 과실로 주택이 소실된 경우, 甲은 계약을 해제할 수 있다.
⑤ 甲의 수령지체 중에 甲과 乙의 책임 없는 사유로 주택이 소실된 경우, 乙은 甲에게 매매대금의 지급을 청구할 수 없다.

해설
⑤ 채권자 甲의 수령지체 중에 甲과 乙의 책임 없는 사유로 주택이 소실된 경우, 이는 채권자 위험부담에 해당하므로 乙은 甲에게 매매대금의 지급을 청구할 수 있다.
③ 甲의 과실로 주택이 소실된 경우, 乙은 甲에게 매매대금의 지급을 청구할 수 있다(제538조).
④ 乙의 과실로 주택이 소실된 경우, 이는 채무자의 과실 있는 이행불능으로서 甲은 계약을 해제할 수 있다.

정답: ⑤

> **더 알아보기** 대상청구권(代償請求權) 제27·29·30회

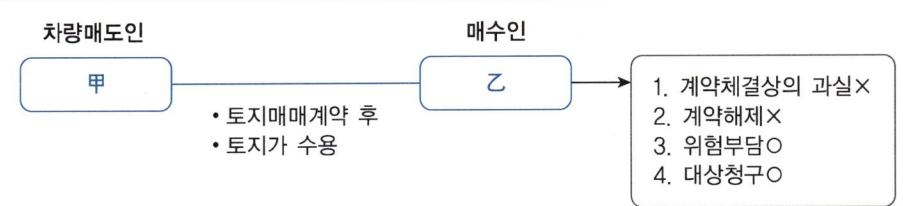

1. **개념**
   급부불능을 원인으로 채무자가 '급부에 대신하는 이익'을 취득하는 경우, 채권자가 그 급부에 대신하는 이익을 청구할 수 있는 권리를 대상청구권이라 한다. 예컨대 토지의 수용으로 인한 수용보상금청구권에 대하여 채권자는 대가를 제공하고 이러한 이익에 대한 반환청구권을 가지는데 이를 대상청구권이라 한다.

2. **요건**
   채권자가 대상청구권을 행사하기 위해서는 자신의 '반대급부의무를 제공'하여야 한다.

3. **토지계약체결 후 토지가 국가에 수용되어 이행불능의 상황인 경우?**
   ① 매수인은 **위험부담의 법리에 따라 대금지급의무를 면한다.**
   ② 매수인은 매매대금을 지급하고 매도인이 수용으로 인하여 받게 되는 수용보상금청구권의 양도를 청구할 수 있다. 이를 대상청구권이라 한다.
   ③ 매수인은 수용보상금의 전부의 반환을 청구할 수 있으나 보상금청구권이 매수인 자신에게 귀속되는 것은 아니므로 직접 보상금수령권자가 자신이라는 확인을 구할 수 없다(대판 1995.7.28, 95다2074).
   ④ 채무자의 책임 있는 사유로 이행불능이 생겨야 전보배상청구가 허용되는데 수용은 쌍방의 과실이 없는 것이므로 **채권자는 수용보상금에 대하여** 전보배상(塡補賠償)**을 청구할 수 없다.**
   ⑤ 계약체결 후에 이행불능이 발생한 것이므로 계약체결상의 과실 책임을 추궁할 수 없다.

> **해커스 킬 정리** 위험부담 핵심체계 정리하기

1. **채무자위험부담**
   [쌍방과실 없이 불능] – 쌍방의무는 소멸한다.
                    – 매수인에게 대금청구할 수 없다

2. **채권자 위험부담**
   [매수인의 과실로 멸실] – 매수인에게 대금청구할 수 있다.
   [매수인이 수령지체 중 쌍방과실 없이 불능] – 대금청구 ○

3. **대상청구권[계약체결 후 토지가 수용된 경우]**
   ① 매수인은 대금지불하고 보상금청구권의 양도를 청구 ○
   ② 쌍방의 과실 없는 이행불능으로서 매수인은 대금지급의무가 없다.

기출 CHECK ✓
건물매매계약 후 국가의 재결수용으로 이행불능이 된 경우 매수인은 대금을 지급하고 수용보상금청구권의 양도를 청구할 수 있다.
정답 ○

용어사전
전보배상
채무자의 책임 있는 사유로 이행불능이 된 경우, 채권자가 '본래의 채무이행에 갈음하는 손해배상'을 청구하는 것을 말한다.

> **확인예제**
>
> 甲은 자신의 토지를 乙에게 팔고 중도금까지 수령하였으나, 그 토지가 공용(재결)수용되는 바람에 乙에게 소유권을 이전할 수 없게 되었다. 다음 설명 중 옳은 것은? (다툼이 있으면 판례에 따름) 제29회
>
> ① 乙은 매매계약을 해제하고 전보배상을 청구할 수 있다.
> ② 乙은 甲의 수용보상금청구권의 양도를 청구할 수 있다.
> ③ 乙은 이미 지급한 중도금을 부당이득으로 반환청구할 수 없다.
> ④ 乙은 계약체결상의 과실을 이유로 신뢰이익의 배상을 청구할 수 있다.
> ⑤ 乙이 매매대금 전부를 지급하면 甲의 수용보상금청구권 자체가 乙에게 귀속한다.
>
> **해설**
>
> ② 乙은 대상청구권으로 甲의 수용보상금청구권의 양도를 청구할 수 있다.
> ① 재결수용은 쌍방의 과실이 없으므로 전보배상청구를 할 수 없다.
> ③ 계약금, 중도금에 대하여는 부당이득으로 반환하여야 한다.
> ④ 계약체결상의 과실은 원시적 불능을 전제로 한다.
> ⑤ 수용보상금청구권 자체가 乙에 귀속하지 않고 수용보상금청구권의 양도를 청구하는 것이다.
>
> 정답: ②

04 제3자를 위한 계약 제27 · 28 · 29 · 30 · 31 · 32 · 33 · 34 · 35회

> **제539조【제3자를 위한 계약】**
> ① 계약에 의하여 당사자 일방이 제3자에게 이행할 것을 약정한 때에는 그 제3자는 채무자에게 **직접 그 이행을 청구할 수 있다.**
> ② 전항의 경우에 제3자의 권리는 그 **제3자가 채무자에 대하여** 계약의 이익을 받을 의사를 표시한 때에 **생긴다.**

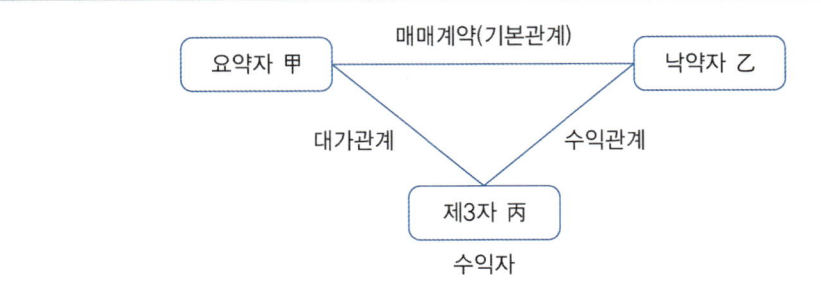

- 기본관계가 소멸(꽝): 낙약자는 수익자의 급부요구에 대항할 수 있다(항변할 수 있다).
- 대가관계가 소멸: 낙약자는 수익자에게 대항할 수 없다(항변할 수 없다).
- 낙약자가 채무불이행한 경우: 수익자는 계약의 당사자가 아니므로 해제권은 없다.

기출 CHECK ✓

1 수익표시는 수익자가 낙약자에게 한다.
정답 O

2 수익표시는 수익자에게 권리의 발생요건이고 계약의 성립요건이 아니다.
정답 O

3 수익자는 낙약자에게 직접 채무이행을 청구할 수 있다.
정답 O

1. 서설

(1) 개념 제26회

① **제3자를 위한 계약**: 계약은 당사자끼리 체결하고 그로 인한 수익은 당사자가 아닌 제3자로 하여금 직접 권리를 취득하게 하는 것을 목적으로 하는 계약을 말한다. 여기서 계약을 요청한 사람을 요약자, 요약자의 요구를 승낙하여 수익자에게 채무를 이행할 사람을 낙약자, 수익을 받을 사람인 제3자를 수익자라고 한다.

> |사례|
>
> ㈎ 며느리가 시어머니에게 선물을 드리기 위해 홈쇼핑에서 홍삼세트 구매계약을 하면서 수익자는 시어머니로 해달라고 요청하는 경우에 며느리가 '요약자', 홈쇼핑은 이 요청을 승낙한 '낙약자', 시어머니를 '수익자'라고 한다.
>
> ㈏ 매도인 甲과 매수인 乙이 부동산의 매매계약을 체결하면서 그 매매대금은 매도인의 채권자인 丙에게 지급하기로 하는 약정을 한 경우, 매도인은 요약자, 매수인은 낙약자, 채권자는 수익자로서 '제3자를 위한 계약'에 해당한다(판례).

② **수익자의 현존 특정 여부**: 제3자를 위한 계약을 체결할 당시에 수익자는 현존 특정할 필요가 없으며, 수익자는 태아도 가능하고, 설립 중인 법인이어도 무방하다. 장차 태어날 아이를 위하여 아빠가 보험회사와 보험계약을 체결하면서 수익자는 태아로 할 수 있다.

기출 CHECK ✓
낙약자가 제3자에게 가진 채권에 관하여 그 '채무를 면제'하는 계약도 제3자를 위한 계약에 준하는 것으로서 유효하다.
정답 ○

(2) 제3자를 위한 계약의 적용 제28회

① 조건부 제3자를 위한 계약도 가능하다(대판 1996.12.20, 96다34863).
② 수익자에게 권리뿐만 아니라 의무를 부담하게 하는 것도 유효하며, 계약의 당사자인 낙약자가 제3자에 대하여 가진 채권에 관하여 그 '채무를 면제'하는 계약도 제3자를 위한 계약에 준하는 것으로서 유효하다(대판 2002다37405).
③ 중첩적(병존적) 채무인수는 제3자를 위한 계약이다.
  ㉠ 면책적 채무인수

기출 CHECK ✓
중첩적(병존적) 채무인수는 제3자를 위한 계약이다.
정답 ○

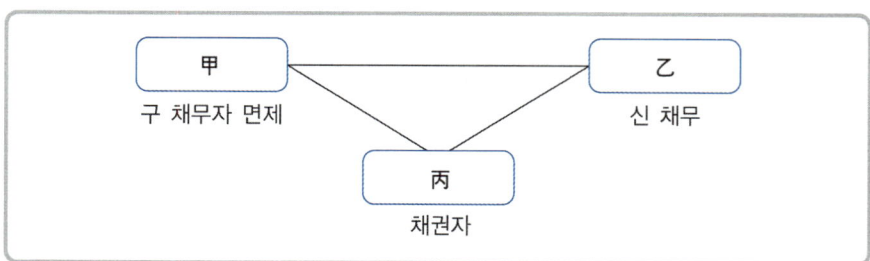

구 채무자가 채무관계에서 탈퇴하여 인수자가 채무를 부담하는 형태로서 채권자에게 새로운 채권을 취득하는 것이 아니므로 제3자를 위한 계약이 아니다.

ⓒ 중첩적 채무인수

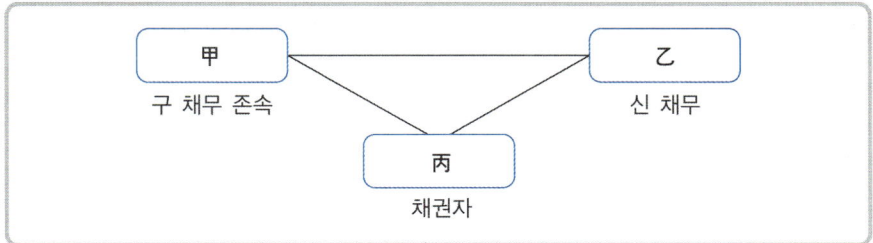

종래 채무자의 채무를 면제하지 않은 상태에서 인수자인 제3자가 채권 관계에 가입하여, 종래의 채무자와 함께 동일한 내용의 채무를 부담하는 채무인수 방법을 말한다. 구 채무자와 신 채무자 모두 채무를 부담하는 형태의 채무자와 인수자 사이의 계약으로서 채권자로 하여금 새로운 권리를 취득하게 하므로 제3자를 위한 계약의 하나로 볼 수 있다(대판 1996.12.23, 96다33846).

2. 법률관계의 주요쟁점

甲 소유 X토지를 乙에게 5천만원에 매도하면서 그 대금은 乙이 甲의 채권자인 丙에게 지급하기로 약정을 하고 수익자 丙은 낙약자 乙에게 수익표시를 하였다.

(1) 제3자(수익자)의 수익표시 제26·27회

① 수익표시는 제3자를 위한 계약의 성립요건이 아니라 권리발생요건이다.
   ㉠ 수익표시의 상대방은 낙약자이다. 제3자는 '낙약자'에 대하여 '수익의 의사표시'를 함으로써 채무자(낙약자)에 대하여 직접 권리를 취득한다.
   ㉡ 수익표시는 명시적으로, 묵시적으로도 할 수 있다.
② 수익표시 전 낙약자가 수익자에게 최고한 경우 확답이 없을 때 수익거절로 본다.

> 제540조 【채무자의 제3자에 대한 최고권】 전조의 경우에 채무자는 상당한 기간을 정하여 계약의 이익의 향수 여부의 확답을 제3자에게 최고할 수 있다. 채무자가 그 기간 내에 확답을 받지 못한 때에는 제3자가 계약의 **이익을 받을 것을 거절한 것으로 본다**.

③ 수익표시 후 수익자의 권리를 요약자와 낙약자간의 합의로 소멸시킬 수 없다.
   ㉠ 요약자와 낙약자간의 계약의 변경, 대금감액을 할 수 없다.

> **요약자와 낙약자간의 계약의 변경, 대금감액 여부**
> ⓐ 제3자가 수익의 의사표시를 함으로써 제3자에게 권리가 확정적으로 귀속된 경우에는 요약자와 낙약자는 변경권을 유보하였다는 특별한 사정이 없는 한 원칙적으로 제3자의 권리를 변경·소멸시키지 못한다. 만약 당사자가 임의로 제3자의 권리를 변경시켜도 제3자에게 효력이 없다(대판 2002.1.25, 2001다30285).

기출 CHECK ✓
수익표시는 제3자를 위한 계약의 성립요건이 아니라 권리발생요건이다.
정답 ○

기출 CHECK ✓
낙약자가 수익자에게 이익의 향수 여부를 최고한 경우 확답이 없을 때에는 수익거절로 본다.
정답 ○

ⓑ 계약당사자는 제3자의 권리가 발생한 후에도 합의해제를 할 수 없고 설사 합의해제를 하더라도 그로써 이미 제3자가 취득한 권리에는 아무런 영향을 미치지 못한다(대판 1997.10.24, 97다28698).

ⓒ 수익표시한 후에는 요약자와 낙약자가 계약을 '합의해제'하여도 제3자에게 효력이 없다(대판 2002.1.25, 2001다30285).
ⓒ 주의할 것은 수익표시한 후에도 요약자는 기본관계의 하자로 계약을 취소할 수 있다. 수익자가 수익표시를 한 후에도 당사자는 기본계약 자체가 하자가 있으면 사기, 강박으로 기본계약을 취소할 수 있다.

(2) 요약자와 낙약자 사이의 관계(기본관계 = 보상관계)의 소멸 제28·30회

요약자와 낙약자 사이의 관계(기본관계)가 소멸시	• 수익자에게 영향을 미친다. • 수익자의 권리도 소멸하여 꽝이 된다.
요약자와 제3자 사이의 관계(대가관계)가 소멸시	• 기본관계에 영향을 미치지 않는다. • 수익자의 권리가 소멸하지 않는다.

① 기본관계(甲, 乙 관계): 보상관계라는 의미는 낙약자가 제3자에 대하여 채무를 이행함으로써 입은 손실을 낙약자는 요약자와의 계약으로 보상받는다는 것이다.
  ㉠ 乙이 丙에게 매매대금을 지급하는 것은 甲, 乙간의 계약을 기초로 하는 것이다. 따라서 丙의 급부청구권은 甲, 乙간의 계약에 전적으로 의존한다. 이를 기본관계라고 한다. 또한 乙은 甲이 계약에 따른 급부를 이행을 하지 않으면, 수익자 丙의 급부청구에 대하여 동시이행항변권을 주장하여 대금지급을 거절할 수 있다.
  ㉡ 한편, 甲·乙간의 계약관계가 취소, 무효, 해제되면 丙의 급부청구권도 소멸하게 되어 영향을 받는다.
② 낙약자는 계약에 기한 항변권으로 수익자에게 항변할 수 있다(제542조).
  ㉠ 낙약자는 '기본관계에 기한 항변사유'로 제3자에게 대항할 수 있다. 낙약자는 기본관계가 무효인 경우 수익자의 급부요구를 묵살하고 거절할 수 있다.
  ㉡ 요약자가 급부를 이행하지 않으면 낙약자는 동시이행항변권으로 이에 대응하는 자신의 수익자에 대한 급부의무를 거절할 수 있다.
  ㉢ 요약자는 낙약자에게 수익자에 대하여 급부의 이행을 청구할 수 있다.
③ 기본관계가 무효이거나 사기, 착오로 취소되어 효력을 상실한 경우
  ㉠ 선의인 수익자도 보호받을 수 없다. 수익자는 '요약자와 낙약자의 계약'으로부터 직접 권리를 취득하는 자이지 '낙약자와 수익자 자신이' 새로운 법률상 원인으로 새로운 이해관계를 맺은 자가 아니기 때문에, 사기, 착오로 인한 취소로서 대항할 수 없는 선의 제3자에 포함되지 않는다.

기출 CHECK ✓
1 수익표시 후 당사자는 계약의 변경권이 없다.
정답 O

2 수익표시한 후 요약자는 낙약자의 기망을 이유로 계약을 취소할 수 있다.
정답 O

기출 CHECK ✓
요약자가 급부를 이행하지 않으면 낙약자는 자신의 수익자에 대한 의무를 거절할 수 있다.
정답 O

기출 CHECK ✓
낙약자는 계약에 기한 항변으로 수익자에게 대항할 수 있다(수익자와 싸울 수 있다).
정답 O

기출 CHECK ✓
제3자를 위한 계약이 허위표시로서 무효인 경우 수익자는 선의여도 보호받지 못한다.
정답 O

ⓒ 수익자는 허위표시의 무효로서 대항할 수 없는 제3자에 해당하지 않는다. 즉, 수익자는 기본관계가 허위표시로서 무효인 경우 선의 제3자로서 보호받을 수 없다(수익자는 낙약자와 새로운 거래를 한 것이 없으므로 허위표시의 제3자에 해당하지 않기 때문에 선의인 경우에도 보호받지 못한다). 따라서 낙약자는 허위표시의 무효를 선의인 수익자에게 항변할 수 있다.

(3) 요약자와 제3자의 관계(甲과 丙의 관계 = 대가관계)의 소멸 제26·30회

① 개념: 요약자와 수익자간의 법률관계는 그들 사이의 내부관계에 불과할 뿐이고, 제3자를 위한 계약의 내용이 되지 않으며, 요약자와 수익자간의 내부관계의 소멸은 기본관계나 수익자의 권리에 영향을 미치지 아니한다.

② 대가관계의 소멸의 효력은?

> ㉠ 대가관계는 요약자와 수익자 두 사람의 내부관계일 뿐이므로 대가관계의 소멸은 요약자와 낙약자간의 기본관계에 영향을 미칠 수 없다.
> ㉡ 낙약자는 '요약자와 수익자 사이의 법률관계'가 소멸한 경우 기본관계는 여전히 유효하므로 수익자의 급부요구를 거부할 수 없다. 그러므로 낙약자는 '요약자와 수익자 사이의 법률관계'에 기한 항변(甲의 丙에 대한 항변)으로 수익자에게 대항할 수 없다(대판 2003.12.11, 2003다49771).
> ㉢ 요약자도 '대가관계의 부존재나 효력 상실'을 이유로 자신이 기본관계에 기하여 낙약자에게 부담하는 채무의 이행을 거부할 수 없다(대판 2003.12.11, 2003다49771).

(4) 낙약자가 채무불이행한 경우 계약의 해제권자는?

① 수익자는 계약의 당사자가 아니므로 계약의 해제권이 없다.

> ㉠ 수익자는 계약당사자가 아니므로, 계약당사자의 지위에 기하여 인정되는 제한능력이나 의사표시의 하자를 이유로 하는 취소권과 채무불이행을 원인으로 하는 계약의 해제권은 수익자가 행사할 수 없다.
> 따라서 낙약자의 채무불이행이 있을 경우에 계약의 해제권과 해제에 따른 원상회복청구권도 요약자에게 귀속하고, 수익자는 계약의 해제권과 해제로 인한 원상회복청구권을 행사할 수 없다(대판 1994.8.12, 92다41559).
> ㉡ 제3자가 수익의 의사표시를 한 후에 요약자는 '수익자의 동의 없이' 계약을 해제할 수 있다(대판 1970.2.24, 69다1410).

② 낙약자의 채무불이행이 있는 경우 수익자는 낙약자에게 그로 인한 손해배상청구권을 행사할 수 있다(대판 1994.8.12, 92다41559). 다만, 제3자를 위한 계약 자체가 무효인 경우 제3자는 처음부터 급부청구권이 발생하지 않은 것이므로 낙약자에게 채무불이행을 이유로 하는 손해배상을 청구할 수 없다(대판 1966.6.21, 66다674).

기출 CHECK ✓
1 낙약자는 계약에 기한 항변으로 수익자에게 대항할 수 있다.
정답 O

2 낙약자는 '요약자와 수익자 사이의 법률관계'에 기한 항변(甲의 丙에 대한 항변)으로 수익자에게 대항할 수 없다.
정답 O

기출 CHECK ✓
1 수익자는 계약의 해제권과 해제로 인한 원상회복청구권을 행사할 수 없다.
정답 O

2 낙약자의 채무불이행의 경우 수익자는 계약을 해제할 수 있다.
정답 X

기출 CHECK ✓
낙약자의 채무불이행시에 수익자는 낙약자에게 손해배상청구권을 행사할 수 있다.
정답 O

(5) 기본관계가 소멸한 경우 낙약자가 수익자에게 지급한 대금반환청구 가능 여부

> ① 계약의 청산문제는 계약을 체결한 요약자와 낙약자간에 이루어져야 하므로 **낙약자는 계약의 당사자가 아닌 수익자에게 기본관계의 해제에 따른 원상회복청구나 부당이득반환을 청구할 수 없다**(대판 2005.7.22, 2005다7566).
> ② 甲·乙간의 기본관계가 무효, 취소된 경우, 낙약자가 수익자에게 이미 지급한 매매대금을 **수익자를 상대로 부당이득반환을 청구할 수 없다**.

기출 CHECK ✓
낙약자가 수익자에게 이미 지급한 대금을 수익자를 상대로 부당이득반환청구할 수 없다.
정답 O

확인예제

01 제3자를 위한 계약에 관한 설명으로 틀린 것은? (다툼이 있으면 판례에 따름)
제29회

① 제3자가 하는 수익의 의사표시의 상대방은 낙약자이다.
② 낙약자는 기본관계에 기한 항변으로 제3자에게 대항할 수 없다.
③ 낙약자의 채무불이행이 있으면, 요약자는 수익자의 동의 없이 계약을 해제할 수 있다.
④ 수익자는 계약의 해제를 원인으로 한 원상회복청구권이 없다.
⑤ 수익자는 요약자의 제한행위능력을 이유로 계약을 취소하지 못한다.

해설
낙약자는 기본관계에 기한 항변으로 제3자에게 대항할 수 있다.
정답: ②

02 甲(요약자)과 乙(낙약자)은 丙을 수익자로 하는 제3자를 위한 계약을 체결하였다. 다음 설명 중 틀린 것은? (다툼이 있으면 판례에 따름)
제30회

① 甲은 대가관계의 부존재를 이유로 자신이 기본관계에 기하여 乙에게 부담하는 채무의 이행을 거부할 수 없다.
② 甲과 乙간의 계약이 해제된 경우, 乙은 丙에게 급부한 것이 있더라도 丙을 상대로 부당이득반환을 청구할 수 없다.
③ 丙이 수익의 의사표시를 한 후 甲이 乙의 채무불이행을 이유로 계약을 해제하면, 丙은 乙에게 그 채무불이행으로 자기가 입은 손해의 배상을 청구할 수 있다.
④ 甲과 乙간의 계약이 甲의 착오로 취소된 경우, 丙은 착오취소로써 대항할 수 없는 제3자의 범위에 속한다.
⑤ 수익의 의사표시를 한 丙은 乙에게 직접 그 이행을 청구할 수 있다.

해설
甲과 乙간의 계약이 甲의 착오로 취소된 경우, 丙은 착오로 인한 취소로써 대항할 수 없는 제3자의 범위에 포함되지 않는다.
정답: ④

> **해커스 킬 정리** 제3자를 위한 계약 핵심체계 정리하기
>
> 1. 수익표시는? 성립요건이 아니고 권리발생요건이다.
> 2. 기본관계의 소멸?
>   ① 낙약자는 수익자에게 대항할 수 있다.
>   ② 수익자는 보호받는 제3자에 포함되지 않는다.
> 3. 대가관계의 소멸?
>   ① 낙약자는 수익자에게 대항할 수 없다.
>   ② 요약자는 낙약자에 대한 급부의무를 거절하지 못한다.
> 4. 낙약자가 채무불이행할 때?
>   ① 수익자는 해제권이 없고 손배청구 ○
>   ② 요약자는 수익자의 동의 없이 해제할 수 있다.

제4절 계약의 해제와 해지 제27·28·29·30·33·34·35회

> **핵심 콕! 콕!** 해제의 체계도❶
>
> 1. 해제의 의의
> 2. 해제의 원인 – 채무불이행(이행지체/이행불능/불완전 이행)
> 3. 해제권 행사 – 전원이 전원에게/일방적 의사표시하다.
> 4. 해제의 효과
>   • 계약의 소급효
>   • 쌍방의 원상회복의무
>   • 해제와 별도로 손해배상청구
>   • 해제의 경우 제3자 보호
> 5. 해제권의 소멸

❶ 해제는 큰 그림을 이해하고 세팅하는 방식으로 학습하는 것을 추천합니다.

01 의의❷

❷ 비교
• 해제는 소급하여 계약을 소멸시키는 것
• 해지는 장래를 향하여 소멸시키는 것
• 합의해제는 쌍방간의 합의로 새로운 계약을 하는 것
• 계약금해제는 중도금 지급 전에 계약금을 포기하고 해제하는 것

1. 개념

(1) 해제

'유효한 계약'을 해제권자의 '일방적 의사표시에 의하여 소급적으로 소멸'시키는 것을 말한다. 예컨대 아파트 매매계약을 매수인의 잔금불이행을 원인으로 매도인이 매매계약을 해제하여 소급적으로 소멸시키는 것이다.

(2) 해지

유효한 계약을 일방적 표시로서 '장래를 향하여 소멸'시키는 것을 말한다. 예컨대 임차인이 차임을 지체하자 임대인이 임대차 계약을 장래를 향하여 파기하는 것이다.

2. 구별개념

(1) 합의해제 제27·30·31·32회

① 합의해제 또는 해제계약이란 쌍방이 합의에 의하여 기존의 계약을 소멸시키기로 하는 새로운 계약을 말한다.

> |사례|
> A 소유의 건물을 B가 10억원에 매매한 후 건물의 가격이 상승하자 A가 매매대금 10억원에 2억원을 더 얹어줄테니 12억원에 '합의해제의 청약(계약 없던 걸로 해주실까요!)'을 하고, B가 합의해제의 승낙(그럽시다!)을 한 경우, 애초의 계약은 소멸하고 A는 12억원을 반환해 줄 의무를 부담하고 계약은 소멸처리한다.

기출 CHECK ✓
합의해제는 묵시적으로도 이루어질 수 있다.
정답 O

> ㉠ 계약이 합의해제가 되기 위해서는 '합의해제의 청약'과 '합의해제의 승낙'이라는 서로 대립하는 의사표시가 합치되어야 한다. 이러한 계약의 합의해제는 묵시적으로도 이루어질 수 있다(대판 2002.1.25, 2001다63575).
> ㉡ 합의해제는 기존 계약을 소급하여 소멸시키는 것을 말하고, 합의해지는 기존 계약을 장래를 향하여 소멸시키는 것을 말한다.

② 합의해제는 당사자간의 합의에 의해 성립한다는 점에서 계약이고, 해제권자의 일방적 표시에 해당하는 단독행위인 법정해제와는 구별된다.

기출 CHECK ✓
1 합의해제로 인하여 반환할 금전에 그 받은 날로부터의 이자를 가하여야 할 의무가 있는 것은 아니다.
정답 O

2 합의해제의 경우 특별한 사정이 없는 한 손해배상을 청구할 수 없다.
정답 O

> ㉠ 「민법」상의 해제에 관한 규정(제543조 이하)은 합의해제에는 적용되지 않는다(대판 1996.7.30, 95다16011).
> ㉡ 합의해제나 합의해지의 경우 이자의 가산의무가 없다. 합의해제가 있는 경우 해제에 관한 제548조 제2항의 규정은 적용되지 아니하므로, 당사자 사이에 약정이 없는 이상 합의해제로 인하여 반환할 금전에 그 받은 날로부터의 이자를 가하여야 할 의무가 있는 것은 아니다(대판 2003.1.24, 2000다5336)

ⓒ 합의해제의 경우 특별한 사정이 없는 한 채무불이행으로 손해배상을 청구할 수 없다. 합의해제의 경우 일방의 채무불이행이 원인이 아니고 쌍방의 합의로 해제한 것으로서 다른 특별한 사정이 없는 한 채무불이행으로 인한 손해배상을 청구할 수 없다(대판 1989.4.25, 86다카1147).
  ② 합의해제의 경우에는 자기채무의 제공 없이도 합의로 해제할 수 있다.
  ⑩ 합의해제의 경우 해제시 보호받는 제3자 보호규정은 적용된다. 합의해제에 있어서도 법정해제와 마찬가지로 당사자간의 합의해제의 효력을 가지고 제3자의 권리를 해할 수 없다. 예컨대, A, B가 빌라의 매매계약을 합의해제를 하였으나 빌라에 대하여 이미 제3자에게 저당권이 등기된 경우 제3자의 저당권은 보호받는다.
  ⓑ 합의해제의 효력을 무효화시키고 해제된 계약을 부활시키는 약정을 유효하게 할 수 있다(대판 2003다45700).

(2) 합의해지 제26·27·30회

① 당사자가 계속적 거래관계에 있어서 이미 체결한 계약의 효력을 장래를 향하여 소멸시키기로 하는 새로운 계약이다.

> |사례|
> A 소유의 건물을 B가 보증금 5천만원에 기간 2년의 임대차계약을 체결하였다. 그런데 6개월이 지나서 B가 직장문제로 지방으로 이사를 가야 한다면서 보증금을 지금 빼달라고 애원하면서 합의해지의 청약을 하고, 임대인 A가 이를 승낙을 해버리면 임대차계약은 합의해지가 이루어진 지금부터 장래를 향하여 소멸한다.

② 합의해지의 효력도 쌍방의 합의한 내용에 의하여 결정되며 여기에는 해제에 관한 「민법」 제543조 이하의 규정이 적용되지 아니한다(대판 1996.7.30, 95다16011).

③ 합의해지의 경우 반환할 금전에는 이자를 가산하지 않는다.

해제	합의해제
단독행위	계약
법률규정에 규제를 받는다.	합의내용에 의해 결정된다.
이자 가산 ○, 손해배상청구 ○	이자 가산 ×, 손해배상청구 ×

(3) 자동해제 약정

① 당사자가 약정한 특약이 발생한 경우에 해제권자의 특별한 의사표시가 없더라도 계약이 효력을 잃고 계약상의 권리를 상실케 되는 약정을 말한다.

용어사전
합의해지
쌍방의 합의로 장래를 향하여 계약을 소멸시키기로 하는 계약을 말한다.

기출 CHECK ✓
합의해지의 경우 반환할 금전에는 이자를 가산하지 않는다.

정답 ○

② 해제조건부 매매계약에 있어서 매수인이 '중도금'을 약정한 일자에 지급하지 아니하면 그 계약은 자동으로 해제된다는 특약이 있는 경우 중도금의 선이행의무를 부담하는 매수인이 약정한 대로 중도금을 지급하지 아니하면 해제의 의사표시를 요하지 않고, 그 중도금 불이행 자체로써 계약은 그 일자에 자동적으로 해제된 것으로 보아야 한다(대판 1991.8.13, 91다13717).

(4) 취소와 해제의 비교

구분	해제	취소
적용범위	계약에만 적용	모든 법률행위에 적용
발생사유	법정해제와 약정해제	법률규정 (제한능력, 착오, 사기, 강박)
반환범위	선의, 악의 불문하고 받은 급부의 전부를 반환	• 선의: 이익의 현존 한도 • 악의: 전부 반환

02 해제권의 발생원인

해제권의 발생원인에는 두 가지가 있다. '특약사유를 위반'한 때에 해제하기로 해제권의 유보를 약속하는 '약정해제'와 법률의 규정으로 '일방의 채무불이행'의 경우 해제권이 발생하는 '법정해제'가 있다.❶

> ❶ 해제원인에는 약정해제와 법정해제가 있다.

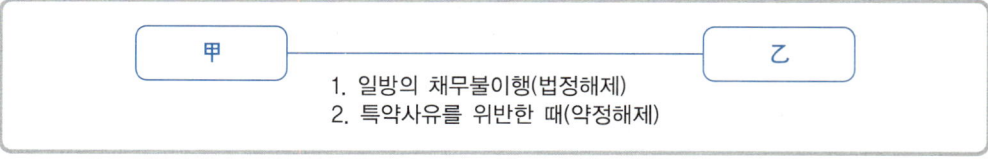

甲 ─────── 乙
1. 일방의 채무불이행(법정해제)
2. 특약사유를 위반한 때(약정해제)

1. 약정해제 제26회

> (1) 매수인이 다운계약서 작성에 협조하기로 특약을 하고, 이 특약을 이행하지 않으면 즉시 계약을 해제하기로 한다(특약사유).
> (2) 매도인이 무허가 건물을 1월 이내에 철거하지 않으면 해제하기로 한다.

① 당사자간의 '특약사유를 위반'할 경우에 해제하기로 미리 약정하는 것을 말한다. 이 점에서 채무불이행을 원인으로 하는 법정해제와 다르다.
  ㉠ 특약사유를 위반하는 경우에 별도의 최고 없이 바로 계약은 소멸한다.
  ㉡ 계약상 부수적 의무위반을 이유로 한 약정해제권 행사의 경우에는 채무불이행을 원인으로 하는 법정해제와 달리 손해배상청구권은 인정되지 않는다(대판 1983.1.18, 81다89).
② 약정해제권의 유보는 채무불이행을 원인으로 하는 법정해제권의 성립에 아무런 영향을 미칠 수 없다(대결 1990.3.27, 89다카14110).

기출 CHECK ✓
약정해제권의 유보는 채무불이행을 원인으로 하는 법정해제권의 성립에 아무런 영향을 미칠 수 없다.
정답 ○

용어사전
유보
뒷날로 미루어 두는 일을 말한다.

2. 법정해제권의 발생원인[일방의 귀책사유로 채무불이행]

> **핵심 콕! 콕!**
>
> (가) 이행지체 – 최고 필요
> (나) 이행불능 – 최고 불필요
> (다) 불완전 이행
> (라) 미리 이행거절 표시 – 최고 불필요
>
> ● 채무불이행은 여러 가지의 유형이 있으나 「민법」은 이행지체와 이행불능만 규정하고 있다. 부수적 채무불이행은 법정해제사유가 아니다.

(1) 이행지체로 인한 해제 _{제28회}

> 제544조【이행지체와 해제】당사자 일방이 그 채무를 이행하지 아니하는 때에는 상대방은 상당한 기간을 정하여 그 이행을 **최고하고** 그 기간 내에 이행하지 아니한 때에는 계약을 해제할 수 있다. 그러나 채무자가 **미리 이행하지 아니할 의사를 표시한 경우**에는 최고를 요하지 아니한다.

① 채무자의 귀책사유로 이행하지 않을 것
  ㉠ 일방은 이행의 제공을 하고 타방은 이행제공이 없을 것: 쌍무계약에 있어서 상대방의 채무불이행을 이유로 계약을 해제하려고 하는 자는 '자기 채무의 이행을 제공'하고 타방은 이행제공이 없어야 한다.
  ㉡ 이행지체의 사례: 아파트 매수자가 자신의 귀책사유로 인하여 잔금일에 잔금을 이행하지 아니한 경우, 이는 매수인의 이행지체로서 매도인은 이행을 최고하고 이행이 없으면 해제할 수 있다.
② 이행을 최고할 것
  ㉠ 최고란 채권자가 상대방에게 상당한 기간을 정하여 이행을 촉구하는 것을 말한다.
  ㉡ 상당한 기간의 지정
    ⓐ 상당한 기간이란 채무자의 이행에 필요한 유예기간을 말하는 것으로서, 구체적으로는 이행하여야 할 급부의 성질, 거래관행 등을 고려하여 종합적으로 결정해야 한다(판례).
    ⓑ 최고기간이 **짧아서 상당하지 않은 경우,** 판례는 원칙적으로 최고로서의 효력은 인정되지만 상당한 기간이 경과한 후에야 해제권이 발생한다.
    ⓒ **상당한 기간을 정하지 아니하고 최고한 경우,** 그 이행최고는 반드시 미리 일정기간을 명시하여 최고하여야 하는 것은 아니고 일정기간을 정하지 않고서 한 최고도 그 자체를 무효로 볼 것은 아니고, 최고한 때로부터 상당한 기간이 경과하면 해제권이 발생한다(대판 1979.9.25, 79다1135).

기출 CHECK ✓
상대방의 채무불이행을 이유로 계약을 해제하려고 하는 자는 자기 채무의 이행을 제공하여야 한다.
정답

기출 CHECK ✓
최고기간이 짧아서 상당하지 않은 경우 최고는 유효하다.
정답 O

ⓒ 과대최고 – 채권자의 이행최고가 본래 이행하여야 할 채무액을 초과하는 경우: 예컨대 1억원의 금전지급채무인데 1억 8천만원을 이행하라고 과대하게 최고한 경우를 말한다. 과다한 정도가 현저하고 채권자가 청구한 금액을 제공하지 않으면 그것을 수령하지 않을 것이라는 의사가 분명한 경우에는 그 최고는 부적법하고, 이러한 최고에 터 잡은 계약해제는 효력이 없다(대판 1994.5.10, 93다47615).

③ 정기행위의 경우(제545조)
  ㉠ 개념: 정기행위란 계약의 성질상 일정한 이행기에 이행하지 않으면 계약의 목적을 달성할 수 없는 것을 말한다.
  ㉡ 사례: 결혼식장에 화환배달 채무처럼 일정시기에 이행해야 하는 채무를 말하는데 정기행위에 있어서는 채무불이행이 있으면 곧 해제권이 발생하고 별도의 최고를 필요로 하지 않는다. 주의할 것은 정기행위라도 '최고를 요하지 않을 뿐'이고 계약의 해제를 위하여는 '해제의사표시가 꼭 필요'하다.

(2) 이행불능으로 인한 해제

> 제546조【이행불능과 해제】 채무자의 책임 있는 사유로 이행이 불능하게 된 때에는 채권자는 계약을 해제할 수 있다.❶

① 채무자의 책임 있는 사유로 이행불능일 것: 일방의 채무가 채무자의 귀책사유로 이행불능이어야 하고, 채무자의 '책임 없는' 사유로 이행불능이 생긴 때에는 위험부담의 법리가 문제될 뿐 계약해제를 할 수 없다.
② 이행불능으로 해제하기 위하여 최고나 반대급부의 제공은 필요 없다. 매도인의 이행불능으로 인한 계약해제의 경우 매도인의 급부가 매수인의 대금채무와 동시이행관계에 있더라도 매수인이 계약을 해제하기 위하여는 그 이행의 최고도 반대급부의 이행제공도 할 필요가 없다(대판 2003.1.24, 2000다22850).
③ 이행불능으로 인한 손해액: 계약체결 당시의 시가가 아니라 '불능 당시의 시가'를 배상'하여야 한다.
④ 전보배상 청구: 채무자의 책임 있는 사유로 이행불능이 생긴 경우 채권자는 '본래의 채무이행에 갈음하는 손해배상', 즉 전보배상(塡補賠償)을 청구할 수 있다. 일방의 귀책사유로 채무 전부가 이행불능이 되더라도 본래의 채무 자체가 소멸하는 것은 아니고 본래의 채무가 손해배상채무로 내용이 변질되어 존속한다.
⑤ 이행불능에 해당하지 않는 경우
  ㉠ 부동산의 매매목적물에 가압류가 집행되었다고 하여 매매에 따른 소유권이전의무가 불가능한 것도 아니므로 매수인은 이행불능을 원인으로 바로 해제할 수 없다(대판 1999.6.11, 99다11045).

기출 CHECK ✓
1 정기행위의 경우 해제를 위한 최고는 필요 없다.
정답 O

2 정기행위의 경우 해제 의사표시는 필요하다.
정답 O

❶ 채권자는 최고 없이 계약을 해제할 수 있다.

기출 CHECK ✓
매도인의 급부의무가 매도인의 과실로 이행불능이 된 경우, 매수인이 계약을 해제하기 위하여는 최고도 반대급부의 제공도 필요가 없다.
정답 O

기출 CHECK ✓
매도인의 과실로 인한 이행불능의 경우, 매수인은 불능 당시의 시가로 전보배상을 청구할 수 있다.
정답 O

ⓒ 매매목적물인 부동산에 '근저당권설정등기나 가압류가 말소되지 아니한 경우' 바로 매도인의 소유권이전등기의무가 이행불능으로 되었다고 할 수 없고, 매수인으로서는 매도인에게 상당기간을 정하여 이행을 '최고하고' 그 기간 내에 이행하지 아니할 때에 한하여 계약을 해제할 수 있다(대판 2003.5. 13, 2000다50688).

(3) 불완전 이행으로 인한 해제

① 개념: 불완전 이행이란 '이행행위를 하였으나 그것이 채무의 내용에 좇은 완전한 이행에 이르지 못한 것'을 말한다(예 의사가 환자의 수술을 하기로 계약하였으나 수술이 제대로 이루어지지 아니한 경우, 식당 주인이 음식을 대충 만들어 차려놓은 경우 등).

② 유형
 ㉠ 추완(추후에 완전한 이행)이 가능한 경우 이행지체에 준하므로 최고를 해야 해제할 수 있다.
 ㉡ 추완이 처음부터 불가능한 경우 이행불능에 준하므로 최고 없이 해제할 수 있다.

(4) 미리 '이행거절' 표시로 인한 해제(제544조 단서) 제31회

① 개념: 일방이 채무를 '미리 이행하지 아니할 의사를 명백히 표시'한 경우 또는 일방이 채무를 이행제공하더라도 상대방이 그 채무를 이행하지 아니할 것이 객관적으로 명백한 경우에 상대방은 자신의 채무제공 없이 계약을 해제할 수 있다(대판 1993.8.24, 93다7204).

② 이행기 전에도 미리 해제 가능: 부동산 매도인이 계약을 이행하지 아니할 의사를 명백히 표시한 경우 매수인은 소유권이전등기의무 이행기일까지 기다릴 필요 없이 이행의 '최고나 이행의 제공 없이'도 매매계약을 해제할 수 있다(대판 1993. 6.25, 93다11821).

③ 이행거절의 의사표시가 적법하게 '철회'된 경우: 이행거절의 의사표시는 해제가 있기 전까지는 적법하게 철회할 수 있는데, 이때 상대방으로서는 자기 채무의 이행을 제공하고 상당한 기간을 정하여 이행을 '최고'한 후가 아니면 채무불이행을 이유로 계약을 해제할 수 없다(대판 2003.2.26, 2000다40995).

기출 CHECK ✓
일방이 미리 거절표시를 명백히 한 경우 최고나 이행의 제공 없이도 매매계약을 해제할 수 있다.
정답 O

최고가 불필요한 경우

1. 약정해제의 특약사유가 발생	이행의 최고가 필요 없다.
2. 이행불능	• 이행의 최고가 필요 없다. • 반대급부의 제공도 필요 없다.
3. 정기행위	이행의 최고가 필요 없다.
4. 미리 이행거절 표시한 때	• 이행의 최고가 필요 없다. • 반대급부의 제공도 필요 없다.

> **더 알아보기**
>
> 부수적 의무위반의 경우 법정해제권을 행사할 수 없다.
> (1) 계약을 해제하려면 당해 채무가 계약의 목적을 달성하는 데 필요불가결하고 이를 이행하지 아니하면 계약의 목적이 달성되지 아니하여 채권자가 그 계약을 체결하지 아니하였을 것이라고 여겨질 정도의 '주된 채무'이어야 한다. '**부수적 채무'를 위반하는 데에 불과한 경우에는 법정해제할 수 없다**(대판 2001.11.13, 2001다20394).
> (2) 토지거래허가구역에서 일방의 '협력의무'는 부수적 채무로서 협력의무위반을 이유로 상대방이 매매계약에 대해 법정해제권을 행사할 수 없다.

기출 CHECK ✓
토지거래허가구역에서 일방의 협력의무위반을 이유로 법정해제권을 행사할 수 없다.
정답 O

03 해제권의 행사

> **제543조 【해지, 해제권】**
> ① 계약 또는 법률의 규정에 의하여 당사자의 일방이나 쌍방이 해지 또는 해제의 권리가 있는 때에는 그 해지 또는 해제는 상대방에 대한 의사표시로 한다.
> ② 전항의 의사표시는 철회하지 못한다.
>
> **제547조 【해지, 해제권의 불가분성】**
> ① 당사자의 일방 또는 쌍방이 수인인 경우에는 계약의 해지나 해제는 그 **전원으로부터 또는 전원에 대하여** 하여야 한다.
> ② 전항의 경우에 해지나 해제의 권리가 당사자 1인에 대하여 소멸한 때에는 **다른 당사자에 대하여도 소멸한다**.

(1) 일방적 의사표시

① 해제권자가 일방적 의사표시로서 행사하므로 형성권이다. 해제권은 일방적인 의사표시로서 단독행위이므로 상대방의 동의 없이 조건을 붙일 수 없다.
② 해제 의사표시는 철회할 수 없다. 해제 의사표시가 상대방에게 도달한 때는 '철회'할 수 없다.
③ 계약체결의 당사자가 해제할 수 있다.
 ㉠ 대리인은 본인의 특별수권 없이는 계약해제권, 해제로 인한 원상회복을 청구할 수 없다(대판 2011.8.18, 2011다30871).
 ㉡ 제3자를 위한 계약에서 수익자는 계약의 당사자가 아니므로 계약의 해제권이 없다.
④ 계약위반한 당사자도 해제의 효과를 주장할 수 있다.

기출 CHECK ✓
해제 의사표시는 철회할 수 없다.
정답 O

> 일방당사자의 채무불이행을 이유로 해제권자가 계약의 해제를 통지한 경우 계약을 위반한 당사자도 해제권자가 본래계약의 이행을 청구해오면 당해 계약이 해제권자의 해제로 소멸했음을 들어 그 이행을 거절할 수 있다(대판 2008.10.23, 2007다54979).

(2) 해제권의 불가분성

① 전원이 전원에게 통지할 것

㉠ 당사자의 일방 또는 쌍방이 수인인 경우에는 계약의 해지나 해제는 그 '전원으로부터 또는 전원에 대하여' 하여야 한다(제547조 제1항). 다만, 반드시 전원이 동시에 해야 하는 것은 아니다.

㉡ 매매계약의 일방당사자가 사망하였고 상속인이 여러 명인 경우 계약을 해제하려면, 상속인 전원이 해제의 의사표시를 하여야 한다(대판 2013.11.28, 2013다22812).

② 여러 명의 해제권자 중 1인이 해제권을 상실하면 다른 해제권자도 상실한다. 다수 당사자의 계약관계에 있어서 해제권자 '1인'에 대하여 해제권이 소멸한 때에는 '다른 당사자'에 대해서도 소멸한다(제547조 제2항).

그러므로 해제권자 1인이 계약의 목적물을 개조하거나 해제권을 포기하면 다른 해제권자도 해제권을 상실한다.

③ 임의규정: 해제의 불가분성에 관한 규정은 임의규정이며, 당사자의 특약으로 이를 배제할 수 있다(대판 1994.11.18, 93다46209).

> **기출 CHECK ✓**
> 여러 명의 해제권자 중 1인이 해제권을 상실하면 다른 해제권자도 상실한다.
> 정답 O

04 해제의 효과

> 제548조【해제의 효과, 원상회복의무】① 당사자 일방이 계약을 해제한 때에는 **각 당사자는 그 상대방에 대하여 원상회복의 의무가 있다. 그러나 제3자의 권리를 해하지 못한다.**
> 제551조【해지, 해제와 손해배상】계약의 해지 또는 해제는 **손해배상의 청구에 영향을 미치지 아니한다.**

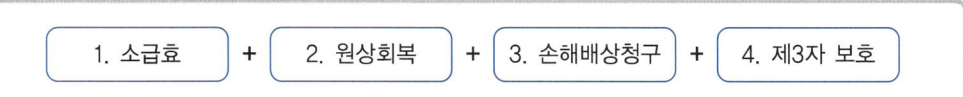

| 사례 |

상가매도인 甲이 매매계약을 체결하였고 매수자 乙이 잔금완납 전에 매도인이 먼저 소유권이전등기를 넘겨주었고 乙이 상가를 丙에게 임대하고 丙이 대항력을 갖추고 노래방을 영업 중인 상태인데 매수자 乙이 잔금지체되었음을 원인으로 甲이 계약을 적법하게 최고를 한 후 해제하였다. 이때 상호간의 법률관계는 어떻게 전개되는가?

1. 계약은 소급하여 소멸(계약이 처음부터 없는 상태)한다.
2. 상호간에는 원상회복의무가 생긴다.
3. 계약 위반자에게 손해배상의 문제가 발생한다.
4. 해제의 소급효가 제3자 丙에게도 미치는지 여부

1. 계약의 소급적 소멸

(1) 물권의 자동복귀(등기 없이 소유권의 자동복귀) 제26회

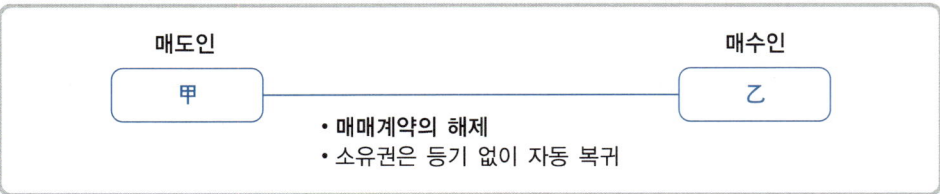

① 계약의 소급적 소멸: 해제의사표시로 인하여 계약은 처음부터 소급적으로 그 효력을 상실한다. 그 결과 계약에 기해 생긴 채권, 채무관계는 처음부터 소급적으로 소멸한다.

② 해제로 인한 물권의 자동복귀: 원인행위인 채권계약이 해제되면 그 계약의 이행으로 변동이 생겼던 물권은 등기를 요하지 않고 계약이 없었던 원상태로 당연히 복귀한다(물권적 효과설, 대판 1977.5.24, 75다1394).

토지매도인 甲이 매수인 乙과 매매계약을 하고 소유권이전등기를 넘겨준 상태에서 乙의 잔금불이행을 원인으로 甲이 매매계약을 해제한 경우, 매수인에게 이전하였던 토지소유권은 매도인에게 등기를 하여야 복귀하는가, 등기 없이 복귀하는가? 매매계약(채권계약)이 해제되면 매수인에게 이전하였던 물권은 다시 '소유권이전등기 없이' 계약이 없었던 원상태로 매도인에게 자동복귀한다.

③ 해제로 인한 매도인의 말소청구권은 물권적 청구권이다.
㉠ 매매계약의 해제로 매수인에게 이전한 소유권은 매도인에게 등기 없이 자동복귀하는 결과 소유권등기명의는 매수인 乙에게 있으나 실제 소유권은 甲에게 있으므로 실제 소유자와 등기명의인이 불일치한다. 따라서 '甲은 소유권에 기하여' 乙 명의로 된 무효등기를 말소청구할 수 있다.

기출 CHECK ✓

매매계약이 해제되면 매수인에게 이전하였던 물권은 다시 등기 없이 매도인에게 복귀한다.

정답 O

ⓒ 매매계약이 합의해제된 경우: 매수인에게 이전하였던 소유권은 당연히 매도인에게 복귀하는 것이므로 합의해제로 인한 매도인의 원상회복청구권은 소유권에 기한 물권적 청구권으로서 소멸시효의 대상이 아니다(대판 1982.7. 27, 80다2968).

(2) 해제의 소급효로부터 제3자가 보호되는가❶

2. 원상회복의무❷

(1) 원상회복의 개념

계약이 해제되면 각 당사자는 원상회복의무가 있다(제548조 본문). 즉, 계약이 해제되면 각 당사자는 계약상 의무에 의하여 이미 이행되어진 급부를 계약이 없었던 것과 같은 상태로 회복하여야 할 의무를 말한다.

(2) 원상회복의 성질은 부당이득반환이다.

계약을 해제하면 계약은 소급하여 실효되므로 당사자가 수령한 급부는 법률상 원인 없는 부당이득반환의 성질을 가진다. 해제로 인한 각 당사자의 원상회복의무는 일종의 부당이득반환의 성질을 가진다(대판 2008.2.14, 2006다37892).

(3) 원상회복의무의 내용 제26회

① 반환 범위는 선의·악의 불문하고 받은 이익의 전부이다.

> 계약해제의 효과로서 원상회복의무를 규정하는 「민법」 제548조 제1항 본문은 부당이득에 관한 특별규정의 성격을 가지는 것으로서, 그 이익 반환의 범위는 이익의 현존여부나 청구인의 선의·악의를 불문하고 받은 이익의 전부이다(대판 2014.3. 13, 2013다34143).

② 물건 + 과실(사용이익)까지 반환❸

㉠ 해제로 인한 원상회복의 경우 원물과 함께 '과실'이나 '사용이익'까지 반환하여야 한다. 이 점에서 점유자의 과실취득권을 인정하는 「민법」 201조는 계약이 이행지체로 해제된 경우에는 적용되지 않는다는 점에서 구별된다.

㉡ 원물반환의 원칙·예외적 가액반환: 급부의 이행으로 토지, 건물, 상품이 남아 있으면 원물 자체를 반환하여야 하는데 이를 원물반환이라고 한다. 원물이 수령자에 의하여 멸실, 훼손, 소비되어 반환이 불가능한 경우에는 예외적으로 가액반환을 한다.

㉢ 양도 목적물 등이 양수인에 의하여 사용됨으로 인하여 감가 내지 소모가 되는 요인이 발생하였다 하여도 그것을 훼손으로 볼 수 없는 한 그 감가비 상당은 원상회복의무로서 반환할 성질의 것은 아니다(대판 97다30066).

③ 금전반환의 경우 받은 날로부터 반환할 때까지의 이자를 가산한다.

---

❶ '해제의 소급효와 제3자 보호 문제'에서 후술한다.

❷ 원상회복 여부
1. 사용이익 ➡ 반환 ○
2. 감가상각비 ➡ 반환 ×

기출 CHECK ✓
해제로 인한 반환의 범위는 이익의 현존여부나 선의·악의를 불문하고 받은 이익의 전부이다.
정답 ○

❸
- 해제의 경우: 원래의 물건 + 과실까지 반환
- 점유자와 회복자의 관계: 선의 점유자는 과실을 취득하므로 과실은 반환의무가 없다.

④ 원상회복의 대상에는 매매대금은 물론 이와 관련하여 그 매매계약의 존속을 전제로 수령한 지연손해금도 포함한다(대판 2022.4.28, 2017다284236).
⑤ 이자 가산의무의 성질은 이행지체로 인한 지연가산금이 아니라 부당이득반환의 성질을 가진 것이다.

> **판례**
>
> 법정해제권의 행사의 경우 당사자 일방이 그 수령한 금전을 반환함에 있어 그 받은 때로부터 법정이자를 부가함을 요하는 것은 원상회복의 범위에 속하는 것이며 일종의 '부당이득반환의 성질'을 가지는 것이고 반환의무의 '이행지체'로 인한 것이 아니다(대판 2000.6.9, 2000다9123).

⑥ 해제로 인한 원상회복의 경우 과실상계는 적용되지 않는다. 과실상계는 채무불이행 또는 불법행위로 인한 손해배상책임에 대하여 인정되는 것이고, 매매계약이 해제되어 소급적으로 효력을 잃은 결과 매매당사자에게 당해 계약에 기한 급부가 없었던 것과 동일한 재산 상태를 회복시키기 위한 원상회복의무의 이행으로서 이미 지급한 매매대금 기타의 급부의 반환을 구하는 경우에는 과실상계는 적용되지 아니한다(대판 2014.3.13, 2013다34143).

3. 손해배상청구

> 제551조【해지, 해제와 손해배상】계약의 해지 또는 해제는 손해배상의 청구에 영향을 미치지 아니한다.

(1) 해제와 손해배상청구의 병존

계약의 해제와 손해배상청구의 양립을 인정한다. 즉, 계약해제와 손해배상청구 중 어느 하나만을 선택적으로 행사하는 것이 아니라 해제로 인한 원상회복청구와 별도로 손해배상을 청구할 수 있다.

(2) 내용 제29회

① 계약이 해제되면 소급하여 채권, 채무가 소멸하므로 당사자는 채무불이행을 원인으로 손해배상을 청구할 수 있는가? 계약이 해제되어 소급하여 소멸함으로써 채권, 채무는 소급하여 소멸하지만 '채무불이행이라는 위법행위'는 남아 있으므로 해제권자는 그 채무불이행으로 인한 손해배상을 청구할 수 있다(통설, 판례).
② 해제의 경우 손해배상의 범위는 원칙적으로 이행이익의 배상이다. 따라서 계약을 위반한 채무자는 계약이 완전히 이행된 것과 동일한 경제적 이익을 배상해야 한다. 다만, 예외적으로 그에 갈음하여 신뢰이익의 배상도 청구할 수 있다(대판 2002.6.11, 2002다2539).
③ 해제로 인한 상호간 원상회복의무는 서로 동시이행관계이다.

4. 해제의 소급효와 제3자 보호 문제

(1) 문제의 제기

> **|사례|**
>
> 2016년 3월 1일 甲 소유 상가를 매매계약하고 매수인 乙에게 먼저 소유권이전등기를 경료하여 주었으나 乙이 잔금지체하고 있다. 甲이 해제 처리를 망설이던 중 상가매수인 乙은 같은 해 6월 1일 **제3자 丙에게 매각하여 소유권이전등기**를 넘겨주었다. 한편 9월 1일 甲은 乙의 잔금지급이 지연되자 이행의 최고를 한 후에 甲·乙간의 매매를 적법하게 해제통지하였다.
>
> 1. 해제의 소급효가 제3자에게 미치지 않는다면 **상가의 소유권자**는 丙이다.
> 2. 해제의 소급효는 제3자의 권리를 해하지 못한다(제548조 단서).
>   - 계약의 해제는 제3자에게 영향이 없다.
>   - 甲·乙간의 매매계약의 해제에도 제3자 丙은 보호받는다.
>   - 甲·乙간의 매매계약의 해제는 제3자 丙에게 소급효가 미치지 않는다.

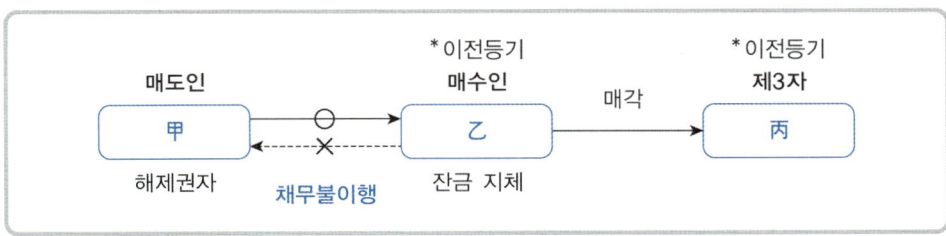

기출 CHECK ✓

甲 – 乙 – 丙으로 순차등기한 후 甲이 乙의 채무불이행으로 계약을 해제한 경우 甲은 제3자 丙에게 해제의 소급효를 주장할 수 없으므로 丙의 소유권이전등기를 말소청구할 수 없다.

정답 **O**

(2) 해제의 소급효 제한

「민법」제548조 단서는 '해제는 제3자의 권리를 해하지 못한다'고 규정하고 있다. 부동산을 **甲 – 乙 – 丙으로 순차 매각하여 소유권이전등기한 후 甲이 乙의 채무불이행으로 계약을 해제한 경우**, 甲은 해제의 소급효를 제3자인 丙에게 주장할 수 없다. 다시 말하면 甲·乙간의 매매계약의 해제에도 **제3자 丙은 권리를 침해당하지 않는 제3자에 해당하고, 계약의 해제에도 영향이 없다**. 따라서 甲·乙간의 매매계약의 해제에도 불구하고 상가는 丙의 소유이므로 **甲은 丙의 상가소유권이전등기를 말소청구할 수 없다**.

(3) 해제의 경우 보호되는 제3자❶ 제26·28·30회

① **제3자**: 계약의 해제로부터 권리를 침해받지 않는 제3자란 해제된 계약으로부터 생긴 법률적 효과를 기초로 하여 해제 전에 새로운 이해관계를 가졌을 뿐만 아니라 **등기·인도 등으로 '완전한 권리를 취득한 자'를 말한다**(대판 2003.1.24, 2000다22850).

❶
해제의 경우 보호되는 제3자 = 해제의 소급효가 미치지 아니하는 자

② 해제의 경우 보호받는 제3자(해제의 소급효가 미치지 않는 제3자)
　㉠ 부동산의 매수인으로부터 다시 매매하여 소유권이전등기를 경료한 자: 甲·乙간에 매매로 이전등기된 건물을 乙로부터 다시 매매하여 丙이 소유권등기를 마친 상태에서 甲이 乙의 채무불이행을 이유로 甲·乙간의 매매계약을 해제한 경우 丙은 해제의 경우 보호받는 제3자에 해당한다.
　㉡ 매수인과 매매의 예약을 체결한 후 그에 기한 소유권이전청구권 보전을 위한 가등기를 마친 사람(대판 2014.12.11, 2013다14569)은 계약의 해제시 영향을 받지 않는 제3자에 해당한다.
　㉢ 해제된 계약에 의하여 채무자의 책임재산이 된 부동산을 가압류한 채권자

> 가압류채권자는 가압류에 의하여 당해 목적물에 대하여 종국적으로는 목적물을 환가하여 그 대금으로부터 만족을 얻을 수 있는 권리를 취득하는 것이므로 제3자에 포함된다고 보아야 한다(대판 2000.1.14, 99다40937). 甲 소유의 아파트를 매수인 乙이 매매로 아파트 소유권이전등기한 상태에서 乙의 금전채권자 丙이 매매계약의 급부의 목적물인 아파트를 가압류한 경우 甲, 乙간의 계약이 해제되어도 丙의 가압류는 해제에 영향이 없다(대판 2000.1.14, 99다40937).

　㉣ 건물을 임대하여 대항력을 갖춘 임차인

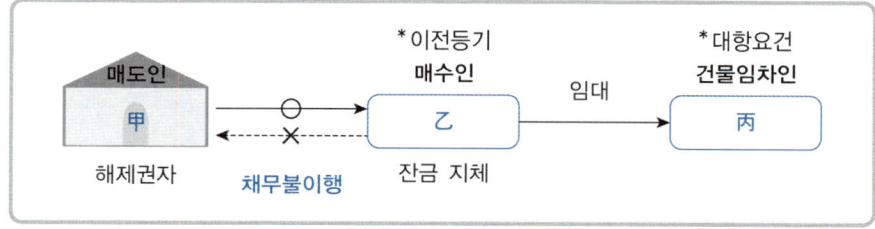

|사례|
매매로 매수인이 '소유권을 취득'하였다가 계약해제로 인하여 소유권을 상실하게 된 임대인(매수인)으로부터 주택을 임차받아 주택의 인도와 주민등록을 마침으로써 **대항요건을 갖춘 임차인**은 「민법」 제548조 제1항 단서 소정의 제3자에 해당되고, 임차인은 계약의 해제에도 불구하고 자신의 임차권을 새로운 소유자인 '매도인'에게 대항할 수 있다(대판 1996.8.20, 96다17653).

　㉤ 교환의 목적물을 매매하여 소유권등기를 경료한 제3자

> 甲으로부터 乙이 교환계약에 의하여 취득한 목적토지를 제3자 丙에게 매매로 소유권이전등기를 마쳐주었을 경우에는 甲, 乙간의 교환계약이 해제되는 경우 丙은 해제 전에 새로운 이해관계를 마친 자로서 제548조 제1항 단서의 제3자에 해당한다(대판 1997.12.26, 96다44860).

기출 CHECK ✓
해제된 계약에 의하여 채무자의 책임재산이 된 부동산을 가압류한 채권자는 해제에도 영향이 없다.
정답 O

③ 제3자 범위의 확대이론

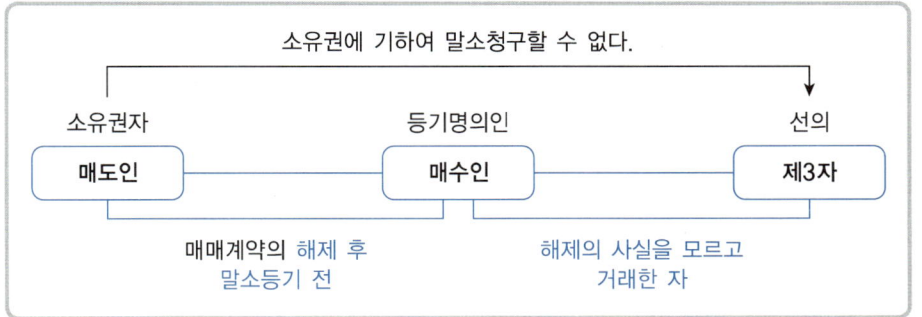

㉠ 계약의 '해제 후' 말소등기 전에 계약해제사실을 모르고 선의로 새로운 권리를 취득한 제3자는 해제로부터 보호받는 제3자에 포함된다(대판 1985.4.9, 84다카130).
㉡ 매도인이 계약의 해제 후 매수인 명의 등기를 말소등기 전 해제의 사실을 '모르고' 매수인으로부터 다시 부동산을 매수한 제3자는 해제의 소급효에 영향을 받지 않는다. 따라서 제3자는 소유권을 유효하게 취득한다.
㉢ 계약의 해제 후 해제사실을 '알고' 매수인으로부터 제3자가 부동산을 매수하거나 저당권을 취득한 경우 '해제시 보호받는 제3자'에 해당되지 않는다.

기출 CHECK ✓
매도인이 계약의 해제 후 말소등기 전 해제의 사실을 모르고 매수인으로부터 다시 부동산을 매수한 제3자는 해제에 영향을 받지 않는다.
정답 O

(4) 해제시 보호받는 제3자에 해당하지 않는 경우 제26·27·28회

① 해제로 소멸되는 채권의 양수인

> 甲이 乙에게 강남역세권의 상가를 분양하고 乙이 상가를 명도받은 후 甲이 상가대금채권을 丙에게 양도한 경우, 甲과 乙간의 매매가 해제된 경우, 해제로 소멸되는 채권을 양수한 丙은 제548조 제1항 단서의 제3자에 해당하지 않으므로 보호받지 못한다(대판 2003.1.24, 2000다22850).

② 채권에 가처분이나 가압류를 한 자, 계약상 채권 자체를 압류한 자: 계약이 해제되기 전에 계약상의 채권을 피보전권리로 하여 처분금지가처분결정을 받은 자의 경우 그 권리는 채권에 불과하고 완전한 권리가 아니다.
③ 부동산의 매수인으로부터 임차한 자가 대항력을 갖추지 못한 경우: 제3자는 완전한 권리를 갖추어야 하는데 대항력이나 등기를 갖추지 못하여 제548조 제1항 단서의 해제의 경우 보호받는 제3자에 해당하지 않는다.
④ 제3자를 위한 계약의 수익자: 수익자는 낙약자와 실질적으로 새로운 거래관계 없이 수익표시만 한 자로서 요약자와 낙약자간의 계약이 해제되는 경우 보호받을 수 없는 자이다.
⑤ '토지를 매매'하여 매수한 자가 신축한 '건물'을 매수하여 등기를 마친 자

기출 CHECK ✓
해제로 소멸되는 채권의 양수인은 제548조 제1항 단서의 제3자에 해당하지 않는다.
정답 O

기출 CHECK ✓
계약이 해제되기 전에 계약상의 채권을 처분금지가처분결정을 받은 자는 제548조 제1항 단서의 제3자가 아니다.
정답 O

기출 CHECK ✓
토지를 매매하여 매수한 자가 신축한 건물을 매수하여 등기를 마친 자는 제548조 제1항 단서의 제3자가 아니다.
정답 O

> **확인예제**
>
> 계약해제시 보호되는 제3자에 해당하지 <u>않는</u> 자를 모두 고른 것은? (다툼이 있으면 판례에 따름)
> 제30회
>
> > ㉠ 계약해제 전 그 예약상의 채권을 양수하고 이를 피보전권리로 하여 처분금지가 처분결정을 받은 채권자
> > ㉡ 매매계약에 의하여 매수인 명의로 이전등기된 부동산을 계약해제 전에 가압류 집행한 자
> > ㉢ 계약해제 전 그 계약상의 채권을 압류한 자
>
> ① ㉠   ② ㉠, ㉡   ③ ㉠, ㉢
> ④ ㉡, ㉢   ⑤ ㉠, ㉡, ㉢
>
> **해설**
>
> ㉠㉢ 해제로 소멸되는 채권에 가처분결정을 받은 자, 채권을 압류한 자는 계약이 해제되는 경우 보호받는 제3자에 해당하지 않는다.
> 정답: ③

05 해제권의 소멸

(1) 일반적 소멸원인

① **본래 채무의 이행**: 채무자는 아직 해제권을 행사하기 전에는 '본래의 채무내용에 좇은 이행'을 함으로써 해제권을 소멸시킬 수 있다.

② **해제권의 포기**: 해제권자가 일방적으로 해제권을 포기할 수 있다. 이때 해제권자가 여러 명인 경우 다른 해제권자도 해제권을 잃는다는 점에 주의하여야 한다.

③ **제척기간의 만료**: 해제권은 형성권이므로 취소권과 마찬가지로 10년의 제척기간에 걸린다.

(2) 특수한 소멸원인

① 상대방의 최고에 의한 해제권의 소멸

> **제552조 【해제권행사여부의 최고권】**
> ① 해제권의 행사의 기간을 정하지 아니한 때에는 상대방은 상당한 기간을 정하여 해제권행사여부의 확답을 해제권자에게 최고할 수 있다.
> ② 전항의 기간 내에 해제의 통지를 받지 못한 때에는 **해제권은 소멸**한다.

② 목적물의 멸실, 개조에 의한 해제권의 소멸

> 제553조【훼손 등으로 인한 해제권의 소멸】해제권자의 고의나 과실로 인하여 계약의 목적물이 현저히 훼손되거나 이를 반환할 수 없게 된 때 또는 **가공이나 개조로 인하여** 다른 종류의 물건으로 변경된 때에는 해제권은 소멸한다.

③ 당사자 1인이 해제권의 상실로 다른 해제권도 소멸: 당사자의 일방 또는 쌍방이 여럿인 경우에 1인에 대해서 해제권이 소멸하면 다른 해제권자에 대해서도 소멸한다(제547조 제2항).

기출 CHECK ✓
해제권자의 고의로 계약의 목적물이 가공이나 개조로 인하여 다른 종류의 물건으로 변경된 때에는 해제권은 소멸한다.
정답 O

확인예제

甲은 자신의 X토지를 乙에게 매도하고 소유권이전등기를 마쳐주었으나, 乙은 변제기가 지났음에도 매매대금을 지급하지 않고 있다. 이에 관한 설명으로 **틀린** 것을 모두 고른 것은? (다툼이 있으면 판례에 따름) 제33회

> ㉠ 甲은 특별한 사정이 없는 한 별도의 최고 없이 매매계약을 해제할 수 있다.
> ㉡ 甲이 적법하게 매매계약을 해제한 경우, X토지의 소유권은 등기와 무관하게 계약이 없었던 상태로 복귀한다.
> ㉢ 乙이 X토지를 丙에게 매도하고 그 소유권이전등기를 마친 후 甲이 乙을 상대로 적법하게 매매계약을 해제하였다면, 丙은 X토지의 소유권을 상실한다.

① ㉠ ② ㉡ ③ ㉢ ④ ㉠, ㉢ ⑤ ㉡, ㉢

해설

틀린 것은 ㉠㉢이다.
㉠ 乙은 변제기가 지났음에도 매매대금을 지급하지 않고 있으므로 이행지체상태이다. 따라서 별도의 최고를 하여야 매매계약을 해제할 수 있다.
㉢ 乙이 X토지를 丙에게 매도하고 그 소유권이전등기를 마친 후 甲이 乙을 상대로 적법하게 매매계약을 해제하였다면, 丙은 甲과 乙간의 매매계약의 해제에도 불구하고 영향을 받지 않는 제3자에 해당한다. 그러므로 丙은 X토지의 소유권을 상실하지 아니한다.
정답: ④

06 계약의 해지 및 합의해지

(1) 의의

해지란 계속적 계약에 있어서 일방당사자의 의사표시로서 '지금부터 장래를 향하여 계약을 소멸'시키는 것을 말한다.

(2) 해지권의 행사 제27회

① 해지권의 행사는 해제권의 행사방법과 동일하게 상대방에 대한 의사표시로 한다. 따라서 명시적인 해지 의사표시뿐만 아니라 묵시적인 해지도 유효하다. 또한, 조건·기한을 붙일 수 없으며 해지의 의사표시는 철회하지 못한다.

② 토지임대차에서 기간 약정 없는 경우 양당사자는 언제든지 임대차의 해지를 통고 할 수 있고, 임대인이 해지통고를 하면 6월 후에 해지의 효력이 발생한다.

(3) 해지의 효과 제27회

① 계약은 장래를 향하여 소멸: 해지로 계약은 종료시점부터 장래에 대하여 효력을 잃는다(제550조).

② 계약의 해지는 손해배상의 청구에 영향을 미치지 않는다(제551조). 이 점은 해제에 있어서와 같다. 다만, '임차인의 파산'으로 인한 해지의 경우에는 손해배상을 청구할 수 없다(특칙).

③ 합의해지의 경우 이자가산의무가 없다. 합의해지의 경우에는 합의해지의 청약과 합의해지의 승낙이라는 새로운 계약의 내용에 의하여 결정되는 것이므로 제548조 제2항의 규정(금전 반환시 이자가산 규정)은 적용되지 아니하므로 당사자 사이에 약정이 없는 이상 합의해지로 인하여 반환할 금전에 그 받은 날로부터 이자를 부가하여야 할 의무가 없다(대판 2003.1.24, 2000다5336).

> **기출 CHECK** ✓
> 계약의 해지는 손해배상의 청구에 영향을 미치지 않는다.
> 정답 O

> **기출 CHECK** ✓
> 합의해지로 인하여 반환할 금전에 그 받은 날로부터 이자를 부가하여야 할 의무가 없다.
> 정답 O

확인예제

부동산의 매매계약이 합의해제된 경우에 관한 설명으로 **틀린** 것은? (다툼이 있으면 판례에 따름)
제31회

① 특별한 사정이 없는 한 채무불이행으로 인한 손해배상을 청구할 수 있다.
② 매도인은 원칙적으로 수령한 대금에 이자를 붙여 반환할 필요가 없다.
③ 매도인으로부터 매수인에게 이전되었던 소유권은 매도인에게 당연히 복귀한다.
④ 합의해제의 소급효는 법정해제의 경우와 같이 제3자의 권리를 해하지 못한다.
⑤ 매도인이 잔금기일 경과 후 해제를 주장하며 수령한 대금을 공탁하고 매수인이 이의 없이 수령한 경우, 특별한 사정이 없는 한 합의해제된 것으로 본다.

해설
합의해제의 경우 특별한 사정이 없는 한 채무불이행으로 인한 손해배상을 청구할 수 없다. 정답: ①

해커스 킬 정리 | 해제 핵심체계 정리하기

1. 해제 의의
2. 법정해제의 원인은? 일방의 채무불이행
   [이행지체] – 최고를 하여야 해제할 수 있다.
   [이행불능][미리 거절표시] – 최고나 이행제공 없이 해제할 수 있다
3. 해제의 효과
   ① [소급효] – 계약이 해제되면 처음부터 소급하여 효력을 잃는다
   ② [원상회복의무] – 받은 이익 전부를 반환한다.
   　　　　　　　　 – 매도인은 받은 돈에 이자, 지연손해금도 반환한다.
   　　　　　　　　 – 매수인은 과실까지 반환한다.
   　　　　　　　　 – 과실상계가 원상회복시에 적용 안 된다.
   ③ [해제와 손배청구] – 해제, 해지는 손해배상청구에 영향을 미치지 않는다.
   ④ [제3자 보호 여부] – 계약의 목적물에 가압류를 한 채권자는 보호받는 제3자이다.
   　　　　　　　　　 – 채권가압류, 가처분, 양수인은 보호받는 제3자가 아니다.
4. 합의해제와 합의해지
   [손배청구 × / 이자 반환의무 ×]

제 2 장 계약각론

목차 내비게이션 제3편 계약법

제1장
계약총론

제2장
계약각론

제1절 매매
제2절 교환
제3절 임대차

출제경향
- 계약금 해제에서 매년 1문항이 출제된다.
- 담보책임에서 매년 1문항이 출제된다.
- 환매, 교환은 2~3년에 1문항이 출제된다.
- 임대차에서는 효력과 양도와 전대차에서 2문항이 출제된다.

학습전략
- 매매의 예약에서 예약완결권을 꼭 숙지하여야 한다.
- 임대차에서는 비용상환청구권, 지상물매수청구권, 부속물매수청구권 3가지를 구별할 줄 알아야 한다.

핵심개념

1. [매매]
   - 매매의 예약 ★★☆☆☆ p.424
   - 계약금 ★★★★★ p.427
   - 매도인의 담보책임 ★★★★★ p.434
   - 환매 ★★☆☆☆ p.448
2. [교환] ★★☆☆☆ p.452
3. [임대차]
   - 임대차의 기간 ★☆☆☆☆ p.457
   - 임대차의 효력 ★★★★☆ p.458
   - 임차인의 권리[빅3]
   (비용상환청구권·부속물매수청구·
   지상물매수청구권) ★★★★★ p.460
   - 무단전대와 적법전대 ★★★★☆ p.473

제1절 매매

매매의 체계도

매매의 체계	주요 논점	출제문항 수
1. 매매의 의의	매매의 성질	2문항
2. 매매의 예약	예약완결권	
3. 계약금	계약금 해제	
4. 매매의 효력	과실수취권	
5. 담보책임	권리의 하자, 물건의 하자	
6. 환매	환매의 효과	

01 서설

1. 의의

> 제563조【매매의 의의】 매매는 당사자 일방이 재산권을 상대방에게 이전할 것을 약정하고 상대방이 그 대금을 지급할 것을 약정함으로써 그 효력이 생긴다.
>
> 제567조【유상계약에의 준용】 본절의 규정은 매매 이외의 유상계약에 준용한다. 그러나 그 계약의 성질이 이를 허용하지 아니하는 때에는 그러하지 아니하다.

(1) 매매는 채권계약(의무부담행위)

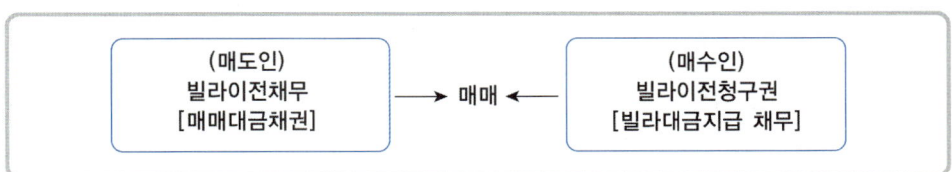

① 매매계약은 매도인이 재산권이전을 약정(약속)하고, 매수인이 대금지급을 약정(약속)한 때 이루어지는 낙성계약이고 채권계약이다.

② 매도인은 재산권이전의무와 반대급부로 대금채권이 발생하고, 매수인은 대금지급의무와 반대급부로 재산권이전청구권이 발생하는 채권행위, 즉 의무부담행위이다.

③ 매매는 '낙성·쌍무·유상·불요식'계약이다.

(2) 매매규정은 유상계약에 준용된다. 따라서 교환, 임대차 등에도 준용된다.

기출 CHECK ✓

1 매매는 쌍무·유상·낙성·불요식계약이다.
　　　　　　　　　정답 O

2 매매는 채권계약이다.
　　　　　　　　　정답 O

2. 매매의 성립

(1) 매매의 목적물과 매매대금은 매매의 본질적 요소이므로 이에 관하여 합의가 없는 경우에는 계약은 효력이 없다.

(2) **매매의 객체는 재산권으로 물건과 권리 모두 해당된다.** 제26회

① 재산권의 이전이 목적: 매매는 '재산권'의 이전을 목적으로 한다. 따라서 물건뿐만 아니라 임차권이나 특허권, 지상권 같은 권리도 매매의 객체가 될 수 있다.

② 매도인 아닌 타인 소유물의 매매도 유효: 매매는 재산권이전과 대금지급을 약정함으로써 성립하는 채권계약이므로 매도인에게 처분권한이 있음을 요건으로 하지 않는다. 그러므로 자기소유가 아니라 타인소유의 부동산에 대한 매매는 무효가 아니라 유효하다(제569조). 예컨대 경락인이 '경락대금을 완납하기 전'에 자기소유도 아닌 타인소유의 부동산을 매매나 교환하기로 한 약정은 유효하다.

③ 현존하지 않은 목적물의 매매도 유효: 목적물은 현존하지 않는 것이어도 무방하므로 신축 중인 건물처럼 장래 성립하는 물건 또는 권리도 매매의 목적으로 할 수 있다.

④ 매수인의 반대급부는 금전에 한함: 금전이 아닌 다른 재산권을 반대급부로 약정하는 경우에는 교환이다(제596조).

> **기출 CHECK** ✓
> 1 임차권이나 분양권, 지상권 같은 권리도 매매의 객체가 될 수 있다.
> 정답 O
>
> 2 타인소유의 부동산에 대한 매매는 무효가 아니라 유효이다.
> 정답 O

02 매매의 예약 제28·33·34회

> **제564조【매매의 일방예약】**
> ① 매매의 일방예약은 상대방이 **매매를 완결할 의사를 표시하는 때에 매매의 효력이 생긴다.**
> ② 전항의 의사표시의 기간을 정하지 아니한 때에는 예약자는 상당한 기간을 정하여 매매완결여부의 확답을 상대방에게 최고할 수 있다.
> ③ 예약자가 전항의 기간 내에 **확답을 받지 못한 때에는 예약은 그 효력을 잃는다.**

1. 의의

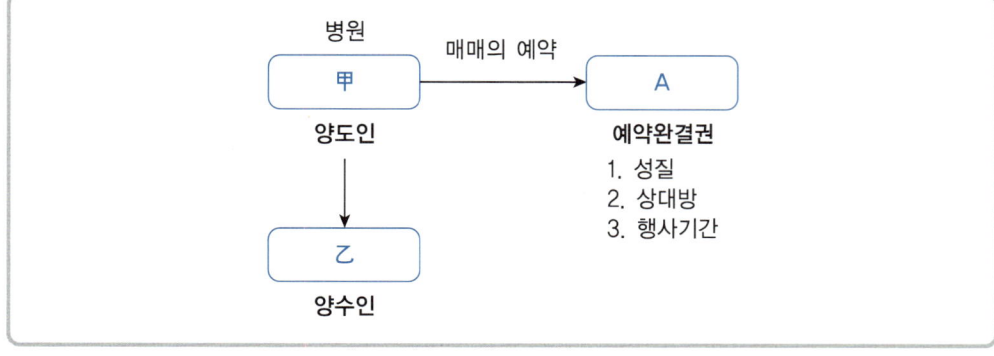

(1) 예약의 의의① 제28회

① 매매의 예약이란 장차 본계약을 체결할 것을 미리 약속하는 것을 말하며, 본계약에 대응하는 개념이다. 예약은 장차 본계약의 이행을 약정하는 것이므로 예약은 언제나 항상 물권계약이 아닌 채권계약이다.

② 예약은 당사자간의 계약이므로 일방이 임의로 예약내용을 변경하는 것은 허용될 수 없다.

(2) 예약의 종류

① **일방예약·쌍방예약**: 예약완결권을 일방만이 가지면 일방예약, 쌍방이 가지면 쌍방예약이라 한다. 매매의 일방예약은 상대방의 승낙을 요하지 않고 본계약이 성립하는 예약을 말한다.

② **「민법」상 예약은 일방예약으로 추정**: 「민법」은 당사자의 특별한 의사표시가 없는 한 '일방예약'으로 추정된다(제564조).
매매의 일방예약(예 건물주 甲에게 매수자 乙이 '10년 안에 50억원에 인수하겠으니 팔 거면 나한테 팔기로 미리 약속하고 그때 가서 매각 여부는 당신이 결정하라'고 한 경우)은 당사자간의 합의만으로 성립하는 계약이다. 매매의 일방예약은 매매를 완결할 의사를 표시한 때에 매매의 효력이 생기므로 예약이 성립하려면 본계약의 요소가 되는 목적물과 가액 등이 확정되어 있거나 확정할 수 있어야 한다(대판 1993.5.27, 93다4908).

2. 예약완결권

(1) 개념

① **예약완결권의 의의**: 예약상 권리자가 예약의무자에게 매매완결의 의사표시를 할 수 있는 권리를 말한다. 예컨대 甲 소유 상가에 乙이 점포분양에 대한 매매의 예약을 체결하면서 불경기의 여파로 乙 일방이 매매예약완결권을 보유하기로 둘이서 약정하였다. 그 후 乙이 점포분양에 대한 예약완결권을 행사하면 점포분양에 대하여 甲과 乙간에 본계약의 효력이 생긴다.

② **예약완결권의 성질**: 예약상 권리자가 일방적인 의사표시를 함으로써 본계약인 매매를 성립하게 하는 것이므로 상대방의 승낙을 요하지 않는 형성권이다(대판 1992.7.28, 91다44766). 예약완결권은 제3자에게 대항하기 위하여 가등기할 수 있고 타인에게 양도할 수 있다.

---

①
- 예약: 나중에 해주겠다는 약속
- 매매의 예약은 언제나 채권계약이다.

용어사전
일방예약
일방만 본계약완결권을 갖기로 둘이서 약속하는 것을 말한다.

쌍방예약
쌍방이 본계약완결권을 갖기로 둘이서 약속하는 것을 말한다.

기출 CHECK ✓
1 매매의 예약은 특별한 의사표시가 없는 한 일방예약으로 추정된다.
정답 O

2 매매의 일방예약은 매매를 완결할 의사를 표시한 때에 매매의 효력이 생긴다.
정답 O

(2) 예약완결권의 행사

> 제564조 【매매의 일방예약】
> ① 매매의 일방예약은 상대방이 **매매를 완결할 의사를 표시하는 때에 매매의 효력이 생긴다.**
> ② 전항의 의사표시의 기간을 정하지 아니한 때에는 예약자는 상당한 기간을 정하여 매매완결여부의 확답을 상대방에게 최고할 수 있다.
> ③ 예약자가 전항의 기간 내에 확답을 받지 못한 때에는 **예약은 그 효력을 잃는다.**

① 예약완결권의 행사 제29회
  ㉠ 완결권은 행사기간 약정이 있으면 그 기간 내에 행사하고, 행사기간 약정이 없는 때에는 예약 성립일로부터 10년 내에 행사하여야 한다.

> ⓐ 당사자 사이에 그런 약정이 없는 때에는 그 '예약이 성립한 때로부터 10년 내'에 이를 행사하여야 하고, 예약완결권은 예약성립일로부터 10년이 경과하면 제척기간의 경과로 인하여 소멸한다(대판 2003.1.10, 2000다26425).
> ⓑ 이 제척기간의 경과 여부는 당사자의 주장이 없어도 제척기간의 도과여부를 심사하여야 하므로 **법원의 직권조사사항**이다(대판 99다18725).
> ⓒ 예약완결권자가 목적물을 점유한 경우 10년 경과한 때 소멸 여부: 예약완결권은 예약이 성립한 때부터 10년 내에 이를 행사하여야 하고, 위 기간을 도과한 때에는 상대방이 예약목적물인 부동산을 인도받은 경우라도 예약완결권은 제척기간의 경과로 인하여 소멸한다(대판 1995.11.10, 94다22682).

  ㉡ 예약의무자는 상당한 기간을 정하여 매매완결 여부의 확답을 최고할 수 있다(제564조 제2항). 그 기간 내에 확답이 없으면 예약은 소멸한다.
② 목적물이 이행불능이 된 경우: 매매예약이 성립한 후 상대방의 예약완결권의 행사 전에 목적물이 멸실되어 예약완결권의 행사가 이행불능이 된 경우에는 예약완결권을 행사할 수 없고, 예약완결권을 행사하여도 매매의 효력이 생기지 않는다(대판 2015.8.27, 2013다28247). 그러나 상가에 관하여 매매예약이 성립한 이후 법령상의 제한에 의해 일시적으로 분양이 금지되었다가 다시 허용된 경우, 그 예약완결권의 행사는 이행불능이라 할 수 없다.
③ 예약완결권의 상대방: 예약완결권 행사의 상대방은 예약 당시의 소유자이다. 예약의 목적물을 양도한 경우 예약완결권의 상대방은 예약 당시의 소유자인 양도인이지 양수인이 아니다.
④ 예약완결권의 행사효과
  ㉠ 형성권이므로 상대방의 승낙을 얻지 않고 본 계약(매매)의 효력이 생긴다.
  ㉡ 예약완결권을 행사한 때부터 매매의 효력이 생기고 예약 체결시로 소급하지 않는다.

기출 CHECK ✓
1 제척기간의 경과 여부는 법원의 직권조사사항이다.
  정답 O
2 예약완결권은 상대방이 예약목적물을 인도받은 경우, 10년이 경과해도 소멸하지 아니한다.
  정답 X

기출 CHECK ✓
매매의 예약을 한 상태에서 목적물이 제3자에게 양도된 경우 예약완결권은 목적물의 양도인을 상대방으로 한다.
  정답 O

> **확인예제**
>
> 甲은 그 소유의 X부동산에 관하여 乙과 매매의 일방예약을 체결하면서 예약완결권은 乙이 가지고 20년 내에 행사하기로 약정하였다. 이에 관한 설명으로 옳은 것은? (다툼이 있으면 판례에 따름) 제33회
>
> ① 乙이 예약체결시로부터 1년 뒤에 예약완결권을 행사한 경우, 매매는 예약체결시로 소급하여 그 효력이 발생한다.
> ② 乙의 예약완결권은 형성권에 속하므로 甲과의 약정에도 불구하고 그 행사기간은 10년으로 단축된다.
> ③ 乙이 가진 예약완결권은 재산권이므로 특별한 사정이 없는 한 타인에게 양도할 수 있다.
> ④ 乙이 예약완결권을 행사기간 내에 행사하였는지에 관해 甲의 주장이 없다면 법원은 이를 고려할 수 없다.
> ⑤ 乙이 예약완결권을 행사하더라도 甲의 승낙이 있어야 비로소 매매계약은 그 효력이 발생한다.
>
> **해설**
>
> ① 예약완결권을 행사한 경우, 매매는 예약체결시로 소급하여 발생하는 것이 아니라 완결권을 행사한 때부터 효력이 생긴다.
> ② 예약완결권의 행사기간을 정한 때에는 그 기간 내에 행사하여야 하고, 행사기간을 정하지 않은 때에는 10년 내에 행사하여야 한다.
> ④ 예약완결권의 행사기간은 제척기간으로서 당사자의 주장이 없어도 법원은 이를 직권으로 고려할 수 있다(대판 2000.10.13, 99다18725).
> ⑤ 예약완결권은 형성권으로 상대방의 승낙을 요하지 아니한다.
>
> 정답: ③

03 계약금 제26·27·28·29·31·32·33회

1. 의의

(1) 계약금의 개념 제29회

① 계약을 체결함에 있어서 당사자의 일방이 상대방에게 교부하는 금전 기타 유가물을 말한다.
② 계약금계약은 매매기타의 계약에 부수하여 행해지는 종된 계약이다. 따라서 주된 계약인 매매가 취소되면 종된 계약인 계약금계약도 당연히 소멸한다.
③ 계약금계약은 요물계약의 성질을 가진다.

기출 CHECK ✓
1 계약금은 특약이 없을 때는 해약금으로 추정한다.
정답 O

2 교부자가 계약금의 전부를 지급하지 아니하는 한 계약금계약은 성립하지 아니하므로 당사자가 임의로 주계약을 해제할 수는 없다.
정답 O

기출 CHECK ✓
계약금의 일부만 지급한 상황에서 매도인이 계약금의 일부로서 지급받은 금원의 배액을 상환하여 매매계약을 해제할 수 없다.
정답 O

계약금을 지급하기로 약정만 한 경우 그 법적 효력 문제

㉠ 계약이 일단 성립한 후에는 당사자의 일방이 이를 마음대로 해제할 수 없는 것이 원칙이고, 다만, 주된 계약과 더불어 계약금계약을 한 경우에는「민법」제565조 제1항의 규정에 따라 임의해제를 할 수 있기는 하나, 계약금계약은 금전 기타 유가물의 교부를 요건으로 하므로 단지 계약금을 지급하기로 약정만 한 단계에서는 아직 계약금으로서의 효력, 즉「민법」제565조 규정에 의해 계약해제를 할 수 있는 권리는 발생하지 않는다.

㉡ 따라서 당사자가 계약금의 일부만을 먼저 지급하고 잔액은 나중에 지급하기로 약정하거나 계약금 전부를 나중에 지급하기로 약정한 경우, 교부자가 계약금의 잔금이나 전부를 약정대로 지급하지 않으면 상대방은 채무불이행을 이유로 '계약금약정을 해제'할 수 있고, 교부자가 계약금의 전부를 지급하지 아니하는 한 계약금계약은 성립하지 않으므로 당사자가 임의로 주계약을 해제할 수는 없다(대판 2008.3.13, 2007다73611).

㉢ 계약금의 일부만 지급한 상태인 경우(계약금 5천만원 중 1천만원만 교부한 때) 일부 지급받은 계약금의 배액을 상환하고 매매계약의 해제를 주장할 수 있는가? 이를 허용하게 되면 교부받은 계약금이 소액인 경우에는 사실상 계약을 자유로이 해제할 수 있어 계약의 구속력이 약화되는 결과가 되어 부당하기 때문에 계약금의 일부만 지급된 경우, 수령자가 계약을 해제할 수 있다고 하더라도 해약금의 기준이 되는 금원은 실제 교부받은 계약금(1천만원)이 아니라 교부하기로 한 약정계약금(5천만원)이라고 봄이 타당하므로, 매도인이 계약금의 일부로서 지급받은 금원의 배액을 상환하여 매매계약을 해제할 수 없다(대판 2015.4.23, 2014다231378).

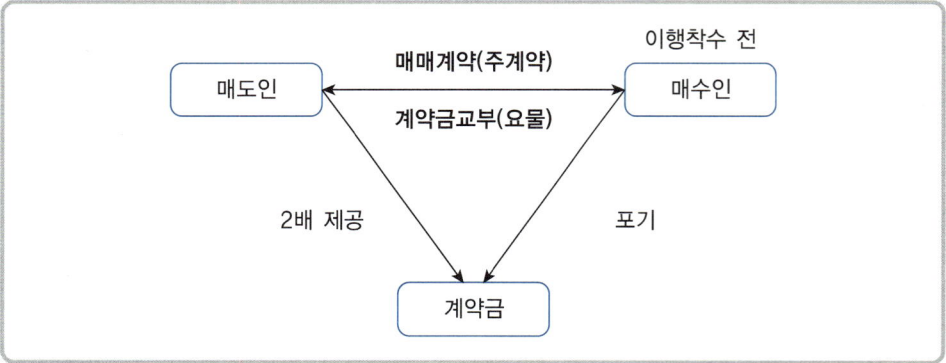

(2) 계약금의 성질

① **증약금**: 계약체결의 증거로서의 의미를 갖는 계약금을 말한다. 계약금은 계약체결의 증거가 되므로 언제나 증약금의 성질을 가진다.

② **위약계약금(위약금)**: 일방의 채무불이행이 있을 때 미리 지급하기로 정해두는 것을 말하고, 계약금은 위약금으로 약정을 한때에 한하여 손해배상액의 예정으로 추정한다.

ⓐ 당사자 사이에 교부된 계약금은 다른 약정이 없는 한 「민법」 제565조 제1항에 의하여 해약금으로서의 성질을 가진다.
다만, 일방이 위약할 경우 그 계약금을 위약금으로 하기로 하는 특약이 있는 경우에 한하여 「민법」 제398조 제4항에 의하여 손해배상액의 예정으로서의 성질을 가진다. 계약금이 위약금이 되려면 반드시 위약금 특약이 있어야 한다. 계약금을 위약금으로 하는 특약이 있는 경우에 일방의 채무불이행으로 계약이 해제된 경우 계약금은 위약금으로서 상대방에게 귀속된다. 이때 실제 입은 손해액수가 계약금액수를 초과한다 하더라도 그 초과 부분을 따로 청구할 수 없다.
ⓑ 계약금을 위약금으로 하기로 하는 특약이 없는 경우, 계약이 당사자 일방의 귀책사유로 인해 해제되었다 하더라도 상대방은 계약불이행으로 입은 실제 손해만을 배상받을 수 있을 뿐 계약금이 위약금으로서 상대방에게 당연히 귀속되는 것은 아니다(대판 1996.6.14, 95다54693).

2. 해약금의 해제

제565조【해약금】
① 매매의 당사자 일방이 계약 당시에 금전 기타 물건을 계약금, 보증금등의 명목으로 **상대방에게 교부한 때**에는 당사자간에 다른 약정이 없는 한 **당사자의 일방이 이행에 착수할 때까지** 교부자는 이를 포기하고 수령자는 그 배액을 상환하여 매매계약을 해제할 수 있다.
② 제551조의 규정❶은 전항의 경우에 이를 적용하지 아니한다.

(1) 서설 제31회

① 해약금이란 당사자간에 해제권을 미리 보류하고 교부한 계약금을 말한다. 당사자 사이에 다른 약정이 없는 한 계약금은 '해약계약금'으로 추정된다. 계약이 일단 성립한 후에는 당사자의 일방이 이를 마음대로 해제할 수 없는 것이 원칙이지만 주된 계약과 더불어 계약금계약을 한 경우에는 「민법」 제565조 제1항의 규정에 따라 임의해제를 할 수 있다.
② 해약금 규정은 매매뿐만 아니라 임대차에도 준용된다.

(2) 해약금 해제의 시점(일방이 이행착수하기 전까지) 제26회

① 당사자 일방

매매계약의 쌍방 중 어느 일방을 의미하므로 상대방에게만 국한할 것은 아니다. 따라서 매수인이 중도금의 일부이행에 착수하였다면, 비록 상대방(매도인)이 아직 이행에 착수하지 않은 경우에도 이행착수한 매수인 자신도 계약금을 포기하고 해제권을 행사할 수 없다(대판 2000.2.11, 99다62074).

기출 CHECK ✓
1 계약금을 위약금으로 하는 특약이 있는 경우에 일방의 채무불이행으로 해제된 경우 계약금은 상대방에게 귀속된다.
정답 O

2 위약금으로 하는 특약이 없는 경우에 일방의 채무불이행으로 해제된 경우 계약금은 상대방에게 귀속된다.
정답 X

기출 CHECK ✓

다른 약정이 없는 경우	계약금은 해약금으로 추정
위약금 약정이 있는 경우	계약금은 손해배상액의 예정으로 추정

❶ 해제시 손해배상청구규정

기출 CHECK ✓
다른 약정이 없는 한 계약금은 해약계약금으로 추정된다.
정답 O

기출 CHECK ✓
매수인이 중도금을 지급하였으나 매도인이 이행에 착수 전인 경우에 매수인은 계약금을 포기하고 해제권을 행사할 수 없다.
정답 O

② 일방의 이행의 착수 전까지 해약금 해제를 할 수 있다.
  ㉠ '이행의 착수'란 객관적으로 인식할 수 있을 정도로 채무이행행위의 '일부를 이행'하거나 또는 이행에 필요한 '전제행위'를 행하는 것으로서, 단순히 이행의 준비를 하는 것만으로는 부족하다(대판 1997.6.27, 97다9369).
  ㉡ 일방의 이행착수에 해당하여 해제할 수 없는 경우
    ⓐ 매수인이 중도금의 일부를 이행한 경우: 이행착수에 해당한다(대판 2000.2.11, 99다62074).
    ⓑ 매수인이 중도금 일부의 지급에 갈음하여 매도인에게 제3자에 대한 대여금채권을 양도한 경우: 매수인은 매매계약과 함께 채무의 일부 이행에 착수하였으므로, 매도인은 해제권을 행사할 수 없다(대판 2006.11.24, 2005다39594).
    ⓒ 중도금을 미리 지급한 경우: 이행기의 약정이 있는 경우라 하더라도 당사자가 채무의 이행기 전에는 착수하지 아니하기로 하는 특약을 하는 등 특별한 사정이 없는 한 일방이 '이행기 전에 중도금 이행에 착수할 수 있다'(대판 2002.11.26, 2002다46492).
    ⓓ 잔금을 준비하여 등기절차를 밟기 위해서 등기소에 동행할 것을 촉구하는 행위: 이행에 필요한 전제행위에 해당하여 이행의 착수로 본다.
  ㉢ 일방의 이행착수에 해당하지 않아 해제할 수 있는 경우
    ⓐ 이행의 준비를 한 경우: 채무를 이행할 것을 최고하면서 지급하여야 할 잔금 액수를 초과하는 금원이 예치되어 있는 예금통장의 사본을 제시한 경우 이는 잔금의 준비에 불과할 뿐 원고가 잔금의 지급에 관하여 적법하게 이행제공을 한 것이 아니다(대판 2004.12.9, 2004다49525).
    ⓑ 매도인이 매수인에게 계약의 이행을 최고하고 대금지급을 구하는 소송을 제기하여 승소판결 받은 것: 이행착수가 아니다(대판 2008.10.23, 2007다72274).
    ⓒ 매수인이 토지거래허가를 신청하여 허가를 얻은 경우: 이행의 착수가 아니다. 그러므로 매도인은 매수인이 토지거래허가를 신청하여 허가를 얻은 후에도 계약금의 배액을 상환하고 계약을 해제할 수 있다(대판 2009.4.23, 2008다62427).

(3) 해약금 해제의 방법 제30회
  ① 교부자는 계약금을 포기하고 해제할 수 있고, 수령자는 그 배액을 구두제공이 아니라 현실제공해야 한다.
  ② 수령자가 배액을 제공하였으나 이를 교부자가 '수령거절'하였을 경우 계약금의 배액의 제공으로써 충분하고 상대방이 수령을 거절하더라도 이를 '공탁'할 의무는 없다(대판 1992.5.12, 91다2151).

기출 CHECK ✓
매도인이 매수인에게 계약의 이행을 최고하고 대금지급을 구하는 소송을 제기하여 승소판결 받은 것은 이행착수가 아니다.
정답 O

기출 CHECK ✓
매수인이 토지거래허가를 얻은 후에도 매도인은 계약금의 배액을 상환하고 계약을 해제할 수 있다.
정답 O

(4) 해약금 해제의 효과

① **원상회복의무가 없다**: 계약금 포기에 의한 해제는 계약관계를 소급적으로 소멸케 하는 점은 보통의 해제와 같으나, 일방의 이행착수 전에 행하여지므로 원상회복의무는 발생하지 않는다.

② **상대방에게 손해배상청구를 할 수 없다**: 해약금에 의한 해제는 채무불이행을 원인으로 한 것이 아니고 계약금을 포기한 상태이므로 상대방에게 해약금 해제로 인한 손해배상을 청구할 수 없다(제565조 제2항).

> **기출 CHECK ✓**
> 계약금 포기에 의한 계약해제는 원상회복청구나 손해배상을 청구할 수 없다.
> 정답 O

(5) 관련 문제

① 해약금 해제를 봉쇄시키는 수단
  ㉠ 제565조의 계약금 포기에 의한 해약권을 배제하기로 하는 약정을 한 경우: 이 약정은 유효하고 계약금 포기에 의한 계약해제는 할 수 없다(대판 2009. 4.23, 2008다50615) '계약금을 포기하여도 계약해제를 할 수 없습니다.'라는 특약은 유효하다.
  ㉡ 중도금을 미리 지급하여 이행착수를 하는 방법: 이행기의 약정이 있는 경우라 하더라도 당사자가 채무의 이행기 전에는 착수하지 아니하기로 하는 특약을 하는 등 특별한 사정이 없는 한 일방이 '이행기 전'에 중도금 이행에 착수할 수 있다(대판 2002.11.26, 2002다46492). 따라서 매도인은 계약의 배액을 상환하고 계약을 해제할 수 없다.

② **계약금을 교부하고 매매계약을 한 경우 법정해제권의 행사 여부**: 계약금이 수수되었다 하여도 매도인은 매수인의 잔금불이행을 원인으로 하는 법정해제권을 행사할 수 있다. 따라서 계약금이 교부된 경우에도 일방의 채무불이행을 원인으로 하는 법정해제권 행사에 아무 영향을 미치지 않는다.

> **기출 CHECK ✓**
> 계약금 포기에 의한 해약권을 배제하기로 하는 약정을 한 경우 계약금 포기에 의한 계약해제는 허용되지 않는다.
> 정답 O

> **기출 CHECK ✓**
> 계약금이 교부된 경우에도 일방의 채무불이행을 원인으로 하는 법정해제권 행사에 아무 영향을 미치지 않는다.
> 정답 O

해커스 킬 정리 | 계약금 핵심체계 정리하기

1. 계약금계약의 성질은? [종된 계약 / 요물계약] // 계약금 지급의 약정으로 불성립
2. 해제 시기는? [중도금 지급 전까지]
   [토지거래 후에도 계약금해제는 할 수 있다]
3. 해제의 방법은? 교부자는 포기 / 수령자는 두 배 상환[공탁의무는 없다]
4. 해약금 해제의 특징 – 원상회복의무 × / 손해배상청구 ×
5. 봉쇄수단은? 해약금해제를 배제하는 특약은 유효

> **확인예제**
>
> 甲은 자신의 X토지를 乙에게 매도하는 계약을 체결하고 乙로부터 계약금을 수령하였다. 이에 관한 설명으로 틀린 것은? (다툼이 있으면 판례에 따름) 제31회
>
> ① 乙이 지급한 계약금은 해약금으로 추정한다.
> ② 甲과 乙이 계약금을 위약금으로 약정한 경우, 손해배상액의 예정으로 추정한다.
> ③ 乙이 중도금 지급기일 전 중도금을 지급한 경우, 甲은 계약금 배액을 상환하고 해제할 수 없다.
> ④ 만약 乙이 甲에게 약정한 계약금의 일부만 지급한 경우, 甲은 수령한 금액의 배액을 상환하고 계약을 해제할 수 없다.
> ⑤ 만약 X토지가 토지거래허가구역 내에 있고 매매계약에 대하여 허가를 받은 경우, 甲은 계약금 배액을 상환하고 해제할 수 없다.
>
> **해설**
> 매매계약에 대하여 허가를 받은 후라도 甲은 계약금 배액을 상환하고 해제할 수 있다. 정답: ⑤

04 매매의 효력

제566조 【매매계약의 비용의 부담】 매매계약에 관한 비용은 당사자 **쌍방이 균분하여** 부담한다.

제568조 【매매의 효력】
① 매도인은 매수인에 대하여 매매의 목적이 된 권리를 이전하여야 하며 매수인은 매도인에게 그 대금을 지급하여야 한다.
② 전항의 쌍방의무는 특별한 약정이나 관습이 없으면 동시에 이행하여야 한다.

제585조 【동일기한의 추정】 매매의 당사자 일방에 대한 의무이행의 기한이 있는 때에는 **상대방의 의무이행에 대하여도 동일한 기한이 있는 것으로 추정한다.**

제586조 【대금지급장소】 매매의 목적물의 인도와 동시에 대금을 지급할 경우에는 그 **인도장소**에서 이를 지급하여야 한다.

제587조 【과실의 귀속, 대금의 이자】 매매계약 있은 후에도 인도하지 아니한 목적물로부터 생긴 과실은 **매도인에게 속한다.** 매수인은 목적물의 **인도를 받은 날로부터 대금의 이자를 지급하여야 한다.** 그러나 대금의 지급에 대하여 기한이 있는 때에는 그러하지 아니하다.

제588조 【권리주장자가 있는 경우와 대금지급거절권】 매매의 목적물에 대하여 권리를 주장하는 자가 있는 경우에 매수인이 매수한 권리의 전부나 일부를 잃을 염려가 있는 때에는 매수인은 그 위험의 한도에서 대금의 전부나 일부의 지급을 거절할 수 있다. 그러나 매도인이 상당한 담보를 제공한 때에는 그러하지 아니하다.

제589조 【대금공탁청구권】 전조의 경우에 매도인은 매수인에 대하여 대금의 공탁을 청구할 수 있다.

1. 매도인의 의무

(1) 완전한 소유권이전의무 제26회

① 부동산에 붙어있는 가압류, 가등기 등 제한물권의 부담도 말소하여야 한다. 매도인의 재산권이전의무는 완전한 재산권의 이전을 의미한다.

그러므로 매매의 목적물인 부동산에 저당권, 가압류 등 제한물권의 등기가 마쳐진 경우 다른 약정이 없다면 매도인은 이러한 등기도 말소하여 완전한 재산권을 이전하여야 한다.

② 재산권이전의무는 대금지급의무와 동시이행관계: 재산권이전의무는 특별한 약정이나 관습이 없는 한 대금지급의무와 동시이행의 관계에 선다(제568조 제2항). 따라서 가압류등기 등이 있는 부동산의 매매계약에 있어서는 매도인의 소유권이전등기의무와 아울러 가압류의 말소의무도 특약이 없는 한 매수인의 대금지급의무와 동시이행의 관계에 있다(대판 2000.11.28, 2000다8533).

(2) 과실의 귀속 제30회

> 제587조 【과실의 귀속, 대금의 이자】 매매계약 있은 후에도 인도하지 아니한 목적물로부터 생긴 과실은 **매도인에게 속한다.** 매수인은 목적물의 **인도를 받은 날**로부터 대금의 이자를 지급하여야 한다. 그러나 대금의 지급에 대하여 기한이 있는 때에는 그러하지 아니하다.

① 잔금완납 전: 매매계약이 있은 후에 잔금완납 전에 인도하지 아니한 목적물로부터 생긴 과실은 '매도인'에게 속한다. 예컨대 원룸건물의 매매계약 후 '잔금을 치르기 전'에 임대를 놓은 경우 그 임대료(과실)의 수취권자는 매도인에게 귀속하나, 매수인이 '잔금을 치르고 난 후'에는 매수인에게 귀속한다.

② 잔금완납 후: 매수인이 이미 매매대금을 완납한 후에는 목적물에 대한 인도가 이루어지기 이전이라도 과실수취권은 매수인에게 있다(대판 1993.11.9, 93다28928).

③ 이행지체로 인한 책임여부

> ㉠ 매수인이 미리 소유권이전등기를 경료받았다고 하여도 아직 '매매대금을 완납하지 않은 이상' 부동산으로부터 발생하는 과실은 매수인이 아니라 매도인에게 귀속되어야 한다(대판 1992.4.28, 91다32527). 이 경우 과실은 이자에 대응하는 것이므로 매도인의 인도의무가 이행지체가 있더라도 매수인은 인도의무의 지체로 인한 손해배상금의 지급을 청구할 수 없다(대판 2004.4.23, 2004다8210).
> ㉡ 매매의 목적물이 인도되지 아니하고 또한 매수인이 대금을 완제하지 아니한 때에는 매도인의 인도의무가 이행지체에 있더라도 과실은 '매도인'에게 귀속되는 것이므로 매수인은 매도인의 인도의무의 지체로 인한 손해배상의 지급을 청구할 수 없다(대판 2004.4.23, 2004다8210).

기출 CHECK ✓

1 매매계약 후에 잔금완납 전에 인도하지 아니한 목적물로부터 생긴 과실은 매도인에게 귀속한다.
정답 O

2 매수인이 소유권등기를 미리 경료받은 경우 대금완납 전에 부동산에서 생긴 과실은 매도인에게 귀속한다.
정답 O

2. 매수인의 의무

(1) 대금지급의무 제30회

① **대금지급기일**: 매매의 당사자 일방에 대한 의무이행의 기한이 있는 때에는 상대방의 의무이행에 대하여도 동일한 기한이 있는 것으로 추정한다(제585조).

② **대금지급장소**: 매매의 목적물의 인도와 동시에 대금을 지급할 경우에는 그 '인도장소'에서 지급하여야 한다(제586조).

③ **이자지급**: 매수인은 목적물의 '인도를 받은 날로부터' 대금의 이자를 지급하여야 한다. 그러나 대금의 지급에 대하여 기한이 있는 때에는 그러하지 아니하다(제587조).

(2) 계약비용의 부담

① **매매계약에 관한 비용부담**: 매매계약에 관한 비용은 특약이 없는 한 당사자 쌍방이 균분하여 부담한다(제566조). 토지의 측량비용, 감정평가비용, 계약서 작성비용 등이 여기에 해당한다. 이 규정은 임의규정이므로 이와 달리 일방이 계약비용을 부담하기로 하는 약정은 유효하다.

② **부동산매매에서 '등기비용'의 부담**: 등기비용은 계약비용이 아니며, 매도인의 소유권이전채무의 이행에 소요되는 일종의 변제비용이다. 따라서 이는 원칙적으로 매도인이 부담하여야 할 것이나, 거래상 관행적으로 매수인이 부담한다(대판 1975.4.22, 75다72).

05 매도인의 담보책임

1. 서설

(1) 개념

① **담보책임**: 매수인이 매매로 취득하는 물건 또는 권리에 하자가 있을 경우 매도인이 매수자에게 부담하는 책임을 말한다.

> **핵심 콕! 콕!**
>
> 매도인 甲 ——— 매수인 乙
> - 빌라에 누수가 있는 경우
> - 빌라가 기우뚱하게 기울어진 경우
>
> (가) 빌라에 누수가 존재하는 경우에는 누수를 모르고 매수한 자는 계약의 목적을 달성할 수 있는 경우에는 계약을 해제할 수 없고 손해배상청구만 할 수 있다.
>
> (나) 빌라가 기우뚱하게 기울어 빌라에 거주할 수 없는 중대한 하자의 경우 **하자를 모르고 매수한 자**는 계약의 목적을 달성할 수 없으므로 매매계약을 해제할 수 있다.

(다) 만약 매수자가 **빌라의 하자를 알고** 매수하였을 경우에는 매도인에게 담보책임을 물을 수 없다.

② 매매규정을 유상계약에 준용한다: 담보책임에 관한 규정은 매매 이외의 유상계약에도 준용된다(제567조). 따라서 교환, 임대차, 주택임대차에도 담보책임의 규정이 준용된다.

(2) 담보책임의 법적 성질

① 무과실 책임이다: 쌍방출연의 등가성을 유지하기 위한 것으로 재산권에 하자가 있는 경우 담보책임을 진다는 약정이 없어도 법률이 인정하는 책임이다.
매도인에게 하자 발생에 '과실이 있든 없든 인정되는 무과실 책임'이다. 그러므로 매도인에게 귀책사유가 없어도 매도인의 책임이 면제되지 않는다.

② 담보책임 규정의 성질: 담보책임에 관한 규정은 임의규정이다.

| 사례 |
| 甲 소유의 코로나 백신을 매수자 乙이 매매할 당시에 백신의 부작용이 생겨도 매도인이 책임지지 않는다는 특약을 한 경우 원칙적으로 그 특약은 유효하므로 그 백신의 하자로 부작용이 생겨도 매도인은 책임을 지지 않는다.

㉠ 원칙: 당사자간에 담보책임을 면제, 배제하는 특약은 유효다.
㉡ 예외: 매도인이 하자를 '알고 고지하지 아니한 경우'에 대하여는 면제특약이 있어도 매도인은 하자에 대하여 책임을 면할 수 없다(제584조).

③ 매수인의 권리행사 기간은 제척기간이다.
㉠ 하자담보책임으로 발생하는 매수인의 권리행사 기간은 재판상 또는 재판 외에서의 권리행사에 관한 기간으로 제척기간이다(대판 2003.6.27, 2003다20190).
㉡ 물건의 하자는 6월 내, 권리의 하자는 1년의 제척기간의 제한이 있다.

④ 매도인의 담보책임에는 과실상계에 관한 규정이 준용될 수 없다. 매도인의 담보책임은 무과실 책임이므로 여기에는 「민법」 제396조의 '과실상계규정이 준용될 수 없다'고 하더라도 담보책임이 「민법」의 지도이념인 공평의 원칙에 입각한 것인 이상 그 하자의 발생 및 그 확대에 가공한 매수인의 잘못을 참작하여 손해배상범위를 정할 수 있다(대판 1995.6.30, 94다23920).

⑤ 원시적, 주관적 불능인 급부를 목적으로 하는 계약도 유효하다.
㉠ 계약 당시에 매매의 목적물은 존재하나 매도인만이 급부를 이전할 수 없는 상태를 원시적, 주관적 불능이라고 하는데 매도인이 재산권을 매수인에게 이전할 수 없으면 담보책임을 부담한다(제570조).

기출 CHECK ✓
담보책임은 매도인에게 하자 발생에 과실이 있든 없든 인정되는 무과실 책임이다.
정답 O

기출 CHECK ✓
1 매도인이 하자를 알고 고지하지 아니한 경우 면제특약이 있어도 매도인은 하자에 대하여 책임을 면할 수 없다.
정답 O

2 담보책임으로 인한 매수인의 권리행사기간은 제척기간이다.
정답 O

3 하자의 발생 및 그 확대에 가공한 매수인의 잘못을 참작하여 손해배상범위를 정할 수 있다.
정답 O

㉡ 목적물이 계약 당시부터 멸실하여 급부를 제공할 수 없는 원시적, 객관적 불능은 무효이다. 이 경우에 매도인의 과실이 존재하는 경우 담보책임의 문제가 아니라 계약체결상의 과실 책임을 청구할 수 있다(제535조).

(3) 담보책임의 내용❶

구분	내용	
물건의 하자	① 특정물의 하자	② 종류물의 하자
권리의 하자	① 전부 타인권리 ② 일부 타인권리 ③ 수량부족, 일부멸실 ④ 용익권의 제한 ⑤ 저당권의 실행	
경매에서 담보책임	① 권리의 하자에만 성립	② 물건의 하자에는 불성립

❶ 권리의 하자가 복잡하고, 난해하므로 보다 간결한 물건의 하자를 기본과정에서 먼저 학습하고 심화과정에서 권리의 하자를 학습하는 전략적 접근을 이하에서 전개한다.

2. 물건의 하자(하자담보책임)

(1) 특정물의 하자 제26 · 28회

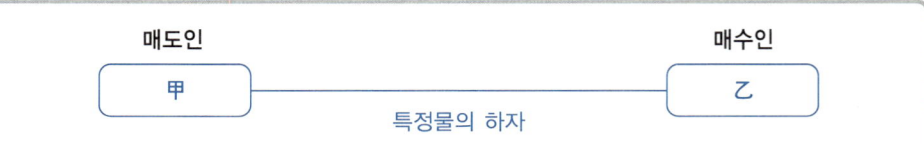

㈀ 주택을 매입하였는데 계약성립 당시에 건물에 균열, 누수가 있는 것을 모르고 매수한 경우 매수인이 목적물의 하자로 인하여 목적을 달성할 수 없을 때 계약을 해제할 수 있다.

㈁ 토지를 매수하였으나 오염된 쓰레기가 매립되어 있는 것을 매수인이 모르고 매수한 경우 매수인이 목적물의 하자로 인하여 목적을 달성할 수 있는 때 손해배상청구만 할 수 있다.

> **제580조【매도인의 하자담보책임】**
> ① 매매의 목적물에 하자가 있는 때에는 **제575조 제1항❷의 규정을 준용**한다. 그러나 매수인이 하자 있는 것을 알았거나 과실로 인하여 이를 알지 못한 때에는 그러하지 아니하다.
> ② 전항의 규정은 경매의 경우에 적용하지 아니한다.
>
> **제581조【종류매매와 매도인의 담보책임】**
> ① 매매의 목적물을 종류로 지정한 경우에도 그 후 특정된 목적물에 하자가 있는 때에는 전조의 규정을 준용한다.
> ② 전항의 경우에 매수인은 계약의 **해제 또는 손해배상의 청구를 하지 아니하고** 하자 없는 물건을 청구할 수 있다.

❷ 제575조 제1항
목적을 달성할 수 없는 경우에 한하여 계약해제를 할 수 있고, 기타의 경우에는 손해배상을 청구할 수 있다.

> 제582조 【전2조의 권리행사기간】 전2조에 의한 권리는 매수인이 그 사실을 안 날로부터 **6월 내**에 행사하여야 한다.
>
> 제583조 【담보책임과 동시이행】 매도인의 손해배상의무와 매수인의 목적물 반환의무는 동시이행관계에 있다.

① 물건의 '하자가 존재'할 것
  ㉠ 주택을 매입하였는데 건물에 균열, 누수가 있는 경우 또는 토지를 매수하였으나 토지에 오염된 쓰레기가 매립되어 있는 경우 하자가 있다고 본다.
  ㉡ 품질과 성능 미달: 매도인이 공급한 기계가 매도인의 카탈로그에 의하여 보증한 일정한 품질과 성능을 갖추지 못한 경우 기계에 하자가 있다고 보아야 한다(대판 2000.10.27, 2000다30554).
  ㉢ 법률적 장애의 경우 판례는 목적물의 하자로 본다.

> ⓐ 토지매매계약의 매수인이 「건축법」상 건축허가를 받을 수 없어 건축이 불가능한 법률적 제한 내지 장애는 권리의 하자가 아니라 '매매목적물의 하자'에 해당한다.
> ⓑ 위와 같은 하자의 존부는 매매 **계약성립시를 기준**'으로 **판단**하여야 한다(대판 2000.1.18, 98다18506).

② 매수인이 선의 · 무과실일 것❶
  ㉠ 매수인은 계약성립 당시 목적물에 하자가 있다는 사실을 모르고 무과실이어야 한다.
  ㉡ 매수인이 물건의 하자를 '알고' 매입하였을 때에는 매수인이 담보책임을 물을 수 없다.

③ 책임의 내용
  ㉠ 목적을 달성할 수 없는 때: 목적물의 하자로 인하여 매매의 목적을 달성할 수 없을 때(중대한 하자)에는 매수인은 계약을 해제하고 손해배상청구할 수 있다.
  ㉡ 목적을 달성할 수 있는 때: 목적물의 하자에도 계약의 목적을 달성할 수 있는 경우(경미한 하자) 계약을 해제할 수 없고 손해배상만을 청구할 수 있다.
  ㉢ 제척기간 - 하자 있다는 사실을 안 날로부터 6월 내: 물건의 하자에 관하여 매수인이 담보책임을 물을 수 있는 권리는 매수인이 그 '사실을 안 날로부터 6월 내'에 행사하여야 한다(제582조). 이 기간은 제척기간이다(대판 2003.6.27, 2003다20190).

기출 CHECK ✓
「건축법」상 허가를 받을 수 없어 건축이 불가능한 법률적 장애는 권리의 하자가 아니라 매매목적물의 하자에 해당한다.
정답 O

❶ 하자판단의 기준시기
• 법정책임설은 계약체결시로 본다.
• 채무불이행책임설은 인도시로 본다.

기출 CHECK ✓
1 목적물의 하자로 인하여 매매의 목적을 달성할 수 없을 때에는 계약을 해제할 수 있다.
정답 O

2 매매목적을 달성할 수 있는 때에는 계약을 해제할 수 없고 손해배상을 청구할 수 있다.
정답 O

> **하자담보에 기한 매수인의 손해배상청구권은 소멸시효가 적용**
> 하자담보책임에 기한 매수인의 손해배상청구권은 권리의 내용·성질 및 취지에 비추어 「민법」 제162조 제1항의 채권 소멸시효의 규정이 적용되고, 「민법」 제582조의 제척기간 규정으로 인하여 소멸시효 규정의 적용이 배제된다고 볼 수 없다. 이때, 매수인이 매매 목적물을 인도받은 때부터 소멸시효가 진행한다(대판 2011.10.13, 2011다10266).

② 경매에서 물건의 하자는 담보책임을 물을 수 없다. 경매로 구매한 목적물에 하자가 있는 경우 낙찰자는 담보책임을 물을 수 없다(특칙).

이 규정은 경매의 경우에 다양한 물건의 하자를 이유로 경매결과를 뒤집어 버리는 것을 방지하여 경매절차의 안정성을 확보하기 위한 것으로 경매로 주택을 구입할 때에는 물건의 하자에 대한 꼼꼼한 현장답사를 요한다.

(2) 종류물의 하자❶ 제31회

> 제581조 【종류매매와 매도인의 담보책임】
> ① 매매의 목적물을 종류로 지정한 경우에도 그 후 특정된 목적물에 하자가 있는 때에는 전조의 규정을 준용한다.
> ② 전항의 경우에 매수인은 계약의 해제 또는 손해배상의 청구를 하지 아니하고 하자 없는 물건을 청구할 수 있다.

> |사례| 자동차 중에서 마음에 쏙 드는 한 대를 특정하여 구매하였으나 차량에 하자가 있는 것을 모르고 매수한 경우
>
>
>
> (ㄱ) 매매의 목적을 달성할 수 없는 중대한 하자의 경우: 매수인은 계약을 해제하고 손해배상을 청구할 수 있다.
> (ㄴ) 매수인이 차량의 구매를 원하는 경우: 계약의 해제를 하지 아니하고 하자 없는 새 차를 달라고 청구할 수 있다.

① 요건
  (ㄱ) 매매의 목적물을 '종류로 지정한 후 특정된 목적물에 하자'가 있을 것
  (ㄴ) 매수인이 하자를 모르고 무과실일 것

기출 CHECK ✓
하자담보책임에 기한 매수인의 손해배상청구권도 소멸시효의 대상이 될 수 있다.
정답 O

기출 CHECK ✓
하자담보책임에 기한 매수인의 손해배상청구권도 소멸시효의 대상이 될 수 있다.
정답 O

기출 CHECK ✓
경매에서 건물의 누수, 균열 같은 물건의 하자는 담보책임을 물을 수 없다.
정답 O

❶ 불특정물의 하자시 매수인의 권리에 해당
• 계약해제권
• 손해배상청구권
• 완전물급부청구권

② 책임의 내용
  ㉠ 매수인은 계약의 '해제 또는 손해배상의 청구를 하지 아니하고' 하자 없는 물건을 청구할 수 있다. 단, 수량부족의 문제가 아니므로 대금의 감액청구는 인정되지 아니한다.
  ㉡ 6월의 제척기간: 목적물의 하자를 안 날로부터 6월 내에 행사하여야 한다. 매수인의 하자담보책임에 기한 손해배상청구권은 특별한 사정이 없는 한 매수인이 매매의 '목적물의 인도를 받은 날'로부터 소멸시효가 진행한다(대판 2011.10.13, 2011다10266).

> **기출 CHECK** ✓
> 종류물 하자의 경우 매수인은 계약의 해제 또는 손해배상의 청구를 하지 아니하고 하자 없는 물건을 청구할 수 있다.
> 정답 O

확인예제

하자담보책임에 관한 설명으로 틀린 것은? (다툼이 있으면 판례에 따름) 제28회

① 건축의 목적으로 매수한 토지에 대해 법적 제한으로 건축허가를 받을 수 없어 건축이 불가능한 경우, 이는 매매목적물의 하자에 해당한다.
② 하자담보책임으로 발생하는 매수인의 계약해제권 행사기간은 제척기간이다.
③ 하자담보책임에 기한 매수인의 손해배상청구권도 소멸시효의 대상이 될 수 있다.
④ 매도인이 매매목적물에 하자가 있다는 사실을 알면서 이를 매수인에게 고지하지 않고 담보책임 면제의 특약을 맺은 경우 그 책임을 면할 수 없다.
⑤ 매도인의 담보책임은 무과실 책임이므로 하자의 발생 및 그 확대에 가공한 매수인의 잘못을 참작하여 손해배상 범위를 정할 수 없다.

해설
매도인의 담보책임은 무과실 책임이므로 하자의 발생 및 그 확대에 가공한 매수인의 잘못을 참작하여 손해배상 범위를 정할 수 있다.
정답: ⑤

3. 권리의 하자

유형	해제	손해배상	대금감액	기간
① 전부타인권리의 매매(제570조)	선의, 악의	선의	×	제한 없음
② 일부타인권리의 매매(제572조)	선의	선의	선의, 악의	1년
③ 수량부족, 일부멸실(제574조)	선의	선의	선의	1년
④ 용익권의 제한(제575조)	선의	선의	×	1년
⑤ 저당권의 실행(제576조)	선의, 악의	선의, 악의		제한 없음

> **핵심 콕! 콕!** 매수인이 선의, 악의 관계없이 담보책임을 추궁할 수 있는 경우
>
> (가) **전부타인권리**의 매매에서 매수인의 '**해제권**(제570조)'
> (나) **일부타인권리**의 매매에서 '**감액청구권**(제572조)'
> (다) **저당권 실행**의 경우에는 '**손해배상**청구권과 **해제권**(제576조)'

(1) 전부타인소유의 매매(제570조)

> |사례|
> (가) 甲이 토지 1,000m²를 매수인 乙과 매매계약을 체결하였으나 그 토지 전부가 매도인 甲의 소유가 아니라 丙의 소유인 경우
> (나) 부동산 임의경매절차에서 낙찰받은 토지를 그 낙찰대금납부 전에 매도하기로 한 것은 타인의 권리의 매매에 해당한다(대판 2008.8.11, 2008다25824).

제569조 【타인의 권리의 매매】 매매의 목적이 된 권리가 타인에게 속한 경우에는 매도인은 그 권리를 취득하여 매수인에게 이전하여야 한다.

제570조 【동전 - 매도인의 담보책임】 전조의 경우에 매도인이 그 권리를 취득하여 매수인에게 이전할 수 없는 때에는 **매수인은 계약을 해제할 수 있다**. 그러나 매수인이 계약 당시 그 권리가 매도인에게 속하지 아니함을 **안 때에는 손해배상을 청구하지 못한다**.

제571조 【동전 - 선의의 매도인의 담보책임】 ① 매도인이 계약 당시에 매매의 목적이 된 권리가 자기에게 속하지 아니함을 **알지 못한 경우**에 그 권리를 취득하여 매수인에게 이전할 수 없는 때에는 매도인은 손해를 배상하고 계약을 해제할 수 있다.

① 책임의 내용

㉠ 매수인은 선의, 악의 불문하고 해제할 수 있다(제570조).

타인소유를 매매의 목적으로 한 경우 매도인은 매매의 목적물을 매수인에게 이전하여 줄 의무가 있다(대판 1993.9.10, 93다20283).

이를 이전할 수 없는 매도인은 담보책임을 부담한다. 타인의 권리의 매매임을 매수인이 모른 경우에만 해제할 수 있는 것이 아니라 알고 있는 경우에도 계약을 해제할 수 있다.

> ⓐ 부동산을 경매받은 경락인이 아직 경락대금을 완납하지 않은 상태에서 타인에게 한 매매, 교환계약은 타인의 권리의 매매에 해당한다(대판 2008.8.11, 2008다25824).
> ⓑ 명의신탁이 된 부동산을 신탁자가 매도하는 경우에는 신탁자는 부동산을 사실상 처분할 수 있을 뿐만 아니라 법률상으로도 처분할 수 있는 권원에 터 잡아 매도한 것이므로 이를 제569조의 타인권리의 매매라고 할 수 없다(대판 1996.8.20, 96다18656).

기출 CHECK ✓

1 타인권리의 매매의 경우 악의인 매수인도 계약을 해제할 수 있다.
정답 O

2 타인소유를 매매한 경우 매수인은 선의인 경우에 한하여 계약을 해제할 수 있다.
정답 X

3 타인소유의 매매에서 매도인이 손해배상책임을 진다면 이행이익의 배상이다.
정답 O

4 명의신탁이 된 부동산을 신탁자가 매도하는 경우 타인권리의 매매에 해당하지 않는다.
정답 O

ⓒ 부동산을 매수한 자가 소유권등기 없이 다시 이를 제3자에게 미등기로 매도한 경우 그 매수인은 사실상 처분할 수 있을 뿐만 아니라 법률상으로도 처분할 수 있는 권원에 터잡아 매도한 것이므로 타인권리의 매매라고 할 수 없다(대판 1996.4.12, 95다55245).
ⓓ 타인의 권리를 매매한 것도 무효가 아니고 유효하다(대판 1993.9.10, 93다20283).

ⓛ 선의인 매수인은 이행이익을 손해배상청구할 수 있다.

> 손해배상범위는 매도인이 이를 이행할 수 없는 경우 매수인에게 부담하는 손해는 불능 당시의 시가를 기준으로 하여 계약이 완전히 이행된 것과 동일한 경제적 이익, 즉 '이행이익'에 상당하는 금액이지 신뢰이익이 아니다(대판 1967.5.18, 66다2618 전원합의체).

ⓒ 제척기간은 기간의 제한이 없다.
② **선의인 매도인의 해제권 특칙(제571조)**: 매도인은 선의이고 매수인은 악의인 때 타인소유임을 알지 못한 매도인은 '손해의 배상 없이' 계약을 해제할 수 있다(제571조 제2항).

전부타인권리의 매매 쟁점정리

매수인의 권리	(개) 선의, 악의 불문하고 해제할 수 있다. (내) 선의인 매수인은 이행이익을 손해배상청구할 수 있다.

(2) 일부타인소유의 매매(제572조) 제27회

| 사례 |
| 甲이 乙에게 토지 1,000m²를 1억원에 매매하는 계약을 체결하였는데 그중에 200m²가 丙 소유의 도로여서 매수인이 목적을 달성할 수 없는 경우

제572조 【권리의 일부가 타인에게 속한 경우와 매도인의 담보책임】
① 매매의 목적이 된 권리의 일부가 타인에게 속함으로 인하여 매도인이 그 권리를 취득하여 매수인에게 이전할 수 없는 때에는 **매수인은 그 부분의 비율로 대금의 감액을 청구할 수 있다.**❶
② 전항의 경우에 잔존한 부분만이면 매수인이 이를 매수하지 아니하였을 때에는 선의의 매수인은 계약전부를 해제할 수 있다.
③ 선의의 매수인은 **감액청구 또는 계약해제 외에 손해배상을 청구할 수 있다.**

제573조 【전조의 권리행사의 기간】 전조의 권리는 매수인이 선의인 경우에는 사실을 **안 날로부터**, 악의인 경우에는 **계약한 날로부터** 1년 내에 행사하여야 한다.

❶ 매도인이 그 권리를 취득하여 매수인에게 이전할 수 없는 때에는 '선의, 악의 관계없이' 매수인은 그 부분의 비율로 대금의 감액을 청구할 수 있다.

① 책임의 내용
  ㉠ 매수인은 '선의, 악의'를 불문하고 그 권리가 타인에게 속하는 부분의 비율로 대금의 감액을 청구할 수 있다.
  ㉡ 선의의 매수인은 잔존한 부분만이면 이 토지를 매수하지 아니하였을 때에는 계약전부를 해제할 수 있다. 선의의 매수인은 손해배상청구권도 인정되는데 이때 손해배상액은 이행이익 상당액이다(대판 1993.1.19, 92다37727).
  ㉢ 선의인 매수인은 '감액청구 또는 해제 외에 손해배상도 청구'할 수 있다.
    ⓐ 선의인 매수인은 일부를 이전할 수 없는 부분의 비율로 '대금감액을 청구'하고 손해배상을 청구할 수 있다.
    ⓑ 목적을 달성할 수 없을 때는 계약을 '해제'하고 별도로 손해배상을 청구할 수 있다.

② 제척기간
  ㉠ '선의'인 경우: '사실을 안 날'로부터 1년 내에 행사하여야 한다.
  ㉡ '악의'인 경우: '계약한 날'로부터 1년 내에 행사하여야 한다.

제572조 일부타인권리의 매매 쟁점정리

매수인의 권리	(가) 선의, 악의 불문하고 감액청구할 수 있다.
	(나) 선의인 매수인은 감액 또는 해제 외에 별도로 손해배상청구
	(다) 선의(안 날)로부터 1년 내, 악의(계약일)로부터 1년 내에 행사

(3) 수량부족 · 일부멸실(제574조) 제26·27·28·29·32회

> 제574조 【수량부족, 일부멸실의 경우와 매도인의 담보책임】 전2조의 규정은 수량을 지정한 매매의 **목적물이 부족**되는 경우와 매매목적물의 **일부가 계약 당시에 이미 멸실**된 경우에 매수인이 그 부족 또는 멸실을 **알지 못한 때**에 준용한다.

|사례|
(가) 乙이 甲으로부터 공장을 지을 목적으로 1평당 10만원씩 1,000평의 토지를 1억원에 매수하였는데 실측한 결과 800평에 불과하여 200평이 부족한 경우(**수량지정매매에서 수량이 부족한 때**)
(나) 甲 소유의 공장에 대하여 매수인 乙과 매매계약을 체결하였는데 공장 3개 중 1개가 이미 멸실되어 있었던 경우(계약체결 당시 일부가 멸실한 경우 = **원시적 일부불능**)
(대판 1992.12.22, 92다30580)

① 책임의 내용
  ㉠ 매수인이 선의인 경우에 한하여 부족한 수량 또는 멸실한 비율만큼 대금감액을 청구할 수 있다. 반대로 수량부족을 알고 매수한 악의인 매수인은 대금감액을 청구할 수 없다.

기출 CHECK ✓
1 일부타인권리의 매매의 경우 악의인 매수인은 대금감액을 청구할 수 없다.
정답 ✗

2 악의인 매수인은 손해배상을 청구할 수 없다.
정답 ○

기출 CHECK ✓
선의인 매수인은 감액청구 또는 해제 외에 별도로 손해배상을 청구할 수 있다.
정답 ○

기출 CHECK ✓
[1~2] 일부타인권리의 매매의 경우
1 선의인 매수인은 안 날로부터 1년 내에 행사하여야 한다.
정답 ○

2 악의인 경우 계약한 날로부터 1년 내에 행사하여야 한다.
정답 ○

기출 CHECK ✓
[1~3] 수량지정매매에서 수량이 부족한 때
1 선의인 매수인은 대금감액청구할 수 있다.
정답 ○

2 매수인은 계약체결상의 과실 책임을 물을 수 없다.
정답 ○

3 이를 안 날로부터 1년 내에 행사하여야 한다.
정답 ○

ⓒ 선의의 매수인은 잔존한 부분만으로는 이를 매수하지 아니하였을 때에는 계약의 전부를 해제할 수 있고 손해배상청구할 수 있다.
ⓒ 제척기간: 매수인이 '선의'이어야 하므로 수량부족을 '안 때'로부터 1년 내에 행사해야 한다.

② 수량지정매매에서 계약면적보다 실제 면적이 부족한 경우

> **50평을 계약했으나 실제는 45평인 때**
> ⓐ 매수인은 선의인 경우에 수량부족을 안 날로부터 1년 내에 담보책임으로 대금감액청구권을 행사할 수 있다.
> ⓑ 매매계약이 그 미달 부분만큼 일부 무효임을 들어 부당이득반환청구를 할 수 없다.
> ⓒ 그 수량부족 부분의 원시적 불능을 이유로 '계약체결상의 과실에 따른 책임의 이행을 구할 수 없다'(대판 2002.4.9, 99다47396).

(4) 용익권의 제한이 있는 경우(제575조) 제27·28회

> **제575조【제한물권 있는 경우와 매도인의 담보책임】**
> ① 매매의 목적물이 **지상권, 지역권, 전세권, 질권 또는 유치권의 목적이 된 경우**에 매수인이 이를 알지 못한 때에는 이로 인하여 계약의 **목적을 달성할 수 없는 경우**에 한하여 매수인은 계약을 해제할 수 있다. **기타의 경우**에는 손해배상만을 청구할 수 있다.
> ② 전항의 규정은 매매의 목적이 된 부동산을 위하여 존재할 지역권이 없거나 그 부동산에 등기된 임대차계약이 있는 경우에 **준용한다.**❶
> ③ 전2항의 권리는 매수인이 그 사실을 **안 날로부터 1년 내**에 행사하여야 한다.

> |사례|
> (ㄱ) 甲 소유의 건물을 乙이 5억원에 매입하였으나 **전세권이 있는 것을 모른 경우** 전세권자의 존재로 목적을 달성할 수 없는 매수인은 계약을 해제할 수 있다.
> (ㄴ) 甲 소유의 건물을 매수인 乙이 5억원에 매입하면서 **전세금을 안고 매수한 경우** 전세권의 존재를 '알고' 매수한 자는 담보책임을 물을 수 없다.

① 책임의 요건
ⓐ 매매의 목적물에 용익권의 제한(지상권·지역권·전세권·유치권의 목적이 된 것)을 매수인이 알지 못하여 선의이어야 한다.
ⓑ 이로 인하여 목적을 달성할 수 없는 경우에 한하여 해제할 수 있다.

② 책임의 내용
ⓐ 선의인 매수인이 '목적달성을 할 수 없을 때'에 한하여 계약을 해제할 수 있다.
ⓑ 용익권의 제한을 알고 매수한 자는 담보책임을 물을 수 없다.

---

❶ 매매의 목적이란 부동산을 위하여 존재할 지역권이 없음을 모르고 매수한 경우이거나 그 부동산에 대항력 있는 임차권의 존재를 모르고 매수한 경우에 준용한다.

기출 CHECK ✓
1 용익권의 존재를 모르고 매수한 자가 매매목적을 달성할 수 없을 때에 한하여 해제할 수 있다.
정답 O

2 용익권의 존재를 알고 매수한 자는 목적을 달성할 수 없는 경우 계약을 해제할 수 없다.
정답 O

용익권의 제한	
매수인의 권리	(가) 선의일 것(악의이면 담보책임을 물을 수 없다) (나) 목적달성할 수 없을 경우: 해제권 + 손해배상청구

(5) 저당권이 행사(실행)된 경우(제576조)

> 제576조 【저당권, 전세권의 행사와 매도인의 담보책임】
> ① 매매의 목적이 된 부동산에 설정된 **저당권 또는 전세권의 행사**로 인하여 **매수인이 그 소유권을 취득할 수 없거나 취득한 소유권을 잃은 때에는 매수인은 계약을 해제할 수 있다.**
> ② 전항의 경우에 매수인의 출재로 그 소유권을 보존한 때에는 매도인에 대하여 그 상환을 청구할 수 있다.
> ③ 전2항의 경우에 **매수인이 손해를 받은 때에는 그 배상을 청구할 수 있다.**

❶ 융자 끼고 집 매수시
매수인이 저당채무를 인수하고 부동산을 매수한 경우, 이는 매도인의 담보책임을 매수자가 면제해 준 것이다.

| 사례 | ❶
乙 소유의 빌라에 대하여 丙은행 앞으로 1억원의 저당권이 설정되어 있는 상태로 甲이 빌라를 매수하였으나 2년 후 乙이 채무 1억원을 변제하지 못하자 丙 은행이 설정된 저당권을 실행하여 매수인이 빌라의 소유권을 잃게 된 경우, 매수인의 구제방법은? 매수인은 **선의, 악의를 불문하고 해제하고 손해배상을 청구**할 수 있다.

기출 CHECK ✓

1 저당권의 행사로 인한 담보책임은 매수인이 선의, 악의 불문하고 해제와 손해배상을 청구할 수 있다.
정답 O

2 저당권이 설정만 된 상태에서는 제576조의 담보책임이 문제되지 않는다.
정답 O

3 저당권이 설정된 부동산을 매수한 자가 저당채무를 인수한 경우에는 담보책임을 물을 수 없다.
정답 O

4 가등기된 부동산을 매수한 사람이 뒤에 가등기에 기한 본등기가 경료되어 소유권을 잃게 된 때, 제576조의 담보책임을 준용한다.
정답 O

① 책임의 내용
  ㉠ 매매의 목적인 부동산 위에 설정된 저당권의 '행사'로 매수인이 취득한 소유권을 상실한 때는 매수인은 선의, 악의 불문하고 계약의 해제와 손해배상을 청구할 수 있다.
  ㉡ 매수인의 출재로 저당채무를 변제하여 소유권을 보존한 경우에는 매수인은 선의, 악의 불문하고 그 출재액의 상환을 청구할 수 있다.
  ㉢ 전부타인권리와 마찬가지로 제척기간의 제한이 없다.
② 가등기에 기한 본등기 실행으로 매수인이 소유권을 잃은 경우 매도인의 책임은?

> 가등기의 목적이 된 부동산을 매수한 사람이 그 뒤에 가등기에 기한 본등기가 경료됨으로써 매수한 부동산의 소유권을 잃게 된 때에는 전부타인권리의 매매로 인한 제570조의 책임(전부타인권리의 매매)이 준용되지 않고 저당권 실행에 의한 제576조의 담보책임이 준용된다(대판 1992.10.27, 92다21784).

제576조 저당권 실행한 경우 쟁점정리

매수인의 권리	(가) 선의, 악의: 손해배상청구권, 해제권 (나) 채무를 변제시 출재액 상환청구 (다) 설정된 가등기가 실행: 본조가 준용된다.

> 확인예제

01 매도인의 담보책임에 관한 설명으로 옳은 것은? (다툼이 있으면 판례에 따름)

제26회

① 타인의 권리를 매도한 자가 그 전부를 취득하여 매수인에게 이전할 수 없는 경우, 악의의 매수인은 계약을 해제할 수 없다.
② 저당권이 설정된 부동산의 매수인이 저당권의 행사로 그 소유권을 취득할 수 없는 경우, 악의의 매수인은 특별한 사정이 없는 한 계약을 해제하고 손해배상을 청구할 수 있다.
③ 매매목적인 권리의 전부가 타인에게 속하여 권리의 전부를 이전할 수 없게 된 경우, 매도인은 선의의 매수인에게 신뢰이익을 배상하여야 한다.
④ 매매목적 부동산에 전세권이 설정된 경우, 계약의 목적 달성 여부와 관계없이, 선의의 매수인은 계약을 해제할 수 있다.
⑤ 권리의 일부가 타인에게 속한 경우, 선의의 매수인이 갖는 손해배상청구권은 계약한 날로부터 1년 내에 행사되어야 한다.

> 해설

② 저당권이 설정된 부동산의 매수인이 저당권의 행사로 그 소유권을 취득할 수 없는 경우, 매수인은 선의, 악의를 불문하고 계약을 해제하고 손해배상을 청구할 수 있다.
① 전부 타인의 소유일 때는 악의인 매수인도 해제할 수 있다.
③ 전부 타인의 소유일 때는 판례에서는 '이행이익'을 배상한다.
④ '목적을 달성할 수 없는 때'에 해제할 수 있다.
⑤ 선의인 매도인은 안 날부터, 악의인 매도인은 계약의무를 1년으로 한다.

정답: ②

02 권리의 하자에 대한 매도인의 담보책임과 관련하여 '악의의 매수인에게 인정되는 권리'로 옳은 것을 모두 고른 것은?

제33회

㉠ 권리의 전부가 타인에게 속하여 매수인에게 이전할 수 없는 경우 – 계약해제권
㉡ 권리의 일부가 타인에게 속하여 그 권리의 일부를 매수인에게 이전할 수 없는 경우 – 대금감액청구권
㉢ 목적물에 설정된 저당권의 실행으로 인하여 매수인이 소유권을 취득할 수 없는 경우 – 계약해제권
㉣ 목적물에 설정된 지상권에 의해 매수인의 권리행사가 제한되어 계약의 목적을 달성할 수 없는 경우 – 계약해제권

① ㉠, ㉡
② ㉠, ㉣
③ ㉡, ㉢
④ ㉢, ㉣
⑤ ㉠, ㉡, ㉢

> 해설

옳은 것은 ㉠㉡㉢이다.

정답: ⑤

4. 경매에 있어서 담보책임 제28·29회

> 제578조 【경매와 매도인의 담보책임】
> ① 경매의 경우에는 경락인은 전8조의 규정에 의하여 **채무자에게** 계약의 해제 또는 대금감액의 청구를 할 수 있다. ❶
> ② 전항의 경우에 **채무자가 자력이 없는 때에는** 경락인은 **대금의 배당을 받은 채권자에** 대하여 그 대금전부나 일부의 반환을 청구할 수 있다.
> ③ 전2항의 경우에 채무자가 물건 또는 권리의 **흠결을 알고 고지하지 아니하거나 채권자가 이를 알고 경매를 청구한 때**에는 경락인은 그 흠결을 안 채무자나 채권자에 대하여 손해배상을 청구할 수 있다.

❶ **대금감액의 청구**
- 권리의 하자가 있을 때에만 담보책임을 물을 수 있고 물건의 하자는 담보책임을 물을 수 없다.
- **1차**: 채무자에게 청구할 수 있다.
- **2차**: 채무자가 자격이 없는 때에는 대금을 받은 채권자에게 청구할 수 있다.

|사례|
A 소유의 토지 1,000평에 대해 채권자 C의 경매로 B가 낙찰을 받았으나 측량결과 200평이 부족한 경우 채무자 A가 낙찰자에게 부담하는 책임

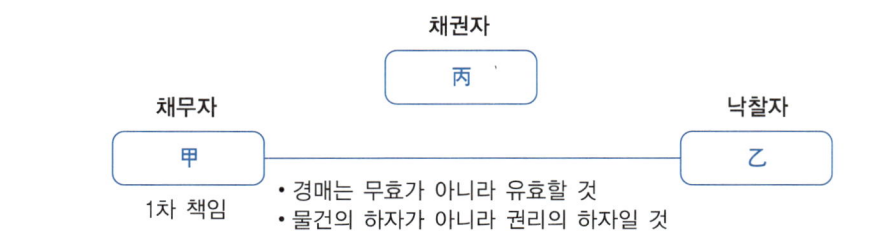

- 경매는 무효가 아니라 유효할 것
- 물건의 하자가 아니라 권리의 하자일 것

(1) 요건

① 경매가 유효할 것

> ㉠ '경매가 유효'하여야 하며, 경매가 무효인 때는 담보책임이 성립하지 않는다. 제578조에 기한 담보책임은 경매절차는 유효하게 이루어졌으나 경매의 목적이 된 권리의 전부 또는 일부가 타인에게 속하는 등의 하자로 경락인이 완전한 소유권을 취득할 수 없는 경우에 인정되는 것이고, '경매절차 자체가 무효'인 경우에는 경매의 채무자에게 담보책임은 인정될 여지가 없다.
> ㉡ 경매가 무효인 경우에는 낙찰자는 배당금을 **받아간 '채권자'를 상대로** 배당금에 대한 **부당이득반환청구를 할 수 있다**(대판 2004.6.24, 2003다59259). 낙찰자는 아무 잘못도 없는 '채무자'에게 담보책임을 물을 수 없으므로 **채무자에게 손해배상을 청구할 수 없다**(낙찰자는 채권자에게 엉겨 붙어서 내 돈 내놔! 해야지 채무자에게 손해요구 못한다).

② 물건의 하자가 아니라 권리의 하자일 것: 물건의 하자가 있는 경우에까지 담보책임을 인정하게 되면 다양한 형태의 물건의 결함을 들어 경매결과를 뒤집을 수 있게 되어 경매절차의 신용, 안정성이 확보되기 어려우므로 **경매에서는 권리의 하자에만 담보책임을 인정하고 물건의 하자에는 담보책임을 인정하지 않는다.**

기출 CHECK ✓
1 경매가 무효인 경우에는 낙찰자는 채권자를 상대로 배당금에 대한 부당이득반환청구를 할 수 있다.
　　　　　　　　정답 O

2 경매가 무효인 경우에는 낙찰자는 채무자를 상대로 손해배상청구를 할 수 있다.
　　　　　　　　정답 X

기출 CHECK ✓
경매에서는 물건의 하자에는 담보책임을 인정하지 않는다.
　　　　　　　　정답 O

(2) 책임의 내용

① **책임주체**: 1차 책임은 채무자에게 있고, 2차 책임은 배당받은 채권자에게 있다.
  ㉠ 채무자에게 자력이 있는 경우에는 경락인은 채무자에게 계약의 해제나 대금의 감액을 청구할 수 있다.
  ㉡ 채무자에게 자력이 없는 경우에는 2차적으로 채권자가 책임을 진다.
  ㉢ 물상보증인이 제공한 담보물이 경매된 경우 1차적인 책임을 부담하는 채무자에는 물상보증인도 포함된다. 따라서 경락인은 경매의 하자로 인해 적법하게 해제권을 행사했을 때는 물상보증인이 경락인에게 원상회복의무를 진다 (대판 1988.4.12, 87다카2641).

> **확인예제**
>
> 乙 명의로 소유권이전등기청구권보전의 가등기가 마쳐진 甲 소유의 X건물에 대하여 丙이 경매를 신청하였다. 그 경매절차에서 매각대금을 완납한 丁명의로 X건물의 소유권이전등기가 마쳐졌고, 매각대금이 丙에게 배당되었다. 다음 설명 중 틀린 것은? (다툼이 있으면 판례에 따름)   제29회
>
> ① X건물 자체에 하자가 있는 경우, 丁은 甲에게 하자담보책임을 물을 수 없다.
> ② 경매절차가 무효인 경우, 丁은 甲에게 손해배상을 청구할 수 있다.
> ③ 경매절차가 무효인 경우, 丁은 丙에게 부당이득반환을 청구할 수 있다.
> ④ 丁이 소유권을 취득한 후 乙이 가등기에 기한 본등기를 마친 경우, 丁은 X건물에 관한 계약을 해제할 수 있다.
> ⑤ 丁이 소유권을 취득한 후 乙이 가등기에 기한 본등기를 마친 경우, 丁은 甲이 자력이 없는 때에는 丙에게 배당금의 반환을 청구할 수 있다.
>
> **해설**
> "경매절차 자체가 무효"인 경우에는 경매의 채무자에게 담보책임은 인정될 여지가 없다. 이 경우에는 낙찰자는 채권자를 상대로 배당금에 대한 부당이득반환청구를 할 수 있을 뿐이고 손해배상을 청구할 수 없다(대판 2004.6.24, 2003다59259).   정답: ②

5. 채권매매의 경우 담보책임❶

> **제579조【채권매매와 매도인의 담보책임】**
> ① 채권의 매도인이 채무자의 자력을 담보한 때에는 **매매계약 당시의 자력을 담보**한 것으로 추정한다.
> ② 변제기에 도달하지 아니한 채권의 매도인이 채무자의 자력을 담보한 때에는 변제기의 자력을 담보한 것으로 추정한다.

기출 CHECK ✓
경매하자의 경우 채무자에게 자력이 없는 경우에는 2차적으로 채권자가 책임을 진다.
정답 O

기출 CHECK ✓
채권자가 흠결을 알고 경매를 신청하였다면 낙찰자는 채권자에게 손해배상청구를 할 수 있다.
정답 O

❶ 출제비율이 아주 낮다.

6. 담보책임과 관련 문제

(1) 담보책임과 사기의 경합

매도인의 기망에 의하여 하자 있는 물건임을 매수인이 모르고 매수한 경우, 사기에 의한 취소와 하자담보책임이 경합한다.

(2) 담보책임과 착오요건을 갖춘 경우 제31회

> 착오로 인한 취소 제도와 매도인의 하자담보책임 제도는 취지가 서로 다르고, 요건과 효과도 구별된다. 따라서 매매계약 내용의 중요 부분에 착오가 있는 경우, 매수인은 매도인의 하자담보책임이 성립하는지와 상관없이 착오를 이유로 매매계약을 취소할 수 있다(대판 2018.9.13, 2015다78703).

기출 CHECK ✓
담보책임과 착오의 요건을 모두 갖춘 경우 매수인은 담보책임을 묻지 아니하고 착오를 이유로 취소할 수 있다.
정답 ○

(3) 담보책임과 채무불이행책임의 경합

> 매매의 목적물에 하자가 있는 경우 매도인의 하자담보책임과 채무불이행책임은 별개의 권원에 의하여 경합적으로 인정된다. 따라서 매매 목적물인 토지에 폐기물이 매립되어 있고 매수인이 폐기물을 처리하기 위해 비용이 발생한다면 매수인은 그 비용을 「민법」 제390조에 따라 채무불이행으로 인한 손해배상으로 청구할 수도 있고, 「민법」 제580조 제1항에 따라 하자담보책임으로 인한 손해배상으로 청구할 수도 있다(대판 2021.4.8, 2017다202050).

06 환매 제27·30·32·33·34회

> **제590조【환매의 의의】**
> ① 매도인이 **매매계약과 동시에** 환매할 권리를 보류한 때에는 그 영수한 대금 및 매수인이 부담한 매매비용을 반환하고 그 목적물을 환매할 수 있다.
> ② 전항의 환매대금에 관하여 특별한 약정이 있으면 그 약정에 의한다.
> ③ 전2항의 경우에 **목적물의 과실과 대금의 이자는** 특별한 약정이 없으면 이를 상계한 것으로 본다.
>
> **제591조【환매기간】**
> ① 환매기간은 부동산은 5년, 동산은 3년을 넘지 못한다. 약정기간이 이를 넘는 때에는 부동산은 5년, 동산은 3년으로 단축한다.
> ② **환매기간을 정한 때에는 다시 이를 연장하지 못한다.**
> ③ 환매기간을 정하지 아니한 때에는 그 기간은 부동산은 5년, 동산은 3년으로 한다.
>
> **제592조【환매등기】** 매매의 목적물이 부동산인 경우에 **매매등기와 동시에 환매권의 보류를 등기한 때에는** 제3자에 대하여 그 효력이 있다.

> **제594조 【환매의 실행】**
> ① 매도인은 기간 내에 대금과 매매비용을 매수인에게 제공하지 아니하면 환매할 권리를 잃는다.
> ② 매수인이나 전득자가 목적물에 대하여 비용을 지출한 때에는 매도인은 제203조의 규정에 의하여 이를 상환하여야 한다. 그러나 유익비에 대하여는 법원은 매도인의 청구에 의하여 상당한 상환기간을 허여할 수 있다.

1. 서설

(1) 개념

매도인이 매매계약과 동시에 환매할 권리(환매권)를 보류한 경우에 그 환매권을 행사해서 매매의 목적물을 도로 매수하는 것을 말한다.

(2) 환매권의 성질

① 환매권자가 일방적으로 하는 형성권이다.
② 환매권은 일신전속적인 권리가 아니므로 매도인의 채권자가 대위행사할 수 있다. 또한 양도할 수 있으며, 상속할 수 있다.

2. 환매의 요건

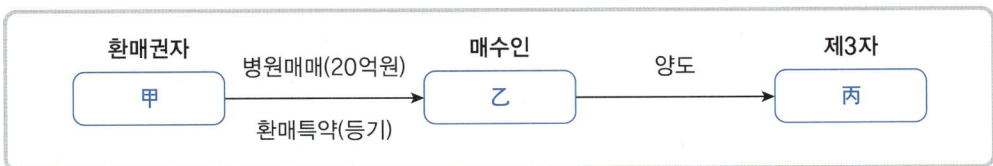

(1) 환매특약의 등기 제27·30·32회

① 환매의 특약은 반드시 매매계약과 동시에 하여야 한다. 환매등기는 매수인명의의 소유권이전등기에 대한 부기등기의 형식으로 한다.
② 환매권의 보류를 등기해야 제3자에게 대항할 수 있다.
  ㉠ 매매의 목적물이 부동산인 경우에 매매등기와 동시에 환매권의 보류를 '등기'한 때에는 제3자에 대하여 그 효력이 있다(제592조).
  ㉡ 환매특약의 등기는 처분금지효력이 없다.

> 환매특약등기 후 부동산을 부동산의 매수자가 전득자인 제3자에게 매매계약을 한 경우 매수인은 전득자의 등기이전요구가 있었을 때에 도로 환매될 부동산임을 이유로 거부할 수 있을까?
> 환매특약의 등기가 있다고 하여도 매수인의 처분권을 금지하는 효력이 없으므로 매수인은 환매특약등기 이후에 부동산을 매매한 제3자의 소유권이전요구를 거부할 수 없다(대판 1994.10.25, 94다35527).

기출 CHECK ✓
매매등기와 동시에 환매권의 보류를 등기한 때에 제3자에게 그 효력이 있다.
정답 O

기출 CHECK ✓
환매특약등기 이후에 부동산을 매매한 경우 매수인은 제3자의 소유권이전요구를 거부할 수 없다.
정답 O

(2) 환매의 방법 제28회

① 환매기간
  ㉠ 부동산은 5년, 동산은 3년을 넘지 못하며, 약정기간이 이를 넘는 때에는 부동산은 5년, 동산은 3년으로 단축한다(제591조 제1항).
  ㉡ 환매기간을 정한 때에는 이를 다시 연장하지 못한다(제591조 제2항).
  ㉢ 환매기간을 정하지 아니한 때는 부동산은 5년, 동산은 3년으로 한다.
② 환매기간 내 환매를 하지 못하면 목적물의 소유권은 매수인에게 귀속한다.

(3) 환매의 효과 제30·32회

① 환매로 인한 소유권이전등기청구권은 채권적 청구권으로서 환매권을 행사한 때로부터 10년의 소멸시효기간이 진행되는 것이지 위 환매권 행사의 제척기간(5년) 내에 행사해야 하는 것은 아니다(대판 1991.2.22, 90다13420).
② 매도인 앞으로 소유권이전등기를 하여야 소유권이 복귀한다. 환매를 일종의 예약완결권설로 이해하는 입장은 환매권의 행사로 '두 번째의 매매'가 성립한다. 그러므로 환매권자가 환매의 의사표시를 하였다 하더라도 환매에 의한 권리취득의 등기를 함이 없이는 부동산의 소유권을 회복할 수 없다. 그러므로 환매권자가 환매 의사표시를 하고 매도인 명의로 소유권이전등기를 하여야 소유권이 복귀한다(대판 1990.12.26, 90다카16914). 마찬가지로 매도인이 환매기간 내에 환매의사를 표시한 경우 그 환매에 의한 권리취득의 등기를 하지 않으면(다시 말해 환매권자에게 소유권이전등기를 경료하지 않은 상태라면) 그 부동산을 가압류 집행한 자에 대하여 소유권취득을 주장할 수 없다.
③ 나대지에 환매권의 행사로 토지와 건물이 분리된 때

> 나대지상에 환매특약의 등기가 마쳐진 상태에서 대지소유자가 그 지상에 건물을 신축하였다면, 대지소유자는 건물 신축 당시부터 '환매특약의 등기 당시의 권리관계 그대로 토지소유권을 이전해 줄 잠재적 의무를 부담'하므로 환매권의 행사에 따라 토지와 건물의 소유자가 달라진 경우에 그 건물을 위한 관습상의 법정지상권은 애초부터 생기지 않는다(대판 2010.11.25, 2010두16431).

④ 환매특약 등기 후 당해 부동산에 경료된 근저당권은 환매권자가 기간 내에 적법하게 환매권을 행사하면 근저당권은 소멸한다(대판 2002.9.27, 2000다27411).

> **확인예제**

부동산매매에서 환매특약을 한 경우에 관한 설명으로 틀린 것은? (다툼이 있으면 판례에 따름)　　　　　제30회

① 매매등기와 환매특약등기가 경료된 이후, 그 부동산 매수인은 그로부터 다시 매수한 제3자에 대하여 환매특약의 등기사실을 들어 소유권이전등기절차 이행을 거절할 수 없다.
② 환매기간을 정한 때에는 다시 이를 연장하지 못한다.
③ 매도인이 환매기간 내에 환매의 의사표시를 하면 그는 그 환매에 의한 권리취득의 등기를 하지 않아도 그 부동산을 가압류 집행한 자에 대하여 권리취득을 주장할 수 있다.
④ 환매기간에 관한 별도의 약정이 없으면 그 기간은 5년이다.
⑤ 환매특약은 매매계약과 동시에 하여야 한다.

> **해설**

환매특약부 매매계약의 매도인이 환매기간 내에 매수인에게 환매의 의사표시를 한 바 있다고 하여도 그 환매에 의한 권리취득의 등기를 함이 없이는(다시 말하면 환매권자 앞으로 소유권이전등기를 경료하지 않은 때에는) 환매권자 자신이 부동산의 소유권자임을 내세워 부동산에 가압류집행을 한 자에 대하여 이를 주장할 수 없다(대판 1990.12.26, 90다카16914).　　　　　정답: ③

해커스 킬 정리　매매 핵심체계 정리하기

1. 매매의 예약
    ① 일방예약으로 추정
    ② 예약완결권은 기간약정 없으면 성립일부터 10년 제척기간
    ③ 완결권을 행사한 때로부터 본계약인 매매의 효력이 생긴다.

2. 계약금 〈종된 계약이고 요물계약〉
    ① 계약금은 해약금으로 추정한다.
    ② 해제시기는? 중도금 지급 전까지
    ③ 해제방법은? 계약금을 포기 / 수령자는 2배를 제공하여야 〈공탁 ×〉
    ④ 해약금 해제효과는? 손해배상을 청구하지 못한다. / 원상회복의무가 없다.

3. 담보책임[법률이 인정한 무과실 책임이다]
    ① 물건의 하자[하자담보책임]
        ㉠ 선의이고 6월 내
        ㉡ 중대한 하자[해제 ○] / 경미한 하자[해제 ×, 손배청구 ○]
        ㉢ 종류물 하자일 때 해제 또는 손배청구를 아니하고 완전물 급부청구
        ㉣ 경매일 때는 담보책임 못 물어!!!

② 권리의 하자
  ㉠ 전부타인소유[선의, 악의 불문하고 해제]
  ㉡ 일부타인소유[선의, 악의 감액] // [선의이면 안 날부터 1년 내]
  ㉢ 수량부족인 때[선의일 때만 감액청구] // [계·체과책임 ×]
  ㉣ 용익권의 제한[선의일 때만 목적달성 불가능시에 해제 ○]
  ㉤ 저당권의 실행[선의, 악의 불문하고 해제와 손해배상청구 ○]

4. 환매
  ① 기간은 5년을 넘지 못한다. / 매매와 동시에 부기등기로 한다.
  ② 환매권을 행사하여도 환매권자 앞으로 이전등기를 하지 않으면?
     아직 소유권을 취득하지 못한다.
  ③ 환매로 인한 등기청구권은 채권적 청구권이다.
  ④ 나대지에 환매특약 후 건물을 신축한 때?

제2절 교환 제27·32회

제596조【교환의 의의】교환은 당사자 쌍방이 **금전 이외의 재산권**을 상호이전할 것을 약정함으로써 그 효력이 생긴다.

제597조【금전의 보충지급의 경우】당사자 일방이 전조의 재산권이전과 금전의 **보충지급**을 약정한 때에는 그 금전에 대하여는 **매매대금에 관한 규정을 준용**한다.

핵심 콕! 콕!

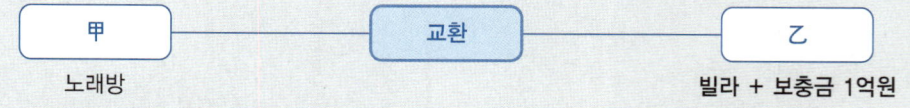

甲 — 교환 — 乙
노래방   빌라 + 보충금 1억원

1. 건물의 하자가 존재하면 **담보책임을 부담**한다.
2. 계약 체결 후 건물이 **태풍으로 붕괴**되면 위험부담의 문제이다.
3. **보충금의 미지급**은 교환계약의 해제사유이다.
4. 보충금에는 매매대금의 규정이 준용된다.

기출 CHECK ✓
교환은 쌍무·유상·낙성·불요식 계약이다.
정답 ○

01 의의 제32회

교환이라 함은 당사자 쌍방이 '금전 이외의 재산권'을 서로 이전할 것을 약정함으로써 성립하는 쌍무·유상·낙성·불요식 계약을 말한다(제596조).

02 교환의 성립

(1) 쌍방 모두 재산권이전을 약정하여야 성립한다.
① 당사자 쌍방이 금전 이외의 재산권을 이전하기로 약정하여야 한다.
② 당사자 일방이 금전을 지급하는 경우에는 교환이 아니라 매매가 된다.

(2) 보충금 제26·32회
① 보충금의 개념: 교환목적물의 가치가 동일하지 않아서 일방이 재산권을 이전할 것을 약정하면서 아울러 일정액의 금전을 보충지급할 것을 약정한 경우 이때 지급되는 금전을 보충금이라 한다.
② 보충금에는 매매의 규정이 준용된다.
　㉠ 보충금에 대하여는 '매매대금에 관한 규정이 준용'된다.
　㉡ 「민법」은 일방이 보충금을 지급하는 경우에도 매매가 성립하는 것은 아니고 교환으로 간주하는 특별규정을 두고 있다(제597조). 따라서 일방이 보충금을 금전으로 지급한다고 하여 교환계약이 매매계약으로 되는 것은 아니다.
③ 보충금을 지급하지 않으면 교환계약을 해제할 수 있다.

> 일방이 보충금 지급에 갈음하여 상대방으로부터 이전받을 목적물에 관한 근저당권의 채무를 인수하기로 한 경우 채무를 인수한 당사자는 특별한 사정이 없는 한 보충금을 제외한 나머지 재산권을 상대방에게 이전해주면 교환계약상 의무를 다한 것이 된다(대판 1998.7.24, 98다13877).

03 교환의 효력

(1) 교환목적물의 하자가 있으면 담보책임을 부담한다. 제26회
① 교환은 유상계약이므로 매매의 규정이 준용된다(제567조). 쌍방은 교환의 목적물을 이전하여야 하고, 교환의 목적물이나 권리에 하자가 있는 경우에는 담보책임이 성립한다.
② 예컨대 교환의 목적물인 건물을 낙찰자가 낙찰대금의 완납 전에 상대방과 체결한 교환계약은 타인소유 부동산의 교환계약으로 유효하다.
③ 교환계약을 체결한 당사자는 전부 타인소유로 인하여 교환의 목적을 달성할 수 없을 경우, 당사자는 선의·악의 관계없이 계약을 해제할 수 있고, 선의인 때에는 그로 인한 손해배상청구를 할 수 있다.

(2) 교환에도 동시이행항변권과 위험부담의 법리가 적용된다. 제26회
① 교환계약은 쌍무계약이므로 양 당사자에게 동시이행항변권의 법리와 위험부담의 법리가 적용된다.

기출 CHECK ✓
보충금에 대하여는 '매매대금에 관한 규정이 준용'된다.
정답 O

기출 CHECK ✓
1 보충금을 지급하지 않으면 교환계약을 해제할 수 있다.
정답 O

2 일방이 보충금 지급에 갈음하여 근저당권의 채무를 인수하기로 한 경우 특별한 사정이 없는 한 보충금을 제외한 나머지 재산권을 상대방에게 이전해주면 교환계약상 의무를 다한 것이다.
정답 O

기출 CHECK ✓
교환목적물에 하자가 있으면 담보책임을 부담한다.
정답 O

기출 CHECK ✓
교환계약체결 후에 일방의 목적물이 쌍방과실 없이 불능으로 되면 상대방에게 대가를 청구하지 못한다.

정답 O

기출 CHECK ✓
교환당사자가 목적물의 시가를 묵비, 허위고지하는 것은 위법한 기망행위가 아니다.

정답 O

② 따라서 일방의 채무가 쌍방의 과실 없이 이행불능이 된 경우 위험부담의 법리가 적용되므로 쌍방의 채무는 대등하게 소멸한다. 그 결과 채무자는 상대방에게 반대급부의무를 이행청구할 수 없다.

(3) 일방이 교환 목적물의 시가를 묵비한 경우

교환계약의 당사자가 목적물의 시가를 묵비, 허위고지하는 것은 상대방의 의사결정에 불법적인 간섭을 한 것이라고 볼 수 없으므로 위법한 기망행위에 해당하지 않는다(대판 2002.9.4, 2000다54406).

> **확인예제**
>
> 甲은 자신의 2억원 상당 건물을 乙의 토지와 교환하는 계약을 체결하면서 乙로부터 1억원을 보충하여 지급받기로 하였다. 다음 설명 중 틀린 것은? (다툼이 있으면 판례에 따름) 제25회
>
> ① 甲·乙 사이의 계약은 불요식계약이다.
> ② 甲과 乙은 특별한 사정이 없는 한 서로 하자담보책임을 지지 않는다.
> ③ 乙의 보충금 1억원의 미지급은 교환계약의 해제사유에 해당된다.
> ④ 계약체결 후 건물이 乙의 과실로 소실되었다면, 乙의 보충금지급의무는 소멸하지 않는다.
> ⑤ 보충금의 지급기한을 정하지 않았다면, 乙은 건물을 인도받은 날부터 지급하지 않은 보충금의 이자를 甲에게 지급해야 한다.
>
> **해설**
> 교환계약에는 담보책임규정이 준용되므로 특별한 사정이 없는 한 서로 담보책임을 부담한다.
>
> 정답: ②

목차 내비게이션
임대차의 체계도
1. 임차권의 의의
2. 임대차의 기간
3. 임대차의 효력
4. 양도·전대

제3절 임대차 제26·27·29·30·31·32·33·34·35회

01 서설

1. 의의

제618조【임대차의 의의】임대차는 당사자 일방이 상대방에게 목적물을 사용, 수익하게 할 것을 약정하고 상대방이 이에 대하여 차임을 지급할 것을 약정함으로써 그 효력이 생긴다.

(1) 성질

① **유형**: 임대차는 매매, 교환과 동일하게 낙성·쌍무·유상·불요식계약이다.

② **채권계약**: 임대차는 쌍방의 약정만으로 성립하는 낙성계약이고 채권계약(의무부담행위)이다.

(2) 임대차의 성립

① 차임이 필수요소 ❶

㉠ 임대차에 있어서는 사용·수익의 대가로 차임을 지급할 것을 필수요소로 한다. 차임은 금전에 한하지 않으며 곡물도 가능하다. 이때 보증금의 수수는 임대차계약의 성립요소가 아니다.

㉡ 사용대차는 일방이 물건을 사용·수익하게 하고 상대방이 그 대가를 지불하지 않는 무상·편무·낙성·불요식계약이다.

② 처분권 없는 자의 임대차계약도 유효하다.

> ㉠ 처분의 능력이나 권한이 없는 자도 임대차계약을 체결할 수 있다. 임대차는 처분행위가 아니라 의무부담행위이고 목적물의 소유권을 상대방에게 이전하는 것이 아니므로, 임대인이 임대물에 대한 소유권이나 또는 그것을 처분할 권한을 가질 것을 요하지 않는다(대판 1996.3.8, 95다15087).
> ㉡ 임대인이 임대차목적물에 대한 소유권 기타 임대할 권한을 가지지 아니한 경우에도 임대차계약은 유효하게 성립한다(대판 1996.9.6, 94다54641).

③ **수량지정 임대차**: 건물일부의 임대차계약을 면적을 기준으로 체결한 경우 이는 수량지정 임대차이고 그 면적이 계약면적에 부족한 때에는 임차인으로서는 그에 상응하는 임료를 지급할 의무가 없다(대판 1995.7.14, 94다38342).

2. 임차권의 대항력

제621조【임대차의 등기】
① 부동산임차인은 당사자간에 반대약정이 없으면 임대인에 대하여 그 임대차등기절차에 협력할 것을 청구할 수 있다.
② 부동산임대차를 등기한 때에는 그때부터 제3자에 대하여 효력이 생긴다.

제622조【건물등기있는 차지권의 대항력】
① 건물의 소유를 목적으로 한 토지임대차는 이를 등기하지 아니한 경우에도 임차인이 그 **지상건물을 등기한 때에는 제3자에 대하여 임대차의 효력이 생긴다.** ❷
② 건물이 임대차기간만료 전에 멸실 또는 후폐한 때에는 전항의 효력을 잃는다.

---

❶
• 전세권에서는 전세금이 필수
• 임대차에서는 차임이 필수

기출 CHECK ✓
1 임대차계약을 할 때 임대인이 임대물에 대한 처분권한을 가질 것을 요하지 않는다.
　　　　　　　정답 O
2 전세권설정은 처분권한을 필요로 한다.
　　　　　　　정답 O

❷
지상건물의 등기하면 토지의 임차권을 가지고 제3자에게 등기할 수 있다.

(1) 본래는 채권인데 임차권을 등기하면 제3자에게 대항력이 생긴다.

① 본래 임차권은 채권으로서 부동산의 양수인(신소유자 = 제3자)에게 대항하지 못한다. 즉, 부동산의 소유자가 매매를 하면 임차인은 채권을 가지고 새 주인에게 대항력이 없다. 이를 '매매는 임대차를 깨뜨린다'는 로마법상의 원칙으로 설명한다.

② 여기서 약한 지위에 있는 임차권을 보호하고자 아래와 같은 방법으로 임차인에게 제3자(새 주인)에 대한 대항력을 인정한다.
  ㉠ 「민법」상 등기를 마친 자에게 대항력을 주는 방식(제622조)
  ㉡ 「주택임대차보호법」에서는 주민등록과 인도를 마치면 제3자에게 효력이 생긴다. ❶
  ㉢ 「상가건물 임대차보호법」에서는 사업자등록과 인도를 마친 자는 제3자에게 대항력을 부여한다. ❷

(2) 임차권을 등기하면 제3자에게 대항력을 인정한다.

① 부동산임대차를 등기한 때에는 그때부터 제3자에 대한 대항력을 가진다(제621조 제2항).

② 주의할 것은 임차권을 '등기하면 임차권이 물권으로 바뀌는 것이 아니라' 제3자에게 대항력이 발생할 뿐이다.

(3) 건물의 소유목적 토지임대차에서 건물을 등기한 때 대항력 부여(제622조)

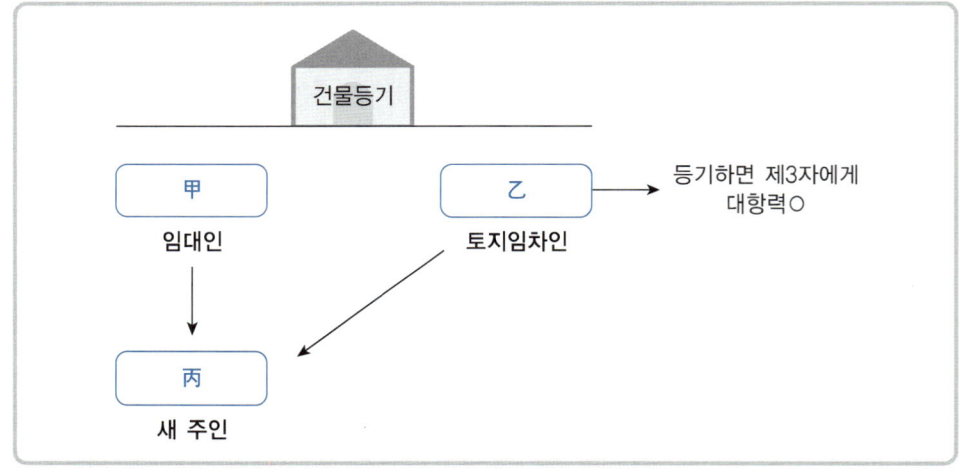

① 토지의 임차인이 건물을 보존등기하여야 토지의 새 주인(토지의 양수인)에게 대항력이 생긴다. 여기서 토지임차인의 건물보존등기가 토지양수인으로의 소유권이전등기보다 먼저 경료되어야 하는 제약이 있다. 따라서 토지소유권이전등기가 먼저 경료되고 난 후에 임차인의 건물의 보존등기가 경료되면 임차인은 토지의 양수인에게 임차권의 대항력을 주장할 수 없다.

---

❶❷ 제4편에서 별도로 후술한다.

기출 CHECK ✓
부동산임대차를 등기한 때에는 그때부터 제3자에게 효력이 생긴다.
정답 O

기출 CHECK ✓
건물의 소유를 목적으로 하는 토지임대차에서 건물을 보존등기하면 토지의 임차권을 가지고 제3자에게 대항할 수 있다.
정답 O

② 임차인 소유의 건물에 저당권을 설정한 경우 건물에 대한 저당권의 효력은 토지 임차권에도 효력이 미친다.

> ㉠ 건물의 소유를 목적으로 하여 토지를 임차한 사람이 그 토지 위에 소유하는 건물에 저당권을 설정한 때에는 저당권의 효력은 '건물'뿐만 아니라 건물의 소유를 목적으로 하는 '토지임차권'에도 미친다(대판 1993.4.13, 92다24950).
> ㉡ 건물에 대한 저당권이 실행되면 건물의 소유를 목적으로 하는 토지의 임차권도 건물과 함께 경락인에게 이전한다(대판 1993.4.13, 92다24950).

기출 CHECK ✓
건물 소유목적 토지임대차에서 건물에 대한 저당권이 실행되면 토지의 임차권도 건물과 함께 경락인에게 이전한다.
정답 ○

02 임대차의 기간

제651조 【임대차존속기간】
① 임대차의 존속기간은 20년을 넘지 못한다(2013년 헌법재판소에 의해 위헌판결 받아 2016년에 삭제되었다. 이제는 임대차의 존속기간은 제한이 없다).

제635조 【기간의 약정 없는 임대차의 해지통고】
① 임대차기간의 약정이 없는 때에는 당사자는 언제든지 계약해지의 통고를 할 수 있다.
② 상대방이 전항의 통고를 받은 날로부터 다음 각 호의 기간이 경과하면 해지의 효력이 생긴다.
  1. 토지, 건물 기타 공작물에 대하여는 임대인이 해지를 통고한 경우에는 6월, 임차인이 해지를 통고한 경우에는 1월
  2. 동산에 대하여는 5일

제639조 【묵시의 갱신】
① 임대차기간이 만료한 후 임차인이 임차물의 사용, 수익을 계속하는 경우에 임대인이 상당한 기간 내에 이의를 하지 아니한 때는 전임대차와 동일한 조건으로 다시 임대차한 것으로 본다. 다만 당사자는 제635조의 규정에 의하여 해지의 통고를 할 수 있다.
② 전항의 경우에 전임대차에 대하여 제3자가 제공한 담보는 기간의 만료로 인하여 소멸한다.

기출 CHECK ✓
임차인이 건물에 보존등기를 필하여 대항력을 갖추었을 때에는 토지의 토지양수인에게 지상건물매수를 청구할 수 있다.
정답 ○

기출 CHECK ✓
임대차가 묵시갱신되면 종전 임대차에 대하여 제3자가 제공한 담보는 기간의 만료로 소멸한다.
정답 ○

기출 CHECK ✓
「민법」상 임대차의 최장기는 제한이 없다.
정답 ○

(1) 최단기, 최장기의 제한이 없다.

20년을 초과할 수 없다는 제651조 규정이 임대인의 재산권과 계약자유를 제한하는 수단으로 적합하지 않아서 헌법재판소에서 위헌으로 결정되었다(헌재 2013.12.26, 2011헌바234). 따라서 임대차의 존속기간은 최장기의 제한이 없다.

(2) 묵시갱신의 경우

① 요건: 기간 만료 후 상당기간 내 아무런 이의제기가 없어야 한다.
② 효과
  ㉠ 기간: 기간 약정 없는 것으로 본다.
  ㉡ 차임(보증금): 종전과 동일 조건으로 다시 임대한 것으로 본다.
  ㉢ 제3자가 제공한 담보: 기간의 만료로 소멸한다.

기출 CHECK ✓
1 전세권의 법정갱신은 기간 약정 없는 것으로 본다.
정답 ○
2 임대차의 묵시갱신은 기간 약정 없는 것으로 본다.
정답 ○
3 주택임대차의 묵시갱신은 2년으로 본다.
정답 ○

기출 CHECK ✓
임대차기간의 약정이 없는 때에는 각 당사자는 언제든지 임대차계약해지의 통고를 할 수 있다.
정답 O

(3) 임대차기간의 약정이 없는 때에는 '각 당사자는 언제든지' 임대차계약해지의 통고를 할 수 있다(제635조 제1항). 토지·건물 기타 공작물에 대한 임대차의 경우 '임대인이 해지통고'를 한 때에는 6개월 후에 해지효력이 생긴다. 임차인이 해지통고를 한 때에는 1개월 후에 해지효력이 생긴다.

03 임대차의 효력

임대인	의무	• 목적물 인도의무, 유지수선의무 • 비용상환의무
	권리	• 차임청구권, 차임증액청구권 • 계약해지권
임차인	권리	• 목적물 사용권 • 빅3: 비용상환청구권, 부속물매수청구권, 지상물매수청구권
	의무	• 차임지급의무 • 임차물 보관의무

1. 임대인의 의무

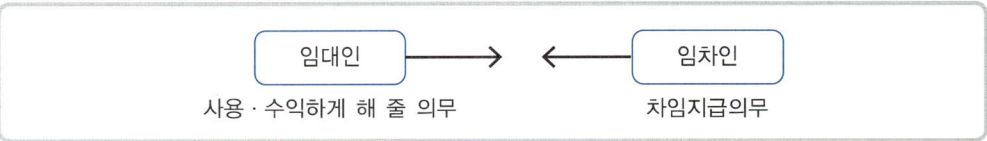

임대차	① 임대인은 목적물을 사용·수익하게 할 적극적 의무를 부담한다(제623조). ② 임차인이 건물의 수선에 지출한 비용(필요비)은 임대인에게 상환청구할 수 있다.
전세권	① 전세권자가 스스로 목적물의 유지, 관리의무를 부담한다(제309조). ② 전세권자가 건물의 유지, 수선에 지출한 비용(필요비)은 설정자에게 상환청구할 수 없다.

(1) 목적물의 인도의무

임대인은 임차인으로 하여금 목적물을 사용·수익할 수 있도록 임차인에게 그 목적물을 인도하여야 한다(제623조).

(2) 통상 사용에 필요한 상태를 유지할 의무

① 임대인의 목적물의 유지, 수선의무는 '임차인에게 목적물을 인도한 때'에 종료하는 것이 아니라 '계약의 종료시'까지 존속한다.

② 이때 임대인의 유지, 수선의무는 목적물의 통상의 사용, 수익에 필요한 상태를 유지하여 주면 족하고, 임차인의 특별한 용도인 단란주점 사용에 적합한 상태를 유지하게 할 의무까지는 없다(대판 1996.11.26, 96다28172).

기출 CHECK ✓
임대인은 임차인의 특별한 용도인 단란주점 사용에 적합한 상태를 유지하게 할 의무까지는 없다.
정답 O

(3) 대규모의 수선의무

① 대규모의 수선의무는 임대인이 부담한다.

> **임대인이 수선의무를 부담하는 경우**
> ㉠ 건물의 기본적 설비부분의 교체(예 수도, 보일러 배관의 교체), 건물의 주요 구성부분에 대한 대규모의 수선의무는 임대인이 부담한다.
> ㉡ 별 비용을 들이지 아니하고 손쉽게 고칠 수 있는 사소한 정도의 것(예 소규모 수선의무, 소모품의 교체비용)은 임대인이 수선의무를 부담하지 않는다.
> ㉢ 임대인의 수선의무를 면제하거나 임차인에게 전가하는 특약은 소규모의 수선의무에 한하여 유효하다(대판 1994.12.9, 94다34692).
> ㉣ 특약에 의한 임대인의 수선의무의 면제는 대파손의 수리, 건물의 주요 구성부분에 대한 대수선, 기본적 설비부분의 교체 등과 같은 대규모의 수선은 이에 포함되지 아니하고 여전히 임대인이 그 수선의무를 부담한다(대판 1994.12.9, 94다34692). 따라서 '건물의 보일러를 임차인이 수선하여 사용하기로 한다는 당사자간의 특약이 있는 경우 이는 대규모의 수선의무를 면제하려는 특약으로서 무효이다.

② 임대인의 보존행위: 임대인이 임대물의 보존에 필요한 수선을 하려고 하는 때에는 임차인은 이를 거절하지 못한다(제624조).

(4) 보호의무(숙박업소에서 안전배려의무)

① 원칙 – 통상의 임대차에서는 임대인에게 고객의 안전배려와 같은 보호의무가 없음: 통상의 임대차에서는 임대인에게 안전배려의무가 인정되지 않는다. 통상의 임대차 관계에서는 임대인은 임차인에게 목적물을 사용하게 함에 그치는 것이고 더 나아가 임차인의 안전배려나 도난방지시설 등의 보호의무까지는 부담하지 않는다.
② 예외 – 숙박계약에서는 임대인에게 보호의무가 있음: 숙박업 같은 일시사용을 위한 임대차에서는 객실과 관련시설은 오로지 숙박업자의 지배하에 놓여있는 것이므로 숙박업자는 고객의 안전을 배려해 줄 의무까지 부담한다(대판 2000.11.24, 2000다38718).

2. 임대인의 권리

(1) 차임지급청구권

임대인은 임차인에게 차임지급을 청구할 수 있다. 이 경우 임차인은 보증금의 존재를 이유로 차임지급을 거절할 수 없다는 점에 특히 유의한다. 이때 보증금에서 차임의 충당 여부는 임대인의 권리이지 임차인의 권리가 아니기 때문이다.

(2) 계약해지권 ❶

> 제640조 【차임연체와 해지】 건물 기타 공작물의 임대차에는 임차인의 차임연체액이 2기의 차임액에 달하는 때에는 임대인은 계약을 해지할 수 있다.

기출 CHECK ✓
별 비용을 들이지 아니하고 손쉽게 고칠 수 있는 사소한 정도의 것(소규모 수선의무)은 임대인이 부담하지 않는다.
정답 O

기출 CHECK ✓
통상의 임대차에서는 임대인에게 안전배려의무가 인정되지 않는다.
정답 O

❶ 해지 사유의 비교
• 「민법」상 임대차: 2기 연체
• 주택임대차: 2기 연체
• 상가임대차: 3기 연체

① 임차인의 차임지급연체가 2기인 때에는 임대인은 즉시 해지할 수 있다. 한편 「상가건물 임대차보호법」에서는 2기가 아니라 3기 연체이어야 해지할 수 있다.
② 이는 강행규정으로 이 규정과 달리 임차인에게 불리한 특약은 무효이다.

(3) 차임증감청구권❶

> 제628조【차임증감청구권】임대물에 대한 공과부담의 증감 기타 **경제사정의 변동**으로 인하여 약정한 차임이 상당하지 아니하게 된 때에는 당사자는 장래에 대한 차임의 증감을 청구할 수 있다.

❶
- 전세권: 전세금증감청구권 인정
- 지상권: 지료증감청구권

① 이 규정은 강행규정이다. 특약으로 배제할 수 없다(제652조).
② 이 권리는 '형성권'으로 '증액청구 즉시' 효력이 발생한다. 당사자가 요구한 증액청구가 판결로서 확정된 때에 발생하는 것이 아니다. 즉, 판결이 확정되면 증액청구시에 소급하여 효력이 생기는 것이다. 한편 그 청구는 재판상 청구뿐만 아니라 재판 외의 청구라도 무방하다(대판 1974.8.30, 74다1124).
③ 일방적으로 차임 인상 특약은 무효이다. 임대차계약 체결시에 임대인이 일방적으로 차임을 인상할 수 있고 상대방은 이의를 할 수 없다고 약정하였다면, 이는 강행규정에 위반하는 약정으로서 임차인에게 불리한 것이므로 효력이 없다.

(4) 차임채권의 담보를 위한 수단

① **법정질권**: 토지임대인이 차임채권에 기하여 임차인소유의 '동산'을 압류한 때에는 '질권'과 동일한 효력이 있다(제650조).
② **법정저당권**: 토지임대인이 변제기를 경과한 후 최후 2년분의 차임채권에 기하여 임차인소유의 '부동산'을 압류한 때에는 '저당권'과 동일한 효력이 있다(제649조).
③ **공동임차인**: 수인이 공동으로 임차한 경우 공동임차인은 연대하여 차임을 지급할 의무를 부담한다.

기출 CHECK ✓
토지임대인이 2년분의 차임채권에 기하여 임차인소유의 부동산을 압류한 때에는 저당권과 동일한 효력이 있다.
정답 ○

3. 임차인의 권리

(1) 임차권(목적물의 사용·수익권)

임차인은 계약 또는 그 목적물의 성질에 관하여 '정하여진 용법으로' 이를 사용·수익하여야 하며 임대인의 승낙 없이 목적물을 타인에게 사용·수익하게 할 수 없다.

(2) 임차권은 채권으로 대항력이 없음이 원칙이다.

임차권은 채권으로 원칙적으로 임차목적물이 매각되면 제3자에게 대항력이 없다. 다만, 부동산임대차를 등기하면 그때부터 물권이 되는 것이 아니라 제3자에 대하여도 효력이 있다(제621조 제2항).

(3) 비용상환청구권 제27·28회

> **제626조 【임차인의 상환청구권】**
> ① 임차인이 임차물의 보존에 관한 필요비를 지출한 때에는 임대인에 대하여 그 상환을 청구할 수 있다.❶
> ② 임차인이 유익비를 지출한 경우에는 임대인은 임대차 **종료시**에 그 **가액의 '증가가 현존한 때**에 한하여 임차인의 지출한 금액이나 그 증가액을 상환하여야 한다. 이 경우에 법원은 임대인의 청구에 의하여 상당한 상환기간을 허여할 수 있다.
>
> **제617조 【손해배상, 비용상환청구의 기간】** 계약 또는 목적물의 성질에 위반한 사용, 수익으로 인하여 생긴 손해배상의 청구와 차주가 지출한 비용의 상환청구는 대주가 물건의 반환을 받은 날로부터 **6월 내**에 하여야 한다.

❶ 필요비를 지출한 때에는 즉시 그 상환을 청구할 수 있다.

① 필요비(즉시)
  ㉠ 필요비란 임차인이 '임차물의 보존을 위하여 지출한 유지·보수비용'을 말한다.
  ㉡ 필요비는 목적물의 사용, 수익에 필요한 상태를 유지하게 할 의무의 내용으로서 마땅히 임대인이 부담하여야 한다.
  ㉢ 필요비를 지출한 때에는 임대차를 종료하기 전에도 지출 '즉시' 그 상환을 청구할 수 있다(제626조 제1항).
  ㉣ 필요비상환청구에 대하여는 법원의 '상환기간의 허여'가 인정되지 않는다.

기출 CHECK ✓
임차인이 필요비를 지출한 때에는 임대차를 종료하기 전에도 즉시 상환청구할 수 있다.
정답 O

② 유익비(종료시)
  ㉠ 유익비의 요건: 목적물의 구성부분으로서 객관적 가치를 증대시킨 것이어야 한다.

유익비상환청구의 대상	목적물의 구성부분이 된 것
부속물매수청구의 대상	목적물과 독립한 별개물건

  ㉡ 임대차가 종료한 때에 그 가액의 증가가 현존할 때에 한하여 임차인이 지출한 금액이나 가치의 증가액을 상환하여야 한다.
  ㉢ 유익비는 임대차가 '종료한 때' 상환을 청구할 수 있다. 그러므로 임대차의 기간 중에는 유익비를 상환청구할 수 없다.
  ㉣ 유익비상환청구에 대해서 법원은 임대인의 청구에 의하여 상당한 '상환기간을 허여'할 수 있다(제626조 제2항).

③ 행사기간: 필요비 및 유익비상환청구권은 임대인이 목적물을 반환받은 날로부터 6개월 내에 행사하여야 한다(제617조, 제654조).

기출 CHECK ✓
1 임차물과 독립한 물건으로 되지 아니하고 구성부분이 될 때에 비용상환청구권이 인정된다.
정답 O

2 임차물과 독립한 물건으로 된 때에는 비용상환청구할 수 없고 부속물매수청구 대상이 된다.
정답 O

기출 CHECK ✓
유익비상환청구에 대해서 법원은 임대인의 청구에 의하여 상당한 상환기간을 허여할 수 있다.
정답 O

④ 비용상환청구의 상대방: 점유자가 유익비를 지출할 당시 '계약관계 등 적법한 점유의 권원을 가진 경우'에는 그 지출비용의 상환에 관하여는, 점유자는 '계약관계의 상대방'에 대하여 해당 법조항에 따른 비용상환청구권을 행사할 수 있을 뿐 '계약관계 등의 상대방이 아닌 점유회복 당시의 소유자'에 대하여 「민법」 제203조 제2항에 따른 지출비용의 상환을 구할 수는 없다(대판 2003.7.25, 2001다64752).

계약관계 등 점유권원을 가진 경우	계약의 상대방에게(제626조) – 필요비는 즉시 청구
계약관계 등 점유권원을 갖지 않은 경우	회복 당시의 소유자(제203조) – 물건의 반환시 청구

⑤ 비용상환청구권을 피담보채권으로 유치권을 주장할 수 있다.
  ㉠ 임차인은 비용상환청구권에 관하여 포기특약이 없는 한 유치권을 갖는다.
  ㉡ 유익비에 관하여 법원이 상환기간을 허여한 때는 유치권은 성립하지 않는다.
⑥ 임의규정
  ㉠ 비용상환청구권에 관한 「민법」 규정은 강행규정이 아니라 임의규정이다. 따라서 임차인의 비용상환청구권을 포기하는 특약도 유효하다.
  ㉡ 건물의 원상복구 특약은 비용상환청구권의 포기 특약으로서 유효하다. 임대차관계 종료시에 '건물을 원상복구하여 명도하기로 하는 약정'은 비용상환청구권의 포기에 해당하여 유효한 특약이므로 임차인이 비용상환을 청구하면서 건물에 대하여 유치권을 행사할 수 없다(대판 1999.5.28, 99다5910).
  ㉢ 증축부분을 임대인의 소유로 귀속하는 약정은?

> ⓐ 임차건물이 아닌 임대인 소유의 기존 건물의 3층 건물부분의 일부를 철거하고 철거부분과 옥상부분에 새로이 증축부분을 '임대인의 소유로 귀속시키기로 하는 특약'은 임차인이 원상회복의무를 면하는 대신 투입비용의 변상을 포기하는 내용이 포함된 것으로서 유효하다. 따라서 임차인은 증축부분의 유익비상환을 청구할 수 없다(대판 1996.8.20, 94다44705).
> ⓑ 이는 임차한 건물에 부속시킨 물건이라고 할 수 없다는 점에서 부속물매수청구권의 포기약정에 해당하지 않으므로 위 약정은 부속물매수청구권을 포기하는 약정으로 강행규정에 반하여 무효라고 할 수 없다.

필요비와 유익비의 비교 정리

	필요비	유익비
(1) 청구시기는?	즉시 상환청구할 수 있음	종료시에 상환청구할 수 있음
(2) 요건은?	가액증가와 무관함	가액증가가 현존한 경우에 한함
(3) 상환기간?	법원이 상환기간의 유예가 허용되지 않음	법원이 상환기간의 유예가 허용됨

기출 CHECK ✓

1 임차인의 비용상환청구권을 포기하는 특약도 유효하다.
  정답 O

2 원상회복약정이 있는 경우 유익비상환청구권을 행사할 수 없다.
  정답 O

기출 CHECK ✓

[1~2] 건물임차인이 자신의 비용을 들여 증축한 부분을 임대인 소유로 귀속시키기로 하는 약정은
1 유익비상환청구권을 포기하는 약정으로 유효하다.
  정답 O

2 부속물매수청구권을 포기하는 약정으로서 무효이다.
  정답 X

(4) 부속물매수청구권 제31회

> **제646조【임차인의 부속물매수청구권】**
> ① 건물 기타 공작물의 임차인이 그 사용의 편익을 위하여 **임대인의 동의를 얻어 이에 부속한 물건**이 있는 때에는 **임대차의 종료시**에 임대인에 대하여 그 부속물의 매수를 청구할 수 있다.
> ② **임대인으로부터 매수한 부속물**에 대하여도 전항과 같다.
>
> **제647조【전차인의 부속물매수청구권】**
> ① 건물 기타 공작물의 임차인이 적법하게 전대한 경우에 전차인이 그 사용의 편익을 위하여 **임대인의 동의를 얻어 이에 부속한 물건**이 있는 때에는 전대차의 종료시에 임대인에 대하여 그 부속물의 매수를 청구할 수 있다.
> ② 임대인으로부터 매수하였거나 **그 동의를 얻어 임차인으로부터 매수한 부속물**에 대하여도 전항과 같다.

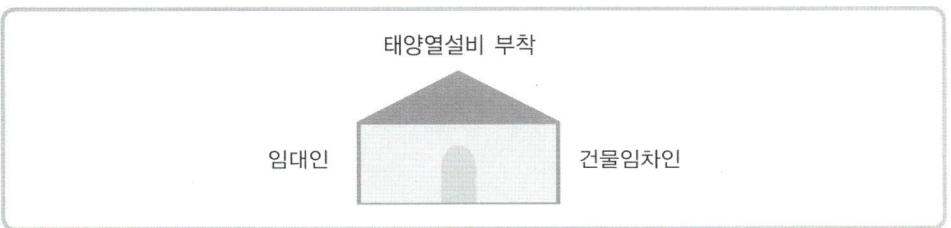

① 요건
  ㉠ '토지'가 아니고 건물의 임차인에게 허용된다.
  ㉡ '임대인의 동의를 얻어' 부속한 물건 또는 '임대인으로부터 매수'한 부속물 또는 임대인의 동의를 얻어 임차인으로부터 매수한 부속물이어야 한다.
  ㉢ 건물의 '구성부분으로 되지 않는 독립한 물건'일 것: 부속물이란 임차건물에 부속된 물건으로서 임차인의 소유에 속하고, 건물의 '구성부분으로는 되지 않는 독립한 물건'으로서 건물의 사용에 '객관적 편익'을 가져오게 하는 물건을 말한다.
  ㉣ 임대차 종료시에 부속물매수청구를 할 수 있다.

② 효과
  ㉠ 형성권: 임대인의 승낙 없이 매매계약이 성립한다. 임차인의 부속물매수청구권은 그 성질이 형성권이기 때문에 임차인이 매수청구를 하면 임대인의 승낙 없이 부속물에 대한 매매계약이 성립한다. 따라서 임대인의 부속물대금지급의무와 임차인의 목적물 반환의무간에는 동시이행관계가 성립한다(대판 2025.5.15, 2024다317332).
  ㉡ 부속물매수청구권은 임대차의 목적물과는 '별개의 독립한 물건'에 관하여 발생한 채권이므로 임대차의 목적물과는 아무 견련성이 없으므로 임차목적물에 대한 유치권을 행사할 수 없다.

---

❶ 각종 매수청구권자 비교
1. 지상권자·지상권설정자 ➡ 지상물매수청구권
2. 전세권자·전세권설정자 ➡ 부속물매수청구권
3. 임차인만 ➡ 부속물매수청구권 인정

기출 CHECK ✓
건물의 구성부분으로는 되지 않는 독립한 물건이어야 부속물매수청구 대상이 된다.
정답 ◯

❷ 주의
임차인이 부속물을 '설치할 때'는 임대인의 동의를 요하나, 부속물매수청구할 때는 형성권이므로 임대인의 동의를 요하지 않는다.

기출 CHECK ✓
부속물매수청구권을 배제하거나 포기하는 특약은 무효이다.
정답 O

기출 CHECK ✓
일시사용임대차의 경우, 무단 전차인에게는 부속물매수청구권이 인정되지 않는다.
정답 O

기출 CHECK ✓
임차인의 특수목적에 사용하기 위하여 부착시킨 간판, 식탁 등은 매수청구 대상이 될 수 없다.
정답 O

③ 법규정의 성질 - 강행규정: 이 규정은 강행규정으로서 임차인의 부속물매수청구권을 배제하거나 포기하는 특약은 특별한 사정이 없는 한 임차인에게 불리한 것으로서 효력이 없다(제652조).

④ 부속물매수청구를 할 수 없는 경우
  ㉠ 기존 건물과 분리되어 독립한 소유권의 객체가 될 수 없어 목적물의 구성부분으로 된 증축부분은 부속물매수청구를 할 수 없다.
  ㉡ 일시사용 임대차의 경우, 무단 전차인에게는 인정되지 않는다.
  ㉢ 임차인의 채무불이행(예 2기의 차임연체 등)으로 임대차가 해지되는 경우에는 부속물매수청구권이 인정되지 않는다(대판 1990.1.23, 88다카7245).
  ㉣ 주인의 동의 없이 임의로 부착시킨 물건은 매수청구의 대상이 아니다.
  ㉤ 임차인의 특수목적에 사용하기 위하여 부착시킨 간판, 식탁 등은 매수청구대상이 될 수 없다(대판 1993.2.26, 92다41627).

더 알아보기 | 비용상환청구권과 부속물매수청구권의 비교

구분	비용상환청구권(청구권)	부속물매수청구권(형성권)
1. 법규정의 성격?	임의규정	강행규정
2. 행사의 요건?	• 건물의 구성부분 • 임대인 동의 불문	• 독립한 물건 • 임대인의 동의 얻고 설치
3. 행사시기?	필요비(즉시), 유익비(종료시)	임대차 종료시
4. 유치권 여부?	유치권 성립	유치권 불성립
5. 일시사용임대차	인정됨	인정 안 됨

확인예제

임차인의 부속물매수청구권과 유익비상환청구권에 관한 설명으로 옳은 것은? (다툼이 있으면 판례에 따름)
제27회

① 유익비상환청구권은 임대차 종료시에 행사할 수 있다.
② 부속된 물건이 임차물의 구성부분으로 일체가 된 경우 특별한 약정이 없는 한, 부속물매수청구의 대상이 된다.
③ 임대차 기간 중에 부속물매수청구권을 배제하는 당사자의 약정은 임차인에게 불리하더라도 유효하다.
④ 일시사용을 위한 것임이 명백한 임대차의 임차인은 부속물의 매수를 청구할 수 있다.
⑤ 유익비상환청구권은 임대인이 목적물을 반환받은 날로부터 1년 내에 행사하여야 한다.

> 해설
> ② 부속물매수청구하려면 임차물과 독립한 물건이어야 한다(대판 1993.10.8, 93다25738).
> ③ 부속물매수청구권은 강행규정이다.
> ④ 일시사용임대차에는 부속물매수청구권이 적용되지 않으나 비용상환청구권은 적용된다.
> ⑤ 유익비상환청구권은 임대인이 목적물을 반환받은 날로부터 6월 내에 행사하여야 한다 정답: ①

(5) 토지임차인의 지상물매수청구권(제643조) 제26·29·30·31회

> 제643조 【임차인의 갱신청구권, 매수청구권】 건물 기타 공작물의 소유 또는 식목, 채염, 목축을 목적으로 한 토지임대차의 기간이 만료한 경우에 건물, 수목 기타 지상시설이 현존한 때에는 **제283조의 규정을 준용**❶한다.
>
> 제644조 【전차인의 임대청구권, 매수청구권】 ① 건물 기타 공작물의 소유 또는 식목, 채염, 목축을 목적으로 한 토지임차인이 **적법하게 그 토지를 전대한 경우에 임대차 및 전대차의 기간이 동시에 만료되고** 건물, 수목 기타 지상시설이 현존한 때에는 전차인은 임대인에 대하여 전전대차와 동일한 조건으로 임대할 것을 청구할 수 있다.

❶ 제283조 준용
- 지상권이 소멸한 경우에 건물 기타 공작물이나 수목이 현존한 때에는 지상권자의 임대차 계약을 갱신을 청구할 수 있다.
- 임대인이 그 갱신을 거절하는 때에는 임차인은 임대인에 대하여 상당한 가액으로 현존하는 지상시설 매수를 청구할 수 있는 권리가 있다.

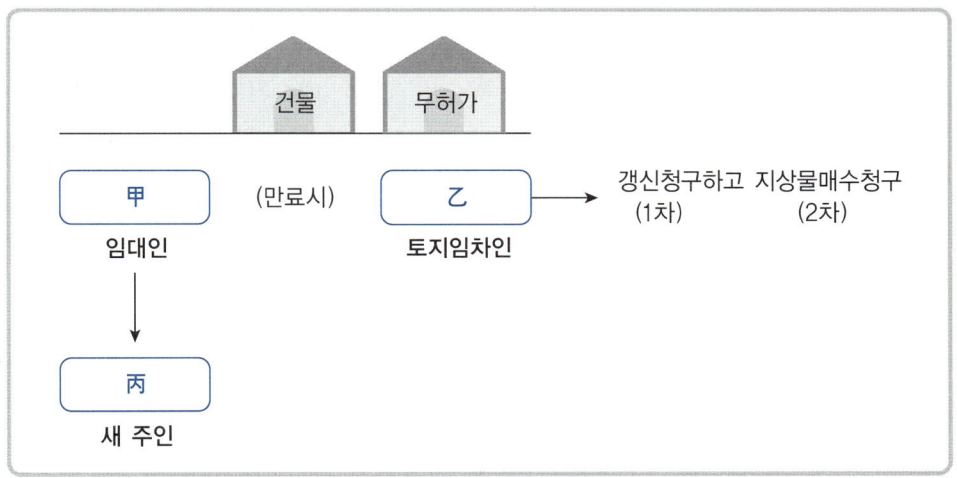

① 의의 및 성격
    ㉠ 지상물매수청구권의 규정은 '기간이 만료한 경우에 지상시설물이 현존'할 때 지상시설물을 철거하는 것은 사회경제적 손실이므로 공익상의 이유로 시설물의 철거를 방지하기 위하여 법률로 특별히 인정한 것이다.
    ㉡ **편면적 강행규정**: 임차인의 매수청구권을 제한함으로써 임차인에게 불리하게 약정하는 것은 무효이다(제652조). **임차지상의 지상건물을 철거하기로 한 약정은 특별한 사정이 없는 한 임차인에게 불리한 것으로 효력이 없다**(대판 2002.5.31, 2001다42080).

기출 CHECK ✓
지상건물을 철거하기로 한 약정은 특별한 사정이 없는 한 임차인에게 불리한 것으로 효력이 없다.
정답 O

기출 CHECK ✓
1 지상물매수청구는 계약 당시의 기존건물이거나 임대인의 동의를 얻어 신축한 것에 한정된다.
정답 ✕

2 지상물매수청구는 무허가 건물도 매수청구의 대상이 될 수 있다.
정답 ○

② 매수청구의 대상 건물(동의 · 허가 · 경제성을 불문하고 현존건물)
  ㉠ 특별한 사정이 없는 한 임대차 기간 중에 축조되었다 하더라도 임대차가 만료한 때에 그 가치가 잔존하면 되고, 반드시 임대차계약 당시의 기존건물이거나 '임대인의 동의를 얻어 신축한 것에 한정되는 것은 아니다(대판 1993. 11. 12, 93다34589).
  ㉡ 행정관청의 허가를 받지 못한 무허가 건물이라도 매수청구의 대상이 될 수 있다(대판 1997. 12. 23, 97다37753).
  ㉢ 건물이 객관적으로 '경제적 가치'가 있는지 여부나 '임대인에게 효용'이 있는지 여부는 매수청구의 행사요건이라고 볼 수 없다(대판 2002. 5. 31, 2001다42080).
  ㉣ 건물이 임대인 토지와 제3자의 토지에 걸쳐 있는 때

  > 임차인 소유 건물이 임대인이 임대한 토지 외에 임차인 또는 제3자 소유의 토지 위에 걸쳐서 건립되어 있는 경우에는 건물 전체에 대하여 매수청구할 수 없고, 임차지상에 서 있는 건물 부분 중 '구분소유의 객체가 될 수 있는 부분에 한하여' 임차인에게 매수청구가 허용된다(대판 1996. 3. 21, 93다42634 전원합의체). 그러므로 임차인 소유건물이 구분소유의 객체가 되지 아니하고 임대인의 소유 토지 외에 제3자의 토지에 걸쳐서 건립되어 있다면 임차인의 건물매수청구는 허용되지 않는다(대판 1997. 4. 8, 96다45443).

기출 CHECK ✓
건물에 근저당권이 설정되어 있어도 지상물매수청구할 수 있다.
정답 ○

  ㉤ 지상물매수청구의 대상이 될 수 없는 경우: 매수청구의 대상이 되는 건물에는 임차인이 그 건물을 사용하는 데 객관적인 편익을 주는 부속물이나 부속시설 등이 포함되는 것이지만, 이와 달리 임차인이 자신의 특수한 용도나 사업을 위하여 설치한 물건이나 시설은 이에 해당하지 않는다(대판 2002. 11. 13, 2002다46003).

③ 매수청구권의 행사방법
  ㉠ 기간의 만료로 소멸한 때에 허용된다. 따라서 임차인의 차임 2기 연체로 인한 채무불이행에 의하여 임대차가 종료하였을 경우 임차인의 매수청구권이 인정되지 않는다(대판 2003. 4. 22, 2003다7685).
  ㉡ 1차적으로 '갱신청구권을 행사'하고 임대인이 이에 불응하여 거절하면, 2차적으로 '지상물매수청구'를 할 수 있다. 따라서 임차인의 갱신청구 없이 지상물매수청구는 허용되지 않는다. 예외적으로 기간의 정함이 없는 토지임대차에서 임대인이 해지통고한 때는 갱신청구 없이 매수청구할 수 있다.

  > 기간의 정함이 없는 임대차에 있어서 임대인이 해지통고를 한 경우, 이는 미리 갱신거절을 한 것으로 볼 수 있으므로 '계약갱신 청구 없이 곧바로' 지상물매수청구를 할 수 있다(대판 1995. 7. 11, 94다34265 전원합의체).

기출 CHECK ✓
기간의 정함이 없는 임대차에 있어서 임대인이 해지통고를 한 경우, 계약갱신 청구 없이 곧바로 지상물매수청구를 할 수 있다.
정답 ○

  ㉢ 갱신청구권은 청구권으로 임대인은 이를 거절할 수 있다. 반면에 지상물매수청구권은 형성권으로 임대인은 이를 거절할 수 없다.

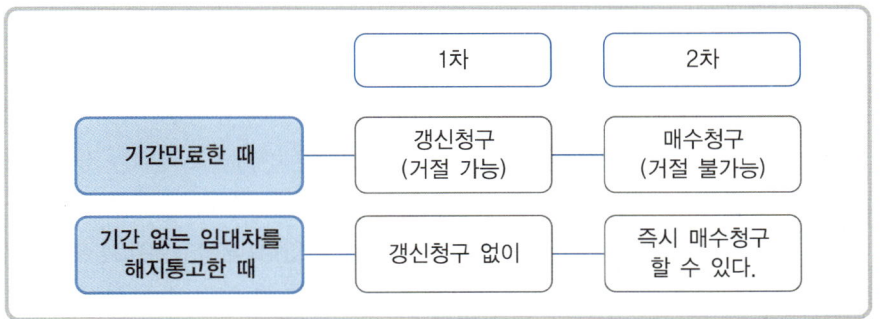

④ 매수청구권자는 지상물의 소유자에 한한다(대판 1993.7.27, 93다6386).
  ㉠ 건물을 신축한 토지임차인이 '건물을 타인에게 양도'한 경우 토지임차인은 건물의 소유자가 아니므로 지상물매수청구를 할 수 없다(대판 1993.7.27, 93다6386).
  ㉡ 미등기 건물을 매수하여 점유하는 임차인도 매수청구권을 행사할 수 있다: 종전 임차인으로부터 미등기, 무허가 건물을 매수하여 점유하고 있는 임차인은 비록 소유자로서의 등기명의가 없어 소유권을 취득하지 못하였더라도 '사실상 처분권을 취득한 자'이므로 임대인에 대하여 지상물매수청구권을 행사할 수 있다(대판 2013.11.28, 2013다48364).
  ㉢ 적법전차인: 임대인의 동의를 얻은 적법한 전차인은 매수청구권을 행사할 수 있다. 건물의 전차인이나 무단전차인은 지상물매수청구를 할 수 없다.
⑤ 매수청구의 상대방은 원칙적으로 토지임차권 소멸 당시의 토지임대인이다.
  ㉠ 임차인이 대항력을 갖춘 때는 토지양수인에게 매수청구를 할 수 있다.

> 임차인이 건물보존등기를 필하여 '대항력을 갖춘' 토지임차권의 경우에는 임차권 소멸 후 토지소유권이 제3자에게 양도되더라도 '토지양수인을 상대로 매수청구'를 하는 것은 허용된다. 반면에 토지임차권이 대항력을 갖추지 못하였다면 토지의 양수인에게 매수청구권을 행사하는 것은 허용되지 않는다(대판 1996.6.14, 96다14517).

  ㉡ 토지소유자가 아닌 제3자가 토지임대를 한 경우: 토지소유자가 아닌 제3자가 토지임대를 한 경우에 임대차계약의 당사자로서 토지를 임대하였다면, 토지소유자가 임대인의 지위를 승계하였다는 등의 특별한 사정이 없는 한 임대인이 아닌 토지소유자가 직접 지상물매수청구권의 상대방이 될 수는 없다(대판 2017.4.26, 2014다72449).
⑥ 매수청구의 효과
  ㉠ 임대인의 승낙 없이 지상물의 매매가 성립한다. 지상물매수청구권은 형성권이므로 그 행사에 임대인의 승낙을 요하지 않는다. 지상물매수청구하면 지상물의 매매가 성립하며 임대인은 거절할 수 없다(대판 1995.7.11, 94다

기출 CHECK ✓
종전 임차인으로부터 미등기, 무허가 건물을 매수하여 점유하고 있는 임차인도 지상물매수청구할 수 있다.
정답 O

기출 CHECK ✓
토지임차권이 대항력을 갖추지 못하였다면 토지의 양수인에게 매수청구권을 행사하는 것은 허용되지 않는다.
정답 O

기출 CHECK ✓
1 지상물매수청구권을 행사할 때에는 임대인의 승낙을 요하지 않는다.
정답 O
2 임대인의 건물대금지급의무와 임차인의 건물인도의무는 동시이행관계가 성립한다.
정답 O

34265 전원합의체). 따라서 지상물에 관한 시가 상당의 가격에 의한 매매계약이 토지임차인과 토지임대인 사이에 체결된 것과 유사한 효과가 발생한다(대판 1998.5.8, 98다2389).
ⓒ 임대인의 건물대금지급의무와 임차인의 건물인도의무는 동시이행관계가 성립한다. 그러므로 토지임대인의 건물명도청구에 대하여 임차인은 건물인도를 거절할 수 있는 동시이행항변권이 있다(대판 1991.4.9, 91다3260).
ⓒ 건물의 부지의 사용이익은 부당이득으로 반환하여야 한다.

> 토지임차인이 건물매수청구권을 행사하여 임대인으로부터 매수대금을 지급받을 때까지 동시이행항변권으로 건물의 인도를 거부할 수 있으나, 그 건물의 점유를 통하여 '그 부지'를 계속하여 점유, 사용하고 있는 한 그로 인한 이득은 부당이득으로서 부지사용에 대한 임료상당의 부당이득을 반환할 의무가 있다(대판 2001.6.1, 99다60535).

ⓔ 지상물의 시가: 지상물의 가격은 매수청구권 행사 당시의 건물이 현존하는 상태에서 평가된 시가를 말한다(대판 2002.11.13, 2002다46003). 시가를 산정함에 있어서는 임차인이 '영업을 하면서 얻고 있던 수익'까지 고려하여야 하는 것은 아니다(대판 1997.12.23, 97다37753). 또한 근저당권이 설정되어 있는 건물도 매수청구할 수 있다. 이때의 건물의 매수가격은 매수청구권 행사 당시의 현재 건물의 시가 상당액을 의미하며, 최고액을 건물가액에서 공제한 금액을 매수가격으로 정하여서는 아니 된다. 다만, 건물소유자가 근저당권을 말소하지 않는 경우 토지소유자는 근저당권이 말소될 때까지 최고액 상당액의 지급을 거절할 수 있다(대판 2007다4356).

확인예제

甲은 건물 소유를 목적으로 乙 소유의 X토지를 임차한 후, 그 지상에 Y건물을 신축하여 소유하고 있다. 위 임대차계약이 종료된 후, 甲이 乙에게 Y건물에 관하여 지상물매수청구권을 행사하는 경우에 관한 설명으로 틀린 것은? (다툼이 있으면 판례에 따름) 제34회

① 특별한 사정이 없는 한 Y건물이 미등기 무허가건물이라도 매수청구권의 대상이 될 수 있다.
② 임대차기간이 만료되면 甲이 Y건물을 철거하기로 한 약정은 특별한 사정이 없는 한 무효이다.
③ Y건물이 X토지와 제3자 소유의 토지 위에 걸쳐서 건립되었다면, 甲은 Y건물 전체에 대하여 매수청구를 할 수 있다.
④ 甲의 차임연체를 이유로 임대차계약이 해지된 경우, 甲은 매수청구권을 행사할 수 없다.
⑤ 甲이 적법하게 매수청구권을 행사한 후에도 Y건물의 점유·사용을 통하여 X토지를 계속하여 점유·사용하였다면, 甲은 乙에게 X토지 임료 상당액의 부당이득반환의무를 진다.

> [해설]
> 임차인 소유 건물이 임대인이 임대한 토지 외에 임차인 또는 제3자 소유의 토지 위에 걸쳐서 건립되어 있는 경우에는 건물 전체에 대하여 매수청구할 수 없고, '구분소유의 객체가 될 수 있는 부분에 한하여' 임차인에게 매수청구가 허용된다(대판 1996.3.21, 93다42634 전원합의체).   정답: ③

4. 임차인의 의무

(1) 차임지급의무

① 차임은 필수요소

㉠ 임차인은 임차물을 사용·수익하는 대가로서, 차임을 지급할 의무를 부담한다(제618조). 차임지급의무는 임대차계약의 요소이며, 차임은 반드시 금전일 필요는 없고 물건으로 지급하여도 무방하다. 이때 임차인은 **보증금의 존재를 이유로 차임지급청구를 거절할 수 없다.**

㉡ 한편 임대인의 필요비상환의무는 특별한 사정이 없는 한 임차인의 차임지급의무와 서로 대응하는 관계에 있으므로, **임차인은 지출한 필요비 금액의 한도에서 차임의 지급을 거절할 수 있다**(대판 2019.11.14, 2016다227694).

② 일부멸실과 차임감액청구

> **제627조【일부멸실 등과 감액청구, 해지권】**
> ① 임차물의 일부가 임차인의 과실 없이 멸실 기타 사유로 인하여 사용·수익할 수 없는 때에는 임차인은 그 부분의 비율에 의한 **차임의 감액을 청구할 수 있다.**
> ② 전항의 경우에 그 잔존부분으로 임차의 목적을 달성할 수 없는 때에는 임차인은 계약을 해지할 수 있다.

이 청구권은 일종의 형성권이다. 본조는 강행규정이므로 임차인에게 불리한 것은 그 효력이 없다(제652조).

③ 차임증감청구권

> **제628조【차임증감청구권】** 임대물에 대한 공과부담의 증감 기타 **경제사정의 변동**으로 인하여 약정한 차임이 상당하지 아니하게 된 때에는 당사자는 장래에 대한 차임의 증감을 청구할 수 있다.

이 규정은 강행규정이며, 이에 위반하는 약정으로서 임차인에게 불리한 것은 그 효력이 없다(제652조).

④ 2기의 차임연체❶

㉠ 건물 기타 공작물의 임대차에서 임차인의 차임연체액이 **2기**의 차임액에 달하는 때에는 임대인은 계약을 해지할 수 있다(제640조).

---

❶ 비교

「민법」상 임대차
➡ 2기 연체시 해지

상가임대차
➡ 3기 연체시 해지

기출 CHECK ✓
임대인의 지위가 승계되어도 이미 발생한 연체차임은 양수인에게 승계되지 않는다.
정답 ○

ⓒ 임대인의 지위가 양수인에게 승계된 경우 **이미 발생한 연체차임채권은 따로 양도하지 않는 한 양수인에게 승계되지 않는다.** 그러므로 따로 특약을 삽입하지 않는 한 주인이 바뀐 후 승계 이후의 연체액이 2기 이상이 되어야만 비로소 임대차계약을 해지할 수 있다(대판 2001.3.13, 99다17142).

(2) 임차물 수선에 대한 인용의무

> 제624조 【임대인의 보존행위·인용의무】 임대인이 임대물의 보존에 필요한 행위를 하는 때에는 임차인은 이를 거절하지 못한다.
>
> 제625조 【임차인의 의사에 반하는 보존행위와 해지권】 임대인이 **임차인의 의사에 반하여 보존행위**를 하는 경우에 임차인이 이로 인하여 임차의 목적을 달성할 수 없는 때에는 계약을 해지할 수 있다.

(3) 선관주의 의무 및 반환의무

① 선관주의 의무
　㉠ 임차인은 임차물의 보존에 관하여 선량한 관리자의 주의를 가지고 보관하여야 한다(제374조).
　㉡ 유치권자, 전세권자, 임차인 등은 목적물에 대한 선관주의 의무를 부담한다. 반면에 물건의 소유자는 자기재산과 동일한 주의로 관리의무를 부담한다.

② 임차목적물의 화재로 인한 손해배상책임
　㉠ 임대차 목적물이 화재 등으로 인하여 소멸됨으로써 임차인의 목적물 반환의무가 이행불능이 된 경우: 임차인은 이행불능이 자기가 책임질 수 없는 사유로 인한 것이라는 증명을 다하지 못하면 목적물반환의무의 이행불능으로 인한 손해를 배상할 책임을 지며, 화재 등의 구체적인 발생 원인이 밝혀지지 아니하여 **원인불명인 때**에도 마찬가지이다(대판 2001.1.19, 2000다57351).
　㉡ 임대인이 관리하는 영역에서 존재하는 하자로 추단될 때: 특별한 사정이 없는 한, 임대인은 화재로 인한 목적물 **반환의무의 이행불능 등에 관한 손해배상책임을 임차인에게 물을 수 없다**(대판 2001.1.19, 2000다57351).
　㉢ 임차 건물부분에서 화재가 발생하여 '**임차 외 건물부분**'까지 불에 타 그로 인해 재산상 손해가 발생한 경우❶

> ⓐ 종전 판례: '**임차인**'이 임차 건물의 보존에 관하여 선량한 관리자의 주의의무를 다하였음을 증명하지 못하는 이상 임차 건물 부분에 한하지 아니하고 건물의 유지·존립과 불가분의 일체 관계에 있는 임차 외 건물 부분이 소훼되어 임대인이 입게 된 손해도 채무불이행으로 인한 손해로 배상할 의무가 있다.

용어사전
선관주의
개인의 차이를 고려하지 않고, 추상적 평균인을 전제로 하는 주의의무이다.

자기재산 동일주의
개인의 차이를 고려하는 개별적 인간을 전제로 하는 주의의무이다.

❶ 비교
1. 화재 원인이 불명
→ 임차인이 과실 없음을 증명
2. 임차물 이외 건물소실
→ 임대인의 입증

기출 CHECK ✓
임차목적물의 화재가 원인불명인 경우 선관주의 의무를 다하였음을 임차인 스스로 입증하여야 한다.
정답 ○

ⓑ **변경된 판례:** 목적물 이외의 부분에 발생한 손해에 대하여 임대인이 임차인을 상대로 채무불이행을 원인으로 하는 손해배상을 구하려면 화재가 발생한 원인을 제공하는 등 화재발생과 관련된 임차인의 계약상 의무 위반이 있었고, 그러한 의무 위반과 임차 외 건물 부분의 손해 사이에 상당인과관계가 있으며, 임차 외 건물 부분의 손해가 의무 위반에 따라 제393조에 의하여 배상하여야 할 손해의 범위 내에 있다는 점에 대하여 '임대인'이 증명하여야 한다(대판 2012다86895 전원합의체).

③ 임차물의 원상회복의무
 ㉠ **임대차가 종료된 경우:** 임대인이 임대 당시의 부동산 용도에 맞게 다시 사용할 수 있도록 협력할 의무까지 포함된다. 따라서 임차인은 폐업신고절차도 이행의무에 포함된다(대판2008다 34903)
 ㉡ 이미 시설이 되어 있던 점포를 임차하여 내부시설을 개조하여 새로이 단장한 경우, 별도 약정이 없으면 종전 임차인으로부터 인테리어가 되어 있던 임차받았을 상태로 반환하면 된다(그 이전의 사람이 시설한 것까지 원상회복의무는 없다). 다만, 종전 임차인의 원상회복의무도 신규양수인이 함께 인수한다는 특약이 존재하면 신규임차인이 모든 원상회복의무를 승계한다.
 ㉢ **임차인이 목적물의 현상을 변경한 경우:** 원칙적으로 변경부분을 철거하여 임대 당시의 상태로 사용할 수 있도록 해야하나, 토지에 종전 임차인이 설치한 가건물 기타 공작물이 있을 경우에는 특별한 사정이 없는 한 그가 임차하였을 때의 상태로 반환하면 되고, 종전 임차인이 설치한 부분까지 원상회복할 의무는 없다(대판 90다카12035).

> **기출 CHECK** ✓
> [1~2] 임차 건물부분에서 화재가 발생하여 임차 외 건물 부분까지 불에 탄 손해가 발생한 경우
> 1 임차인이 선량한 관리자의 주의의무를 다하였음을 증명하여야 한다.
> 정답 ✗
> 2 임대인이 계약상 의무위반과 손해발생 사이의 인과관계를 입증하여야 한다.
> 정답 ○

04 양도와 전대차 제26·27·28·29·31회

1. 의의

(1) 임차권의 양도와 전대의 차이
① **임차권의 양도:** 임차권의 동일성을 유지하면서 원래의 임차인은 임차인으로서의 지위에서 탈퇴하게 되고, 양수인이 임차인으로서의 권리·의무를 승계한다.
② **전대차:** 임대인과 임차인이 임대차관계를 유지하면서 임차인 자신이 임대인(전대인)이 되어 임차물을 제3자(전차인)에게 다시 임대하는 계약을 말한다.

(2) 임대인의 동의는 양도, 전대의 대항요건이다.
① 임대인의 동의는 임차권의 양도·전대의 '효력발생요건이 아니라' 대항요건이다. 따라서 임대인의 '동의가 없는 양도나 전대도 당사자 사이에서는 유효'하고 유동적 무효가 아니다.

> **기출 CHECK** ✓
> 임대인의 동의가 없는 양도나 전대도 당사자 사이에서는 유효하다. 다만, 임대인에게 대항하지 못한다.
> 정답 ○

② 임대인의 동의 없는 임차권의 양도는 유효하지만 임대인에게는 대항할 수 없다. 임대인의 동의가 있어야 대항하므로 이를 대항요건이라고 한다.

2. 임대인의 동의 없는 양도(무단양도)

> 제629조 【임차권의 양도, 전대의 제한】
> ① 임차인은 **임대인의 동의 없이** 그 권리를 양도하거나 임차물을 전대하지 못한다.
> ② 임차인이 전항의 규정에 위반한 때에는 **임대인은 계약을 해지할 수 있다.**

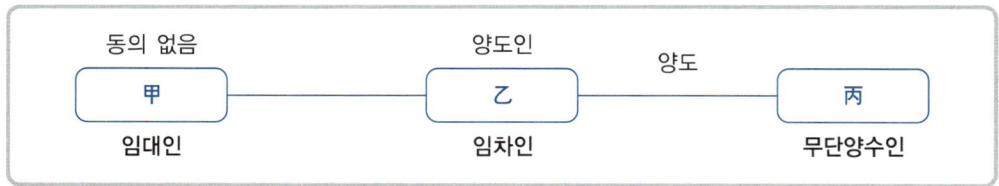

(1) 임대인과 양수인의 관계(甲과 丙의 관계)

① 양수인은 임대인에 대하여 임차권의 취득을 주장할 수 없다.
② 임대인이 임대차를 해지하지 않는 한(임대차 종료 전) 임대인은 여전히 임차인에게 차임지급을 청구할 수 있으므로 양수인에게 손해배상을 청구할 수 없다(대판 2008.2.28, 2006다10323).
③ 임대인의 동의 없는 임차권의 양도는 당사자 사이에서는 유효하다 하더라도 다른 특약이 없는 한 임대인에게는 대항할 수 없는 것이고, 임대인에 대항할 수 없는 임차권의 양수인으로서는 임대인의 소유권에 기한 건물명도권한을 대위행사할 수 없다(대판 1985.2.8, 84다카188).

(2) 임차인과 무단 양수인과의 관계(乙과 丙의 관계)

① 임대인의 동의 없는 양도계약도 당사자간에는 유효하다. 다만, 임차인은 이를 가지고 임대인에게 대항할 수 없을 뿐이다.
② 임대인의 동의 없는 양도의 경우 임차인은 원칙적으로 양수인을 위하여 임대인의 동의를 받아줄 의무가 있다(대판 1986.2.25, 85다카1812).

(3) 임대인과 임차인과의 관계(甲과 乙의 관계) 제27회

① 원칙: 임대인의 동의 없이 임차권을 양도하거나 전대한 때에는 임대인은 임대차계약을 해지할 수 있다(제629조 제2항).
② 예외: 임대인이 해지권을 행사할 수 없는 특별한 경우
  ㉠ 부부관계라는 특별한 사정이 존재할 때는 임대인은 동의 없는 양도를 이유로 해지할 수 없다.

> 임차인의 변경이 당사자의 개인적인 신뢰를 기초로 하는 계속적 법률관계인 임대차를 더 이상 지속시키기 어려울 정도로 당사자간의 신뢰관계를 파괴하는 임대인에 대한 배신행위가 아니라고 인정되는 '특별한 사정', 즉 '양도인과 양수인이 부부관계'에 있는 때는 임대인은 자신의 동의 없이 임차권이 이전되었다는 것만을 이유로 임대차계약을 해지할 수 없다(대판 1993.4.13, 92다24950). 그러므로 전차인은 임대인에게 전대차에 따른 사용, 수익을 주장할 수 있다(대판 2007.11.29, 2005다64255).

  ⓒ 임차인이 건물의 '소부분을 타인에게 사용'하게 하는 경우에는 임대인의 동의를 필요로 하지 않는다(제632조). 따라서 임대인은 임차인이 동의 없이 소부분을 타인에게 사용하게 한 경우 이를 이유로 임대차를 해지할 수 없다.

기출 CHECK ✓
임대인은 임차인이 동의 없이 소부분을 타인에게 사용하게 한 경우, 이를 이유로 임대차를 해지할 수 없다.
    정답 O

3. 임대인의 동의 없는 전대(무단전대)

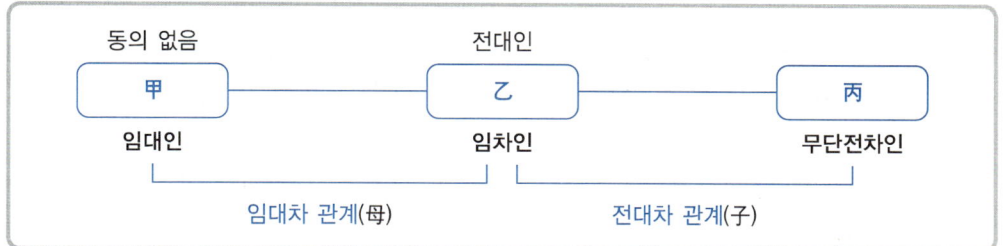

(1) 임대인의 동의 없는 전대차계약은 무효가 아니라 유효다. 제28회

  임차인과 전차인간의 전대차계약은 유효하므로 전차인은 전대인에 대한 관계에 있어서 전차권을 취득하지만 임대인에게 대항할 수 없다.

기출 CHECK ✓
임대인의 동의 없는 전대차계약은 유동적 무효이다.
    정답 X

(2) 임대인과 무단전차인의 관계(직접 계약관계 없다) 제27회

  ① 임대인은 무단전차인에 직접 차임을 청구할 수 없다. 임대인은 계약당사자가 아닌 '전차인에게 직접 차임청구'를 할 수 없으나 '임차인의 차임청구권을 대위'행사할 수 있다.

  ② 무단전차인은 부속물매수청구, 지상물매수청구를 할 수 없다.

(3) 임대인과 임차인과의 관계

  ① 종전 임대차관계의 존속: 임대인과 임차인(전대인)과의 관계는 임차인이 전대를 하였다고 해서 직접 어떤 영향을 받지 않는다. 따라서 임대인은 임차인에 대하여 여전히 차임청구권을 가진다.

  ② 임대인의 해지권

    ㉠ 원칙: 임대인은 임차인의 무단전대를 이유로 임대차계약을 '해지'할 수 있다.

ⓒ 예외: 임대인에 대한 '배신행위라고 할 수 없는 특별한 사정'이 있을 경우에는 임대인이 해지할 수 없다(대판 2007.11.29, 2005다64255).
③ 임차인이 임차물을 전대하였다가 임대차 및 전대차가 모두 종료된 경우, 전차인이 전대인에 대하여 전대기간 종료일 이후의 차임 상당의 부당이득금을 반환할 의무가 있다(대판 2000다68290).
④ 임대차의 종료 전에는 임대인은 무단전차인에게 손해배상을 청구할 수 없다.

> 무단전대의 경우 임대인이 임차인과의 '임대차계약을 해지하지 않는 한' 임차인에게 여전히 차임채권을 행사하는 길이 있으므로 임대인은 임대차계약이 존속하는 한도 내에서는 무단전차인에게 '차임에 갈음하는 부당이득반환이나 손해배상을 청구할 수 없다'(대판 2008.2.28, 2006다10323).

기출 CHECK ✓
무단전대에서 임대차의 종료 전에는 임대인은 전차인에게 손해배상을 청구할 수 없다.
정답 ○

확인예제

甲 소유의 X토지를 건물 소유의 목적으로 임차한 乙은 甲의 동의 없이 이를 丙에게 전대하였다. 다음 설명 중 틀린 것은? (다툼이 있으면 판례에 따름) 제29회

① 乙과 丙 사이의 전대차계약은 유효하다.
② 甲은 임대차계약이 종료되지 않으면 X토지의 불법점유를 이유로 丙에게 차임상당의 부당이득반환을 청구할 수 없다.
③ 甲은 임대차계약이 존속하는 동안에는 X토지의 불법점유를 이유로 丙에게 차임상당의 손해배상을 청구할 수 없다.
④ 만약 乙이 X토지에 신축한 건물의 보존등기를 마친 후 丁이 X토지의 소유권을 취득하였다면, 乙은 丁에게 건물매수청구권을 행사할 수 없다.
⑤ 만약 乙이 X토지에 신축한 건물의 소유권을 임대차종료 전에 戊에게 이전하였다면, 乙의 건물매수청구권은 인정되지 않는다.

해설
신축한 건물의 보존등기를 마친 후 토지의 매수인 丁이 토지의 소유권을 취득하였다면, 제622조의 대항력을 갖춘 임차인 乙은 토지의 양수인 丁에게 건물매수청구권을 행사할 수 있다. 정답: ④

4. 임대인의 동의 있는 전대(적법전대)

제630조【전대의 효과】
① 임차인이 임대인의 동의를 얻어 임차물을 전대한 때에는 **전차인은 직접 임대인에 대하여 의무를 부담한다.** 이 경우에 전차인은 전대인에 대한 차임의 지급으로써 임대인에게 대항하지 못한다.
② 전항의 규정은 임대인의 임차인에 대한 권리행사에 영향을 미치지 아니한다.

제631조【전차인의 권리의 확정】 임차인이 임대인의 동의를 얻어 임차물을 전대한 경우에는 임대인과 임차인의 합의로 계약을 종료한 때에도 전차인의 권리는 소멸하지 아니한다.

제638조 【해지통고의 전차인에 대한 통지】
① 임대차계약이 해지의 통고로 인하여 종료된 경우에 그 임대물이 적법하게 전대되었을 때에는 임대인은 **전차인에 대하여 그 사유를 통지**하지 아니하면 해지로써 전차인에게 대항하지 못한다.
② 전차인이 전항의 통지를 받은 때에는 제635조 제2항의 규정을 준용한다.

제644조 【전차인의 임대청구권·매수청구권】
① 건물 기타 공작물의 소유 또는 식목·채염·목축을 목적으로 한 토지임차인이 적법하게 그 토지를 전대한 경우에 임대차 및 전대차의 기간이 동시에 만료되고 건물·수목 기타 지상시설이 현존한 때에는 전차인은 임대인에 대하여 전전대차와 동일한 조건으로 임대할 것을 청구할 수 있다.
② 전항의 경우에 임대인이 임대할 것을 원하지 아니하는 때에는 제283조 제2항의 규정을 준용한다.

제647조 【전차인의 부속물매수청구권】
① 건물 기타 공작물의 임차인이 적법하게 전대한 경우에 전차인이 그 사용의 편익을 위하여 **임대인의 동의를 얻어** 이에 부속한 물건이 있는 때에는 전대차의 종료시에 임대인에 대하여 그 부속물의 매수를 청구할 수 있다.
② 임대인으로부터 매수하였거나 그 동의를 얻어 임차인으로부터 매수한 부속물에 대하여도 전항과 같다.

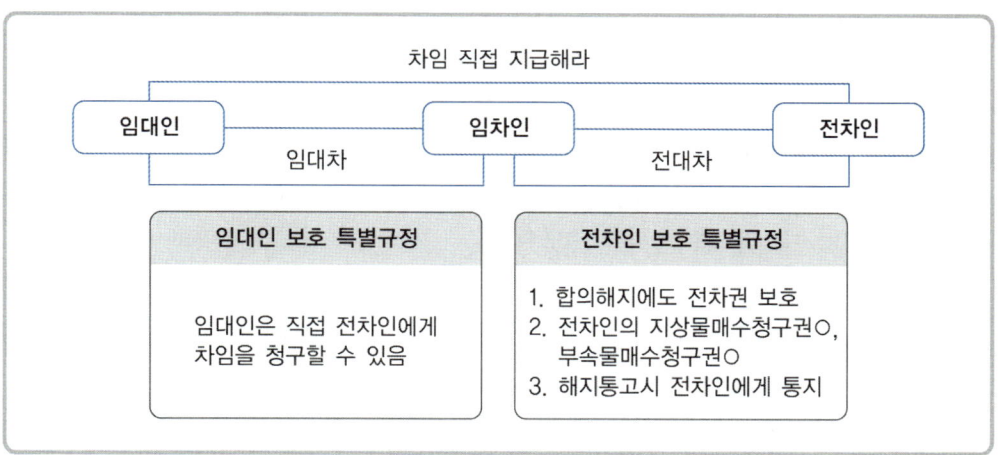

(가) 전차인은 전대차계약상의 차임지급한도에서 <u>직접 임대인에 대해 차임지급의무를 부담한다</u>.

(나) 전차인은 차임지급시기 「이후」에 전대인에게 지급한 차임을 들어서 임대인에게 대항할 수 「있다」.
반대로 전차인은 <u>차임지급 시기 「전」</u>에 전대인에게 지급함 차임을 들어서 임대인에게 대항할 수 「없다」.

(1) 임대인의 보호를 위한 특별규정 제26회

① 전차인은 직접 임대인에게 차임지급의무가 있다(제630조).

> **더 알아보기**
>
> 이 규정은 전대인과 전차인이 통모하여 월세를 안 주고도 줬다고 장난하여 임대인을 해하는 것을 방지하기 위해서 둔 규정으로서 '**차임지급 시기 전**'에 **전차인이 전대인(임차인)에 대한 차임지급으로 임대인에게 대항할 수 없다**(즉, 차임을 임대인에게 또 줘야 하니까 이중지급하는 불리함을 부담하라는 의미이다). 그 결과 전차인이 전대인에게 차임을 이미 지급하였어도 임대인은 직접 전차인에게 차임지급을 청구할 수 있다.
> ● 무단전대시에는 임대인이 무단전차인에게 직접 차임을 청구할 수 없다.

② 전차인이 직접 임대인에게 목적물을 명도한 경우 전대인에 대한 인도의무가 소멸한다.

> 임대차·전대차가 동시에 종료한 경우에는 그 전대차가 임대인의 동의를 얻었는지 여부와 관계없이 임대인으로서는 전차인에게 소유권에 기한 반환청구권에 터잡아 목적물을 자신에게 반환할 것을 청구할 수 있으며, **전차인이 임대인에게 목적물을 직접 명도함으로써 전대인에 대한 '목적물인도의무'를 면한다**(대판 1995.12.12, 95다23996).

(2) 전차인의 보호를 위한 특별규정 제26회

① 합의해지로 임차권이 소멸한 경우 **전차권은 소멸하지 아니한다**. 구별할 것은 본래 임대차가 소멸하면 전차권도 임대차에 의존하여 같이 소멸하는 것이므로 임대차가 **임차인의 채무불이행으로 소멸**하면 전차권도 소멸한다.

② 적법전차인에게 매수청구권 인정❶
  ㉠ 토지임차인이 적법하게 그 토지를 전대한 경우 **임대차 및 전대차의 기간이 동시에 만료**되고 건물 등의 지상시설이 현존한 때는 전차인은 임대인에 대하여 상당한 가액으로 '지상시설을 매수할 것을 청구'할 수 있다(제644조).
  ㉡ **적법전차인의 부속물매수청구권**: 적법한 건물의 전차인 측이 임대인에게 부속물매수청구권을 행사할 수 있는 경우는 첫째, 임대인의 동의를 얻어 전차인이 부속시킨 경우, 둘째, 임대인의 동의를 얻어 임차인으로부터 매수하여 부속한 경우이다.

③ 기간의 정함이 없는 임대차에서 임대차계약이 '임대인의 해지통고로 종료'하는 경우 임대인은 임대차계약이 해지통고로 종료하였음을 '**전차인에게 통지**'하여야 전차인에게 대항할 수 있다. 이 통지가 없으면 임대인은 임대차의 해지로써 전차인에게 대항하지 못한다(제638조 제1항). 구별할 것은 임대차가 임차인의 **차임연체로 임대인이 해지**할 때에는 임차인에게 통지하면 족하며, 따로 **전차인에게 통지 없이** 대항할 수 있다.

적법전차인의 권리 보장 쟁점정리

① 임차인의 **채무불이행으로 해지**된 경우	전차권은 소멸한다.
② 임대인과 임차인의 **합의해지**로 종료시	전차권은 소멸하지 않는다.
① 임차인의 **채무불이행으로 해지**된 경우	임대인은 전차인에게 **통지 없이** 대항할 수 있다.
② 기간 없는 임대차의 **해지통고**로 종료	임대인은 전차인에게 **해지통고해야** 전차인에게 대항할 수 있다.

> **확인예제**
>
> 甲은 자기 소유 X창고건물 전부를 乙에게 월 차임 60만원에 3년간 임대하였고, 乙은 甲의 동의를 얻어 X건물 전부를 丙에게 월 차임 70만원에 2년간 전대하였다. 이에 관한 설명으로 틀린 것은? (단, 이에 관한 특약은 없으며, 다툼이 있으면 판례에 따름)
>
> 제32회
>
> ① 甲과 乙의 합의로 임대차계약을 종료한 경우 丙의 권리는 소멸한다.
> ② 丙은 직접 甲에 대해 월 차임 60만원을 지급할 의무를 부담한다.
> ③ 甲은 乙에게 월 차임 60만원의 지급을 청구할 수 있다.
> ④ 甲에 대한 차임연체액이 120만원에 달하여 甲이 임대차계약을 해지한 경우, 丙에게 그 사유를 통지하지 않아도 해지로써 丙에게 대항할 수 있다.
> ⑤ 전대차기간이 만료한 경우 丙은 甲에게 전 전대차(前 轉貸借)와 동일한 조건으로 임대할 것을 청구할 수 없다.
>
> **해설**
>
> ① 적법전대의 경우에 甲과 乙의 합의로 임대차계약을 종료한 경우 丙의 권리는 소멸하지 아니한다.
> ⑤ 임대차와 전대차가 동시에 만료되고 지상시설이 현존하는 경우에 전차인은 임대인에 대하여 종전의 임대차와 동일한 조건으로 임대할 것을 청구할 수 있다(제644조). 따라서 전대차기간이 만료한 경우 丙은 甲에게 전 전대차(前 轉貸借)와 동일한 조건으로 임대할 것을 청구할 수 없다.
>
> 정답: ①

05 보증금

(1) 의의

① 개념: 보증금이라 함은 임대차에서 임차인의 채무를 담보하기 위하여 임차인 또는 제3자가 임대인에게 교부하는 금전 그 밖의 유가물을 말한다.

② 보증금은 임차인의 책임 있는 사유에 의한 임차물의 훼손시에 손해배상채무를 담보하는 기능으로 이용된다.

기출 CHECK ✓
보증금을 반환하였다는 입증책임은 임대인에게 있다.
정답 ○

③ **입증책임**: 차임채권이 변제로 소멸하였는지는 임차인이 입증하여야 한다. 즉, 임료를 지급하였다는 입증책임은 임차인이 부담하며, 보증금을 '지급'하였다는 입증도 임차인이 한다. 다만, 보증금을 '반환'하였다는 입증책임은 임대인에게 있다.

(2) 보증금의 효력

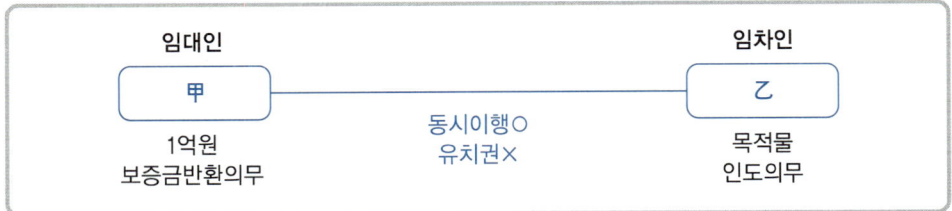

기출 CHECK ✓
임차인은 보증금의 존재를 이유로 차임지급을 거절할 수 없다.
정답 ○

① 임대인은 보증금으로 연체차임에 충당할 수 있다. 그런데 이는 임대인의 권리이지 의무는 아니므로, 임대인은 보증금으로써 연체차임에 충당할 수도 있고 아니면 충당하지 않고 임차인에게 그 지급을 청구할 수도 있다. 그러므로 임차인은 보증금의 존재를 이유로 차임지급을 거절할 수 없다.
② 임대인의 보증금반환의무와 임차인의 목적물인도의무는 동시이행관계에 있다(대판 2009.6.25, 2008다55634).
③ 임차인이 필요비를 지출한 경우 임대인의 차임지급청구를 거절할 수 있다(판례).
④ 임차인의 임차보증금반환청구권으로 유치권을 주장할 수 없다.

기출 CHECK ✓
임대차계약 종료 후에도 임차인이 동시이행의 항변권을 행사하여 계속 점유하여 온 것이라면, 불법점유라고 할 수 없다.
정답 ○

⑤ 계약종료 후 항변권에 기하여 건물을 사용한 경우 불법행위책임을 부담하지 않는다.

> ㉠ 임대차계약 종료 후에도 임차인이 동시이행의 항변권을 행사하여 임차물을 계속 점유하여 온 것이라면, 임차인의 건물에 대한 점유는 불법점유라고 할 수 없다. 따라서 임차인으로서는 불법행위로 인한 손해배상의무를 부담하지 않는다. 임대차 종료 후 임차인이 목적물을 본래의 목적대로 사용·수익하였다면 부당이득반환의무는 성립한다(대판 1989.2.28, 87다카2114).
> ㉡ 임대차 종료 후 실제 사용하지 않은 경우(캬바레 영업장을 폐쇄한 경우): 임차인이 임대차계약관계가 소멸된 이후에도 임차목적물인 캬바레를 계속 점유하기는 하였으나 이를 본래의 임대차계약상의 목적에 따라 사용·수익하지 아니하여 실질적인 이득을 얻은 바 없는 경우에는 그로 인하여 임대인에게 손해가 발생하였다 하더라도 임차인의 부당이득반환의무는 성립되지 않는다(대판 2003.4.11, 2002다59481).

(3) 보증금에서 차임채권의 공제여부 제35호

① 부동산 임대차에서 수수된 보증금은 차임채무, 목적물의 멸실·훼손 등으로 인한 손해배상채무 등 임대차에 따른 임차인의 모든 채무를 담보하는 것으로서 피담보채무 상당액은 임대차관계의 종료 후 목적물이 반환될 때에 특별한 사정이 없는 한 별도의 의사표시 없이 보증금에서 당연히 공제되므로, 보증금이 수수된 임대차계약에서 차임채권이 양도되었다고 하더라도, 임차인은 임대차계약이 종료되어 목적물을 반환할 때까지 연체한 차임 상당액을 보증금에서 공제할 것을 주장할 수 있다(대판 2013다77225).

② 임대보증금이 수수된 임대차계약에서 차임채권에 관하여 압류 및 추심명령이 있었다 하더라도, 당해 임대차계약이 종료되어 목적물이 반환될 때에는 그 때까지 추심되지 아니한 채 잔존하는 차임채권 상당액도 임대보증금에서 당연히 공제된다(대판 2004다56554).

③ 상가임차인은 보증금을 반환받을 때까지 임대차관계가 존속하는 것으로 의제된다. 이는 임대차기간이 끝난 후에도 상가건물의 임차인이 보증금을 반환받을 때까지는 임차인의 목적물에 대한 점유를 임대차기간이 끝나기 전과 마찬가지 정도로 강하게 보호함으로써 임차인의 보증금반환채권을 실질적으로 보장하기 위한 것이다. 따라서 상가임대차법이 적용되는 상가건물 임차인이 임대차 종료 이후에 보증금을 반환받기 전에 임차 목적물을 점유하고 있다고 하더라도 임차인에게 부당이득이 성립한다고 할 수 없다. 상가임대차법이 적용되는 임대차가 기간만료나 당사자의 합의, 해지 등으로 종료된 경우 보증금을 반환받을 때까지 임차 목적물을 계속 점유하면서 사용·수익한 임차인은 종전 임대차계약에서 정한 차임을 지급할 의무를 부담할 뿐이고, 시가에 따른 차임에 상응하는 부당이득금을 지급할 의무를 부담하는 것은 아니다(대판 2023다257600).

④ 연체차임에 대한 지연손해금의 발생종기는 다른 특별한 사정이 없는 한 임대차계약의 해지시가 아니라 목적물이 반환되는 때라고 할 것이다(대판 2009다39233).

06 임대차의 종료와 특례규정

1. 임대차의 종료원인

(1) 해지통고

① 임대차기간의 약정이 없는 때에는 '양 당사자'는 언제든지 임대차계약 '해지의 통고'를 할 수 있다(제635조 제1항).

② 임차인이 '파산선고'를 받은 경우에는 임대차기간의 약정이 있는 때에도 임대인은 제635조의 규정에 의하여 계약해지의 통고를 할 수 있다.

(2) 임차인이 임대인의 동의 없이 임차권을 양도하거나 또는 전대한 때이거나 차임 연체액이 2기의 차임액에 달한 때(제640조, 제641조) 즉시 해지효력이 생긴다.

2. 편면적 강행규정

(1) **강행규정** – 이에 위반한 약정으로 임차인에게 불리한 것은 효력이 없다(제652조).

> ① 목적물의 일부멸실 등의 차임감액청구 규정
> ② 사정변경으로 인한 차임증감청구권 규정
> ③ 기간의 약정 없는 임대차의 해지통고 규정
> ④ 차임의 연체해지 규정
> ⑤ 갱신청구권과 지상물매수청구권의 규정, 부속물매수청구권 등의 규정

(2) **임의규정** – 임차인에게 불리하여도 유효이다.

> ① 비용상환청구권(제626조)
> ② 임차물의 양도 및 전대(제629조 이하)에 관한 임대인의 동의 규정은 임의규정이므로 당사자간의 특약으로 배제할 수 있다.

기출 CHECK ✓
비용상환청구권, 임차물의 양도 및 전대에 관한 임대인의 동의 규정은 강행규정이 아니라 임의규정이므로, 임차인에게 불리한 특약도 유효하다.

정답 O

3. 일시사용 임대차의 적용

(1) **일시사용 임대차에는 적용되지 않는 것**

차임증감청구권, 해지통고의 전차인에 대한 통지, 차임연체와 해지, 부속물매수청구권(임차인 및 전차인), 임차건물 등의 부속물에 대한 법정질권 규정은 일시사용을 위한 임대차에는 적용되지 않는다(제653조).

(2) **일시사용임대차에도 적용되는 것**

비용상환청구권의 규정은 일시사용 임대차에도 적용된다.

해커스 킬 정리 | 임대차 핵심체계 정리하기

1. 의의 / 기간[영구사용도 허용]
2. **대항력** - 건물소유목적 토지임차인이 건물을 보존등기한 때[제622조]
   - 제3자에 대하여 임대차의 효력이 생긴다.
3. **권리** - 빅3[비용상환청구권 / 부속물매수청구권 / 지상물매수청구권]
   ① **비용상환청구권** - 목적물의 구성부분일 것 / 필요비는 즉시
   　　　　　　　　　 - 유익비는 종료시에 가액증가가 현존할 것
   　　　　　　　　　 - 임의규정으로 원상회복특약은 유효하다.
   ② **부속물매수청구권** - 건물임차인만 / 목적물과 독립한 물건일 것 / 종료시
   ③ **지상물매수청구권** - 갱신청구를 거절할 때 / 무허가 건물도 허용
   　　　　　　　　　　 - 임대인의 승낙 없이 가능 / 지상물의 소유자가 행사
4. 적법전대
   ① 합의해지시 전차권은 불소멸
   ② 적법전차인은 매수청구 허용된다.
   ③ 기간 없는 임대차를 소멸통고시 전차인에 통보해야 대항한다.
   ④ 차임은 전차인이 전대차상의 한도에서 임대인에게 직접 지급한다.
5. 보증금
   ① 임차인은 보증금을 이유로 차임지급을 거절할 수 없다.
   ② 연체차임은 빌라의 양수인에게 승계되지 않으나 양수인이 보증금에서 당연히 공제할 수 있다.

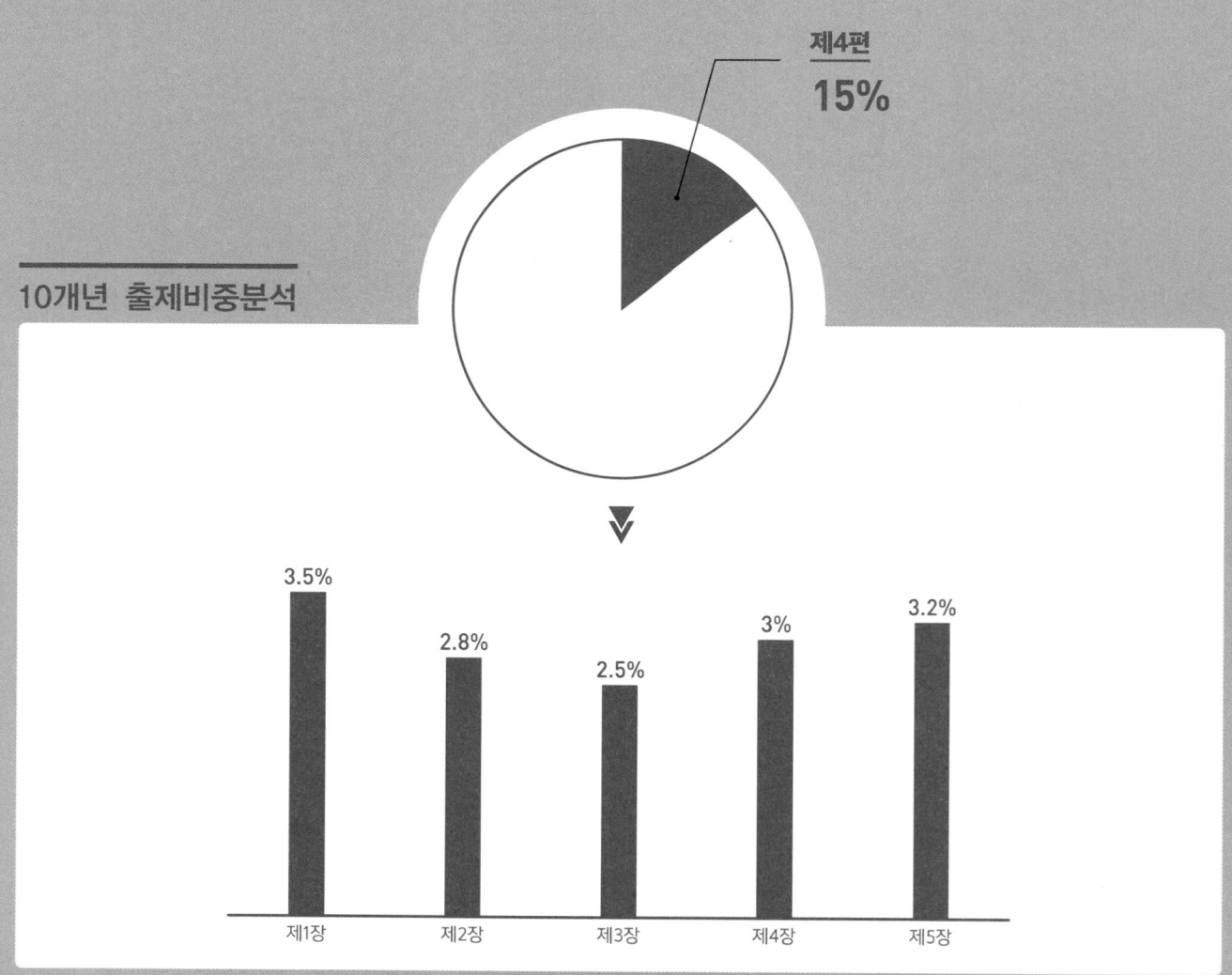

제4편

민사특별법

제1장 주택임대차보호법
제2장 상가건물 임대차보호법
제3장 가등기담보 등에 관한 법률
제4장 집합건물의 소유 및 관리에 관한 법률
제5장 부동산 실권리자명의 등기에 관한 법률

제1장 주택임대차보호법

목차 내비게이션 제4편 민사특별법

- **제1장** 주택임대차보호법
- 제2장 상가건물 임대차보호법
- 제3장 가등기담보 등에 관한 법률
- 제4장 집합건물의 소유 및 관리에 관한 법률
- 제5장 부동산 실권리자명의 등기에 관한 법률

출제경향
매년 보통 1문항이 출제된다.

학습전략
- 대항력 있는 임차권과 대항력 없는 임차권을 구별하여야 한다.
- 묵시갱신과 최단기간을 이해하여야 한다.
- 보증금 회수 보장방법을 이해하여야 한다.

핵심개념

1. [적용범위]
   본 법률이 적용되는 경우 ★☆☆☆☆ p.485
2. [기간의 보장]
   최단기간 2년 보장 ★★☆☆☆ p.486
   묵시갱신/갱신요구권 ★★★☆☆ p.486
3. [대항력]
   대항력 ★★★★☆ p.489

4. [보증금 회수의 보장]
   보증금의 우선변제권 ★★★☆☆ p.495
   최우선변제권 ★★☆☆☆ p.497
   임차권등기명령제도 ★★☆☆☆ p.500
   경매신청의 특례 ★★☆☆☆ p.501

01 서론 제26·27·28·29·30·31·32·33·34·35회

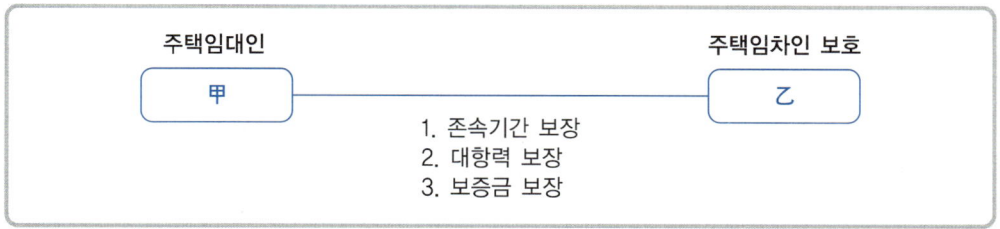

1. 의의

(1) 입법목적

「주택임대차보호법」은 주거용 건물의 임대차에 관하여 「민법」에 대한 특례를 규정함으로써 국민의 '주거생활의 안정(주거권)'을 보장함을 목적으로 한다.

(2) 「민법」의 특별법

주거용 건물의 임대차에 관하여는 「민법」의 임대차에 관한 규정에 우선하여 「주택임대차보호법」이 적용된다.

(3) 편면적 강행규정

주임법에 위반한 약정으로서 임차인에게 불리한 약정❶은 효력이 없다.

2. 적용범위

(1) 본 법률이 적용되는 경우 제27회

① 주거용 건물의 임대차

> 제2조【적용범위】이 법은 주거용 건물(이하 '주택'이라 한다)의 전부 또는 일부의 임대차에 관하여 적용한다. 그 임차주택의 일부가 주거 외의 목적으로 사용되는 경우에도 또한 같다.

㉠ 주거용인가의 여부는 실제 용도가 기준이다. 주거용이냐 비주거용이냐의 판단은 등기부나 건축물관리대장 등 공부상의 표시에 의하여 형식적으로 판단할 일이 아니고 건물의 '실제 용도로 판단'하여야 한다(대판 1995.3.10, 94다52522).

㉡ 무허가, 미등기 건물: 임차주택이기만 하면 건물의 내역을 따지지 아니하므로 허가받은 건물인지, 등기를 마친 건물인지를 구별하지 아니하고 본법은 적용된다(대판 2007.6.21, 2004다26133 전원합의체).

㉢ 겸용건물: 본 법률은 겸용건물(주거용과 영업용을 겸할 때), 즉 주거용 건물의 일부가 주거 외의 목적으로 사용되는 경우에도 적용된다. 그러나 비주거용 건물에 주택의 목적으로 일부를 사용하는 경우에는 주거용 건물이라 할 수 없고 주임법이 적용되지 않는다(대판 1987.4.28, 86다카2407).

ㄹ. '등기하지 아니한 전세계약(채권적 전세)'에 관하여도 준용된다(제12조).
ㅁ. 소유자는 아니나 적법한 임대권한을 가진 자와 계약체결한 때

> 「주택임대차보호법」이 적용되는 임대차는, 반드시 임차인과 주택의 소유자인 임대인 사이에 임대차계약이 체결된 경우에 한정된다고 할 수는 없고, 나아가 주택의 소유자는 아니지만 주택에 관하여 적법하게 임대차계약을 체결할 수 있는 권한을 가진 임대인(주택의 신탁자는 사실상 처분 권원을 가진 자)과의 사이에 임대차계약이 체결된 경우도 포함된다(대판 1995.10.12, 95다22283).

기출 CHECK ✓
본 법률은 반드시 임차인과 주택의 소유자인 임대인 사이에 임대차계약이 체결된 경우에 한하여 적용된다.
정답 ✗

(2) 본 법률이 적용되지 않는 경우 제28회
① 일시사용을 위한 임대차임이 명백한 때
② 법인이 임차인일 경우: 법인은 주민등록을 구비할 수 없기 때문에 원칙적으로 본 법률이 적용되지 않는다. 예외적으로 다음의 경우에는 적용된다.
「중소기업기본법」상의 법인이 소속 직원의 주거용으로 주택을 임차한 후 그 직원이 주민등록을 마친 때는 본 법률이 적용된다.

02 기간의 보장❶

❶ 대항력은 내용이 방대한 관계로 기간 보장을 먼저 간결하게 정리한다.

(1) 최단기간 2년 보장

> **제4조 【임대차기간 등】**
> ① 기간을 정하지 아니하거나 2년 미만으로 정한 임대차는 그 **기간을 2년으로 본다.** 다만, **임차인은 2년 미만으로 정한 기간**이 유효함을 주장할 수 있다.
> ② 임대차기간이 끝난 경우에도 임차인이 보증금을 반환받을 때까지는 임대차관계가 존속되는 것으로 본다.

① 기간의 정함이 없거나 기간을 2년 미만으로 정한 임대차는 그 기간을 2년으로 본다.
② 양 당사자가 아니라 '임차인만이 2년 미만'으로 정한 기간이 유효함을 주장할 수 있다.
③ 주택임대차의 기간을 1년으로 약정한 경우 임차인은 2년을 주장하거나 1년을 주장할 수 있는 선택권이 있다. 반면에 임대인은 1년을 주장할 수 없다.

기출 CHECK ✓
주택임대차의 기간을 2년 미만으로 정한 임대차는 2년으로 본다.
정답 ○

(2) 묵시갱신 제26·30회

> **제6조 【계약의 갱신】**
> ① 임대인이 임대차기간이 끝나기 "6개월 전부터 2개월 전"까지의 기간에 임차인에게 갱신거절의 통지를 하지 아니하거나 계약조건을 변경하지 아니하면 갱신하지 아니한다는 뜻의 통지를 하지 아니한 경우❷에는 그 기간이 끝난 때에 전 임대차와 동일한 조건으로 다시 임대차한 것으로 본다.

❷ '아무 말 없는 때'를 의미한다.

임차인이 임대차기간이 끝나기 "2개월 전"까지 통지하지 아니한 경우에도 같다.
② 제1항의 경우 임대차의 **존속기간은 2년으로 본다.**
③ **2기의 차임액에 달하도록 연체**하거나 그 밖에 임차인으로서의 의무를 현저히 위반한 임차인에 대하여는 제1항을 적용하지 아니한다.

제6조의2 【묵시적 갱신의 경우 계약의 해지】
① 제6조 제1항에 따라 계약이 갱신된 경우 같은 조 제2항에도 불구하고 **임차인은 언제든지 임대인에게 계약해지를 통지할 수 있다.**
② 제1항에 따른 해지는 임대인이 그 통지를 받은 날부터 **3개월이 지나면** 그 효력이 발생한다.

① 묵시갱신의 요건❶
  ㉠ 임대인이 임대차 기간만료 전 6개월부터 2개월까지 임차인에 대하여 아무런 통지를 하지 아니한 경우이어야 하며, 임차인이 임대차 기간만료 전 2개월까지 통지하지 아니한 경우에도 동일하다(제6조 제1항).
  ㉡ 2기의 차임액에 달하도록 차임을 연체한 임차인에 대해서는 위와 같은 묵시적 갱신은 적용되지 않는다.
  ㉢ 존속기간: 묵시갱신된 경우 존속기간은 '2년'으로 본다.
② 묵시갱신의 경우 임차인만 언제든지 해지권이 있다. 묵시적 갱신의 경우 '**임차인만 언제든지**' 임대인에 대하여 계약해지의 통고를 할 수 있다.
  이 경우 임대인이 그 '통지를 받은 날로부터 3개월이 경과'하면 계약은 종료된다. 임대인은 **2년간 중도해지를 할 수 없으므로 2년으로 강제된다.**❷

❶ 묵시갱신의 비교
• 「민법」의 임대차 기간약정이 없는 것
• 전세권 기간약정이 없는 것
• 주택임대차가 묵시갱신: 2년
• 상가임대차가 묵시갱신: 1년

❷ 「민법」상 전세권에서는 양 당사자가 소멸통고할 수 있다. 그 효력은 6개월 후에 발생한다.

확인예제

乙은 甲 소유의 X주택에 대하여 보증금 3억원으로 하는 임대차계약을 甲과 체결한 다음 즉시 대항요건을 갖추고 확정일자를 받아 현재 거주하고 있다. 다음 설명 중 옳은 것은? 제29회

① 묵시적 갱신으로 인한 임대차계약의 존속기간은 2년이다.
② 임대차기간을 1년으로 약정한 경우, 乙은 그 기간이 유효함을 주장할 수 없다.
③ 임대차계약이 묵시적으로 갱신된 경우, 甲은 언제든지 乙에게 계약해지를 통지할 수 있다.
④ 乙은 임대차가 끝나기 전에 X주택의 소재지를 관할하는 법원에 임차권등기명령을 신청할 수 있다.
⑤ 임대차기간이 만료하기 전에 甲이 丙에게 X주택을 매도하고 소유권이전등기를 마친 경우, 乙은 丙에게 임차권을 주장할 수 없다.

해설
② 임대차기간을 1년으로 약정한 경우, 임차인 乙은 그 기간이 유효함을 주장할 수 있으나, 임대인은 1년을 주장할 수 없다.
③ 임대차계약이 묵시적으로 갱신된 경우, 임대인 甲이 아니라 임차인 乙만 언제든지 계약해지를 통지할 수 있다.
④ 임대차가 끝난 후 임차권등기명령을 신청한다.
⑤ 임차인은 대항력이 있으므로 양수인에게 임차권으로 대항할 수 있다.

정답: ①

❶ 계약갱신요구권은 임차인의 일방적 의사표시에 의하여 임대차계약갱신의 효과가 발생하는 형성권이다.

❷ 끝나기 6개월 전부터 2개월 전까지

❸ 임대인이 갱신요구를 거절할 수 있는 주요 사유
1. 동의 없이 전대
2. 중과실 파손
3. 2기 연체
4. 재건축
5. 실거주

❹ 제6조의2
임차인은 언제든지 해지할 수 있고 3개월 후 효력이 발생한다.

(3) 계약갱신요구권❶

제6조의3 【계약갱신 요구 등】

① 제6조에도 불구하고 임대인은 임차인이 제6조 제1항 **전단의 기간 이내**❷에 계약갱신을 요구할 경우 정당한 사유 없이 거절하지 못한다. 다만, 다음 각 호의 어느 하나에 해당하는 경우에는 그러하지 아니하다.❸
1. 임차인이 **2기의 차임액**에 해당하는 금액에 이르도록 차임을 연체한 사실이 있는 경우
2. 임차인이 거짓이나 그 밖의 부정한 방법으로 임차한 경우
3. 서로 **합의하여 임대인이 임차인에게 상당한 보상**을 제공한 경우
4. 임차인이 임대인의 **동의 없이 목적 주택의 전부 또는 일부를 전대(轉貸)**한 경우
5. 임차인이 임차한 주택의 전부 또는 일부를 고의나 **중대한 과실로 파손**한 경우
6. 임차한 주택의 전부 또는 일부가 멸실되어 임대차의 목적을 달성하지 못할 경우
7. 임대인이 다음 각 목의 어느 하나에 해당하는 사유로 목적 주택의 전부 또는 대부분을 **철거하거나 재건축하기 위하여** 목적 주택의 점유를 회복할 필요가 있는 경우
   가. 임대차계약 체결 당시 공사시기 및 소요기간 등을 포함한 철거 또는 재건축 계획을 임차인에게 구체적으로 고지하고 그 계획에 따르는 경우
   나. 건물이 노후·훼손 또는 일부멸실되는 등 안전사고의 우려가 있는 경우
   다. 다른 법령에 따라 철거 또는 재건축이 이루어지는 경우
8. 임대인(임대인의 **직계존속·직계비속을 포함한다**)이 주택에 **실제 거주**하려는 경우
9. 그 밖에 임차인이 임차인으로서의 의무를 현저히 위반하거나 임대차를 계속하기 어려운 중대한 사유가 있는 경우

② 임차인은 제1항에 따른 **계약갱신요구권을 1회에 한하여** 행사할 수 있다. 이 경우 갱신되는 임대차의 **존속기간은 2년**으로 본다.
③ 갱신되는 임대차는 전 임대차와 동일한 조건으로 다시 계약된 것으로 본다. 다만, **차임과 보증금은 제7조의 범위**에서 증감할 수 있다.
④ 제1항에 따라 갱신되는 임대차의 해지에 관하여는 제6조의2❹를 준용한다.
⑤ 임대인이 제1항 제8호의 사유로 갱신을 거절하였음에도 불구하고 갱신요구가 거절되지 아니하였더라면 갱신되었을 **기간이 만료되기 전에 정당한 사유 없이 제3자에게 목적 주택을 임대한 경우** 임대인은 갱신거절로 인하여 임차인이 입은 손해를 배상하여야 한다.

판례

임차주택의 **양수인**도 실거주를 이유로 임차인의 갱신요구를 거절할 수 있다. 임차인이 갱신요구를 할 당시의 임대인만 갱신거절권을 행사할 수 있는 것은 아니다.

> **확인예제**
>
> 「주택임대차보호법」상 임차인의 계약갱신요구권에 관한 설명으로 옳은 것을 모두 고른 것은?
> 제32회
>
> > ㉠ 임대차기간이 끝나기 6개월 전부터 2개월 전까지의 기간에 행사해야 한다.
> > ㉡ 임대차의 조건이 동일한 경우 여러 번 행사할 수 있다.
> > ㉢ 임차인이 임대인의 동의 없이 목적 주택을 전대한 경우 임대인은 갱신요구를 거절하지 못한다.
>
> ① ㉠   ② ㉡   ③ ㉢
> ④ ㉠, ㉢   ⑤ ㉡, ㉢
>
> **해설**
>
> 옳은 것은 ㉠이다.
> ㉡ 1회에 한한다.
> ㉢ 동의 없이 전대시 임대인은 갱신거절할 수 있다.
>
> 정답: ①

03 대항력

용어사전
대항력
계약관계의 당사자가 아닌 제3자(신 소유자)에게 임차권을 주장할 수 있는 힘을 말한다.

> **제3조【대항력 등】**
> ① 임대차는 그 등기(登記)가 없는 경우에도 임차인(賃借人)이 주택의 인도(引渡)와 주민등록을 마친 때에는 그 다음 날부터 제3자에 대하여 효력이 생긴다. 이 경우 전입신고를 한 때에 주민등록이 된 것으로 본다.
> ② 주택도시기금을 재원으로 하여 저소득층 무주택자에게 주거생활 안정을 목적으로 전세임대주택을 지원하는 법인이 주택을 임차한 후 지방자치단체의 장 또는 그 법인이 선정한 입주자가 그 주택을 인도받고 주민등록을 마쳤을 때에는 제1항을 준용한다. 이 경우 대항력이 인정되는 법인은 대통령령으로 정한다.
> ③ 「중소기업기본법」제2조에 따른 중소기업에 해당하는 법인이 소속 직원의 주거용으로 주택을 임차한 후 그 법인이 선정한 직원이 해당 주택을 인도받고 주민등록을 마쳤을 때에는 제1항을 준용한다.
> ④ 임차주택의 양수인(讓受人)(그 밖에 임대할 권리를 승계한 자를 포함한다)은 임대인(賃貸人)의 지위를 승계한 것으로 본다.
> ⑤ 이 법에 따라 임대차의 목적이 된 주택이 매매나 경매의 목적물이 된 경우에는 「민법」제575조 제1항·제3항 및 같은 법 제578조를 준용한다.
> ⑥ 제5항의 경우에는 동시이행의 항변권(抗辯權)에 관한 「민법」제536조를 준용한다.
>
> **제3조의5【경매에 의한 임차권의 소멸】** 임차권은 임차주택에 대하여 「민사집행법」에 따른 경매가 행하여진 경우에는 그 임차주택의 경락(競落)에 따라 소멸한다. 다만, **보증금이 모두 변제되지 아니한, 대항력이 있는 임차권**은 그러하지 아니하다.

1. 대항력의 취득요건(주택의 인도와 주민등록)

(1) 대항력

대항력이란 계약관계의 당사자가 아닌 제3자(신 소유자 = 양수인)에게 채권에 불과한 임차권을 주장할 수 있는 힘을 말한다.

(2) 주택의 인도

① 임차인이 주택에 거주하여 점유를 이전받아 사실상 지배를 하여야 한다.
② 대항력은 임차인이 당해 주택에 거주하면서 이를 직접 점유하는 경우뿐만 아니라 타인의 점유를 매개로 하여 이를 간접점유하는 경우에도 인정될 수 있을 것이나, 그 경우 당해 주택에 실제로 거주하지 아니하는 간접점유자인 임차인은 주민등록의 대상이 되는 '당해 주택에 주소를 가진 자(「주민등록법」)'가 아니어서 그 자의 주민등록은 「주민등록법」 소정의 적법한 주민등록이라고 할 수 없고, 임차인과의 점유매개관계에 기하여 당해 주택에 실제로 거주하는 직접점유자가 자신의 주민등록을 마친 경우에 한하여 비로소 그 임차인의 임대차가 제3자에 대하여 적법하게 대항력을 취득할 수 있다(대판 2001.1.19, 2000다55645).

(3) 임차인의 주민등록

① '주민등록'의 공시: 임차권의 존재를 제3자가 명백히 인식할 수 있게 하는 공시방법으로 마련된 것으로서, 임차주택의 실제표시와 불일치한 표시로 행하여진 주민등록은 공시방법으로 적합하지 않으므로 그 임차권자는 대항력을 가질 수 없어 우선변제를 받을 수 없다.
② 주민등록의 수리: 주민등록의 신고는 행정청에 도달하기만 하면 신고로서의 효력이 발생하는 것이 아니라 '행정청이 수리'한 경우에 비로소 신고의 효력이 발생한다. 따라서 주민등록 신고서를 행정청에 제출하였다가 행정청이 이를 수리하기 전에 신고서의 내용을 수정하여 수정된 전입신고서가 수리되었다면 수정된 사항에 따라서 주민등록 신고가 이루어진 것으로 보는 것이 타당하다(대판 2009.1.30, 2006다17850).
③ 주민등록의 방법
  ㉠ 임차인 본인이나 배우자, 가족의 주민등록도 유효하다. 주민등록이라는 대항요건은 임차인 본인뿐만 아니라 그 배우자나 자녀 등 가족의 주민등록을 포함한다(대판 1996.1.26, 95다30338).
  ㉡ 임차인이 전대차를 하여 간접점유한 경우: 임차인과의 점유매개관계에 기하여 당해 주택에 실제로 거주하는 직접점유자가 자신의 주민등록을 마친 경우에 한하여 비로소 그 임차인의 임대차가 제3자에 대하여 적법하게 대항력을 취득할 수 있다(대판 2001.1.19, 2000다55645).

기출 CHECK ✓

주민등록이라는 대항요건은 임차인 본인뿐만 아니라 그 가족의 주민등록을 포함한다.

정답 O

ⓒ 다세대주택이나 아파트의 경우 동·호수를 기재할 것: 연립주택의 경우 동·호수의 표시 없이 그 지번만을 신고하여 주민등록을 한 경우에는 유효한 공시방법으로 볼 수 없다(대판 1996.2.23, 95다48421).

ⓓ 다가구용 단독주택의 경우 지번만 기재함: 「건축법」이나 구「주택건설촉진법」상 이를 공동주택으로 볼 근거가 없어 단독주택으로 보는 이상 전입신고를 하는 경우 '지번'만 기재하는 것으로 충분하고, 나아가 건물거주자의 편의상 구분지어 놓은 호수까지 기재할 의무가 없다(대판 1997.11.14, 97다29530).

ⓔ 다가구용 단독주택이었다가 다세대주택으로 변경되었다는 사정이 있어도 이미 취득한 대항력을 상실하지 않는다(건축물대장의 변동사항란에 전환내용을 확인하여 인식 가능하기 때문).

기출 CHECK ✓
다가구용 단독주택의 경우 동·호수까지 기재하여야 대항력이 인정된다.
정답 ✗

(4) 대항력의 발생시기 제32회

① 임차인은 주택의 인도와 주민등록을 마친 다음 날 0시부터 대항력을 취득한다(대판 1999.5.25, 99다9981).
  ㉠ 전입신고와 저당권등기가 같은 날(10월 1일) 이루어진 경우: 전입신고를 한 익일부터 대항력이 생기므로 저당권등기를 마친 자가 임차권에 우선한다.❶
  ㉡ 임차인의 주민등록과 인도는 10월 1일이고 저당권설정등기가 10월 2일인 경우: 임차인의 대항력이 발생하는 때는 10월 2일 0시이고 저당권등기는 10월 2일 오전 9시 이후(공무원이 출근한 시간)가 되므로 임차인은 대항력을 가진다.

② 매도인이 집을 팔고 같은 집을 다시 임대를 얻은 경우

> 기존에 주민등록을 마치고 주택에 거주하던 소유자가 주택을 타인에게 매도한 후 매수인으로부터 주택을 다시 임차한 경우, 종전 소유자인 주택의 양도인은 매수인 명의로 '소유권이전등기가 경료된 다음 날'부터 대항력을 취득한다(대판 2000.2.11, 99다59306).

❶ 저당권도 10월 1일, 임차인의 전입신고도 같은 날이면 저당권자가 우선한다.

기출 CHECK ✓
매도인이 집을 팔고 같은 집을 다시 임대를 얻은 경우 매수인 명의로 소유권이전등기가 경료된 익일부터 대항력이 생긴다.
정답 ○

③ 주민등록은 대항력의 취득요건이고 '존속요건': 주민등록은 취득시에만 필요한 것이 아니고 대항력을 유지하기 위해서 계속 존속하고 있어야 한다(대판 1987.2.24, 86다카1695).

④ 주민등록을 다른 곳으로 전출한 경우
  ㉠ '세대원 일부'만 다른 곳으로 전출한 때: 임차인이 가족과 함께 그 주택에 대한 점유를 계속하면서 가족의 주민등록은 그대로 둔 채 임차인만 주민등록을 다른 곳으로 일시 옮긴 경우에는 전체적·종국적으로 주민등록이 이탈된 것이 아니므로 대항력은 존속한다(대판 1996.1.26, 95다30338).

기출 CHECK ✓
임차인이 그 가족과 함께 일시적이나마 다른 곳으로 주민등록을 이전하여 전출하면 대항력은 소멸한다.
정답 O

ⓒ '세대원 전원'이 다른 곳으로 전출한 때: 이는 전체적으로나 종국적으로 주민등록의 이탈이라고 볼 수 있으므로 그 대항력은 그 전출 당시 이미 대항요건의 상실로 소멸된다. 그 후 그 임차인이 얼마 있지 않아 다시 원래의 주소지로 주민등록을 재전입하였다 하더라도 이로써 소멸되었던 대항력이 당초에 소급하여 회복되는 것이 아니라 그 재전입한 때부터 그와는 동일성이 없는 새로운 대항력이 재차 발생하는 것이다(대판 1998.1.23, 97다43468).

⑤ 임차인의 주민등록이 직권말소된 경우 원칙적으로 그 대항력은 상실한다. 그 직권말소가 「주민등록법」 소정의 이의절차에 의하여 회복된 경우에는 소급하여 대항력이 유지된다(대판 2002.10.11, 2002다20957).

⑥ 임차인이 지위를 강화하고자 별도로 최선순위로 전세권설정등기를 마친 경우

> ⊙ 「주택임대차보호법」상의 대항요건을 상실한 경우, 「주택임대차보호법」상의 대항력을 상실한다(대판 2010.6.24, 2009다40790).
> ⓒ 임차인으로서 배당요구하였다면 전세권에 관하여는 배당요구를 한 것으로 볼 수 없다.
> ⓒ 최선순위 전세권자로서 배당요구를 하여 전세권이 매각으로 소멸되었다고 하더라도 '변제받지 못한 나머지 보증금'에 기하여 임차인으로서의 대항력을 행사할 수 있다(대판 2010.7.26, 2010마900).

2. 대항력의 내용

임차주택의 양수인은 임대인의 지위를 승계한 것으로 본다(제3조 제4항). 임차주택이 양도되면 보증금반환의무자는 누구인가?

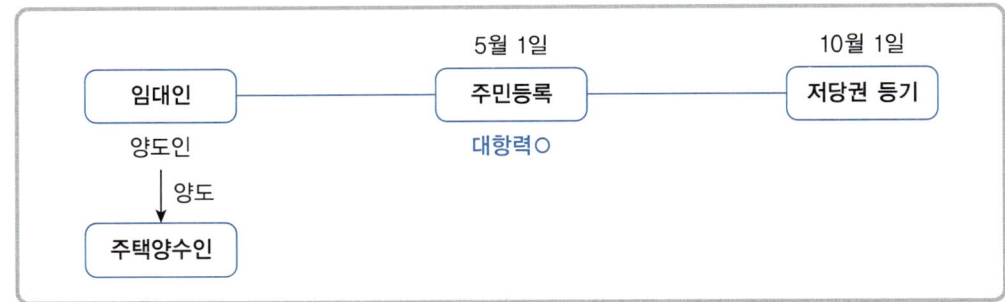

기출 CHECK ✓
1 대항력을 갖춘 상태에서 임차주택이 양도되면 임차인은 주택의 양수인에게 보증금의 반환을 청구할 수 있다.
정답 O

2 임차인이 대항력을 갖춘 상태에서 주택이 양도되면 항상 주택의 양수인에게 보증금반환의무가 승계된다.
정답 X

(1) 원칙

① 주택의 양수인이 보증금반환의무를 승계한다. '특별한 사정이 없는 한' 주택 양도인의 임차보증금반환채무는 소멸하고, 양수인이 임대인의 보증금반환의무를 주택의 소유권과 결합하여 일체로서 승계하므로 임차인은 주택의 양수인에게만 보증금의 반환을 청구할 수 있다(대판 1996.2.27, 95다35616).

② 주택의 양수인이 임차인에게 보증금을 반환하여도 이는 자신의 채무변제로서 양도인에게 부당이득반환을 청구할 수 없다.

③ 한편, 양수인이 보증금반환채무를 부담하게 된 이후에 임차인이 주민등록을 다른 곳으로 옮겼다하여 이미 발생한 양수인의 보증금반환채무가 소멸하지 않는다(대판 1993.12.7, 93다36615).

(2) 예외

'특별한 사정이 있을 때(임차인이 이의제기를 한 때)'에는 주택의 양수인이 보증금반환채무를 승계하지 않는다.

> ㉠ 임차인이 임대인의 지위승계를 원하지 않는 경우에는 임차인이 임차주택의 양도 사실을 안 때로부터 상당한 기간 내에 '이의를 제기'함으로써 승계되는 임대차관계의 구속으로부터 벗어날 수 있고, 그와 같은 경우에는 양도인의 임차인에 대한 보증금반환채무는 소멸하지 않는다(대판 2002.9.4, 2001다64615).
> ㉡ 임차주택의 양수인이 임대인의 지위를 당연히 승계한다는 내용의 「주택임대차보호법」 제3조 제4항도 주택 임차인이 법인인 경우에는 원칙적으로 적용되지 않는다. 따라서 임대인이 법인을 임차인으로 하는 주택을 양도한 경우에는 임대인의 임대차보증금 반환채무를 양수인이 면책적으로 인수하였다는 등의 특별한 사정이 없는 한 임대인의 법인에 대한 임대차보증금 반환채무는 위 주택 양도에도 불구하고 소멸하지 아니한다(대판 2024다215542).

(3) 주택의 양수인에게 임대인의 지위가 승계되는 경우 제27회

더 알아보기

㈎ 임차인의 주민등록이 저당권(말소기준권리)보다 먼저인 때❶
주택의 양수인은 임대인의 지위를 승계하므로 임차권을 주택의 양수인에게 주장할 수 있다.

㈏ 중간임차인이 선순위저당권의 채권을 대위변제하여 1번 저당권이 소멸한 경우
甲 소유 건물에 1번 저당권자 乙, 임차인 丙, 2번 저당권자 丁순으로 있다가 낙찰 대금 완납 전에 1순위 근저당권(말소기준 권리)이 다른 사유로 소멸하는 경우에는 선순위근저당권이 없는 주택이 되므로 그 임차권의 대항력은 소멸하지 아니한다(대판 2003.4.25, 2002다70075).

㈐ 대항력갖춘 임차인의 보증금반환채권에 가압류 후 건물양도한 경우
주택의 양수인이 채권가압류의 제3채무자 지위(임대인의 지위)를 승계하는가에 대하여 판례는 임대주택의 양도로 임대인의 지위가 일체로 양수인에게 이전된다면 채권가압류의 제3채무자의 지위도 임대인의 지위와 분리될 수 없고 함께 이전된다고 볼 수밖에 없다고 본다. 따라서 임차인의 임대차보증금반환채권이 가압류된 상태에서 임대주택이 양도되면 양수인이 채권가압류의 제3채무자의 지위도 승계하고, 가압류권자는 임대주택의 양도인이 아니라 양수인에 대하여만 위 가압류의 효력을 주장할 수 있다(대판 2013.1.17, 2011다49523 전원합의체).

❶ 말소기준권리보다 먼저 전입신고한 임차권은 경매로 소멸하지 않는다. 그 건물의 양수인은 임대인의 보증금반환의무를 승계한다.

(라) **보증금반환채권에 대한 압류 및 전부명령 이후에 임대인이 주택을 양도한 경우**
양도인(甲)은 보증금반환의무를 부담하지 않고 **주택양수인(乙)에게 전부금반환의무가 승계된다**(대판 2005.9.9, 2005다23773).

(마) 임대인의 지위를 상속한 경우
임차주택의 양수인이 될 수 있는 경우는 주택을 임대할 권리나 이를 수반하는 권리를 '종국적, 확정적으로 이전'받게 되는 경우라야 하므로 매매, 증여, 경매, 상속, 공용징수 등에 의하여 임차주택의 소유권을 취득한 자 등은 위 조항에서 말하는 임차주택의 양수인에 해당하고, 임대인의 지위를 상속받은 상속인들도 임대인의 지위를 승계하는데 이때 그 여러 명의 상속인들의 **보증금반환의무는 불가분채무의 성질**을 가진다(판례).

(4) 주택양수인에게 임대인의 지위가 승계되지 않는 경우❶ 제31회

> **더 알아보기**
>
> (가) 선순위저당권(말소 기준권리)보다 나중에 임차인이 주민등록을 마친 경우
> 저당권의 실행으로 임차주택이 경매되어 낙찰자에게 소유권이 양도된 때에는 임차권은 경매로 소멸한다. 그러므로 **주택양수인은 임대인의 지위를 승계하지 않는다.**
>
> (나) 주택이 아닌 대지의 매수인
> 임차주택의 양수인이라 함은 임대차의 목적이 된 주거용 건물의 양수인을 의미하고, 그 '**대지를 경락받은 자**'를 위에서 말하는 임차주택의 양수인이라고 할 수는 없다(대판 1998.4.10, 98다3276).
>
> (다) 중간에 낀 임차인(1순위 저당권, 임차권, 2순위 저당권의 순으로 존재할 때)
> 후순위권리자의 실행으로 목적부동산이 경락되어 그 선순위저당권(말소기준권리)이 함께 소멸하는 경우 선순위저당권자 뒤에 **대항요건을 갖춘 임차권도 함께 소멸**하므로 **건물의 경락인은 임대인의 지위를 승계하지 않는다**(대판 1987.3.10, 86다카1114). 그 임차인은 보증금을 전액배당받지 못하여도 임차권을 경락인에게 대항할 수 없다.
>
> (라) 임차인이 이의제기한 경우
> 임대차종료 후 주택양도시에 주택양수인에게 임차인이 임대인의 지위 승계를 원하지 않는 경우에는 임차인이 임차주택의 양도사실을 안 때로부터 **상당한 기간 내에 '이의를 제기'**한 경우에는 **양도인(임대인)의 임차인에 대한 보증금반환채무는 소멸하지 않는다**(대판 2002.9.4, 2001다64615).
>
> (마) 주택이 양도담보로 제공된 경우
> 임차주택의 양수인이 될 수 있는 경우는 주택을 임대할 권리나 이를 수반하는 권리를 종국적, 확정적으로 이전받게 되는 경우라야 하므로 매매, 증여, 경매, 상속등에 의하여 임차주택의 소유권을 취득한 자 등은 위 조항에서 말하는 임차주택의 양수인에 해당된다고 할 것이나, 이른바 주택의 양도담보의 경우는 채권담보를 위하여 신탁적으로 양도담보권자에게 주택의 소유권이 이전될 뿐이어서, 양도담보권자에게 확정적, 종국적으로 이전되는 것도 아니므로 **양도담보권자는 이 법 조항에서 말하는 '양수인'에 해당되지 아니한다**(대판 1993.11.23, 93다4083).

❶ 말소기준권리(1번 저당권)보다 늦게 전입신고한 임차권은 경매로 소멸한다. 이때 주택의 양수인은 임대인의 지위를 승계하지 않는다.

04 보증금 회수의 보장❶

제3조의2 【보증금의 회수】
② 제3조 제1항·제2항 또는 제3항의 **대항요건과** 임대차계약증서상의 **확정일자를 갖춘 임차인**은 「민사집행법」에 따른 경매 또는 「국세징수법」에 따른 공매(公賣)를 할 때에 임차주택(대지를 포함한다)의 **환가대금**(換價代金)에서 후순위권리자나 그 밖의 채권자보다 우선하여 보증금을 변제받을 권리가 있다.
③ 임차인은 임차주택을 양수인에게 인도하지 아니하면 제2항에 따른 보증금을 받을 수 없다.

❶ 보증금 회수 보장 방법
1. 우선변제권
2. 최우선변제권
3. 임차권등기명령제도
4. 경매신청의 특례

확정일자부 우선변제권과 최우선변제권의 비교

구분	확정일자부 우선변제권 (제3조의2)	최우선변제권 (제8조)
1. 구비 요건	대항요건과 확정일자	대항요건(확정일자 ×)
2. 배당순위	후순위담보권보다 우선변제받음	선순위담보권보다 보증금 중 일정액을 최우선변제받음
3. 보증금액수 제한 여부	보증금액수에 제한이 없음	보증금액수가 일정액 이하일 것

1. 보증금의 우선변제권(확정일자부 우선변제권)

(1) 우선변제권의 요건(대항요건 + 확정일자) 제30회

① 대항요건(주택의 인도와 주민등록)과 '확정일자'를 갖추어야 한다.
  ㉠ 확정일자를 기준으로 저당권과의 배당순위를 결정하는 중요한 역할을 한다.
  ㉡ 확정일자부의 작성: 확정일자 부여기관(예 동 주민센터, 읍·면사무소, 등기소 등)은 1년 단위로 해당 주택의 소재지, 확정일자 부여일, 차임 및 보증금 등을 기재한 확정일자부를 작성하여야 한다.
  ㉢ 임대차계약을 체결하려는 자는 임대인의 동의를 받아 확정일자 부여기관에 정보제공(차임, 보증금 등 법 제3조의6)을 요청할 수 있다.
  ㉣ 임대인의 정보제시의무: 임대차계약을 체결할 때 임대인은 차임, 보증금의 정보, 납세증명서 등을 임차인에게 제시하여야 한다(법 제3조의7).❷
② 임차인이 우선변제권을 행사하기 위해서는 당해 임차주택이 경매에 의하여 매각되어야 한다.
③ 배당요구할 것
  ㉠ 임차인이 환가대금으로부터 우선변제를 받기 위해서는 경매법원에 배당요구를 하여야 한다.
  ㉡ 이때 배당요구는 임차인의 임대차계약이 종료한 후에만 행사할 수 있는가? 종전에는 임대차 종료 후에만 배당요구하여 우선변제를 받았으나 법률개정으로 임대차 '종료 전'에도 배당요구를 할 수 있다.❸

기출 CHECK ✓

1 우선변제를 받기 위하여는 대항요건과 확정일자를 구비하여야 한다.
정답 O

2 최우선변제를 받기 위하여는 확정일자는 요건이 아니다.
정답 O

❷ 빌라왕 사기로 신설된 조문

❸ 임차인은 기간만료 전에도 우선변제권 행사가 허용된다.

기출 CHECK ✓
주민등록이 유지되어야 할 최종시점은 배당요구시가 아니라 배당요구의 종기인 경락기일까지이다.
정답 O

❶ 전입신고(6월 1일)와 확정일자(3월 1일) 중 늦은 것이 기준일로 작용한다.

기출 CHECK ✓
임차보증금반환채권자도 선순위 가압류채권자와는 평등배당의 관계에 있다.
정답 O

기출 CHECK ✓
임차인의 우선변제권은 주택과 대지의 환가대금에서 인정된다.
정답 O

기출 CHECK ✓
대지만이 경매되는 경우에도 그 대지의 경매대금에서 주택임차인이 우선변제권을 행사할 수 있다.
정답 O

❷ 중간에 낀 임차인과 대항력 있는 임차인 비교
• 중간에 낀 임차인은 배당요구로 전액을 받지 못하면 임차권은 소멸한다.
• 대항력 있는 임차인은 전액배당을 받지 못하면 경락인에게 대항할 수 있다.

ⓒ 주택의 인도와 주민등록이 유지되어야 할 최종시점은 배당요구시가 아니라 '배당요구의 종기인 경락기일'까지이다(대판 2002.8.13, 2000다61466).

(2) 효과 제30회

① 확정일자를 기준으로 우선순위가 결정된다. 임차인은 후순위권리자나 일반채권자에 우선하여 변제를 받을 수 있다.❶

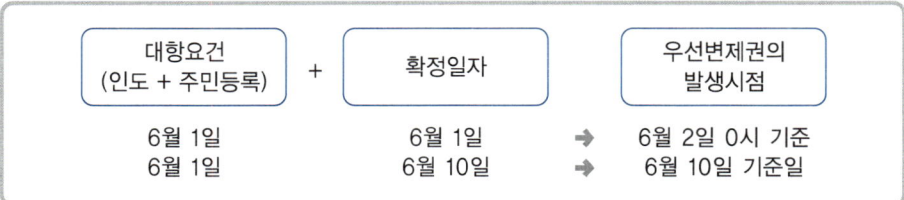

② 건물의 임차인이라 해도 건물과 '대지를 포함한 환가대금'으로부터 우선변제를 받을 수 있다(제3조의2 제2항).

> **임차주택이 미등기인 경우**
> 임차인이 대항요건과 확정일자를 갖춘 경우에 주택과 대지가 함께 경매되는 경우뿐만 아니라 '임차주택과 별도로 그 대지만이 경매되는 경우'에도 그 대지의 경매대금에서 주택임차인이 우선변제권을 행사할 수 있다. 따라서 임대차 성립 당시 임대인의 소유였던 '대지가 타인에게 경매로 양도'되어 임차주택과 대지의 소유자가 달라지게 된 경우에도 임차인의 우선변제권이 인정된다(대판 2007.6.21, 2004다26133 전원합의체).

③ 임차인이 임차주택의 환가대금에서 우선배당된 '보증금을 수령'하기 위하여는 임차주택을 양수인에게 '인도'하여야 한다(제3조의2 제3항). 이는 임차인이 보증금을 반환받기 위해서는 주택명도의무를 선이행하여야 하는 것은 아니다.
④ 우선변제권을 갖춘 임차인이 소액임차인의 지위를 겸한 경우: 먼저 소액임차인으로서 일정액을 최우선변제 받고 나서 나머지 보증금에 대하여 대항요건과 확정일자를 갖춘 순위에 따라 배당한다(대판 2007.11.15, 2007다45562).
⑤ 최선순위로 대항력과 우선변제권을 겸한 경우 둘 중 하나를 선택할 수 있다.

> **최선순위로 대항력과 우선변제권을 겸한 경우**❷
> ㉠ 임차인은 대항력을 주장하여 낙찰자에게 임대차의 존속을 주장할 수 있다.
> ㉡ 임차인이 우선변제권을 선택하여 임차주택에 대하여 진행되고 있는 경매절차에서 보증금 전액에 대하여 배당요구를 하였다고 하더라도, 그 순위에 따른 배당이 실시된 경우 보증금 전액을 배당받을 수 없었던 때에는 보증금 중 경매절차에서 배당받을 수 있었던 금액을 공제한 잔액에 관하여 '경락인에게' 대항하여 이를 반환받을 때까지 임대차관계의 존속을 주장할 수 있다.

> 이 경우 임차인의 배당요구에 의하여 임대차는 해지되어 종료되고, 임차인이 보증금의 잔액을 반환받을 때까지 임대차관계가 존속하는 것으로 의제될 뿐이므로, **경락인**은 임대차가 종료된 상태에서의 **임대인의 지위를 승계**한다(대판 2002.9.4, 2001다64615).

⑥ 재전입시 확정일자는 다시 받을 필요 없으나 새로운 대항력이 다시 발생한다.

> 주택의 임차인이 그 주택의 소재지로 전입신고를 마치고 입주함으로써 임차권의 대항력을 취득한 후 **일시적이나마 다른 곳으로 주민등록을 이전**하였다면 그 전출 당시 대항요건을 상실함으로써 대항력은 소멸하고, 그 후 임차인이 다시 그 주택의 소재지로 주민등록을 이전하였다면 대항력은 당초에 소급하여 회복되는 것이 아니라 재전입한 때로부터 새로운 대항력이 다시 발생한다. 이 경우 전출 이전에 이미 임대차계약서상에 확정일자를 갖추었고 임대차계약도 재전입 전후를 통하여 그 동일성을 유지한다면, 임차인은 재전입시 임대차계약서상에 다시 확정일자를 받을 필요 없이 '재전입 이후에 그 주택에 관하여 담보물권을 취득한 자'보다 우선하여 보증금을 변제받을 수 있다(대판 1998.12.11, 98다34584)

2. 최우선변제권

> **제8조【보증금 중 일정액의 보호】** ① 임차인은 **보증금 중 일정액**을 다른 담보물권자보다 우선하여 변제받을 권리가 있다. 이 경우 임차인은 주택에 대한 **경매신청의 등기 전에 대항요건**을 갖추어야 한다.
>
> **시행령 제10조【보증금 중 일정액의 범위 등】**
> ② 임차인의 보증금 중 일정액이 주택가액의 2분의 1을 초과하는 경우에는 주택가액의 2분의 1에 해당하는 금액까지만 우선변제권이 있다.
> ④ 하나의 주택에 임차인이 2명 이상이고 이들이 그 주택에서 가정공동생활을 하는 경우에는 이들을 1명의 임차인으로 보아 이들의 각 보증금을 합산한다.

기출 CHECK ✓
대지에 저당권 설정 후에 건물이 신축되고 나서 일괄경매된 경우 그 건물의 임차인은 대지의 환가대금에서 우선변제를 받을 수 없다.

정답 ○

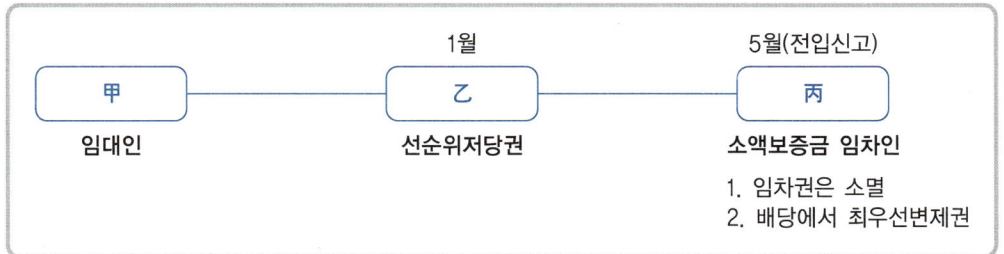

(1) 도입배경

선순위저당권(말소기준권리)이 있는 주택을 세입자가 임대하여 살던 중 주택이 경매된 경우, 소액보증금을 가진 임차인의 운명은?

① 임차권은 저당권보다 후순위이므로 경매로 소멸하기 때문에 경락인에게 대항하지 못한다(집을 비워주어야 한다).

② 원래 선순위저당권보다 전입신고가 후순위이므로 배당에서 늦어야 하나, 정책적 특례규정을 두어 보증금 중 일부만을 선순위담보권보다 최우선변제를 받도록 하여 약자를 보호하려는 국가의 정책적 배려 규정이다.

(2) 요건

① 보증금액이 소액임차인에 해당할 것

[2024.11. 기준]

지역	보증금의 액수	보증금 중 일정액 범위
서울특별시	1억 6,500만원 이하	5,500만원
과밀억제권	1억 4,500만원 이하	4,800만원
광역시	8,500만원 이하	2,800만원
기타 지역	7,500만원 이하	2,500만원

㉠ 최우선변제권은 임차보증금이 일정액 이하인 경우에만 적용: 신축건물에 대하여 '담보물권을 취득한 때를 기준'으로 소액임차인 및 소액보증금의 범위를 정하여야 한다(집 주인이 은행에 저당대출을 받는 연도를 기준으로 소액임차인 여부를 가려라, 대판 2010.6.10, 2009다101275).❶

㉡ 보증금의 감액 사건: 처음 임대차계약을 체결할 당시에는 보증금액이 많아 「주택임대차보호법」상 소액임차인에 해당하지 않았지만 그 후 새로운 임대차계약에 의하여 정당하게 보증금을 감액하여 소액임차인에 해당하게 되었다면, 임차인은 소액임차인으로 보호받을 수 있다(대판 2008.5.15, 2007다23203).

㉢ 근저당권이 설정된 사무실용 건물이 주거용 건물로 용도변경된 후 이를 임차한 소액임차인은 보증금 중 일정액을 근저당권자에게 우선하여 변제받을 수 있다(대판 2009.8.20, 2009다26879).

② 대항요건을 갖출 것(확정일자는 요건이 아니다)

㉠ 우선변제권은 제3조 제1항에서 요구되는 주택의 인도와 주민등록이라는 대항요건을 구비한 소액임차인에게만 인정된다.

㉡ 대항요건은 '주택에 대한 경매신청의 등기 전'에 구비하여야 하고, 배당요구의 종기까지 배당요구를 하여야 하며 배당요구의 종기(배당이 끝날 때)까지 계속 구비하고 있어야 한다.

---

❶ 서울에서 보증금 9천만원이면 경매시 보증금 9천만원 전액이 아니라 5,500만원을 선순위의 은행저당권보다 최우선변제를 받는다.

기출 CHECK ✓
근저당권이 설정된 사무실용 건물이 주거용 건물로 용도변경된 후 이를 임차한 소액임차인은 최우선변제를 받는다.

정답 ○

기출 CHECK ✓
확정일자는 임차인이 최우선변제를 받기 위한 요건이 아니다.

정답 ○

(3) 효력

① **최우선변제 금액의 적용**: 서울특별시의 경우 임차인의 보증금액수가 1억 6,500만 원 이하인 경우 주택이 경매되면 보증금 전액이 아니라 보증금 중 일정액, 즉 5,500만원을 선순위저당권보다도 최우선변제를 받는다.

② **최우선변제 금액이 '주택가액의 2분의 1'을 넘는 때**: 주택가액(대지가액을 포함)의 2분의 1에 해당하는 금액에 한하여 우선변제권이 인정된다(주임법 시행령 제10조 제2항).

③ **최우선변제 금액의 배당순위**: 소액임차인의 보증금 중 일정액은 다른 담보물권보다 항상 우선하여 보장되며, 국세·지방세 등의 모든 국세채권보다 우선한다. 다만, 근로자의 최종 3개월분의 임금 채권과는 동순위로 배당받는다.

④ 임차주택의 대지가 경매되면 주택의 임차인이 대지에서 최우선변제를 받아갈 수 있는가?

> **임차주택의 대지가 경매된 경우 주택의 임차인이 대지에서 최우선변제를 받아갈 수 있는가?**
>
> 미등기주택을 임차한 임차인이 대항요건과 확정일자를 갖춘 경우 '임차주택의 등기 없이' 그 주택의 '대지만 경매'된 경우에 대지의 환가대금에서 우선변제를 받을 수 있다. 소액임차인으로 우선변제받기 위하여는 반드시 임차주택과 대지를 함께 경매하여 임차주택 자체에 경매신청의 등기가 되어야 한다거나 임차주택에 경매신청의 등기가 가능한 경우로 제한하는 취지는 아니다. 위 규정이 '미등기주택'의 경우에 소액임차인의 '대지'에 관한 우선변제권을 배제하는 규정에 해당한다고 볼 수 없다(대판 2007.6.21, 2004다26133 전원합의체).

(4) 최우선변제권이 인정되지 않는 경우

① **임차권등기명령으로 등기된 주택을 그 후 임차한 자**: 임차권등기명령의 집행에 따른 임차권등기가 끝난 주택을 그 이후에 임차한 임차인은 제8조에 따른 우선변제를 받을 권리(최우선변제권)가 없다.

② **거주 목적 없이 채권회수 목적(위장 전입자)으로 한 경우**: 임대차계약의 주된 목적이 주택을 사용·수익하려는 것에 있는 것이 아니고, 실제적으로는 소액임차인으로 보호받아 선순위담보권자에 우선하여 채권을 회수하려는 것에 주된 목적이 있었던 경우에는 그러한 임차인을 「주택임대차보호법」상 소액임차인으로 보호할 수 없다(대판 2001.5.8, 2001다14733).

기출 CHECK ✓
임차주택이 매매된 경우 매매대금에서 최우선변제를 받을 수 있다.
정답 ✕

기출 CHECK ✓
임차주택의 대지만 경매된 경우에 대지의 환가대금에서 최우선변제를 받을 수 있다.
정답 ○

기출 CHECK ✓
임차권등기명령의 집행에 따른 임차권등기가 끝난 주택을 그 이후에 임차한 임차인은 최우선변제권이 없다.
정답 ○

3. 임차권등기명령제도

> **제3조의3 【임차권등기명령】**
> ① 임대차가 끝난 후 보증금이 반환되지 아니한 경우 임차인은 **임차주택의 소재지를 관할하는 지방법원·지방법원지원 또는 시·군 법원에 임차권등기명령을 신청할 수 있다.**
> ⑤ 임차인은 임차권등기명령의 집행에 따른 임차권등기를 마치면 제3조 제1항·제2항 또는 제3항에 따른 대항력과 제3조의2 제2항에 따른 우선변제권을 취득한다. 다만, **임차인이 임차권등기 이전에 이미 대항력이나 우선변제권을 취득한 경우에는 그 대항력이나 우선변제권은 그대로 유지**되며, 임차권등기 이후에는 제3조 제1항·제2항 또는 제3항의 **대항요건을 상실하더라도 이미 취득한 대항력이나 우선변제권을 상실하지 아니한다.**
> ⑥ 임차권등기명령의 집행에 따른 임차권등기가 끝난 주택(임대차의 목적이 주택의 일부분인 경우에는 해당 부분으로 한정한다)을 그 이후에 임차한 임차인은 제8조에 따른 우선변제를 받을 권리가 없다.
> ⑧ 임차인은 제1항에 따른 임차권등기명령의 신청과 그에 따른 임차권등기와 관련하여 든 비용을 임대인에게 청구할 수 있다.
> ⑨ 금융기관 등은 임차인을 대위하여 제1항의 임차권등기명령을 신청할 수 있다. 이 경우 제3항·제4항 및 제8항의 "임차인"은 "금융기관 등"으로 본다.

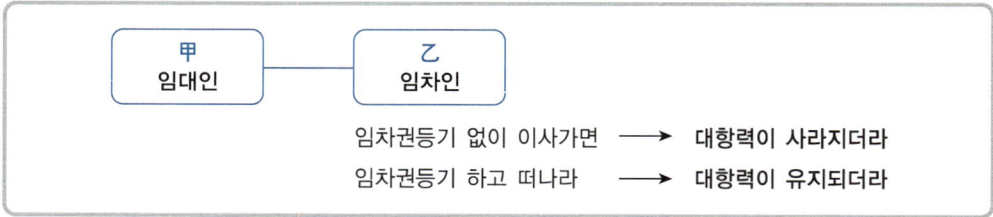

(1) 신설배경

임대차 종료 후 임차인이 보증금을 돌려받지 못한 상태에서 이사를 가거나 주민등록을 전출하면 대항요건을 상실하게 되어 대항력을 상실한다. 그 대안으로 임차인이 임차권등기명령에 따라 '등기를 하고 나서 이사를 가면 안심'할 수 있도록 대항력과 우선변제권을 유지시켜주는 규정을 2013년 신설하였다(제3조의3).

(2) 요건

① 임대차가 끝난 후 보증금이 반환되지 아니한 경우 임차인은 임차주택의 소재지를 관할하는 지방법원에 임차권등기명령을 신청할 수 있다(제3조의3 제1항). 여기서 임대인의 주소지나 세무서에 하는 것이 아님에 주의를 요한다.
② 임차인의 보증금반환채권을 양수한 금융기관 등은 임차인을 대위하여 임차권등기명령을 신청할 수 있다.

③ 법원의 임차권등기명령결정이 임대인에게 고지 전에도 가능하다. 법원의 임차권등기명령결정이 임대인에게 고지 전에도 가능하다. 법원에 의해 임차권등기가 실행되면 임대인에게 송달 없이도 효력이 생긴다. 이는 집주인이 송달을 회피하거나 주소불명으로 악용하는 것을 방지하고자 신설하였다.

(3) 임차권등기의 효력

① 임차권등기 이후에는 임차인이 '대항요건을 상실하더라도 이미 취득한 대항력과 우선변제권을 상실하지 아니한다'(제3조의3 제5항).
② 임차권등기명령의 집행에 의한 임차권등기가 마쳐진 주택을 그 이후에 임차한 임차인은 제8조에 의한 소액보증금의 최우선변제를 받을 권리가 없다.
③ 임차권등기명령에 따른 등기비용은 임대인이 부담한다.
④ 임대인의 임대차보증금의 반환의무가 임차인의 임차권등기 말소의무보다 먼저 이행되어야 할 의무이고 동시이행관계가 아니다(대판 2005.6.9, 2005다4529).
⑤ 임차권등기명령에 의하여 임차권등기를 한 임차인은 우선변제권을 가지며, 위 임차권등기는 임차인으로 하여금 기왕의 대항력이나 우선변제권을 유지하도록 해 주는 담보적 기능을 주목적으로 하고 있으므로, 그 임차인은 별도로 배당요구를 하지 않아도 당연히 배당받을 채권자에 속하는 것으로 보아야 한다(대판 2005.9.15, 2005다33039). ❶

4. 경매신청의 특례

> 제3조의2 【보증금의 회수】 ① 임차인(제3조 제2항 및 제3항의 법인을 포함한다. 이하 같다)이 임차주택에 대하여 보증금반환청구소송의 확정판결이나 그 밖에 이에 준하는 집행권원(執行權原)에 따라서 경매를 신청하는 경우에는 집행개시요건에 관한 「민사집행법」 제41조에도 불구하고 **반대의무의 이행이나 이행의 제공을 집행개시의 요건으로 하지 아니한다.**

임차인이 경매를 신청할 경우에는 반대급부를 제공하게 되면 집을 비워서 방을 빼야 되는데 그러면 대항력이 사라져서 우선변제권을 행사할 수 없는 문제점이 있었다. 그래서 「주택임대차보호법」에 「민사집행법」 제41조의 특례규정을 둔 것이다. 임차인이 경매신청을 할 때는 「민사집행법」 제41조에도 불구하고 '반대의무의 이행의 제공(임차물반환의무)을 집행개시요건으로 하지 아니한다(집을 비우지 않고도 경매를 청구할 수 있다는 의미).

기출 CHECK ✓
임차권등기 이후에는 임차인이 대항요건을 상실하더라도 이미 취득한 대항력과 우선변제권을 상실하지 아니한다.
정답 O

기출 CHECK ✓
1 임대인의 임대차보증금의 반환의무와 임차인의 임차권등기 말소의무는 동시이행관계가 아니다.
정답 O

2 보증금반환의무와 목적물의 인도의무는 동시이행관계이다.
정답 O

❶
• 확정일자부 임차권: 배당요구해야 한다.
• 임차권등기명령으로 등기: 배당요구를 하지 않아도 된다.

용어사전
집행권원
국가의 강제력으로 실현될 청구권의 존재를 표시하고 집행력을 부여하는 공정증서, 판결문 등을 말한다.

기출 CHECK ✓
임차인이 임차주택에 대하여 경매를 신청하는 경우, 반대의무 이행의 제공을 집행개시의 요건으로 하지 아니한다.
정답 O

5. 임대인의 납세정보제시 의무[신설조항]

> **제3조의7 【임대인의 정보 제시 의무】**
> 임대차계약을 체결할 때 임대인은 다음 각 호의 사항을 임차인에게 제시하여야 한다.
> 1. 해당 주택의 확정일자 부여일, 차임 및 보증금 등 정보. 다만, 임대인이 임대차계약을 체결하기 전에 제3조의6 제4항에 따라 동의함으로써 이를 갈음할 수 있다.
> 2. 「국세징수법」 제108조에 따른 납세증명서 및 「지방세징수법」 제5조제2항에 따른 납세증명서. 다만, 임대인이 임대차계약을 체결하기 전에 「국세징수법」 제109조 제1항에 따른 미납국세와 체납액의 열람 및 「지방세징수법」 제6조 제1항에 따른 미납지방세의 열람에 각각 동의함으로써 이를 갈음할 수 있다.

05 기타

1. 차임·보증금의 증감청구권 ❶

> **제7조 【차임 등의 증감청구권】**
> ① 당사자는 약정한 차임이나 보증금이 임차주택에 관한 조세, 공과금, 그 밖의 부담의 증감이나 경제사정의 변동으로 인하여 적절하지 아니하게 된 때에는 장래에 대하여 그 증감을 청구할 수 있다. 이 경우 **증액청구**는 임대차계약 또는 약정한 차임이나 보증금의 증액이 있은 후 **1년 이내**에는 하지 못한다.
> **제10조의2 【초과차임 등의 반환청구】** 임차인이 제7조에 따른 증액비율을 초과하여 차임 또는 보증금을 지급하거나 제7조의2에 따른 월 차임 산정률을 초과하여 차임을 지급한 경우에는 초과 지급된 차임 또는 보증금 상당 금액의 반환을 청구할 수 있다.

① 위 규정은 임대차계약의 '존속 중' 당사자 일방이 약정한 차임 등의 증감을 청구한 때에 한하여 적용된다.
② 임대차계약이 '종료된 후 재계약'을 하거나 임대차계약 '종료 전이라도 당사자의 합의로 차임 등이 증액'된 경우에는 적용되지 않는다(대판 2002.6.28, 2002다23482). 즉, 차임증액의 제한(5%)을 받지 않는다. ❷
③ 차임의 감액에는 법의 제한이 없다.

---

❶ 증액한도 비교
1. 주택임대차: 5%
2. 상가임대차: 5%
3. 전세권: 5%

❷
- 종료 후 재계약할 때에는 차임의 증액제한을 받지 않는다.
- 임차인이 갱신요구권을 행사한 때에는 5% 증액 제한을 받는다.

2. 주택임차권의 승계

> **제9조 【주택임차권의 승계】**
> ① 임차인이 **상속인 없이 사망한 경우**에는 그 주택에서 가정공동생활을 하던 사실상의 혼인관계에 있는 자가 임차인의 권리와 의무를 승계한다.
> ② 임차인이 사망한 때에 사망 당시 **상속인이 그 주택에서 가정공동생활을 하고 있지 아니한 경우**에는 그 주택에서 가정공동생활을 하던 사실상의 혼인관계에 있는 자와 2촌 이내의 친족이 공동으로 임차인의 권리와 의무를 승계한다.
> ③ 제1항과 제2항의 경우에 임차인이 사망한 후 1개월 이내에 임대인에게 제1항과 제2항에 따른 승계대상자가 반대의사를 표시한 경우에는 그러하지 아니하다.
> ④ 제1항과 제2항의 경우에 임대차관계에서 생긴 채권·채무는 임차인의 권리의무를 승계한 자에게 귀속된다.

(1) 상속의 경우

주택임차권은 상속인에게 상속된다.

(2) 주택임차인이 '상속권자 없이' 사망한 경우

임차인이 상속권자 없이 사망한 경우 주택에서 가정공동생활을 하던 '사실상의 혼인관계에 있는 자'가 있으면 사실혼 배우자가 임차인의 권리·의무를 승계한다.

(3) 주택임차인에게 상속권자가 있는 경우

① 상속권자가 '공동생활을 하고 있지 않은 경우': 임차인의 사망 당시 상속권자가 그 주택에서 가정공동생활을 하고 있지 아니한 때에는 그 주택에서 가정공동생활을 하던 '사실상의 혼인관계에 있는 자와 2촌 이내의 친족'이 공동으로 임차인의 권리·의무를 승계한다(제9조 제2항).

② 상속권자가 주택에서 공동생활을 한 경우: 임차인이 사망 당시 동거하던 상속인이 있는 경우에는 사실혼배우자 등 상속인이 아닌 자는 임차권을 승계하지 못하고 임차권은 상속인에게 상속될 따름이다. 따라서 그 주택에서 가정공동생활을 하던 사실혼배우자는 항상 상속권자에 우선하여 사망한 임차인의 권리·의무를 승계하는 것은 아니다.

기출 CHECK ✓
임차인의 사망 당시 상속권자가 주택에서 가정공동생활을 하고 있지 아니한 때에는 항상 사실혼 배우자가 우선하여 승계한다.

정답 ✗

3. 제14조(주택임대차 분쟁조정위원회)

제14조 【주택임대차 분쟁조정위원회】
① 이 법의 적용을 받는 주택임대차와 관련된 분쟁을 심의·조정하기 위하여 특별시·광역시·특별자치시·도 및 특별자치도(이하 '시·도'라 한다)는 그 지방자치단체의 실정을 고려하여 조정위원회를 둘 수 있다.
② 조정위원회는 다음 각 호의 사항을 심의·조정한다.
1. 차임 또는 보증금의 증감에 관한 분쟁
2. 임대차 기간에 관한 분쟁
3. 보증금 또는 임차주택의 반환에 관한 분쟁
4. 임차주택의 유지·수선 의무에 관한 분쟁
5. 그 밖에 대통령령으로 정하는 주택임대차에 관한 분쟁

> **확인예제**
>
> **주택임차인 乙이 보증금을 지급하고 대항요건을 갖춘 후 임대인 甲이 그 주택의 소유권을 丙에게 양도하였다. 이에 관한 설명으로 틀린 것은? (다툼이 있으면 판례에 따름)** 제31회
>
> ① 甲은 특별한 사정이 없는 한 보증금반환의무를 면한다.
> ② 임차주택 양도 전 발생한 연체차임채권은 특별한 사정이 없는 한 丙에게 승계되지 않는다.
> ③ 임차주택 양도 전 보증금반환채권이 가압류된 경우, 丙은 제3채무자의 지위를 승계한다.
> ④ 丙이 乙에게 보증금을 반환하더라도 특별한 사정이 없는 한 甲에게 부당이득반환을 청구할 수 없다.
> ⑤ 만약 甲이 채권담보를 목적으로 임차주택을 丙에게 양도한 경우, 甲은 특별한 사정이 없는 한 보증금반환의무를 면한다.
>
> **해설**
> 주택의 양수인은 종국적인 소유권이전을 받은 자를 말하는데 甲이 채권담보를 목적으로 임차주택을 丙에게 양도한 경우(양도담보를 제공한 경우), 이는 종국적인 소유권이전이 아니므로 양도담보권자는 임차주택의 양수인에 해당하지 않으며, 甲은 특별한 사정이 없는 한 보증금반환의무를 면하지 못한다. 정답: ⑤

> **해커스 킬 정리** 「주택임대차보호법」 핵심체계 정리하기

1. 기간 보장
   ① 최소 2년 / 갱신요구권 2년 / 묵시갱신 2년 / 임차인만 언제나 해지할 수 있다.
   ② 임대인의 갱신요구거절사유는?
2. 대항력 보장
   ① 대항력 있는 임차권 / 대항력 없는 임차권
   ② 주택의 양수인이 보증금반환의무를 승계하고 양도인은 면제
   ③ 양수인이 보증금을 반환해도 전주인에게 부당이득반환청구 못한다.
3. 보증금 회수보장
   ① 우선변제권[대항요건과 확정일자] 갖추고 배당요구할 것
      - 경매시 주택과 대지의 환가대금에서 우선변제 받는다.
      - 전액을 받지 못하면 대항력 있는 임차인은 낙찰자에게 대항 ○
   ② 최우선변제권[소액일 것 + 대항요건을 갖출 것] - 확정일자 ×
   ③ 임차권등기명령
      - 기간 종료 후 / 법원에 신청
      - 이사를 가도 대항력과 우선변제권은 소급하여 유지된다.
      - 송달절차 없이 / 배당요구 없이
   ④ 보증금을 전액 받을 때까지 임대차는 존속한다.
4. 기타[사실혼 배우자의 임차권 승계]

제 2 장 상가건물 임대차보호법

목차 내비게이션 | 제4편 민사특별법

- 제1장 주택임대차보호법
- **제2장 상가건물 임대차보호법**
- 제3장 가등기담보 등에 관한 법률
- 제4장 집합건물의 소유 및 관리에 관한 법률
- 제5장 부동산 실권리자명의 등기에 관한 법률

출제경향
매년 보통 1~2문항이 출제된다.

학습전략
- 환산보증금액수를 초과할 때 적용되지 않는 것과 적용되는 것을 구별하여 정리하여야 한다.
- 대항력 있는 임차인의 사례 문제를 정리하여야 한다.
- 갱신요구권을 조문 위주로 집중 정리하여야 한다.
- 권리금 규정을 조문 위주로 정리하여야 한다.

핵심개념

1. [적용범위]
   환산보증금이 일정한도의 이하일 것 ★★★☆☆ p.508
2. [기간 보장]
   최단기간의 보장 ★★☆☆☆ p.509
   묵시갱신 ★☆☆☆☆ p.509
   계약갱신요구권 ★★★☆☆ p.510
3. [대항력 보장]
   대항력 있는 임차인 ★★★★☆ p.514
4. [보증금 회수 보장]
   우선변제권 ★★☆☆☆ p.514
   최우선변제권 ★☆☆☆☆ p.516
   임차권등기명령제도 ★★☆☆☆ p.517
5. [권리금 회수기회의 보호]
   권리금 규정 법조문 ★★★★★ p.517

01 서론 제26·27·28·29·30·31·32·33·34·35회

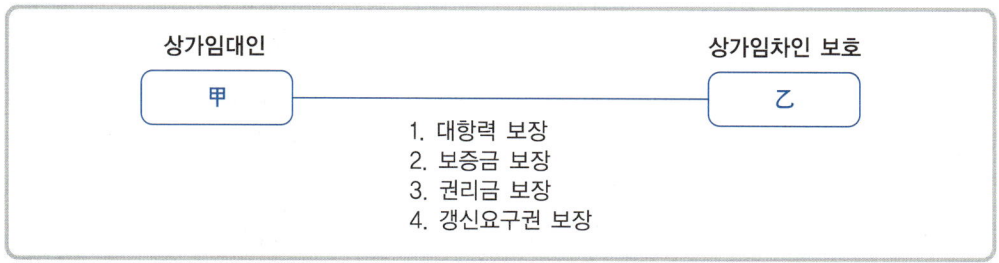

> 「상가건물 임대차보호법」 → 이하 이 장에서 법명을 생략하고, 이 편에서 '상임법'이라 약칭한다.

1. 입법목적

(1) 도입배경

경제적 약자인 점포임차인들은 임대료의 과도한 인상, 임대인의 해지권한 남용, 임대차 기간의 불안정성, 월세 산정시 고율의 이자율 문제 등의 각종 불이익을 요구받아 왔다. 이러한 약자적 지위에 있는 점포임차인들을 사회적으로 보호하기 위한 법적 장치로서 「민법」에 대한 특례로 「상가건물 임대차보호법」이 2001년에 제정되었다.

(2) 편면적 강행규정❶

상임법은 「민법」의 임대차에 관한 규정에 대한 특별법이고 또한 이 법의 규정들은 (편면적) 강행규정으로서 이 법의 규정에 위반된 약정으로 **임차인에게 불리한 것은 효력이 없다.**

❶
- 계약서에 임차인에게 불리하게 적어 놓은 계약은 무효처리된다.
- 상임법이 약자적 지위에 있는 임차인을 보호해주는 보호막 역할을 한다.

2. 「상가건물 임대차보호법」의 적용범위

> **제2조 【적용범위】**
> ① 이 법은 상가건물(제3조 제1항에 따른 **사업자등록의 대상이 되는 건물**을 말한다)의 임대차(임대차목적물의 **주된 부분을 영업용으로 사용하는 경우를 포함**한다)에 대하여 적용한다. 다만, 제14조의2에 따른 상가건물임대차위원회의 심의를 거쳐 대통령령으로 정하는 보증금액을 초과하는 임대차에 대하여는 그러하지 아니하다.
> ② 제1항 단서에 따른 보증금액을 정할 때에는 해당 지역의 경제 여건 및 임대차목적물의 규모 등을 고려하여 지역별로 구분하여 규정하되, 보증금 외에 차임이 있는 경우에는 그 차임액에 「은행법」에 따른 은행의 대출금리 등을 고려하여 대통령령으로 정하는 비율을 곱하여 환산한 금액을 포함하여야 한다.
> ③ 제1항 단서에도 불구하고 제3조, 제10조 제1항·제2항·제3항 본문, 제10조의2부터 제10조의8까지의 규정 및 제19조는 제1항 단서에 따른 보증금액을 초과하는 임대차에 대하여도 적용한다.❷

기출 CHECK ✓

1 이 법률은 사업자등록의 대상이 되는 건물이어야 적용된다.
   정답 ○

2 사업자등록이 될 수 없는 건물에는 적용되지 아니한다.
   정답 ○

❷
환산보증금액을 초과하는 임대차에도 적용된다.

(1) 사업자등록의 대상이 되는 상가건물

① 본 법률은 사업자등록이 되는 상가건물의 임대차에 적용된다. 따라서 사업자등록이 될 수 없는 상가건물에는 적용될 수 없다.

② 상가건물에 해당하는지 여부는 공부상의 표시가 아니라 건물의 현황, 용도에 비추어 '영업용으로 실제 사용하느냐'로 판단한다(대판 2011.7.28, 2009다40967).

③ 창고에서 사실행위(예 물건의 제조, 보관활동)와 영리활동을 함께 하는 경우: 본법이 적용되는 상가건물에 해당하는지는 영업용으로 사용하느냐에 따라 실질적으로 판단하여야 하고, 단순히 상품의 보관·제조·가공 등 사실행위만이 이루어지는 공장·창고 등은 영업용으로 사용하는 경우라고 할 수 없으나 그곳에서 그러한 사실행위와 더불어 영리를 목적으로 하는 활동이 함께 이루어진다면 「상가건물 임대차보호법」 적용대상인 상가건물에 해당한다(대판 2011.7.28, 2009다40967).

> **기출 CHECK ✓**
> 임차인이 사실행위와 더불어 영리를 목적으로 하는 활동이 함께 이루어진다면 상가건물에 해당한다.
> 정답 O

(2) 환산보증금이 일정한도의 이하일 것

① **적용범위**: 대통령령으로 정하는 환산보증금을 초과하는 임대차에 대하여는 적용하지 아니한다.

[2024.11. 기준]

지역	금액
서울특별시	9억원
「수도권정비계획법」에 따른 과밀억제권역 및 부산광역시	6억 9천만원
광역시, 세종특별자치시, 파주시, 화성시, 안산시, 용인시, 김포시 및 광주시	5억 4천만원
그 밖의 지역	3억 7천만원

② **환산보증금의 계산**: 환산보증금이란 '보증금과 월세 환산액수를 합한 금액'을 말한다. 보증금 외에 차임이 있는 경우에는 보증금 + 월세에 100을 곱한 금액으로 환산한다. 따라서 상가임대차 보증금액수가 1억원이고 월세가 200만원이면 3억원으로 환산된다.

③ '환산보증금 액수를 초과'하는 임대차에도 인정되는 사항❶
  ㉠ 갱신요구권 보장
  ㉡ 대항력 보장
  ㉢ 권리금 규정
  ㉣ 3기 연체시 해지권 등

④ **환산보증금 액수를 초과하는 상가임대차에 인정되지 않는 사항**: 임차권등기명령제도, 우선변제권, 기간의 보장, 확정일자의 부여 등❷

---

❶
갱(**갱**신요구권 보장)
대(**대**항력 보장)
권리금(**권리금** 규정)
3기(**3기** 연체시 해지권)
➡ '갱, 대, 권리금, 3기'로 암기한다.

❷
임(**임**차권등기명령제도)
우(**우**선변제권)
기(최단**기간**의 보장)
➡ '임우기'로 암기한다.

(3) 법인, 미등기 전세에 적용된다.

(4) 일시사용 임대차에는 적용되지 않는다(주택임대차와 상가임대차 동일).

02 기간 보장

1. 최단기간의 보장

> 제9조【임대차기간 등】① 기간을 정하지 아니하거나 기간을 1년 미만으로 정한 임대차는 그 기간을 1년으로 본다. 다만, 임대인이 아니라 **임차인은 1년 미만으로 정한 기간이 유효**함을 주장할 수 있다.

① 존속기간에 관하여는 환산보증금을 초과하는 임대차에서는 본 법률의 규제를 받지 않고 「민법」의 적용을 받는다.
② 환산보증금을 초과하는 임대차(예 보증금 6억원에 월세 900만원)의 당사자간에 기간의 정함이 없는 때는 1년이 아니라 기간의 약정이 없는 것으로 본다.

2. 묵시갱신

> 제10조【계약갱신요구 등】
> ④ 임대인이 제1항의 기간 이내에 임차인에게 갱신 거절의 통지 또는 조건 변경의 통지를 하지 아니한 경우에는 그 기간이 만료된 때에 전 임대차와 동일한 조건으로 다시 임대차한 것으로 본다. 이 경우에 임대차의 존속기간은 1년으로 본다.
> ⑤ 제4항의 경우 **임차인은 언제든지 임대인에게 계약해지의 통고를 할 수 있고**, 임대인이 통고를 받은 날부터 **3개월이 지나면 효력이 발생**한다.

주택임대차의 묵시갱신	상가임대차의 묵시갱신	전세권이 법정갱신
2년	1년	기간 없는 것
임차인만 해지	임차인만 해지	양 당사자가 소멸통고
3개월 후 발생	3개월 후 발생	6개월 후 발생

① 제10조 제1항에서 정하는 임차인의 계약갱신요구권은 임차인의 주도로 임대차계약의 갱신을 달성하려는 것인 반면 제10조 제4항(묵시적 갱신)은 기간의 만료로 인한 임대차관계의 종료에 임대인의 적극적인 조치를 요구하는 것으로서 이들 두 법 조항상의 각 임대차갱신제도는 그 취지와 내용을 달리한다(대판 2013다35115).

기출 CHECK ✓
일시사용 임대차에는 적용되지 않는다.
　　　　　　　정답 O

기출 CHECK ✓
기간의 정함이 없거나 기간을 2년 미만으로 정한 임대차는 기간을 1년으로 본다.
　　　　　　　정답 X

기출 CHECK ✓
1 환산보증금 이내의 상가임대차에서 기간의 정함이 없는 경우 기간을 1년으로 본다.
　　　　　　　정답 O
2 환산보증금을 초과하는 임대차에서 기간의 정함이 없는 경우 기간을 1년으로 본다.
　　　　　　　정답 X

② 임차인이 종료 하루 전에 나간다고 통지하면 종료되지 않고 묵시갱신되는가? 제35회
상가의 임차인이 임대차기간 만료 1개월 전부터 만료일 사이에 갱신거절의 통지를 한 경우 임대차계약은 묵시적 갱신이 인정되지 않고 임대차기간의 만료일에 종료한 다고 보아야 한다(대판 2024.6.27, 2023다307024).

㉠ 「민법」 제639조는 임대차기간이 만료한 후 임차인이 임차물의 사용, 수익을 계속하는 경우에 임대인이 상당한 기간 안에 이의를 하지 아니하는 때에는 묵시의 갱신을 인정하고 있다.

㉡ 「민법」에 의하면 임차인이 임대차기간 만료 전에 갱신거절의 통지를 하는 경우에는 묵시의 갱신이 인정될 여지가 없다.

㉢ 「상가건물 임대차보호법」은 "임대인은 임차인이 임대차기간이 만료되기 6개월 전부터 1개월 전까지 사이에 계약갱신을 요구할 경우 정당한 사유 없이 거절하지 못한다."라고 정하여 임차인의 계약갱신 요구권을 인정할 뿐이고, 임차인이 갱신거절의 통지를 할 수 있는 기간은 제한하지 않았다.

㉣ 「상가건물 임대차보호법」 제10조 제4항은 "임대인이 제1항의 기간 이내에 임차인에게 갱신거절의 통지 또는 조건변경의 통지를 하지 아니한 경우에는 그 기간이 만료된 때에 전 임대차와 동일한 조건으로 다시 임대차한 것으로 본다."라고 정하여 묵시적 갱신을 규정하면서 임대인의 갱신거절 또는 조건변경의 통지기간을 제한하였을 뿐,

㉤ 「주택임대차보호법」 제6조 제1항 후문과 달리 상가의 임차인에 대하여는 기간의 제한을 두지 않았다. 「상가건물 임대차보호법」에 임차인의 갱신거절 통지기간에 대하여 명시적인 규정이 없는 이상 원칙으로 돌아가 임차인의 갱신거절 통지기간은 제한이 없다고 보아야 한다.

묵시갱신 조건 규정비교

구분	임대인	임차인[갱신거절 통지기간]
「민법」상 임대차	기간만료 후 통지 없을 것	법규정 없음
주택임대차	6월~2월 전 통지 없을 것	2월 전 통지 없을 것
상가임대차	6월~1월 전 통지 없을 것	법규정 없음

3. 계약갱신요구권

(1) 입법배경

① 임차인의 시설투자비용을 단 기간에 회수가 어려우므로 환산보증금 액수를 초과하여도 10년간 갱신요구권이 보장된다. 법률 개정 전에는 환산보증금액 이내의 임차인만 인정되었고, 갱신요구기간도 5년이었으나 법률개정으로 '환산보증금의 액수에 제한 없이' 모든 임차인에게 10년간 인정된다.

> **기출 CHECK** ✓
> 환산보증금의 액수에 제한 없이 모든 임차인에게 10년간 계약갱신요구권이 인정된다.
> 정답 O

(2) 갱신의 효력

> **제10조 【계약갱신요구 등】**
> ① 임대인은 임차인이 임대차기간이 만료되기 6개월 전부터 1개월 전까지 사이에 계약갱신을 요구할 경우 정당한 사유 없이 거절하지 못한다.
> ② 임차인의 계약갱신요구권은 **최초의 임대차기간을 포함한 전체 임대차기간이 10년을 초과하지 아니하는 범위에서만** 행사할 수 있다.
> ③ 갱신되는 임대차는 전 임대차와 동일한 조건으로 다시 계약된 것으로 본다. 다만, **차임과 보증금은 제11조에 따른 범위에서 증감할 수 있다.**

① 갱신되는 임대차는 전 임대차와 동일한 조건으로 다시 계약한 것으로 본다. 다만, 차임과 보증금은 제11조의 규정에 의한 범위 안에서 증감할 수 있다. 즉, 임대인은 5% 범위 내에서 증액할 수 있다.❶
② 임차인의 갱신요구권에 관하여 전체 임대차기간을 제한하는 규정은 법정갱신에 대하여 적용되지 아니한다(대판 2010.6.10, 2009다64307).
③ 임대인의 동의를 받고 전대차계약을 체결한 전차인은 임차인을 대위하여 임대인에게 갱신요구권을 행사할 수 있다.

(3) 임대인이 임차인의 갱신요구를 거절할 수 있는 사유(8가지)❷ 제32회

> **제10조 【계약갱신요구 거절사유】**
> ① 임대인은 임차인이 임대차기간이 만료되기 6개월 전부터 1개월 전까지 사이에 계약갱신을 요구할 경우 정당한 사유 없이 거절하지 못한다.
> 다만, 다음 각 호의 어느 하나의 경우에는 그러하지 아니하다[갱신거절할 수 있다].
> 1. 임차인이 **3기의 차임액**에 해당하는 금액에 이르도록 차임을 연체한 사실이 있는 경우
> 2. 임차인이 거짓이나 그 밖의 부정한 방법으로 임차한 경우
> 3. 서로 **합의하여 임대인이 임차인에게 상당한 보상**을 제공한 경우
> 4. 임차인이 **임대인의 동의 없이 목적 건물의 전부 또는 일부를 전대(轉貸)**한 경우
> 5. 임차인이 임차한 건물의 전부 또는 일부를 고의나 **중대한 과실로 파손**한 경우
> 6. 임차한 건물의 전부 또는 일부가 멸실되어 임대차의 목적을 달성하지 못할 경우
> 7. 임대인이 건물의 전부 또는 대부분을 철거하거나 재건축하기 위하여 목적 건물의 점유를 회복할 필요가 있는 경우
>   가. **임대차계약 체결 당시 공사시기 및 소요기간 등을 포함한 철거 또는 재건축** 계획을 임차인에게 구체적으로 고지하고 그 계획에 따르는 경우
>   나. 건물이 노후·훼손 또는 일부 멸실되는 등 안전사고의 우려가 있는 경우
>   다. 다른 법령에 따라 철거 또는 재건축이 이루어지는 경우
> 8. 그 밖에 임차인이 임차인으로서의 의무를 현저히 위반하거나 임대차를 계속하기 어려운 중대한 사유가 있는 경우

기출 CHECK ✓
임차인의 계약갱신요구권은 최초의 임대차기간을 포함한 전체 임대차기간이 10년을 초과하지 않는 범위 내에서만 행사할 수 있다.
정답 O

❶ 주택임대차 5% = 상가임대차 5%

❷ 갱신거절 사유
- 동의 없이 전대
- 중과실로 파손
- 3기 연체
- 재건축

기출 CHECK ✓
임차인이 차임 3기를 연체한 사실이 있었던 경우 임대인은 갱신거절할 수 있다.
정답 O

① 갱신요구의 거절사유
  ㉠ 임대인의 동의 없이 목적 건물의 전부 또는 일부를 전대(轉貸)한 경우
  ㉡ '3기를 연체한 사실이 있었던 경우'이므로 현재는 차임연체가 없더라도 과거에 3기를 연체한 사실이 있었을 경우 거절할 수 있다.

> **핵심 콕! 콕!**
>
> 상임법 제10조의8은 임대인이 차임연체를 이유로 **계약을 해지할 수 있는** 요건을 '**차임연체액이 3기의 차임액에 달하는 때**'라고 규정한다.
> 반면 임대인이 임대차기간 만료를 앞두고 임차인의 **계약갱신요구를 거부할 수 있는 사유**에 관해서는 '3기의 차임액에 해당하는 금액에 이르도록 차임을 연체한 사실이 있는 경우'라고 문언을 달리해 규정하고 있다(제10조 제1항 제1호).
>
> (가) 그 취지는, 임대차계약관계는 당사자 사이의 신뢰를 기초로 하므로, 종전 임대차기간에 차임을 3기분에 달하도록 연체한 사실이 있는 경우에까지 임차인의 일방적 의사에 의하여 계약관계가 연장되는 것을 허용하지 아니한다는 것이다(대판 2014.7.24, 2012다58975).
>
> (나) 위 규정들의 문언과 취지에 비추어 보면, 임대차기간 중 어느 때라도 차임이 3기분에 달하도록 연체된 사실이 있다면 그 임차인과의 계약관계 연장을 받아들여야 할 만큼의 신뢰가 깨어졌으므로 임대인은 계약갱신요구를 거절할 수 있고, **반드시 임차인이 계약갱신요구권을 행사할 당시에 3기분에 이르는 차임이 연체되어 있어야 하는 것은 아니다**(대판 2021.5.13, 2020다255429).

기출 CHECK ✓
1 임차인이 경과실로 파손시 임대인은 갱신거절할 수 없다.
정답 O
2 임차인이 중과실로 파손시 임차인은 계약갱신요구할 수 있다.
정답 ✕
3 임차인이 중과실로 파손시 임대인은 갱신거절할 수 있다.
정답 O

  ㉢ 임차인의 '중과실'로 파손한 경우에는 임대인은 갱신요구를 거절할 수 있다. 반면에 임차인이 '경과실로 파손한 경우'에 임차인은 여전히 갱신요구를 할 수 있고, 그 경우 임대인은 갱신요구를 거절할 수 없다.
  ㉣ 임대인이 임대차 '계약 체결 당시'에 사전에 재건축계획을 고지하여야 임차인의 갱신요구를 거절할 수 있고, '임대차 기간 중'에 갑자기 재건축계획을 고지한 때는 갱신거절사유에 해당하지 않는다.

② 임차인의 갱신요구를 거절하는 행위는 **공유물의 관리행위**다. 실질적으로 임대차계약의 해지와 같이 공유물의 임대차를 종료시키는 것이므로 공유물의 **처분행위가 아닌 관리행위**에 해당하여 **공유자의 지분의 과반수로써 결정**하여야 한다(대판 2010.9.9, 2010다37905).

기출 CHECK ✓
임대인이 임차인에게 갱신거절의 통지를 하는 행위는 관리행위이다.
정답 O

③ 「상가건물 임대차보호법」에서 '기간을 정하지 않은 임대차'는 그 기간을 1년으로 간주하지만(제9조 제1항), 대통령령으로 정한 보증금액을 초과하는 임대차는 위 규정이 적용되지 않으므로(제2조 제1항 단서), 원래의 상태 그대로 기간을 정하지 않은 것이 되어「민법」의 적용을 받는다. 이러한 임대차는 임대인이 언제든지 해지를 통고할 수 있고 임차인이 통고를 받은 날로부터 6개월이 지남으로써 효력이 생기므로, 임대차기간이 정해져 있음을 전제로 기간 만료 6개월 전부터 1개월 전까지 사이에 행사하도록 규정된 임차인의 계약갱신요구권은 발생할 여지가 없다(대판 2021.12.30, 2021다233730).

03 대항력 보장

> **제3조【대항력 등】**
> ① 임대차는 그 등기가 없는 경우에도 임차인이 건물의 인도와「부가가치세법」제8조, 「소득세법」제168조 또는「법인세법」제111조에 따른 **사업자등록을 신청하면 그 다음 날부터** 제3자에 대하여 효력이 생긴다.
> ② 임차건물의 양수인(그 밖에 임대할 권리를 승계한 자를 포함한다)은 **임대인의 지위를 승계한 것으로 본다.**
> **제8조【경매에 의한 임차권의 소멸】** 임차권은 임차건물에 대하여「민사집행법」에 따른 경매가 실시된 경우에는 그 임차건물이 매각되면 소멸한다. 다만, **보증금이 전액 변제되지 아니한 대항력이 있는 임차권**은 그러하지 아니하다.

1. 대항력의 취득요건(인도와 사업자등록)

(1) '건물의 인도'와 '사업자등록을 신청한 다음 날부터'

제3자에 대하여 효력이 생긴다(제3조 제1항). 대항력은 '사업자등록증을 교부받은 때'가 아니라 '신청한 때'로부터 익일 0시에 대항력이 생긴다.

(2) 사업자등록은 대항력의 취득요건이고 존속요건이다. 제31회

> 상가임차인의 대항력은 '배당요구의 종기까지 존속'하고 있어야 한다. 임차인이 폐업한 경우에는 그 사업자등록은「상가건물 임대차보호법」이 상가임대차의 공시방법으로 요구하는 적법한 사업자등록이라고 볼 수 없고, 사업자가 폐업신고를 하였다가 다시 같은 상호 및 등록번호로 사업자등록을 하였다고 하더라도「상가건물 임대차보호법」상의 대항력 및 우선변제권이 그대로 존속한다고 할 수 없다(대판 2006.10.13, 2006다56299).

기출 CHECK ✓
사업자등록은 대항력의 취득요건이고 존속요건이다.
정답 O

(3) 상가를 임차인이 적법하게 전대한 경우

> 상가건물을 임차하고 사업자등록을 마친 사업자가 임차건물의 전대차 등으로 사업을 개시하지 않거나 사실상 폐업을 한 경우 그 임차인의 사업자등록은 적법한 사업자등록이라고 볼 수 없고, 그 임차인이「상가건물 임대차보호법」상의 대항력 및 우선변제권을 유지하기 위해서는 건물을 직접 점유하면서 사업을 운영하는 전차인 명의로 사업자등록을 하여야 한다(대판 2006.1.13, 2005다64002).

2. 효력

(1) 대항력 있는 임차인 제26·31회

① 임차인이 상가건물의 대항력을 갖춘 상태에서 상가건물의 소유권이 양도되면 임차건물의 양수인은 임대인의 지위를 승계한 것으로 본다(제3조 제2항). 임차인에 대한 보증금반환의무도 건물양수인에게 소유권과 함께 승계되고 전 소유자인 양도인은 보증금반환의무를 면한다.

② 임차건물의 소유권이 이전되기 전에 이미 발생한 연체차임이나 관리비 등은 별도의 채권양도절차가 없는 한 원칙적으로 양수인에게 이전되지 않으며, 임대인만이 임차인에게 청구할 수 있다. 그 이유는 차임이나 관리비 등은 임차건물을 사용한 대가로서 임차인에게 임차건물을 사용하도록 할 당시의 소유자 등 처분권한 있는 자에게 귀속된다고 볼 수 있기 때문이다(대판 2017.3.22, 2016다218874).

(2) 대항력 없는 임차인 제29회

① '이미 선순위저당권이 설정된 후' 점포를 임차하여 사업자등록을 마친 경우: 그 임차인은 상가건물이 경매된 경우에는 대항력이 없으므로 상가건물의 양수인에게 더 이상 계약기간이 남아 있어도 임차권을 주장할 수 없다.

② 건물에 가등기가 경료된 후 비로소 본 법률상 대항요건을 갖춘 임차인: 가등기에 기하여 본등기가 경료된 새 주인에게 임차인은 임대차의 효력으로 대항할 수 없다(대판 2007.6.28, 2007다25599).

04 보증금의 회수 보장

1. 우선변제권

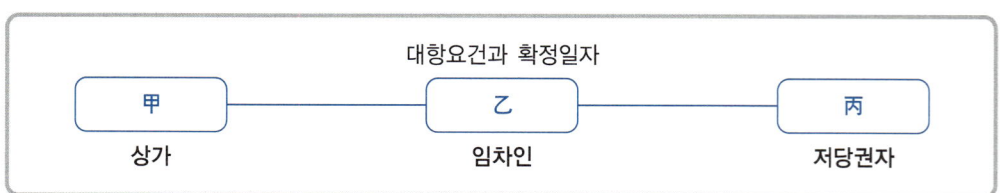

제4조 【확정일자 부여 및 임대차정보의 제공 등】
① 제5조 제2항의 확정일자는 **상가건물의 소재지 관할 세무서장이 부여**한다.
② 관할 세무서장은 해당 상가건물의 소재지, 확정일자 부여일, 차임 및 보증금 등을 기재한 확정일자부를 작성하여야 한다. 이 경우 전산정보처리조직을 이용할 수 있다.
③ 상가건물의 임대차에 이해관계가 있는 자는 관할 세무서장에게 해당 상가건물의 확정일자 부여일, 차임 및 보증금 등 정보의 제공을 요청할 수 있다. 이 경우 요청을 받은 관할 세무서장은 정당한 사유 없이 이를 거부할 수 없다.
④ 임대차계약을 체결하려는 자는 **임대인의 동의를 받아** 관할 세무서장에게 제3항에 따른 정보제공을 요청할 수 있다.❶
⑤ 확정일자부에 기재하여야 할 사항, 상가건물의 임대차에 이해관계가 있는 자의 범위, 관할 세무서장에게 요청할 수 있는 정보의 범위 및 그 밖에 확정일자 부여사무와 정보제공 등에 필요한 사항은 대통령령으로 정한다.

제5조 【보증금의 회수】
② 제3조 제1항의 **대항요건**을 갖추고 관할 세무서장으로부터 임대차계약서상의 **확정일자**를 받은 임차인은 「민사집행법」에 따른 경매 또는 「국세징수법」에 따른 공매시 임차건물(임대인 소유의 대지를 포함한다)의 환가대금에서 후순위권리자나 그 밖의 채권자보다 우선하여 보증금을 변제받을 권리가 있다.
③ 임차인은 임차건물을 **양수인에게 인도**하지 아니하면 제2항에 따른 보증금을 받을 수 없다.
⑦ 다음 각 호의 금융기관 등이 제2항, 제6조 제5항 또는 제7조 제1항에 따른 우선변제권을 취득한 임차인의 보증금반환채권을 계약으로 양수한 경우에는 양수한 금액의 범위에서 우선변제권을 승계한다.

❶ 상가에서는 임대인에게 납세정보제시 의무가 법에 없다.

(1) 우선변제권의 요건(대항요건과 확정일자)

① 상가임대차에서 사업자등록은 대항력 또는 우선변제권의 <u>취득요건일 뿐만 아니라 존속요건</u>이기도 하므로, <u>배당요구의 종기까지</u> 존속하고 있어야 한다(대판 2006.1.13, 2005다64002).
② 상가건물 임대차**계약증서 원본을 소지한 임차인**은 상가건물의 소재지 관할 세무서장에게 확정일자 부여를 신청할 수 있다.
③ 확정일자는 확정일자 부여의 신청을 받은 세무서장(이하 '관할 세무서장'이라 한다)이 확정일자 번호, 확정일자 부여일 및 관할 세무서장을 상가건물 임대차계약증서 원본에 표시하고 관인을 찍는 방법으로 부여한다.

기출 CHECK ✓
사업자등록은 대항력의 취득요건일 뿐만 아니라 존속요건이기도 하므로, 배당요구의 종기까지 존속하고 있어야 한다.

정답 O

(2) 우선변제권의 행사

① 건물이 경매시 임차인은 후순위권리자보다 보증금을 우선변제 받을 수 있다.
② 임차인은 건물을 양수인에게 '인도'하지 아니하면 보증금을 받을 수 없다.
③ 건물과 대지의 환가대금에서도 우선변제를 받을 수 있다.
④ 임대차계약을 체결하려는 자는 임대인의 동의를 받아 관할세무서장에게 확정일자 부여일, 차임 및 보증금 등의 정보제공을 요청할 수 있다.

> **기출 CHECK** ✓
> 건물과 대지의 환가대금에서도 우선변제를 받을 수 있다.
> 정답 ◯

> **기출 CHECK** ✓
> 주택과 달리 상가임대차에서는 임대인에게 납세정보제시의무는 없다.
> 정답 ◯

2. 최우선변제권

제14조 【보증금 중 일정액의 보호】
① 임차인은 **보증금 중 일정액**을 다른 담보물권자보다 우선하여 변제받을 권리가 있다. 이 경우 임차인은 건물에 대한 경매신청의 등기 전에 **제3조 제1항의 요건**을 갖추어야 한다.
② 제1항의 경우에 제5조 제4항부터 제6항까지의 규정을 준용한다.
③ 제1항에 따라 우선변제를 받을 임차인 및 보증금 중 일정액의 범위와 기준은 임대건물가액(임대인 소유의 대지가액을 포함한다)의 **2분의 1 범위**에서 해당 지역의 경제 여건, 보증금 및 차임 등을 고려하여 제14조의2에 따른 상가건물임대차위원회의 심의를 거쳐 대통령령으로 정한다.

시행령 제7조 【우선변제를 받을 보증금의 범위】 ② 임차인의 보증금 중 일정액이 상가건물의 가액의 2분의 1을 초과하는 경우에는 상가건물의 가액의 **2분의 1에 해당하는 금액**에 한하여 우선변제권이 있다.

우선변제를 받을 보증금의 범위 [2025.11. 기준]

지역	최우선변제에 해당되는 보증금의 범위	최우선변제받는 금액
서울특별시	6,500만원 이하	2,200만원
「수도권정비계획법」에 따른 과밀억제권역	5,500만원 이하	1,900만원
광역시, 안산시, 용인시, 김포시 및 광주시	3,800만원 이하	1,300만원
그 밖의 지역	3,000만원 이하	1,000만원

3. 임차권등기명령(「주택임대차보호법」과 동일함)

제6조 【임차권등기명령】
① 임대차가 **종료된 후** 보증금이 반환되지 아니한 경우 임차인은 임차건물의 소재지를 **관할하는 지방법원, 지방법원지원 또는 시·군법원**에 임차권등기명령을 신청할 수 있다.
④ 임차권등기명령신청을 기각하는 결정에 대하여 임차인은 항고할 수 있다
⑤ 임차권등기명령의 집행에 따른 임차권등기를 마치면 임차인은 제3조 제1항에 따른 대항력과 제5조 제2항에 따른 우선변제권을 취득한다. 다만, 임차인이 임차권등기 이전에 이미 대항력 또는 우선변제권을 취득한 경우에는 그 대항력 또는 우선변제권이 그대로 유지되며, 임차권등기 이후에는 제3조 제1항의 대항요건을 상실하더라도 이미 취득한 대항력 또는 우선변제권을 상실하지 아니한다.
⑥ 임차권등기명령의 집행에 따른 임차권등기를 마친 건물을 그 이후에 임차한 임차인은 제14조에 따른 우선변제를 받을 권리가 없다.

4. 경매신청의 특례

제5조 【보증금의 회수】 ① 임차인이 임차건물에 대하여 보증금반환청구소송의 확정판결, 그 밖에 이에 준하는 집행권원에 의하여 경매를 신청하는 경우에는 「민사집행법」 제41조에도 불구하고 **반대의무의 이행이나 이행의 제공**을 집행개시의 요건으로 하지 아니한다.

05 권리금 회수기회의 보호❶❷

제10조의3 【권리금의 정의 등】
① 권리금이란 임대차 목적물인 상가건물에서 영업을 하는 자 또는 영업을 하려는 자가 영업시설·비품, 거래처, 신용, 영업상의 노하우, 상가건물의 위치에 따른 영업상의 이점 등 유형·무형의 재산적 가치의 양도 또는 이용대가로서 임대인, 임차인에게 보증금과 차임 이외에 지급하는 금전 등의 대가를 말한다.
② 권리금 계약이란 신규임차인이 되려는 자가 임차인에게 권리금을 지급하기로 하는 계약을 말한다.

제10조의4 【권리금 회수기회 보호 등】
① 임대인은 임대차기간이 **끝나기 6개월 전부터 임대차 종료시까지** 다음 각 호의 어느 하나에 해당하는 행위를 함으로써 권리금 계약에 따라 임차인이 주선한 신규임차인이 되려는 자로부터 권리금을 지급받는 것을 방해하여서는 아니 된다. 다만, **제10조 제1항 각 호의 어느 하나에 해당하는 사유**가 있는 경우에는 그러하지 아니하다.
1. 임차인이 주선한 신규임차인이 되려는 자에게 권리금을 요구하거나 임차인이 주선한 신규임차인이 되려는 자로부터 권리금을 수수하는 행위
2. 임차인이 주선한 신규임차인이 되려는 자로 하여금 임차인에게 권리금을 지급하지 못하게 하는 행위

기출 CHECK
임차인이 임차건물에 대하여 보증금반환청구소송의 확정판결에 기하여 경매를 신청하는 경우, 반대의무의 제공을 집행개시 요건으로 한다.

정답 ✕

❶
1. 제10조 제1항 각 호의 사유(중과실·3기 연체)
 • 갱신요구거절사유에 해당한다.
 • 권리금 회수기회 보호의무를 부담하지 않는다.
2. 제10조의4 제1항 제1호~제4호
 권리금 회수기회 방해행위에 해당한다.

❷ 기간 비교

1. 주택의 갱신요구권
→ 종료 6개월~2개월 전

2. 상가의 갱신요구권
→ 종료 6개월~1개월 전

3. 상가권리금 회수기회
→ 6개월~종료시

3. 임차인이 주선한 신규임차인이 되려는 자에게 상가건물에 관한 조세, 공과금, 주변 상가건물의 차임 및 보증금, 그 밖의 부담에 따른 금액에 비추어 현저히 고액의 차임과 보증금을 요구하는 행위
4. 그 밖에 정당한 사유 없이 임대인이 임차인이 주선한 신규임차인이 되려는 자와 임대차계약의 체결을 거절하는 행위

② 다음 각 호의 어느 하나에 해당하는 경우에는 제1항 제4호의 정당한 사유가 있는 것으로 본다.
1. 임차인이 주선한 신규임차인이 되려는 자가 보증금 또는 차임을 지급할 **자력이 없는 경우**
2. 임차인이 주선한 신규임차인이 되려는 자가 임차인으로서의 의무를 위반할 우려가 있는 경우
3. 임대차 목적물인 상가건물을 1년 6개월 이상 영리목적으로 사용하지 아니한 경우
4. 임대인이 선택한 신규임차인이 임차인과 권리금 계약을 체결하고 권리금을 지급한 경우

④ 제3항에 따라 임대인에게 손해배상을 청구할 권리는 임대차가 **"종료한 날부터 3년"** 이내에 행사하지 아니하면 시효의 완성으로 소멸한다.

제10조의8【차임연체와 해지】 임차인의 차임연체액이 3기의 차임액에 달하는 때에는 임대인은 계약을 해지할 수 있다.❶

❶ 임차인이 감염병 예방의 특별법으로 집합 제한 조치를 3월 이상 받아 경제사정의 중대한 변동으로 폐업한 때에는 임차인이 계약을 해지할 수 있다 [한시법 특례].

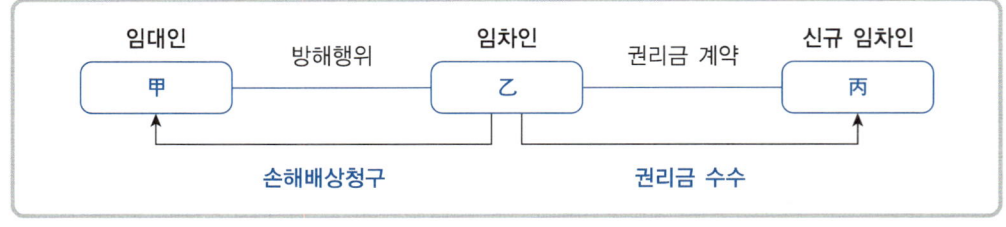

1. 권리금의 정의

(1) 권리금

상가건물에서 영업을 하는 자 또는 영업을 하려는 자가 임대인, 임차인에게 지급하는 영업시설·비품, 거래처, 신용, 영업상의 노하우, 상가건물의 위치에 따른 영업상의 이점 등 유형·무형의 재산적 가치의 양도 대가를 말한다.

(2) 권리금계약

'신규임차인이 되려는 자'가 '임차인'에게 권리금을 지급하기로 하는 계약을 말한다.

2. 권리금 회수기회의 보호의무

(1) 요건

임대인은 임대차기간이 **'끝나기 6개월 전부터 임대차 종료시까지'** (2)에 해당하는 행위를 함으로써 권리금 계약에 따라 임차인이 주선한 신규임차인이 되려는 자로부터 권리금을 지급받는 것을 방해하여서는 아니 된다.

기출 CHECK
권리금계약이란 신규임차인이 되려는 자가 임차인에게 권리금을 지급하기로 하는 계약을 말한다.
정답 O

(2) 권리금 회수기회 방해행위

① 임차인이 주선한 신규임차인이 되려는 자에게 권리금을 요구하거나 임차인이 주선한 신규임차인이 되려는 자로부터 권리금을 수수하는 행위

② 임차인이 주선한 신규임차인이 되려는 자로 하여금 임차인에게 권리금을 지급하지 못하게 하는 행위

③ 임차인이 주선한 신규임차인이 되려는 자에게 상가건물에 관한 조세, 공과금, 주변 상가건물의 차임 및 보증금, 그 밖의 부담에 따른 금액에 비추어 현저히 고액의 차임과 보증금을 요구하는 행위

④ 그 밖에 정당한 사유 없이 임대인이 임차인이 주선한 신규임차인이 되려는 자와 임대차계약의 체결을 거절하는 행위

(3) 권리금 회수기회 방해로 인한 임대인의 손해배상책임

① 임차인이 권리금계약의 방해로 임대인에게 손해배상을 청구할 권리는 방해행위 시부터가 아니라 임대차가 종료한 날부터 '3년 이내'에 행사하지 아니하면 시효의 완성으로 소멸한다.

② 임차인의 '임차목적물 반환의무'는 임대차계약의 종료에 의하여 발생하나, '임대인의 권리금 회수방해로 인한 손해배상의무'는 상임법에서 정한 권리금 회수기회 보호의무 위반을 원인으로 하고 있으므로 양 채무는 동일한 법률요건이 아닌 별개의 원인에 기하여 발생한 것일 뿐 아니라 공평의 관점에서 보더라도 그 사이에 이행상 견련관계를 인정할 수 없으므로 임차인의 목적물반환의무와 임대인의 권리금 회수방해로 인한 손해배상의무는 동시이행관계가 아니다(대판 2019.7.10, 2018다242727).

③ 최초의 임대차기간을 포함한 전체 임대차기간이 10년(법률 개정 전에는 5년)을 초과하여 임차인이 계약갱신요구권을 행사할 수 없는 경우에도 임대인은 같은 법 제10조의4 제1항에 따른 '권리금 회수기회 보호의무'를 부담한다.

> **권리금 회수기회 보호의무를 부담하여야 하는 경우**
> 임대인 乙과 甲이 상가임대차계약을 체결한 다음 상가를 인도받아 음식점을 운영하면서 2회에 걸쳐 계약을 갱신하였으나 10년이 경과하였고, 최종 임대차기간이 만료되기 전에 신규임차인 丙과 권리금계약을 체결한 후 임대인 乙에게 丙과 새로운 임대차계약을 체결하여 줄 것을 요청하였으나, 乙이 노후화된 건물을 재건축하거나 대수선할 계획을 가지고 있다는 등의 이유로 丙과의 임대차계약 체결에 응하지 아니한 사안(대판 2019.5.16, 2017다225312·225329)

기출 CHECK ✓
임차인이 권리금계약의 방해로 임대인에게 손해배상을 청구할 권리는 임대차가 종료한 날부터 3년 이내에 행사하지 아니하면 시효로 소멸한다.
정답 O

기출 CHECK ✓
임차인의 목적물반환의무와 임대인의 권리금 회수방해로 인한 손해배상의무는 동시이행관계가 아니다.
정답 O

(4) 임대인이 신규임차인과 임대차계약의 체결을 거절할 수 있는 사유(4가지)

> ① 임차인이 주선한 신규임차인이 되려는 자가 보증금 또는 차임을 지급할 자력이 없는 경우
> ② 임차인이 주선한 신규임차인이 되려는 자가 임차인으로서의 의무를 위반할 우려가 있거나 그 밖에 임대차를 유지하기 어려운 상당한 사유가 있는 경우
> ③ 임대차 목적물인 상가건물을 '1년 6개월 이상' 영리목적으로 사용하지 아니한 경우
> ④ 임대인이 선택한 신규임차인이 임차인과 권리금계약을 체결하고 권리금을 지급한 경우

> **제10조의4 제2항 제3호에서 정하는 '임대차 목적물인 상가건물을 1년 6개월 이상 영리목적으로 사용하지 아니한 경우'의 의미**
>
> ㉠ 임대인이 임대차 종료 후 임대차 목적물인 상가건물을 1년 6개월 이상 영리목적으로 사용하지 아니하는 경우를 말하고, 신규 임대차계약의 체결시점을 기준으로 상가건물을 과거에 1년 6개월 이상 영리목적으로 사용하지 아니하였던 경우를 말하는 것이 아니다.
>
> ㉡ 위 조항에 따른 정당한 사유가 있다고 하기 위해서는 임대인이 임대차 종료시 그러한 사유를 들어 임차인이 주선한 자와 신규 임대차계약 체결을 거절하고, 실제로도 1년 6개월 동안 상가건물을 영리목적으로 사용하지 않아야 한다. 이때 종전 소유자인 임대인이 임대차 종료 후 상가건물을 영리목적으로 사용하지 아니한 기간이 1년 6개월에 미치지 못하는 사이에 상가건물의 소유권이 변동되었더라도, **임대인과 새로운 소유자의 비영리 사용기간을 합쳐서 1년 6개월 이상이 되는 경우**라면, 임대인에게 임차인의 권리금을 가로챌 의도가 있었다고 보기 어려우므로, 그러한 임대인에 대하여는 위 조항에 의한 정당한 사유를 인정할 수 있다(대판 2022.1.14, 2021다272346).
>
> ㉢ 그렇지 않고 임대인이 다른 사유(재건축 계획을 사유)로 신규 임대차계약 체결을 거절한 후 사후적으로 1년 6개월 동안 상가건물을 영리목적으로 사용하지 않았다는 사정만으로는 위 조항에 따른 정당한 사유로 인정할 수 없다. 임대인이 1년 6개월 이상 상가건물을 영리목적으로 사용하지 않을 계획만 있으면 그 후 실제로 그러하였는지 묻지 않고 권리금 회수기회 보호의무를 부담하지 않는다고 하면, 임대인이 계획을 변경하여 임차인이 형성한 영업이익이 잔존하는 기간 내에 건물을 재임대한 경우 임대인이 그 가치를 취득할 수 있게 되므로 이 사건 조항의 입법 취지에 반한다(대판 2021.11.25, 2019다285257).

06 임대차의 차임 및 보증금증감청구

(1) 차임·보증금의 증감청구권

> **제10조의9 【계약갱신요구 등에 관한 임시 특례】** 임차인이 이 법(법률 제17490호 「상가건물 임대차보호법」 일부 개정법률을 말한다) 시행일부터 **6개월까지의 기간 동안 연체한 차임액은 제10조 제1항 제1호,**❶ 제10조의4 제1항 단서 및 제10조의8의 적용에 있어서는 차임연체액으로 보지 아니한다. 이 경우 연체한 차임액에 대한 임대인의 그 밖의 권리는 영향을 받지 아니한다.
>
> **제11조 【차임 등의 증감청구권】**
> ① 차임 또는 보증금이 임차건물에 관한 조세, 공과금, 그 밖의 부담의 증감이나 「**감염병의 예방 및 관리에 관한 법률」 제2조 제2호에 따른 제1급감염병 등에 의한 경제사정의 변동으로** 인하여 상당하지 아니하게 된 경우에는 당사자는 장래의 **차임 또는 보증금**에 대하여 증감을 청구할 수 있다.
> 그러나 증액의 경우에는 대통령령으로 정하는 기준에 따른 비율을 초과하지 못한다.
> ② 제1항에 따른 증액 청구는 임대차계약 또는 약정한 차임 등의 **증액이 있은 후 1년 이내에는 하지 못한다.**

❶ 갱신요구거절사유인 3기 연체

(2) 차임 등 증액청구의 기준

> **시행령 제4조 【차임 등 증액청구의 기준】** 법 제11조 제1항의 규정에 의한 차임 또는 보증금의 증액청구는 청구 당시의 차임 또는 보증금의 **100분의 5의 금액을 초과하지 못한다.**

기출 CHECK ✓
주택임대차, 상가임대차의 차임증액한도는 청구 당시 차임의 5%이다.

정답

(3) 폐업으로 인한 임차인의 해지권

「감염병의 예방 및 관리에 관한 법률」에 따른 집합금지 조치를 「**총 3개월」 이상** 받음으로써 폐업한 경우 임대차계약을 해지할 수 있다(법 제11조의2).

(4) 「상가건물 임대차보호법」이 적용되는 임대차가 기간만료나 당사자의 합의, 해지 등으로 종료된 경우 보증금을 반환받을 때까지 임차 목적물을 계속 점유하면서 사용·수익한 임차인은 종전 임대차계약에서 정한 차임을 지급할 의무를 부담할 뿐이고, 시가에 따른 차임에 상응하는 부당이득금을 지급할 의무를 부담하는 것은 아니다(대판 2023.11.9, 2023다257600).

> **확인예제**

「상가건물 임대차보호법」에 관한 설명으로 옳은 것은? 제30회

① 임대차계약을 체결하려는 자는 임대인의 동의 없이도 관할 세무서장에게 해당 상가건물의 임대차에 관한 정보제공을 요구할 수 있다.
② 임차인이 임차한 건물을 중대한 과실로 전부 파손한 경우, 임대인은 권리금회수의 기회를 보장할 필요가 없다.
③ 임차인은 임대인에게 계약갱신을 요구할 수 있으나 전체 임대차기간이 7년을 초과해서는 안 된다.
④ 임대차가 종료한 후 보증금이 반환되지 않은 때에는 임차인은 관할 세무서에 임차권등기명령을 신청할 수 있다.
⑤ 임대차계약이 묵시적으로 갱신된 경우, 임차인의 계약 해지의 통고가 있으면 즉시 해지의 효력이 발생한다.

해설

임차인이 임차한 건물을 중대한 과실로 전부 파손한 경우, 임대인은 권리금회수의 기회를 보장할 필요가 없다.

정답: ②

해커스 킬 정리 「상가건물 임대차보호법」 핵심체계 정리하기

1. 환산보증금〈서울 9억 / 부산 6억 9천만 / 세종시 5억 4천만〉
   - 초과시 인정? 갱신요구권 ○ / 대항력 ○ / 권리금회수 ○ / 3기 연체해지
   - 초과시 불인정? 임차권등기명령 / 우선변제권 / 기간보장 / 확정일자

2. 기간 보장[최소 1년 / 갱신요구 최대 10년]
   갱신거절사유[동의 없이 전대 / 중과실로 파손 / 3기 연체 / 재건축]

3. 대항력 보장
   - 대항력 있는 임차권 / 대항력 없는 임차권
   - 연체차임은 양수인에게 승계되지 아니한다.

4. 보증금 회수보장
   - 우선변제권[대항요건과 확정일자]
   - 최우선변제권[소액일 것 + 대항요건을 갖출 것]
   - 임차권등기명령

5. 권리금회수 기회보호
   - 임대인이 방해한 때 종료일로부터 3년 내 손배청구
   - 임대인이 1년 6월을 비영리로 사용한 때 계약거절 가능

land.Hackers.com

제3장 가등기담보 등에 관한 법률

목차 내비게이션 제4편 민사특별법

- 제1장 주택임대차보호법
- 제2장 상가건물 임대차보호법
- **제3장 가등기담보 등에 관한 법률**
- 제4장 집합건물의 소유 및 관리에 관한 법률
- 제5장 부동산 실권리자명의 등기에 관한 법률

출제경향
- 1문항이 출제된다.
- 귀속청산의 3단계는 매년 출제된다.

학습전략
- 적용요건 3가지는 필수 출제논점이므로 정리하여야 한다.
- 양도담보는 판례 위주로 기본원리만 정리하여야 한다.
- 가등기담보 사례와 양도담보 사례를 기출문제 위주로 정리하여야 한다.

핵심개념

1. [적용요건]
   소비대차로 채권이 발생한 경우 ★★☆☆☆ p.525

2. [가등기담보권의 실행]
   담보권자의 선택권
   (귀속청산 · 경매실행) ★★★★☆ p.528

3. [양도담보]
   목적물의 임차인의 지위 ★★★☆☆ p.536
   양도담보권자가 청산절차 없이
   선의 제3자에게 처분한 경우 ★★★☆☆ p.536

01 서론 제26·27·28·29·30·32·33·34·35회

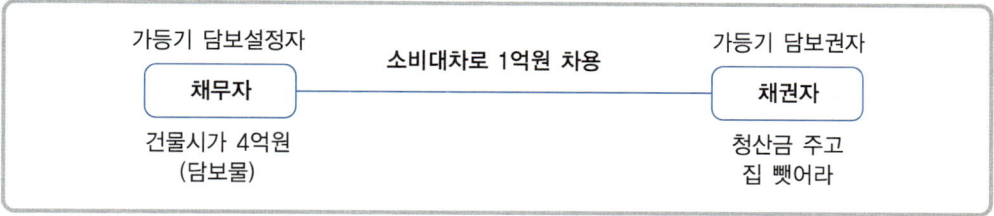

> 「가등기담보 등에 관한 법률」 → 이하 이 장에서 법명을 생략하고, 이 편에서 '가등기담보법'이라 약칭한다.

1. 의의

「가등기담보 등에 관한 법률」에서는 채무자가 돈을 빌리고 채권자에게 빌린 돈보다 훨씬 고가의 부동산을 대물변제하기로 약속하거나 매매의 예약을 해둔 상태로 가등기를 경료(가등기담보)하였다가 빌린 돈을 갚지 못하면, 담보권자가 담보로 잡은 부동산을 가등기에 기한 본등기를 하여 적은 돈을 대여해 주고 훨씬 고가의 부동산을 빼앗아서 폭리를 취하는 구조를 규제하고자 한다.

2. 종류

(1) 가등기담보

금전채권을 담보할 목적으로 담보부동산에 채무상환을 못할 때를 대비하여 채권자에게 '가등기'를 하는 형태이다. 여기서 돈을 빌린 사람을 가등기담보설정자, 돈을 대여해 준 채권자를 가등기담보권자라고 한다.

> **기출 CHECK ✓**
> 가등기담보는 금전채권을 담보할 목적으로 담보부동산에 채권자에게 가등기를 하는 형태를 말한다.
> 정답 O

(2) 양도담보

금전채권을 담보할 목적으로 담보부동산에 채무상환을 못할 때를 대비하여 채권자에게 '소유권이전등기'를 하는 형태이다. 여기서 돈을 빌린 채무자를 양도담보설정자, 돈을 빌려준 채권자를 양도담보권자라고 한다.

02 적용 요건

(1) 소비대차로 채권이 발생한 경우 적용된다.

채무자 甲이 채권자 乙로부터 1억원을 소비대차로 차용하고 시가 5억원의 집을 대물변제하기로 예약을 하고 채권자에게 가등기를 한 경우 본 법률이 적용된다.

> ① 상가등기의 주된 목적이 '매매대금채권의 확보'에 있고, 대여금채권의 확보는 부수적 목적인 경우 가등기담보법이 적용되지 않는다.
> ② '공사대금채권을 담보하기 위하여' 가등기를 경료한 경우 본 법률이 적용되지 않는다(대판 1992.10.27, 92다22879).
> ③ '매매대금채권을 담보하기 위하여 경료된 양도담보'에는 본 법률이 적용되지 아니한다(대판 2001.3.23, 2000다29356).

> **기출 CHECK ✓**
> 1 가등기담보는 소비대차로 채권이 발생할 때에 적용된다.
> 정답 O
>
> 2 공사대금채권을 담보하기 위하여 가등기를 경료한 경우 본 법률이 적용되지 않는다.
> 정답 O
>
> 3 매매대금채권을 담보하기 위하여 가등기가 경료된 경우에는 본 법률이 적용되지 않는다.
> 정답 O

(2) 담보물의 시가가 차용액과 이자 합산액보다 클 것

① 대물변제의 예약 당시에 '담보물의 가액이 차용액 및 이자 합산액을 초과'하는 경우에 한하여 적용된다(대판 2006.8.24, 2005다61140).

② 대물변제의 예약 당시의 가액이 차용액 및 이자 합산액에 '미달'하는 경우에는 본 법률이 적용되지 않으므로 담보권의 실행통지를 할 필요가 없다(대판 1993.10.26, 93다27611).

③ 예약 당시 '선순위근저당권'이 설정되어 있는 경우, 가등기담보법의 적용 요건: 재산권 이전의 예약 당시 재산에 대하여 선순위근저당권이 설정되어 있는 경우에는 재산의 가액에서 피담보채무액을 공제한 나머지 가액이 차용액 및 이에 붙인 이자의 합산액을 초과하는 경우에만 적용된다(대판 2006.8.24, 2005다61140).

> **기출 CHECK** ✓
> 1천만원의 선순위저당권이 있는 시가 1억원의 집을 담보로 3천만원을 빌려주고 채권자에게 가등기한 경우 이 법은 적용된다.
> 정답

(3) 등기·등록을 할 것 ^{제23회}

① 등기·등록을 할 수 없는 동산: 본 법률이 적용되지 않는다(대판 1988.11.22, 87다카2555).

> 제3조, 제4조가 적용되기 위해서는 채권자가 목적부동산에 관하여 가등기나 소유권이전등기 등을 마침으로써 **담보권을 취득**하였음을 요한다. 이와 달리 채권자가 채무자와 담보계약을 체결하였지만, 담보목적부동산에 관하여 가등기나 소유권이전등기를 마치지 아니한 경우에는 '담보권'을 취득하였다고 할 수 없으므로, 이러한 경우에는 제3조, 제4조는 원칙적으로 적용될 수 없다(대판 1996.11.15, 96다31116).

(4) 담보계약 당사자

① 가등기담보설정자는 채무자에 국한하지 않고 제3자도 될 수 있다(저당권 유사).

② 채권자가 아닌 제3자 명의의 가등기의 유효성

> 채권담보를 목적으로 가등기를 하는 경우에는 원칙적으로 채권자와 가등기명의자가 동일인이 되어야 하지만, 채권자 아닌 제3자의 명의로 가등기를 하는 데 대하여 채권자와 채무자 및 '제3자 사이에 합의'가 있었고, 나아가 제3자에게 그 채권이 실질적으로 귀속되었다고 볼 수 있는 **특별한 사정이 있는 경우 제3자 명의의 가등기도 유효하다**(대판 2009.11.26, 2008다64478).

> **기출 CHECK** ✓
> 채권이 제3자에게 실질적으로 귀속되었다고 볼 수 있는 특별한 사정이 있는 경우 채권자가 아닌 제3자 명의의 가등기도 유효하다.
> 정답

03 가등기담보권의 효력

(1) 가등기담보권의 성질(특수한 담보물권설이 통설) ^{제30·31회}

① 저당권의 성질 준용: 저당권의 통유성이 인정되므로 수반성의 원리에 따라서 **가등기담보권자는 채권과 함께 가등기담보권을 양도할 수 있다.** 저당권의 물상대위도 가등기담보, 양도담보에도 인정된다.

> **기출 CHECK** ✓
> 담보목적으로 가등기를 경료한 경우 담보물에 대한 사용·수익권, 처분권은 가등기담보설정자인 채무자에게 있다.
> 정답

② **담보물의 사용·수익권자는 채무자**: 일반적으로 담보목적으로 가등기를 경료한 경우 담보물에 대한 사용·수익권은 가등기담보설정자인 채무자에게 있다.

③ **가등기의 구별기준**: 가등기가 담보가등기인지 청구권보전가등기(순위보전가등기)인지 여부는 등기부상 표시에 의하여 '형식적으로 결정'될 것이 아니라 거래의 실질과 '당사자의 의사해석'에 따라 결정될 문제다(대판 1992.2.11, 91다36932).
  ㉠ 담보가등기(돈을 빌려주고 채권의 담보를 목적으로 하는 가등기)
  ㉡ 일반가등기(청구권보전가등기)

(2) 피담보채권의 범위❶ 제23·32회

① 가등기담보권의 효력이 미치는 피담보채권의 범위는 '저당권의 피담보채권의 범위'와 같다.

② 매매예약서상 매매대금은 편의상 기재하는 것에 불과하고, 가등기의 피담보채권액이 매매예약서상 기재된 매매대금의 한도로 제한되는 것이 아니다(대판 1996. 12.23, 96다39387).

❶ 가등기담보권과 저당권의 피담보채권의 범위는 같다.

04 가등기담보권의 실행 제27·28·29·30회

> 제12조【경매의 청구】
> ① 담보가등기권리자는 그 선택에 따라 제3조에 따른 담보권을 실행하거나 담보목적부동산의 경매를 청구할 수 있다. 이 경우 경매에 관하여는 담보가등기권리를 저당권으로 본다.
> ② 후순위권리자는 **청산기간에 한정**하여 그 피담보채권의 **변제기 도래 전**이라도 담보목적 부동산의 경매를 청구할 수 있다.
>
> 제3조【담보권 실행의 통지와 청산기간】
> ① 채권자가 담보계약에 따른 담보권을 실행하여 그 담보목적부동산의 소유권을 취득하기 위하여는 그 채권(債權)의 변제기(辨濟期) 후에 제4조의 **청산금(淸算金)의 평가액을 채무자등에게 통지**하고, 그 통지가 채무자등에게 도달한 날부터 2개월(이하 '청산기간'이라 한다)이 지나야 한다. 이 경우 **청산금이 없다고 인정되는 경우에는 그 뜻을 통지**하여야 한다.
> ② 제1항에 따른 통지에는 통지 당시의 **담보목적부동산의 평가액과 「민법」 제360조에 규정된 채권액**을 밝혀야 한다. 이 경우 부동산이 둘 이상인 경우에는 각 부동산의 소유권 이전에 의하여 소멸시키려는 채권과 그 비용을 밝혀야 한다.
>
> 제4조【청산금의 지급과 소유권의 취득】
> ① 채권자는 제3조 제1항에 따른 통지 당시의 담보목적 부동산의 가액에서 그 채권액을 뺀 금액(이하 "청산금"이라 한다)을 채무자등에게 지급하여야 한다. 이 경우 담보목적부동산에 선순위담보권(先順位擔保權) 등의 권리가 있을 때에는 그 채권액을 계산할 때에 **선순위담보 등에 의하여 담보된 채권액을 포함**한다.

> ② 채권자는 담보목적부동산에 관하여 이미 소유권이전등기를 마친 경우에는 청산기간이 지난 후 **청산금을 채무자등에게 지급한 때**에 담보목적부동산의 소유권을 취득하며, 담보가등기를 마친 경우에는 청산기간이 지나야 그 가등기에 따른 본등기(本登記)를 청구할 수 있다.
> ③ 청산금의 지급채무와 부동산의 소유권이전등기 및 인도채무(引渡債務)의 이행에 관하여는 동시이행의 항변권(抗辯權)에 관한 「민법」 제536조를 준용한다.

1. 담보권자의 선택권

채무자가 채무를 변제하지 않는 경우에 가등기담보권자는 권리취득에 의한 실행과 경매에 의한 실행 중 하나를 선택해서 실행할 수 있다(제12조).

(1) 소유권 취득에 의한 실행(귀속청산)

가등기담보권자가 청산금을 돌려주고 담보물의 소유권을 취득(집 뺏기!)하는 것이다.

(2) 경매에 의한 실행

경매를 실행하여 그 배당금으로써 피담보채권의 만족을 얻는 것(돈 찾기!)하는 것

2. 처분청산의 허용 여부

제3조, 제4조에서 가등기담보권의 '사적 실행방법으로서 귀속청산'의 원칙을 규정함과 동시에 제12조, 제13조에서 '공적 실행방법으로서 경매의 청구' 등 처분청산을 별도로 규정한 점 등을 종합하여 보면, 가등기담보권의 '사적 실행'에 있어서 채권자가 청산금의 지급 이전에 본등기를 경료받거나 담보목적물의 인도를 받는 것은 허용되지 않으며, 청산기간 2개월을 인정하지 않거나 청산금반환과 목적물의 인도 상호간에 동시이행관계를 인정하지 아니하는 '처분청산'형의 담보권실행은 「가등기담보 등에 관한 법률」상 허용되지 아니한다(대판 2002.4.23, 2001다81856).

3. 소유권취득에 의한 사적 실행(귀속청산)

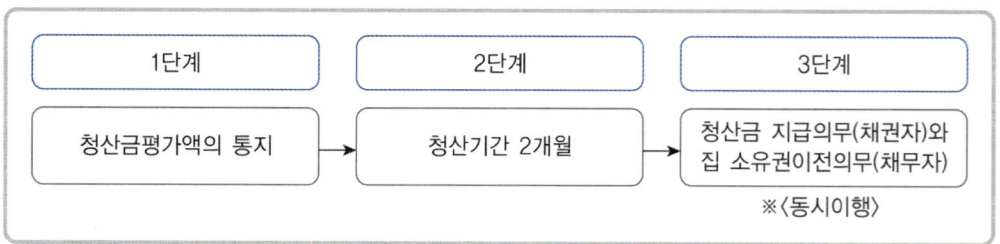

기출 CHECK ✓

1 가등기담보권자는 권리취득에 의한 실행과 경매에 의한 실행 중 선택해서 실행할 수 있다.
정답 ○

2 가등기담보권자는 경매로 실행하여야 한다.
정답 ✕

기출 CHECK ✓

청산금반환과 목적물의 인도 상호간에 동시이행관계를 인정하지 아니하는 '처분청산'형의 담보권실행은 허용되지 아니한다.
정답 ○

(1) 문제의 소재

① 가등기담보권자는 채무자가 변제를 하지 못한 때 곧바로 소유권취득의 본등기를 할 수 없고, 3단계의 과정(청산금의 통지 ➡ 2월의 청산기간의 경과 ➡ 청산금의 지급)을 거쳐야 한다(이를 귀속청산이라 한다. 법 제3조와 제4조가 규정).
② 위 3단계의 과정을 거치지 않고 담보권리자가 가등기에 기한 본등기가 경료하면 그 등기는 유효한가? 위 3단계의 과정을 거치지 않은 본등기는 무효이다.

(2) 1단계(청산금의 통지 = 담보권의 실행통지) 제27·28·29·30회

① 청산금:부동산의 시가에서 선순위채권액과 가등기채권액(차용액)을 합한 금액을 뺀 금액이다.❶

> **핵심 콕! 콕!**
>
> 담보물의 시가는 1억원이고 선순위저당권의 채권액은 4천만원, 가등기담보채권액은 2천만원, 후순위권리자의 채권액이 3천만원인 경우
> (가) 시가 1억원 - (선순위채권액 4천만원 + 가등기채권액 2천만원) = 4천만원
> (나) 채권액 산정에 가등기보다 **선순위저당권의 채권액을 포함**한다(대판 2007.7.13, 2006다46421).
> (다) 가등기담보권보다 **후순위저당권의 채권액(3천만원)은 포함하지 않는다.**
> (라) 청산금을 산정할 때 **모든 채권액을 포함**하여야 한다(×).

② 청산금의 평가방법(자기 멋대로 헐값으로 평가해도 유효)

> 채권자가 이와 같이 나름대로 평가한 청산금의 평가액이 객관적인 청산금의 평가액에 미치지 못하는 경우 담보권 실행통지의 효력이나 청산기간의 진행에는 아무런 영향이 없고 유효하다(대판 1992.9.1, 92다10043).
> 담보목적부동산의 평가액은 담보권자가 주관적으로 평가한 청산금의 산출근거를 알려 주려는 것일 뿐이므로, 그 평가시점이 잘못되었다든가 통지한 평가액이 통지시점의 객관적 가액에 미달하거나 그와 다르다는 이유만으로 담보권 실행 통지의 효력이 없는 것은 아니다(대판 2016.4.12, 2014다61630).

③ 청산금의 통지 ❷

> ㉠ **청산금의 평가액을 통지**: 청산금이 없다고 인정되는 때에도 '**청산금이 없다는 뜻**'을 통지하여야 한다(제3조 제1항). 그러므로 청산금이 없을 경우에 채권자는 통지할 필요가 없다는 것은 틀린 지문이다.
> ㉡ **평가액과 채권액도 통지**: 통지 당시 '**담보부동산의 평가액**'과 「민법」 제360조에 규정된 '**피담보채권액**'을 밝혀야 한다(제3조 제2항).❸

---

❶ 청산금 = 집 시가 - (선순위채권액 + 차용액)

기출 CHECK ✓
청산금을 산정할 때에는 모든 채권액을 포함시켜야 한다.
정답 ✗

기출 CHECK ✓
청산금이 없다고 인정되는 때에도 청산금이 없다는 뜻을 통지하여야 한다.
정답 ○

❷ 청산금을 산정할 때 통지 대상
• 담보부동산의 평가액
• 피담보채권액
• 청산금이 없다는 뜻
• 선순위채권액
⊙ 후순위채권액

❸ 2008년 신설
주의할 것은 판례(대판 2002.4.23, 2001다81856)에서는 평가액과 채권액을 구체적으로 언급할 필요가 없다고 판결하였다. 그러나 그 후 2008년에 「가등기담보 등에 관한 법률」 제3조 제2항의 법률개정으로 담보권자는 담보부동산의평가액과 함께 피담보채권액도 모두 통지하여야 한다고 법조문을 신설한 상황으로 판례가 아닌 입법적 변화가 발생하였다.

ⓒ 목적부동산이 둘 이상인 경우에는 각 부동산의 소유권이전에 의하여 소멸시키려고 하는 채권과 그 비용을 밝혀야 한다(제3조 제2항). 이때 채권자는 담보부동산 여러 개를 반드시 동시에 실행해야 하는 것은 아니고 따로 따로 실행할 수 있다(판례).
ⓔ 본등기를 마치기 위해 지출한 절차비용과 취득세는 채권자가 스스로 부담해야 한다. 단, 감정평가비용등은 청산금에서 공제한다.

④ 청산금 통지의 상대방: 채무자 등 모두에게 하여야 한다.

통지의 상대방인 채무자 등에는 채무자와 물상보증인뿐만 아니라 담보가등기 후 소유권을 취득한 제3취득자가 포함된다(제2조 제2호). 위 통지는 이들 모두에게 하여야 하는 것으로서 채무자 등의 전부 또는 일부에 대하여 위 통지를 하지 않으면 청산기간이 진행될 수 없다.
가등기담보권자는 그 후 적절한 청산금을 지급하거나 실제 지급할 청산금이 없다고 하더라도 가등기에 기한 본등기를 청구할 수 없으며, 설령 편법으로 본등기를 마쳤다고 하더라도 그 소유권을 취득할 수 없다(대판 2002.4.23, 2001다81856). 통지의 시기는 피담보채권의 변제기 도래 후이면 상관없으며, 통지는 서면이나 구두의 방법으로 하여도 무방하다.

⑤ 통지의 구속력: 청산금의 평가액의 통지를 하고 나면 채권자는 통지한 청산금의 금액에 관하여 다툴 수 없다(제9조). 다시 변경하여 청산금을 통지하여도 효력이 없다.

(3) 2단계(청산기간 2개월)

① 청산금 실행 통지 후 2개월이 경과할 것: 청산금평가액을 채무자 등에게 통지하고 통지가 도달한 날로부터 2개월이 경과하여야 한다.
② 청산기간은 생략·단축 불가능: 가등기권리자가 2개월의 청산기간을 거치지 아니하고 본등기를 경료하여도 효력이 없다.

(4) 3단계(청산금의 지급과 소유권의 취득) 제25회

① 가등기담보권자는 2개월의 청산기간이 경과한 후에 청산금이 있을 때에는 청산금을 지급하고, 청산금이 없는 경우에는 청산기간의 경과로 곧바로 가등기에 기한 본등기를 함으로써 소유권을 취득한다.
② 청산금의 지급의무: 가등기담보권자는 담보권을 실행해서 목적물의 소유권을 취득할 수 있으나, 반드시 청산금을 지급해야 한다(제4조 제1항).

기출 CHECK ✓
1 청산금 통지의 상대방인 채무자 등에는 채무자와 물상보증인뿐만 아니라 담보가등기 후 소유권을 취득한 제3취득자가 포함된다.
정답

2 청산금 통지 없이 가등기담보권자가 청산금을 지급하여도 가등기에 기한 본등기는 무효이다.
정답

기출 CHECK ✓
가등기권리자가 2개월의 청산기간을 거치지 아니하고 본등기를 경료하여도 효력이 없다.
정답

기출 CHECK ✓
가등기담보권자는 2개월의 청산기간이 경과한 후에 청산금이 있을 때에는 청산금을 지급하여야 소유권을 취득한다.
정답

③ 청산금 지급 전 담보물건에 대한 사용·수익권자는?

> ㉠ 일반적으로 담보목적으로 가등기를 경료한 경우 담보물에 대한 사용·수익권은 가등기설정자인 소유자에게 있다.
> ㉡ 채권자가 가등기담보권을 실행하여 담보권 실행을 통지한 경우 '청산금을 지급할 여지가 없는 때'에는 2개월의 청산기간이 경과함으로써 청산절차는 종료되고, 담보목적물에 대한 과실수취권을 포함한 사용·수익권은 청산절차의 종료와 함께 '채권자'에게 귀속된다(대판 2001.2.27, 2000다20465).
> ㉢ 반면에 '청산금을 지급할 돈이 남아 있는 경우'에는 2개월이 경과해도 담보물의 사용권자는 채무자이다.
> ㉣ 담보가등기에 기하여 마쳐진 본등기가 무효인 경우, 담보목적 부동산에 대한 소유권은 담보가등기 설정자인 채무자 등에게 있고 소유권의 권능 중 하나인 사용수익권도 당연히 담보가등기 설정자가 보유한다(대판 2019.6.13, 2018다300661).

④ 청산금을 지급해야 목적물의 소유권을 취득한다.
  ㉠ 가등기담보권자가 '청산금지급의 절차를 거쳐' 본등기를 하게 되면 비로소 목적물에 대한 소유권을 취득한다(제4조 제2항).
  ㉡ 청산금의 통지절차나 청산금의 지급 없이 담보가등기에 기한 본등기가 이루어진 경우, 그 본등기는 무효이다. 다만, 가등기권리자가 본 법 제3조, 제4조에서 정한 절차에 따라 청산금의 평가액을 채무자 등에게 통지한 후 채무자에게 정당한 청산금을 지급하거나 지급할 청산금이 없는 경우에는 채무자가 그 청산의 통지를 받은 날로부터 2개월의 청산기간이 경과하면 위 무효인 본등기는 '실체적 법률관계에 부합하는 유효한 등기'가 될 수 있다(대판 2007. 12.13, 2007다49595). 또한 청산절차 없이 이루어진 본등기가 무효라도 「선의 제3자」가 본등기에 터잡아 소유권이전등기를 마치면 채권자명의로 본등기를 마친 시점으로 소급하여 유효로 된다(대판 2016다248325).
  ㉢ 채무의 변제기가 도과한 후에도 채권자가 담보권을 실행하여 정산절차를 마치기 전에는 채무자는 언제든지 채무를 변제하고 채권자에게 위 가등기 및 가등기에 기한 본등기의 말소를 청구할 수 있다(대판 2006.8.24, 2005다61140).
  ㉣ 이때 가등기설정자의 채무변제와 채권자의 가등기말소의무는 동시이행관계가 아니라 채무변제가 선이행의무이다.❶
  ㉤ 한편 채권자의 '청산금의 지급의무'와 채무자의 '목적물 인도 및 소유권이전등기의무'는 동시이행관계이다.❷

기출 CHECK ✓
담보가등기의 경우 청산절차 없이 담보가등기에 기한 본등기가 이루어진 경우에는 그 본등기는 무효이다.

정답 O

❶ 채무자의 채무변제의무와 채권자의 청산금반환의무는 동시이행관계가 아니다.

❷ 채무자의 목적물인도의무와 채권자의 청산금반환의무는 동시이행관계이다.

(5) 후순위권리자의 보호 제29회

① 후순위권리자는 변제기 전에도 경매하여 귀속청산을 저지할 수 있다.

> 제12조【경매의 청구】② 후순위권리자는 **청산기간에 한정**하여 그 피담보채권의 **변제기 도래 전**이라도 담보목적부동산의 경매를 청구할 수 있다.

㉠ 채권자가 담보물건의 저평가로 청산금의 평가액에 불만이 있는 후순위권리자는 자기 채권의 '변제기가 도래하기 전'이라도 '청산기간에 한정하여' 독자적으로 경매를 청구할 수 있다.

㉡ 후순위권리자가 변제기 전에 경매를 청구할 수 있다는 규정은 담보가등기권리자의 귀속청산을 저지하기 위한 조치로서 청산절차를 거치기 전에 강제경매 등의 신청이 행하여진 경우 담보가등기권자는 그 가등기에 기한 본등기를 청구할 수 없고, 그 가등기는 부동산의 매각(경매)에 의하여 소멸하게 되나 다른 채권자보다 자기 채권을 우선변제받을 권리가 있을 뿐이다(대결 2010.11.9, 2010마1322).

② 청산금에 대한 처분의 제한

> 제7조【청산금에 대한 처분 제한】
> ① 채무자가 청산기간이 지나기 전에 한 청산금에 관한 권리의 양도나 그 밖의 처분은 이로써 후순위권리자에게 대항하지 못한다.
> ② 채권자가 청산기간이 지나기 전에 청산금을 지급한 경우 또는 제6조 제1항에 따른 통지를 하지 아니하고 청산금을 지급한 경우에도 제1항과 같다.

㉠ 채무자가 청산기간이 지나기 전에 청산금을 보관하여 후순위권리자에게 빼앗기게 되므로 그 돈을 빼돌리기 위하여 청산금에 관한 권리를 양도하거나 그 밖의 처분은 이로써 후순위권리자에게 대항하지 못한다.

㉡ 채권자가 청산기간이 지나기 전에 청산금을 지급한 경우에도 후순위권리자에게 대항하지 못한다.

③ 청산금에 대한 권리행사

> 제5조【후순위권리자의 권리행사】
> ① 후순위권리자는 그 순위에 따라 채무자등이 지급받을 청산금에 대하여 제3조 제1항에 따라 통지된 평가액의 범위에서 청산금이 지급될 때까지 그 권리를 행사할 수 있고, 채권자는 후순위권리자의 요구가 있는 경우에는 청산금을 지급하여야 한다. ❷
> ③ 채권자가 제2항의 명세와 증서를 받고 후순위권리자에게 청산금을 지급한 때에는 그 범위에서 청산금채무는 소멸한다.

4. 경매에 의한 실행

제12조 【경매의 청구】 ① 담보가등기권리자는 그 선택에 따라 제3조에 따른 담보권을 실행하거나 담보목적 부동산의 경매를 청구할 수 있다. 이 경우 **경매에 관하여는 담보가등기권리를 저당권**으로 본다. ❶

제13조 【우선변제청구권】 담보가등기를 마친 부동산에 대하여 강제경매 등이 개시된 경우에 담보가등기권리자는 다른 채권자보다 자기채권을 **우선변제받을 권리**가 있다. 이 경우 그 순위에 관하여는 그 **담보가등기권리를 저당권으로 보고**, 그 담보가등기를 마친 때에 그 저당권의 설정등기(設定登記)가 행하여진 것으로 본다. ❷

제14조 【강제경매 등의 경우의 담보가등기】 담보가등기를 마친 부동산에 대하여 **강제경매** 등의 개시결정이 있는 경우에 그 경매의 신청이 청산금을 지급하기 전에 행하여진 경우(청산금이 없는 경우에는 청산기간이 지나기 전)에는 **담보가등기권리자는 그 가등기에 따른 본등기를 청구할 수 없다**.

제15조 【담보가등기권리의 소멸】 담보가등기를 마친 부동산에 대하여 **강제경매 등이 행하여진 경우**에는 담보가등기권리는 그 부동산의 매각에 의하여 **소멸한다**.

제16조 【강제경매 등에 관한 특칙】
① 법원은 소유권의 이전에 관한 가등기가 되어 있는 부동산에 대한 강제경매 등의 개시결정이 있는 경우에는 가등기권리자에게 다음 각 호의 구분에 따른 사항을 법원에 신고하도록 적당한 기간을 정하여 최고(催告)하여야 한다.
1. 해당 **가등기가 담보가등기인 경우**: 그 내용과 채권[이자나 그 밖의 부수채권(附隨債權)을 포함한다]의 존부(存否)·원인 및 금액
2. 해당 가등기가 담보가등기가 아닌 경우: 해당 내용
② 압류등기 전에 이루어진 담보가등기권리가 매각에 의하여 소멸되면 제1항의 채권신고를 한 경우에만 그 채권자는 매각대금을 배당받거나 변제금을 받을 수 있다.

❶ 채권자는 경매나 귀속청산 중 선택할 수 있다.

❷ 경매의 경우 담보가등기는 저당권으로 간주한다.

(1) 경매의 경우 담보가등기는 저당권으로 본다.

① 담보가등기가 경료된 부동산에 대하여 경매 등이 개시된 경우에 담보가등기권리자는 다른 채권자보다 자기 채권의 우선변제를 받을 권리가 있다.

② 청산절차를 거치기 전에 강제경매 등의 신청이 행하여진 경우 담보가등기권자는 그 가등기에 기한 본등기를 청구할 수 없고, 그 가등기가 부동산의 매각에 의하여 소멸하되 다른 채권자보다 자기 채권을 우선 변제받을 권리가 있을 뿐이다(대결 2010.11.9, 2010마1322).

(2) 채권액을 신고할 것

① 담보가등기권리가 매각에 의하여 소멸되는 때에는 채권신고를 한 경우에 한하여 그 채권자는 매각대금의 배당 또는 변제금의 교부를 받을 수 있다.

기출 CHECK ✓
청산절차 종료 전 후순위자에 의해 경매가 행하여진 경우 가등기권자는 그 가등기에 기한 본등기를 청구할 수 없다.
정답 O

② 가등기에는 두 종류가 있다. 첫째, 담보가등기(돈을 빌려주고 채권의 담보를 목적으로 하는 가등기), 둘째, 일반가등기(청구권보전가등기)이다. 그런데 가등기를 설정할 때는 채권액을 기재하지 않고 '매매의 예약'이라고 기재한다. 그 결과 경매 전에는 어떤 가등기인지 등기부상으로 식별이 불가능하나 경매를 실행하면 구별이 가능해진다. 왜냐하면 경매가 실행되면 담보가등기는 법원에 채권액을 신고하여야만 자기채권액을 우선변제를 받을 수 있기 때문이다. 반면에 일반가등기(청구권보전가등기)는 채권액을 신고할 필요가 없다.

③ 그 결과 담보가등기권리자가 집행법원이 정한 기간 안에 채권신고를 하지 아니하면, 매각대금의 배당받을 권리를 상실한다(대판 2008.9.11, 2007다25278).

> **기출 CHECK** ✓
> 담보가등기권리자가 법원이 정한 기간 안에 채권신고를 하지 아니하면, 매각대금의 배당받을 권리를 상실한다.
> 정답 O

확인예제

「가등기담보 등에 관한 법률」이 적용되는 가등기담보에 관한 설명으로 옳은 것은? (다툼이 있으면 판례에 따름)   제33회

① 채무자가 아닌 제3자는 가등기담보권의 설정자가 될 수 없다.
② 귀속청산에서 변제기 후 청산금의 평가액을 채무자에게 통지한 경우, 채권자는 그가 통지한 청산금의 금액에 관하여 다툴 수 있다.
③ 공사대금채권을 담보하기 위하여 담보가등기를 한 경우, 「가등기담보 등에 관한 법률」이 적용된다.
④ 가등기담보권자는 특별한 사정이 없는 한 가등기담보권을 그 피담보채권과 함께 제3자에게 양도할 수 있다.
⑤ 가등기담보권자는 담보목적물에 대한 경매를 청구할 수 없다.

해설
① 채무자가 아닌 제3자는 가등기담보권의 설정자가 될 수 있다.
② 채권자는 그가 통지한 청산금의 금액에 관하여 다툴 수 없다.
③ 소비대차로 인한 채권만 적용된다.
⑤ 가등기담보권자는 경매청구할 수 있다.   정답: ④

05 양도담보 제29 · 31회

1. 의의

채무자 甲이 채권자 乙에게 소비대차로 인한 1억원의 채권담보를 목적으로 부동산의 '소유권이전등기'를 미리 이전하는 담보형식을 말한다.

|사례|

甲은 토지소유자(시가 5억원 상당)로서 乙에게 급한 돈 1억원을 빌려 쓰고 그 담보조로 채권자 乙에게 토지의 소유권이전등기를 경료하여 준 경우

(가) 소유권자는 채무자(양도담보설정자)이므로 목적물의 사용권, 과실수취권을 가진다.
(나) 소유권이전등기를 마친 채권자(양도담보권자)는 소유권자가 아니고 담보권자이다.

(1) 소유자는 채무자(양도담보설정자)이다. ❶

양도담보설정자가 담보물의 소유권자이다. 부동산을 채권담보의 목적으로 양도한 경우 부동산에 대한 사용·수익권은 채무자인 양도담보설정자에게 있는 것이므로, '목적부동산을 임대할 권한은 양도담보설정자'에게 있다(대판 2001.12.11, 2001다40213).

(2) 양도담보설정 등기비용

양도담보목적으로 경료된 소유권이전등기시 등기비용과 취득세 부담액은 채권자가 담보권을 확보하기 위하여 지급한 것이므로 당사자 사이에 특약이 없는 한 '채권자의 부담'이다(대판 1977.10.11, 75다2329).

2. 양도담보권의 효력

(1) 목적물의 효력 범위 제30·31회

① 양도담보권의 효력: 양도담보권의 효력은 저당권에서와 같이 담보물의 부합물·종물에 미친다.
② 물상대위: 양도담보목적물인 건물이 화재로 소실되면 양도담보권자는 담보물의 변형물인 화재보험금 청구권을 압류하여 물상대위할 수 있다(대판 2009.11.26, 2006다37106).
③ 甲이 토지소유자로서 양도담보설정자, 乙이 1억원 채권담보로 토지소유권이전등기를 경료한 양도담보권자인 경우 제3자 丙이 불법으로 침해한 때에는 부동산의 양도담보설정자는 그 등기명의 없이도 '실질적인 소유자임을 주장'하여 그 부동산의 불법점유자인 제3자에 대하여 불법점유상태의 배제권을 행사할 수 있다.

(2) 양도담보권의 실행 제28·29·30·31회

① 귀속청산의 3단계: 1단계(실행 통지) - 2단계(2개월의 청산기간) - 3단계(청산금의 지급과 소유권의 취득)로 실행하여야 적법하게 채권자가 소유권을 취득할 수 있다.
② 청산금의 지급: '청산금액이 채무자등에게 지급된 때'에 양도담보권자는 담보목적물의 소유권을 취득한다(제4조 제2항). 이때 양도담보권자가 담보권을 실행하여 청산금을 반환하고 소유권을 취득하면 양도담보권자 자신에게 두 개의 권리, 즉 양도담보권과 소유권이 동시에 존재하게 되므로 양도담보권은 혼동으로 소멸한다.

---

❶ 甲(설정자)이 채권담보로 乙에게 소유권이전등기한 경우 부동산의 소유권, 임대할 권한은 甲에게 있다.

| 기출 CHECK ✓ |
| 양도담보권자는 양도담보권을 실행하여 임차인에게 인도청구 할 수 있다. |
| 정답 O |

③ 양도담보권등기 후 목적물의 임차인의 지위
  ㉠ 채권담보를 위하여 소유권이전등기를 경료한 양도담보권자는 **채무자가 변제기를 도과하여 피담보채무의 이행지체**에 빠졌을 때에는 부동산의 처분권을 행사하기 위한 환가절차의 일환으로서, 즉 '**담보권의 실행으로서**' 채무자로부터 적법하게 목적부동산의 점유를 이전받은 '**제3자(임차인)**'에 대하여 그 부동산의 인도를 구할 수 있다. 다만 양도담보권자는 소유권자가 아니므로 '**직접 소유권에 기하여**' 그 인도를 청구할 수 없다(대판 1991.11.8, 91다21770).❶
  ㉡ 양도담보권등기 후 담보물을 적법하게 '양도담보설정자'로부터 임차하여 사용 중에 있는 임차인은 채무의 '**변제기 전**'의 상황인 때에는 적법한 사용권을 가지므로 **양도담보권자는 그 임차인에게 부당이득반환을 청구할 수 없다**.

❶
• 변제기 후 – 담보권실행으로 임차인에게 인도청구할 수 있다.
• 변제기 전 – 임차인에게 인도청구 할 수 없다.

3. 양도담보권자가 청산절차 없이 선의 제3자에게 처분한 경우

> 제11조【채무자 등의 말소청구권】채무자등은 청산금채권을 변제받을 때까지 그 **채무액(반환할 때까지의 이자와 손해금을 포함한다)**을 채권자에게 지급하고 그 채권담보의 목적으로 마친 소유권이전등기의 말소를 청구할 수 있다. 다만, 그 채무의 **변제기가 지난 때부터 10년이 지나거나 선의의 제3자가 소유권을 취득한 경우**에는 그러하지 아니하다.

| 기출 CHECK ✓ |
| 1 채무자의 채무변제의무와 양도담보권자의 소유권이전등기말소의무는 동시이행관계가 아니다. |
| 정답 O |
| 2 채무자의 목적물인도의무와 채권자의 청산금반환의무는 동시이행관계에 있다. |
| 정답 O |

|사례|
채무자 甲 소유의 X토지(시가 3억원)에 1억원의 소비대차로 인한 채권담보로 채권자 乙에게 소유권이전등기가 경료된 상태에 있다.

(1) 토지의 소유권자는 양도담보권자인 소유권이전등기명의자 乙이 아니라 양도담보설정자인 채무자 甲이다.

(2) 채무자의 채무변제의무와 양도담보권자의 소유권이전등기말소의무는 동시이행관계가 아니고 채무변제의무가 선이행의무이다.

(3) **양도담보채권자가 '청산절차를 밟지 아니하고' 그 담보목적 부동산을 선의 제3자에게 처분하여 제3자 명의로 소유권이전등기를 경료한 경우**
  ① 제3자가 '선의'인 경우: 선의 제3자 명의 소유권이전등기는 유효하고, 제3자는 유효하게 소유권을 취득한다. 따라서 채무자는 채권자가 처분한 부동산을 선의로 취득한 제3자 명의의 소유권이전등기를 말소할 수 없다.
  ② 제3자가 '악의'인 경우: 제3자 명의 소유권이전등기는 무효이므로 채무자는 악의로 취득한 제3자의 소유권이전등기를 말소할 수 있다.

(4) 양도담보채권자가 '청산금 지급 없이' 담보물을 채권자 자신이 인도받은 경우 귀속청산 절차를 위반한 것으로서 이는 무효이다.

해커스 킬 정리 | 가등기담보법 핵심체계 정리하기

1. 적용요건은?
   소비대차로 채권 / 시가가 차용액보다 클 것 / 가등기를 경료할 것
2. 귀속청산 절차는?
   ① 청산금의 평가액통지?
      - 주관적으로 통지해도 유효
      - 청산금이 0원이어도 없다는 뜻을 통지해야 한다.
      - 통지한 금액은 구속받고 다시 변경할 수 없다.
      - 본등기 절차비용과 취득세는 채권자가 부담한다.
   ② 2월 – 청산기간 2월을 인정하지 않으면 무효이다.
   ③ 청산금 지급?
      - 청산금 지급 없는 본등기는 무효가 원칙
      - 채권자의 청산금지급의무와 채무자의 목적물인도는 동시 ○
3. 후순위권리자보호는? 변제기 전에도 귀속청산의 저지 위해 경매청구 ○
4. 양도담보

확인예제

乙은 甲으로부터 1억원을 빌리면서 자신의 X토지(시가 3억원)를 양도담보로 제공하고 甲명의로 소유권이전등기를 마쳤다. 그 후 丙은 X토지를 사용·수익하던 乙과 임대차계약을 맺고 그 토지를 인도받아 사용하고 있다. 다음 설명 중 틀린 것은? 제29회

① 甲은 피담보채권의 변제기 전에도 丙에게 임료 상당을 부당이득으로 반환청구할 수 있다.
② 甲은 특별한 사정이 없는 한 담보권실행을 위하여 丙에게 X토지의 인도를 청구할 수 있다.
③ 乙이 피담보채무의 이행지체에 빠졌을 경우, 甲은 丙에게 소유권에 기하여 X토지의 인도를 청구할 수 없다.
④ 甲이 乙에게 청산금을 지급함으로써 소유권을 취득하면 甲의 양도담보권은 소멸한다.
⑤ 만약 甲이 선의의 丁에게 X토지를 매도하고 소유권이전등기를 마친 경우, 乙은 丁에게 소유권이전등기의 말소를 청구할 수 없다.

해설

양도담보권설정 후 담보물을 적법하게 양도담보설정자로부터 임차하여 사용 중에 있는 임차인은 채무의 변제기 전의 상황인 때는 적법한 사용권을 가지므로 양도담보권자는 그 적법한 사용권을 가진 임차인에게 부당이득반환을 청구할 수 없다. 만약 채무자가 이행지체에 빠진 경우 변제기 도래 후의 상황이면 양도담보권자는 담보권을 적법하게 실행하여 양도담보권 설정 후의 임차인에게 목적물의 인도 및 부당이득반환을 청구할 수 있다.

정답: ①

제 4 장 집합건물의 소유 및 관리에 관한 법률

목차 내비게이션 | 제4편 민사특별법

- 제1장 주택임대차보호법
- 제2장 상가건물 임대차보호법
- 제3장 가등기담보 등에 관한 법률
- **제4장 집합건물의 소유 및 관리에 관한 법률**
- 제5장 부동산 실권리자명의 등기에 관한 법률

출제경향
전 범위에서 골고루 1문항이 출제된다.

학습전략
- 구분소유권·구조상 공용부분의 취득에는 등기를 요하지 않는다는 점을 숙지하여야 한다.
- 대지사용권의 분리처분금지를 반드시 숙지하여야 한다.
- 하자담보책임의 문제를 정리하여야 한다.
- 재건축의 요건을 숙지하여야 한다.

핵심개념

1. [구분소유권]
   구분소유권의 성립(대장에 등록 여부) ★★☆☆☆ p.540

2. [공용부분]
   등기·분할·처분·사용문제 ★★★☆☆ p.540

3. [대지사용권]
   전유부분과 대지사용권의 일체성 (분리처분의 금지) ★★☆☆☆ p.544

4. [구분소유자의 권리·의무]
   공동이익 위반금지 ★★☆☆☆ p.545

5. [집합건물의 관리]
   관리인과 관리위원회 위원 ★★★☆☆ p.548

6. [재건축]
   요건 ★★☆☆☆ p.551

01 서설 제27·28·29·30·31·32·33·34·35회

> 「집합건물의 소유 및 관리에 관한 법률」 ➔ 이하 이 장에서 법명을 생략하고, 이 편에서 '집합건물법'이라 약칭한다.

1. 입법배경

경제발전과 더불어 대규모 공동주택의 고층화로 인하여 아파트, 연립주택 등 한 동의 건물 내부에 여러 개의 구분소유권을 가지는 형태가 일반화하게 되었다. 따라서 그들 사이의 소유 및 관리를 효율적으로 규율하고자 「집합건물의 소유 및 관리에 관한 법률」이 1984년 제정되어 일부의 조항의 개정을 거쳐서 오늘에 이르고 있다.

2. 적용

집합건물법은 아파트, 연립주택 같은 공동주택뿐만 아니라 오피스텔, 주상복합건물 같은 모든 집합건물에 적용된다.

> **목차 내비게이션**
> **집합건물의 체계**
> 1. 구분소유권
> 2. 공용부분
> 3. 대지사용권
> 4. 권리·의무
> 5. 집합건물의 관리
> 6. 집합건물의 재건축

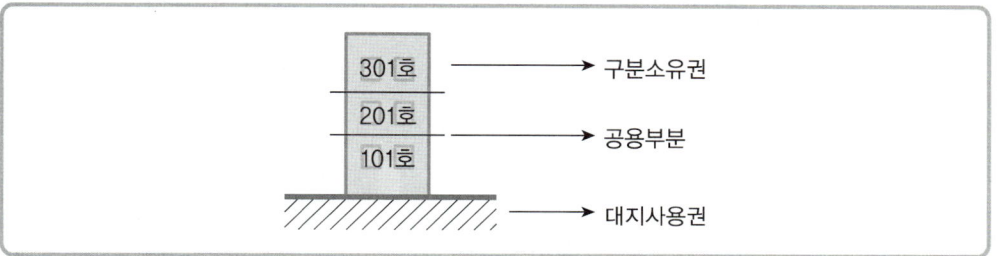

02 구분소유권

1. 용어의 정의

(1) 구분소유권

1동의 건물 중 구조상·이용상의 독립성을 가진 '전유부분'을 목적으로 하는 소유권을 지칭한다.

(2) 구분소유권의 목적물이 되는 것❶

구분소유권의 목적이 되는 것은 '전유부분'만이며, 공용부분(예 복도, 계단, 엘리베이터)은 구분소유권의 목적물이 될 수 없다(제3조 제1항).

❶ 구분소유권의 목적이 되는 것은 전유부분이다.

(3) 전유부분

구분소유권의 목적인 건물부분을 말한다. 즉, 구조상 및 사용상 독립성이 있어서 구분소유자만이 단독으로 사용하고 소유하는 부분을 말한다.

(4) 대지사용권❷

구분소유자가 전유부분을 소유하기 위하여 건물의 대지에 대하여 가지는 권리를 말한다(제2조 제6호).

❷ 대지사용권은 구분소유자가 전유부분을 소유하기 위하여 건물의 대지에 가지는 권리이다.

2. 구분소유권의 성립(구조상 독립성과 구분행위 + 아파트 완성)

(1) 구분소유권의 요건

구분소유권의 객체(전유부분)로 인정되기 위하여는 첫째, 객관적 요건으로 구조상·이용상의 독립성이 있어야 하고, 둘째, 주관적 요건으로 소유자의 구분소유 의사로 구분행위가 있어야 한다.

(2) 건축물대장에 등록 없이도 구분소유권이 성립한다.❶

> 구분건물이 물리적으로 완성되기 전에도 건축허가신청이나 분양계약 등을 통하여 장래 신축되는 건물을 구분건물로 하겠다는 구분의사가 객관적으로 표시되면 구분행위의 존재를 인정할 수 있고, 이후 1동의 건물 및 그 구분행위에 상응하는 구분건물이 객관적·물리적으로 완성되면 아직 그 **건물이 집합건축물대장에 등록되거나 구분건물로서 등기부에 등기되지 않았더라도** 그 시점에서 구분소유가 성립한다(대판2010다71578 전원합의체).

3. 처분의 일체성

> 제13조【전유부분과 공용부분에 대한 지분의 일체성】 공유자는 그가 가지는 전유부분과 분리하여 **공용부분에 대한 지분을 처분할 수 없다.**
>
> 제20조【전유부분과 대지사용권의 일체성】
> ① 구분소유자의 대지사용권은 그가 가지는 전유부분의 처분에 따른다.
> ② 구분소유자는 그가 가지는 전유부분과 분리하여 대지사용권을 처분할 수 없다. 다만, **규약으로써 달리 정한 경우에는 그러하지 아니하다.**❷

03 공용부분 제26·27·30회

> 제10조【공용부분의 귀속 등】
> ① 공용부분은 구분소유자 전원의 공유에 속한다. 다만, **일부의 구분소유자만이 공용하도록 제공되는 것임이 명백한 공용부분**(이하 "일부 공용부분"이라 한다)은 그들 구분소유자의 공유에 속한다.
>
> 제11조【공유자의 사용권】 각 공유자는 공용부분을 그 **용도에 따라 사용**할 수 있다.
>
> 제13조【전유부분과 공용부분에 대한 지분의 일체성】
> ① 공용부분에 대한 공유자의 지분은 그가 가지는 전유부분의 처분에 따른다.
> ② 공유자는 그가 가지는 전유부분과 분리하여 공용부분에 대한 지분을 처분할 수 없다.
> ③ **공용부분에 관한 물권의 득실변경(得失變更)은 등기가 필요하지 아니하다.**

기출 CHECK ✓
건축물대장에 등록이나 구분소유권의 등기 없이 구분소유권이 성립한다.
정답 O

❶ 전유부분인지 공용부분인지 여부는 '건축물대장에 구분건물로 등록된 시점을 기준으로 판단한다. 폐기된 종전 판례의 입장으로서 틀린 지문이다.

❷ 규약에 달리 정함이 없는 한 구분소유자는 전유부분과 분리하여 대지사용권을 처분할 수 없다.

제15조 【공용부분의 변경】
① 공용부분의 변경에 관한 사항은 관리단 집회에서 구분소유자의 **3분의 2 이상** 및 의결권의 3분의 2 이상의 결의로써 결정한다. 다만, 다음 각 호의 어느 하나에 해당하는 경우에는 제38조 제1항에 따른 통상의 집회결의로써 결정할 수 있다.

제16조 【공용부분의 관리】
① 공용부분의 관리에 관한 사항은 제15조 제1항 본문 및 제15조의2의 경우를 제외하고는 제38조 제1항에 따른 통상의 집회결의로써 결정한다. 다만, **보존행위는 각 공유자**가 할 수 있다.
② 구분소유자의 승낙을 받아 전유부분을 점유하는 자는 제1항 본문에 따른 집회에 참석하여 그 구분소유자의 의결권을 행사할 수 있다.

제17조 【공용부분의 부담·수익】 각 공유자는 규약에 달리 정한 바가 없으면 그 **지분의 비율에 따라** 공용부분의 관리비용과 그 밖의 의무를 부담하며 공용부분에서 생기는 이익을 취득한다.

제18조 【공용부분에 관하여 발생한 채권의 효력】 공유자가 **공용부분에 관하여 다른 공유자에 대하여 가지는 채권**은 그 **특별승계인**에 대하여도 행사할 수 있다.

1. 공용부분의 종류

(1) 법정공용부분(구조상 공용부분 – 등기 불필요)

① 아파트의 지붕, 옥상, 복도, 계단, 승강기실, 수도관, 전기시설처럼 외관상, 구조상 공용으로 이용되는 부분을 말한다. 이러한 법정공용부분은 구분소유권의 목적으로 할 수 없으며 등기를 필요로 하지 않는다.

② 상가 301호를 분양받은 자가 301호의 외벽에 간판을 설치하여 분쟁한 사안에서 외벽에 대한 이용은 전유부분이 아니라 공용부분이므로 입주자들의 동의 없이 단독으로 간판을 설치하면 상가의 입주자는 공용부분의 지분권에 기하여 철거를 할 수 있다(대판 2011.4.28, 2011다12163).

③ '구조상 공용부분'은 구분소유권의 목적이 될 수 없다.

> 기출 CHECK ✓
> 구조상 공용부분은 구분소유권의 목적으로 할 수 없으며 등기를 필요로 하지 않는다.
> 정답 O

(2) 규약상 공용부분(등기 필요)

① 규약상 공용부분이란 입주자들의 규약에 의해서 공용부분으로 된 부속건물을 말한다. 예컨대 아파트의 관리사무소, 노인정 건물, 유치원 건물, 아파트의 수영장, 골프연습장, 아파트의 차고 등은 입주자들의 규약에 의하여 공용부분으로 된 것이다.

② 규약상 공용부분은 이를 <u>반드시 등기</u>하여야 한다(제3조 제4항). 규약상 공용부분은 공용부분이라는 취지를 표제부에 등기하여야 한다.

③ <u>일부공용부분</u>이란 일부의 구분소유자만이 공동 사용하도록 제공된 것(예 1단지 내에 소재한 수영장으로서 1단지 입주자만 사용하는 것)을 말하며 이는 일부 구분소유자들의 공유에 속한다.

> 기출 CHECK ✓
> 규약상 공용부분은 등기를 하여야 한다.
> 정답 O

기출 CHECK ✓
어느 부분이 구분소유자의 전원 또는 일부의 공용에 제공되는지의 여부는 그 건물의 구조에 따른 객관적인 용도에 의하여 결정한다.
정답 O

❶ 비교
- 공용부분은 전원이 동의해도 분할할 수 없다.
- 물권법에서 공유물은 전원의 동의로 분할할 수 있다.

기출 CHECK ✓
구조상 공용부분에 관한 물권의 득실변경은 등기를 요하지 아니한다.
정답 O

기출 CHECK ✓
1 공용부분의 사용과 수익은 그 지분비율에 따른다.
정답 X

2 공용부분을 제3자가 불법점유하는 경우 각 구분소유자가 방해배제를 청구할 수 있다.
정답 O

(3) 공용부분의 판단기준 _{제26회}

건물의 어느 부분이 구분소유자의 전원 또는 일부의 공용에 제공되는지의 여부는 그 건물의 구조에 따른 '객관적인 용도'에 의하여 결정되어야 할 것이다(대판 2008. 6.26, 2007다90241).

2. 공용부분의 처분의 제한

(1) 공용부분의 분할

공용부분은 전원이 동의해도 공용부분을 분할할 수 없다(「민법」 제268조 제3항). ❶

(2) 처분의 일체성

① 공유자는 그가 가지는 전유부분에 대하여 공용부분에 대한 지분을 분리하여 처분할 수 없다(제13조 제2항).

② 구조상 공용부분에 관한 물권의 '득실변경은 등기를 요하지 아니한다'(제13조 제3항).

3. 공용부분의 사용 및 보존

(1) 공용부분의 사용

각 공유자는 공용부분을 '지분비율'이 아니라 '용도'에 따라 사용할 수 있다. 예컨대 아파트의 승강기나 계단을 전유부분의 면적비율로 사용할 수 없음은 당연하다. 한편 공용부분의 관리는 지분비율에 의한다.

(2) 공용부분의 변경

공용부분의 변경에 관한 사항은 관리단 집회에서 '구분소유자의 3분의 2 이상 및 의결권의 3분의 2 이상의' 결의를 요한다(제15조 제1항). 아파트의 기존의 중앙집중 난방방식을 지역난방으로 변경하는 것은 공용부분의 변경에 해당한다(대판 2008. 9.25, 2006다86597).

(3) 공용부분의 보존행위

> **공용부분을 공유자 중 1인이 배타적으로 사용한 경우 그 해법은?**
> ① 관리단의 집회결의나 다른 구분소유자의 동의 없이 구분소유자 1인이 공용부분인 복도를 독점적으로 점유·사용하는 경우, 다른 구분소유자는 공용부분의 보존행위로 그 인도를 청구할 수 없고, 지분권에 기초하여 공용부분에 대한 방해제거를 청구할 수 있다(대판 2020.10.15, 2019다245822).
> ② 구분소유자 중 일부가 정당한 권원 없이 집합건물의 복도, 계단 등과 같은 공용부분을 배타적으로 점유·사용함으로써 이익을 얻고, 그로 인하여 다른 구분소유자들이 해당 공용부분을 사용할 수 없게 되었다면, 공용부분을 무단점유한 구분소유자는 특별한 사정이 없는 한 해당 공용부분을 점유·사용함으로써 얻은 이익을 부당이득으로 반환할 의무가 있다(대판 2020.5.21, 2017다220744 전원합의체).

(4) 공용부분의 의무부담 및 관리비의 승계 여부

① 각 공유자는 지분비율로 공용부분의 관리비를 부담하고 의무를 부담한다.
② 공유자가 '공용부분'에 관하여 다른 공유자에 대하여 가지는 '채권'은 그 '특별승계인'에게도 행사할 수 있다(제18조).
③ 관리규약이 아직 없을 때에도 공용부분의 관리비를 징수할 수 있는가? 관리단은 관리비 징수에 관한 유효한 규약이 존재하지 않더라도 제25조에 따라 공용부분에 대한 관리비를 그 부담의무자인 구분소유자에게 청구할 수 있다(대판 2009.7.9, 2009다22266).
④ 전입주자가 체납한 관리비는 특별승계인에게 어느 범위까지 승계되는가?❶

전유부분 체납관리비는?	특별승계인이 승계하지 않는다.
공용부분 관리비에 대한 연체료	특별승계인이 승계하지 않는다(대판 2004다3598).
공용부분 체납관리비	특별승계인의 승계의사 유무에 상관없이 제18조에 의거하여 승계한다(대판 2001다8677 전원합의체).

❶
- 전유부분의 체납관리비는 특별승계인에게 승계되지 않는다.
- 공용부분의 체납관리비는 특별승계인에게 승계된다.

4. 공용부분의 하자 추정

예컨대 아파트의 위층에서 누수가 생겨서 아래층의 입주자가 곰팡이로 피해를 입은 경우 누구에게 손해를 배상받는가? 전유부분이 속하는 1동의 건물의 설치 또는 보존의 하자로 인하여 타인에게 손해를 가한 때에는 그 하자는 전유부분이 아니라 '공용부분'에 존재하는 것으로 추정한다(제6조).

기출 CHECK ✓
전유부분이 속하는 1동의 건물의 설치의 하자로 타인에게 손해를 가한 때에는 그 하자는 공용부분에 존재하는 것으로 추정한다.
정답 O

5. 공용부분에 대한 취득시효 여부 제27·30회

공용부분인 '대지'에 대하여 취득시효의 완성을 인정하여 그 부분에 대한 소유권취득을 인정하면 전유부분과 분리하여 공용부분의 처분을 허용하고 일정 기간의 점유로 인하여 공용부분이 전유부분으로 변경되는 결과가 되어 집합건물법의 취지에 어긋나게 된다. 따라서 집합건물의 공용부분은 취득시효에 의한 소유권취득의 대상이 될 수 없다(대판 2013.12.12, 2011다78200).

기출 CHECK ✓
집합건물의 공용부분은 취득시효에 의한 소유권취득의 대상이 될 수 없다.
정답 O

04 대지사용권

> **제20조【전유부분과 대지사용권의 일체성】**
> ① 구분소유자의 대지사용권은 그가 가지는 전유부분의 처분에 따른다.
> ② 구분소유자는 그가 가지는 전유부분과 분리하여 대지사용권을 처분할 수 없다. 다만, 규약으로써 달리 정한 경우에는 그러하지 아니하다.
> ③ 제2항 본문의 분리처분금지는 그 취지를 등기하지 아니하면 선의(善意)로 물권을 취득한 제3자에게 대항하지 못한다.

> 제21조【전유부분의 처분에 따르는 대지사용권의 비율】① 구분소유자가 둘 이상의 전유부분을 소유한 경우에는 각 전유부분의 처분에 따르는 대지사용권은 제12조에 규정된 비율에 따른다. 다만, 규약으로써 달리 정할 수 있다.
>
> 제22조【「민법」제267조의 적용 배제】제20조 제2항 본문의 경우 대지사용권에 대하여는 「민법」제267조(같은 법 제278조에서 준용하는 경우를 포함한다)를 **적용하지 아니한다**.❶
>
> 제7조【구분소유권 매도청구권】대지사용권을 가지지 아니한 구분소유자가 있을 때에는 그 전유부분의 철거를 청구할 권리를 가진 자는 그 구분소유자에 대하여 구분소유권을 시가(時價)로 매도할 것을 청구할 수 있다.
>
> 제8조【대지공유자의 분할청구 금지】대지 위에 구분소유권의 목적인 건물이 속하는 1동의 건물이 있을 때에는 그 대지의 공유자는 그 건물 사용에 필요한 범위의 **대지에 대하여는 분할을 청구하지 못한다**.

❶ 공유자가 공유지분을 포기하거나 상속인 없이 사망하면 그 지분은 다른 공유자에게 귀속하지 아니하고 국가에 귀속한다.

1. 대지

(1) 법정대지

전유부분이 속하는 1동의 건물이 소재하는 1필 또는 수필의 토지를 법정대지라 한다.

(2) 규약대지

규약이나 공정증서에 의해 건물의 대지로 된 통로, 주차장, 정원, 부속건물의 대지 기타 전유부분이 속하는 1동의 건물 및 그 건물이 소재하는 토지와 일체로 관리 또는 사용되는 토지를 규약대지라 한다. 규약대지는 그 취지를 등기하여야 한다.

2. 대지사용권

(1) 전유부분과 대지사용권의 일체성

① 규약이나 공정증서로 달리 정함이 없는 한 대지사용권을 전유부분과 분리 처분할 수 없으므로 이를 위반한 대지사용권의 처분은 무효이다.

② 법원의 '강제경매' 절차에 의하더라도 전유부분과 대지사용권은 분리 처분할 수 없다(대판 2009.6.23, 2009다26145).

> ㉠ 구분건물의 전유부분만에 관하여 설정된 '저당권의 효력'은 특별한 사정이 없는 한 나중에 귀속하게 되는 종물 내지 종된 권리인 그 '대지사용권'에까지 미친다(대판 2001.9.4, 2001다22604).
> ㉡ 전유부분에 대한 '압류의 효력'은 종된 권리인 '대지사용권'에도 미친다. 다만, 그와 달리 분리 처분하는 규약이 있는 경우에는 종속적 일체불가분성이 배제되어 대지사용권에는 미치지 아니한다(대결 1997.6.10, 97마814).
> ㉢ 구분건물의 전유부분에 대한 보존등기만 경료되고 대지지분에 대한 등기가 경료되기 전에 전유부분에 대하여 내려진 '가압류의 효력'은 대지사용권에도 미친다(대판 2006.10.26, 2006다29020).

기출 CHECK ✓

1 법원의 강제경매 절차에 의하더라도 전유부분과 대지사용권은 분리 처분할 수 없다.
정답 ○

2 전유부분에 대한 가압류, 압류의 효력은 종된 권리인 대지사용권에도 미친다.
정답 ○

(2) 제22조(「민법」제267조 적용 배제)

대지사용권에 관하여 공유자가 공유지분을 포기하거나 상속인 없이 사망하면 그 지분은 **다른 공유자에게 귀속하지 아니하고 국가**에 귀속한다.❶

(3) 대지는 분할청구할 수 없다.

대지 위에 구분소유권의 목적인 건물이 속하는 1동의 건물이 있을 때에는 그 대지의 공유자는 그 건물 사용에 필요한 범위의 **대지에 대하여는 분할을 청구하지 못한다.**

> ❶ 물권법에서는 공유자가 지분을 포기하면 다른 공유자에게 지분비율로 귀속한다.

05 구분소유자의 권리·의무

1. 구분소유자의 의무

제5조【구분소유자의 권리·의무 등】
① 구분소유자는 건물의 보존에 해로운 행위나 그 밖에 건물의 관리 및 사용에 관하여 구분소유자 공동의 이익에 어긋나는 행위를 하여서는 아니 된다.❷
② 전유부분이 주거의 용도로 분양된 것인 경우에는 구분소유자는 정당한 사유 없이 그 부분을 주거 외의 용도로 사용하거나 그 내부 벽을 철거하거나 파손하여 증축·개축하는 행위를 하여서는 아니 된다.

제7조【구분소유권 매도청구권】 대지사용권을 가지지 아니한 구분소유자가 있을 때에는 그 전유부분의 철거를 청구할 권리를 가진 자는 그 구분소유자에 대하여 구분소유권을 시가(時價)로 매도할 것을 청구할 수 있다.

제43조【공동의 이익에 어긋나는 행위의 정지청구 등】
① 구분소유자가 제5조 제1항의 행위를 한 경우 또는 그 행위를 할 우려가 있는 경우에는 **관리인 또는 관리단 집회의 결의로 지정된 구분소유자**는 구분소유자 공동의 이익을 위하여 그 행위를 정지하거나 그 행위의 결과를 제거하거나 그 행위의 예방에 필요한 조치를 할 것을 청구할 수 있다.
② 제1항에 따른 소송의 제기는 **관리단 집회의 결의가 있어야 한다.**❸

제44조【사용금지의 청구】
① 제43조 제1항의 경우에 제5조 제1항에 규정된 행위로 구분소유자의 공동생활상의 장해가 현저하여 제43조 제1항에 규정된 청구로는 그 장해를 제거하여 공용부분의 이용 확보나 구분소유자의 공동생활 유지를 도모함이 매우 곤란할 때에는 관리인 또는 관리단집회의 결의로 지정된 구분소유자는 소(訴)로써 적당한 기간 동안 해당 구분소유자의 전유부분 사용금지를 청구할 수 있다.
② 제1항의 청구는 **구분소유자의 4분의 3 이상 및 의결권의 4분의 3 이상의 관리단 집회 결의**가 있어야 한다.
③ 제1항의 결의를 할 때에는 미리 해당 구분소유자에게 변명할 기회를 주어야 한다.

> ❷ **공동의 이익에 위반하는 경우**
> - 행위정지청구: 과반수 결의
> - 사용금지청구: 4분의 3 이상 결의
> - 인도청구: 4분의 3 이상 결의
>
> **기출 CHECK** ✓
> 층간 소음을 유발하는 행위는 각 구분소유자가 행위정지청구를 할 수 있다.
> 정답 ✕
>
> ❸ **소송의 제기**
> 관리인이 직권으로 할 수 없고 관리단 집회의 결의가 있어야 한다.

제45조 【구분소유권의 경매】
① 구분소유자가 제5조 제1항 및 제2항을 위반하거나 규약에서 정한 의무를 현저히 위반한 결과 공동생활을 유지하기 매우 곤란하게 된 경우에는 관리인 또는 관리단 집회의 결의로 지정된 구분소유자는 해당 구분소유자의 전유부분 및 대지사용권의 경매를 명할 것을 법원에 청구할 수 있다.
② 제1항의 청구는 구분소유자의 4분의 3 이상 및 의결권의 **4분의 3 이상의 관리단 집회 결의**가 있어야 한다.

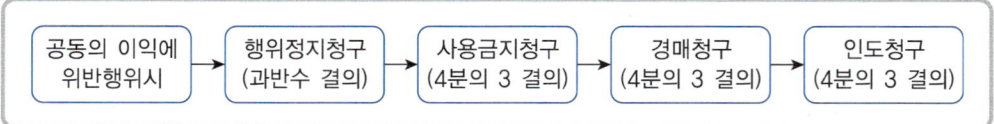

2. 하자담보책임

아파트의 하자

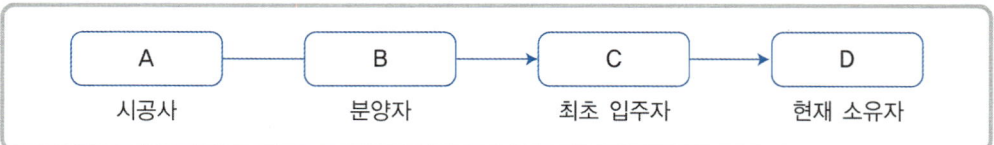

제9조의2 【담보책임의 존속기간】
① 제9조에 따른 담보책임에 관한 구분소유자의 권리는 다음 각 호의 기간 내에 행사하여야 한다.
1. 「건축법」 제2조 제1항 제7호에 따른 건물의 주요구조부 및 지반공사의 하자: 10년
2. 제1호에 규정된 하자 외의 하자: 하자의 중대성, 내구연한, 교체가능성 등을 고려하여 5년의 범위에서 대통령령으로 정하는 기간
② 제1항의 기간은 다음 각 호의 날부터 기산한다.
1. **전유부분: 구분소유자에게 인도한 날**
2. 공용부분: 「주택법」 제49조에 따른 사용검사일(집합건물 전부에 대하여 임시 사용승인을 받은 경우에는 그 임시 사용승인일)을 말한다.

(1) 하자담보책임의 추궁 주체

① 분양목적물에 하자가 있는 경우 하자담보책임을 추궁할 수 있는 자는 최초로 분양받은 자가 아니라 최종양수인에 해당하는 '**현재의 구분소유자**'이다.
② 분양자의 담보책임에 관하여 이 법과 「민법」에 규정된 것보다 매수인에게 불리한 특약은 효력이 없다(제9조 제4항).

기출 CHECK ✓
분양목적물에 하자가 있는 경우 하자담보책임을 추궁할 수 있는 자는 현재의 구분소유자이다.
정답 O

(2) 담보책임의 기산점

구분	기산점
전유부분의 하자담보책임의 기산점❶	최초 입주하여 **인도받은 때부터**
공용부분의 담보책임의 기산일	**사용승인일부터**
하자보수에 갈음한 '손해배상청구권'의 소멸시효기간의 기산점	아파트에 **각 하자 발생시부터** ⊙ 아파트를 인도받아 입주한 시점이 아니다.

❶
- 전유부분의 하자담보책임의 기산점은 이사를 간 날로부터
- 301호의 누수로 가구, 피아노가 망가져서 입은 손해배상청구의 기산점은 누수가 발생한 날로부터

(3) 시공자의 구분소유자에 대한 제1채무와 시공자의 분양자에 대한 제2채무는 엄연히 별도의 채무이므로 제2채무의 소멸시효가 완성되었다고 하여 제1채무가 이를 이유로 당연히 소멸한다고 할 수 없다(대판 2023다246600).

(4) 하자담보책임의 내용

① 목적달성을 할 수 없을 정도의 중대한 하자인 경우: 수분양자는 집합건물의 완공 후에도 목적달성을 할 수 없는 때는 분양 '계약을 해제'할 수 있다.
② 하자보수에 갈음한 손해배상청구권의 소멸시효기간의 기산일: 하자보수에 갈음한 손해배상청구권의 소멸시효기간은 **각 하자가 발생한 시점**부터 별도로 진행되는 것이다(대판 2009.2.26, 2007다83908).

06 집합건물의 관리

구분	내용
1. 관리단	• 입주자들로 구성된 단체로서 '권리능력 없는 사단' • 총회 없이 당연성립함
2. 관리인	• **'구분소유자가 아니어도' 무방** • 공용부분의 보존, 관리, 변경행위를 함
3. 관리위원회 위원	• **'구분소유자 중'에서 선임** • 관리인의 사무집행을 감독함
4. 분쟁조정위원회	• 대학 조교수 이상 전문가 등 • 하자진단 요청이나 하자판정 요청권

1. 관리단, 관리인 및 관리위원회

(1) 관리단

> **제23조【관리단의 당연 설립 등】**
> ① 건물에 대하여 구분소유 관계가 성립되면 구분소유자 전원을 구성원으로 하여 건물과 그 대지 및 부속시설의 관리에 관한 사업의 시행을 목적으로 하는 관리단이 설립된다.
> ② 일부공용부분이 있는 경우 그 일부의 구분소유자는 제28조 제2항의 규약에 따라 그 공용부분의 관리에 관한 사업의 시행을 목적으로 하는 관리단을 구성할 수 있다.
>
> **제27조【관리단의 채무에 대한 구분소유자의 책임】** ① 관리단이 그의 재산으로 채무를 전부 변제할 수 없는 경우에는 구분소유자는 제12조의 지분비율에 따라 관리단의 채무를 변제할 책임을 진다.

① 관리단의 당연 설립
  ㉠ 건물에 대하여 구분소유관계가 성립되면 구분소유자는 전원으로써 건물 및 부속시설의 관리에 관한 사업의 시행을 목적으로 하는 관리단을 구성한다.
  ㉡ 관리단은 어떠한 '조직행위를 거쳐야 비로소 성립되는 단체가 아니라' 구분소유관계가 성립하는 건물이 있는 경우 '미분양된 전유부분의 구분소유자를 포함'한 구분소유자 전원을 구성원으로 당연히 성립되는 단체이다(대판 1995. 3.10, 94다49687).

② 관리단의 구성원
  ㉠ 구분소유자는 당연히 관리단의 구성원이 된다.
  ㉡ 미분양된 전유부분의 구분소유자, 분양대금을 완납하였음에도 분양자 측의 사정으로 소유권이전등기를 경료받지 못한 자도 관리단의 구성원이 된다(대결 2005.12.16, 2004마515).

(2) 관리인

> **제24조【관리인의 선임 등】**
> ① 구분소유자가 10인 이상일 때에는 관리단을 대표하고 관리단의 사무를 집행할 관리인을 선임하여야 한다.
> ② 관리인은 **구분소유자일 필요가 없으며**, 임기는 2년의 범위에서 규약으로 정한다.
> ③ 관리인은 관리단 집회의 결의로 선임되거나 해임된다. 다만, 규약으로 제26조의3에 따른 관리위원회의 결의로 선임되거나 해임되도록 정한 경우에는 그에 따른다.
> ④ 구분소유자의 승낙을 받아 전유부분을 점유하는 자는 제3항 본문에 따른 관리단 집회에 참석하여 그 구분소유자의 의결권을 행사할 수 있다.
> ⑤ 관리인에게 부정한 행위나 그 밖에 그 직무를 수행하기에 적합하지 아니한 사정이 있을 때에는 각 **구분소유자는 관리인의 해임을 법원에 청구**할 수 있다.
>
> **제25조【관리인의 권한과 의무】**
> ② 관리인의 대표권은 제한할 수 있다. 다만 이로써 선의의 제3자에게 대항할 수 없다.

기출 CHECK ✓
관리단은 조직행위를 거쳐야 비로소 성립되는 단체가 아니라 구분소유관계가 성립하는 건물이 있는 경우 당연히 성립된다.
정답 O

① 관리인의 자격요건: 관리인은 '구분소유자일 필요가 없으므로 임차인도 가능'하며, 그 임기는 2년의 범위에서 규약으로 정한다.❶
② 관리인의 선임결의를 서면결의로 가능: 관리인의 선임결의를 서면결의로 할 수 있고 이러한 서면결의는 관리단 집회가 열리지 않고도 관리단 집회가 있는 것과 동일하게 취급하고자 하는 것이므로 서면결의를 함에는 관리단집회가 소집, 개최될 필요가 없다(대판 2006.12.8, 2006다33340).
③ 관리인의 해임청구: 관리인에게 부정한 행위 기타 그 직무를 수행하기에 적합하지 아니한 사정이 있는 때는 '각 구분소유자는 해임을 법원에 청구'할 수 있다.

(3) 관리위원회

> 제26조의3 【관리위원회의 설치 및 기능】
> ① 관리단에는 규약으로 정하는 바에 따라 관리위원회를 둘 수 있다.
> ② 관리위원회는 이 법 또는 규약으로 정한 **관리인의 사무 집행을 감독**한다.
> ③ 제1항에 따라 관리위원회를 둔 경우 관리인은 제25조 제1항 각 호의 행위를 하려면 관리위원회의 결의를 거쳐야 한다. 다만, 규약으로 달리 정한 사항은 그러하지 아니하다.
>
> 제26조의4 【관리위원회의 구성 및 운영】
> ① 관리위원회의 위원은 **구분소유자 중에서** 관리단 집회의 결의에 의하여 선출한다. 다만, 규약으로 관리단 집회의 결의에 관하여 달리 정한 경우에는 그에 따른다.❷
> ② 관리인은 규약에 달리 정한 바가 없으면 관리위원회의 위원이 될 수 없다.

2. 규약

(1) 규약의 의의

건물과 대지 또는 부속시설의 관리 또는 사용에 관한 구분소유자들 사이의 사항 중 이 법에서 규정하지 아니한 사항은 규약으로써 정할 수 있다.

(2) 규약의 설정·변경·폐지

① 규약의 설정·변경 및 폐지는 관리단 집회에서 구분소유자의 4분의 3 이상 및 의결권의 4분의 3 이상의 찬성을 얻어서 한다. 이 경우 규약의 설정·변경 및 폐지가 일부 구분소유자의 권리에 '특별한 영향'을 미칠 때에는 '그 구분소유자의 승낙'을 받아야 한다. 이 경우 구분소유자의 4분의 3 이상을 계산할 때에 한 사람이 그 집합건물 내에 수 개의 구분건물을 소유한 경우에는 이를 1인의 구분소유자로 보아야 한다(대판 2023다268402).
② 규약 및 관리단 집회의 결의는 구분소유자의 특별승계인과 '결의에 반대한 자', 점유자에 대하여도 효력이 있다.

---

❶ 관리인은 구분소유자가 아니어도 될 수 있다.

기출 CHECK ✓
관리인은 구분소유자일 필요가 없으므로 임차인도 가능하다.
정답 O

기출 CHECK ✓
관리인의 선임결의는 서면결의로 가능하고, 서면결의를 함에는 관리단 집회가 개최될 필요가 없다.
정답 O

❷ 관리위원회의 위원은 '구분소유자 중에서' 선출한다.

3. 집회 및 의결

(1) 의의

관리단 집회는 구분소유자 전원을 구성원으로 하는 최고의사결정기관이며 반드시 두어야 하는 필수기관이다.

(2) 집회 소집통지(제34조, 제35조) 제27회

① 관리단 집회를 소집하려면 관리단 집회일 1주일 전에 회의의 목적사항을 구체적으로 밝혀 각 구분소유자에게 통지하여야 한다.
② 전유부분을 여럿이 공유하는 경우에 정하여진 의결권을 행사할 자(그가 없을 때에는 공유자 중 1인)에게 통지하여야 한다.
③ 관리단 집회는 구분소유자 '전원이 동의하면(만장일치)' 소집절차를 거치지 아니하고 소집할 수 있다.

(3) 의결권 제27회

① 관리단 집회는 제34조에 따라 통지한 사항에 관하여만 결의할 수 있다.
② 전원이 동의하면 소집절차에서 통지되지 않은 사항에도 결의할 수 있다.

(4) 의결 방법(제38조)

① 서면결의: 의결권은 서면결의나 전자적 방법, 대리인을 통하여 행사할 수 있다.
② 서면결의할 경우 집회를 소집할 필요가 없다. 서면결의는 '관리단 집회가 열리지 않고도 관리단 집회가 있는 것과 동일'하게 취급하고자 하는 것이므로 서면결의를 함에는 관리단 집회가 소집, 개최될 필요가 없다(대판 2006다33340).
③ 정족수
  ㉠ 일반정족수: 관리단 집회의 의사는 이 법 또는 규약에 특별한 규정이 없으면 구분소유자의 '과반수' 및 의결권의 과반수로써 의결한다.
  ㉡ 특별정족수

구분소유자 5분의 1 이상	임시 관리단 집회의 소집청구
구분소유자 4분의 3 이상	• 규약의 설정·변경·폐지 • 구분소유권의 사용금지 청구, 경매청구 • 서면에 의한 결의
구분소유자 3분의 2 이상	공용부분의 변경(원칙)
구분소유자 5분의 4 이상	재건축의 결의

07 재건축

> **제47조 【재건축결의】**
> ① 건물 건축 후 상당한 기간이 지나 건물이 훼손되거나 일부 멸실되거나 그 밖의 사정으로 건물 가격에 비하여 지나치게 많은 수리비·복구비나 관리비용이 드는 경우 또는 부근 토지의 이용 상황의 변화나 그 밖의 사정으로 건물을 재건축하면 **재건축에 드는 비용에 비하여 현저하게 효용이 증가하게 되는 경우**에 관리단 집회는 그 건물을 철거하여 그 대지를 구분소유권의 목적이 될 새 건물의 대지로 이용할 것을 결의할 수 있다. 다만, 재건축의 내용이 단지 내 다른 건물의 구분소유자에게 특별한 영향을 미칠 때에는 그 구분소유자의 승낙을 받아야 한다.
> ② 제1항의 결의는 구분소유자의 5분의 4 이상 및 **의결권의 5분의 4 이상**의 결의에 따른다.
> ③ 재건축을 결의할 때에는 다음 각 호의 사항을 정하여야 한다.
> 1. 새 건물의 **설계 개요**
> 2. 건물의 철거 및 새 건물의 건축에 드는 **비용을 개략적으로 산정한 금액**
> 3. 제2호에 규정된 **비용의 분담에 관한 사항**
> 4. 새 건물의 **구분소유권 귀속에 관한 사항**

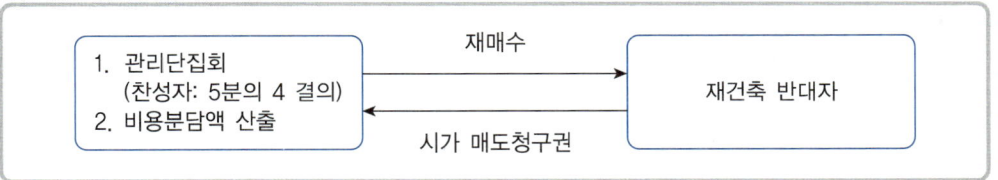

1. 요건

(1) 현저한 효용증가가 있을 것

주거용 집합건물을 철거하고 상가용 집합건물을 신축하는 것과 같은 건물의 용도를 변경하는 재건축결의도 허용된다(대판 2008.2.1, 2006다32217).

(2) 특별 정족수

① 구분소유자의 5분의 4 이상 및 의결권의 5분의 4 이상의 결의에 따른다. 의결정족수를 충족하지 못하는 경우에는 재건축결의는 무효이다.

② 재건축을 결의할 때 정하여야 할 사항(제47조 제3항)❶

　㉠ 새 건물의 설계 개요(설계도)

　㉡ 건물의 철거 비용 및 새 건물의 건축에 드는 비용을 개략적으로 산정한 금액(총비용)

　㉢ 비용의 분담에 관한 사항(가구당 분담액수)

　㉣ 새 건물의 구분소유권 귀속에 관한 사항(분양받는 평수)

❶ **재건축 결의사항**
'설개비 귀속을 정하라'라고 암기한다.

③ 재건축에서 비용분담에 관한 사항은 재건축에 참가 여부를 결정하는 재건축결의 내용 중 가장 중요하고 **본질적인 사항으로서 재건축결의시 비용분담액을 산출하지 아니한 재건축결의는 무효**이다(대판 2005.4.29, 2004다7002).
④ 재건축결의를 서면결의로 가능: 재건축결의는 서면결의로도 할 수 있으며, 재건축 내용을 변경하는 것도 서면결의로 할 수 있다(대판 2005.4.21, 2003다4969). 이와 같은 **서면결의를 함에는 따로 관리단 집회를 소집·개최할 필요가 없다**(대판 2006.2.23, 2005다19569).

2. 시가매도청구권

> **제48조【구분소유권 등의 매도청구 등】**
> ① 재건축의 결의가 있으면 집회를 소집한 자는 지체 없이 그 결의에 찬성하지 아니한 구분소유자(그의 승계인을 포함한다)에 대하여 그 결의 내용에 따른 **재건축에 참가할 것인지 여부를 회답할 것을 서면으로 촉구**하여야 한다.
> ② 제1항의 촉구를 받은 구분소유자는 촉구를 받은 날부터 2개월 이내에 회답하여야 한다.
> ③ 제2항의 기간 내에 **회답하지 아니한 경우 그 구분소유자는 재건축에 참가하지 아니하겠다는 뜻을 회답한 것으로 본다.**

해커스 킬 정리 | 집합건물법 핵심체계 정리하기

1. 구분소유권 — [성립에 등기 ×]
2. 공용부분
   [사용은 용도 / 구조상 공용부분 득실변경에 등기 ×][취득시효 ×]
3. 대지사용권
   [법원의 강제경매로도 전부부분과 분리처분 ×]
   [대지권 없는 구분소유자에 대하여 철거권자는 시가매도청구권]
4. 구분소유자의 권리, 의무
   ① 공용부분의 체납 관리비는 특별승계인에게 승계 ○
   ② 공동이익에 위반한 때? 관리인이 결의 얻어 행위정지를 청구
   ③ 담보책임 추궁권자는? 최초분양받은 자가 아니라 현재소유자
   ④ 담보책임의 기산점은 공용부분은 사용승인일부터
5. 관리단 / 관리인 / 관리위원회의 위원
   ① 관리인은 임차인도 될 수 있다.
   ② 관리위원회 위원은 구분소유자 중에서 선임한다.
6. 재건축 — 4/5결의가 요건 / 비용분담액을 정하지 않은 결의는 무효다.

기출 CHECK ✓
재건축결의시 비용분담액을 산출하지 아니한 재건축결의는 무효이다.
정답 ○

기출 CHECK ✓
재건축결의는 서면결의로도 가능하며, 서면결의를 함에는 따로 관리단 집회를 개최할 필요가 없다.
정답 ○

기출 CHECK ✓
집회를 소집한 자는 그 결의에 찬성하지 아니한 구분소유자에게 재건축 참가 여부를 서면으로 촉구하여야 한다. 이때 회답이 없으면 불참으로 본다.
정답 ○

> **확인예제**
>
> 「집합건물의 소유 및 관리에 관한 법률」상 집합건물의 전부공용부분 및 대지사용권에 관한 설명으로 <u>틀린</u> 것은? (특별한 사정은 없으며, 다툼이 있으면 판례에 따름)
>
> 제34회
>
> ① 공용부분은 취득시효에 의한 소유권 취득의 대상이 될 수 없다.
> ② 각 공유자는 공용부분을 그 용도에 따라 사용할 수 있다.
> ③ 구조상 공용부분에 관한 물권의 득실변경은 등기가 필요하지 않다.
> ④ 구분소유자는 규약 또는 공정증서로써 달리 정하지 않는 한 그가 가지는 전유부분과 분리하여 대지사용권을 처분할 수 없다.
> ⑤ 대지사용권은 전유부분과 일체성을 갖게 된 후 개시된 강제경매절차에 의해 전유부분과 분리되어 처분될 수 있다.
>
> **해설**
>
> 법원의 '강제경매' 절차에 의하더라도 전유부분과 대지사용권은 분리 처분할 수 없다(대판 2009.6.23, 2009다26145).
>
> 정답: ⑤

제 5 장 부동산 실권리자명의 등기에 관한 법률

목차 내비게이션 제4편 민사특별법

- 제1장 주택임대차보호법
- 제2장 상가건물 임대차보호법
- 제3장 가등기담보 등에 관한 법률
- 제4장 집합건물의 소유 및 관리에 관한 법률
- **제5장 부동산 실권리자명의 등기에 관한 법률**

출제경향

계약명의신탁과 3자간 등기명의신탁 중에서 매년 1문제가 출제되고 있다.

학습전략

- 「부동산 실권리자명의 등기에 관한 법률」이 적용되지 않는 경우 4가지를 숙지하여야 한다.
- 2자간 명의신탁의 효력을 이해하여야 한다.

 핵심개념

1. [명의신탁의 의의]		2. [명의신탁의 효력]	
명의신탁의 적용이 제외되는 경우 (4가지)	★★☆☆☆ p.555	2자간 명의신탁	★★★☆☆ p.558
		3자간 등기명의신탁	★★★★☆ p.560
상호명의신탁	★★☆☆☆ p.555	계약명의신탁	★★★★☆ p.563

01 명의신탁의 의의 제27·28·29·30·31·32·33·34·35회

(1) 개념

명의신탁이란 실권리자가 대내적으로 부동산에 관한 물권을 보유하고 등기는 수탁자에게 하기로 약정하는 것을 말한다. 이 법률은 탈세를 목적으로 부동산을 타인에게 명의신탁(차명보유)하는 것을 금지한 것으로써 이를 위반한 자는 강력한 처벌과 함께 엄청난 과징금을 부과하는 방법으로 1995년 7월 1일 「부동산 실권리자명의 등기에 관한 법률」로 입법화하였다.

> 「부동산 실권리자명의 등기에 관한 법률」 → 이하 이 장에서 법명을 생략하고, 이 편에서 '부동산실명법'이라 약칭한다.

목차 내비게이션
부동산실명법
1. 명의신탁 의의
   - 적용제외
   - 특례(종중, 배우자)
2. 2자간 명의신탁
3. 3자간 명의신탁

(2) 명의신탁의 금지대상(소유권뿐만 아니라 모든 물권)❶

① 누구든지 부동산에 관한 물권을 타인에게 명의신탁하여서는 아니 된다(제3조 제1항)고 규정하게 되었다. 따라서 **소유권, 전세권, 저당권, 가등기 등의 모든 물권에 대한 명의신탁을 금지하고 있다.**

② 명의신탁이 있었음을 증명하는 책임은 그 등기가 명의신탁에 기한 것이라는 사실을 **주장하는 자에게 입증책임**이 있다(대판 2008.4.24, 2007다90883).

❶ 명의신탁의 금지대상은 소유권, 기타 모든 물권이다.

(3) 명의신탁의 적용이 제외되는 경우(제2조)❷ 제26회

① **양도담보**: 채무의 변제를 담보하기 위하여 채권자가 부동산에 관한 물권을 이전등기한 때
② **가등기담보**: 채무의 변제를 담보하기 위하여 채권자가 부동산에 관한 물권을 가등기한 때
③ **상호명의신탁**: 부동산의 위치와 면적을 특정하여 2인 이상이 구분소유하기로 하는 약정을 하고 그 구분소유자의 공유로 등기하는 경우
④ **신탁등기**: 「신탁법」 또는 「자본시장과 금융투자업에 관한 법률」에 의한 신탁재산인 사실을 등기하는 경우

❷ 명의신탁의 적용을 받지 않는 것은 양도담보, 가등기담보, 상호명의신탁, 신탁등기이다.

(4) 상호명의신탁 제29회

> **더 알아보기** 상호명의신탁(구분소유적 공유)
>
> | 甲 구분소유 [내부관계] | 乙 구분소유 [내부관계] | 공유 [외부관계] |
> |---|---|---|
>
> 甲과 乙이 토지 1천평을 매입하면서 각각 500평씩 각자 구분소유하기로 하고 등기의 편의상 1필지의 2분의 1씩 공유로 등기하는 것을 상호명의신탁 내지 구분소유적 공유라고 한다.

기출 CHECK ✓
각 구분소유자는 다른 구분소유자의 방해행위에 대하여는 소유권에 기한 방해배제를 청구할 수 있다.
정답 O

기출 CHECK ✓
각 구분소유자는 제3자의 방해행위에 대하여는 공유물의 보존행위로서 방해배제를 청구할 수 있다.
정답 O

❶ 甲과 乙이 구분소유적 공유시, 甲은 乙이 불법점유하면 소유권에 기한 방해배제를 청구하고, 제3자 丙이 침해하면 공유물보존행위를 주장한다.

기출 CHECK ✓
구분소유적 공유에서는 공유물분할청구를 할 수는 없다.
정답 O

① 내부관계(각자 구분소유권 보유)
  ㉠ 각자 배타적으로 사용할 수 있고 다른 구분소유자의 동의 없이 처분할 수 있다. 지분권자는 자신이 매수한 특정부분에 한하여 구분소유권을 취득하고 이 부분을 배타적으로 사용·수익할 수 있다. 따라서 자신이 구분소유하는 부분에 대한 점유는 자주점유로 되고, 각 구분소유자는 '다른 구분소유자의 방해행위'에 대하여는 '소유권에 기한' 방해배제를 청구할 수 있다.
  ㉡ 구분소유적 공유관계에 있는 자는 자기가 구분소유하는 특정부분을 처분함에 있어서 다른 구분소유자의 동의를 얻을 필요가 없다.
② 제3자의 방해행위가 있는 경우에는 1필지 전체에 관하여 공유관계가 성립되고 공유자로서의 권리만을 주장할 수 있는 것이므로 자기의 구분소유부분뿐 아니라 전체토지에 대하여 소유권에 기한 것이 아니라 공유물의 보존행위로서 그 배제를 구할 수 있다(대판 1994.2.8, 93다42986).❶
③ 상호명의신탁 관계의 해소 방법은?: 각 공유자는 일반공유와 달리 공유물분할의 청구로 해소할 수 없다. 공유물분할청구는 각 공유자가 지분권에 터 잡아서 하는 것인데, 구분소유자 상호간(내부관계)에는 공유지분권을 주장하는 것이 아니라 상호명의신탁을 주장하는 것이기 때문이다. 따라서 상호명의신탁관계에서 건물의 특정부분에 대한 구분소유권을 소유하는 자는 그 특정 소유부분에 대한 상호명의신탁 해지를 원인으로 한 지분이전등기절차의 이행을 구할 수 있을 뿐 그 건물 전체에 대한 공유물분할청구를 할 수는 없다(대판 1989.9.12, 88다카10517). 구분소유적 공유관계를 명의신탁해지로 해소하는 경우 상호간에 지분이전등기의무는 동시이행관계에 있다.
④ 관습상 법정지상권의 성립 여부
  ㉠ 첫째, 자신의 구분소유 부분에 건물을 신축하고 대지가 경매처분된 경우, 甲과 乙이 1필지 토지를 구분소유하다가 '甲이 자신의 구분소유부분에 건물을 신축'한 후 대지 중에서 甲의 지분만 경매로 처분된 경우(토지와 건물이 처분 당시 동일인의 소유) 甲은 건물소유를 위하여 관습법상 지상권을 취득한다(대판 1990.6.26, 89다카24094).
  ㉡ 둘째, 자기의 구분소유가 아닌 부분에 건물을 신축하고 대지가 처분한 경우, 그 건물은 처음부터 토지와 건물이 동일인의 소유가 아닌 경우에 해당하므로 관습상 지상권이 성립하지 않는다(대판 1994.1.28, 93다49871).
⑤ 구분소유관계가 승계되는지 여부
  ㉠ 특정부분을 지정하여 매수한 때는 구분소유관계는 승계된다.
  ㉡ 전체로서의 공유지분을 매수한 때는 구분소유관계는 소멸하고 공유로 된다.

> **확인예제**
>
> 甲은 자신의 X토지 중 일부를 특정(Y부분)하여 乙에게 매도하면서 토지를 분할하는 등의 절차를 피하기 위하여 편의상 乙에게 Y부분의 면적 비율에 상응하는 공유지분 등기를 마쳤다. 다음 설명 중 옳은 것은? (다툼이 있으면 판례에 따름) 제29회
>
> ① 乙은 甲에 대하여 공유물분할을 청구할 수 없다.
> ② 乙은 甲의 동의 없이 Y부분을 제3자에게 처분할 수 없다.
> ③ 乙이 Y부분을 점유하는 것은 권원의 성질상 타주점유이다.
> ④ 乙이 Y부분이 아닌 甲 소유의 부분에 건물을 신축한 경우에 법정지상권이 성립한다.
> ⑤ 乙은 Y부분을 불법점유하는 丙에 대하여 공유물의 보존행위로 그 배제를 구할 수 없다.
>
> **해설**
>
> 甲은 상호명의신탁 해지를 원인으로 한 지분이전등기절차의 이행을 구할 수 있을 뿐 그 건물 전체에 대한 공유물분할을 구할 수는 없다(대판 1989.9.12, 88다카10517). 정답: ①

(5) 종중, 배우자 및 종교단체에 대한 특례(제8조) 제26·29·31회

> **제8조【종중, 배우자 및 종교단체에 대한 특례】** 다음 각 호의 어느 하나에 해당하는 경우로서 **조세 포탈, 강제집행의 면탈(免脫) 또는 법령상 제한의 회피를 목적으로 하지 아니하는 경우**에는 제4조부터 제7조까지 및 제12조 제1항부터 제3항까지를 적용하지 아니한다.
> 1. 종중(宗中)이 보유한 부동산에 관한 물권을 종중(종중과 그 대표자를 같이 표시하여 등기한 경우를 포함한다) 외의 자의 명의로 등기한 경우
> 2. 배우자 명의로 부동산에 관한 물권을 등기한 경우
> 3. **종교단체의 명의로** 그 산하 조직이 보유한 부동산에 관한 물권을 등기한 경우

① 탈세목적이 없으면 종중, 배우자간의 명의신탁의 약정은 유효하다: 종중이나 배우자, 종교단체 명의로 한 명의신탁은 탈세목적이 없는 한 유효하다. 반대로 탈법목적이 있는 종중, 배우자, 종교단체간의 명의신탁약정은 무효이다.

② 사실혼 배우자에 대한 명의신탁은 무효: 제8조 소정의 배우자에는 '사실혼관계에 있는 배우자'는 포함되지 않으므로 사실혼 배우자에 대한 명의신탁은 무효이다(대판 1999.5.14, 99두35).

어떠한 명의신탁등기가 위 법률에 따라 무효가 되었다고 할지라도 그 후 신탁자와 수탁자가 혼인하여 그 등기의 명의자가 배우자로 된 경우에도 그 명의신탁등기는 명의신탁 당시로 소급하는 것이 아니라 당사자가 '혼인한 때로부터' 유효하게 된다(대결 2002.10.28, 2001마1235).

기출 CHECK ✓
탈세목적이 없으면 종중, 배우자간의 명의신탁의 약정은 유효이다.
정답 O

기출 CHECK ✓
사실혼 배우자에 대한 명의신탁은 무효이다.
정답 O

③ 신탁자는 유효한 명의신탁의 해지를 원인으로 소유권등기를 회복할 수 있다.
  ㉠ 탈법목적이 없는 유효한 명의신탁의 경우 신탁자는 수탁자에게 명의신탁해지를 원인으로 소유권이전등기를 청구할 수 있다(대판 1986.5.27, 86다카62).
  ㉡ 반면에 탈법목적이 있는 배우자간의 무효인 명의신탁에서는 신탁자는 수탁자에게 명의신탁해지를 원인으로 소유권이전등기를 청구할 수 없다.

02 명의신탁의 효력

> 제4조 【명의신탁약정의 효력】
> ① 명의신탁약정은 **무효**로 한다.
> ② 명의신탁약정에 따른 등기로 이루어진 부동산에 관한 **물권변동은 무효**로 한다. 다만, 부동산에 관한 물권을 취득하기 위한 계약에서 명의수탁자가 어느 한쪽 당사자가 되고 상대방 당사자는 명의신탁약정이 있다는 사실을 알지 못한 경우에는 **그러하지 아니하다.** ❶
> ③ 제1항 및 제2항의 무효는 제3자에게 대항하지 못한다.

핵심 콕! 콕! 명의신탁의 유형

1. 2자간 명의신탁
   ① 2자간 무효인 명의신탁: 신탁자는 **명의신탁의 해지로 소유권을 회복할 수 없다.**
   ② 2자간 유효인 명의신탁(종중): 신탁자는 명의신탁의 해지로 소유권을 회복할 수 있다.
2. 3자간 명의신탁
   ① 계약명의신탁
   ② 3자간 등기명의신탁(중간생략형)

1. 2자간 무효인 명의신탁 제27·28·31·34·35회

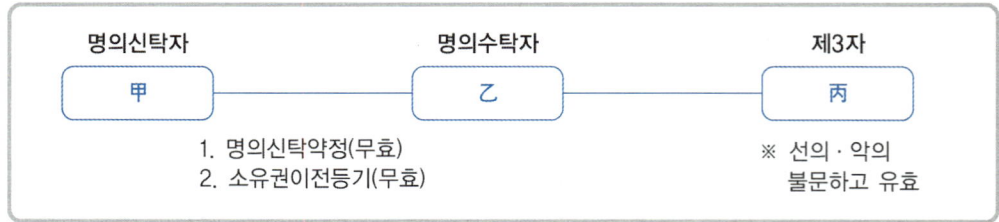

(1) 당사자 관계

① 명의신탁의 약정도 무효이고, 그 약정에 기한 물권의 변동도 무효이다.
② 명의신탁에 기한 물권의 변동은 반사회적 행위가 아니므로 불법원인급여가 아니다. 부동산실명법을 위반하여 무효인 명의신탁약정에 기하여 타인 명의로 농지의 등기를 마친 경우 '불법원인급여'에 해당한다고 할 수 없다(대판 2003.11.27, 2003다41722).

기출 CHECK ✓

1 유효한 종중, 배우자간 명의신탁은 명의신탁의 해지로 소유권을 회복할 수 있다.
  정답 O

2 무효인 명의신탁은 명의신탁의 해지로 소유권을 회복할 수 없다.
  정답 O

기출 CHECK ✓

종중 甲이 수탁자 乙에게 명의신탁을 한 경우 신탁자가 직접 제3자에게 침해의 배제를 청구할 수 없다.
  정답 O

❶ 물권의 변동은 유효하며, 계약명의신탁이라고 한다.

기출 CHECK ✓

무효인 명의신탁약정에 기하여 타인 명의로 등기를 마친 경우 불법원인급여에 해당한다.
  정답 X

③ 신탁자는 '명의신탁의 해지를 원인'으로 소유권이전등기를 청구할 수 없다. 신탁자는 무효인 명의신탁약정의 '해지를 원인으로 수탁자에게 소유권이전등기를 청구할 수 없다(대판 1999.1.26, 98다1027). 왜냐하면 명의신탁약정의 해지는 약정이 유효한 것을 전제로 하는데 2자간 명의신탁의 약정은 무효이기 때문이다.
④ 신탁자는 '진정명의회복을 원인'으로 소유권이전등기 청구할 수 있다. 수탁자 명의의 이전등기는 무효이므로 신탁자는 수탁자를 상대로 '소유권에 기한 방해배제청구권을 행사하여 수탁자 명의의 등기의 말소'를 청구하거나 '진정명의회복을 원인으로 소유권이전등기를 청구할 수 있다(대판 2002.9.6, 2002다35157).
⑤ 신탁자는 수탁자에 대하여 부당이득을 원인으로 부동산에 대한 소유권이전등기를 청구할 수 없다.

(2) 제3자에 대한 효력❶ 제26·31회

① 당사자간의 명의신탁약정의 무효는 제3자에게 대항하지 못한다(제4조 제3항). 명의신탁약정의 무효는 악의 제3자에게 대항할 수 없다. 따라서 수탁자가 부동산을 제3자에게 처분한 경우에 제3자는 명의신탁사실을 '알고' 매수한 때에도 유효하게 소유권을 취득한다. 즉, 제3자가 '선의, 악의'를 불문하고 유효하게 소유권을 취득한다.
② 다만, 제3자가 수탁자의 처분행위(횡령)에 적극 가담하는 경우에는 반사회적 행위로서 무효이다(대판 1991.4.23, 91다6221).
③ 제3자: 수탁자의 물권을 기초로 새로운 이해관계를 맺은 자를 말한다.
  ㉠ 수탁자로부터 수탁자의 등기를 믿고 다시 새로운 이해관계를 맺은 매수자, 저당권자, 가압류자, 대항력 갖춘 임차인은 제3자에 해당한다.
  ㉡ '수탁자 명의 등기를 다시 이어받아 등기명의만을 경료받은 것과 같은 외관을 갖춘 자는 새로운 거래를 한 바가 없으므로 제3자에 해당되지 않는다(대판 2008.12.11, 2008다45187).
  ㉢ 학교법인이 명의수탁자로서 기본재산의 등기를 마친 경우에 기본재산의 처분에 관해 허가권을 갖는 관할청은 행정목적의 달성을 위하여 관할청에게 주어진 행정상 권한에 불과한 것이어서 위 관할청을 명의수탁자인 학교법인이 물권자임을 기초로 학교법인과 사이에 직접 새로운 이해관계를 맺은 자라고 볼 수 없다(판례).
  ㉣ 수탁자의 상속인: 수탁자인 물권자를 기초로 새로운 이해관계를 가진 제3자에 포함되지 않는다.

기출 CHECK ✓
무효인 명의신탁약정에 기해 신탁자는 명의신탁약정의 해지를 원인으로 수탁자에게 소유권이전등기를 청구할 수 없다.
정답 O

기출 CHECK ✓
신탁자는 진정명의회복을 원인으로 소유권이전등기를 청구할 수 있다.
정답 O

기출 CHECK ✓
명의신탁약정의 무효는 악의 제3자에게 대항할 수 있다.
정답 X

❶ 비교 정리
- 반사회적 법률행위의 무효는 선의 제3자에게 대항할 수 있다.
- 허위표시의 무효는 선의 제3자에게 대항할 수 없다.
- 명의신탁의 무효는 선의, 악의 불문하고 제3자에게 대항할 수 없다.

(3) 관련 문제

① 양자간 등기명의신탁에서 명의수탁자가 신탁부동산을 처분하여 제3취득자가 유효하게 소유권을 취득하고 이로써 명의신탁자가 신탁부동산에 대한 소유권을 상실하였다면, 명의신탁자의 소유권에 기한 물권적 청구권, 즉 말소등기청구권이나 진정명의회복을 원인으로 한 이전등기청구권도 더 이상 그 존재 자체가 인정되지 않는다. 그 후 명의수탁자가 우연히 신탁부동산의 소유권을 다시 취득하였다고 하더라도 명의신탁자가 신탁부동산의 소유권을 상실한 사실에는 변함이 없으므로, 여전히 물권적 청구권은 그 존재 자체가 인정되지 않는다(대판 2013.2.28, 2010다89814).

② 명의신탁자가 수탁자 명의로 된 부동산을 매매한 경우 이는 사실상 처분권한을 보유한 자가 매매한 것으로 타인권리의 매매가 아니다.

확인예제

甲은 법령상의 제한을 회피하기 위해 2019.5. 배우자 乙과 명의신탁약정을 하고 자신의 X건물을 乙 명의로 소유권이전등기를 마쳤다. 이에 관한 설명으로 틀린 것은? (다툼이 있으면 판례에 따름)   제31회

① 甲은 소유권에 의해 乙을 상대로 소유권이전등기의 말소를 청구할 수 있다.
② 甲은 乙에게 명의신탁해지를 원인으로 소유권이전등기를 청구할 수 없다.
③ 乙이 소유권이전등기 후 X건물을 점유하는 경우, 乙의 점유는 타주점유이다.
④ 乙이 丙에게 X건물을 증여하고 소유권이전등기를 해 준 경우, 丙은 특별한 사정이 없는 한 소유권을 취득한다.
⑤ 乙이 丙에게 X건물을 적법하게 양도하였다가 다시 소유권을 취득한 경우, 甲은 乙에게 소유물반환을 청구할 수 있다.

해설

명의수탁자가 우연히 신탁부동산의 소유권을 다시 취득하였다고 하더라도 명의신탁자가 신탁부동산의 소유권을 상실한 사실에는 변함이 없으므로, 여전히 물권적 청구권은 그 존재 자체가 인정되지 않는다(대판 2013.2.28, 2010다89814).   정답: ⑤

---

❶ 매수자 찾기
명의신탁자가 매수자 역할을 하되 매도인에서 수탁자로 이전등기한다.

2. 중간생략형 명의신탁(3자간 등기명의신탁)❶ 제30·35회

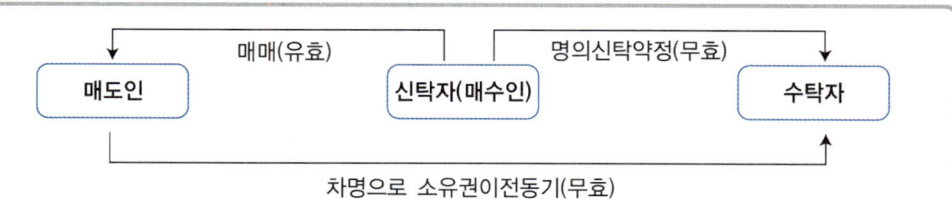

2020년, 丙 소유의 토지를 매수하려는 신탁자 甲은 친구 乙과 명의신탁약정을 하고, '신탁자 甲이 매수자'로서 매매계약을 체결하고, 매도인에게 부탁을 하여 수탁자 乙에게로 등기해 줄 것을 요청하여 매도인에서 수탁자에게 소유권이전등기가 경료되었다.

> **더 알아보기** 계약명의신탁과 중간생략형 명의신탁의 구별
>
> (가) 명의신탁약정이 계약명의신탁인지 3자간 등기명의신탁인지의 구별은 **계약당사자가 누구인가를 확정**하는 문제로 귀결된다(대판 2010.10.28, 2010다52799).
> (나) 부동산을 매수함에 있어서 매수인의 명의를 수탁자로 하였을 때 특별한 사정이 없는 한 계약명의신탁이다. 어떤 사람이 타인을 통하여 부동산을 매수함에 있어서 매수인의 명의를 타인명의로 하였다면, 명의신탁 관계는 그들 사이의 내부적 관계에 불과하고, 계약명의신탁이다. 설령 계약의 상대방인 '**매도인이 그 명의신탁관계를 알고**'있었다 하더라도, 특별한 사정이 없는 한 **계약명의신탁**에 해당한다(대결 2013.10.7, 2013스133).
> (다) 부동산을 매수함에 있어서 '계약명의자'가 '수탁자'로 되어 있더라도 계약에 따른 법률효과를 수탁자가 아니라 '**신탁자**'에게 **귀속시키려는** '**특별한 사정**'이 **인정된다면**, 신탁자가 계약의 당사자로 되고, 이 경우 명의신탁 관계는 3자간 등기명의신탁으로 보아야 한다(대판 2010.10.28, 2010다52799).

(1) 매매계약은 유효다.
① 매도인과 신탁자인 매수인 사이의 매매계약은 유효하다.
② 따라서 매도인은 매매계약의 당사자인 신탁자에게 '10년간 소유권이전의무'를 여전히 부담한다.

(2) 명의신탁약정은 무효다.
신탁자는 수탁자를 상대로 무효인 명의신탁의 해지를 원인으로 소유권이전등기를 청구할 수 없다.

(3) 물권변동(소유권이전등기)은 무효다.
① 매도인에게서 수탁자로의 소유권이전등기는 무효이다.
  ㉠ 부동산의 소유자는 수탁자가 아니라 매도인이다. 주의할 것은 부동산의 소유권자는 대내적으로 신탁자이고, 대외적으로 수탁자 소유라는 기술은 틀린다는 것이다(2자간 명의신탁에서는 대내관계, 대외관계가 분리되나 3자간에서는 분리되지 않는다).
  ㉡ 매도인은 '진정한 소유권자'로서 수탁자 명의의 등기의 말소를 청구하거나 진정명의회복을 원인으로 수탁자에게 소유권이전등기를 청구할 수 있다.
② 신탁자의 권리주장 방법
  ㉠ 신탁자는 '매도인을 대위'하여 수탁자의 등기말소를 청구할 수 있다. 신탁자와 매도인간의 매매는 유효하므로 신탁자는 부동산의 등기명의를 보유한 수탁자가 비협조적으로 나올 때에는 매도인에 대한 소유권이전등기청구권을 10년간 보유하고 있으므로 '매도인을 대위'하여 수탁자명의의 등기말소를 청구할 수 있다(대판 2002.3.15, 2001다61654).

기출 CHECK ✓
부동산의 소유자는 수탁자가 아니라 매도인이다.
정답 ○

기출 CHECK ✓
매도인은 진정명의회복을 원인으로 수탁자에게 소유권이전등기를 청구할 수 있다.
정답 ○

기출 CHECK ✓
1 신탁자는 매도인을 대위하여 수탁자의 등기말소를 청구할 수 있다.
정답 ○
2 신탁자는 부당이득반환을 원인으로 수탁자를 상대로 소유권이전등기를 청구할 수 없다.
정답 ○

ⓛ 신탁자는 '부당이득반환을 원인'으로 수탁자를 상대로 소유권이전등기를 청구할 수 없다. 명의신탁약정과 물권변동은 무효라도 매도인과 신탁자 사이의 매매계약은 유효하므로 여전히 신탁자는 매도인에게 매매계약에 기한 소유권이전등기청구권을 보유하고 있어서 어떤 손해를 입었다고 볼 수 없다. 따라서 신탁자는 수탁자를 상대로 '부당이득반환을 원인'으로 직접 부동산의 소유권이전등기를 청구할 수는 없다(대판 2008.11.27, 2008다55290). ❶

ⓒ 수탁자가 제3자에게 처분하여 처분대금의 이익을 얻은 경우 신탁자가 수탁자에게 직접 그 이익에 대하여 부당이득반환을 청구할 수 있는가?: 명의수탁자가 명의신탁 부동산을 임의로 처분하거나 공공용지의 협의취득 등을 원인으로 제3취득자 명의로 이전등기가 마쳐진 경우, 특별한 사정이 없는 한 제3취득자는 유효하게 소유권을 취득하게 되므로(제4조 제3항), 그로 인하여 매도인의 명의신탁자에 대한 소유권이전등기의무는 이행불능이 되고 그 결과 명의신탁자는 명의신탁 부동산의 소유권을 이전받을 권리를 상실하는 손해를 입게 되는 반면, 명의수탁자는 명의신탁 부동산의 처분대금이나 보상금을 취득하는 이익을 얻게 되므로, 명의수탁자는 명의신탁자에게 그 이익을 부당이득으로 반환할 의무가 있다(대판 2011.9.8, 2009다49193·49209). 따라서 명의수탁자는 신탁자에게 직접 부당이득반환의무를 부담한다(대판 2021.9.9, 2018다284233 전원합의체). ❷

ⓔ 신탁자는 '명의신탁약정의 해지'를 원인으로 소유권이전등기청구할 수 없다. 신탁자와 수탁자간의 명의신탁약정은 무효이므로 신탁자는 '무효인 명의신탁 약정의 해지'를 원인으로 부동산의 소유권이전등기를 청구할 수 없다(대판 1999.1.26, 98다1027). ❸

ⓜ 수탁자가 자발적 협조로 신탁자에게 이전등기를 경료한 때는 유효하다. 수탁자가 유예기간 경과 후에 자의로 명의신탁자에게 바로 소유권이전등기를 경료해 준 경우 그러한 소유권이전등기도 '실체관계에 부합하는 등기'로서 유효하다(대판 2004.6.25, 2004다6764).

---

❶ 등기명의를 보유한 수탁자가 비협조적으로 나올 때 신탁자가 수탁자에게 직접 부동산의 소유권이전등기청구를 할 수 없다는 의미이다.

기출 CHECK ✓
수탁자가 제3자에게 처분한 경우, 수탁자는 매도인에게 처분대금을 부당이득으로 반환하여야 한다.
정답

❷ 매도인에게 부당이득반환의무를 부담한다는 입장은 소수견해이다.

❸ 명의신탁의 약정이 유효함을 전제로 명의신탁약정의 해지가 가능하다.

> **확인예제**
>
> 甲은 2024년에 친구 乙과 명의신탁약정을 하고 丙 소유의 X부동산을 매수하면서 丙에게 부탁하여 乙명의로 소유권이전등기를 하였다. 다음 설명 중 옳은 것은?
>
> 제24회 수정
>
> ① 乙이 X부동산의 소유자이다.
> ② 甲은 명의신탁해지를 원인으로 乙에게 소유권이전등기를 청구할 수 있다.
> ③ 甲은 부당이득반환을 원인으로 乙에게 소유권이전등기를 청구할 수 있다.
> ④ 丙은 진정명의회복을 원인으로 乙에게 소유권이전등기를 청구할 수 있다.
> ⑤ 甲은 丙을 대위하여 乙명의의 소유권등기를 말소청구할 수 없다.
>
> **해설**
>
> ④ 사례는 3자간 등기명의신탁이다. 여기서 매도인에서 수탁자에게 경료된 소유권이전등기는 무효이므로 부동산의 소유권자는 수탁자가 아니라 토지 매도인이다. 그러므로 매도인은 진정한 소유권에 기하여 수탁자명의 무효등기를 말소청구하거나 진정명의회복을 원인으로 소유권이전등기를 청구할 수 있다.
> ① 丙이 소유자이다.
> ② 명의신탁이 무효이므로 해지가 불가능하다.
> ③ 신탁자는 수탁자에게 등기청구할 수 없다.
>
> 정답: ④

3. 계약명의신탁(신탁자가 친구에게 돈 대주고 친구가 매수자 역할)

제26 · 27 · 29 · 32 · 33회

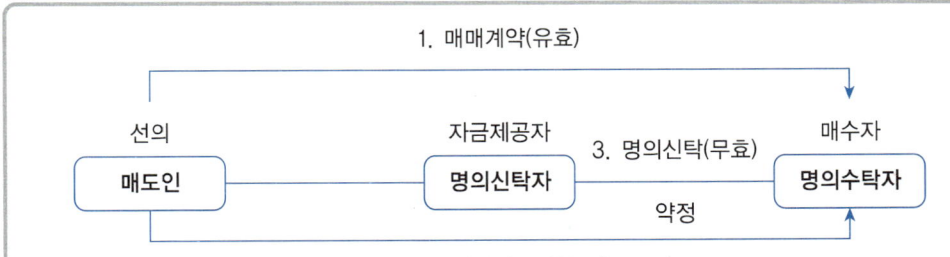

매도인 丙 소유 부동산을 신탁자 甲이 친구 乙과 명의신탁하기로 약정을 하고, 신탁자 甲이 제공한 매매자금 10억원으로 '수탁자 乙이 매매당사자로서 매수자'가 되어 매매계약을 하고 매도인 丙에서 수탁자 乙 앞으로 소유권이전등기가 경료되었다. 이 부동산의 소유자는?

계약명의신탁의 3가지 유형 정리

① 매도인이 선의인 경우	매도인에서 수탁자로 소유권이전등기는 유효이다.
② 매도인이 악의인 경우	매도인에서 수탁자로 소유권이전등기는 무효이다.
③ 경매로 인한 경우	낙찰자로 소유권이전등기는 매도인의 선의, 악의 관계없이 유효

> **핵심 콕! 콕!** 계약명의신탁에서 부동산의 소유권자는?
>
> 명의신탁약정 및 명의신탁약정에 기한 등기는 무효가 됨이 원칙인데(제4조 제2항), 예외적으로, 계약명의신탁 약정에 기해 경료된 명의수탁자 명의의 등기의 효력은 매도인이 매매계약 체결당시 명의신탁 사실에 대해 알고 있었는지 여부에 따라 달라진다.
> 1. 매도인이 몰랐다면(선의라면) 명의수탁자가 소유권자다.
> 2. 매도인이 알았다면(악의라면) 매도인이 소유권자다.
> 3. 경매에서는 매도인이 이를 모르든 알든 관계없이 소유권이전등기는 유효로 수탁자소유다.

기출 CHECK ✓
계약명의신탁에서 매매계약은 유효이고, 매도인에서 수탁자로의 소유권이전등기는 유효이다.
정답 O

❶
- 매도인이 선의인 계약명의신탁에서 수탁자가 소유자이다.
- 3자간 등기명의신탁에서 매도인이 소유자이다.

(1) [유형 1] 매도인이 선의인 계약명의신탁 제32회

① 매매계약은 유효이다. 매도인과 수탁자간의 매매계약은 유효하다. 위 법은 차명등기를 금지하는 것이지 매매까지 금지하는 것은 아니기 때문이다.

② 매도인에서 수탁자로의 소유권이전등기는 유효하다.
  ㉠ 부동산의 소유권자는 '수탁자'이다(제4조 제2항 단서).
  ㉡ 이 경우 수탁자는 '전 소유자인 매도인뿐만 아니라 신탁자에 대한 관계'에서도 유효하게 당해 부동산의 소유권을 취득한다(대판 2000.3.24, 98도4347).

③ 신탁자의 권리주장
  ㉠ 신탁자는 매매계약 당사자가 아니어서 소유자를 상대로 소유권이전등기를 청구할 수 없고, '명의신탁약정의 해지'를 원인으로 소유권이전등기청구를 할 수 없다. 신탁자와 수탁자간의 명의신탁약정이 무효이므로 명의신탁의 유효임을 전제로 하여 신탁자는 무효인 명의신탁약정의 해지를 원인으로 소유권이전등기를 청구할 수 없다.

기출 CHECK ✓
계약명의신탁에서 신탁자는 수탁자에게 부동산 자체를 부당이득반환청구할 수 없다.
정답 O

  ㉡ 신탁자는 수탁자에 대해 매수자금을 부당이득반환청구할 수 있다. 실명법 '시행 후' 계약명의신탁인 경우 신탁자는 애초부터 당해 부동산의 소유권을 취득할 수 없었으므로 수탁자는 부동산 자체가 아니라 명의신탁자로부터 제공받은 '매수자금'을 부당이득하였다. 따라서 신탁자는 수탁자에게 '매수자금'이 아니라 '부동산 자체'를 부당이득반환청구할 수 없다(대판 2005.1.28, 2002다66922).

기출 CHECK ✓
계약명의신탁에서 신탁자는 수탁자에 대한 매매대금의 부당이득반환청구권에 기하여 부동산에 유치권을 행사할 수 없다.
정답 O

  ㉢ 신탁자는 수탁자에 대한 매매대금의 부당이득반환청구권에 기하여 부동산에 유치권을 행사할 수 없다. 명의신탁자의 수탁자에 대한 매매대금의 부당이득반환청구권(예 땅 사라고 대준 돈)은 부동산 자체로부터 발생한 채권이 아니므로, 결국 유치권 성립요건으로서의 목적물과 채권 사이의 견련관계를 인정할 수 없으므로 부동산에 대하여 유치권을 주장할 수 없다(대판 2009.3.26, 2008다34828).

ⓔ 매수자금 반환의무의 이행에 갈음하여 명의신탁된 부동산 자체를 양도하기로 합의하고 명의신탁자 앞으로 소유권이전등기를 마쳐준 경우, 그 소유권이전등기는 **대물변제의 약정으로 유효**하다(대판 2014.8.20, 2014다30483).
ⓜ 신탁자는 매매계약의 당사자가 아니므로 매도인에게 등기청구를 할 수 없다.

> **더 알아보기**
>
> (가) 명의수탁자가 부동산을 향후 처분할 경우 그 **처분대금을 명의신탁자에게 반환하기로 한 약정**은 **명의신탁약정의 일부로서 무효**이다.
> 따라서 명의신탁자는 명의수탁자에게 위 약정에 기한 등기이전 또는 처분대금반환을 요구할 수 없다. 명의신탁자와 명의수탁자 사이에 위와 같은 약정을 하고 이를 담보하기 위해 **명의수탁자가 명의신탁자 앞으로 가등기**까지 해주었다고 해도, 위 약정에 기해 마쳐진 가등기는 원인무효가 되므로, 명의수탁자가 이를 말소시킬 수 있다(대판 2015.2.26, 2014다63315).
>
> (나) 매도인이 **선의인 계약명의신탁**에서 그 명의수탁자는 당해 부동산의 완전한 소유권을 취득한다. 이와 달리 소유자가 **계약명의신탁약정이 있다는 사실을 안 경우에는 수탁자 명의의 소유권이전등기는 무효**이고 당해 부동산의 소유권은 매도인이 그대로 보유하게 된다. 어느 경우든지 명의신탁자는 그 매매계약에 의해서는 **당해 부동산의 소유권을 취득하지 못하므로 결국 그 부동산은 명의신탁자에 대한 강제집행의 대상이 될 수 없다**(대판 2009.5.14, 2007도2168).
>
> (다) **신탁자의 토지점유는 타주점유로서 점유취득시효를 할 수 없다.**
> 계약명의신탁에서 명의신탁자는 부동산의 소유자가 명의신탁약정을 알았는지 여부와 관계없이 부동산의 소유권을 갖지 못할 뿐만 아니라 매매계약의 당사자도 아니어서 소유자를 상대로 소유권이전등기청구를 할 수 없고, 이는 명의신탁자도 잘 알고 있다고 보아야 한다.
> 명의신탁자가 명의신탁약정에 따라 부동산을 점유한다면 명의신탁자는 소유권 취득의 원인이 되는 법률요건이 없이 그와 같은 사실을 잘 알면서 타인의 부동산을 점유한 것이므로 **소유의 의사로 점유한다는 추정은 깨어진다**(대판 2022.5.12, 2019다249428).

> **확인예제**
>
> 부동산경매절차에서 丙 소유의 X건물을 취득하려는 甲은 친구 乙과 명의신탁약정을 맺고 2018.5. 乙 명의로 매각허가결정을 받아 자신의 비용으로 매각대금을 완납하였다. 그 후 乙 명의로 X건물의 소유권이전등기가 마쳐졌다. 다음 설명 중 옳은 것은? (다툼이 있으면 판례에 따름)   제29회
>
> ① 甲은 乙에 대하여 X건물에 관한 소유권이전등기말소를 청구할 수 있다.
> ② 甲은 乙에 대하여 부당이득으로 X건물의 소유권반환을 청구할 수 있다.
> ③ 丙이 甲과 乙 사이의 명의신탁약정이 있다는 사실을 알았더라도 乙은 X건물의 소유권을 취득한다.
> ④ X건물을 점유하는 甲은 乙로부터 매각대금을 반환받을 때까지 X건물을 유치할 권리가 있다.
> ⑤ X건물을 점유하는 甲이 丁에게 X건물을 매도하는 계약을 체결한 경우, 그 계약은 무효이다.
>
> **해설**
> ① 수탁자 乙소유로서 甲은 반환청구할 수 없다.
> ② 甲은 부당이득으로 매수자금을 청구할 수 있다.
> ④ 甲은 유치권을 주장할 수 없다.
> ⑤ 타인권리의 매매로서 유효하다.   정답: ③

(2) [유형 2] 매도인이 악의인 계약명의신탁

① 丙 소유의 부동산을 신탁자 甲이 제공한 자금으로 수탁자 乙과 명의신탁의 약정을 하고 乙이 매수하여 소유권이전등기할 때 丙이 이를 알고 있는 경우이다.
② 매매도 무효이고, 소유권이전등기도 무효이다. **매도인에서 수탁자로의 소유권이전등기는 무효이다. 따라서 매도인이 진정한 소유자다.** 매매가 무효로 되는 결과 매수인은 상대방인 매도인이 매매대금을 반환하지 아니하면 소유권이전등기말소를 거부할 수 있는 **동시이행항변권이 인정**된다(판례).
③ 명의수탁자로부터 주택을 임차하여 인도와 주민등록을 마침으로써 **대항요건을 갖춘 임차인**은 명의신탁약정 및 그에 따른 물권변동의 무효를 대항할 수 없는 제3자에 해당하므로 명의수탁자의 소유권이전등기가 말소됨으로써 등기명의를 회복하게 된 매도인 및 매도인으로부터 다시 소유권이전등기를 마친 명의신탁자에 대해 자신의 임차권을 대항할 수 있다(대판 2022.3.17, 2021다210720).

기출 CHECK ✓

매도인이 악의인 계약명의신탁에서 매도인에서 수탁자로의 소유권이전등기는 무효이다.

정답 O

(3) [유형 3] 경매로 인한 계약명의신탁 제27·29회

| 사례 | 丙 소유 X부동산을 신탁자 甲이 제공한 경매자금으로 수탁자 乙이 낙찰허가를 받아 낙찰자 乙 명의로 하여 경매로 낙찰을 받고 소유권이전등기를 마친 때

① 매도인이 '선의, 악의'인지 관계없이 매도인에서 수탁자로의 소유권이전등기는 유효하다(대판 2012.11.15, 2012다69197). 경매는 법원이 소유자의 의사와 관계없이 그 소유물을 처분하는 것이고, 소유자는 경매절차에서 낙찰자의 의사결정 과정에 아무런 관여를 할 수 없는 점과 경매절차의 안정성을 고려하기 때문이다.

② 부동산의 소유권은 매수대금의 부담 여부와는 관계없이 그 명의인이 취득하게 되고, 매수대금을 부담한 명의신탁자와 명의를 빌려준 명의수탁자 사이의 명의신탁약정은 제4조 제1항에 의하여 무효이므로, 명의신탁자는 명의수탁자에 대하여 그 부동산 자체의 반환을 구할 수는 없고 명의수탁자에게 제공한 '매수대금'에 상당하는 금액의 부당이득반환청구권을 가질 뿐이다(대판 2009.9.10, 2006다73102).

> 기출 CHECK ✓
> 丙의 토지를 甲이 제공한 자금으로 수탁자 乙의 명의로 경매로 낙찰을 받은 경우, 乙은 丙의 선의, 악의 불문하고 유효하게 소유권을 취득한다.
> 정답 O

확인예제

甲은 2015.10.17. 경매절차가 진행 중인 乙 소유의 토지를 취득하기 위하여, 丙에게 매수자금을 지급하면서 丙 명의로 소유권이전등기를 하기로 약정하였다. 丙은 위 약정에 따라 위 토지에 대한 매각허가결정을 받고 매각대금을 완납한 후 자신의 명의로 소유권이전등기를 마쳤다. 다음 설명 중 옳은 것을 모두 고른 것은? (이자 등은 고려하지 않고, 다툼이 있으면 판례에 따름) 제27회

> ㉠ 甲과 丙의 관계는 계약명의신탁에 해당한다.
> ㉡ 甲과 丙의 명의신탁약정사실을 乙이 알았다면 丙은 토지의 소유권을 취득하지 못한다.
> ㉢ 甲은 丙에 대하여 매수자금 상당의 부당이득반환을 청구할 수 있다.

① ㉠　　　　　② ㉡　　　　　③ ㉠, ㉢
④ ㉡, ㉢　　　⑤ ㉠, ㉡, ㉢

해설

옳은 것은 ㉠㉢이다.
㉠ 이 사안은 경매와 계약명의신탁의 결합형 사안으로서 수탁자가 경락인에 해당하는 계약명의신탁이다. 그러므로 ㉠ 지문은 타당하다.
㉡ 경매로 인한 계약명의신탁에서는 '매도인이 선의, 악의와 관계없이' 매도인에서 수탁자로의 소유권이전등기가 유효하다(대판 2012.11.15, 2012다69197).
㉢ 신탁자는 수탁자에게 '매수자금'을 부당이득반환청구할 수 있으나 '부동산 자체'를 부당이득으로 반환청구할 수 없다(대판 2005.1.28, 2002다66922).
정답: ③

> **해커스 킬 정리** 부동산 실명법 핵심체계 정리하기

1. 적용제외사유는?
   [양도담보 / 가등기담보 / 신탁등기 / 상호명의신탁]

2. 2자간 명의신탁
   ① 신탁자는 무효인 명의신탁해지로 이전등기청구 ×
   ② 신탁자는 진정명의회복으로 이전등기청구 ○
   ③ 신탁자는 수탁자에게 부당이득으로 부동산에 대한 이전등기청구 ×

3. 3자간 명의신탁
   ① 계약명의신탁[수탁자가 매수자인 때]
      ㉠ 매도인이 선의일 때 수탁자가 소유자이다.
      ㉡ 경매일 때는 매도인이 선의, 악의 관계없이 낙찰자가 소유자
      ㉢ 신탁자는 수탁자에게 부당이득으로 부동산을 이전청구 ×
      ㉣ 신탁자는 매수자금채권을 담보하기 위해 유치권 ×
   ② 3자간 등기명의신탁[신탁자가 매수자고 등기명의만 수탁자로]
      ㉠ 매도인이 진정한 소유자로 진정명의회복 ○
      ㉡ 신탁자는 수탁자에게 소유권이전등기청구 ×
      ㉢ 신탁자는 매도인에 대하여 등기청구권을 가진다.
      ㉣ 수탁자가 제3자에게 처분한 때 제3자는 선의, 악의 모두 유효

4. 구분소유적 공유[상호명의신탁]

land.Hackers.com

해커스 공인중개사
land.Hackers.com

부록

제36회 기출문제 및 해설

제36회 기출문제 및 해설

제36회 기출문제 해설강의 바로가기 ▲

01 반사회질서의 법률행위에 관한 설명으로 틀린 것은? (다툼이 있으면 판례에 따름)

① 반사회질서의 법률행위인지 여부는 법률행위가 이루어진 때를 기준으로 판단한다.
② 반사회질서의 법률행위의 무효는 선의의 제3자에게 대항할 수 없다.
③ 수사기관에 허위진술을 해주는 대가로 금전을 지급받기로 하는 약정은 반사회질서의 법률행위이다.
④ 법률행위의 성립과정에 단지 강박이라는 불법적 방법이 사용된 데 불과한 때에는 반사회질서의 법률행위라고 할 수 없다.
⑤ 상대방에게 표시된 법률행위의 동기가 반사회질서적인 경우, 그 법률행위는 무효이다.

해설 반사회질서의 법률행위의 무효는 절대적 무효로서 선의의 제3자에게 대항할 수 있다.

02 통정허위표시를 기초로 새로운 법률상 이해관계를 맺은 제3자에 해당하는 자를 모두 고른 것은? (다툼이 있으면 판례에 따름)

㉠ 가장채권을 가압류한 자
㉡ 파산선고를 받은 가장채권자의 파산관재인
㉢ 가장소비대차의 계약상 지위를 이전받은 자

① ㉠　　　　　　　② ㉢　　　　　　　③ ㉠, ㉡
④ ㉡, ㉢　　　　　⑤ ㉠, ㉡, ㉢

해설 ㉠㉡ 가장행위의 외형을 믿고 실질적으로 새로운 이해관계를 맺은 제3자에 해당한다.
㉢ 가장소비대차의 계약상 지위를 이전받은 자는 가장채권자와 새로운 이해관계를 맺은 제3자가 아니다.

03 무권대리인 乙이 甲을 대리하여 매수인 丙과 매매계약을 체결하였고, 당시 丙은 乙이 무권대리인이라는 사실에 대해 선의·무과실이었다. 이에 관한 설명으로 틀린 것은? (표현대리는 고려하지 않고, 다툼이 있으면 판례에 따름)

① 甲이 무권대리행위의 일부를 추인한 경우, 丙의 동의가 없더라도 추인의 효력이 있다.
② 甲이 乙로부터 丙이 지급한 매매대금을 수령한 경우, 특별한 사정이 없는 한 甲은 매매계약을 추인한 것으로 본다.
③ 甲을 단독상속한 乙이 본인 甲의 지위에서 무권대리행위의 추인을 거절하는 것은 신의칙에 반한다.
④ 丙이 상당한 기간을 정하여 甲에게 추인 여부의 확답을 최고한 경우, 甲이 그 기간 내에 확답을 발하지 않은 때에는 추인을 거절한 것으로 본다.
⑤ 甲이 乙에게 무권대리행위를 추인한 경우, 이를 알지 못한 丙은 매매계약을 철회할 수 있다.

> **해설** 甲이 무권대리행위의 전부를 추인할 때는 상대방의 승낙을 요하지 아니하나 일부를 추인하거나 변경을 하여 추인하는 경우, 상대방 丙의 동의가 없으면 추인의 효력이 없다(대판 1982.1.26, 81다카549).

04 「민법」상 복대리에 관한 설명으로 옳은 것은?

① 복대리인은 대리인이 자신의 이름으로 선임한 대리인의 대리인이다.
② 대리인이 복대리인을 선임한 때에는 대리인의 대리권은 소멸한다.
③ 임의대리인이 본인의 승낙을 얻어서 복대리인을 선임한 경우, 본인에 대하여 그 선임감독에 관한 책임이 없다.
④ 법정대리인은 본인의 승낙이나 부득이한 사유가 없으면 복대리인을 선임할 수 없다.
⑤ 법정대리인이 부득이한 사유로 복대리인을 선임한 경우, 본인에 대하여 그 선임감독에 관해서만 책임이 있다.

> **해설** ① 복대리인은 본인의 대리인이다.
> ② 대리인이 복대리인을 선임한 때에는 대리인의 대리권은 소멸하지 아니한다.
> ③ 임의대리인이 본인의 승낙을 얻어서 복대리인을 선임한 경우, 본인에 대하여 그 선임감독에 관한 책임을 진다.
> ④ 법정대리인은 본인의 승낙이나 부득이한 사유가 없이도 복대리인을 선임할 수 있다.

01. ② 02. ③ 03. ① 04. ⑤

05 의사표시에 관한 설명으로 틀린 것은? (다툼이 있으면 판례에 따름)

① 의사표시의 상대방이 의사표시를 받은 때에 제한능력자인 경우, 표의자는 원칙적으로 그 의사표시로써 대항할 수 없다.
② 비진의표시에서 진의란 특정한 내용의 의사표시를 하고자 하는 표의자의 생각을 말한다.
③ 경과실로 착오에 빠진 표의자가 착오를 이유로 의사표시를 취소한 경우, 표의자는 그로 인해 손해를 입은 상대방에 대하여 불법행위로 인한 손해배상책임을 진다.
④ 통정허위표시로서 무효인 법률행위도 채권자취소권의 대상이 될 수 있다.
⑤ 공무원의 사직 의사표시와 같은 사인의 공법행위에는 비진의표시에 관한 「민법」 규정이 준용되지 않는다.

해설 경과실로 착오에 빠진 표의자가 착오를 이유로 의사표시를 취소한 경우, 표의자는 그로 인해 손해를 입은 상대방에 대하여 불법행위로 인한 손해배상책임을 부담하지 않는다. 착오에 빠져서 취소한 것은 법률에 따른 적법한 취소행위이기 때문이다.

06 착오로 인한 의사표시에 관한 설명으로 틀린 것은? (다툼이 있으면 판례에 따름)

① 착오로 인한 의사표시의 취소권은 당사자들이 합의에 의하여 배제할 수 없다.
② 착오로 인하여 표의자가 경제적 불이익을 입은 것이 아니라면 이를 법률행위 내용의 중요부분의 착오라고 할 수 없다.
③ 표의자의 중대한 과실에 관한 증명책임은 의사표시를 취소하게 하지 않으려는 상대방에게 있다.
④ 착오로 인한 취소권은 추인할 수 있는 날로부터 3년 내에, 법률행위를 한 날로부터 10년 내에 행사하여야 한다.
⑤ 매도인이 매수인의 채무불이행을 이유로 매매계약을 적법하게 해제한 후에도 매수인은 착오를 이유로 그 계약을 취소할 수 있다.

해설 착오로 인한 의사표시의 취소권은 당사자들이 합의, 특약에 의하여 배제할 수 있다.

07 불공정한 법률행위에 관한 설명으로 틀린 것은? (다툼이 있으면 판례에 따름)

① 궁박에는 경제적인 궁박뿐만 아니라 정신적·심리적 궁박도 포함된다.
② 무경험은 거래일반에 대한 경험부족이 아니라 해당 법률행위가 속한 특정영역에서의 경험부족을 뜻한다.
③ 급부와 반대급부 사이의 현저한 불균형은 구체적·개별적 사안에서 일반인의 사회통념에 따라 결정된다.
④ 불공정한 법률행위에도 무효행위의 전환에 관한 법리가 적용될 수 있다.
⑤ 대리인에 의해 법률행위가 이루어진 경우, 궁박은 본인을 기준으로 판단한다.

해설 무경험은 해당 법률행위가 속한 특정영역에서의 경험부족을 말하는 것이 아니라 거래일반에 대한 경험부족을 말한다.

08 법률행위의 부관에 관한 설명으로 틀린 것은? (다툼이 있으면 판례에 따름)

① 불법조건이 붙은 법률행위는 법률행위 전부가 무효로 된다.
② 법률행위에 조건이 붙어 있는지에 대한 증명책임은 그 조건의 존재를 주장하는 자에게 있다.
③ 기한의 이익은 채무자를 위한 것으로 추정되므로 기한이익 상실에 관한 당사자간의 특약도 효력이 없다.
④ 불확정한 사실이 발생한 때를 이행기로 정한 경우, 그 사실의 발생이 불가능한 것으로 확정된 때에도 이행기는 도래한 것으로 본다.
⑤ 조건부 권리는 조건 성취가 미정인 동안에도 일반규정에 의해 담보로 할 수 있다.

해설 기한이익 상실에 관한 당사자간의 특약도 효력이 있다. 법률로 정한 기한이익상실 사유(담보손상 등)를 법정 기한이익 상실 사유라고 하는 데 비하여 당사자간의 특약으로 정한 것을 기한 이익상실 약정이라고 한다.

05. ③ 06. ① 07. ② 08. ③ **정답**

09 법률행위의 무효에 관한 설명으로 틀린 것은? (다툼이 있으면 판례에 따름)

① 무효행위의 추인은 묵시적인 방법으로도 할 수 있다.
② 무효행위의 추인은 그 무효 원인이 소멸한 후에 하여야 한다.
③ 무효인 법률행위는 그에 따른 법률효과를 침해하는 것처럼 보이는 위법행위가 있더라도 법률효과의 침해에 따른 손해배상을 청구할 수 없다.
④ 무권리자의 처분이 계약으로 이루어진 경우, 권리자가 이를 추인하면 계약의 효과는 원칙적으로 추인한 때부터 권리자에게 귀속한다.
⑤ 토지거래허가구역 안의 토지거래계약이 허가를 받지 못해 유동적 무효인 상태에서 허가구역 지정이 해제되면 그 계약은 확정적 유효가 된다.

해설: 무권리자의 처분이 계약으로 이루어진 경우, 권리자가 이를 추인하면 무권대리의 추인규정을 유추적용하여 계약의 효과는 원칙적으로 추인한 때부터가 아니라 계약을 한 때로 소급하여 권리자에게 귀속한다.

10 법률행위의 취소에 관한 설명으로 옳은 것을 모두 고른 것은? (다툼이 있으면 판례에 따름)

㉠ 취소권자에 대한 상대방의 이행청구는 법정추인사유가 아니다.
㉡ 제한능력을 이유로 법률행위가 취소된 경우, 악의의 제한능력자는 그 행위로 인하여 받은 이익이 현존하는 한도에서 상환할 책임이 있다.
㉢ 표의자의 착오를 상대방이 알고 이를 이용한 경우라도 그 착오가 표의자의 중대한 과실로 인한 것이면 표의자는 의사표시를 취소할 수 없다.

① ㉠ ② ㉢ ③ ㉠, ㉡
④ ㉡, ㉢ ⑤ ㉠, ㉡, ㉢

해설:
㉠ 취소권자가 상대방에 대하여 이행을 청구한 것은 법정추인이나, 취소권자에 대한 상대방의 이행청구는 법정추인사유가 아니다.
㉡ 제한능력자는 선의, 악의를 불문하고 이익이 현존하는 한도에서 상환한다.
㉢ 표의자의 착오를 상대방이 알고 이를 이용한 경우 그 착오가 표의자의 중대한 과실로 인한 것이라도 표의자는 의사표시를 취소할 수 있다.

11 등기청구권의 법적 성질에 관한 설명으로 옳은 것을 모두 고른 것은? (다툼이 있으면 판례에 따름)

> ㉠ 매매계약에 기한 매수인의 소유권이전등기청구권은 물권적 청구권이다.
> ㉡ 무효인 등기의 말소등기에 갈음하는 진정명의회복을 원인으로 한 소유권이전등기청구권은 물권적 청구권이다.
> ㉢ 점유취득시효 완성을 원인으로 한 소유권이전등기청구권은 채권적 청구권이다.

① ㉠
② ㉢
③ ㉠, ㉡
④ ㉡, ㉢
⑤ ㉠, ㉡, ㉢

해설 ㉡ 무효인 등기의 말소등기에 갈음하는 진정명의회복을 원인으로 한 소유권이전등기청구권은 물권적 청구권이다.
㉢ 점유취득시효 완성을 원인으로 한 소유권이전등기청구권은 채권적 청구권이다.
㉠ 매매계약에 기한 매수인의 소유권이전등기청구권은 채권적 청구권이다.

12 「민법」상 물권에 관한 설명으로 틀린 것은? (다툼이 있으면 판례에 따름)

① 온천권은 관습법상의 물권이라고 볼 수 없다.
② 유치물과 견련관계가 인정되지 않는 채권을 피담보채권으로 하는 유치권을 인정하는 것은 물권법정주의에 반하지 않는다.
③ 저당권은 당사자 약정뿐만 아니라 법률의 규정에 의해서도 성립될 수 있다.
④ 전세권자가 사용·수익의 권능을 완전히 배제하고 채권 담보만을 위하여 전세권을 설정받는 것은 물권법정주의에 반한다.
⑤ 근린공원을 자유롭게 이용한 사정만으로 그 공원 인근 주민들이 공원이용권이라는 배타적 권리를 취득하였다고 볼 수 없다.

해설 유치물과 견련관계가 인정되지 않는 채권을 피담보채권으로 하는 유치권을 인정하는 것은 물권법정주의에 반한다.

09. ④ 10. ③ 11. ④ 12. ② 정답

13 권리의 객체가 토지인 경우, 그 토지를 점유할 권리가 인정되지 <u>않는</u> 물권을 모두 고른 것은?

> ㉠ 저당권
> ㉡ 전세권
> ㉢ 지상권

① ㉠ ② ㉢ ③ ㉠, ㉡
④ ㉡, ㉢ ⑤ ㉠, ㉡, ㉢

해설 ㉠ 저당권, 지역권에는 점유할 권리가 인정되지 아니한다.

14 「민법」상 합유에 관한 설명으로 <u>틀린</u> 것은? (특별한 사정이 없으며, 다툼이 있으면 판례에 따름)

① 합유자의 권리는 합유물 전부에 미친다.
② 합유는 조합체의 해산으로 인하여 종료한다.
③ 합유자는 조합체가 존속하는 한 합유물의 분할을 청구하지 못한다.
④ 합유자는 합유자 전원의 동의 없이 합유지분을 처분할 수 없다.
⑤ 부동산에 관한 합유지분의 포기는 등기 없이도 물권변동의 효력이 생긴다.

해설 부동산에 관한 합유지분의 포기는 등기를 하여야 물권변동의 효력이 생긴다.

15 甲 소유의 X토지를 乙이 20년 이상 소유의 의사로 평온, 공연하게 현재까지 점유하고 있다. 乙은 甲에게 취득시효 완성을 이유로 X토지의 소유권이전등기를 청구하였지만, 아직 등기는 이전받지 못하였다. 이후 발생한 아래 각 상황에 관한 설명으로 <u>틀린</u> 것은? (다툼이 있으면 판례에 따름)

① 甲이 X토지 위에 비닐하우스를 설치한 경우, 乙은 甲에게 점유권에 기한 방해배제를 청구할 수 있다.
② 甲은 乙에게 X토지의 점유로 인한 손해의 배상을 청구할 수 없다.
③ 甲은 乙에게 X토지의 점유로 인한 부당이득의 반환을 청구할 수 없다.
④ X토지가 수용되어 甲이 보상금을 수령한 경우, 乙은 甲에게 보상금의 반환을 청구할 수 없다.
⑤ 甲이 乙의 시효완성 사실을 알면서 丙에게 X토지를 처분하여 취득시효완성에 따른 소유권이전등기 의무가 이행불능이 된 경우, 乙은 甲에게 불법행위로 인한 손해배상을 청구할 수 있다.

해설 X토지가 수용되어 甲이 보상금을 수령한 경우, 乙은 대상청구권으로 토지 대신에 甲에게 보상금의 반환을 청구할 수 있다.

16 甲, 乙, 丙이 각각 4/7, 2/7, 1/7의 지분비율로 X토지를 공유하는 경우에 관한 설명으로 <u>틀린</u> 것은? (별도의 특약은 없고, 다툼이 있으면 판례에 따름)

① 甲은 乙, 丙과의 협의 없이 X토지의 관리에 관한 사항을 정할 수 있다.
② 甲은 乙, 丙의 동의 없이 X토지를 처분하지 못한다.
③ 丙은 甲, 乙의 동의 없이 자신의 지분을 제3자에게 담보로 제공할 수 있다.
④ 乙이 甲, 丙과의 협의 없이 X토지의 전부를 독점적으로 점유·사용하고 있는 경우, 丙은 공유물의 보존행위로 자신에게 X토지를 인도할 것을 청구할 수 있다.
⑤ 甲이 자신의 지분을 포기한 경우, 그 지분은 乙과 丙에게 각 지분의 비율로 귀속한다.

[해설] 공유자 1인이 동의 없이 독점적으로 점유·사용하고 있는 경우, 다른 소수지분권자는 공유물의 보존행위로 자신에게 X토지를 인도할 것을 청구할 수 없다.

17 등기 없이도 물권변동의 효력이 생기는 사유가 <u>아닌</u> 것은? (다툼이 있으면 판례에 따름)

① 상속
② 재결수용
③ 이행판결
④ 건물의 신축
⑤ 「국세징수법」상 공매

[해설] 제187조의 등기를 요하지 않는 판결은 형성판결을 말하고 이행판결에 의한 물권변동에는 등기를 요한다.

정답 13. ① 14. ⑤ 15. ④ 16. ④ 17. ③

18 甲이 乙로부터 乙 소유의 X건물에 대하여 전세권을 설정받은 경우에 관한 설명으로 <u>틀린</u> 것은? (다툼이 있으면 판례에 따름)

① 甲이 X건물을 전세권설정계약으로 정한 용법에 따라 사용하지 않더라도 이를 이유로 乙은 전세권소멸을 청구할 수 없다.
② X건물의 소유를 목적으로 지상권을 취득한 乙은 특별한 사정이 없는 한 甲의 동의 없이 그 지상권을 소멸시킬 수 없다.
③ 甲은 전세권이 존속하는 동안에는 특별한 사정이 없는 한 전세권을 존속시키면서 전세금반환채권만을 확정적으로 양도할 수 없다.
④ 乙이 전세권 존속 중에 丙에게 X건물을 양도한 경우, 丙은 전세권의 존속기간 만료시 甲에게 전세금 반환의무를 진다.
⑤ 전세권이 소멸한 경우, 乙은 甲으로부터 X건물의 인도 및 전세권 말소등기에 필요한 서류의 교부를 받는 동시에 전세금을 반환하여야 한다.

해설 전세권설정계약으로 정한 용법에 따라 사용하지 않는 경우 乙은 전세권소멸을 청구할 수 있다(「민법」 제311조).

---

19 지상권에 관한 설명으로 옳은 것은? (다툼이 있으면 판례에 따름)

① 지상권자의 지상권갱신청구권은 형성권이다.
② 담보목적의 지상권이 설정된 경우, 피담보채권이 변제로 소멸하면 그 지상권도 소멸한다.
③ 타인 소유의 기존 연와조 건물을 사용하기 위하여 설정하는 지상권의 최단존속기간은 30년이다.
④ 기존 건물의 소유를 목적으로 설정된 지상권은 그 건물이 멸실되면 소멸한다.
⑤ 지상권이 저당권의 목적인 경우, 지료연체에 따른 지상권소멸청구는 저당권자에게 통지하는 즉시 그 효력이 생긴다.

해설 ① 지상권자의 지상권갱신청구권은 청구권이다. 반대로 지상물매수청구권은 형성권이다.
③ 타인 소유의 기존 연와조 건물, 기존 건물을 사용하기 위하여 설정하는 지상권의 최단존속기간은 30년의 제한을 받지 아니한다(대판 95다49318).
④ 기존 건물의 소유를 목적으로 설정된 지상권은 토지사용권이 본체이므로 그 건물이 멸실하여도 지상권은 존속한다.
⑤ 지상권소멸청구는 저당권자에게 통지하는 즉시가 아니라 "상당기간이 경과"함으로써 효력이 생긴다(「민법」 제288조).

20. 지역권에 관한 설명으로 틀린 것은?

① 민법은 지역권의 존속기간을 규정하고 있지 않다.
② 요역지에 설정된 저당권에 기하여 경매가 된 경우, 다른 특약이 없는 한 경매매수인은 요역지의 소유권과 함께 지역권을 취득한다.
③ 점유로 인한 지역권 취득기간의 중단은 지역권을 행사하는 모든 공유자에 대한 사유가 아니면 그 효력이 없다.
④ 지역권자는 지역권을 방해할 염려 있는 행위를 하는 자에 대하여 그 예방이나 손해배상의 담보를 청구할 수 있다.
⑤ 승역지 소유자는 지역권의 행사를 방해하지 않는 범위 내에서 지역권자가 지역권의 행사를 위하여 승역지에 설치한 공작물을 수익 정도의 비율에 따른 비용 분담 없이 사용할 수 있다.

해설 지역권자가 지역권의 행사를 위하여 승역지에 설치한 공작물을 "수익 정도의 비율에 따라" 공작물의 설치, 보존의 비용을 분담하여야 한다(민법 제300조).

21. 관습법상 법정지상권에 관한 설명으로 옳은 것은? (다툼이 있으면 판례에 따름)

① 무허가건물에 대해서는 법정지상권이 인정될 수 없다.
② 가설건축물에 대해서는 원칙적으로 법정지상권이 인정될 수 있다.
③ 법정지상권을 포기하기로 하는 특약은 효력이 없다.
④ 법정지상권자는 그 지상권등기 없이도 지상권을 취득할 당시의 토지소유자로부터 그 토지를 양수한 제3자에게 대항할 수 있다.
⑤ 법정지상권이 성립한 건물을 매매계약에 기해 양수한 자는 등기 없이도 법정지상권을 취득한다.

해설 ① 무허가건물에 대해서는 법정지상권이 인정될 수 있다.
② 가설건축물에 대해서는 원칙적으로 법정지상권이 인정될 수 없다(대판 2016다262635).
③ 제366조의 법정지상권은 법률이 인정한 강행규정이므로 법정지상권을 포기하기로 하는 특약은 효력이 없다. 이에 대비하여 관습법상 지상권을 포기하는 특약은 유효하다.
⑤ 법정지상권이 성립한 건물을 매매계약에 기해 양수한 자는 등기를 하여야 법정지상권을 승계취득한다.

정답 18. ① 19. ② 20. ⑤ 21. ④

22 저당권에 관한 설명으로 틀린 것은? (다툼이 있으면 판례에 따름)

① 저당권은 저당권의 실행비용을 담보한다.
② 피담보채권은 금전채권이 아니어도 된다.
③ 저당물의 소유권을 취득한 제3자는 그 저당물이 경매에서 경매인이 될 수 있다.
④ 저당권은 특별한 사정이 없는 한 저당권설정 후에 저당목적물에 부합한 물건에는 그 효력이 미치지 않는다.
⑤ 저당권설정자와 채무자는 반드시 동일인이어야 하는 것은 아니다.

해설 저당권은 특별한 사정이 없는 한 저당권설정 전, 후에 저당물에 부합한 물건, 종물에 그 효력이 미친다(「민법」 제358조).

23 저당권에 관하여 ( )에 들어갈 권리로 옳은 것은?

> 저당권자는 저당부동산의 멸실, 훼손 또는 공용징수로 인하여 저당권설정자가 받을 금전 기타 물건에 대하여 ( )을 가진다.

① 비용상환청구권　　　　　　② 물상대위권
③ 매수청구권　　　　　　　　④ 해제권
⑤ 갱신청구권

해설 저당권자는 저당부동산의 멸실, 훼손 또는 공용징수로 인하여 저당권설정자가 받을 금전 기타 물건에 대하여 물상대위권을 가지지만 유치권자는 물상대위권을 가지지 아니한다.

24 「민법」상 유치권에 관한 설명으로 틀린 것은? (다툼이 있으면 판례에 따름)

① 유치물의 침탈로 인한 유치권자의 유치권소멸에 따라 손해배상청구권은 침탈당한 날로부터 1년 내에 행사할 것을 요하지 않는다.
② 유치권자로부터 유치물의 유치방법으로 그 보관을 위탁받은 자는 특별한 사정이 없는 한 유치물 소유자의 소유물반환청구를 거부할 수 있다.
③ 토지전세권이 소멸하기 전에는 전세권자의 지상물매수청구권을 피담보채권으로 하는 유치권은 성립할 수 없다.
④ 복수의 유치물은 그 각 부분으로써 피담보채권의 전부를 담보한다.
⑤ 유치권자가 동일채권을 담보하기 위한 복수의 유치물 중 일부를 채무자의 승낙 없이 타인에게 대여한 경우, 특별한 사정이 없는 한 채무자는 유치물 전부에 대한 유치권의 소멸을 청구할 수 있다.

해설
⑤ 하나의 채권을 피담보채권으로 하여 여러 필지의 토지에 대하여 유치권을 취득한 유치권자가 그중 일부 필지의 토지에 대하여 선량한 관리자의 주의의무를 위반하였다면 특별한 사정이 없는 한 위반행위가 있었던 필지의 토지에 대하여만 유치권 소멸청구가 가능하다(대판 2018다301350).
① 「민법」 제204조 제3항은 본권 침해로 발생한 손해배상청구권의 행사에는 적용되지 않으므로 점유를 침탈당한 자가 본권인 유치권 소멸에 따른 손해배상청구권을 행사하는 때에는 「민법」 제204조 제3항이 적용되지 아니하고, 점유를 침탈당한 날부터 1년 내에 행사할 것을 요하지 않는다(대판 2021다213866).
② 소유자는 그 소유에 속한 물건을 점유한 자에 대하여 반환을 청구할 수 있다. 그러나 점유자가 그 물건을 점유할 권리가 있는 때에는 반환을 거부할 수 있다(「민법」 제213조). 여기서 반환을 거부할 수 있는 점유할 권리에는 유치권도 포함되고, 유치권자로부터 유치물을 유치하기 위한 방법으로 유치물의 점유 내지 보관을 위탁받은 자는 특별한 사정이 없는 한 점유할 권리가 있음을 들어 소유자의 소유물반환청구를 거부할 수 있다(대판 2011다62618).
③ 지상물매수청구권이나 부속물매수청구권 또는 비용상환청구권 등은 어느 것이나 피고의 전세권의 존속기간이 만료되는 때에 발생하거나 변제기에 이르는 것인데, 아직 그 전세권의 존속기간이 만료되지 아니하였으므로 위 각 채권에 기한 피고의 유치권은 성립되지 아니한다(대판 2005다41740).

25 甲은 자신의 토지를 乙에게 매도하고 중도금까지 수령하였으나 그 토지가 재결수용되어 乙에게 소유권을 이전할 수 없게 되었다. 이에 관한 설명으로 옳은 것을 모두 고른 것은? (다툼이 있으면 판례에 따름)

> ㉠ 甲과 乙은 특약으로 乙이 대가위험을 부담하는 것으로 정할 수 있다.
> ㉡ 乙은 이행불능을 이유로 매매계약을 해제할 수 있다.
> ㉢ 甲이 수용보상금청구권을 취득한 경우, 乙이 매매대금 전부를 지급하면 그 수용보상금청구권 자체가 乙에게 귀속한다.

① ㉠
② ㉢
③ ㉠, ㉡
④ ㉡, ㉢
⑤ ㉠, ㉡, ㉢

해설 ㉡ 토지가 수용되어 이행을 할 수 없게 된 것은 甲에게 귀책사유가 없으므로 乙은 이행불능을 이유로 매매계약을 해제할 수 없다.
㉢ 乙이 매매대금 전부를 지급하면 그 수용보상금청구권 자체가 乙에게 귀속하는 것이 아니라 보상금청구권의 양도를 청구할 수 있다.

26 계약의 성립에 관한 설명으로 옳은 것은? (다툼이 있으면 판례에 따름)

① 청약의 유인을 받은 자가 청약의 유인에 대응하는 의사표시를 하면 계약은 즉시 성립한다.
② 당사자간에 동일한 내용의 청약이 상호 교차된 경우, 계약은 두 청약이 상대방에게 발송된 때에 성립한다.
③ 합의해제를 청약한 경우, 그 청약에 대해 조건을 붙여 승낙한 때에는 그 청약은 실효된다.
④ 명예퇴직의 합의가 있더라도 명예퇴직 예정일 전이라면 원칙적으로 명예퇴직 청약을 철회할 수 있다.
⑤ 매매의 일방예약이 성립하기 위하여 본계약의 요소가 되는 내용들이 확정되어 있거나 확정할 수 있어야 하는 것은 아니다.

해설 ① 청약의 유인을 받은 자가 청약의 유인에 대응하는 의사표시를 하면 이것이 청약에 해당하고 계약은 즉시 성립하지 아니한다.
② 교차청약은 나중 청약이 도달한 때 성립한다(「민법」 제533조).
④ 명예퇴직의 합의가 있은 후에는 당사자 일방이 이를 철회할 수 없고 사용자는 퇴직금지급의무를 부담한다(대판 2000다60890).
⑤ 매매의 일방예약이 성립하기 위하여 본계약의 요소가 되는 내용들이 확정되어 있거나 확정할 수 있어야 한다(대판 1993.5.27, 93다4908).

27 동시이행관계가 인정되지 <u>않는</u> 것을 모두 고른 것은? (다툼이 있으면 판례에 따름)

> ㉠ 담보 목적으로 마쳐진 채권자 명의의 소유권이전등기 말소의무와 피담보채무의 변제의무
> ㉡ 임차인의 임차목적물 반환의무와 임대인의 권리금 회수 방해로 인한 「상가건물 임대차보호법」에 따른 손해배상의무
> ㉢ 저당권 실행에 따른 경매가 무효로 된 경우, 저당채권자의 경매매수인에 대한 배당금 반환의무와 경매매수인의 채무자에 대한 소유권이전등기 말소의무

① ㉠ ② ㉢ ③ ㉠, ㉡
④ ㉡, ㉢ ⑤ ㉠, ㉡, ㉢

해설 ㉠ 변제의무가 이전등기말소의무보다 선이행의무이다.
㉡ 권리금 회수 방해로 인한 손해배상의무는 「상가건물 임대차보호법」에서 정한 권리금 회수기회 보호의무 위반을 원인으로 하고 있으므로 양 채무는 동일한 법률요건이 아닌 별개의 원인에 기하여 발생한 것일 뿐 그 사이에 이행상 견련관계를 인정할 수 없으므로, 임차인의 목적물반환의무와 임대인의 권리금 회수방해로 인한 손해배상의무는 동시이행관계가 아니다(대판 2019.7.10. 2018다242727).
㉢ 경매가 무효로 된 경우, 저당채권자의 경매매수인에 대한 배당금 반환의무와 경매매수인의 채무자에 대한 소유권이전등기 말소의무는 동시이행관계가 아니다.

28 부동산 매매계약이 합의해제된 경우에 관한 설명으로 <u>틀린</u> 것은? (다툼이 있으면 판례에 따름)

① 매매계약에 기해 이전된 소유권은 등기 없이도 당연히 복귀한다.
② 당사자는 특별한 사정이 없는 한 채무불이행으로 인한 손해배상을 청구할 수 없다.
③ 계약의 해제로 제3자의 권리를 해할 수 없다고 규정한 「민법」 제548조 제1항은 합의해제에 유추적용된다.
④ 합의해제를 무효화시키고 해제된 매매계약을 부활시키는 약정은 원칙적으로 당사자 사이에서도 그 효력이 없다.
⑤ 합의해제를 위한 묵시적 의사표시는 당사자 쌍방에게 계약실현의 의사가 없거나 계약포기의 의사가 있다고 볼 수 있을 정도에 이르러야 한다.

해설 합의해제를 무효화시키고 해제된 매매계약을 부활시키는 약정을 유효하게 할 수 있다(대판 2003다45700).

25. ① 26. ③ 27. ⑤ 28. ④ **정답**

29 甲과 乙은 X토지에 관한 매매의 예약에서 매수인 乙이 예약완결권을 갖기로 하였다. 이에 관한 설명으로 옳은 것을 모두 고른 것은? (다툼이 있으면 판례에 따름)

> ㉠ 甲과 乙은 예약완결권의 행사기간에 대하여 특별한 제한 없이 약정할 수 있다.
> ㉡ 예약완결권의 행사기간을 약정한 경우, 그 기간이 지났더라도 乙이 X토지를 인도받아 점유하고 있다면 예약완결권은 소멸하지 않는다.
> ㉢ 乙의 예약완결권이 행사기간을 경과하였는지에 관해서는 법원이 직권으로 조사하여 재판에 고려할 수 없다.

① ㉠   ② ㉢   ③ ㉠, ㉡
④ ㉡, ㉢   ⑤ ㉠, ㉡, ㉢

해설 ㉡ 예약완결권의 행사기간을 약정한 경우, 그 기간이 지나면 乙이 X토지를 인도받아 점유하여도 제척기간의 경과로 예약완결권은 소멸한다.
㉢ 제척기간의 도과 여부는 법원의 직권조사사항이다.

30 「민법」상 매도인의 담보책임에 관한 설명으로 옳은 것은?

① 특정물 하자로 인한 담보책임은 경매의 경우에도 적용된다.
② 종류물매매에서는 특정물이 특정된 후에 그 물건의 하자로 인한 매도인의 담보책임규정이 적용되지 않는다.
③ 매매의 목적물에 하자가 있는 경우, 매수인은 그 사실을 안 날로부터 1년 내에 손해배상청구권을 행사하여야 한다.
④ 매매계약 당시에 그 목적물의 일부가 멸실된 경우, 선의의 매수인은 대금의 감액을 청구할 수 있다.
⑤ 변제기에 도달하지 않은 채권의 매도인이 채무자의 자력을 담보한 때에는 매매계약 당시의 자력을 담보한 것으로 추정한다.

해설 ① 특정물 하자로 인한 담보책임은 경매의 경우에도 적용되지 아니한다(「민법」 제580조 제2항).
② 종류물매매에서는 특정물이 특정된 후에 그 물건의 하자로 인한 매도인의 담보책임규정이 적용된다(「민법」 제581조).
③ 매매의 목적물에 하자가 있는 경우, 매수인은 그 사실을 안 날로부터 1년이 아니라 6월 내에 손해배상청구권을 행사하여야 한다(「민법」 제582조).
⑤ 변제기에 도달하지 않은 채권의 매도인이 채무자의 자력을 담보한 때에는 매매계약 당시의 자력이 아니라 변제기의 자력을 담보한 것으로 추정한다(「민법」 제579조 제2항).

31 甲은 자기 소유의 X토지와 乙 소유의 Y건물을 교환하자고 청약하였고, 乙이 승낙하였다. 이에 관한 설명으로 옳은 것을 모두 고른 것은? (다툼이 있으면 판례에 따름)

> ㉠ 乙의 승낙은 특별한 사정이 없는 한 그 방식에 제한이 없고 명시적으로 할 필요도 없다.
> ㉡ X토지와 Y건물의 각 소유권이전 및 인도의무는 특별한 약정이나 관습이 없으면 동시에 이행하여야 한다.
> ㉢ 계약 당시 甲이 허위로 X토지의 시가보다 다소 높은 가액을 시가로 고지하더라도 특별한 사정이 없는 한 불법행위가 성립하지 않는다.

① ㉠   ② ㉢   ③ ㉠, ㉡
④ ㉡, ㉢   ⑤ ㉠, ㉡, ㉢

해설 ㉠ 교환계약은 불요식이므로 방식에 제한이 없다.
㉡ 쌍방당사자의 재산권이전의무는 특약이 없는 한 동시에 이행하여야 한다.
㉢ 계약 당시 甲이 허위로 X토지의 시가보다 다소 높은 가액을 시가로 고지하더라도 특별한 사정이 없는 한 불법행위가 성립하지 않는다.

32 甲으로부터 X건물을 2년간 임차한 乙이 이를 丙에게 전대한 경우에 관한 설명으로 **틀린** 것을 모두 고른 것은? (다툼이 있으면 판례에 따름)

> ㉠ 甲이 전대를 동의한 경우, 甲이 乙과 임대차계약을 합의해지하면 丙의 전차권도 소멸한다.
> ㉡ 甲이 전대를 동의하지 않은 경우, 甲은 乙과의 임대차계약이 존속하는 동안 X건물의 불법점유를 이유로 丙에게 차임 상당의 손해배상을 청구할 수 있다.
> ㉢ 甲이 전대를 동의한 경우, 丙이 X건물 사용의 편익을 위하여 甲으로부터 매수한 물건을 X건물에 부속시킨 때에는 丙은 기간만료로 전대차가 종료되면 甲을 상대로 그 물건의 매수를 청구할 수 있다.

① ㉠   ② ㉢   ③ ㉠, ㉡
④ ㉡, ㉢   ⑤ ㉠, ㉡, ㉢

해설 ㉠ 甲이 전대를 동의한 경우, 甲이 乙과 임대차계약을 합의해지하면 丙의 전차권은 소멸하지 아니한다.
㉡ 甲이 전대를 동의하지 않은 경우, 甲은 乙과의 임대차계약이 존속하는 동안에는 甲이 乙에게서 차임을 지급받고 있으므로 X건물의 불법점유를 이유로 丙에게 차임 상당의 손해배상을 청구할 수 없다.

29. ①   30. ④   31. ⑤   32. ③   **정답**

33 甲이 건물소유를 목적으로 乙로부터 乙 소유의 X토지를 기간의 정함 없이 임차하는 계약을 체결하고 그 지상에 Y건물을 신축한 후, 그 임대차계약이 乙의 해지통고로 종료되었다. 이에 관한 설명으로 옳은 것을 모두 고른 것은? (다툼이 있으면 판례에 따름)

> ㉠ Y건물이 무허가건물이라면 원칙적으로 지상물매수청구권의 대상이 될 수 없다.
> ㉡ 甲은 계약갱신청구를 하지 않으면 지상물매수청구권을 행사할 수 없다.
> ㉢ 甲과 乙이 임대차 종료 전에 지상물매수청구의 대상인 Y건물을 철거하기로 한 약정은 특별한 사정이 없는 한 무효이다.

① ㉠
② ㉢
③ ㉠, ㉡
④ ㉡, ㉢
⑤ ㉠, ㉡, ㉢

해설 ㉢ 甲과 乙이 임대차 종료 전에 지상물매수청구의 대상인 Y건물을 철거하기로 한 약정은 특별한 사정이 없는 한 지상물매수청구권을 배제하는 약정으로 강행규정에 위반하여 무효이다.
㉠ Y건물이 무허가건물이라도 원칙적으로 지상물매수청구권의 대상이 될 수 있다.
㉡ 기간 없는 임대차를 임대인의 해지통고로 소멸하는 경우 甲은 계약갱신청구권을 행사하지 않고도 즉시 지상물매수청구권을 행사할 수 있다.

34 「민법」상 계약의 유형과 성질에 관한 설명으로 옳은 것은? (특약은 고려하지 않음)

① 매매계약은 요물계약이다.
② 매매계약은 낙성계약이다.
③ 교환계약은 요식계약이다.
④ 임대차계약은 무상계약이다.
⑤ 임대차계약은 편무계약이다.

해설 ① 매매계약은 쌍무, 유상, 낙성, 불요식계약이다.
③ 교환계약은 쌍무, 유상, 낙성, 불요식계약이다.
④ 임대차계약은 쌍무, 유상계약이다.
⑤ 임대차계약은 쌍무계약이다.

35 甲이 2023.6.1. 乙로부터 乙 소유의 X주택을 보증금 2억원, 기간은 1년으로 정하여 임차하는 계약을 체결한 경우,「주택임대차보호법」에 관한 설명으로 옳은 것을 모두 고른 것은? (다툼이 있으면 판례에 따름)

> ㉠ 1년의 임대차기간이 만료된 경우, 甲은 乙에게 보증금 2억원의 반환을 청구할 수 있다.
> ㉡ 임대차계약이 적법하게 묵시적 갱신된 경우, 그 존속기간은 2년으로 보지만 甲은 언제든지 乙에게 계약해지를 통지할 수 있다.
> ㉢ 甲의 적법한 계약갱신요구가 乙에게 2025.2.15. 도달한 경우, 갱신거절사유가 없는 한 그 도달 시점에 계약갱신의 효력이 발생한다.

① ㉠ ② ㉢ ③ ㉠, ㉡
④ ㉡, ㉢ ⑤ ㉠, ㉡, ㉢

해설
㉠ 임차인 甲만 1년의 기간을 주장할 수 있으므로 乙에게 보증금 2억원의 반환을 청구할 수 있다(「주택임대차보호법」제4조 제1항 단서).
㉡ 임대차계약이 적법하게 묵시적 갱신된 경우, 그 존속기간은 2년으로 보지만 甲은 언제든지 乙에게 계약해지를 통지할 수 있다(「주택임대차보호법」제6조의2).
㉢ 甲의 적법한 계약갱신요구가 乙에게 2025.2.15. 도달한 경우, 갱신거절사유가 없는 한 그 도달 시점에 계약갱신의 효력이 발생한다.

36 「집합건물의 소유 및 관리에 관한 법률」에 관한 설명으로 틀린 것은? (다툼이 있으면 판례에 따름)

① 구조상 공용부분은 취득시효에 의한 소유권 취득의 대상이 될 수 없다.
② 전유부분에 관한 담보책임의 존속기간은 특별한 사정이 없는 한 사용검사일부터 기산한다.
③ 관리단은 관리비 징수에 관한 유효한 규약이 없더라도 지분비율에 따라 공용부분의 관리비를 그 부담의무자인 구분소유자에게 청구할 수 있다.
④ 구분소유자가 10인 이상일 때에는 관리단을 대표하고 관리단의 사무를 집행할 관리인을 선임하여야 한다.
⑤ 구분소유자는 규약 또는 공정증서로써 달리 정하지 않는 한 전유부분과 분리하여 대지사용권을 처분할 수 없다.

해설 전유부분에 관한 담보책임의 존속기간은 특별한 사정이 없는 한 인도한 날부터 기산하고 공용부분의 담보책임의 기산일은 사용검사일부터 기산한다(「집합건물의 소유 및 관리에 관한 법률」제9조의2).

33. ② 34. ② 35. ⑤ 36. ② **정답**

37 甲은 2024.5.1. 乙에게 1억원을 변제기는 1년 후, 이자는 연 5%로 정하여 대여하면서 그 대여금채권과 乙에 대한 물품대금채권 1억원을 담보하기 위해 가등기담보계약을 체결하고, 이를 위해 乙 소유의 X토지(계약 당시 시가 2억원)에 甲 명의로 가등기를 마쳤다. 그 후 乙은 변제기가 지난 2025.5.7. 양 채권 중 물품대금채무만 甲에게 전액 변제하였다. 이에 관한 설명으로 옳은 것을 모두 고른 것은? (다툼이 있으면 판례에 따름)

⊙ 甲과 乙의 가등기담보계약에는 「가등기담보 등에 관한 법률」이 적용된다.
ⓒ 甲이 청산절차를 거쳐 X토지에 관하여 소유권이전의 본등기를 마친 경우, 본등기를 위해 지출한 절차비용은 청산금에서 공제할 수 없다.
ⓒ 甲이 청산절차를 거치지 않고 X토지에 관하여 2025.6.15. 본등기를 마친 다음, 선의의 丙에게 2025.8.1. 소유권이전등기를 마친 경우, 2025.8.1.부터 甲 명의의 본등기도 확정적으로 유효해진다.

① ㉠ ② ㉢ ③ ㉠, ㉡
④ ㉡, ㉢ ⑤ ㉠, ㉡, ㉢

해설 ㉠ 금전소비대차나 준소비대차에 기한 차용금반환채무와 그 외의 원인으로 발생한 채무를 동시에 담보할 목적으로 경료된 가등기나 소유권이전등기라도 그 후 후자의 채무가 변제 기타의 사유로 소멸하고 금전소비대차나 준소비대차에 기한 차용금반환채무의 전부 또는 일부만이 남게 된 경우에는 그 가등기담보나 양도담보에 「가등기담보 등에 관한 법률」이 적용된다(대판 2003다29968).
㉡ 가등기담보권자는 귀속정산 과정에서 담보목적물의 교환가치를 파악하기 위하여 쓴 감정평가비용 등을 실행비용으로서 청산금에서 공제할 수 있을 뿐, 청산의 결과로서 본등기를 마치기 위해 지출한 절차비용과 취득세 등은 스스로 부담해야 한다(대판 2017다266177).
㉢ 청산절차를 위반하여 이루어진 담보가등기에 기한 본등기가 무효라고 하더라도 선의의 제3자가 그 본등기에 터 잡아 소유권이전등기를 마치는 등으로 담보목적부동산의 소유권을 취득하면, 채무자 등은 더 이상 채권자를 상대로 그 본등기의 말소를 청구할 수 없게 된다. 이 경우 그 반사적 효과로서 무효인 채권자 명의의 본등기는 그 등기를 마친 시점으로 소급하여 확정적으로 유효하게 되고, 이에 따라 담보목적부동산에 관한 채권자의 가등기담보권은 소멸하며, 청산절차를 거치지 않아 무효였던 채권자의 위 본등기에 터 잡아 이루어진 등기 역시 소급하여 유효하게 된다(대판 2016다248325).
사안에서 위 판례에 따르면 甲이 청산절차를 거치지 않고 X토지에 관하여 2025.6.15. 본등기를 마친 것이므로 이는 무효이나 선의의 丙에게 2025.8.1. 소유권이전등기를 마치게 되면 선의인 丙이 소유권을 소급하여 취득한다. 따라서 선의인 丙이 소유권이전등기를 경료한 2025.8.1.부터 유효로 되는 것이 아니라 채권자 乙에게 본등기를 경료한 2025.6.15.부터 소급하여 유효하게 소유권을 취득한다.

38 甲은 2022.7.1. 자신의 X토지에 관하여 乙과 유효한 명의신탁약정을 체결하고, 乙 명의로 소유권이전등기를 마쳤다. 이에 관한 설명으로 <u>틀린</u> 것은? (다툼이 있으면 판례에 따름)

① 甲과 乙이 부부인 경우, 甲이 사망하더라도 그 명의신탁약정은 甲의 상속인 丙과 乙 사이에 유효하게 존속한다.
② 甲이 丙에게 X토지를 매도한 경우, 그 매매계약은 「민법」 제569조의 타인 권리의 매매라고 할 수 없다.
③ 丙이 X토지를 무단점유하여 사용·수익할 경우, 甲은 丙에게 직접 그 소유권을 주장할 수 없다.
④ 甲은 乙에게 명의신탁의 해지를 원인으로 소유권에 기한 이전등기를 청구할 수 있다.
⑤ 丙이 X토지에 대해 점유취득시효를 완성한 후 소유권이전등기를 마치기 전에 甲이 명의신탁의 해지를 원인으로 소유권이전등기를 마친 경우, 丙은 특별한 사정이 없는 한 甲에게 취득시효를 주장할 수 있다.

해설 ▸ 종중명의 토지를 종원에게 명의신탁하여 수탁자에게 소유권등기가 경료되어 있는 상태에서 점유자가 취득시효를 완성하였다. 이때, 취득시효로 인한 등기청구의 상대방은 시효완성 당시의 소유자이므로 수탁자에게 등기를 요구할 수 있다. 이 명의신탁이 해지되어 등기명의가 수탁자에서 신탁자에게로 변경된 경우 "신탁자는 취득시효완성 후의 새로운 소유권을 취득한 자"에 해당하므로 시효완성자는 신탁자에게 취득시효를 주장할 수 없다(대판 2000.8.22, 2000다21987).

37. ③ 38. ⑤ 정답

39 甲이 그 소유의 X토지에 관하여 2025.5.3. 친구 乙과의 명의신탁약정에 따라 乙 명의로 소유권이전등기를 마쳤다. 이에 관한 설명으로 옳은 것은? (다툼이 있으면 판례에 따름)

① 甲은 乙에게 X토지에 관하여 부당이득을 원인으로 한 소유권이전등기를 청구할 수 없다.
② 乙이 丙에게 X토지를 적법하게 양도하였다가 다시 X토지의 소유권을 취득한 경우, 甲은 乙에게 소유물반환청구권을 행사할 수 있다.
③ 丙이 친구 乙과의 명의신탁약정에 따라 X토지에 관하여 소유권이전등기를 마친 후 명의신탁사실을 알지 못하는 丁에게 X토지를 매도하고 소유권이전등기를 마친 경우, 甲은 丁에게 소유물반환청구권을 행사할 수 있다.
④ 乙이 丙에게 X토지를 처분하여 丙이 유효하게 소유권을 취득한 경우, 乙의 처분행위는 甲에 대한 불법행위에 해당하지 않는다.
⑤ 만약 甲이 乙과 사이에 乙 명의의 X토지를 매수하면서 대외관계에서 甲을 위해 그 등기명의를 乙이 보유하기로 약정한 경우, 甲과 乙 사이에 명의신탁관계가 성립할 수 없다.

해설 ② 명의수탁자가 신탁부동산을 처분하여 제3취득자가 유효하게 소유권을 취득하고 이로써 명의신탁자가 신탁부동산에 대한 소유권을 상실하였다면, 명의신탁자의 소유권에 기한 물권적 청구권, 즉 말소등기청구권이나 진정명의회복을 원인으로 한 이전등기청구권도 더 이상 그 존재 자체가 인정되지 않는다(대판 2013.2.28, 2010다89814).
③ 丙이 친구 乙과의 명의신탁약정에 따라 X토지에 관하여 소유권이전등기를 마친 후 명의신탁사실을 알지 못하는 丁에게 X토지를 매도하고 소유권이전등기를 마친 경우, 甲은 제3자 丁에게 소유물반환청구권을 행사할 수 없다.
④ 乙이 丙에게 X토지를 처분하여 丙이 유효하게 소유권을 취득한 경우, 乙의 처분행위는 甲에 대한 불법행위가 성립한다.

40 甲은 상품판매를 위해 2025.5.1. 乙로부터 부산광역시 소재 乙 소유의 X상가를 보증금 6억원, 월 차임 100만원에 임차하는 계약을 체결하였다. 계약 당일 甲은 乙에게 보증금을 지급하고 X상가를 인도받아 사업자등록과 확정일자까지 마쳤다. 위 계약에 적용되는 「상가건물 임대차보호법」상의 규정에 해당하는 것을 모두 고른 것은? (다툼이 있으면 판례에 따름)

> ㉠ 임차인의 보증금에 대한 우선변제권에 관한 규정
> ㉡ 임차인의 임차권등기명령에 관한 규정
> ㉢ 차임연체에 따른 임대인의 해지권에 관한 규정

① ㉠   ② ㉢   ③ ㉠, ㉡
④ ㉡, ㉢   ⑤ ㉠, ㉡, ㉢

해설 사안에서 보증금 6억원 + 차임 100만원 × 100 = 7억원으로 환산되므로, 부산광역시는 환산보증금액이 6억 9천만원이므로 이 금액을 초과하는 임대차에서는 ㉠ 우선변제권, ㉡ 임차권등기명령, 기간보장 등이 인정되지 아니한다. 반대로 갱신요구권, 대항력, 권리금규정, 3기연체시 해지규정은 적용된다.

39. ① 40. ② **정답**

 Memo

 **Memo**

진정한 노력은 결코 배신하지 않는다.
감동과 합격에 언제나 함께하는 해커스!

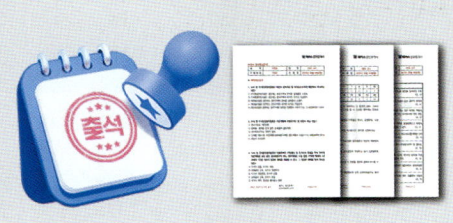

해커스 공인중개사

공인중개사 1위 해커스
한경비즈니스 2024 한국브랜드만족지수 교육(온·오프라인 공인중개사 학원) 1위

해커스 공인중개사 기본서
기본이론 50% 할인

50%

| 2026년 시험 대비 기본이론 단과강의 할인쿠폰 |

EEE836AF23EAECFK

해커스 공인중개사 사이트 land.Hackers.com에 접속 후 로그인
▶ [나의 강의실 - 쿠폰 등록] ▶ 본 쿠폰에 기재된 쿠폰번호 입력

- 아이디당 1회에 한하여 사용 가능하며, 다른 할인수단과 중복 사용 불가합니다.
- 본 쿠폰은 기본이론 단과강의에만 적용됩니다.
- 쿠폰 사용 기간: 등록 후 7일간 사용
- 쿠폰 유효 기한: 2026년 10월 24일

| 온라인 전국 실전모의고사 응시방법 |

우측 QR코드를 통해 접속하여 로그인 후 신청

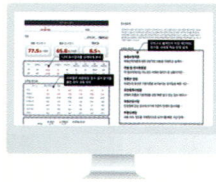
개인 성적분석
서비스 당일제공

스타 교수진
해설강의 제공

시험지, OMR 카드 제공
*온라인 응시생은 인쇄 후 사용가능

- 기타 쿠폰 사용과 관련된 문의는 해커스 공인중개사 고객센터 1588-2332로 연락해 주시기 바랍니다.

1588-2332　　　　　　　　　　　　　　　　　　　　　　　　　　　land.Hackers.com